簡帛研究

二〇二三·秋冬卷

古文字與中華文明傳承發展工程專項資助集刊
中文社會科學引文索引（CSSCI）來源集刊
中國人文社會科學集刊AMI綜合評價核心集刊

鄔文玲　戴衛紅　主編

中國社會科學院簡帛研究中心
中國社會科學院古代史研究所秦漢史研究室

廣西師範大學出版社

·桂林·

簡帛研究
JIANBO YANJIU

圖書在版編目（CIP）數據

簡帛研究．二〇二三．秋冬卷／鄔文玲，戴衛紅主編．--桂林：廣西師範大學出版社，2024.1
ISBN 978-7-5598-6802-2

Ⅰ.①簡… Ⅱ.①鄔… ②戴… Ⅲ.①竹簡—中國—文集 ②帛書—中國—文集 Ⅳ.①K877.54-53②K877.94-53

中國國家版本館CIP數據核字（2024）第039454號

廣西師範大學出版社出版發行
（廣西桂林市五里店路9號　郵政編碼：541004）
網址：http://www.bbtpress.com
出版人：黄軒莊
全國新華書店經銷
廣西廣大印務有限責任公司印刷
（桂林市臨桂區秧塘工業園西城大道北側廣西師範大學出版社
集團有限公司創意產業園内　郵政編碼：541199）
開本：889 mm×1 194 mm　1/16
印張：21.75　　字數：440千
2024年1月第1版　2024年1月第1次印刷
印數：0 001～1 200 册　定價：118.00元
如發現印裝質量問題，影響閱讀，請與出版社發行部門聯繫調换。

顧　問
[日] 永田英正　李均明　彭　浩　裘錫圭　[英] 邁克爾·魯惟一

編輯委員會主任
卜憲群　楊振紅

主　編
鄔文玲　戴衛紅

編輯委員
卜憲群　于天宇*　王天然*　王　彬*　[韓] 尹在碩　石　洋*
邢　文　李均明　宋艷萍*　汪桂海　馬　怡　[日] 籾山明
侯旭東　莊小霞*　凌文超*　孫　曉　[日] 冨谷至　陳松長
梁滿倉　鄔文玲*　曾　磊*　楊　英　楊　博*　楊振紅
蔡萬進　趙　凱*　劉　馳　劉　麗*　劉樂賢　戴衛紅*
齊繼偉*

(顧問、編委以姓氏筆畫爲序排列，加"*"者爲本輯執行編輯)

目　録

錯簡文本的齊與不齊
——以《民之父母》《孔子閒居》《論禮》爲例 ………………………… 李林芳/ 1
"莫敖昜爲"及相關問題探析 ………………………………………… 王超/ 15
由清華簡《繫年》論"四年建侯衛" …………………………………… 董喆/ 25
清華簡《四告一》與周代官僚選用 …………………………………… 刁俊豪 / 32
清華簡《耆夜》的保存流傳與戰國楚地的詩樂教育 ………………… 王逸清/ 41
清華簡《五紀》字詞札記 ……………………………………………… 王凱博/ 63
清華簡《治政之道》《治邦之道》與先秦儒墨道法的治國思想 ……… 張玉傑/ 70
傳抄古文與出土文字合證（一） ……………………………………… 劉偉浠/ 82
據出土文獻及古書異例校正前人注説四題 ………………………… 暨慧琳/ 90
"生器"還是"明器"？
——再議戰國秦漢墓葬簡帛的性質 ………………………………… 梁睿成/ 98

嶽麓秦簡所見執法新論 ……………………………………………… 羅昭善/ 122
秦代園圃業的官營與管理
——以出土資料爲考察中心 ………………………………………… 吳方基/ 137

從"譊、妘刑殺人等案"看秦丞相史的司法職能 ………………………………… 李勤通／149

期會：秦漢三國政務處理的時限要求 ………………………………………… 姚立偉／159

秦漢時期的涉水通道
——簡牘所見"隧"與"梁"解析 …………………………………………… 李均明／174

海昏漢簡《易占》"四靈"初探 …………………………………………………… 易蕭／180

敦煌漢簡校釋拾遺 ………………………………………………… 白軍鵬　張瑞／197

懸泉漢簡地名札記（四則） ……………………………………………………… 趙坰燊／204

懸泉漢簡所見常惠任長水校尉考 ……………………………………………… 馬智全／212

西北漢簡"柱馬"再探 …………………………………………………………… 馮玉／219

西北漢簡所見"心腹疾"及相關問題考 ………………………………………… 陳寧／236

漢簡所見"伉健吏"考 …………………………………………………………… 焦天然／249

漢代簡牘所見"故事"發微 ……………………………………………………… 李潘陽／261

走馬樓吳簡"州中倉嘉禾二年月旦簿"分析與復原
——兼論"關聯簡組定位復原法"的可行性 ……………………………… 成鵬／270

走馬樓吳簡"定收田"及其相關問題辨析 ……………………………………… 趙義鑫／324

秦代制度史研究的新進展
——讀吳方基《新出秦簡與秦代縣級政務運行機制研究》 ……………… 張亞偉／331

錯簡文本的齊與不齊
——以《民之父母》《孔子閒居》《論禮》爲例

□ 北京大學中國語言文學系、北京大學中國古文獻研究中心　李林芳

> **内容提要**　通過比較分析《民之父母》《孔子閒居》《論禮》,《緇衣》的出土和傳世文本,可以窺知傳世文本所體現的整齊性要素和其中存在的篇章錯亂情況,以及抄寫所導致的漸趨"整齊"和錯簡所導致的"不整齊"之間的區别。抄寫和錯簡都會對文本的整齊性帶來影響,但影響的層面是不一樣的。前者的影響範圍一般是一句之内,主要爲字詞的增減;後者的影響範圍則是在數句乃至段落層面,主要爲句段的移位。它們在很大程度上是互不干涉的,甚至可以同時出現,即在既已錯簡的文本上又因傳承而出現整齊化的情況。同時,我們也可以根據二者的不同特徵而將這兩種文本現象區分開來,不至於因其有可能作用於相同的文本而産生混淆。
>
> **關鍵詞**　錯簡　抄寫　整齊性　文本流傳　《民之父母》

　　隨着出土文獻的發現及出土和傳世文獻對比研究的展開,在近些年的研究中,學者們已注意到早期文本在流傳變化中有着漸趨整齊的趨勢,且與抄寫者的改易不無關聯。[①] 然而,

---

[①] 如劉笑敢《老子古今:五種對勘與析評引論》,北京:中國社會科學出版社,2006,12-23頁;李零《關於〈孫子兵法〉研究整理的新認識》,收入其著《〈孫子〉古本研究》,北京大學出版社,1995,283頁。這些論著均對相關文獻的早期狀貌及流傳過程中漸趨整齊的現象進行了討論。李林芳《〈毛詩〉較安大簡〈詩經〉文本的存古之處——句式整齊性的視角》(《文史》2021年第1輯,27-46頁)則附帶述及西方校勘學中的相關理論,説明了抄寫者傾向於將不整齊之文本改易整齊的現象。至於《孔子閒居》等篇本身,王天然先生在引述相關觀點時也論及了西方校勘學中"難的異文更可取"的原則,不過主要涉及的是文字理解的層面(王天然:《〈孔子閒居〉成篇考》,李學勤主編《出土文獻》第9輯,上海:中西書局,2016,150-165頁)。另,在之前學者的討論中,對於相關問題,往往籠統以"編者""抄手"等稱呼文本的處理主體,用"編""編纂""抄寫""傳抄"等稱呼其處理行爲。我們認爲,在探究具體現象并分析成因時,亦有加以明確之必要。關於"抄寫"的具體含義和所涉問題,詳本文"結語"部分論述。此外,在早期文本的流傳中,口傳也是重要的傳承方式之一。儘管口傳與抄寫在對文本造成的影響上會有所區别,但就"整齊性"這一現象而言,因形成的心理動力(即趨向於容易理解、記憶和傳播)是一致的,所以在這一點上應無太大的分别。由於目前我們所能見到和予以針對性研究的皆爲書寫形成的文本,或者由口授筆記,或者照本抄寫,皆有一"轉録於書面"的過程,所以本文中以"抄寫"稱之,以爲代表。

文本在流傳過程中歷經衆手,跨越數百千年,實際情況往往複雜多變。其中不僅存在傳承者有意無意的改易行爲,而且其載體——簡牘帛書等,也會出現斷爛錯亂的狀況,這些都將導致文本本身的整齊或不整齊。那麽對於存在錯簡現象的文本,其中整齊或不整齊的面貌特徵究竟如何,該要素應如何加以分析,與一般文本相比有何共性與獨特性?這些都是本文擬予討論的問題。

本文之所以選擇《民之父母》《孔子閒居》《論禮》作爲主要考察對象,[①]乃是由於這三篇之間都有比較良好的對應關係,且其中的文本現象也較爲豐富:既有錯亂,也有流傳中的改易。此外,本文還將選取《緇衣》諸本進行對比分析,因爲其傳世本中也發生了篇章錯亂的情況,正可與《民之父母》諸篇互爲參照。在此基礎上,本文將嘗試對上述問題予以回答,以見文本流傳過程中的複雜情況,及其對整齊性所帶來的實際影響。

一 傳世文本的整齊性要素

對比《民之父母》《孔子閒居》《論禮》,從形式與意義的對應關係方面加以考察,與整齊性相關的異文可分爲三種類型。[②] 下面分類述之:

(一)四字

即在三本有異文處,某本諸句皆爲四字,而某本却有非四字句者,如下例:

《民之父母》:"五至"虖,勿之所至者,志亦至安;志之□至者,豊亦至安;豊之所至

---

① 《民之父母》見馬承源主編《上海博物館藏戰國楚竹書(二)》,上海古籍出版社,2002。《孔子閒居》見[漢]鄭玄注,[唐]孔穎達等正義《禮記正義》卷五一《孔子閒居》,[清]阮元校刻《十三經注疏》,北京:中華書局,2009。《論禮》見[三國魏]王肅注《孔子家語》卷六《論禮》,《四部叢刊》初編影印明翻宋本,上海:商務印書館,1922。因文中引文較多,且相關文獻較爲易得,故不再於引文後注出頁碼。

② 寧鎮疆先生已對《民之父母》《孔子閒居》《論禮》進行了比對,指出三種文本在三方面的重大不同,認爲《民之父母》是最爲原始的文本,《孔子閒居》次之,《論禮》又再次之。同時也説明《論禮》中存在將散文改爲對偶句的努力,認爲"是文獻重組中的常見套路""差不多成了一種規律性現象"(詳見寧鎮疆《由〈民之父母〉與定州、阜陽相關簡牘再説〈家語〉的性質及成書》,上海大學古代文明研究中心、清華大學思想文化研究所編《上博館藏戰國楚竹書研究續編》,上海書店出版社,2004,277-310頁)。劉洪濤先生對《民之父母》做了釋文和注釋,并討論了《孔子閒居》和《論禮》的成篇過程。其具體論述中也提及"爲求全文句式整齊"而增入"民之父母既得而聞之矣""三無既得略而聞之矣"句(劉洪濤:《上博竹書〈民之父母〉研究》,北京大學碩士學位論文,2008,8頁)。本文在此基礎上全面考察了這些文本中與整齊性有關的因素。另外,陳麗桂先生曾從句法形式方面考察三本差異,認爲簡本更爲齊整(陳麗桂:《由表述形式與義理結構看〈民之父母〉與〈孔子閒居〉及〈論禮〉之優劣》,上海大學古代文明研究中心、清華大學思想文化研究所編《上博館藏戰國楚竹書研究續編》,236-250頁)。不過根據我們的考察,其文關於形式之説可能難以成立。文中提到今本問"民之父母"時無"敢問"二字;其實在今本中是存在的,祇是位於提問全句之首,反而出土本另一相關聯的提問無此二字(詳下文)。文中提到今本答語無"五至乎""三無乎",從而無法與首問答語"夫民之父母乎"相對應;其實今本的相關情況與其他傳世文本的做法是一致的,且在自身文本内部也具有一致性(詳下文)。文中提到"以横於天下"句在後文中無與之對應者,以及"傾耳而聽之""明目而視之"句的位置不當、義理較差;其實這些是錯簡所帶來的現象,也正是本文擬予區别分析的問題。此外,傳世本還體現出了更多的整齊方面的因素,詳本文具體的分類討論。

者,樂亦至安;樂之所至者,悫亦至安。

《孔子閒居》:志之所至,詩亦至焉;詩之所至,禮亦至焉;禮之所至,樂亦至焉;樂之所至,哀亦至焉。

《論禮》:志之所至,詩亦至焉;詩之所至,禮亦至焉;禮之所至,樂亦至焉;樂之所至,哀亦至焉。

在《民之父母》中,"勿之所至者""志之□至者""豊之所至者""樂之所至者"俱爲五字,而《孔子閒居》《論禮》則無末之"者"字,俱作四字。這樣一來,該段文字在《孔子閒居》和《論禮》中皆由八個四字句組成,從而構成更爲整齊的句式。

(二) 對仗

在某些異文處,某本爲單句,而某本却爲對仗的句子,[①]如下例:

《民之父母》:奚耳而聖之,不可旻而窬也;明目而見之,不可旻而見也,而旻既塞於四海矣。

《孔子閒居》:是故正明目而視之,不可得而見也;傾耳而聽之,不可得而聞也。志氣塞乎天地。

《論禮》:是以正明目而視之,不可得而見;傾耳而聽之,不可得而聞。志氣塞于天地,行之充于四海。

在《民之父母》和《孔子閒居》中,末句"而旻既塞於四海矣""志氣塞乎天地"皆是單獨的一句,而無他句與之相對。然而在《論禮》中,"志氣塞于天地"下又有一句"行之充于四海",二句形成了較工整的對仗關係。這樣一來,在《民之父母》和《孔子閒居》中,此段由一組對仗句和一個單句組成,而在《論禮》中,則由兩組對仗句組成。也就是説,在《論禮》中,此段的結構更顯齊整。

又如下例:

《民之父母》:悫樂相生。

[①] 純從理論上分析,"四字"與"對仗"有一定的關聯,即某些句子可能通過變成四字從而與上下句形成對仗,但我們仍傾向於把"四字"單獨分爲一類,理由有以下三點:1.經過統計分析(容另文撰述),可以發現在先秦時期絶大部分的文獻中(包括傳世與出土文獻),四字句的占比都是最高的,這是一項非常顯著的特徵。因此文句向四字靠近,本身就是在向其時文獻的普遍情況靠攏,因而有必要將該類單獨分出,以彰顯其獨特的地位。2."四字"僅是形式上的要求——該句由四字組成即可;"對仗"還暗含了在結構和意義上的對稱關係,其與"四字"有着本質的區别。3.在本文所考察的文本中,尚未見到實際的"四字"與"對仗"相重合的例子。總之,考慮到"四字"的獨特地位、與"對仗"的本質區别、在所考察文本中二者的實際狀況,我們仍傾向於將"四字"單獨分出,而不并入"對仗"之内。

《孔子閒居》:哀樂相生。
《論禮》:詩禮相成,哀樂相生。

與上例類似,在《民之父母》和《孔子閒居》中,"哀樂相生"是單獨的一句,而無他句與之相對。然而在《論禮》中,"哀樂相生"上又有一句"詩禮相成",兩者形成了工整的對仗關係。此段上接前例中對於"五至"的論述。這樣一來,在《民之父母》和《孔子閒居》中,該段由一系列排比句(兩兩間相互對仗)和一個單句組成,而在《論禮》中,則由多組對仗句組成。也就是說,在《論禮》中,此段的結構更爲齊整。

(三)篇章對應

從某些異文中,可見篇章呼應上的不同。也就是說,從結構上看,某些異文能使篇章間形成更好的對應關係,某些異文則使篇章間呼應不佳。如本段文字起始提到"民之父母",并由之引及"五至""三無"。對於這些內容,子夏皆有提問,而從其提問之語中可見明顯的相互照應之處。今皆迻錄於下,以便參看:[①]

《民之父母》
《訋》曰:"幾俤君子,民之父母",敢辭可女而可胃民之父母?
敢辭可胃"五至"?
"五至"既辭之矣,敢辭可胃"三亡"?
亡聖之樂,亡膿之豊,亡備之䘏,可志是远?

《孔子閒居》
敢問《詩》云"凱弟君子,民之父母",何如斯可謂民之父母矣?
"民之父母"既得而聞之矣,敢問何謂"五至"?
"五至"既得而聞之矣,敢問何謂"三無"?
"三無"既得晷而聞之矣,敢問何詩近之?

《論禮》
敢問《詩》云"愷悌君子,民之父母",何如斯可謂民之父母?
敢問何謂"五至"?
敢問何謂"三無"?

---

① 此外,三本在提問四的回答之後又有關於"五起"的問答。由於該處子夏問句的提問方式與前四問有着明顯的區別,并未再沿襲相同的結構,故我們不將之納入作爲比較的對象。

敢問"三無"何詩近之？

上述提問涉及以下方面：何如而可謂（何如斯可謂）"民之父母"，何謂"五至"，何謂"三無"，以及"三無"何詩近之。在收束上一問題并開啓下一問題時，子夏的問句皆因所問不同而有所差異，但仍可抽繹出較爲共通的模式。其中有兩點特別值得注意。首先，在某些文本裏，子夏有個對前一問題的重複，表示已聞其說，如"既得而聞之矣"一類的表達；但在某些文本裏却没有這一重複之句。其次，在提出問題時，某些文本中有"敢問"二字，某些文本則無。若將三本每一問中相關字句是否出現的情況列爲表格，可得：

表1　三本"重複前問"的分布情况

	民之父母	孔子閒居	論禮
提問一	/	/	/
提問二	-	+	-
提問三	+	+	-
提問四	(+)	+	-

表2　三本"敢問"的分布情况

	民之父母	孔子閒居	論禮
提問一	+	+	+
提問二	+	+	+
提問三	+	+	+
提問四	-	+	+

根據表1中所列，在這四項提問中，關於"重複前問"，《民之父母》於提問三中出現了相應的句子，在提問二中未出現相應的句子，在提問四中則是直接引用了前一回答裏的相關語句，且未使用"既聞之"之類的表達。《孔子閒居》在提問二至四中都出現了相應的句子，《論禮》在提問二至四中都未出現相應的句子。也就是説，"重複前問"句在《孔子閒居》的後三則提問中都出現了（因第一問無前問，故無從出現），在《論禮》中皆未出現，而在《民之父母》中或出現，或未出現，或表達有所差異。换言之，"重複前問"句的出現與表述情况在《孔子閒居》和《論禮》中是一致的，在《民之父母》中則不相一致。與之類似根據表2，對於"敢問"二字，《孔子閒居》和《論禮》的全部提問中都出現了這兩個字，《民之父母》在提問一至三中

出現了這兩個字,在提問四中却未出現此二字。與"重複前問"句相同,"敢問"二字的出現情況在《孔子閒居》和《論禮》中是一致的,在《民之父母》中則不相一致。①

另外,在上述幾問中,孔子回答之語也有兩點值得注意之處。由於行文較長,這裏就不全録了。大致而言,第一點與孔子每一回答的開頭之語相關。於《民之父母》中,在回答第一至三問時,孔子皆將提問中的關鍵詞作爲話題在句子的開頭複述一遍。如子夏問"敢窜可女而可胃民之父母",孔子回答時就先重複"民□父母虖",之後再進一步解釋。子夏問"敢窜可胃'五至'",孔子回答時也先重複"'五至'虖";子夏問"敢窜可胃'三亡'",孔子回答時又先重複"'三亡'虖"。然而在《孔子閒居》和《論禮》內,孔子祇於第一問中重複了一遍"夫民之父母(乎)",第二問和第三問之後皆未再複述子夏所問的問題。所以在這一特點上,《民之父母》似比《孔子閒居》和《論禮》都要更顯整齊。不過值得注意的是,首先,在其他傳世文本中,回答類似於"三者""五者"之概念時,回答者也基本上不重複其語。如《論語·堯曰》子張問"何謂五美",孔子直接回答:"君子惠而不費,勞而不怨,欲而不貪,泰而不驕,威而不猛。"子張又問"何謂四惡",孔子回答:"不教而殺謂之虐;不戒視成謂之暴;慢令致期謂之賊;猶之與人也,出納之吝謂之有司。"②皆未再複述"五美乎""四惡乎"。又如《墨子·非命上》關於"何謂三表",墨子回答"有本之者,有原之者,有用之者",③也未再重複"三表乎"。其次,《民之父母》《孔子閒居》《論禮》在提問四後又有對"五起"的回答,以及《孔子閒居》《論禮》在"五起"後又有對"三無私"的回答,其中也都沒有"五起乎""三無私乎"等表述。所以,《孔子閒居》和《論禮》中孔子未再複述"五至"和"三亡"的情況,其實是與傳世文本的整體狀況相符合的,也與自身文本的前後處理方式一致。

第二點則與孔子每一回答的結束之語相關。於《民之父母》中,在第一則回答之末,孔子總結云"亓可胃民之父母矣"。④而在第二、三則回答之末,孔子總結爲"此之胃'五至'""此之胃'三亡'"。第四則回答由於不涉及概念,孔子就没再以相關用語收束。可見在前三則答語中,孔子或作"其可謂",或作"此之謂",相互有所區別。然而在《孔子閒居》及《論禮》中,每一回答都以"此之謂"作結,完全一致。關於這一現象,劉洪濤先生認爲"此之謂"與"其可謂"在文意上其實是有很大差別的,"民之父母"爲一種標準,"五至""三無"則爲概念,故不同的提問要求不同的回答;傳世本改易的原因可能是想使此句與下文句式一致。⑤巫雪如先生通過對句法的詳密分析,認爲傳世本的寫定者因不熟悉原來的句法,從而將"其

---

① 值得注意的是,在《孔子閒居》《論禮》比《民之父母》多出來的文本內,在主要的問句裏,也都有"敢問"二字,由此亦可窺見此二文本的齊整狀況。
② 楊伯峻譯注:《論語譯注》,北京:中華書局,2009,207-208頁。
③ [清]孫詒讓撰,孫啓治點校:《墨子閒詁》卷九《非命上》,北京:中華書局,2001,265頁。
④ "亓"下一字原闕,整理者補爲"之",我們同意"可"的補法。所涉觀點詳劉洪濤《上博竹書〈民之父母〉研究》,8頁。
⑤ 劉洪濤:《上博竹書〈民之父母〉研究》,32-33頁。

可謂"改爲"此之謂",却未注意原來問答形式的對稱。①兩位先生的分析角度有所不同,其實都是對改易之因的重要揭示。合而言之,《孔子閒居》的抄寫者已不知曉語法上的差異,同時也未曾留意語義上的區別,故而依據後面的回答將第一問的答語也改作"此之謂",以達到形式上的前後整齊。除了上述諸問答外,後文中還有說明"五起"的一段,傳世本中之後又有說明"三無私"的一段。《孔子閒居》在"三無私"末有"此之謂'三無私'",《論禮》在"五起"末有"此之謂'五起'"。由此可見,傳世本的抄寫者似乎還在更多的答語之末補上了"此之謂"的說法,從而使相關概念以相同用語作結,以達到更多答句的前後一致。

總結上文,從整齊性的角度觀察,在四字、對仗、篇章對應等方面,於幾乎所有例子中,《孔子閒居》和《論禮》皆比《民之父母》更顯一致。惟孔子答語的開頭之處似爲例外;而即便對於該例外,《孔子閒居》和《論禮》之文也并非完全沒有原因——其狀況與其他傳世文本更相符合,且在自身文本中具有一致性。由此我們可以下一結論:從整體面貌上看,《孔子閒居》和《論禮》在整齊性方面高於《民之父母》。

二 傳世文本的篇章錯亂情況

不過,學者們也注意到傳世文本《孔子閒居》與《論禮》中的篇簡錯亂之處。該處見於對"五至"和"三亡"的討論,有一整段文字在不同本中隸屬於不同的議論裏。大致而言,《孔子閒居》中的"是故正明目而視之,不可得而見也;傾耳而聽之,不可得而聞也。志氣塞乎天地"一段文字接於"哀樂相生"之後,爲說明"五至"之語。《論禮》中的文字略有差異,但亦接於"哀樂相生"之後,同爲說明"五至"之語。而在《民之父母》中,相對應的文字却在"亡備之欒"和"君子曰此皇于天下"之後,爲說明"三亡"之語。

關於這一差異產生的原因,不少學者都認爲係由錯簡所致。如陳劍先生認爲簡本明顯更爲合理,指出二本不同乃是由於錯簡,同時從傳世本"正明目而視之"的"正"字也可見"明目"等句錯簡於"君子以正"的痕迹。②馬楠先生推測或因出土本中"君子以"兩見,從而導致該段文字由"三無"錯簡入"五至"處。③彭裕商先生通過字數測算,發現原書每簡所應容納的字數與實際錯簡的字數正相符合。④由於錯簡會使文本趨向"混亂",那麽它與文本經由抄寫普遍地向整齊方向演進的趨勢之間是否會存在矛盾,二者又該如何區分、如何辨析? 這些都是我們更爲關注的問題。

---

① 巫雪如:《〈民之父母〉、〈孔子閒居〉及〈論禮〉若干異文的語言分析——兼論〈孔子家語〉的成書問題》,《漢學研究》第28卷第4期,2010,329-331頁。
② 陳劍:《上博簡〈民之父母〉"而得既塞於四海矣"句解釋》,上海大學古代文明研究中心、清華大學思想文化研究所編《上博館藏戰國楚竹書研究續編》,251-255頁。
③ 馬楠:《傳世經部文獻所見脫簡錯簡現象再討論》,李學勤主編《出土文獻》第7輯,上海:中西書局,2015,314頁。
④ 彭裕商:《上博簡〈民之父母〉對讀〈禮記·孔子閒居〉》,收入其著《述古集》,成都:巴蜀書社,2016,214-215頁。

首先可以注意到的是，在這段文字中，也出現了我們前文提及的整齊方面的差異情況，而且將上文所分類型全部囊括其中。除了"篇章對應"類的區別并未在此處顯現外，另兩類"四字"和"對仗"都有體現得較爲明確的例子。第一例是在具體論述"五至"時，《民之父母》每句末皆有"者"字，而傳世本則没有，此屬"四字"類。第二例是"哀亦至焉"之下，《民之父母》和《孔子閒居》作"哀樂相生"，而《論禮》作"詩禮相成，哀樂相生"，此屬"對仗"類。第三例是"此之謂'五至'"（"此之胃'三亡'"）之前，《民之父母》作"而旻既塞於四海矣"，《孔子閒居》作"志氣塞乎天地"，而《論禮》作"志氣塞于天地，行之充于四海"，此屬"對仗"類。總之，其中也可見出土文本與傳世文本中整齊與不整齊之别。

那麽，錯簡所帶來的"混亂"與文本經由抄寫趨向整齊，這兩種現象應如何理解呢？我們認爲，由於這兩種因素對文本變易造成的影響不同，所以變化的現象必然有所分别，最終呈現也將有所差異。具體而言，由於錯簡一般是數簡的前後錯亂，其影響範圍是句子至段落層次，所以其表現往往是一句、數句乃至成段落的移位。而抄寫中所産生的文本變化則不會有如此大的影響範圍，往往祇是字詞句層面上的增减，同時一般也不會出現移位的情況。從其結果看，錯簡後的句段往往會形成大範圍上的"混亂"狀況，比如意義不合，形式不佳等。即便整理者發現了存在錯簡現象并試圖有所補苴，但由於不知舊貌如何，無由恢復原樣，所以難免會出現一些罅隙難彌之處。而在抄寫中，由於抄寫者一般祇屬意於當前的上下文句，所以通常祇會做小幅的增减改動；也都是針對較爲明顯之處對個別字詞句予以更易。換言之，錯簡影響的是數句乃至段落層面的移位變化，而抄寫所帶來的則是字詞句層面的損益改換，二者在所涉及的層面和最終造成的影響上都有區別。

以上俱是理論性質的推導，而具體狀況正可在《民之父母》《孔子閒居》《論禮》中體現出來。在本段《民之父母》《孔子閒居》《論禮》的比較中，正可見上述兩種類型的差異。上文所述的關涉整齊性的文字都是字詞之別，如"者"字，又如對仗性質的句子等，都是在被對比文本的某處或增或减，并不涉字句移位，而且也限制在字詞層面内，一般不超過一句。其實擴大來看，在前節所述的其他處的與整齊性相關的例子中，所涉文字也都具有如上的性質。反過來，錯簡處的字句則存在着移位的狀況——或在"五至"處或在"三亡"處，并且所涉篇幅也較大，在本段中至少涉及五句計約三十字的移動，與另類有着明顯的不同。

不僅如此，在該段三本文句的對比中，還能見到兩類相交融的情況，集中體現在最後一句上。該句在《民之父母》中作"而旻既塞於四海矣"，在《孔子閒居》中作"志氣塞乎天地"，在《論禮》中作"志氣塞于天地，行之充于四海"。關於"而旻既塞於四海矣"與"志氣塞乎天地"的文本情況，陳劍先生從劉信芳先生之説以"而旻既塞於四海矣"中的"旻"通"德"，并認爲"既"表示"已"之義，此句在"三亡"處意義扣合緊密；後乃錯至"五至"處，如此則上下文銜接不密切，故傳本删去表示承接關係的"而"，并將"旻既"改爲讀音相近的"志氣"，以求文意通順。① 我們同意陳劍先生的觀點。并且還可以注意到的是,在傳世本中,"五至"的首句都是"志之所至",所以作"志氣"或亦爲了與之相互呼應。至於《論禮》中在"志氣塞于天地"後又有"行之充于四海",則應該是在錯簡以後形成的。寧鎮疆先生已指出《孔子家語》在《禮記》系統文本基礎上的重組和再組織,并提到了《論禮》"行之"句也是屬於"將散文改成對偶句"的例子;② 劉洪濤先生亦據而認爲此處應係"而旻"句訛爲"志氣"句後編者所做的增補,③ 不過其論述較爲簡略,在此我們略做一補充。首先,若形成於錯簡之前——即該句位於"三亡"之後,由於此句中"德"與"行"構成對仗,則從上下文看"行"乃"德行"之義。可是在先秦文獻中,"德行"一詞雖然連用,但"德"與"行"對舉的情況極爲少見,與當時的文例不甚相合。其次,若形成於錯簡之後——即該句位於"五至"之後,則可以明顯看出該句的對應情況——與《論禮》中前文的"詩禮相成"相照應,因"志"乃"詩"之所由出,而"行"乃"禮"之所依傍。前文已述,與其他文本相較,《論禮》增了兩處對仗句,正是在這兩處。我們認爲,這兩處文本不是孤立的;通過增加這兩句,不僅與各自的前後句形成對仗關係,這兩句間還互相照應,從而達到前後文義上的連貫。至於其中的"天地"和"四海",則尚難以知曉是屬於以下何種可能:《論禮》文本(或其所從出文本)的傳承者看到該句既有作"四海"者又有作"天地"者,遂將二者以一個對句并行收入;抑或祇看到其一,然後據對仗關係造出另句。其實在先秦文獻中,時可見"天地"與"四海"對仗之句,如《墨子·辭過》"凡回於天地之間,包於四海之内",④《吕氏春秋·上德》"故古之王者,德迴乎天地,澹乎四海"等。⑤ 故若祇見其一,并從而對出另一者,并非難以想見之事。最後,梳理三本中此句的綫索,構擬其可能的演變脉絡,則其變化由來應依循着如下途徑:⑥

1. "而旻既塞於四浔矣"及其前數句在"三亡"之下;
2. 該句及其前數句錯簡到"五至"之下;
3. 該句又衍生出其對句。

從中還可進一步看出文本整齊化與錯簡之間的相互關係:二者其實是并行不悖的,可在任一時間發生。特別值得注意的是,文本整齊化可在錯簡之後發生。此時整齊化的方向是隨着錯簡之後的結構、文義進行,但它依然是可以進行的。并且此時傳承者試圖整齊的文本爲錯簡之後的文本,做法仍然是通過小幅度的改易使前後文在形式和意義上都更加對應齊

---

① 陳劍:《上博簡〈民之父母〉"而得既塞於四海矣"句解釋》,上海大學古代文明研究中心、清華大學思想文化研究所編《上博館藏戰國楚竹書研究續編》,253-254 頁。
② 寧鎮疆:《由〈民之父母〉與定州、阜陽相關簡牘再説〈家語〉的性質及成書》,上海大學古代文明研究中心、清華大學思想文化研究所編《上博館藏戰國楚竹書研究續編》,277-286 頁。
③ 劉洪濤:《上博竹書〈民之父母〉研究》,14 頁。
④ [清]孫詒讓撰,孫啓治點校:《墨子閒詁》卷一《辭過》,37 頁。
⑤ 許維遹撰,梁運華整理:《吕氏春秋集釋》卷一九《上德》,北京:中華書局,2009,517-518 頁。
⑥ 另外,學者們對於"而旻"句還有其他讀法,如把"旻"讀爲"得",理解爲"能"(相關觀點參見劉洪濤《上博竹書〈民之父母〉研究》,13-14 頁)。如此則該句之結構與意義和"行之"句無法形成對應,"行之"句更無由據之而衍生。

整,與其他處的做法并無明顯的差異。畢竟從傳承者的角度來看,他或者不明確知曉此處存在錯簡情況,或者即便知曉也不知原貌如何,是故於他而言此處文句與他處也無甚區別,所以文本亦會沿着其固有的演進方向不斷演變發展下去。

三 《緇衣》文本的相關情況

以上討論的是《民之父母》和傳世本中與之對應的文本,本節則以《緇衣》的出土本和傳世本作爲對照。[①] 因爲傳世本《緇衣》也存在着錯簡現象,其具體狀況與《民之父母》等文本之間既有類似之處,又有所區別,故可引以爲比較,從而加深對該問題的認識。

出土本《緇衣》見於郭店簡和上博簡,二者相差不大,但與傳世本相比則有着明顯的差別。不僅在具體字詞上有所區別,在篇章順序上也有着明顯的差異。夏含夷先生指出其中存在着錯簡現象。[②] 虞萬里先生更是在此基礎上,通過對三本全面的對比,并詳加分析研究,指出傳世本形成今天狀貌的原因。因爲兩種出土本的章序完全一致,所以學者們普遍認爲今本章序之異乃錯簡所致,并多引出土與傳世本的明顯差異爲證,如傳世本多出三章,此三章之體例與他章有明顯區別,其引《詩》《書》之體例與《緇衣》不合;[③]他處亦有引《詩》《書》錯亂的情況等。[④] 值得注意的是,這些理由恰也與整齊性有所關聯,故需先予詳細辨析。

首先考察傳世本引書時的錯亂情況。與出土本和傳世本的其他篇章相比,這一錯亂也會造成體例上的不整齊,至少在以下三點上體現得尤爲明顯:(一)《緇衣》章末皆引《詩》《書》,但傳世本第一、四、十八章末未引(若分章不同則某些處可能體現不出來)。(二)凡《詩》《書》皆出時,其順序爲先《詩》後《書》,而傳世本第五、十、十九章存在先《書》後《詩》的情況。(三)《緇衣》不引《易》,而傳世本第二十五章末引之。[⑤] 關於第一點,傳世本第四章之所以未引《詩》《書》,乃因該《詩》被引在了第五章之末,故其實屬於文本的移位情況;而其第

---

① 出土本《緇衣》分別見荆門市博物館編《郭店楚墓竹簡》,北京:文物出版社,1998;馬承源主編《上海博物館藏戰國楚竹書(一)》,上海古籍出版社,2001。傳世本《緇衣》見[漢]鄭玄注,[唐]孔穎達等正義《禮記正義》卷五五《緇衣》,[清]阮元校刻《十三經注疏》;《景刊唐開成石經 附賈刻孟子嚴氏校文》,北京:中華書局,1997。分章依據虞萬里《上博館藏楚竹書〈緇衣〉綜合研究》,武漢大學出版社,2009;其中傳世本所采用者爲吴澄、孫希旦之分章方法(226 頁)。
② [美]夏含夷:《試論〈緇衣〉錯簡證據及其在〈禮記〉本〈緇衣〉編纂過程的原因和後果》,收入其著《古史異觀》,上海古籍出版社,2005,343-361 頁。
③ 虞萬里:《上博館藏楚竹書〈緇衣〉綜合研究》,248-249 頁。
④ 虞萬里:《上博館藏楚竹書〈緇衣〉綜合研究》,261 頁。
⑤ 虞萬里先生已做引文比較表并總結云:"簡本引文獻,先《詩》後《書》;若兩引《詩》,則必先《大雅》後《小雅》;若兩引《書》,則必依時代之先後,秩然不紊。傳本於《詩》《書》或引或不引,或多引或少引,乃至前後錯亂,殊乖體例。"詳虞萬里《上博館藏楚竹書〈緇衣〉綜合研究》,309-311、314 頁。按多引《書》者,出土本和傳世本皆見於第十三章,兩引之;傳世本又見於第十六章,四引之且順序較亂。兼引《大雅》《小雅》者,出土本見於第四章和第十七章;傳世本見於第五章、第十二章、第二十四章,其第五章先《小雅》後《大雅》。此外,傳世本第八章兩引《大雅》,第三章引文後又續有議論。因所涉例皆較少,故本文未詳説明。至於其具體情況大部分亦與第(二)類相當,即屬文本的移位情況。

一章和第十八章不見於出土本,很可能是從他處羼入的(詳下文)。關於第二點,《詩》《書》在引用順序上的差異也與文本移位相關。至於第三點,則可以與傳世本多出三章的狀況一同分析。按虞萬里先生通過考察《子思子》相關佚文,并分析歷史材料和其他文本的類似狀況,認爲傳世本中很可能混入了《子思子》其他篇章中的章節,亦即這多出來的三章。① 據此則傳世本第二十五章末的《易》或也是從他處羼入的,畢竟此段引文正在傳世本全篇之末。如此,則這第三點情況和傳世本多出三章的情況亦與文本的移位相關,即是由其他文本移入此文本中的。

那麼,爲何在文本流傳的過程中,這些不整齊之處未變整齊呢? 其實從前文論述可見,在文本流傳過程中,對於一般的傳承者而言,其改動之處主要是字詞句範圍的增減改易。若非有意識地、積極主動地重新編輯文本,很難想見僅通過抄寫的方式就能對數句乃至成段的文字加以改編。然而值得注意的是,《緇衣》與前述《民之父母》等文本又有一不同處,乃傳世本《緇衣》的編者很可能面對着殘篇亂簡進行過大面積的整理,這從出土本與傳世本的全部章序皆異等方面即可看出;而在此整理過程中,整理者很有可能考慮過意義的方面,故整理後的文本在意義上似乎呈現出了更强的條理性。② 不過,我們認爲,這一意義上的條理性可以從兩方面進行理解。首先,《緇衣》這篇文字其實更接近於雜編而成的篇章。其中或許存在某些意義相關的章節團體,但整體而言各章之間的聯繫是很微弱的,并且這一特徵也存在於其他類似的《禮記》篇章之中。虞萬里先生也指出:"從《緇衣》及與之相關的《坊記》《表記》《中庸》諸篇看,多接近於《論語》《孟子》而與《荀子》有別。"③ 所以,對於《緇衣》而言,傳世本的這種"條理性"其實與《禮記》中其他相近篇章的具體狀況并不相符。换言之,出土本《緇衣》與《坊記》等篇體現的是更爲統一一致的面貌——皆"不甚條理",而傳世本具有"條理性"則與之不侔。

其次,儘管傳世本在意義上具有某些"條理性",但在形式上則出現了更不整齊一致的特徵,前文俱已進行了論述。同時某些"不整齊"之處,在祇面對傳世本的情況下,其實是難以改善的。如前文論及的《詩》《書》的引文順序問題,在傳世本《緇衣》中,既引《詩》又引《書》的有七章。其中三章出現了先《書》後《詩》的情況(其中一章爲先《詩》後《書》再《詩》),四章爲先《詩》後《書》。可以推測,在最初面對亂簡時,整理者或由於篇簡的接近,或鑒於意義上的衡量,或出於其他原因,他如此排定了這些章中引文的前後順序。但在排定之後,對於其後的傳承者而言,其實很難在引文順序方面對之加以改善了。因爲據前述的統計數據,先《書》後《詩》和先《詩》後《書》基本上是對半的情況,所以在無本可供比較的情況下,後人其實難以知曉引文的順序究竟孰先孰後,還是兩者參差的局面。在此種情形下,到底何者整齊

---

① 虞萬里:《上博館藏楚竹書〈緇衣〉綜合研究》,251頁。
② 虞萬里:《上博館藏楚竹書〈緇衣〉綜合研究》,240頁。
③ 虞萬里:《上博館藏楚竹書〈緇衣〉綜合研究》,233頁。

更無從談起——因爲實際上并不知道整齊的方向究竟在於何方。

那麽,在傳世本《緇衣》中,是否還具有其他某些可供辨認整齊性的因素呢? 我們認爲是存在的。相較於出土本,傳世本最主要的特徵便是對仗句的增加,并且於某些地方,在增加對仗句後,意義上也更顯完足。如傳世本第十七章(出土本第五章):

　　郭店本:民以君爲心,君以民爲體,心好則體安之,君好則民惢之。<u>古心以體法</u>,<u>君以民芒</u>。

　　上博本:民㠯君爲心,君㠯民爲體,□□□□□□,君䏍則民佮之。<u>古心㠯體廌</u>,<u>君㠯亡</u>。

　　傳世本:民以君爲心,君以民爲體。<u>心莊則體舒,心肅則容敬</u>。心好之,身必安之;君好之,民必欲之。<u>心以體全,亦以體傷</u>;<u>君以民存,亦以民亡</u>。

相比於出土本,傳世本多"心莊則體舒,心肅則容敬"一句,將"古心以體法"擴展爲"心以體全,亦以體傷",將"君以民芒"擴展爲"君以民存,亦以民亡"。通過增加"心莊則體舒,心肅則容敬",傳世本的文段進一步申説了前句所用以比喻的心體關係,而後兩句的擴展則從正反兩方面補足了心體、君臣之間的關係。[①] 類似的情況又見於傳世本第二、九、十四、二十四等章之中,可謂是傳世本《緇衣》較爲明顯的特徵之一。[②] 不過,目前尚難以判斷這些文本的變化是在何時發生的,亦即在篇簡錯亂之前抑或在篇簡錯亂并重新董理之後。不過其變化特點都很一致,即俱爲增加句子構成對仗,而不涉大段文字的移位變更。

最後,通過對《緇衣》出土本與傳世本的考察,我們發現其中錯簡所引發的狀況與抄寫所導致的狀況同樣是劃然有別的。對於錯簡而言,其影響範圍一般是數句乃至成段的文本,造成的現象是文本的移位。對於抄寫中發生的狀況而言,其影響範圍則是一句之内,造成的現象是增減改易。就其結果來看,錯簡確實會造成文本的"混亂"——雖然《緇衣》又經過專門的整理改編,但一者這種整理反而使之與其他同類文本的狀貌有所區别;再者某些錯亂本就難以恢復,且後來者亦無由加以改善。與之不同,文本的抄寫則使其呈現出了更爲整齊的一面,在《緇衣》的表現中則是更多的對仗句,這與錯簡所帶來的混亂是并行不悖的。

---

① 參見虞萬里《上博館藏楚竹書〈緇衣〉綜合研究》,60 頁。
② 值得注意的是,傳世本第十四章引《葉公之顧命》見於《逸周書·祭公解》。王念孫曾以本章所引《葉公之顧命》"毋以嬖御士疾莊士大夫卿士"句爲他證據,校改《逸周書·祭公解》"汝無以嬖御士疾大夫卿士",認爲"大夫"上應有"莊士"二字。王氏之主要依據爲其前句作"汝無以嬖御固莊后",<u>其中"莊后"與"嬖御"相對,故此句亦應爲"莊士"與"嬖御士"相對</u>。([清]王念孫:《讀書雜志》,南京:江蘇古籍出版社,2000,27 頁。黃懷信、張懋鎔、田旭東撰,李學勤審定:《逸周書彙校集注》卷八《祭公解》,上海古籍出版社,1995,1000-1001 頁。)然而清華簡一《祭公之顧命》該句亦無"莊士"二字,與今本《逸周書》同(李學勤主編:《清華大學藏戰國竹簡(壹)》,上海:中西書局,2010,174-175 頁);且兩種出土《緇衣》文本亦皆無"莊士"二字(荆門市博物館編:《郭店楚墓竹簡》,130 頁;馬承源主編:《上海博物館藏戰國楚竹書(一)》,187 頁)。由王念孫對於《逸周書》同句之校改,正可窺見《緇衣》文本(或《緇衣》所引文本)變化之因。

結語

　　通過考察《民之父母》《孔子閒居》《論禮》三種文本的整齊性狀況,我們發現《孔子閒居》和《論禮》比《民之父母》都更顯整齊;雖然兩種傳世本中都存在錯簡現象,但仍能就其不同特徵而將抄寫趨向整齊和錯簡趨向混亂這兩種文本情況區分開,而且在既已錯簡之文本的基礎上還能發現向整齊之方向進一步演進的實例。再取《緇衣》文本對照分析,我們同樣能見到以上狀況的具體展現。總之,錯簡文本中可能同時蘊藏着整齊和不整齊這兩方面的要素,前者由抄寫所造成,而後者由錯簡本身所導致。它們都會對文本的整齊性帶來影響,但影響的層面是不一樣的,在很大程度上互不干涉;甚至二者還可以同時出現,先後作用於相同的文本之上。同時,由於具體特徵不同,這兩種文本現象還是能夠被較爲清晰地分辨出來,不至於產生混淆。

　　在先前的研究中,學者們對於"錯簡"的判斷一般是發現了某段文字在文義、體例等方面與前後文有不相侔合之處,而移至他處則更相吻合。當然一般還有對於簡長、簡容納文字等的判斷,及其他的前後文證據,以便證成確可移位。[1] 通過本文的考察,我們認爲,這一判斷依據確有其合理性,因爲錯簡所帶來的文本現象確實是大段文本的移易,而與其他狀況有所區別,可以依據特定的綫索和標準區分開。[2]

　　在本文的研究中,我們主要使用的是"抄寫"的説法,其行爲實施者爲"抄寫者",但在實際情況中并不能排除存在類似"編纂"的操作——其實二者有時并不容易區別開,相互間存在着更爲複雜的關係。在之前的研究中,已有學者指出"鈔""寫"有別。如童嶺先生認爲:"六朝隋唐學術界之漢籍紙卷文化中,照本不動而謄錄者謂之'寫';部分摘錄且可作改動者謂之'鈔'。"[3] 這一定義和區分或亦可延展至先秦兩漢文本的研究中,即從事抄寫工作的"抄寫者"[4]——似不宜再直接簡稱爲"抄手",不但會轉錄文本,而且可能對文本加以增删改易,這其實也是本文在討論中所暗含的理解。不過從具體的處理文本的方式上看,則與通常所

---

[1] 馬楠先生亦對傳世經部文獻中的脱簡錯簡現象進行了全面的梳理討論,其中據具體的脱簡錯簡字數反推了每簡字數(詳馬楠《傳世經部文獻所見脱簡錯簡現象再討論》)。
[2] 另外,抄寫除了會導致文本整齊之外,還可能產生訛誤。本文未對訛誤情況做專門的説明,在此作一簡要補充。一般而言,訛誤往往會帶來文本的不整齊,同時其涉及範圍可能是字詞層面,也可能是句子層面。不過相較於錯簡,訛誤一般也不涉及文本的移位,所以二者也能相互區別開。總之,對於這些文本中的常見情況而言,它們相互之間所涉層次不同,造成的結果有異,各具其獨立性,一般還是能互相區分的。
[3] 童嶺:《"鈔"、"寫"有別論——六朝書籍文化史識小録一種》,《漢學研究》第 29 卷第 1 期,2011,262 頁。
[4] 其實,對於"寫手"而言,所謂理想狀態下的"原樣轉録"在實際中可能并不存在;即便并無改易文本的主觀意圖,但在"寫"時亦會因訛誤或自以爲是的調整而有意無意地改變原文樣貌。其次,對於"鈔手"而言,在摘録之時亦會對部分文段進行轉録,對於這些文段而言與"寫"并無太大分別,故在這其中文本流傳變化的規律同樣適用;而對於改易之處,因爲本身就并非屬意於"原樣",故其中的某些變化——如向整齊方向趨近,可能會更爲主觀而明顯。

説的"編纂"存在着某些重合的方面。這一狀況提示了進一步區別文本不同傳承者身份的重要性,因爲他們對文本產生的作用是不同的,所以造成的影響便有所不同,最後呈現的結果也自然有異。通過分別其身份,可以有利於我們深入分析文本變化中的諸種狀況,并從而討論、解釋不同狀況的背後成因。在這一方面,較早的有馮勝君先生的研究,探究抄手對先秦文獻傳布的影響。[①] 而程蘇東先生又進一步指出對於寫鈔本而言,其文本生成的主體可以分出"作者""述者""鈔者"和"寫手"。[②] 在本文的研究中,我們也嘗試以不同術語加以區分,包括抄寫者、整理者、編纂者等。抄寫者主要爲轉錄文本(并包含少量有意識的修改增删行爲),整理者是面對錯簡重新整合,編纂者則是在既有文本材料的基礎上進行編撰或重構。[③] 他們可能是不同人的不同分工,也可能是同一人在不同階段的不同行爲,甚至可能是同一人連續行爲或統一行爲的不同分類——畢竟對文本的處理往往是綜合性的操作。回到《民之父母》《孔子閒居》《論禮》上,學者們在論述時也常以"編者""編纂者"稱呼後兩種文本的創制傳承之人,因爲其中確實呈現出了整合重構的狀況,尤其是"五起""參於天地"的相關文字;但就相互對應一致的文本而言,究其實質,亦應歸屬於"抄寫"行爲,而本文乃基於這些對應一致的部分展開討論。總之,文本并非自然的產物;它是由人創造、由人加以傳承的,最終所面對的對象也是人自身。在研究文本變化時充分考慮"人"的因素,注意到其中的複雜情況,特別是重視分辨不同傳承者的不同行爲及行爲的可能影響,有助於我們進一步釐清文本流傳變化中的不同現象,深入探討文本形成、變化的原因,最終從人本身的層面洞悉文本在流傳變化中的具體規律。

---

① 馮勝君:《從出土文獻看抄手在先秦文獻傳布過程中所產生的影響》,武漢大學簡帛研究中心主辦《簡帛》第4輯,上海古籍出版社,2009,411-424頁。
② 程蘇東:《寫鈔本時代異質性文本的發現與研究》,《北京大學學報(哲學社會科學版)》2016年第2期,148-157頁。
③ 當然其中便會存在"抄寫"原有文本材料的行爲,本文在具體論述中亦間或隨文以"傳承者"統一稱呼之。另外,編纂行爲本身亦有可能對文本的整齊性產生影響,相關問題還需要做進一步的研究。

"莫敖易爲"及相關問題探析

□ 北京師範大學歷史學院　王超

内容提要　新蔡葛陵簡、清華簡《繫年》等中的人物"莫敖易爲"，其生平經歷及活動年代，與上博簡《命》篇中的"令尹子春"情況殊異，二者應非一人。包山楚簡"齊客陳豫賀王之歲"，與新蔡簡"齊客陳異致福於王之歲"當指同個紀年，該年"大莫敖屈易爲命邦人内其溺典"，"屈易爲"是大莫敖的名字，與"莫敖易爲"是同一個人，出自楚國屈氏。新蔡簡紀年材料有"王復於藍郢"，即指清華簡《楚居》楚簡王"復於鄝"之事，"藍郢"與"鄝"屬一地異名關係。"大莫敖屈易爲命邦人内其溺典"，應發生於楚簡王在位後期。結合《竹書紀年》《史記》等文獻，大莫敖屈易爲命邦人内其溺典的舉動，應和齊、楚與三晉的戰事有重大關聯。

關鍵詞　莫敖易爲　令尹子春　大事紀年　《楚居》　藍郢

　　"莫嚻(敖)易爲"這一人名見於清華簡《繫年》、曾侯乙墓簡、新蔡葛陵簡等。近年來，學界關於莫敖易爲的研究，主要體現在對其身份的考證上，其中以李守奎、蘇建洲先生的研究爲代表，[①]他們均認爲莫敖易爲與上博簡《命》中自稱是"易爲"的令尹子春爲同一人。[②]不過亦有學者指出，令尹子春的活動時代應早於莫敖易爲，他們應非一人，[③]此一看法雖未經詳證，但也頗值得注意。本文從相關楚簡所載内容出發，試論莫敖易爲非指令尹子春；并在此基礎上，對包山簡中與莫敖易爲有關的一段記載，作嘗試性討論。不當之處，敬祈方家斧正。

[①] 李守奎:《清華簡〈繫年〉"莫嚻易爲"考論》，《中原文化研究》2014年第2期；蘇建洲:《也論清華簡〈繫年〉"莫嚻易爲"》，《中原文化研究》2014年第5期。
[②] 上博簡《命》簡6載"令尹曰:先大夫司令尹，授司馬，治楚邦之政……四海之内，莫弗聞子謂易爲賢於先大夫"(馬承源主編:《上海博物館藏戰國楚竹書(八)》，上海古籍出版社，2011，197-198頁)，令尹子春自稱"易爲"。
[③] 此說出自陳志向先生，參見復旦吉大古文字專業研究生聯合讀書會《上博八〈命〉校讀》，"第24樓"，復旦大學出土文獻與古文字研究中心網站，2011年7月17日。

一 "莫敖昜爲"身份再識

新蔡簡大事紀年:"大莫敖腸爲[戰]於長城之[歲]"(甲三:36),①此條所述之事當指清華簡《繫年》第 21 章所載的晉楚長城之戰,②大約在楚簡王十二年(前 420)。③ 曾侯乙墓簡有"大莫敖腸喙適𤞷之春"(簡 1 正)的記載,④在楚惠王五十六年(前 433),⑤兩事相隔十三年左右。

令尹子春見於上博簡《命》《王居》二篇。⑥《命》所記之事,學者認爲在楚惠王時期,其中,簡 1 提到的"君王躬亡人",事涉楚惠王十年(前 479)發生的白公之亂。⑦ 白公之亂,令尹子西被殺,其後的兩年間,擔任令尹的是葉公子高及子西之子子國,⑧繼任者是誰,史籍未載。但我們至少可確定,令尹子春擔任令尹,必定在楚惠王十二年(前 477)之後。

上博簡《王居》簡 1 提到"王居穌漾之室",⑨王寧等先生認爲"穌漾"即清華簡《楚居》所載的"䣙(栖)漾"。⑩《楚居》簡 13-15 詳載楚惠王徙居歷程爲:嬭郢→爲郢→湫郢(肥遺,栖漾)→鄢郢→鄩吁→蔡→(復於)鄢。⑪《楚居》提到,白公之亂後,楚惠王從爲郢遷湫郢,於是"改爲之,焉曰肥遺,以爲處於栖漾",⑫肥遺爲湫郢改名後的稱呼。《楚居》中"以爲處於……"的例子數見,前後兩個地名屬同地或位置相近。⑬ 因此,栖漾當與肥遺同地或相近,也即楚惠王在白公之亂後徙居的第一處地點。栖漾之後,惠王又遷徙四次,《王居》的背景在王

---

① 賈連敏:《新蔡葛陵楚墓出土竹簡釋文》,河南省文物考古研究所編著《新蔡葛陵楚墓》,鄭州:大象出版社,2003,190 頁。
② 清華簡《繫年》第 21 章稱楚簡王"命莫敖昜爲率師侵晉……與晉師戰於長城"(參見李學勤主編《清華大學藏戰國竹簡(貳)》,上海:中西書局,2011,189 頁),其中"莫敖昜爲",學者根據記事時間及所載史事之間關係,一般認爲其與新蔡簡"大莫敖腸爲"、曾侯乙墓簡"大莫敖腸喙"所指相同,爲同一個人(參見李學勤主編《清華大學藏戰國竹簡(貳)》,190 頁;李學勤《清華簡〈繫年〉及有關古史問題》,《文物》2011 年第 3 期)。
③ 清華簡《繫年》第 21 章所載史事之開始時間,原文稱在"楚簡大王立七年",如按《史記·六國年表》當指公元前 425 年(《史記》卷一五《六國年表》,北京:中華書局,1959,703 頁)。不過,亦有學者根據宋悼公立年在公元前 422 年,《繫年》載宋悼公朝楚當在其即位之初,遂認爲"立七年"的"七"爲"十"之訛誤(參見李鋭《由清華簡〈繫年〉談戰國初楚史年代的問題》,《史學史研究》2013 年第 2 期)。本文的論證不直接涉及《繫年》該章時間問題,爲方便叙述,暫從後一種意見。
④ 裘錫圭、李家浩:《曾侯乙墓竹簡釋文與考釋》,湖北省博物館編《曾侯乙墓》,北京:文物出版社,1989,490 頁。
⑤ 李學勤:《清華簡〈繫年〉及有關古史問題》。
⑥ 參見馬承源主編《上海博物館藏戰國楚竹書(八)》,189-213 頁。
⑦ 馬承源主編:《上海博物館藏戰國楚竹書(八)》,192-193 頁。
⑧ 參見[晉]杜預注,[唐]孔穎達疏《春秋左傳正義》卷六〇,[清]阮元校刻《十三經注疏》,北京:中華書局,1980,2178、2179 頁。
⑨ 馬承源主編:《上海博物館藏戰國楚竹書(八)》,206 頁。
⑩ 參見王寧《上博八〈王居〉釋譯》,簡帛網,2011 年 8 月 21 日。
⑪ 參見李學勤主編《清華大學藏戰國竹簡(壹)》,上海:中西書局,2010,181-182 頁。
⑫ 李學勤主編:《清華大學藏戰國竹簡(壹)》,182 頁。
⑬ 陳民鎮:《清華簡〈楚居〉集釋》,復旦大學出土文獻與古文字研究中心網站,2011 年 9 月 23 日。

居栖澫之時,且《命》篇以"躳亡人"形容楚王,子春任令尹的時間當不會距"白公之亂"太遠。楚惠王於公元前432年去世,據上文,子春擔任令尹在公元前477年以後,而惠王此後尚在位45年之久,子春能否在惠王以後的簡王時期繼續活動,似乎很令人生疑。

據上博簡《柬大王泊旱》,當時的令尹名爲"子林"。① 此簡所載内容之時代,一般認爲在楚簡王即位之初,②若此,子春很可能在楚簡王即位之前,就已不任令尹了。陳志向先生分析,子春任職令尹,年齡不會很年輕,③雖屬推測,但頗合情理。且據《左傳》,楚國歷任令尹者,没有之後再任莫敖的事例,據清華簡《繫年》,作爲莫敖的昜爲在楚簡王時代統軍征戰,此時的年齡應該不會太年長,這或許不是在楚惠王前期擔任令尹的子春所能實現的。因此,僅憑上博簡《命》篇令尹子春自稱"昜爲"而判定二者是一人,似無充足證據。

曾侯乙墓簡、新蔡簡中,莫敖昜爲的事迹作爲兩則大事紀年材料出現,其在當時爲楚國極具影響之人物,當不爲過。既然莫敖昜爲非指令尹子春,那麽,能否在文獻中探尋到有關昜爲的其他綫索? 包山楚簡有載:

> 齊客陳豫賀王之歲,八月乙酉之日,王廷於藍郢之游宮,女(焉)命大莫敖屈昜爲命邦人内其溺典。④(簡7)

包山簡出自1987年發掘的湖北荆州包山崗二號楚墓,墓主人的下葬時代,發掘者已指出是在戰國後期的楚懷王時期。⑤ 過去,不少學者認爲,包山簡中所載的大事紀年時間與墓葬所處時代相近;⑥但也有學者指出,這些紀年中有屬於追記性質的,⑦如包山簡簡2、4有"魯陽公以楚師後城鄭之歲",⑧清華簡《繫年》第23章亦載"魯陽公"之事,時間在楚悼王之時,⑨可見包山二號楚墓紀年材料未必與墓葬時代相近。此外,包山楚簡所記"齊客陳豫賀王之

---

① 馬承源主編:《上海博物館藏戰國楚竹書(四)》,上海古籍出版社,2004,214頁。
② 參見陳偉《新出楚簡研讀》,武漢大學出版社,2010,192頁。
③ 參見復旦吉大古文字專業研究生聯合讀書會《上博八〈命〉校讀》,"第24樓"。
④ 劉彬徽等:《包山二號楚墓簡牘釋文與考釋》,湖北省荆沙鐵路考古隊編《包山楚墓》,北京:文物出版社,1991,349頁。
⑤ 湖北省荆沙鐵路考古隊編:《包山楚墓》,330-333頁。
⑥ 王紅星:《包山簡牘所反映的楚國曆法問題——兼論楚曆沿革》,湖北省荆沙鐵路考古隊編《包山楚墓》,529頁;劉彬徽:《從包山楚簡紀時材料論及楚國紀年與楚曆》,湖北省荆沙鐵路考古隊編《包山楚墓》,543-545頁;徐少華:《周代南土歷史地理與文化》,武漢大學出版社,1994,319-320頁。
⑦ 李學勤:《論包山楚簡魯陽公城鄭》,《清華大學學報(哲學社會科學版)》2004年第3期;吴良寶:《戰國楚簡地名輯證》,武漢大學出版社,2010,24-25頁。
⑧ 劉彬徽等:《包山二號楚墓簡牘釋文與考釋》,湖北省荆沙鐵路考古隊編《包山楚墓》,349頁。
⑨ 參見李學勤主編《清華大學藏戰國竹簡(貳)》,196頁。

歲",鄭伊凡先生即認爲其與新蔡簡"齊客陳異致福於王之歲"(甲三:20、27、33 等)屬同一紀年,①"豫""異"音近,"賀""致福"皆爲嘉禮,《左傳》襄公二十八年有"賀其福而吊其凶",②《周禮·秋官司寇》亦有"若國有福事,則令慶賀之",③"賀""福"關係密切,兩條紀年所記大事應相同。

　　新蔡簡有九條大事紀年,有關其年代下限,學者根據簡文内容、楚曆等將其定在公元前 398 年,該年也即新蔡簡所載的"王自肥遺(遺)郢徙於鄩郢之歲"(甲三:240),④清華簡《楚居》載楚悼王(前 401—前 381)時"猶居㮤郢。中謝起禍,焉徙襲肥遺。邦大瘠,焉徙居鄩郢",⑤亦可證明這個説法合理。⑥ 因此,"齊客陳異致福於王之歲"應在公元前 398 年之前,而包山簡該條紀年所記"王廷於藍郢之游宫,女(焉)命大莫敖屈昜爲命邦人内其溺典"也當發生在這年以前。過去,學者一般將"大莫敖屈昜"當作完整人名稱謂,⑦甚至還認爲其與楚威王時莫敖"屈章"爲一人,⑧從時代上看,這種假設或難成立。這句的大意,李零先生理解爲:王命令大莫敖屈昜命邦人獻溺典。⑨ "命"即下令、命令,李先生未釋"爲"是何義。若把人名斷成"屈昜","爲"祇能作爲虛詞用。"屈昜"爲主語,"命"是謂語動詞,古書裏"爲"作爲虛詞,似無用於二者之間的用法。⑩ 此處似宜將人名讀作"屈昜爲",即大莫敖爲屈氏,名昜爲。春秋時代楚國大莫敖多由屈氏擔任,⑪過去有觀點認爲曾侯乙墓簡、新蔡簡中的"莫敖昜爲"的"昜"爲氏,⑫從上面所列證據來看,"莫敖屈昜爲"與"莫敖昜爲"所處時代相近,且均擔任大莫敖一職,因此我們有理由相信,包山簡中"大莫敖屈昜爲"就指"莫敖昜爲",其出自楚國屈氏一族。

---

① 簡文可參見賈連敏《新蔡葛陵楚墓出土竹簡釋文》,河南省文物考古研究所編著《新蔡葛陵楚墓》,189 頁。鄭伊凡先生認爲,陳豫之"豫"與"異"古音相近,且"賀王"與"致福於王"意思相同,兩條紀年内容表述極其相似,如果作爲不同年份的紀年,必然造成混亂(《再論包山簡"魯陽公以楚師後城鄭之歲"——兼談楚簡大事紀年的性質》,《江漢考古》2015 年第 2 期)。
② [晉]杜預注,[唐]孔穎達疏:《春秋左傳正義》卷三八,[清]阮元校刻《十三經注疏》,2000 頁。
③ [漢]鄭玄注,[唐]賈公彦疏:《周禮注疏》卷三七《秋官司寇》,[清]阮元校刻《十三經注疏》,894 頁。
④ 此條簡文可參見賈連敏《新蔡葛陵楚墓出土竹簡釋文》,河南省文物考古研究所編著《新蔡葛陵楚墓》,196 頁。有關新蔡簡紀年材料時間下限的問題,請參見宋華强《新蔡葛陵楚簡初探》,武漢大學出版社,2010,134-135 頁;劉彬徽《葛陵楚墓的年代及相關問題的討論》,楚文化研究會編《楚文化研究論集》第 7 集,長沙:嶽麓書社,2007,377-379 頁。
⑤ 李學勤主編:《清華大學藏戰國竹簡(壹)》,182 頁。
⑥ 李學勤:《清華簡〈楚居〉與楚徙鄩郢》,《江漢考古》2011 年第 2 期。
⑦ 董珊:《出土文獻所見"以謚爲族"的楚王族——附説〈左傳〉"諸侯以字爲謚因以爲族"的讀法》,復旦大學出土文獻與古文字研究中心網站,2008 年 2 月 17 日;李零:《包山楚簡研究(文書類)》,"中國古文字研究會第九届學術討論會"論文,修訂後收入《李零自選集》,桂林:廣西師範大學出版社,1998,135 頁。
⑧ 舒之梅、劉信芳:《包山楚簡人名研究六則》,首届長江文化暨楚文化國際學術討論會籌備委員會編《長江文化論集》第 1 輯,武漢:湖北教育出版社,1995,335 頁。
⑨ 李零:《包山楚簡研究(文書類)》,135 頁。
⑩ 參見裴學海《古書虛字集釋》,北京:中華書局,1954,110-128 頁。
⑪ 田成方:《東周時期楚國宗族研究》,北京:科學出版社,2016,42-48 頁。
⑫ 李學勤:《論葛陵楚簡的年代》,《文物》2004 年第 7 期。

包山簡"爲命大莫敖屈昜爲命邦人内其溺典",目前,學界已就"溺典"的涵義作過不少研究,相關意見將在下文有所述及。筆者以爲,如探討包山簡所載的莫敖屈昜爲的相關活動,應首先對此則紀年的時代有所推定。而包山簡此條紀年後有"王廷於藍郢之游宮"的記載,又據新蔡簡,"齊客陳異致福於王之歲"上個紀年爲"王復於藍郢之歲"(乙四:54),①"大莫敖屈昜爲命邦人内其溺典",其事必然發生在"王復於藍郢"之後。因此,如能劃定"王復於藍郢"的大致年代,將對接下來探討"(王)爲命大莫敖屈昜爲命邦人内其溺典"之事,大有幫助。清華簡《楚居》中關於楚王遷徙的記載,或許會帶來新的啓示。

二 "藍郢"與"鄾"的關係

新蔡簡有九個大事紀年。其中,"王復於藍郢之歲"中"藍郢"爲楚簡王別居之所,該地名亦見於清華簡《楚居》:

> 柬大王自疆郢徙居藍郢,藍郢徙居𣴎郢,𣴎郢復於鄾。②

《楚居》中"復"即"再次"之意,"復於鄾"説明楚王之前曾以"鄾"作爲居處。據表1,《楚居》中"復"後所加之地名,均出現於同一個王或是上一個王時期,時間不會間隔太久。而前後間隔久遠的,即使地名相同,第二次出現時也不再用"復"字,如"肥遺",最早出現於楚惠王時,下一次出現在楚悼王時,間隔簡王、聲王兩世。

"鄾"僅見於楚簡王時代,"復於鄾"説明楚王不久之前應在"鄾"居住過;而新蔡簡云"王復於藍郢","藍郢"於《楚居》中,亦僅見於簡王時期,若"王復於藍郢"的"王"指簡王,則其應在藍郢住過兩次。而𣴎郢、疆郢則不見有類似情況。那麼,《楚居》"復於鄾"之"鄾",與新蔡簡"藍郢"是否有關呢?

楚文獻中的"×郢",其性質學界還未達成統一的意見。③而每處郢的具體地望,目前學者多用訓詁的方法,得出的結論亦分歧頗大,笪浩波先生指出,衹有結合文字材料和考古學成果,方能切中肯綮。④

---

① 賈連敏:《新蔡葛陵楚墓出土竹簡釋文》,河南省文物考古研究所編著《新蔡葛陵楚墓》,207頁。
② 李學勤主編:《清華大學藏戰國竹簡(壹)》,182頁。
③ 關於"郢",有認爲是楚別都,也有認爲是楚王止宿之所,或是由楚國中樞直轄。參見吳良寶《戰國楚簡地名輯證》,65-66頁。
④ 笪浩波:《從清華簡〈楚居〉看楚史的若干問題》,《中國史研究》2015年第1期。

表1 《楚居》中"復"字的使用情況統計①

楚王	始居之地	徙居之地	終居之地
楚武王、楚文王 （前740—前677）	（武王）宵	免→疆浧（文王）→湫郢→樊郢→爲郢	復徙居免郢
楚昭王 （前515—前489）	乾溪之上	嬭郢→鄂郢→爲郢→復徙居乾溪之上	復徙襲嬭郢
楚惠王 （前488—前432）	嬭郢	爲郢→湫郢（肥遺，以爲處於栖湇）→鄢郢→鄀吁→蔡	復鄢
楚簡王 （前431—前405）	（做王太子時：湫郢→疆郢）疆郢	藍郢→鄝郢	復於鄝

資料來源：清華簡《楚居》。

關於"藍郢"，劉彬徽、何浩先生認爲其即《左傳》定公五年"藍尹亹涉其帑"中的"藍"，又稱"藍口聚"，②譚其驤先生考證西漢時期南郡"藍口聚"在今湖北鐘祥西北，漢水南緣。③笪浩波先生以爲"藍"與莊公十八年"巴人叛楚而伐那處"中的"那"古音相近，④而東漢南郡編縣東南有那口城，與藍應在同地，⑤處於沮、漢二水之間。⑥至於鄝，黃靈庚先生以爲即包山簡中的"鄝陵"，鄝與沮音同，鄝陵在沮水之濱，地近《漢書·地理志》中的"臨沮"，位於今湖北安陸西、京山南，⑦與"那處"所在的位置範圍有重合之處。⑧筆者以爲鄝和藍郢於楚簡王時當在同地，爲一地之不同稱謂，這種同地異稱的情况，《楚居》中亦有例可循：

至文王自疆浧徙居湫郢，湫郢徙居樊郢，樊郢徙居爲郢，爲郢復徙居免郢，焉改名之曰福丘……至獻惠王自嬭郢徙襲爲郢。白公起禍，焉徙襲湫郢，改爲之，焉曰肥遺，以爲處於栖湇，栖湇徙居鄢郢，鄢郢徙居鄀吁。王太子以邦復於湫郢……至悼哲王……中謝

---

① 表1爲作者據《清華大學藏戰國竹簡（壹）》（181-182頁）的相關記載整理而成。
② 《左傳》該句原文可參見[晉]杜預注，[唐]孔穎達疏《春秋左傳正義》卷五五，[清]阮元校刻《十三經注疏》，2140頁。劉彬徽、何浩先生稱"藍尹"即楚國藍縣之長官，藍縣原爲姬姓聃國故地（《論包山楚簡中的幾處楚郢地名》，湖北省荆沙鐵路考古隊編《包山楚墓》，564頁）。
③ 參見譚其驤主編《中國歷史地圖集》，北京：中國地圖出版社，1982，第2册，22-23頁。
④ [晉]杜預注，[唐]孔穎達疏：《春秋左傳正義》卷九，[清]阮元校刻《十三經注疏》，1773頁。
⑤ 笪浩波：《從楚王事迹看"爲"郢之所在》，楚文化研究會編《楚文化研究論集》第11集，上海古籍出版社，2015，328-329頁。
⑥ 譚其驤：《雲夢與雲夢澤》，《復旦學報（社會科學版）》1980年第S1期。
⑦ 黃靈庚：《清華戰國竹簡〈楚居〉箋疏》，《中華文史論叢》2012年第1期。
⑧ 據譚其驤先生所繪"古雲夢澤位置圖"（《雲夢與雲夢澤》），那處在安陸西南、沮水以東，與黃先生所考鄝位於安陸以西、京山之南位置接近。

起禍,焉徙襲肥遺。[①]

楚文王時曾徙居免郢,改名爲福丘。白公之亂,楚惠王徙居湫郢,改名爲肥遺。而王大子(即楚簡王)時"以邦復於湫郢",楚悼王時"徙襲肥遺",則説明湫郢、肥遺乃一地兩名。由此二例,《楚居》中存在一地兩名的情況;再結合上文對《楚居》文例,以及鄗、藍郢地望的分析,這兩個地名亦應是同地異稱。

根據目前的考古發掘情況,我們尚難確定藍郢/鄗的確切位置,但已有學者指出,以荆門、荆州爲中心的沮、漳流域,聚集着衆多戰國中期的楚人聚落群,[②]説明在此之前,楚人應已對這一地區有所經營。因此,藍郢/鄗作爲戰國早期楚王的别居或行宫,其在沮、漳下游地區是很有可能的,這與前面所提笪浩波、黄靈庚先生的研究,不謀而合。

新蔡簡以"大莫敖昜爲戰於長城之歲"作爲最早的紀年,根據新蔡簡重新編排後的順序,"王復於藍郢之歲"爲第五個紀年,[③]但由於新蔡簡殘缺嚴重,紀年材料或有缺失,這或許是前後跨越 23 年(前 420-前 398)却祇有九則紀年材料的緣故,所以,"王復於藍郢之歲"恐距最早的"大莫敖昜爲戰於長城之歲"不止五年。楚簡王時曾遇大旱及楚晉黄池、長城之戰,這幾件事對楚國政治頗有影響,我們可從上博簡《柬大王泊旱》簡 18"邦家大旱,因歉知於邦",[④]及清華簡《繫年》簡 117-118"楚以與晉固爲怨"的記載裏看出來,[⑤]以上事件應爲楚簡王遷徙的直接推力。[⑥] 因此,作爲後於晉楚"長城之戰"數年的"王復於藍郢之歲",時間應在楚簡王統治稍後的時段。再者,《楚居》載簡王徙居順序爲疆郢→藍郢→鄩郢→復於鄗(藍郢),王復於藍郢爲最晚,亦可説明其事當在簡王後期。若此,包山楚簡所記"齊客陳豫賀王之歲……王廷於藍郢之游宫,焉命大莫敖屈昜爲命邦人内其溺典",亦應屬楚簡王後期的事件了。

---

① 李學勤主編:《清華大學藏戰國竹簡(壹)》,181-182 頁。

② 參見尹弘兵《楚國都城與核心區探索》,武漢:湖北人民出版社,2009,267 頁。

③ 綜合竹簡所記年、月、干支以及竹簡形狀、簡文内容、字體等因素重新拼合、編連之後,新蔡葛陵簡"卜筮祭禱"類竹簡大事紀年按先後順序依次爲"大莫敖昜爲戰於長城之歲""蔞茖受女於楚之歲""致師於陳之歲""我王於林丘之歲""王復於藍郢之歲""齊客陳異致福於王之歲""句邦公鄭途穀大城兹方之歲""□公城鄩之歲""王自肥遺郢徙於鄩郢之歲",參見武漢大學簡帛研究中心、河南省文物考古研究所編著《楚地出土戰國簡册合集(二)》,北京:文物出版社,2013,1-53 頁。

④ 馬承源主編:《上海博物館藏戰國楚竹書(四)》,210 頁。

⑤ 李學勤主編:《清華大學藏戰國竹簡(貳)》,189 頁。

⑥ 從清華簡《楚居》所載可見,楚人頻繁徙居的原因,大致有以下幾個:自然災害、國内動亂、外敵入侵、擴張需要,等等。

三　莫敖易爲"命邦人內其溺典"所涉史事

　　包山楚簡載"（王）爲命大莫敖屈易爲命邦人內其溺典"，其中"邦人"即國人；① "內"，古同納，即交入，②《史記·秦始皇本紀》有"百姓內粟千石，拜爵一級"，③其中"內"用法與之相同。"溺"字，整理者讀爲"沒"，④黃盛璋先生後來改釋爲"溺"，意爲沒有入籍經查出來補行登記的名籍。⑤陳偉先生則認爲"溺"應讀爲"弱"，政府入"弱典"即命男子在弱冠之年著錄名籍以備爲國家服務。⑥儘管觀點各異，但"溺典"爲一種典册或名册，應是大家所普遍認同的。

　　包山簡這則記載屬"集箸"類，是驗查名籍的案件記錄，⑦王紅亮先生通過分類研究，認爲莫敖易爲"命邦人內其溺典"，屬於"上行文書報告"。⑧大莫敖的職責，主要負責領兵打仗，或參與朝聘會盟及掌管宗族事務。⑨大莫敖命邦人內其溺典，似與外交和宗族事務無關。包山簡7、28、158均提到過"莫敖"，其中，簡7即"命邦人內其溺典"；簡28載莫敖出審受理案件；簡158提到"莫敖之軍"的官職任命。⑩田成方先生認爲，莫敖易爲"命邦人內其溺典"，很可能涉及"莫敖之軍"的軍籍問題。⑪若此，邦人入"溺典"，或用以作爲軍籍之憑證。古時交戰，預先簡閱軍籍爲慣例。《國語·吳語》載，黃池之會，吳陳其兵，官師"擁鐸拱稽"，鄭司農云"拱稽"之"稽"爲計兵名籍，⑫《周禮·天官冢宰》"聽師田以簡稽"，⑬亦爲查驗軍籍之義。因此，莫敖易爲"命邦人內其溺典"，當與納入、查閱軍籍有關，這時楚國近期應有軍事活動。"王廷於藍郢之游宮"，楚簡王在朝廷之上令大莫敖使邦人交納籍簿，亦見其對"溺典"的重視。

　　上文已分析到，莫敖易爲命邦人內典之事，應在簡王後期，《水經·丹水注》引《竹書紀

---

① 參見劉彬徽等《包山二號楚墓簡牘釋文與考釋》，湖北省荊沙鐵路考古隊編《包山楚墓》，372頁。
② 參見陳偉《關於包山楚簡中的"弱典"》，李學勤、謝桂華主編《簡帛研究二〇〇一》，桂林：廣西師範大學出版社，2001，15頁。
③ 《史記》卷六《秦始皇本紀》，224頁。
④ 劉彬徽等：《包山二號楚墓簡牘釋文與考釋》，湖北省荊沙鐵路考古隊編《包山楚墓》，349頁。彭浩先生認爲"沒典"即隱匿名籍（《包山楚簡反映的楚國法律與司法制度》，湖北省荊沙鐵路考古隊編《包山楚墓》，549頁）。
⑤ 黃盛璋：《包山楚簡中若干重要制度發覆與爭論未決諸關鍵字解難、決疑》，湖南省文物考古研究所編《湖南考古輯刊》第6集，長沙：嶽麓書社，1994，187-188頁。
⑥ 陳偉：《關於包山楚簡中的"弱典"》，李學勤、謝桂華主編《簡帛研究二〇〇一》，17頁。
⑦ 參見湖北省荊沙鐵路考古隊編《包山楚墓》，267頁。
⑧ 參見王紅亮《包山楚簡"集箸"、"集箸言"性質再辨》，《考古學報》2016年第2期。
⑨ 田成方：《東周時期楚國宗族研究》，59頁。
⑩ 參見劉彬徽等《包山二號楚墓簡牘釋文與考釋》，湖北省荊沙鐵路考古隊編《包山楚墓》，350、361頁。
⑪ 田成方：《東周時期楚國宗族研究》，60頁。
⑫ 徐元誥撰，王樹民、沈長雲點校：《國語集解》，北京：中華書局，2002，548頁。
⑬ ［漢］鄭玄注，［唐］賈公彥疏：《周禮注疏》卷三《天官冢宰》，［清］阮元校刻《十三經注疏》，654頁。

年》云：

> 晉烈公三年，楚人伐我南鄙，至于上洛。①

晉烈公三年（前413），爲楚簡王十九年，據《史記·楚世家》《六國年表》記載，簡王在位二十四年，②《竹書紀年》所載事件可歸入楚簡王後期。《竹書紀年》對晉楚上洛之戰記載簡略，僅憑此難以判定此次行動是否與包山簡所記大莫敖屈易爲之事有關。但後者繫於"齊客陳豫賀王之歲"，諸侯之間互相慶賀，是以賀慶之禮親好各國。③ 春秋、戰國之交，齊與三晉衝突頻繁，齊人爲抵御三晉入侵，以至修築長城。④ 齊人與楚國交好，自是爲了聯合楚人對抗三晉，《史記·六國年表》記載：

> （齊宣公）四十三（年），伐晉，毀黄城，圍陽狐。四十四（年），伐魯、莒及安陽。四十五（年），伐魯，取都……四十八（年），取魯郕。四十九（年），與鄭會于西城。伐衛，取毋。⑤

齊宣公四十三年即公元前413年，與楚晉上洛之役同年。《水經·河水注》引《竹書紀年》亦謂："（晉烈公）五年，田公子居思伐邯鄲，圍平邑。"⑥說明上洛之役兩年之後，齊人繼續與三晉作戰。結合《六國年表》的記載，我們可知，在楚簡王後期，齊與三晉、魯、衛之間進行了一場曠日持久的戰爭。楚國伐晉南鄙，或是爲策應齊國攻勢而採取的行動。《六國年表》未提及楚人參與後續的戰爭，但據驫羌鐘銘文記載，周威烈王二十三年（前403），三晉征秦、迮齊、襲奪楚京，⑦導火索雖是齊國發生的公孫會之亂，⑧但根源應在齊、楚、秦聯合對抗三晉。"齊客陳豫賀王"，應不單是爲楚王慶賀，其意更在於加強齊、楚聯盟，公元前413年的齊、楚聯合伐晉的戰事，應是"齊客賀楚王"所引發的效應。

---

① ［北魏］酈道元著，陳橋驛校證：《水經注校證》卷二〇《丹水》，北京：中華書局，2007，486頁。
② 《史記》卷四〇《楚世家》，1720頁；《史記》卷一五《六國年表》，708頁。清華簡《繫年》公布後，對於楚國王年的認識出現不少爭議，楚簡王在位年數即新添二十七年之説，參見李鋭《由清華簡〈繫年〉談戰國初楚史年代的問題》。
③ 錢玄、錢興奇編著：《三禮辭典》，南京：江蘇古籍出版社，1998，871頁。
④ 清華簡《繫年》第20章載："晉敬公立十又一年……遂以伐齊，齊人焉始爲長城於濟，自南山屬之北海。"參見李學勤主編《清華大學藏戰國竹簡（貳）》，186頁。
⑤ 《史記》卷一五《六國年表》，707—709頁。
⑥ ［北魏］酈道元著，陳橋驛校證：《水經注校證》卷五《河水》，135頁。
⑦ 關於"楚京"所指，歷來説法不一，主要有齊地名和楚地名兩説，隨着清華簡《繫年》等出土材料的湧現，學者更傾向於其指楚地，參見王紅亮《清華簡〈繫年〉中的驫羌鐘相關史實發覆》，《古代文明》2013年第3期。
⑧ 公孫會之亂及由此導致的三晉伐齊之事，主要見於《汲冢紀年》（《水經·瓠子河注》、《汶水注》引《竹書紀年》），以及清華簡《繫年》第22章的記載。參見［北魏］酈道元著，陳橋驛校證《水經注校證》卷二四《瓠子河》《汶水》，575、580頁；李學勤主編《清華大學藏戰國竹簡（貳）》，192頁。

結語

　　莫敖昜爲應即包山楚簡所出現的"大莫敖屈昜爲",而非令尹子春。包山簡提到"王廷於藍郢之游宫",楚人出於需要,常在郢都之外,設置别宫,這裏的"藍郢",也屬類似性質。按照新蔡葛陵楚簡的記載,"王復於藍郢"應指楚簡王再次徙居藍郢。據清華簡《楚居》,可推斷出藍郢應即鄢地,簡王復於藍郢的時間,應是其在位的後期。楚簡王再居藍郢期間,有命令莫敖昜爲使邦人交納軍籍典册的舉動,這應預示着即將有戰爭發生。通過對楚簡王後期列國間形勢的分析,我們認爲,此事應與公元前413年開始的齊、楚與三晉戰事密切相關。

附記　匿名審稿專家爲本文修改完善提供了諸多寶貴意見,在此謹致謝忱!

由清華簡《繫年》論"四年建侯衛"

□ 湖南大學嶽麓書院
□ "古文字與中華文明傳承發展工程"協同攻關創新平臺

董喆

内容提要 結合清華簡《繫年》《尚書大傳》以及沬司徒送簋等材料探討"四年建侯衛"一事可知,"封康侯於衛"是一個由"侯衛"到"建衛",再到"誥衛"的過程。《康誥》篇首四十八字與"四年建侯衛"以及"五年營成周"之間的矛盾亦可藉以調和。

關鍵詞 封衛 《尚書大傳》《繫年》

《左傳·定公四年》:"昔武王克商,成王定之,選建明德,以藩屏周。"[1]此言周初史事,武王克商後,出於穩定東土的考量,遂命紂子武庚俾守商祀,并將殷王畿一分爲三,設立"三監",以便管理東土。武王去世後,武庚叛周,是爲"三監之亂"。周公東征三年,克殷踐奄,戡定禍亂,此正如王國維所言,即"武王克紂之後,立武庚置三監而去,未能撫有東土也,逮武庚之亂,始以兵力平定東方"。[2]爲了進一步加强對東土的統治,周公命太公主齊,封伯禽於魯,建康叔於衛,以爲周之屏藩。

周公攝政諸事,《尚書大傳》總括爲"一年救亂,二年克殷,三年踐奄,四年建侯衛,五年營成周,六年制禮作樂,七年致政成王"。[3]"康叔封衛"即《尚書大傳》所言之"四年建侯衛"。清華簡《繫年》有"周成王、周公既遷殷民于洛邑,乃追念夏商之亡由,旁設出宗子,以作周厚屏。乃先建衛叔封于康丘,以侯殷之餘民。衛人自康丘遷于淇衛",[4]特别提到了"康

---

[1] [晉]杜預注,[唐]孔穎達等正義:《春秋左傳正義》卷五四,[清]阮元校刻《十三經注疏》,上海古籍出版社,1997,2134頁。
[2] 王國維:《殷周制度論》,收入其著《觀堂集林》,北京:中華書局,1959,452頁。
[3] [清]皮錫瑞:《尚書大傳疏證》,北京:中華書局,2022,262頁。
[4] 李學勤主編:《清華大學藏戰國竹簡(貳)》,上海:中西書局,2011,144頁。

叔封衛"之事,李學勤、路懿菡、朱鳳瀚、楊博、董珊、杜勇、劉光勝等學者對此多有討論。① 本文擬在此基礎上進行探究,申論"營成周"與"建侯衛"的關係,兼及沫司徒送簋"誕命康侯鄙于衛"的解釋。

一 相關簡文疏證

清華簡《繫年》第四章叙述了與衛國有關的史事(釋文采用寬式隸定):

> 周成王、周公既遷殷民于洛邑,乃追念夏商之亡由,旁設出宗子,以作周厚屏。乃先建衛叔封于康丘,以侯殷之餘民。衛人自康丘遷于淇衛。②

此段簡文諸家的主要分歧在於"乃先建衛叔封于康丘",整理者在"丘"處斷句,認爲此句當理解爲"先封康叔於康丘",并就此推論"康丘"當在殷王畿之内。③ 對此,杜勇認爲此句應斷爲"乃先建衛叔,(衛叔)封于康丘",④即在"封"前補充主語"衛叔",杜氏此說確使文義貫通,但仍有可商榷之處。出土文獻中有不加重文號但須重讀前文者,多友鼎即其例,多友鼎云"唯十月,用獫狁方興,廣伐京師,告追于王,命武公:'遣乃元士,羞追于京師'"此處"廣伐"的主語應爲"獫狁","告追"的主語爲"京師","命"的主語爲"王",此句完整句式當爲"唯十月,用獫狁方興,廣伐京師,京師告追于王,王命武公:'遣乃元士,羞追于京師'"。多友鼎又有"武公迺獻于王,迺曰武公"以及"迺命向父召多友,迺徙于獻宫"。⑤ "迺曰"的主語爲"王","迺徙"的主語爲"多友",對於此種現象,李學勤以爲"從文氣看似均應有重文符,却都省去了"。⑥ 依李氏所說,多友鼎通篇多承前省略主語,并非個別字句所特有。《繫年》則不然,細審《繫年》簡文可知,在"衛叔"下確無重文號。杜氏增重文"衛叔",并把"封"讀爲

---

① 參見李學勤《清華簡〈繫年〉解答封衛疑謎》,《文史知識》2012年第3期;李學勤《由清華簡〈繫年〉釋讀沫司徒疑簋》,《中國高校社會科學》2013年第3期;路懿菡《從清華簡〈繫年〉看康叔的始封》,《西北大學學報(哲學社會科學版)》第43卷第4期,2013年7月;朱鳳瀚《清華簡〈繫年〉所記西周史事考》,李宗焜主編《第四屆國際漢學會議論文集——出土材料與新視野》,臺北:"中研院"歷史語言研究所,2013,441-459頁;楊博《清華簡〈繫年〉所涉周初處置殷遺史事疏證》,楊振紅、鄔文玲主編《簡帛研究二〇一六(春夏卷)》,桂林:廣西師範大學出版社,2016,36-50頁;董珊《清華簡〈繫年〉所見的"衛叔封"》,收入其著《簡帛文獻考釋論叢》,上海古籍出版社,2014,83-87頁;杜勇、孔華《從清華簡〈繫年〉說康叔的始封地問題》,《管子學刊》2017年第2期;杜勇《關於沫司土疑簋考釋的幾個問題》,《西華師範大學學報(哲學社會科學版)》2018年第3期;劉光勝《"康丘之封"與西周封建方式的轉進》,《史學月刊》2019年第2期。
② 李學勤主編:《清華大學藏戰國竹簡(貳)》,144頁。
③ 李學勤主編:《清華大學藏戰國竹簡(貳)》,145頁。
④ 杜勇、孔華:《從清華簡〈繫年〉說康叔的始封地問題》,《管子學刊》2017年第2期。
⑤ 吳鎮烽編著:《商周青銅器銘文暨圖像集成(第五卷)》,上海古籍出版社,2012,392頁。案:本文中所引彝銘釋文皆采用寬式隸定。
⑥ 李學勤:《論多友鼎的時代及意義》,收入其著《新出青銅器研究》,北京:人民美術出版社,2016,106-112頁。

動詞,可除此之外,在封康叔的相關簡文中并無此種現象,且增字解經多爲學者所諱,故杜氏之説略有迂曲。

此句或有另一種句讀,可在"衛"下斷句,即"乃先建衛,叔封于康丘,以侯殷之餘民,衛人自康丘遷于淇衛",義爲"先封衛國,康叔封本在康丘,因爲要管理殷之餘民,於是衛人自康丘遷于淇衛"。如此既能説明"封衛"之事,又可釋"封"爲康叔之名。康叔名封,《尚書》《史記》皆有明言,彝器有康侯丰鼎可爲證。

此説成立的關鍵在於對"康"的理解。"康"有兩説,一爲謚號,一爲畿内國名,主謚號者,以鄭玄爲代表;主國名者,以馬融爲代表。對此楊筠如已有詳論,楊氏説:

> 按《史記》:"康叔卒,子康伯立。"則"康"非謚,鄭説非也。《白虎通》:"文王十子,康南皆采也。"與馬説合。《詩譜》:"文王分岐邦周、召之地,爲周公旦、召公奭之采地。"則"康"與周、召同爲采地之名。《史記索隱》引宋忠曰:"康叔從康徙封衛。"亦以"康"爲地名也。①

楊筠如以"周""召"類比"康",佐證馬融之説,并引宋衷所説爲據,可知"康"確應爲畿内國名,亦即簡文之"康丘"。明確了"康"爲國名,還須進一步推定"康"的地望,若"康"在殷王畿之内,則很難解釋周在未克商之前何以能將"叔封"封在"康"。換言之,"康"在周畿之内是此説成立的必要條件之一。對此,杜勇以"殷與衛同在一地,對康叔似無二次分封的必要""康叔封康與封衛分屬武成二王,并非發生在同一王世"以及"清華簡謂康叔爲'衛叔',乃是作者使用後起稱謂叙史,不能證明康叔的始封地在衛"三條理由對"康丘"在殷王畿之内進行駁斥,同時杜氏重申了清人閻若璩以及孫星衍的觀點,認爲"康"之地望在禹州至汝州一帶,而此處正是周的勢力範圍。② 由此可知,"康"屬周畿,并未在殷王畿之内,故簡文此句當可在"衛"下斷句。

綜上,將《繫年》此句讀爲"乃先建衛,叔封于康丘,以侯殷之餘民,衛人自康丘遷于淇衛"既合於《尚書》《史記》所記,又合於宋衷"康叔從康徙封衛"之言,還可避免增字解經之弊。

二 "營成周"與"建侯衛"之關係

"營成周"與"建侯衛"相關,源於《康誥》的前四十八字,即"惟三月哉生魄,周公初基作

---

① 楊筠如:《尚書覈詁》,西安:陝西人民出版社,2005,253頁。
② 杜勇、孔華:《從清華簡〈繫年〉説康叔的始封地問題》,《管子學刊》2017年第2期。

新大邑于東國洛,四方民大和會,侯甸男邦采衛百工播民,和見士于周。周公咸勤,乃洪大誥治"。①《康誥》爲封康叔於衛的誥辭,但此四十八字所述明顯爲"營成周"之語,由此可推知"封康叔"不會早於"營成周"。但《尚書大傳》又言"周公攝政,一年救亂,二年克殷,三年踐奄,四年建侯衛,五年營成周,六年制禮作樂,七年致政成王"。② 依據《尚書大傳》的説法,"建侯衛"當在"營成周"之前,由此便産生了矛盾,也相應地衍生出多種解釋。

這些解釋大抵可分爲兩類,一類以蘇軾爲代表,一類以林之奇爲代表。蘇軾在《東坡書傳》中認爲此四十八字"皆《洛誥》文,當在《洛誥》'周公拜手稽首'之前,何以知之?周公東征二年,乃克管蔡,即以殷餘民封康叔,七年而復辟,營洛在復辟之歲,皆經文明甚,則封康叔之時,決未營洛,又此文終篇初不及營洛之事,知簡編脱誤也"。③ 要之,蘇東坡認爲《康誥》前四十八字爲錯簡,當爲《洛誥》之文。林之奇《尚書全解》云"此書先言'周公初基作新大邑于東國洛',然後繼之以誥康叔之事,蓋封康叔在於卜洛之前,而誥康叔在於營洛之際"。④ 林氏認爲"封康叔"和"誥康叔"的時間不同,當分别置於"營成周"前後。清華簡《繫年》的記載部分印證了林之奇的推測,也爲解決該問題提供了契機。

《繫年》所言"周成王、周公既遷殷民于洛邑"即"營成周"之事,之後纔是"乃先建衛",由此段簡文可知"建侯衛"不會早於"營成周"。《康誥》開篇即言"營成周",而後方爲"封康叔"之語。就此點而言,《繫年》所載與《康誥》同,均言"建侯衛"之事當在"營成周"之際。但這又與《尚書大傳》的"四年建侯衛"和"五年營成周"矛盾。《尚書大傳》所載周公攝政諸事,於彝銘多有證,如"二年克殷",即指伐武庚之事,何簋的"唯八月公陕殷年"可爲證。⑤ "三年踐奄"則包括征伐薄姑和商奄之事,㽙鼎的"唯周公于征伐東夷,豐伯、薄姑咸戈",⑥以及禽簋的"王伐蓋侯,周公謀,禽祝"可證。⑦ "四年建侯衛"即沬司徒送簋之"王來伐商邑,誕命康侯啚于衛",⑧"五年營成周"則爲何尊所記之事,可見《尚書大傳》所述周公攝政諸事確有所本。又由《繫年》第三章"武王陟,商邑興反,殺三監而立彔子耿,成王屎伐商邑,殺彔子耿,飛廉東逃于商蓋氏,成王伐商蓋,殺飛廉,西遷商蓋之民于邾虐",⑨以及何尊的"營成周"在"惟王五祀"可知,《尚書大傳》中"救亂""克殷""踐奄""營成周"的順序是可信的。那麽《繫年》和《尚書大傳》之間的矛盾又當如何解決呢?

---

① [漢]孔安國傳,[唐]孔穎達等正義:《尚書正義》卷一四《康誥》,[清]阮元校刻《十三經注疏》,上海古籍出版社,1997,202頁。
② [清]皮錫瑞:《尚書大傳疏證》,262頁。
③ [宋]蘇軾:《東坡書傳》,長春:吉林出版集團有限責任公司,2005,112-113頁。
④ [清]林之奇:《尚書全解》,北京:人民出版社,2019,460頁。
⑤ 吳鎮烽編著:《商周青銅器銘文暨圖像集成(第十一卷)》,82頁。
⑥ 吳鎮烽編著:《商周青銅器銘文暨圖像集成(第五卷)》,143頁。吳氏書中誤將'于征伐'隸定爲'征于伐',今據拓本改正。
⑦ 吳鎮烽編著:《商周青銅器銘文暨圖像集成(第十卷)》,332頁。
⑧ 吳鎮烽編著:《商周青銅器銘文暨圖像集成(第十卷)》,384頁。
⑨ 李學勤主編:《清華大學藏戰國竹簡(貳)》,141頁。

此種矛盾的解決方法有二,一種解釋爲成周建成於成王四年之前,但何尊明言"惟王五祀",則"營成周"之事當在成王五年,所以此種解釋不可取。如此林之奇的意見就很值得重視,林氏雖未見清華簡,但其將"封康叔"和"誥康叔"分列"營洛"前後,頗具創見。根據林之奇的意見,當可得出此問題的第二種解釋,即將"四年建侯衛"理解爲"四年築城於衛并冊封康叔",而真正的"誥衛"之事則在"營洛"之際。

第二種解釋成立的關鍵在於對"建侯衛"的理解,卅年逑鼎有"余肇建長父,侯于楊"的記載,①此處的"四年建侯衛"或可據此理解爲"肇建叔封,侯于衛"。但"四年建侯衛"是《尚書大傳》對周公攝政諸事的隱括之語,此處的"建侯衛"不能簡單地理解爲"封建衛侯",實際上"建"還包含有"築城"之義。證據如下:

其一,就彝銘中封建諸侯的辭例而言,在封建諸侯時,彝銘多言"侯"而不用"建",克盉"命克侯于燕"、叔公簋"王命唐伯侯于晉"、麥尊"侯于井(邢)"、伯晨鼎"侯于垣"皆是如此。②又彝銘中的"建"有用爲"築城"之義,小臣䵼鼎有"召公建燕",③"建"字從裘錫圭釋爲"建",④問題在於"召公建燕"不能僅僅理解爲"召公建立燕國"。由《召誥》可知,召公對"相宅"之事確有所長,且琉璃河新出作冊奂卣有"太保庸匽"的記載。⑤ 由是可知,召公確曾親至燕地,并參與了燕國城邑的修建,所以"召公建燕"當有"召公築城於燕"之義。兩相對照,"建侯衛"的"建"也應包含有"築城"之義。

其二,《逸周書·作雒》有"俾康叔宇于殷",所記即"康叔封衛"之事,朱右曾云:"此成王四年事也,宇,宅也。"⑥冊命燕侯的克盉銘文有"克𡩋燕"一語,方述鑫釋"𡩋"爲"宅",訓爲"居"。⑦ 二者比勘可知,"俾康叔宇于殷"之"宇"當有"營居"之義,此可爲周公命康叔築城於衛的又一旁證。

其三,沫司徒送簋銘有"王來伐商邑,誕命康侯啚于衛"一語,"啚"字有多種理解,吳闓生釋爲"圖",于省吾從之。⑧ 楊樹達讀"啚"爲"鄙",釋爲"國","鄙于衛"所言即"封康叔於

---

① 吳鎮烽編著:《商周青銅器銘文暨圖像集成(第五卷)》,395 頁。"逑"字,吳鎮烽釋爲"逨",此處從湯餘惠説,隸定爲"逑",參見湯餘惠《讀金文瑣記(八篇)》,吉林大學古文字研究室編《中國古文字研究》第 1 輯,長春:吉林大學出版社,1999,58-66 頁。
② 克盉見於吳鎮烽編著《商周青銅器銘文暨圖像集成(第二十六卷)》,207 頁;叔公簋見於吳鎮烽編著《商周青銅器銘文暨圖像集成(第十卷)》,288 頁;麥尊見於吳鎮烽編著《商周青銅器銘文暨圖像集成(第二十一卷)》,313 頁。伯晨鼎見於吳鎮烽編著《商周青銅器銘文暨圖像集成(第五卷)》,350 頁。
③ 吳鎮烽編著:《商周青銅器銘文暨圖像集成(第四卷)》,286 頁。
④ 裘錫圭:《釋建》,《裘錫圭學術文集·金文及其他古文字卷》,上海:復旦大學出版社,2012,39-42 頁。
⑤ 常懷穎:《兩周考古:太保庸燕,越子徙樟,皆是吾土四方》,澎湃新聞,2022 年 6 月 18 日。
⑥ 黃懷信、張懋鎔、田旭東撰:《逸周書彙校集釋》,上海古籍出版社,2007,521 頁。
⑦ 方述鑫:《太保罍、盉銘文考釋》,《考古與文物》1992 年第 6 期。
⑧ 于省吾:《雙劍誃易經新證》,收入其著《雙劍誃尚書新證·雙劍誃詩經新證·雙劍誃易經新證》,北京:中華書局,2009,715 頁。

衛"。① 周永珍則認爲"啚"和"封"均指"康叔",是一名一字的關係。② 唐蘭讀"啚"爲"鄙",釋爲"邊境",義爲"命康侯在衛地防守邊境"。③ 彭裕商讀"啚"爲"圖",認爲"圖于衛"即"成王在衛地賜予康侯地圖"。④ 張桂光釋"啚"爲"圖",有"規劃""建設"之義。⑤ 李學勤釋"鄙"爲"劃定邊界"。⑥ 朱鳳瀚認爲"鄙"是"在邊域之地建城邑"之義。⑦ 劉光勝則直言"鄙於衛"爲在朝歌附近地區修建城邑駐軍。⑧ 那麼,"鄙"又當作何解呢？這可從當時的政治形勢得知。周人興起於西方,所以西北之地是周人的基礎,《牧誓》"八族"即庸、蜀、羌、髳、微、盧、彭、濮,就是武王伐紂依靠的力量。周人克商之後,所面對的問題多來自於東南,武王認爲掌控東南的主要方式之一就是營建東都,"營成周"之事雖然在成王時代完成,但實是武王的策劃,此點在《逸周書·度邑》和何尊中均可得到證明,特別是何尊的"隹(唯)珷王既克大邑商,則廷告于天曰：'余其宅兹中或,自之辥民'",明言"營成周"是武王的規劃。在此種政治形勢下,成王伐商邑歸來之後所實行的"誕命康侯啚于衛",也應該具備此方面的考量。"營成周"是"營建東都洛邑",則"啚于衛"或當理解爲"營建衛邑"爲宜。《尚書大傳》的"四年建侯衛"兼具"建衛"和"侯衛"兩層含義,可與沫司徒送簋對照。

其四,于薇在討論西周封建諸侯時曾指出周之封侯大致有"始封"和"徙封"兩種,于氏以爲二者的區別在於"始封"強調爵命,"徙封"強調城邑土地。⑨ 對於"徙封"強調城邑土地這一點,還特舉《詩·大雅·崧高》來證明。于氏云：

> 《詩經·大雅·崧高》記載周天子封申,命申伯遠赴南國謝地鎮守之事,詩云：
> 亹亹申伯,王纘之事。于邑于謝,南國是式。
> 王命召伯,定申伯之宅。登是南邦,世執其功。
> 王命申伯,式是南邦。因是謝人,以作爾庸。
> 王命召伯,徹申伯土田。王命傅御,遷其私人。
> 申伯之功,召伯是營。有俶其城,寢廟既成。既成藐藐,王錫申伯。
> 據詩文可知,在申伯赴申之前,是先派召伯提前去營城……封申之事雖然發生在西

---

① 楊樹達：《積微居金文説》,上海古籍出版社,2007,380-382頁。
② 周永珍：《釋康侯簋》,山西省文物局、中國古文字研究會、中華書局編輯部合編《古文字研究》第9輯,北京：中華書局,1984,295-303頁。
③ 唐蘭：《西周青銅器銘文分代史徵》,北京：中華書局,1986,28頁。
④ 彭裕商：《沬司徒送簋考釋及相關問題》,吉林大學古文字研究室編《于省吾教授百年誕辰紀念文集》,長春：吉林大學出版社,1996,80-84頁。
⑤ 張桂光：《沬司徒疑簋及相關問題》,安徽大學古文字研究室編《古文字研究》第22輯,北京：中華書局,2000,65-69頁。
⑥ 李學勤：《由清華簡〈繫年〉釋讀沬司徒疑簋》,《中國高校社會科學》2013年第3期。
⑦ 朱鳳瀚：《清華簡〈繫年〉所記西周史事考》,441-460頁。
⑧ 劉光勝：《"康丘之封"與西周封建方式的轉進》,《史學月刊》2019年第2期。
⑨ 于薇：《始封在廟與徙封在社：西周封建的儀式問題》,《歷史教學》2014年第2期。

周末年,封燕、封宜在成康之時,要早得多,但封重臣於遠地,就封之前先營城使其有居住之所乃是人之常情,周初與末年應該差別不大。①

于氏此説可從,申伯封於謝,乃是"徙封","徙封"强調城邑土地,於"徙封"之前營建城邑乃重臣遠封之常例。康叔封衛亦爲"徙封",在"徙封"之前營建衛邑,當爲應有之事。與封申不同的是此時的衛邑已被嚴重破壞,這一點於文獻有徵。《度邑》中武王曾言"我圖夷兹殷",何簋則有"惟八月公夷殷",此處的"夷"皆有"平""滅"之義。②《荀子·儒效》"武王崩,成王幼,周公屏成王而及武王以屬天下……殺管叔,虛殷國,而天下不稱戾焉"。③《左傳·定公四年》則記載封康叔"命以《康誥》,而封於殷虛"。④ 綜合上述材料可知,武王即有平滅殷之意,三監之亂後,周公曾"虛殷國",也就是"毀壞殷之國都",而"衛"作爲殷都的中心地帶,亦會遭受很大的破壞,至封康叔時,殷都已成廢墟,若要封康叔,則需對城池進行修繕,實際上這也是在爲"誥衛"做準備。

綜上,出於封侯及屏周等諸多考量,周公乃命康叔築城於衛,營洛之際,衛邑修建完畢,周公便舉行"誥衛"之禮。若"建侯衛"的"建"包含有"築城"之義,"建侯衛"與"營成周"又都以穩固周人對於東南的統治爲目的,就能夠理解爲什麽"封衛"於卜洛之前,而真正的"誥衛"在營洛之際,因爲中間有"營建衛邑"之事。正是由於"營建衛邑"的存在,使得"封康侯於衛"經歷了由"侯衛"到"建衛",再到"誥衛"的過程,如此便可調和《康誥》篇首的四十八字與"四年建侯衛"以及"五年營成周"之間的矛盾。清華簡《繋年》的"乃先建衛,叔封于康丘,以侯殷之餘民,衛人自康丘遷于淇衛"也間接證明了林之奇説的可信性。

附記 感謝陳松長教授悉心審閱、修訂拙文。另匿名審稿專家曾對小文提出寶貴意見,謹此致謝!

---

① 于薇:《始封在廟與徙封在社:西周封建的儀式問題》,《歷史教學》2014 年第 2 期。
② 李學勤:《何簋與何尊的關係》,收入其著《三代文明研究》,北京:商務印書館,2011,80-83 頁。
③ [清]王先謙:《荀子集解》,北京:中華書局,1988,114 頁。
④ [晉]杜預注,[唐]孔穎達等正義:《春秋左傳正義》卷五四,[清]阮元校刻《十三經注疏》,2135 頁。

清華簡《四告一》與周代官僚選用*

□ 清華大學人文學院　刁俊豪

内容提要 反映周初史事的清華簡《四告》第一篇中"硈士弟男,僉厥元良,以傅輔王身"當讀爲"效士第男,僉厥元良,以傅輔王身",意爲校考士、男,進用其中的元良者,來佐助成王。《舜典》"惇德允元,而難任人"的"允"也當訓爲進用,均可見進賢遠佞的觀念。雖然該篇禱告對象是皋繇,但周公其實希望皋繇能全方面護佑成王立政,選拔的官僚實爲一般的官僚。結合《皇門》與《立政》,該篇可見周公在東征結束後安排官僚,并在歸政前後勸誡成王繼續做好立政工作的歷程,周公在周初政治中確實起到了重要的過渡作用,而周代君臣關係也由此正式確立。

關鍵詞 清華簡　《四告》　《立政》　允　選賢

新近公布的清華簡《四告》具有較高的文獻價值,學者圍繞其内涵和結構展開了諸多討論。[①] 其中,第一篇周公禱辭(簡稱《四告一》)記載了一些周初的史事,頗有助於了解周代官僚選用的情況。由此出發,一些文句也可得到新解。

一　《四告一》"硈士弟男,僉厥元良,以傅輔王身"補説

《四告一》反映的周公施政具體内容,主要是簡8-10,爲討論方便,今暫且按整理者的意

---

* 本文爲清華大學自主科研計劃"清華簡書類文獻與商周金文合證"(2021THZWJC21)階段性成果。
① 清華大學出土文獻研究與保護中心編,黃德寬主編:《清華大學藏戰國竹簡(拾)》,上海:中西書局,2020,109頁;趙平安:《清華簡〈四告〉的文本形態及其意義》,《文物》2020年第9期;程浩:《清華簡〈四告〉的性質與結構》,《出土文獻》2020年第3期;馬楠:《〈尚書·立政〉與〈四告〉周公之告》,《出土文獻》2020年第3期。

見,將其内容大致寬式隸定如下:

> 我亦永念天威,王家無常,周邦之無綱紀,畏聞喪文武所作周邦刑法典律,用創興立謀惟猷,淵祚繇繹,祑(效)士弟(穎)男,夋(允)厥元良,以傅輔王身,咸作左右爪牙,用經緯大邦周。

其中"夋厥元良"頗值得注意。整理者讀夋爲允,意爲"誠信、誠實"。并引《舜典》"夙夜出納朕命,惟允"爲證,① 還認爲"元良"是賢士的泛稱,② 揆其義,則允當爲使動用法,該句或可翻譯作"使其元良者誠信",如此理解較爲怪異,既是賢士,似無必要誠信之。蔡偉先生則讀夋爲羧,從《説文》訓爲"進",③ 此外,侯乃峰先生認爲羧當是焌字,讀爲選。④ 二説意近,均認爲夋義爲選用、進用,如此理解較爲直接,且"夋厥元良"與"進厥虎臣"(《詩經・大雅・常武》)正可對看,⑤ 清華簡《殷高宗問於三壽》"元哲并進"與僞古文尚書《君陳》"進厥良"也可對讀。⑥

"夋"字并非衹出現這一次,還見於清華簡《説命下》"小臣罔夋在朕服,余惟命汝説融朕命"句,整理者讀爲"俊"或"駿",并引《尚書・文侯之命》"罔或耆壽俊在厥服"作爲論據,⑦ 有一定道理。筆者認爲此句還可與《盤庚》"由乃在位,以常舊服正法度"對看,⑧ "服"對應"位",而"夋"對應"由","由"常訓爲進用,相應地,"夋"也當讀爲允,訓爲進,此句可見武丁感慨没有小臣進用在職位,孤苦伶仃,自然地引出下文"余惟命汝説融朕命"。與此類似,《文侯之命》"罔或耆壽俊在厥服"的"俊"也當訓爲進,曾運乾先生即持此説,譯此句爲"罔有老成人登進在位者"。⑨ 如此理解可與後文"曰惟祖惟父其伊恤朕躬"恰好形成對照,⑩ 貼合了周王希望有賢人輔佐的主旨。總之,"夋"讀爲羧,訓爲進用,可能是"書類文獻"的一個用字習慣,由此可見《四告一》中的"夋厥元良"確當訓讀爲"進厥元良",義爲進用賢良者。

"夋厥元良"其實承接"祑士弟男",後者的解讀也可極大幫助理解前者的句義。後句關

---

① [漢]孔安國傳,[唐]孔穎達等正義:《尚書正義》卷三《舜典》,[清]阮元校刻《十三經注疏》,臺北:藝文印書館,2001,47頁。
② 清華大學出土文獻研究與保護中心編,黄德寬主編:《清華大學藏戰國竹簡(拾)》,114頁。
③ 蔡偉:《説清華簡〈四告〉"允厥元良"之"允"》,收入其著《古文獻叢札》,新北:花木蘭文化事業有限公司,2022,34-37頁。
④ 侯乃峰:《清華簡〈四告〉篇字詞筆釋》,西南大學出土文獻綜合研究中心、西南大學漢語言文獻研究所主辦《出土文獻綜合研究集刊》第13輯,成都:巴蜀書社,2021,28頁。
⑤ [漢]毛亨撰,[漢]鄭玄箋,[唐]孔穎達正義:《毛詩正義》卷一八《常武》,[清]阮元校刻《十三經注疏》,693頁。
⑥ 清華大學出土文獻研究與保護中心編,李學勤主編:《清華大學藏戰國竹簡(伍)》,上海:中西書局,2015年,151頁。
[漢]孔安國傳,[唐]孔穎達等正義:《尚書正義》卷一八《君陳》,[清]阮元校刻《十三經注疏》,274頁。
⑦ 清華大學出土文獻研究與保護中心編,李學勤主編:《清華大學藏戰國竹簡(叁)》,上海:中西書局,2012,128、129頁。
⑧ [漢]孔安國傳,[唐]孔穎達等正義:《尚書正義》卷九《盤庚上》,[清]阮元校刻《十三經注疏》,127頁。
⑨ 曾運乾:《尚書正讀》,北京:中華書局,2015,293頁。參見楊善群《周代選卿制度的演變及其原因探討》,上海市歷史學會編《中國史論集》,上海市歷史學會年會,1986,2頁。
⑩ [漢]孔安國傳,[唐]孔穎達等正義:《尚書正義》卷二〇《文侯之命》,[清]阮元校刻《十三經注疏》,310頁。

鍵在"㩴"字,侯乃峰先生認爲字形當來源於秦公簋銘文中的"𥬯",將"士弟男"理解爲名詞并列的結構,讀"㩴士弟男"爲"鄙士弟男"。① 其實,該字字形確从不从充,不煩他解,三個字并列的辭例也較罕見。蔡偉先生則讀爲"招",但㩴還見於同篇"㩴命于周",在此句中讀爲"效",完全合理,相應地,在"㩴士弟男"中也當讀爲"效",整理者之説可從。② 可爲輔證的是《説苑·尊賢篇》"時進善者百人,教士者千人,官朝者萬人"中"進善者""教士者""官朝者"均爲動賓結構,③"教""效"相通,④"教士者"即"效士者"。略可修正的是"效"字的具體訓解,爬梳可見,《尚書·梓材》也有類似語境的"效"字,即"王其效邦君越御事",⑤王引之引《廣雅》"效,考也"認爲"效"當爲校考義,⑥有理,筆者認爲此處的"效"也當義爲校考。

再看"弟"字,整理者與蔡偉先生均理解爲動詞,有理。具體來看,整理者讀爲"鬀",確有書證支持,但略顯迂曲,蔡先生則讀爲"第",義爲品第、評定,⑦如此正和校考義的"校"義近,更可信從,因此"㩴士弟男"當讀爲"效士第男",即"效第士男",義爲考察士、男。可見,該句與考察選拔官員密切相關,那麽後句"叀厥元良"也應與此類似,則訓叀爲進用,也頗爲允洽,前後兩句可謂周公選拔人才的兩個步驟。

周代尚有一些反映"選賢"觀念的材料,也可佐證上文的論證。清華簡《芮良夫毖》"恂求有才,聖智勇力。⑧ 必探其度,⑨以貌其狀,⑩身與之語,以求其上",⑪芮良夫此言意在勸誡諸臣進賢才,從而通過一系列考察來"求其上"。⑫《禮記·王制》也提到"凡官民材,必先論之。論辨然後使之,任事然後爵之,位定然後禄之",⑬之後又具體指出"司徒論選士之秀者

---

① 侯乃峰:《清華簡〈四告〉篇字詞箋釋》,28 頁。
② 清華大學出土文獻研究與保護中心編,黄德寬主編:《清華大學藏戰國竹簡(拾)》,114 頁。
③ [漢]劉向撰,向宗魯校證:《説苑校證》卷八《尊賢篇》,北京:中華書局,1987,187 頁。
④ 參見白於藍《簡帛古書通假字大系》,福州:福建人民出版社,2017,220 頁。
⑤ [漢]孔安國傳,[唐]孔穎達等正義:《尚書正義》卷一四《梓材》,[清]阮元校刻《十三經注疏》,212 頁。
⑥ [清]王引之撰,虞思徵、馬濤、徐煒君校點:《經義述聞》卷四,上海古籍出版社,2018,218 頁。
⑦ 蔡偉:《試説清華簡〈四告〉之"㩴士弟男"》,收入其著《古文獻叢札》,32—34 頁。
⑧ 曹方向、陳偉武等先生讀爲"勇",有理。參見曹方向《清華簡三〈芮良夫毖〉初讀》(網名"魚游春水"),簡帛網,2013 年 1 月 5 日;陳偉武《清華簡〈周公之琴舞〉與〈芮良夫毖〉零札》,清華大學出土文獻研究與保護中心編《清華簡研究》第 2 輯,上海:中西書局,2015,20 頁。
⑨ 整理者原讀爲"宅",此從王瑜楨、寧鎮疆等先生釋讀,與"志"類似,訓爲謀或意度。參見王瑜楨《清華大學藏戰國竹簡(叁)·芮良夫毖》釋讀》,李學勤主編《出土文獻》第 6 輯,上海:中西書局,2015,188 頁;寧鎮疆《早期"官人"之術的文獻源流與清華簡〈芮良夫毖〉相關文句的釋讀問題》,李學勤主編《出土文獻》第 13 輯,上海:中西書局,2018,97—110 頁。
⑩ 從陳劍先生改釋爲"暴"字異體,讀爲"貌"。參見陳劍《〈清華簡〉(伍)與舊説互證兩則》,復旦大學出土文獻與古文字研究中心網站,2015 年 4 月 14 日。
⑪ 清華大學出土文獻研究與保護中心編、李學勤主編《清華大學藏戰國竹簡(叁)》,上海:中西書局,2012,145 頁。
⑫ 此句關乎早期"官人"之術和選賢觀念,相關闡釋參見寧鎮疆《早期"官人"之術的文獻源流與清華簡〈芮良夫毖〉相關文句的釋讀問題》,97—110 頁;寧鎮疆《由清華簡〈芮良夫毖〉之"五相"論西周亦"尚賢"及"尚賢"古義》,《學術月刊》2018 年第 6 期;寧鎮疆、朱君傑《由楚簡〈鮑叔牙與隰朋之諫〉篇的"考志"説到文王官人》,《史林》2020 年第 3 期。
⑬ [漢]鄭玄注,[唐]孔穎達正義:《禮記正義》卷一一,[清]阮元校刻《十三經注疏》,224 頁。

而升之學,曰俊士。升於司徒者,不征於鄉;升於學者,不征於司徒,曰造士","大樂正論造士之秀者以告於王,而升諸司馬,曰進士","司馬辨論官材,論進士之賢者以告於王,而定其論。論定然後官之,任官然後爵之,位定然後禄之"。① 司徒、大樂正、司馬均要辨别論定候選者的才能,進而將其中的"秀者""賢者"向上推薦,告於王。一般認爲該篇編撰成篇於漢文帝時期,但應當依據了戰國儒家禮學諸説,對現實制度有一定程度的反映。② 這些論述均與《四告一》"俟(效)士弟(第)男,贠厥元良"所論一致,對讀也可見後者語義遞進,并不重複。③

總之,"俟士弟男,贠厥元良,以傅輔王身"當讀爲"效士第男,贠厥元良,以傅輔王身",顯示周公廣泛論定人才,并選進其中的元良者來作成王身邊的輔臣。

二 《舜典》"惇德允元,而難任人"新解

如上所述,"俟(效)士弟(第)男,贠厥元良"本身體現了進賢的觀念,由此出發,一些材料也可有新解。

《舜典》有"惇德允元,而難任人"句,④司馬遷譯述作"行厚德,遠佞人",⑤以"行厚德"譯"惇德",以"遠佞人"譯"難任人",似未解釋"允元",僞《孔傳》則解作"厚行德,信使足長善",⑥但"惇德""允元"結構一致,應統一作解,蘇軾即解作"惇厚其德,信用善人",⑦林之奇進一步解作"蓋進德而用之也。德者,有德也。元者,善人也"。⑧ 蔡沈也指出"德,有德之人也。元,仁厚之人也"。⑨ 可見學者一般認爲該句與選進賢能有關,那麼其中的"允"當可讀爲"贠厥元良"的"贠",訓爲"進",這正與後文"難任人"(遠佞人)相對比,從正反兩面闡述了進賢遠佞之義。⑩

清華簡《殷高宗問於三壽》"效純宣獻"也與此相關,⑪整理者訓"效"爲"至",訓"純"爲

---

① 〔漢〕鄭玄注,〔唐〕孔穎達正義:《禮記正義》卷一三,〔清〕阮元校刻《十三經注疏》,256-259頁。
② 參見劉起釪《尚書學史》(訂補修訂本),北京:中華書局,2017,41頁。
③ 前文"繇繹",馬楠先生也讀爲"由繹",即《尚書·立政》"克由繹之",指選拔人才,筆者認爲可能是總括之辭。參見馬楠《〈尚書·立政〉與〈四告〉周公之告》,《出土文獻》2020年第3期。
④ 〔漢〕孔安國傳,〔唐〕孔穎達等正義:《尚書正義》卷三《舜典》,〔清〕阮元校刻《十三經注疏》,43頁。
⑤ 《史記》卷一《五帝本紀》,北京:中華書局,2014,45頁。
⑥ 〔漢〕孔安國傳,〔唐〕孔穎達等正義:《尚書正義》卷三《舜典》,〔清〕阮元校刻《十三經注疏》,43頁。
⑦ 〔宋〕蘇軾:《書傳》卷二,文淵閣《四庫全書》本,臺北:臺灣商務印書館,1983,第54册,496頁。
⑧ 〔宋〕林之奇撰,陳良中校:《尚書全解》,北京:人民出版社,2019,43頁。
⑨ 〔宋〕蔡沈集傳,王豐先點校:《書集傳》,北京:中華書局,2018,18頁。參見周秉鈞《尚書易解》,長沙:岳麓書社,1984,33頁;鄔可晶《〈尹至〉"惟蔑虐德暴疆亡典"句試解》,收入其著《戰國秦漢文字與文獻論稿》,上海古籍出版社,2020,165-166頁。
⑩ 進賢元佞能使四方咸服的觀念還見於《鹽鐵論·論誹》"舜任鯀、驩兜,得舜、禹而放殛之以其罪,而天下咸服,誅不仁也"。參見王利器校注《鹽鐵論校注》,北京:中華書局,1992,300頁。
⑪ 清華大學出土文獻研究與保護中心編,李學勤主編:《清華大學藏戰國竹簡(伍)》,151頁。

"壹"。① 其實,"純"在金文中多用作嘏辭,訓作大、全、善、美,②又可指代具備這種品德的人,如《尚書·君奭》"純佑秉德",③筆者認爲"效純宣獻"的"純"也當指代有善德之人,"效純"即進純,這與前文"惠民由任"的"由任"也義近,④馬楠先生即解作用高才之義,⑤甚確。不難得見,選賢與用賢關係頗爲密切,體現"用賢"的材料更多,如《小雅·十月之交》"四國無政、不用其良",毛傳"天子不用善人"。⑥《左傳》僖公二十四年"弃嬖寵而用三良"。⑦ 清華簡《子産》"臣人非所能不進",⑧《國語·晉語》"用良""用四方之賢良",⑨均可與《四告一》"貪厥元良"并觀,可見周朝選賢用賢的風尚。

三 由《四告一》看周代設官的其他方面

《四告一》不僅體現了周代選賢用賢的風尚,也可由此探討周初政府官員規模的相關情況。

《立政》可見文王、武王立政之法:"立政:任人、准夫、牧,⑩作三事;虎賁、綴衣、趣馬、小尹、左右攜僕、百司庶府;大都小伯、藝人、表臣百司;太史、尹伯、庶常吉士;司徒、司馬、司空、亞、旅;夷微盧烝,三亳阪尹。"⑪顧頡剛先生指出,此時"雖没有系統的編制,而由内及外,次序秩然,也可以推測周初的政府組織是相當嚴密的"。⑫而商周之際有周的力量以同姓之族爲主,當即《皇門》所見的"朕遺父兄眔朕蓋臣",⑬這是周公政治安排的基礎和前提。

回到《四告一》周公所言的具體語境,"效士第男,貪厥元良"列於"我亦永念天威"後,而大背景是東征的順利結束,周公思慮長遠,希望王朝永固,因此極力促成由"亂"到"治"的轉

---

① 清華大學出土文獻研究與保護中心編,李學勤主編:《清華大學藏戰國竹簡(伍)》,158頁。
② 徐中舒:《金文嘏辭釋例》,《"中研院"歷史語言研究所集刊》第6本第1分,1936,29-32頁;[明]姚旅:《露書》卷一《核篇上》,福州:福建人民出版社,2008,19頁。
③ [漢]孔安國傳,[唐]孔穎達等正義:《尚書正義》卷一六《君奭》,[清]阮元校刻《十三經注疏》,247頁。
④ 清華大學出土文獻研究與保護中心編,李學勤主編:《清華大學藏戰國竹簡(伍)》,151頁。
⑤ 馬楠:《清華簡第五册補釋六則》,李學勤主編《出土文獻》第6輯,227-228頁。
⑥ [漢]毛亨撰,[漢]鄭玄箋,[唐]孔穎達正義:《毛詩正義》卷一二《十月之交》,[清]阮元校刻《十三經注疏》,407頁。
⑦ [晉]杜預注,[唐]孔穎達等正義:《春秋左傳正義》卷一五,[清]阮元校刻《十三經注疏》,257頁。
⑧ 清華大學出土文獻研究與保護中心編,李學勤主編:《清華大學藏戰國竹簡(陸)》,上海:中西書局,2016,137頁。
⑨ 徐元誥撰,王樹民、沈長雲點校:《國語集解》,北京:中華書局,2002,315、361頁。
⑩ 張利軍先生疑有錯簡,改爲"立政:立事、准人、牧夫"。參見張利軍《西周五服制的國家形態與國家治理》,《古代文明》2021年第2期,41頁。
⑪ [漢]孔安國傳,[唐]孔穎達等正義:《尚書正義》卷一七《立政》,[清]阮元校刻《十三經注疏》,262頁。
⑫ 顧頡剛:《"周公制禮"的傳説和〈周官〉一書的出現》,《文史》第6輯,北京:中華書局,1979,2頁。
⑬ 清華大學出土文獻研究與保護中心編,李學勤主編:《清華大學藏戰國竹簡(壹)》,上海:中西書局,2010,164頁。按:"蓋"字説解參見俞樾《群經平議》卷一一,《續修四庫全書》,上海古籍出版社,2002,第178册,168頁;馬楠《〈詩毛傳〉指瑕四則》,《中國經學》第16輯,桂林:廣西師範大學出版社,2016,99-100頁;清華大學出土文獻讀書會《清華六整理報告補正》,清華大學出土文獻研究與保護中心網站,2016年4月16日。

變,這與《皇門》的背景頗爲類似,朱鳳瀚先生就後者指出周公此時的"重點已由平叛、救亂、處理東方之事,轉向治理朝政。此篇誥辭應是治理朝政過程中所發布"。[1] 具體來看,當時一些王臣的作爲也頗值得關注,朱鳳瀚先生指出《皇門》的發布原因正是一些王臣"嚴重影響王朝政治與國家之安寧"。[2] 不僅如此,東征結束後,召公自認爲已完成使命,以至於周公又作《君奭》來挽留。[3]

正是在這種背景下,周公纔極力勸勉臣子明德,并推薦"元聖武夫"一起來共助周邦,并毅然大力舉薦了一批"士"來服務周王和周邦,寧鎮疆先生最近指出"西周的'士'稱一則表明其時人才之衆,二則又表明其中確有不少是出身異族或係被征服過來者"。[4] 筆者認爲《四告一》周公選用範圍的"士"也可如此解釋,其中有相當一部分是歸順的異族之人,這些"士"能被周公選用,可見周公戡亂效果極佳,甚至能及時吸收那些異姓貴族,擴大統治基礎,殷遺多士可能祇是其中的一部分。而且作爲周公"經緯大邦周"的重要舉措,選用一些臣服的異族之士來佐助成王,不僅體現了周公高超的政治統御能力,也體現了周政權的開放性。探後言之,《康誥》《洛誥》中的"百工",一般理解爲"百官",[5] 由此可見當時周公所立官員的規模。

而《四告一》與官職有關的文字尚不止此,後文周公禱告皋繇之辭也指出"惟作立政立事,百尹庶師,俾助相我邦國,和我庶獄庶慎,阱用中型",[6] 學者均指出這與《立政》選任三俊等職官密切相關,但尚不深入。先看兩篇反映的時代。馬楠先生認爲《四告一》是周公"還政成王之後的口吻"。[7] 但從周公能召集群臣來看,仍掌握王朝實權,成王仍爲需要極力呵護的對象,尤其是"眔余和協"句明確可見周公爲主的實際地位,這與《立政》"予旦已受人之徽言咸告孺子王矣"語氣完全不同。[8] 因此從具體反映的史事來看,《四告一》當早於《立政》,兩者分別反映周公還政前、後事。

學者還注意到兩篇內容在選用官員的同時均特別強調刑獄,這其實牽涉《四告一》中周

---

[1] 朱鳳瀚:《讀清華簡〈皇門〉》,收入其著《甲骨與青銅的王朝》,上海古籍出版社,2022,921頁。
[2] 朱鳳瀚:《讀清華簡〈皇門〉》,920頁。
[3] 《君奭》篇的具體背景,學者討論不一,筆者傾向於蔡沈的看法。參見洪國樑《尚書〈君奭〉篇旨探義》,《經學文獻研究集刊》第24輯,上海書店出版社,2020,16-29頁;蔡沈撰,王豐先點校《書經集傳》,北京:中華書局,2019,234頁;拙文《"受殷命"到"保大命":由〈尚書〉"敉"字談周代的政治演進》(未刊稿)。
[4] 寧鎮疆:《由西周"士"稱內涵說叔虞方鼎器主非成王之弟》,《第三屆商周青銅器與先秦史研究青年論壇論文集》,西南大學,2021年。
[5] 〔漢〕孔安國傳,〔唐〕孔穎達等正義:《尚書正義》卷一四《康誥》,〔清〕阮元校刻《十三經注疏》,200頁;〔漢〕孔安國傳,〔唐〕孔穎達等正義:《尚書正義》卷一五《洛誥》,〔清〕阮元校刻《十三經注疏》,226頁。
[6] 清華大學出土文獻研究與保護中心編,黃德寬主編:《清華大學藏戰國竹簡(拾)》,111頁。
[7] 馬楠:《〈尚書·立政〉與〈四告〉周公之告》,《出土文獻》2020年第3期。
[8] 〔漢〕孔安國傳,〔唐〕孔穎達等正義:《尚書正義》卷一七《立政》,〔清〕阮元校刻《十三經注疏》,264頁。

公祭禱皋繇的原因,趙平安先生指出"皋繇曾經做過司慎",①"周公之所以告皋繇,應和皋繇長期擔任掌管刑罰的'士師'有關。周公希望掌管刑罰的最高權威能理解他、護佑他,希望藉由皋繇的支持能够更果斷更有效地行使權力"。② 馬楠先生也認爲周公因此而"祈求皋繇俊保成王,不要敗壞'文武所作周邦刑法典律'",并進一步認爲兩篇均在告誡成王選任三俊,執掌司法刑獄并刑法平正。③ 程浩先生則指出"皋繇既爲天帝身邊的司神,其受周公之祭,正合乎古禮",但又進一步指出周公因擔心商奄祖先皋繇責讓、作祟而禱告。④ 現在看來,趙先生雖然認爲周公代表周王朝,但落實到文義上,仍認爲該篇與周公個人關係更爲密切,程浩先生説法類似。如前所述,周公確掌握實際權力,這從周公能"會邦君、諸侯、大正、小子、師氏御事,箴告孺子誦"也可得見,因此周公確代表周王朝,則禱告也應立足於周王朝而言。具體來看,馬先生將所引"文武所作周邦刑法典律"視作刑法有關的典律,但其實該句與前文"周邦之無綱紀"的假設和商末"顛覆厥典"的話語互成對比,所指當較爲寬泛。文王爲後世立法,自然括總各個方面,《詩經》也有"文王之典",鄭箋"常道也"。⑤ 自然,《四告》"文武所作周邦刑法典律"也不僅僅是刑典,程浩先生稱作"制度",⑥甚是。此外,學者均與傳世文獻所見皋繇作士的材料聯繫,確有一定道理,但羅新慧先生據《皋陶謨》和上博簡《容成氏》等材料指出"皋陶的身份最初并非僅爲主刑獄之官",⑦這在《四告一》也有顯明體現,皋繇"受命天丁辟子司慎"這一全稱祇出現過一次,之後周公均以"天尹"稱之,其實是將皋繇看作"全能型"的天神來看待,"司慎"或爲皋繇在天庭兼管的職務。更爲重要的是周公稱美皋繇時點出了皋繇輔佐夏邦的事迹,結合清華簡《厚父》可見皋繇其實是全方面輔佐夏邦,《厚父》甚至并未強調皋繇掌管刑法的職責。而從《四告一》文本來看,周公禱告的内容也并非祇有"庶獄庶慎",重點其實也在希望皋繇能護佑成王建官立政,而"庶獄庶慎"其實是兼管之責。類似地,《立政》中的"庶言""庶獄""庶慎"其實也祇是"吉士"或"常人"的一部分事務,并非全部事務。

細審之,長官兼管刑獄可謂周人的一大特色。先周時期,史載周文王斷虞、芮之訟,《史記·周本紀》還指出"諸侯皆來決平"。⑧ 可見能決平爭訟是文王道德廣被的重要體現。而

---

① 趙平安:《"司慎"考——兼及〈四告〉"受命""天丁""辟子"的解釋及相關問題》,武漢大學簡帛研究中心主辦《簡帛》第24輯,上海古籍出版社,2022,25-31頁。
② 趙平安:《清華簡〈四告〉的文本形態及其意義》,《文物》2020年第9期。
③ 馬楠:《〈尚書·立政〉與〈四告〉周公之告》,《出土文獻》2020年第3期。
④ 程浩:《清華簡〈四告〉的性質與結構》,《出土文獻》2020年第3期。
⑤ 參見[漢]毛亨撰,[漢]鄭玄箋,[唐]孔穎達正義《毛詩正義》卷一九《維清》,[清]阮元校刻《十三經注疏》,710頁;[漢]毛亨撰,[漢]鄭玄箋,[唐]孔穎達正義《毛詩正義》卷一九《我將》,[清]阮元校刻《十三經注疏》,717頁。
⑥ 程浩:《清華簡〈四告〉的性質與結構》,《出土文獻》2020年第3期,25頁。
⑦ 羅新慧:《士與理——先秦時期刑獄之官的起源與發展》,《陝西師範大學學報(哲學社會科學版)》2010年第5期。
⑧ 《史記》卷四《周本紀》,152頁。

到了西周時期,金文還可見周王在册命臣子時,或在最後提及"訊訟",如畯簋銘文(《銘圖》①05386)"軝(總)司西偏司徒,②訊訟",從結構來看,"總司西偏司徒"當是畯的本職工作,而"訊訟"則爲兼管的工作。清華簡《攝命》也可見攝不僅要出入王命,還要負責刑獄事務,且"四方小大邦越御事庶百有告有脊(慎)"的表達也可見"有告有脊(慎)"是諸官職的分内之事。③ 因此《四告一》中所言立政之官并非專管刑獄,而是兼管刑獄。④ 而《立政》其實在强調"刑"的同時,也强調"德",這與《康誥》中誥康叔的内容可謂一脈相承,其目的均爲長期保民而有天下。總之,"上古刑罰起源之時,并不存在職官系統。刑獄之事大多由最高統治層兼管"。⑤ 學者進一步指出"周人開創了中國延續三千年的傳統,即政治權威和司法權力的兩位一體"。⑥ 甚是,《四告一》其實是這一傳統在早期的生動體現。

因此,《四告一》周公禱告皋繇并非僅僅出於皋繇"司慎"職官的考慮,因此提及的職官也并非專管刑獄,周公其實是希望皋繇像輔佐夏朝之啓一樣護佑周朝之成王立政,這與《立政》《康誥》的理路一致。周公在多個儀式性場合强調刑獄,其實某種程度上反映周初官僚系統尚未完全成熟。

綜上,結合《皇門》《立政》,《四告一》其實正體現了周公攝政後期建立職官,作必要的政權過渡,進而希望成王也能做好全方面設官工作的歷程。進一步看,建立王與臣關係的關鍵在於周王對臣子的任命,則西周時期君臣關係的正式確立當在成王親政時,而周公其實爲此作了必要的準備和過渡工作。最近,程浩先生指出"周王要求王臣'盡付畀余一人',其實質就是君主對臣子的人身捆綁",而臣子一般也有附屬初命王的觀念,⑦這一切當肇端於此,并在後代不斷得到强化。

小結

總之,"俅士弟男,愙厥元良,以傅輔王身"當讀爲"效士第男,愙厥元良,以傅輔王身",顯示周公廣泛論定人才,并選進其中的元良者來作成王身邊的輔臣,這反映了周代尚賢的風

---

① 吴鎮烽主編:《商周青銅器銘文暨圖像集成》,上海古籍出版社,2012。簡稱"《銘圖》"。
② 何炳棣、劉雨:《"夏商周斷代工程"基本思路質疑:古本〈竹書紀年〉史料價值的再認識》,《何炳棣思想制度史論》,臺北:聯經出版事業股份有限公司,2013,126頁;李學勤:《由沂水新出盂銘釋金文"總"字》,李學勤主編《出土文獻》第3輯,上海:中西書局,2012,119-121頁。
③ 清華大學出土文獻研究與保護中心編,李學勤主編:《清華大學藏戰國竹簡(捌)》,上海:中西書局,2018,109-120頁。
④ 《立政》篇末所謂"司寇"官職當晚至兩周之際方建立。參陳絜、李晶《夆季鼎、揚簋與西周法制、官制研究中的相關問題》,《南開學報(哲學社會科學版)》2007年第2期。
⑤ 羅新慧:《士與理——先秦時期刑獄之官的起源與發展》,《陝西師範大學學報(哲學社會科學版)》2010年第5期。
⑥ 李峰:《西周的政體:中國早期的官僚制度和國家》,北京:生活·讀書·新知三聯書店,2010,243頁。
⑦ 程浩:《西周王臣附屬初命王的觀念與君臣彝倫的重建》,《史學月刊》2022年第8期。

氣,寫定於周代的《舜典》"惇德允元,而難任人"也可并觀,其中的"允元"也義爲進用賢人。《四告一》雖然禱告對象是在天廷兼任司慎的皋繇,但其實與《立政》一致,均强調一般性的官職任用,祇不過官員一般都兼管司法相關工作。通觀前後文,該篇體現了周公在周朝由亂到治過程中舉薦人才進而希望成王繼續做好相關工作的歷程,由此可見周公在周初的過渡作用,正是在此基礎上,西周的君臣關係正式確立,并在後世不斷得到發展和强化。

附記 論文修改得到趙平安、石小力、李舉創、周秦漢、劉曉晗等師友的指正,又承蒙匿名審稿專家見示修改意見,謹致謝忱!

看校補記 季旭昇先生在北京師範大學2022年12月舉辦的一個會議上提交了《清華拾〈四告〉簡8-9試解》,文章將"硋"讀爲"校",義爲考核,讀"男"爲"能",讀"夋"爲"遂",將"硋士弟男,遂厥元良,以傅輔王身"解爲"考察士人,評定其才能,進用其最優秀的,以輔佐君王"。文章還指出"文武所作周邦刑法典律"應解釋爲文武的"典範規紀","内涵包括'明德',也包括'慎罰'",所論均與拙文大義類似,不敢掠美,謹記於此,請讀者參考。

清華簡《耆夜》的保存流傳與戰國楚地的詩樂教育*

□ 清華大學出土文獻研究與保護中心　王逸清

内容提要　清華簡《耆夜》中所記載的四首佚詩與傳世毛詩中的雅詩密切相關,與飲至典禮的情境相合,第四首詩《明明上帝》和前三首詩的微妙區別與篇中獻酬者身份地位轉換也相互對應,體現了《耆夜》文本順暢的内在邏輯。《耆夜》中的《蟋蟀》詩與傳世本毛詩《唐風·蟋蟀》篇名一致,内容重合度較高,詩旨相合,都在微戒"好樂毋荒",二者間的區別可能來自不同的保存與流傳路徑。將清華簡本、安大簡本與傳世本相比照,可知戰國時期結集本《詩》的基本形態已具,但仍存在包括篇次、章序以及異文在内的諸多不同;而清華簡《耆夜》可能與儒家傳本無關,屬於淵源有自的貴族教本,其文本内容與形態展示了戰國楚地貴族詩樂教育的一些特色。

關鍵詞　清華簡《耆夜》　《唐風·蟋蟀》　雅詩　興

　　《清華大學藏戰國竹簡》第壹輯曾公布一篇内容爲西周初年王室重要成員宴飲賦詩的文獻,因第十四支簡簡背寫有自名《郘夜》,整理者隸定并最終將其命名爲《耆夜》。[①] 作爲一篇此前傳世與出土材料中未曾聞見的簡書佚籍,《耆夜》篇内涵豐富,涉及伐耆史事、飲至典禮以及周公賦詩等重要内容,因此引發了研究者們極大的興趣。從發現之日起,對其文字訓

---

* 本文爲國家社會科學基金重大項目"清華簡與儒家經典的形成發展研究"(16ZDA114)的階段性成果。
① 李學勤主編:《清華大學藏戰國竹簡(壹)》,上海:中西書局,2010,149頁。

釋、文獻性質以及文學與史學價值等相關問題的討論就未曾中斷，[1]不過即便如此，也仍存在對《耆夜》篇及其中《蟋蟀》一詩繼續探索與挖掘的空間，尤其是在安大簡《詩經》正式發表，提供了又一戰國時代流傳的《蟋蟀》詩版本之後。

一 《耆夜》中的"飲至"禮與四首佚詩

《耆夜》開篇首先簡要叙述了伐耆後賓主等人飲酒太室的情境，文本主體則是由五篇詩作構成的。從内容上看，《耆夜》對"飲至"典禮的記載，與傳世文獻的相關記述有同有異。[2] 這導致一些研究者根據其中的不同判定竹簡爲僞。[3] 但面對這種差異，更多的學者嘗試指出其存在的客觀合理性，并探尋其產生的原因。[4] 雖然對該典禮儀節具體内容及細節原貌如何存在爭議，但其所描繪的正是見諸記載的"飲至禮"的實踐場景，是研究者們爲數不多的共識之一。《左傳·桓公二年》記載"凡公行，告于宗廟；反行，飲至、舍爵、策勳焉，禮也"。又《僖公·二十八年》"秋，七月丙申，振旅，愷以入于晉。獻俘授馘，飲至大賞，徵會討貳"。[5] 結合注疏文獻可知，這應是一系列相關的禮儀活動，而清華簡《耆夜》篇記述的主要是其中飲酒歡宴的部分。[6]

宴饗用詩，與《詩經》中的《小雅》部分有非常密切的關係，《儀禮》中的《鄉飲酒禮》與

---

[1] 在整理報告正式發布之前，李學勤先生已在其所作的幾篇文章中對《耆夜》篇作了簡要介紹，參見李學勤《清華簡〈耆夜〉》，《光明日報》2009 年 8 月 3 日第 12 版；李學勤《清華簡九篇綜述》，《文物》2010 年第 5 期。整理報告正式發表之後，關於《耆夜》文獻文本及文獻學、史學價值的討論大量涌現，2017 年之前的相關研究綜述可參見牛清波《清華簡〈耆夜〉研究述論》，《文藝評論》2017 年第 1 期。2017 年之後可參考的研究包括蔡先金《清華簡〈耆夜〉古小說與古小說家"擬古詩"》，《濟南大學學報（社會科學版）》，2017 年第 1 期；葉國良《清華簡〈耆夜〉的飲酒方式》，《中國經學》第 22 輯；張强、董麗梅《清華簡〈蟋蟀〉與〈唐風·蟋蟀〉之異同考》，《西北民族大學學報（哲學社會科學版）》2020 年第 5 期。
[2] 馬楠：《清華簡〈耆夜〉禮制小札》，《清華大學學報（哲學社會科學版）》2009 年第 5 期；陳致：《清華簡所見古飲至禮及〈耆夜〉中古佚詩試解》，李學勤主編《出土文獻》第 1 輯，上海：中西書局，2010，6-30 頁。
[3] 丁進：《清華簡〈耆夜〉篇禮制問題述惑》，《學術月刊》2011 年第 6 期。
[4] 曹建墩指出，本篇主旨并非是記載具體的飲至禮儀，故忽略了一些程式，僅僅是"文不備"的情況，參見曹建墩《清華簡〈耆夜〉篇中的飲至禮考釋二則》，復旦大學出土文獻與古文字研究中心網站，2011 年 9 月 15 日，又見羅運環主編，中國先秦史學會、清華大學出土文獻研究與保護中心、武漢大學中國地域文化研究所編《楚簡楚文化與先秦歷史文化國際學術研討會論文集》，武漢：湖北教育出版社，2013，282-290 頁；曹建墩《戰國竹書與先秦禮學研究》，北京：人民出版社，2018，159-168 頁。田旭東認爲此篇記録了西周初尚不周全完備的典禮內容，其重點并不在於典禮儀式中的過程與儀節，而是賦詩，參見田旭東《清華簡〈耆夜〉中的禮樂實踐》，《考古與文物》2012 年第 1 期。程浩則從出土文獻研究方法論的角度强調了了差異與新知存在的價值與意義，參見程浩《清華簡〈耆夜〉篇禮制問題釋惑——兼談如何閱讀出土文獻》，《社會科學論壇》2012 年第 3 期。
[5] 《春秋左傳正義》卷五、卷一六，[清]阮元校刻《十三經注疏》，北京：中華書局，2009，3785、3964-3965 頁。
[6] 馬智全：《飲至禮輯考》，西北師範大學歷史文化學院、甘肅簡牘博物館編《簡牘學研究》第 5 輯，蘭州：甘肅人民出版社，2014，210-220 頁。

《燕禮》中有詳細記載。① 而《左傳》所記錄的大量春秋時期貴族在宴飲"無筭樂"階段的賦詩，②也大多與《詩經》中的《小雅》部分相關(詳見表1)。朱熹《詩集傳》中即認爲"雅者，正也，正樂之歌也。其篇本有大小之殊，而先儒説又各有正變之别。以今考之，正《小雅》，燕饗之樂也。正《大雅》，會朝之樂，受釐陳戒之辭也"。③

表1 《左傳》中的宴饗賦詩

時間	賦詩内容	備注
僖公二十三年	晉公子重耳賦《河水》(佚詩)，秦穆公賦《小雅·六月》。	
文公三年	晉襄公賦《小雅·菁菁者莪》，魯文公賦《大雅·嘉樂》。	
文公四年	魯文公賦《小雅·彤弓》《小雅·湛露》。	甯武子指出魯文公不應在宴會上賦《小雅·彤弓》《小雅·湛露》，因爲這是天子對諸侯的用詩。
文公十三年	鄭伯與魯文公的宴會上，鄭子家賦《小雅·鴻雁》《小雅·四月》《鄘風·載馳》，魯季文子賦《小雅·采薇》。	
成公九年	魯季文子賦《大雅·韓奕》，魯穆姜賦《邶風·緑衣》。	
襄公八年	晉范宣子賦《召南·摽有梅》，魯季武子賦《小雅·角弓》《小雅·彤弓》。	
襄公十九年	晉范宣子賦《小雅·黍苗》，魯季武子賦《小雅·六月》。	
襄公二十年	魯季武子賦《小雅·棠棣》《小雅·魚麗》，魯襄公賦《小雅·南山有台》。	
襄公二十六年	晉侯賦《大雅·嘉樂》，齊國景子賦《小雅·蓼蕭》，鄭子展賦《鄭風·緇衣》《鄭風·將仲子兮》，齊國景子賦《轡之柔矣》(佚詩)。	鄭子展在晉國宴會上，相鄭伯賦鄭風。

---

① 《儀禮注疏》卷九《鄉飲酒禮》、卷一五《燕禮》，[清]阮元校刻《十三經注疏》，北京：中華書局，2009，2127-2128、2207頁。
② 曹建國：《春秋燕饗詩的成因及其傳播功能》，《長江學術》2006年第2期；胡寧：《宴饗賦詩及其歷史淵源》，收入其著《楚簡詩類文獻與詩經學要論叢考》，北京：中華書局，2021，81頁。
③ [南宋]朱熹集撰：《詩集傳》卷九，北京：中華書局，2017，155頁。

續表

時間	賦詩内容	備注
襄公二十七年	鄭伯享趙孟,鄭子展賦《召南·草蟲》,鄭伯有《鄘風·鶉之賁賁》,鄭子西賦《小雅·黍苗》,鄭子産賦《小雅·隰桑》,鄭子大叔《鄭風·野有蔓草》,鄭印段賦《唐風·蟋蟀》,鄭公孫段賦《小雅·桑扈》。晉公享楚薳罷,楚薳罷賦《大雅·既醉》。	在鄭國的宴會上,子大叔賦《鄭風》。
昭公元年	楚令尹享趙孟,楚令尹子圍賦《大雅·大明》,晉趙孟賦《小雅·小宛》;鄭伯享趙孟、叔孫豹等,晉趙孟賦《小雅·瓠葉》《小雅·棠棣》,晉穆叔賦《召南·鵲巢》《召南·采蘩》,鄭子皮賦《召南·野有死麕》。	楚令尹賦《大雅·大明》,趙孟聽後説"令尹自以爲王矣"。
昭公二年	魯季武子賦《大雅·綿》《小雅·節南山》《召南·甘棠》,晉韓宣子賦《小雅·角弓》;衛北宫文子賦《衛風·淇奥》,晉韓宣子賦《衛風·木瓜》。	在衛國的宴會上,賓主皆賦衛風。
昭公三年	楚靈王賦《小雅·吉日》。	
昭公十二年	魯昭公賦《小雅·蓼蕭》。	
昭公十六年	鄭六卿餞晉韓宣子於郊,鄭子齹賦《鄭風·野有蔓草》,鄭子産賦《鄭風·羔裘》,鄭子大叔賦《鄭風·褰裳》,鄭子游賦《鄭風·風雨》,鄭子旗賦《鄭風·有女同車》,鄭子柳賦《鄭風·蘀兮》,晉韓宣子賦《周頌·我將》。	在鄭國的宴會上,鄭六卿皆賦鄭風,韓宣子謂"賦不出鄭志"。
昭公十七年	魯季平子賦《小雅·采菽》,郯穆公賦《小雅·菁菁者莪》。	
昭公二十五年	宋元公賦《新宫》(佚詩),魯叔孫昭子賦《小雅·車牽》。	

資料來源:《春秋左傳正義》。

表1顯示,在《左傳》所記述的春秋時期諸侯及其以下貴族五十九條宴飲賦詩中,除去三首不知所屬的佚詩與衛國宴會所賦兩首《衛風》、鄭國宴會所賦九首《鄭風》外,來自晉、秦、魯、楚等不同國家的貴族曾賦二十九首《小雅》,所占比例遠超《詩經》中其他部分,這也與《左傳》"引詩"用《風》《雅》《頌》詩數量相對平衡的情況形成鮮明的對比。值得注意的是,在文公四年,魯文公賦《小雅·彤弓》《小雅·湛露》時,甯武子指出其不妥,認爲二者是天子對諸侯的用詩。但襄公八年,魯國季武子不但賦《小雅·角弓》《小雅·彤弓》,還直接將詩

與文公受襄王賞聯繫起來,可見在春秋漫長的歷史時期中,諸侯宴饗賦詩中的規則也在不斷改變。① 而《小雅》始終占據其中重要的位置。

相關研究者已指出,《耆夜》所記述的飲酒賦詩正是"飲至禮"中旅酬之後無筭樂階段敬酒作歌的内容。② 陳致也很早就將佚詩的文本與今本《詩經》及其他傳世與金文文獻做了對比,指出《耆夜》篇中除《蟋蟀》外的幾篇古佚詩風格非常類似於今本《詩經》中《小雅》内與飲酒有關的作品。③ 但其實仔細考量,無論是用詞還是詩歌主題,《明明上帝》與前三首詩有一些明顯差異(詳見表2)。

表2 《耆夜》存詩與毛詩雅詩對比

《耆夜》詩篇内容	毛詩中的類似文句	毛詩中類似主題者	《毛詩序》説解主題類似者	備注
\multicolumn{5}{c}{《樂樂旨酒》(王酬畢公)}
樂樂旨酒,宴以二公。	《小雅·鹿鳴》我有旨酒,嘉賓式燕以敖。／我有旨酒,以燕樂嘉賓之心。 《小雅·魚麗》君子有酒,旨且多。／君子有酒,多且旨。／君子有酒,旨且有。 《小雅·南有嘉魚》君子有酒,嘉賓式燕以樂。／君子有酒,嘉賓式燕以衎。／君子有酒,嘉賓式燕綏之。／君子有酒,嘉賓式燕又思。 《小雅·彤弓》我有嘉賓,中心貺之。鐘鼓既設,一朝饗之。 《小雅·頍弁》爾酒既旨,爾殽既嘉。／爾酒既旨,爾殽既時。／爾酒既旨,爾殽既阜。	《小雅·鹿鳴》《小雅·魚麗》《小雅·南有嘉魚》《小雅·彤弓》《小雅·湛露》	《小雅·鹿鳴》,燕群臣嘉賓也。 《小雅·常棣》,燕兄弟也。 《小雅·伐木》,燕朋友故舊也。 《小雅·湛露》,天子燕諸侯也。	

---

① 胡寧:《宴饗賦詩及其歷史淵源》,收入其著《楚簡詩類文獻與詩經學要論叢考》,102頁。
② 葉國良:《清華簡〈耆夜〉的飲酒方式》,彭林主編《中國經學》第22輯,桂林:廣西師範大學出版社,2018,1—10頁;廖群:《"樂三終"與"飲至"歌考》,《文學評論》2018年第2期。
③ 陳致:《清華簡所見古飲至禮及〈耆夜〉中古佚詩試解》,6、19—30頁。

續表

《耆夜》詩篇內容	毛詩中的類似文句	毛詩中類似主題者	《毛詩序》説解主題類似者	備註
紝尼兄弟，庶民和同。	《小雅·棠棣》兄弟既具，和樂且孺。/兄弟既翕，和樂且湛。	《小雅·棠棣》		"庶民"，在結集本《詩》中，僅出現在《小雅》和《大雅》之中。
方壯方武，穆穆克邦。		《小雅·采杞》		
嘉爵速飲，後爵乃從。		《小雅·湛露》		勸酒之語。與《輶乘》最後兩句基本完全相同。
《輶乘》（王酬周公）				
輶乘既飭，人服余不胄。	《小雅·采薇》戎車既駕，四牡業業。《小雅·六月》六月棲棲，戎車既飭。四牡騤騤，載是常服。	《小雅·出車》《小雅·六月》《小雅·采芑》《大雅·崧高》《大雅·常武》	《小雅·六月》，宣王北伐也。《小雅·采芑》，宣王南征也。	
胥士奮刃，繄民之秀。				
方壯方武，克燮仇讎。		《小雅·采杞》		
嘉爵速飲，後爵乃復。		《小雅·湛露》		
《贔贔》（周公酬畢公）				
贔贔戎服，壯武赳赳。	《周南·兔罝》赳赳武夫，公侯干城。			
毖靜謀猷，裕德乃求。				

續表

《耆夜》詩篇內容	毛詩中的類似文句	毛詩中類似主題者	《毛詩序》説解主題類似者	備注
王有旨酒，我憂以甜。	《小雅・魚麗》君子有酒，旨且多。《小雅・南有嘉魚》君子有酒，嘉賓式燕以樂。			
既醉又侑，明日勿慆。		《小雅・湛露》		
《明明上帝》（周公酬王）				
明明上帝，臨下之光。	《小雅・小明》明明上天，照臨下土。《大雅・大明》明明在下，赫赫在上。《大雅・皇矣》皇矣上帝，臨下有赫。	《大雅》文王之什	《大雅》文王之什	《大雅》諸篇無論美刺，一般以稱"上帝"起首。
丕顯來格，歆厥禋明。	《大雅・生民》其香始升，上帝居歆。			"丕顯"，在結集本《詩》中，多數出現在《大雅》和《周頌》之中，約有二十例左右。而在《國風》中僅兩見。
於……				
月有成轍，歲有臬行。				

續表

《耆夜》詩篇內容	毛詩中的類似文句	毛詩中類似主題者	《毛詩序》説解主題類似者	備注
作兹祝頌，萬壽亡疆。	《豳風·七月》躋彼公堂，稱彼兕觥，萬壽無疆。 《小雅·天保》君曰卜爾，萬壽無疆。 《小雅·南山有臺》樂只君子，萬壽無期。／樂只君子，萬壽無疆。 《小雅·信南山》報以介福，萬壽無疆。 《小雅·甫田》報以介福，萬壽無疆。	《大雅·既醉》 《大雅·鳧鷖》 《大雅·假樂》		

資料來源:《毛詩正義》。

　　由表 2 中的對比可知，王酬畢公、王酬周公以及周公酬畢公各"夋(作)訶(歌)一夂(終)"的《樂樂旨酒》《輶乘》《贔贔》三首詩，與上述被朱熹稱爲"正小雅"者，[1]尤其是毛詩《小雅》中的"鹿鳴之什"諸篇，在文辭、内容、使用場合以及詩旨方面都高度契合，主題涵括宴饗之樂、武德之盛、兄弟和睦等等，還在詩末進行勸酒。[2] 其中前兩首《樂樂旨酒》與《輶乘》間的關係密切，或可類比《小雅》一篇中的二章。這幾首詩雖然都祇有一章八句，但内涵頗豐。第一首《樂樂旨酒》首叙飲酒之樂，又講兄弟和睦、共建武功。《輶乘》主要頌揚了本次軍事活動的順利。《贔贔》則既贊"壯武糾糾"又稱"毖静謀猷"最終歸諸於"德"，層層深入。這與上述燕禮、鄉飲酒禮上所用的詩主題是非常類似的，《鹿鳴》《四牡》《皇皇者華》也是既講燕樂嘉賓又講勤勞王事，而《魚麗》《南有嘉魚》《南山有臺》則是一方面稱贊酒餚豐美，一方面頌揚邦家得賢。朱熹在《詩集傳》中指出，上述三篇成組的搭配或許最初爲一時之

---

[1] 上引朱熹"正小雅"之稱，來源於《毛詩序》"上以風化下，下以風刺上。主文而譎諫，言之者無罪，聞之者足以戒，故曰風。至於王道衰，禮義廢，政教失，國異政，家殊俗，而變風、變雅作矣。國史明乎得失之迹，傷人倫之廢，哀刑政之苛，吟詠情性，以風其上。達於事變而懷其舊俗者也。故變風發乎情，止乎禮義。發乎情，民之性也；止乎禮義，先王之澤也。是以一國之事，繫一人之本，謂之風。言天下之事，形四方之風，謂之雅。雅者，正也，言王政之所由廢興也。政有小大，故有小雅焉，有大雅焉"。《毛詩序》實際上并未提出"正風""正雅"的概念，祇是講"變風""變雅"是王道衰微之後"傷人倫之廢，哀刑政之苛"的怨刺之作。毛詩基於雅詩内容差異以及在先秦時期的不同用法而劃分出"變雅"應當是有意義的，但後世如陸德明等以詩篇順序的横斷分類方法可能并不合理。參見《毛詩正義》卷一、卷九，[清]阮元校刻《十三經注疏》，北京：中華書局，2009，566—568、857 頁。
[2] 關於《耆夜》中賦詩與情境相合，胡寧也已指出，參見胡寧《從"造篇"到"誦古"——春秋宴饗賦詩的歷史淵源》，《光明日報》2014 年 12 月 2 日第 16 版。

作，後來成爲宴饗賓客上下通用之樂，這是對其搭配可能的產生源頭進行的探討。① 而我們若將目光放到《左傳》所記載的無筭樂階段的賦詩，《耆夜》的前三首佚詩與表1所見的宴飲所賦的《小雅》詩，如《棠棣》《吉日》《湛露》《彤弓》等篇在文句表達和詩章主旨上也都具有高度的一致性。②

但篇中的第四首佚詩，也就是《耆夜》記載中"周公或（又）夜筮（爵）虧（酬）王，复（作）祝誦（頌）一夂（終）"的《明明上帝》，主要内容已非表達勝利與飲酒的喜悦，而是在其叙述部分與詩文中兩次申明的"祝誦（頌）"，從詩歌内容來看祝禱的意味非常明顯。③ 它的文辭、語氣和上述三首風格并不完全一致，而與朱熹所謂"正《大雅》"，尤其是毛詩《大雅》中"文王之什"諸篇關係密切，在《毛詩序》的説解中，"文王之什"詩篇内容多爲記録、歌頌文王與武王。李學勤先生指出，其很可能與《逸周書·世俘》"甲寅，謁我殷于牧野，王佩赤白旂。籥人奏《武》，王入，進《萬》，獻《明明》三終"中所説的《明明》，也就是今本《詩經·大雅》中的《大明》相關。④ 雅詩分"小""大"，自春秋戰國已然，季札觀樂就單獨評論了《小雅》《大雅》，⑤戰國佚書上博簡《孔子詩論》也認爲《小雅》《大雅》各具不同之"德"。⑥ 鄭玄《小大雅譜》認爲"其用於樂，國君以《小雅》，天子以《大雅》，然而饗賓或上取，燕或下就"，從使用場合與身份來加以區别。⑦《左傳·昭公元年》記載，楚令尹享趙孟，令尹賦《大雅·大明》，被認爲是"令尹自以爲王"。而方玉潤在《詩經原始》中説"大小之分究何以别之？曰，此在氣體輕重，魄力厚薄，詞意淺深，音節豐殺者辨之而已"。⑧ 將辨别依據擴展到所謂"辭氣"上。魏源《詩古微》則指出"《小雅》《大雅》皆王朝公卿之詩，但《小雅》多主政事而詞兼'風'，故其聲飄渺而和動；《大雅》多陳君德而詞兼'頌'，故其聲典則而莊嚴"。⑨ 上述這些區别都能够從《明明上帝》與其他三首詩的對比中感受到。陳民鎮曾撰文從文本之志與作者之志的統一性角度，論

---

① ［南宋］朱熹集撰：《詩集傳》卷九，156頁。
② 《小雅·棠棣》，《毛詩序》云"燕兄弟也"，詩中有"兄弟既翕，和樂且湛"等描述兄弟和樂的文句；《小雅·吉日》中有"田車既好，四牡孔阜"等夸耀車馬的文句，有"悉率左右，以燕天子""以御賓客，且以酌醴"等描述宴飲的文句；《小雅·湛露》，《毛詩序》云"天子燕諸侯也"，詩句中有"厭厭夜飲，不醉無歸""豈弟君子，莫不令儀"等對宴飲本身及參加者的描述；《小雅·彤弓》三章皆言類似"我有嘉賓，中心好之。鐘鼓既設，一朝醻之"之語，昭示了宴飲的場合。按：《毛詩序》所説的宴飲主客身份或仍可商，但相關詩篇文句中有對貴族階層宴飲之樂的描述似無可疑。
③ ［美］夏含夷：《〈詩〉之祝誦——三論"思"字的副詞作用》，清華大學出土文獻研究與保護中心編《清華簡研究》第2輯，上海：中西書局，2015，41頁。
④ 黄懷信、張懋鎔、田旭東撰：《逸周書彙校集注》卷四《世俘》，上海古籍出版社，2007，427-428頁。
⑤ 《春秋左傳正義》卷三九，［清］阮元校刻《十三經注疏》，4355-4361頁。
⑥ 馬承源主編：《上海博物館藏戰國楚竹書（一）》，上海古籍出版社，2001，121-168頁。
⑦ ［漢］鄭玄：《小大雅譜》，《毛詩正義》卷九，［清］阮元校刻《十三經注疏》，北京：中華書局，2009，859頁。
⑧ ［清］方玉潤：《詩經原始》卷九《小雅》，北京：中華書局，1986，327頁。
⑨ ［清］魏源：《詩古微》卷上《詩樂篇》，《魏源全集》，長沙：嶽麓書社，2004，第1册，17頁。

證了《耆夜》對周公作《蟋蟀》詩記載的可信性。① 實際上,除了周公作《蟋蟀》,其他四首佚詩的上述特色也與典禮情境完全相合,第四首詩與前三首詩的微妙區別與篇中獻酬者身份地位轉换的相互對應,也體現了《耆夜》文本順暢的内在邏輯。②

《耆夜》文本關於禮制典禮的記載簡略却有着豐富且值得深入發掘的内涵,而其中作詩用詩也與典禮的内容與進程高度契合,這些都是其淵源有自而并非虚造的旁證。以上部分在整個《耆夜》篇文本中屬於幾乎完全未見諸記載的内容,但《耆夜》文本最引人矚目同時也是最令人困惑的還并非在此,而是其後半部分所記述的周公在這次宴會中"作"《蟋蟀》詩的内容。

二 《耆夜》中的《蟋蟀》詩與《唐風·蟋蟀》

據《耆夜》文本的内容,周公是在伐耆之後的飲至典禮上"作歌一終,曰《蟋蟀》",而這首被記載在《耆夜》中的《蟋蟀》詩與傳世毛詩《唐風·蟋蟀》篇名相同,文句既類似又有着明顯的不同,二者之間存在密切聯繫。③ 但傳世毛詩本《蟋蟀》被編輯在《唐風》之中,在以往所有的文獻與研究中也從未見到任何將其與周公相關聯的説法。這二者之間的關係到底如何,引發了研究者們熱烈的討論。

討論的重點在於,《耆夜》中的《蟋蟀》詩與傳世毛詩《唐風·蟋蟀》是否爲同一首詩?《耆夜》中的《蟋蟀》詩是否是一首戰國時人對傳世《唐風·蟋蟀》的擬作?李學勤先生認爲《耆夜》中的《蟋蟀》與《唐風·蟋蟀》是同一首詩,不僅如此,對比二者還能夠幫助我們更好地解讀這首詩的内涵及流傳,其文句與押韻間的差異主要是因爲簡本早於今本的緣故。④ 程浩也明確指出《耆夜》中的《蟋蟀》詩與今本《蟋蟀》雖然在形式、押韻與用字方面存在一些差異,但基本可以認定二者爲同一首詩;簡本在文獻序列上先於今本,而今本整理者在對其進行改寫的過程中所依據的版本,與清華簡本之間存在密切聯繫。⑤ 黄懷信、李均明、梅顯懋等

---

① 陳民鎮:《〈蟋蟀〉之"志"及其詩學闡釋——兼論清華簡〈耆夜〉周公作〈蟋蟀〉本事》,趙敏俐主編《中國詩歌研究》第 9 輯,北京:社會科學文獻出版社,2013,57-81 頁。
② 關於《耆夜》篇中幾首詩之間的密切關係及全篇整體性,范麗梅也有討論,她認爲《耆夜》中的五首詩歌是由典禮儀式中"酒"的飲用貫串,展示了對分寸與秩序的追尋,與全篇思想高度契合,彼此不可分割。參見范麗梅《儀式中的詩與詩經——清華簡〈耆夜〉的解讀與試探/清華簡〈耆夜〉關鍵字詞考釋與全篇内容解讀》,"詩與詩經——寫本時代的經學與文學(文本細讀)"工作坊,中國·臺北,2021 年 12 月。
③ 李學勤主編:《清華大學藏戰國竹簡(壹)》,149 頁;李學勤:《論清華簡〈耆夜〉的〈蟋蟀〉詩》,《中國文化》2011 年第 1 期。
④ 李學勤:《論清華簡〈耆夜〉的〈蟋蟀〉詩》,7-10 頁。
⑤ 程浩:《清華簡〈耆夜·蟋蟀〉與今本〈蟋蟀〉關係辨析》,復旦大學出土文獻與古文字研究中心網站,2011 年 6 月 10 日。

均持此説法。① 但在這個觀點内部,對於兩首詩主旨是否一致也頗多爭議。主要的矛盾點集中在毛詩對《唐風·蟋蟀》的説解是"刺晉僖公也。儉不中禮,故作是詩以閔之,欲其及時以禮自虞樂也"。② 可以看出,毛詩强調《唐風·蟋蟀》的主旨是勸人"及時行樂",而這與《耆夜》中的《蟋蟀》主要表達的"康樂而毋荒"似乎并不完全契合。"及時行樂"這一信息,直接指向的是《唐風·蟋蟀》每章中"今我不樂,日月其除"這兩句,而與詩的其他部分内容與含義是脱節的。通讀全詩,其主要想要表達的應當是"好樂無荒"。這與《左傳·襄公二十七年》中引用《蟋蟀》者被認爲是"保家之主",以及杜預注所指出的"能戒懼不荒,所以保家"是相合的。③ 後世的諸種解讀,如方玉潤在《詩經原始》説此詩是"唐人歲暮述懷也",指出"其人素本勤儉,强作曠達,而又不敢過放其懷,恐就逸樂,致荒本業。故方以日月之舍我而逝不復回者爲樂不可緩,又更以職業之當修勿忘其本業者爲志不可荒。無已,則必如彼瞿瞿良士好樂而無荒焉可也。此亦謹守見道之人所作"。④ 即使非常努力地去貼合毛詩中所謂"及時行樂"這一意涵,最終仍會歸諸"好樂無荒"的命題。⑤ 所以若以《蟋蟀》全篇而論,毛詩對《唐風·蟋蟀》的解讀是不貼切的,至少可以説是不完整的,用它來否定《唐風·蟋蟀》與《耆夜》中《蟋蟀》在"好樂無荒"這一主旨上的高度契合是有一定風險的。

因此所謂"同題創作"的説法并不能成立,⑥ "同題創作"的前提應當是詩旨間的相對獨立,如《王風》《鄭風》《唐風》中的三首《揚之水》,《邶風》《鄘風》中的兩首《柏舟》等等,詩中都含有相同的文句且往往也就是作爲篇題的首句,但詩歌的篇章結構與所述内容與感情完全不同。與之正好相反,清華簡本與《唐風》中的兩首《蟋蟀》雖有表達上的不同,詩旨却是完全一致的。這些不同祇是流傳過程中造成的一些版本差異,而并非兩首不同的詩。⑦

那麽主旨一致,文句與押韻的不同是否説明《耆夜》中的《蟋蟀》詩甚至《耆夜》全篇都是

---

① 黄懷信:《清華簡〈蟋蟀〉與今本〈蟋蟀〉對比研究》,中國詩經學會、河北師範大學編《詩經研究叢刊》第 23 輯,北京:學苑出版社,2013,242-251 頁。李均明:《〈蟋蟀〉詩主旨辨——由清華簡"不喜不樂"談起》,李學勤主編《出土文獻》第 4 輯,上海:中西書局,2013,32-37 頁。按:李均明持主旨一致論,但他對如何理解"不喜不樂"有專門論述。梅顯懋、于婷婷:《論兩〈蟋蟀〉源流關係及其作者問題》,《遼寧師範大學學報(社會科學版)》2013 年第 4 期。
② 《毛詩正義》卷九,[清]阮元校刻《十三經注疏》,766 頁。
③ 《春秋左傳正義》卷三八,[清]阮元校刻《十三經注疏》,4336 頁。
④ [清]方玉潤:《詩經原始》卷六《唐風》,252 頁。
⑤ 針對《耆夜》中的《蟋蟀》與毛詩《蟋蟀》,柯馬丁也指出在其不同的文本之下,不變的、共享的是它們的基本理念,即有節制的享樂。參見[美]柯馬丁著,顧一心、姚竹銘譯,郭西安校《早期中國詩歌與文本研究諸問題——從〈蟋蟀〉談起》,《文學評論》2019 年第 4 期。
⑥ 張三夕、鄧凱:《清華簡〈蟋蟀〉與〈唐風·蟋蟀〉爲同題創作》,《海南大學學報(人文社會科學版)》2016 年第 2 期。按:對於兩個版本的《蟋蟀》詩,夏含夷的看法似與前引"同題創作"類似,他認爲二者有同樣的主題和措辭,但很可能是兩首不同的詩。參見[美]夏含夷撰,孫夏夏譯,蔣文校《出土文獻與〈詩經〉口頭和書寫性質問題的爭議》,《文史哲》2020 年第 2 期。
⑦ 關於兩版《蟋蟀》的一致性又見孔華的討論,孔華《清華簡〈耆夜〉所見〈蟋蟀〉考論》,簡帛國際學術研討會("詩"類文獻專題),中國·重慶,2021 年 11 月,127-130 頁。

戰國時人模仿《唐風·蟋蟀》而造作的新篇呢？自《耆夜》發表以來，持這一觀點的研究者始終占有很大的聲量，具體可參見劉立志、劉成群、劉光勝、曹建國、杜勇、蔡先金、苗江磊、張樹國等先生的討論。① 作於戰國説最爲重要的論據，就是陳致所指出的，清華簡本《蟋蟀》中藥鐸合韻的語音現象戰國纔開始出現。② 但針對這一問題，李鋭已提出了質疑。③

其實從《耆夜》篇中以五首詩文内容爲主，極少論説，且包含一篇不同於結集本《蟋蟀》等特點切入思考，也可以發現戰國諸子擬作托古之説可能是難以成立的。戰國時期子學發展，創作出大量新文本，其中不乏依托古人之作，但這些依托大多是借古人之口表達切合時代需求的新觀點與新主張。與同出的清華簡《周公之琴舞》類似，《耆夜》似乎也更爲側重詩文的記述而非觀點的闡發或典禮的重塑。再將戰國各家諸子與《耆夜》的用詩方式進行對比，會發現雖然《耆夜》對典禮賦詩與詩歌内容持積極態度，與儒家相合；但其中賦詩、作詩的用詩方式，與戰國以後儒家《緇衣》《五行》《韓詩外傳》等引詩、解詩風格并不相同。裘錫圭曾經指出，清華簡的《書》《詩》類文獻并非儒家系統，④那是否與稍晚於儒家興起的墨家有關呢？細忖《耆夜》篇，不但内容宣揚詩樂禮儀與墨家主張不合，⑤徵引《詩》文本作爲論證依據與墨家解詩用詩的方法也并不相同。⑥ 道家、法家雖善用寓言，但其鄙棄詩書，對禮樂的態度可能不會如此。⑦ 而根據董治安的統計與研究，至戰國，春秋時代的"賦詩"之風已經消歇，各類文獻内容中與《詩》相關者，多爲論《詩》評《詩》或引《詩》論事，引述詩文者一般以章、句爲單位，⑧《耆夜》這樣的文本與戰國時代的學術變化格格不入，喪失了制作動力，其成篇

---

① 劉立志：《周公作詩傳説的文化分析》，《南京師大學報（社會科學版）》2010 年第 2 期；劉成群：《清華簡〈耆夜〉〈蟋蟀〉詩獻疑》，《學術論壇》2010 年第 6 期；劉光勝：《清華簡〈耆夜〉考論》，《中州學刊》2011 年第 1 期；曹建國：《論清華簡中的〈蟋蟀〉》，《江漢考古》2011 年第 2 期；杜勇：《從清華簡〈耆夜〉看古書的形成》，《中原文化研究》2013 年第 6 期；蔡先金：《清華簡〈耆夜〉古小説與古小説家"擬古詩"》；苗江磊：《由清華簡〈赤鵠〉〈耆夜〉看戰國叙事散文中的擬托創作》，《華僑大學學報（哲學社會科學版）》2018 年第 5 期；張樹國：《清華簡組詩爲子夏所造魏國歌詩》，《杭州師範大學學報（社會科學版）》2020 年第 4 期。
② 陳致：《清華簡所見古飲至禮及〈郘夜〉中古佚詩試解》，6-30 頁。
③ 李鋭：《清華簡〈耆夜〉再探》，清華大學出土文獻研究與保護中心編《清華簡研究》第 2 輯，上海：中西書局，2015，124-125 頁。此外，2021 年 10 月本文提交武漢大學珞珈史學博士論壇，評議人陳書豪同學也指出，《耆夜》中的《蟋蟀》篇并不能體現藥鐸合韻，特此致謝！
④ 裘錫圭：《出土文獻與古典學重建》，李學勤主編《出土文獻》第 4 輯，上海：中西書局，2013，13-14 頁。
⑤ 《耆夜》篇最終的落腳點是周公作《蟋蟀》以提出"好樂毋荒"的觀點，從某種角度而言這個命題似乎可以靠上墨家"節用""非樂"等主張，但本篇明顯與墨家言説的程度不同，這樣理解思路也過於迂曲，因此爲墨家所作似無可能。不過聯繫清華簡内容與墨家思想的某些關聯，或許存在本篇早先存在而爲墨家選錄於此的可能性，但這一層面上的問題并非本篇討論的核心，此處暫不展開討論。
⑥ 鄭傑文：《墨家的傳〈詩〉版本與〈詩〉學觀念——兼論戰國〈詩〉學系統》，《文史哲》2006 年第 1 期。
⑦ 近年來對戰國時期諸子用《詩》論《詩》的綜合研究與詳細分析，可以參看劉毓慶、郭萬金《從文學到經學：先秦兩漢詩經學史論》，上海：華東師範大學出版社，2009，78-173 頁；馬銀琴《周秦時代〈詩〉的傳播史》，北京：社會科學文獻出版社，2011；葛立斌：《戰國〈詩〉學研究》，華中師範大學博士學位論文，2013。
⑧ 董治安：《先秦文獻與先秦文學》，濟南：齊魯書社，1994，46-88 頁。

時間可能不會遲至戰國。①

《耆夜》文本中文字現象的"存古"與"楚化"現象,已由黃甜甜所揭示。② 吳良寶也指出,《耆夜》篇中的介詞語法顯示了其具有較原始的來源但經過一些歷時改寫。③ 以往研究中,晚出與擬作説的論據主要是文本内包含一些根據現有研究認爲是戰國之後纔出現的字詞、語音現象,但這似乎并不能作爲推斷文本整體晚出的可靠依據,也有可能是文本輾轉流傳歷時形成的痕迹。④ 實際上,持《耆夜》及《蟋蟀》詩具有較早的史料與材料來源者很多,大家的共識在於文獻在流傳的過程中文本會因各種主客觀原因而改變,這是抄寫本所無法避免的。這種方法論或當成爲目前出土文獻研究的基本前提。⑤

三 《蟋蟀》詩異本的產生及其意義

關於《詩經》諸本同異的研究很多。以往所見,絕大部分著眼字、詞異文,考察其通假、異體、古今關係,動詞、語氣詞的同義换用,訛誤、書寫習慣以及主動删改等造成的差異,也有少數關注章、句層面的不同。從西漢及以後的經學視角考慮,這是家派的區别;從現代文獻學、文字學角度觀察,這一定程度上反映了不同時代不同地域用字的差異和文本流傳過程中留下的删改增補痕迹。不過以往的研究大多認爲傳世本毛詩大致反映了先秦時期"詩"存在與流傳的基本狀態。因爲即使在《左傳》這樣包涵大量關於貴族引詩賦詩的文獻中,佚詩之外,變動最大的一處異文也僅僅是《哀公五年》引《商頌》云"不僭不濫,不敢怠皇,命以多福",⑥與傳世本《商頌·殷武》中的這段"不僭不濫,不敢怠遑。命于下國,封建厥福"相較,⑦四句合而爲三句。此外即《昭公七年》引《小雅·棠棣》似與今本章次不同。⑧ 但這種相對較爲穩定的文本情况出現的前提是,《左傳》引"詩"多爲一句、兩句,至多一章,而甚少涉及章與章之間、篇與篇之間的關係。但新見出土文獻却提供了不一樣的材料。

---

① 根據《耆夜》以宴饗作爲用詩場合的特點,胡寧指出其撰作時間當在春秋時期而不可能是戰國時期,文本内容可能源自更早時代的傳聞,參見胡寧《宴饗賦詩及其歷史淵源》,收入其著《楚簡詩類文獻與詩經學要論叢考》,97 頁。
② 黃甜甜:《清華簡"詩"類文獻綜合研究》,清華大學博士學位論文,2014,127-129 頁。
③ 吳良寶:《再論清華簡〈書〉類文獻〈耆夜〉》,《揚州大學學報(人文社會科學版)》2015 年第 2 期。
④ 郭永秉:《清華簡〈繫年〉抄寫時代之估測——兼從文字形體角度看戰國楚文字區域性特徵形成的複雜過程》,《文史》2016 年第 3 期;趙培:《〈金縢〉的文本層次及〈尚書〉研究相關問題》,《清華大學學報(哲學社會科學版)》2021 年第 2 期。
⑤ 程浩:《清華簡〈耆夜〉篇禮制問題釋惑——兼談如何閱讀出土文獻》,《社會科學論壇》2012 年第 3 期;程浩:《從"盟府"到"杏壇":先秦"書"類文獻的生成、結集與流變》,《清華大學學報(哲學社會科學版)》2021 年第 6 期。
⑥ 《春秋左傳正義》卷五七,[清]阮元校刻《十三經注疏》,4689 頁。
⑦ 《毛詩正義》卷二〇,[清]阮元校刻《十三經注疏》,1355 頁。
⑧ 《春秋左傳正義》卷四四,[清]阮元校刻《十三經注疏》,4453 頁。

《耆夜》中記載周公所作的整篇《蟋蟀》詩以及安大簡《詩經》中抄寫在《魏風》中的《蟋蟀》詩實際上提供了重新認識與考察先秦時期"詩"異本，以及"詩"保存流傳的狀態的新材料。

表3 三種不同的《蟋蟀》詩版本

毛詩《唐風·蟋蟀》	安大簡《魏·蟋蟀》	清華簡《耆夜·蟋蟀》	備注
蟋蟀在堂，歲聿其莫。今我不樂，日月其除。無已大康，職思其居。好樂無荒，良士瞿瞿。	蟋蟀在堂，歲遹其逝。今者不樂，日月其邁。毋已内康，猶思其外。好樂毋荒，良士蹶蹶。	蟋蟀在堂，役車其行。今夫君子，不喜不樂。夫日□□，□□□忘。毋已大樂，則終以康。康樂而毋荒，是唯良士之迈迈。	安大簡第一章爲毛詩第二章。清華簡第一章首句對應毛詩第三章首句。
蟋蟀在堂，歲聿其逝。今我不樂，日月其邁。無已大康，職思其外。好樂無荒，良士蹶蹶。	蟋蟀在堂，歲遹其暮。今者不樂，日月其除。毋已大康，猶思其懼。好樂毋荒，良士瞿瞿。	蟋蟀在席，歲遹云落。今夫君子，不喜不樂。日月其邁，從朝及夕。毋已大康，則終以祚。康樂而毋荒，是唯良士之瞿瞿。	安大簡第二章爲毛詩第一章。①
蟋蟀在堂，役車其休。今我不樂，日月其慆。無已大康，職思其憂。好樂無荒，良士休休。	蟋蟀在堂，役車其休。今者不樂，日月其慆。毋已大康，猶思其憂。好樂毋荒，良士浮浮。	蟋蟀在序，歲遹□[云]□。□[今]□[夫]□[君]□[子]，□[不]□[喜]□[不]□[樂]。□□□□□，□[從]□[冬]□[及]□[夏]。毋已大康，則終以豫。康樂而毋荒，是唯良士之瞿瞿。	

資料來源：《毛詩正義》《安徽大學藏戰國竹簡（一）》《清華大學藏戰國竹簡（壹）》。

---

① 三個版本的《蟋蟀》在章次都存在一定的區別，整理成果尚未正式發表的海昏竹書《詩》情況未知。關於安大簡詩經在章序上的差異及其意義，已有一些從重章復沓的音樂性上予以解釋的，參見楊玲、尚小雨《比較視域下的安大簡〈詩經〉章次互易異文產生原因和價值探析》，《渭南師範學院學報》2020年第10期；李輝《〈詩經〉章次異次考論》，《文學遺產》2021年第6期。也有從詩章獨立性上解讀的，參見胡寧《從海昏〈詩〉簡看詩章的獨立性》，簡帛國際學術研討會（"詩"類文獻專題），中國·重慶，2021年11月，94-102頁。按：《詩》章異次的出現雖然具有其特色，但考察不應局限在《詩經》一個文本内部，戰國秦漢各類文本存在不少章次差異。因此在《詩》音樂性的原因之外，從戰國至西漢簡牘題記與抄寫格式（每章提行）的歷時性發展變化應當也導致了《詩》章異次的出現，虞萬里在2021年12月18日的綫上講座《由海昏簡與熹平殘石對勘論魯、毛篇次異同——以〈小雅〉〈嘉魚〉〈鴻雁〉〈甫田〉三什爲中心》即指出"一簡一章"的書寫方式是導致章次差異出現的原因。類似觀點的討論還可參看康廷山《論安大簡〈詩經〉與今本〈毛詩〉的章次異同》，趙敏俐主編《中國詩歌研究》第22輯，北京：社會科學文獻出版社，2022，22-34頁。

由表3的對應關係可知,傳世毛詩《蟋蟀》與安大簡《蟋蟀》在文本上的相似度遠高於清華簡《蟋蟀》。同時,傳世毛詩《蟋蟀》與安大簡《蟋蟀》在整體高度類似的情況下,仍在用字、用詞、章次以及歸類上存有諸多差異。而安大簡與傳世毛詩本在這幾個層面上的區別,并非局限於《蟋蟀》一首,是普遍存在於整個文本之中的。①

　　這揭示了戰國時期"詩"文本保存與流傳的某些側面,一方面在春秋末已基本定型、由儒家後學保存授受,作爲西漢四家詩前身的《詩》結集本在戰國社會廣泛流傳,但由於各種主客觀原因,當時很難存在兩部完全相同的《詩》文本;另一方面,在結集本之外,更早時期流傳下來的"詩"文本也以其他的形式或路徑被保存與傳播。②

　　這種其他存在形式與保存路徑的異本詩篇的存在,似乎也可從安大簡《詩經》中尋得一絲迹象。如安大簡《鄘風·君子偕壽》一篇中第二章在"句"層面上的異文,與安大簡其他篇目的異文相比稍顯特別,却可與《耆夜》中的《蟋蟀》詩和《毛詩·蟋蟀》合觀(詳見表4)。在文句表達上,這種程度的差異似乎很難由簡單的口傳或誤抄造成,很可能是在結集抄本中佚失某篇之後,從其他的流傳體系中抄來補入的,二者因不同的流傳保存方式而有一些差異。由此産生異本,但它并不影響這一抄本之外結集本中原《君子偕老》篇的內容。③ 這在文獻學視域內是較爲常見的現象。

表4　兩種不同的《鄘風·君子偕老》

毛詩《鄘風·君子偕老》	安大簡《鄘風·君子偕壽》	備注
君子偕老,副笄六珈。 委委佗佗,如山如河,象服是宜。 子之不淑,云如之何。	君子偕壽,副笄六珈。 委蛇委蛇,如山如河,象服是宜。 □□□□,□女之何?	

---

①　黃德寬:《安徽大學藏戰國竹簡概述》,《文物》2017年第9期;黃德寬:《略論新出戰國楚簡〈詩經〉異文及其價值》,《安徽大學學報(哲學社會科學版)》2018年第3期;安徽大學漢字發展與應用研究中心編,黃德寬、徐在國主編《安徽大學藏戰國竹簡(一)》,上海:中西書局,2019,《前言》1-7頁;孫興金:《安徽大學藏戰國楚簡〈詩經〉異文整理與研究》,山東大學碩士學位論文,2020;劉澤敏:《安徽大學藏戰國竹簡〈詩經〉異文分類整理與研究》,武漢大學碩士學位論文,2021;鄭婧:《安大簡〈詩經〉文獻學研究》,西南大學碩士學位論文,2021。
②　黃甜甜曾指出,清華簡《周公之琴舞》中成王元啓與傳世毛詩《周頌·敬之》文本的差異就是隨不同文獻載體的流傳而產生出現的。參見黃甜甜《試論清華簡〈周公之琴舞〉與〈詩經〉之關係》,《中原文化研究》2015年第2期。
③　關於安大簡本《君子偕壽》與毛詩《君子偕老》異文產生的原因,程燕指出可能與抄寫過程中將文字構件誤識作重文符號有關,李林芳則認爲安大簡本是在毛詩可能的源古本基礎上爲達到形式上的整齊而做出的改易。參見程燕《由安大簡〈君子偕老〉談起》,徐在國主編《戰國文字研究》第1輯,合肥:安徽大學出版社,2019,74-77頁;李林芳《〈毛詩〉較安大簡〈詩經〉文本的存古之處——句式整齊性的視角》,《文史》2021年第1期。

續表

毛詩《鄘風·君子偕老》	安大簡《鄘風·君子偕壽》	備注
玼兮玼兮。其之翟也。 鬒髮如雲,不屑髢也。 玉之瑱也,象之揥也,揚且之晳也。 胡然而天也,胡然而帝也。	玼其翟也。 鬀髮如雲,不屑髢也。 玉瑱象揥也,揚且晳也。 胡然天也。	毛詩本第二章九句,安大簡第二章六句。
瑳兮瑳兮,其之展也。 蒙彼縐絺,是紲袢也。 子之清揚,揚且之顏也。 展如之人兮,邦之媛也。	□□□□。 □彼縐絺,是褻樂也。 子之清揚,揚且之顏也。 展如之人兮,邦之媛也。	第三章,毛詩本八句,安大簡七句。

資料來源:《毛詩正義》《安徽大學藏戰國竹簡(一)》。

　　戰國時期大量異本的存在,既受限於抄寫本生成流傳的客觀因素,又與保存路徑的不同及其背後文本所有者的主觀意願密切相關。① 所謂主觀意願,一方面指當時的文本所有者是可以對其進行一定程度的增删、改寫、重編的,如清華簡本《金縢》與傳世本《金縢》對某些内容的取捨不同,② 又如《論語·微子》中儒家弟子所記載的楚狂接輿之歌,較《史記·孔子世家》去掉了句尾助詞"兮"與"也",③ 同時阜陽漢簡中的《詩經》也都是没有句尾的語氣助詞的。④ 以及大量關於簡帛《老子》文本同異的討論。另一方面也指向戰國時期文本所有者存異的偏好。⑤ 我們現在所能見到的傳世本《蟋蟀》、安大本《蟋蟀》與清華簡《耆夜》中的《蟋蟀》都是經過了不同的保存流傳路徑與不同的增删修改而形成的,其中安大簡本與傳世本的關係更爲密切,而《耆夜》篇及其所保存的《蟋蟀》詩應當完全與後來儒家所傳授的結集本無關,而屬於貴族官學中的一篇文本。⑥

---

① 陳桐生:《傳播在戰國文學發展中的地位》,《文學遺産》2013 年第 6 期。按:陳桐生的文章對保存傳播過程中文本的變化有所討論,不過不必局限在儒家所傳文獻的狹窄視角内。
② 程浩:《清華簡〈金縢〉的性質與成篇辨證》,《上海交通大學學報(哲學社會科學版)》2013 年第 4 期。
③ 《史記》卷四七《孔子世家》,北京:中華書局,1982,1933 頁。
④ 胡平生、韓自强:《阜陽漢簡〈詩經〉異文初探》,收入《阜陽漢簡〈詩經〉研究》,上海古籍出版社,1988,26 頁。
⑤ 在同一批出土材料中,經常見到同一文本的不同抄本。如,慈利簡《大武》兩本,上博簡《天子建州》《君人者何必安哉》《鄭子家喪》《凡物流形》《成王爲城濮之行》《天子建州》各兩本,清華簡《鄭文公問太伯》兩本等。
⑥ 顔世鉉也認爲,清華簡《蟋蟀》與毛詩《蟋蟀》、安大簡《蟋蟀》是同一首詩,祇不過簡本《蟋蟀》并未隨《詩三百》系統流傳,不過其舉證與本文多有不同,可參看 Yen Shih-hsuan, "A Tentative Discussion of Some Phenomena Concerning Early Texts of the Shi jing", *Bamboo and Silk*. Volume 4 Issue 1(January 2021), pp.45-93;顔世鉉《從三種不同文本的〈蟋蟀〉詩論其異同與相關問題》,"詩與詩經——寫本時代的經學與文學(文本細讀)"工作坊,中國·臺北,2021 年 12 月,10 頁。

清華大學所收藏的這批戰國楚簡中,《易》《詩》《書》《禮》《樂》以及《春秋》類文獻皆備,①而明確標示"孔子"的僅有《邦家之政》一篇,大量子類內容家派難辨,這是其與郭店簡、上博簡等另外批次面世的戰國簡書的最大區別。目前已公布了大量前所未見的"書""詩"類文獻,其中大量"書"類文獻與今傳本《尚書》《逸周書》關係密切,②而《耆夜》篇則與清華簡《周公之琴舞》《芮良夫毖》兩篇已被公認爲來源較早的"詩"類文獻,在文本內容與書寫風格均密切相關。③

清華簡中這些性質與類型的文獻在埋入地下之前,應當歸屬於楚國的高級貴族階層。④傳世文獻與考古資料顯示,從兩周之際到戰國早中期,與中原諸國和僻處西陲的秦國不同,南方的楚國長期并較爲穩定地保持着貴族世族專政的政治形式,其滅國設縣過程中,對周邊、境内戰敗國的貴族也并不貶黜而是依舊維持其貴族身份。雖然這一時期楚國王權多次嘗試對世族政治進行調整與壓制,王權、世族以及國人勢力此消彼長,但其上層貴族階層身份地位始終穩固。⑤ 這也就是説,無論清華簡中所見這些豐富的王官典籍何時從中原傳入楚地,其受到重視并得以保存與傳授,大概得益於這種政治形勢長期穩定的存在。

與此相對應,傳世文獻中存有不少楚國貴族教育以及楚國貴族用詩的記録。在《左傳》《國語》之中,關於楚國史事的記載絶非其主要內容,楚人賦詩用詩却在所有貴族賦詩用詩的記載中占有極高比例。經常被引用的《國語·楚語》申叔時論學"教之春秋,而爲之聳善而抑惡焉,以戒勸其心;教之世,而爲之昭明德而廢幽昏焉,以休懼其動;教之詩,而爲之導廣顯德,以耀明其志;教之禮,使之上下之則;教之樂,以疏其穢而鎮其浮;教之令,使訪物官;教之語,使明其德,而知先王之務,用明德於民也;教之故志,使知廢興者而戒懼焉;教之訓典,使知族類,行比義焉"。⑥ 也對詩教、樂教做了説解。在《左傳·宣公十二年》,楚莊王説"夫文,

---

① 李守奎:《楚文獻中的教育與清華簡〈繫年〉性質初探》,復旦大學出土文獻與古文字研究中心編《出土文獻與古文字研究》第 6 輯,上海古籍出版社,2015,295—296 頁。
② 李學勤:《清華簡與〈尚書〉〈逸周書〉的研究》,《史學史研究》2011 年第 2 期;程浩:《古書成書研究再反思——以清華簡"書"類文獻爲中心》,《歷史研究》2016 年第 4 期。
③ 李松儒:《清華簡書法風格淺析》,中國文化遺產研究院編《出土文獻研究》第 13 輯,上海:中西書局,2014,27—33 頁;羅運環:《清華簡(壹—叁)字體分類研究》,中國文化遺產研究院編《出土文獻研究》第 13 輯,62—66 頁;賈連翔:《戰國竹書形制及相關問題研究:以清華大學藏戰國竹簡爲中心》,上海:中西書局,2015,167 頁。
④ 關於清華簡墓主身份及竹簡性質的討論與研究,參見劉國忠《清華簡的文獻特色與墓主身份蠡測》,《光明日報》2021 年 10 月 30 日第 11 版。
⑤ 俞偉超:《關於楚文化發展的新探索》,《江漢考古》1980 年第 1 期;劉家和:《楚邦的發生和發展》,日知主編《古代城邦史研究》,北京:人民出版社,1989,305 頁;[美]蒲百瑞:《春秋時代楚國政體新探》,《中國史研究》1998 年第 4 期;田成方:《東周時期楚國宗族研究》,武漢大學博士學位論文,2011,182—203 頁;宇都木章:《戰國時代の楚の世族》,《春秋戰國時代の貴族と政治》,東京:名著刊行會,2012,266—297 頁;尚如春:《東周時期楚國社會變遷研究——以江漢淮地區墓葬爲中心》,吉林大學博士學位論文,2019,120—122、156 頁。
⑥ 《國語》卷一七《楚語上》,[春秋](舊題)左丘明撰,徐元誥集解,王樹民、沈長雲點校:《國語集解》,北京:中華書局,2002,485—486 頁。

止戈爲武。武王克商,作《頌》,曰:載戢干戈,載櫜弓矢。我求懿德,肆于時夏,允王保之。又作《武》,其卒章曰:耆定爾功。其三曰:鋪時繹思,我徂維求定。其六曰:綏萬邦,屢豐年。夫武,禁暴、戢兵、保大、定功、安民、和衆、豐財者也。故使子孫無忘其章"。[1] 對《武》的叙述與傳世本次序不同。杜預《春秋經傳集解》中即指出楚莊王所述與"今詩頌篇次不同,蓋楚樂歌之次",無論是否存在"楚歌",這則材料至少可見當時楚國確實保存流傳着與傳本内容有所不同的詩篇。

四 《耆夜》所見戰國楚地的詩樂教育

《耆夜》篇與詩樂教育的關係,黄甜甜、張國安等早有先行研究,二者都考察了《周禮·春官·大司樂》中的材料。黄甜甜指出《耆夜》作爲"樂語"教本的存在,對"興""道""誦"等語言訓練與德性教化的展示。[2] 張國安則强調《耆夜》内容對"樂德",即"中""和""祗""庸""孝""友"的體現。[3] 這些研究都表明,《耆夜》與傳世文獻中《禮記·樂記》《荀子·樂論》以及郭店簡《性自命出》、上博簡《孔子詩論》《性情論》等文獻所揭示的戰國時期儒家的詩教目標與方法存在一些差異。它的内容和主題在"詩"文本本身,不在解讀詩意,也不在以性情説詩,而是展示了典禮之中貴族如何賦詩又如何應答,這的確與《周禮》中的國子之教更爲相似。

不過一個值得關注的現象是,在對《耆夜》中《蟋蟀》詩的認識和探索的過程中,不少研究者指出,此詩中的"蟋蟀"是作爲"興"的意象而存在的。[4] 陳鵬宇就認爲,此處的"蟋蟀"作爲所"興"之物,并不一定是實物,而是一種"套語"。[5] 這種看法是以陳世驤《原興:兼論中國文學特質》、王靖獻(楊牧)《鐘與鼓:〈詩經〉的套語及其創作方式》以及鄭毓瑜《重複短語與風土譬喻》等深受西方文學理論影響的研究爲基礎的,他們認爲"興"通過熔韻律、意義和意象於一爐而賦予一個整體的知覺與氛圍——王靖獻稱其爲"聯想的全體性"。也就是説"興"之物不必是詩人眼前親歷的實景實事,而是平時貯存在詩人記憶之中的現成的套語結

---

[1] 《春秋左傳正義》卷二三,[清]阮元校刻《十三經注疏》,4086-4087頁。
[2] 黄甜甜:《清華簡"詩"類文獻綜合研究》,125-138頁。
[3] 張國安:《清華簡〈耆夜〉成篇問題再論》,《江蘇師範大學學報(哲學社會科學版)》2014年第5期。
[4] 陳民鎮:《〈蟋蟀〉之"志"及其詩學闡釋——兼論清華簡〈耆夜〉周公作〈蟋蟀〉本事》,57-81頁;黄甜甜:《清華簡"詩"類文獻綜合研究》,131頁。
[5] 陳鵬宇:《清華簡中詩的套語分析及相關問題》,清華大學博士學位論文,2014,46頁。

構,它們與詩歌所詠的内容有着内在的聯繫。①

傳統學術範疇中,"興"同樣是《詩經》研究的重要内容,列《周禮》"六詩"與《毛詩序》"詩六義"之中,并在毛傳中被多次標明指示。② "興"與"比"關係密切,在《詩》以美、刺的解釋框架下,鄭玄認爲"比,見今之失,不敢斥言,取比類以言之。興,見今之美,嫌于媚諛,取善事以喻勸之"。③ 孔穎達則進一步指出"比者,比托于物,不敢正言,似有所畏懼。興者,興起志意贊揚之辭","取譬引類,起發己心。《詩》文諸舉草木鳥獸以見意者,皆興辭也"。④ 朱自清在《詩言志辨》中討論"比興",認爲"興"兼具"開端"與"譬喻"雙重含義。⑤

朱熹在《詩集傳》中對"興"的討論也頗多。他對"興"的基本認識是"先言他物,以引起所詠之辭也"。而針對《桃夭》篇首章的"興",則進一步解釋爲"文王之化,自家而國,男女以正,婚姻以時。故詩人因所見以起興,而歎其女子之賢,知其必有以宜其室家也"。强調因所見而起興的創作方式,同時認爲詩之興有"全不取義者"。⑥

由上可見,對作詩之"興"考察與認識的矛盾主要集中在兩個方面,其一是所"興"之物是否目見實物,其二則是所"興"之物與詩旨是否有關。套語理論認爲所興之物雖不是目見實物,但是與詩旨相關的;朱熹則剛好相反,他認爲所興之物是眼前所見,而不必取義合詩。

如果將《耆夜》中的周公作《蟋蟀》詩看作一首"興"詩制作過程的展示,那麽可以發現,與上述兩種觀點都不完全一致,在《耆夜》的記載中,《蟋蟀》詩之作,是因一隻"蟋蟀"正好出現在周公的眼前,這代表"興"象爲眼前之物;而《耆夜》文本中的《蟋蟀》詩從這種歲末之"蟲"的意象開始,將蟋蟀入堂這一歲時的體現,作爲詩中感歎時光流逝的觸發點,抒發時間易逝令人憂懼的心情,意象又與詩旨密切相關。

不過回頭檢視將三分之一詩篇歸爲"興"詩的毛傳與孔疏,《唐風·蟋蟀》并未被劃分在内。朱熹的《詩集傳》中特意指出《蟋蟀》三章皆"賦也"。研究者對於《耆夜》中《蟋蟀》詩運用了"興"的認識,其實很大程度上來自於對傳世本的印象,在傳世本《唐風·蟋蟀》中,每章的前兩句分别是:

---

① 陳世驤:"興句源自一古老的文類傳統,而非詩人創作一刻間雙目所及。"參見[美]陳世驤《原興:兼論中國文學特質》,[美]陳世驤著、張暉編《中國文學的抒情傳統:陳世驤古典文學論集》,北京:生活·讀書·新知三聯書店,2015,127頁;鄭毓瑜《引譬連類:文學研究的關鍵詞》,北京:生活·讀書·新知三聯書店,2017,95、99、117頁;王靖獻著,謝謙譯《鐘與鼓:詩經的套語及其創作方式》,成都:四川人民出版社,1990,125、154頁。
② "興"既在"六詩"中又在"六義"中,學者們已經指出應對這二者加以區别。參見王昆吾《詩六義原始》,收入其著《中國早期藝術與宗教》,上海:東方出版中心,1998,213-309頁。
③ 《毛詩正義》卷一,[清]阮元校刻《十三經注疏》,565頁。
④ 《毛詩正義》卷一,[清]阮元校刻《十三經注疏》,565頁。
⑤ 朱自清:《詩言志辨》,北京:商務印書館,2011,56頁。
⑥ [南宋]朱熹集撰:《詩集傳》卷一、卷九,2、7、192頁。

蟋蟀在堂，歲聿其莫。今我不樂，日月其除。
蟋蟀在堂，歲聿其逝。今我不樂，日月其邁。
蟋蟀在堂，役車其休。今我不樂，日月其慆。①

雖然後世注疏提到了"蟋蟀"是"言九月之時，蟋蟀之蟲在於室堂之上矣。是歲晚之候，歲遂其將欲晚矣"。②但因表達方式的原因，兩句之間確實存有跳躍感。與此不同，清華簡《耆夜》的《蟋蟀》詩，却著力鋪陳了這種因眼前歲暮之候而感歎時光之逝的感情的發生：

蟋蟀在堂，役車其行。今夫君子，不喜不樂。夫日□□，□□□忘。
蟋蟀在席，歲遹云落。今夫君子，不喜不樂。日月其邁，從朝及夕。
蟋蟀在序，歲遹□[云]□。□[今]□[夫]□[君]□[子]，□[不]□[喜]□[不]□[樂]。□□□□□，□[從]□[冬]□[及]□[夏]。③

簡本不但描述了眼前所見之蟋蟀之物與當時正在進行軍事行動的背景，還鋪陳因蟋蟀的出現而聯想到"朝夕""冬夏"等時間的推移的感受，④再將這些心理活動"發言爲詩"而賦出的整個過程。清華簡本《蟋蟀》對於情緒的產生與變化不厭其煩地用文辭加以申述，實際上更好地展示了這首詩"賦"的特徵。

此外還有一個有趣的問題，如前所述，《耆夜》篇中幾首宴飲詩與雅詩，尤其是毛詩中所謂的"正雅"關係密切，而詩分"正""變"是毛詩中一個非常重要的命題，鄭玄《詩譜序》中説：

周自后稷播種百穀，黎民阻飢，兹時乃粒，自傳於此名也。陶唐之末，中葉公劉亦世脩其業，以明民共財。至於大王、王季，克堪顧天。文武之德，光熙前緒，以集大命於厥身，遂爲天下父母，使民有政有居。其時詩，風有《周南》《召南》，雅有《鹿鳴》《文王》之屬。及成王，周公致大平，制禮作樂而有頌聲興焉，盛之至也。本之由此風雅而來故皆録之，謂之詩之正經。後王稍更陵遲，懿王始受譖亨齊哀公，夷身失禮之後，邶不尊賢。自是而下，厲也，幽也，政教尤衰，周室大壞。《十月之交》《民勞》《板蕩》勃爾俱作，衆國

---

① 《毛詩正義》卷八，[清]阮元校刻《十三經注疏》，766 頁。
② 《毛詩正義》卷八，[清]阮元校刻《十三經注疏》，766 頁。
③ 李學勤主編：《清華大學藏戰國竹簡(壹)》，149-155 頁。
④ 孫飛燕已經注意到了這四句之間強烈的因果關係，參見孫飛燕《〈蟋蟀〉試讀》，《清華大學學報(哲學社會科學版)》2009 年第 5 期。

紛然,刺怨相尋。五霸之末,上無天子,下無方伯,善者誰賞？惡者誰罰？紀綱絕矣。故孔子錄懿王夷王時詩,訖於陳靈公淫亂之事,謂之變風、變雅。以爲勤民恤功,昭事上帝,則受頌聲,弘福如彼。若違而弗用,則被劫殺,大禍如此。吉凶之所由,憂娛之萌漸,昭昭在斯,足作後王之鑒,於是止矣。①

孔穎達疏謂"風、雅之詩,止有論功頌德、刺過譏失之二事耳",又說"變者,雖亦播於樂,或無筭之節所用,或隨事類而歌,又在制禮之後,樂不常用"。陸德明則對《小雅》進行了明確的劃分,即"從《鹿鳴》至《菁菁者莪》,凡二十二篇皆正小雅。六篇亡,今唯十六篇。從此至《魚麗》十篇是文武之小雅,先其文王以治內,後其武王以治外,宴勞嘉賓,親睦九族,事非隆重,故爲小雅。皆聖人之迹故謂之正"。②

將《耆夜》的內容結合《左傳》的記載能夠發現,在春秋時代貴族對《詩》尤其是《小雅》的認識與使用,其實各有兩條綫索。一方面,在春秋大量貴族宴飲賦詩中多使用的《鹿鳴》《棠棣》《南山有臺》以及類似《耆夜》中《樂樂旨酒》《輶乘》《蟋蟀》這樣內容與情感爲論功德、表和樂的詩篇。另一方面,引詩證事、引詩論事時,對《小雅》的使用則涉及具有強烈的怨刺意味的《節南山》《正月》《十月之交》《雨無正》等篇目。季札觀樂時,對於《小雅》的評價是："美哉！思而不貳,怨而不言,其周德之衰乎？猶有先王之遺民焉。"③也強調其能"怨",可見從詩文內容及意義表達的方面而言,其對《小雅》中所謂"變雅"的部分更爲重視。從以上詩文本使用的分布來看,似乎確實存在"正""變"表意達情與使用場合的區別。

《毛詩序》所強調的是"變"。毛詩及後來鄭玄、孔穎達等人對正變的劃分與討論是以孔子刪詩爲基礎的,他們將孔子與"變風""變雅"相聯繫。儒家後學的這種觀點,可能是具有一定的道理的。雖然孔子本人對《小雅》的兩種用法一視同仁,但戰國儒門後學所傳授的上博簡《孔子詩論》之中,對《小雅》的解釋即強調其"多言難而悳(怨)退(懟)者也,衰矣、少矣""民之有慼悉(患)也,上下之不和"的一面,④漢代司馬遷在《史記·屈原賈生列傳》中對"小雅"的評價也是"怨誹而不亂"。⑤ 同時,孔子之後的戰國時期,所謂"正小雅"部分的內容,因不再被用於宴饗儀式,而成爲與"變雅"相對的"論功頌德"之言,正變之間被使用、關注的平衡由此打破。這樣的變化當然與自西周以來下至春秋戰國禮儀詩樂離合的歷史進程密切相關,而所謂"變"很有可能就是後世儒者基於春秋用《詩》以及戰國孔門論詩所作的分

---

① ［漢］鄭玄：《詩譜序》,《毛詩正義》,555-556頁。
② 《毛詩正義》卷九,［清］阮元校刻《十三經注疏》,857、859頁。
③ 《春秋左傳正義》卷三九,［清］阮元校刻《十三經注疏》,4358頁。
④ 江林昌曾指出《孔子詩論》中對"小雅"之"怨"的強調,他認爲雅之"興""廢"分別對應大雅與小雅,與此處論述有一些區別。參見江林昌《上博竹簡〈詩論〉的作者及其與今傳本〈毛詩序〉的關係》,《文學遺產》2002年第2期。
⑤ 《史記》卷八四《屈原賈生列傳》,2482頁。

析研究成果,并由此創設了儒家解《詩》的體系。①

清華簡中所見的"詩"類文獻,既有與宴饗儀式、典禮舞樂密切相關的《周公之琴舞》《耆夜》,也有表達怨刺之意的《芮良夫毖》,與儒家的偏好并不相同,應當是對西周春秋以來貴族詩樂教育的繼承。

2021 年 12 月 21 日初稿

2022 年 6 月 21 日定稿

附記　本文是博士論文中的一部分,相關内容 2021 年 6 月、9 月曾在師門匯報,得到劉國忠老師及各位同門關於寫作與修改的意見。2021 年 10 月 16 日在第八屆珞珈史學博士論壇報告,得到了武漢大學歷史學院劉國勝老師、陳書豪同學以及同門梁睿成師弟的很多有益建議。馬楠師姐、陳民鎮師兄、楊家剛師兄、馬力師兄與陳韻青同學提供了一些重要材料及幫助。匿名審稿專家也對文章的論證和表述提出了非常細緻合理的修改建議。在此一并致以誠摯謝意!

---

① 儒家從思想内容上對"正""變"的區分應當是有意義的,但是儒家後來按照傳世毛詩風次、篇次所指示的時代機械地對"正變"進行劃分的方式應當是需要反思的。傳世與出土材料均顯示,毛詩的次序并非所有結集本《詩》的次序,更早期的結集本《詩》原貌如何仍有待探索。

清華簡《五紀》字詞札記*

□ "古文字與中華文明傳承發展工程"協同攻關創新平臺
□ 鄭州大學文學院　　　　　　　　　　　　　王凱博

内容提要　清華簡《五紀》篇的個别字詞需重新解釋。一、簡2"又(有)溝(港-洪)乃呈"之"呈"讀爲"埕""涅",訓塞。二、四個"階"的讀法不同,簡32"階民之弋(忒)",讀"診",意爲察視;簡52"亡(無)戙(咸)又(有)階",讀"畛",意爲告、致(鬼神);簡36"峕(顓)項階之",讀"巔";簡127"言神又(有)階",讀"慎"。三、簡32"澤五教(穀)"之"澤"讀爲"釋/釋",意爲淘洗,"澤(釋/釋)五教(穀)"與下面"鷹(濾)酉(酒)"爲并列關係。四、簡52"牀(將)器母(毋)賸"之"賸"讀爲"僞",但應表示器物(品質、質量)粗劣、不功致之義。

關鍵詞　《五紀》　字詞　解釋

新近出版的《清華大學藏戰國竹簡(拾壹)》收録的《五紀》篇是一部前所未見的先秦佚籍,全文以"五紀"爲基礎構築了一套嚴整宏大的天人體系,文辭古奥,内容十分豐富,值得學界深入研究。筆者細加研讀後,對某些字詞的解釋有不同意見,隨即撰寫出一批字詞校釋札記,現在選録數則,祈請方家指正。

一

《五紀》開始的一段簡文是爲引出全篇主題"五紀"的背景叙述。大意講上古時發生洪

---

* 本文寫作得到國家社科基金重大項目"楚系簡帛文字職用研究與字詞合編"(20&ZD310)、第65批中國博士後科學基金項目"戰國時代新見通今詞的歷時用字研究"(2019M652599)的資助。

水,導致五紀次序錯亂,經過后帝的整飭工作,最終"又(有)澒(港-洪)乃星",① 五紀又重歸常序。

"又(有)澒(港-洪)乃星"所在的一段簡文如下:

五絽(紀)既尃(敷),五算聿〈建〉厇(度),大参建尚(常)。天陛(地)、神示(祇)、萬₂兒(苗)週(同)惠(德),又(有)卲(昭)盟=(明明),又(有)澒(港-洪)乃星,五絽(紀)又(有)常₃。②

整理者注云:"星,讀爲'彌',訓爲平定,止息。"隨後學界圍繞"星"的讀法與理解,又形成了幾種新的不同意見。或讀爲"匿",③ 或讀爲"彌",④ 或讀爲"填"。⑤ 甚至有研究者認爲,"'星'字上面的'日'疑是'曰'的誤寫,此字從土曰聲,當是'汨'的或體,或作'淈'。《説文》:'汨,治水也。'……'有洪乃汨'謂洪水乃得治理"。⑥

核查"星"字原簡圖版作星,其上從日,甚明,所以釋讀爲"汨"之説首先可排除。"星"應以日爲聲,《説文》分析"涅"字以日爲聲,上古音"日""涅"皆屬質部,"匿"則屬職部,韻部有隔,通假困難。清華簡《繫年》簡 97"爾(弭)天下之甝(甲)兵"、《治政之道》簡 18"佻(盜)恝(賊)之不爾(弭)",以"爾"表示{弭},如"星"再讀爲"弭",則用字方面多少不免相斥。對讀相關文獻(詳下文),諸説中祇有讀爲"填"取意較好。⑦

不過,依據古訓資料,加之與相關文獻對讀,將簡文"星"讀作同樣意爲塞的"埕""涅",應是最爲直接的。"星"不見於早期字典、辭書,《玉篇·土部》:"星,與埕同。"⑧《説文·水部》:"涅,黑土在水中也,从水、从土、日聲。"⑨"星"是"涅""埕"的聲符,"星"自然可讀爲"涅""埕"。《儀禮·既夕禮記》"隸人涅廁",鄭玄注:"涅,塞也。"《玉篇·土部》:"埕,塞也。"

古文獻中常以"垔""湮""堙""陻"等來表述鯀、禹的治水方法,"垔""湮""堙""陻"是一組異體字,表示同一詞,意即塞。《説文·土部》:"垔,塞也。《尚書》曰:鯀垔洪水。"《文選·司馬長卿〈難蜀父老〉》:"昔者洪水沸出,氾濫衍溢,民人升降移徙,崎嶇而不安。夏后

---

① "澒",原篆右下尚有"廾",但整理者隸定字無體現,"廾(共)"係"追加的聲符"(參網友"汗天山"在"清華簡《五紀》初讀"網貼下第 184 樓發言,簡帛網"簡帛論壇",2021 年 12 月 29 日)。
② 黃德寬主編:《清華大學藏戰國竹簡(拾壹)》,上海:中西書局,2021,90 頁。"聿"當爲"建"字之抄誤,參網友"gefei"在"清華簡《五紀》初讀"網貼下第 136 樓發言,簡帛網"簡帛論壇",2021 年 12 月 21 日。
③ 網友"好好學習"在"清華簡《五紀》初讀"網貼下第 59 樓發言,簡帛網"簡帛論壇",2021 年 12 月 17 日。
④ 網友"ee"在"清華簡《五紀》初讀"網貼下第 60 樓發言,簡帛網"簡帛論壇",2021 年 12 月 17 日。
⑤ 網友"海天游蹤"在"清華簡《五紀》初讀"網貼下第 65 樓發言,簡帛網"簡帛論壇",2021 年 12 月 17 日。
⑥ 網友"王寧"在"清華簡《五紀》初讀"網貼下第 64 樓發言,簡帛網"簡帛論壇",2021 年 12 月 17 日。
⑦ 值得注意的是,本篇 88 號簡已有"填"字,但不明是否表示填塞義。
⑧ [南朝梁]顧野王:《大廣益會玉篇》,北京:中華書局,1987,9 頁。
⑨ [漢]許慎撰,[宋]徐鉉校定:《説文解字》卷一一上,北京:中華書局,2013,231 頁。

氏感之,乃堙洪塞源,決江疏河,灑沈澹災。"王念孫曰:"湮,塞也。"①《莊子·天下》:"昔禹之湮洪水,決江河而通四夷九州也。"成玄英疏:"湮,塞也。"《書·洪範》:"箕子乃言曰:'我聞在昔,鯀陻洪水,汨陳其五行。'"孔傳:"陻,塞。"②《山海經·海內經》:"洪水滔天,鯀竊帝之息壤以堙洪水。"郭璞注:"息壤者,言土自長息無限,故可以塞洪水也。"③

由此可知,將簡文"又(有)漭(港-洪)乃呈"之"呈"讀作意爲塞的"埕""涅",適與上述"垔""湮""堙""陻"表意一致。

二

《五紀》有一個隸定作"䛱"的新見字形,凡四次出現,有關辭例如下:

簡 31-32:以事父之且(祖)$_{31}$,而共(供)母之祀,䛱(化)民之弋(忒),是胃(謂)三惠(德)$_{32}$。

簡 35-36:門$_{35}$[□]之,行＝(行行)之,盟(明)星秉之,耑(顓)項䛱(化)之,盟(盟)痈(傾)之,司校要之$_{36}$。

簡 52-53:后曰:凡(凡)事群神,亡(無)戕(咸)又(有)䛱(過),敬䛱(慎)齊(齋)佰(宿)、童(壇)叙(除)、唐(號)祝,牁(將)器母(毋)賜(僞),勿(物)生(牲)曰義(宜)$_{52}$,敝(幣)象用加(嘉),杳(春)䑋(秋)母(毋)糀(迷),行豊(禮)㞟(踐)旹(時),神不求多$_{53}$。

簡 127:夫是古(故)后言天又(有)急(仁),言神又(有)䛱(化),言坒(地)又(有)利,言事又(有)寺(時),言型(刑)又(有)青(情),言惠(德)又(有)則,言古又(有)巨(矩)。④

四個"䛱"原簡圖版作 [圖]、[圖]、[圖]、[圖],單就字形層面看,整理者依樣隸定作"䛱"沒有問題。古文字構形中"𨸏(阜)""言"一般不作聲符用,所以整理者認爲"䛱"爲"化"聲之字。如上所示,除了簡 52"亡(無)戕(咸)又(有)䛱(過)"讀爲"過"外,其餘三例則皆被讀爲"化"。"戕"於《五紀》凡三見,其餘兩例是簡 49"神不求戕(咸),爲共(恭)之故"、簡 55"多敬(費)

---

① [清]王念孫撰,徐煒君等校點:《讀書雜志》第 5 册,上海古籍出版社,2014,2712 頁。王氏校勘"'塞'字後人所加",不足爲據。辨參金少華《王念孫〈讀文選雜志〉志疑》,《揚州文化研究論叢》第 22 輯,揚州:廣陵書社,2015,188-189 頁。
② [漢]孔安國傳,[唐]孔穎達正義:《尚書正義》,上海古籍出版社,2007,447 頁。
③ [清]郝懿行箋疏,范祥雍補校:《山海經箋疏補校》,上海古籍出版社,2013,402 頁。
④ 黃德寬主編:《清華大學藏戰國竹簡(拾壹)》,31、107、131 頁。所引釋文中一些字詞已汲取了新的合理意見,如"賜(僞)"的理解(詳後文),"型"讀爲"刑"從石小力先生(參見清華大學出土文獻讀書會《清華簡第十一輯整理報告補正》,清華大學出土文獻研究與保護中心網,2021 年 12 月 16 日),其餘恕不一一詳注。

用云（弃），畏（鬼）神弗亯（享），獸䢔（咸）亡（無）縈（傾），保（孚）北（必）不行”，①亦皆用爲範圍副詞“咸”。“凡（凡）事群神，亡（無）䢔（咸）又（有）階（過）”，原無注説，如果解爲凡侍奉群神，不要皆有/犯過失，則“䢔（咸）”施於此嫌多餘。

　　石小力先生"疑該字爲‘慎'字異體，所從‘化'旁爲‘斤'形之訛"，四字皆讀爲"慎"。②簡52僅隔一字的"慎（昚）"寫作 （顯然係簡87所見 這一標準寫法之形訛），如此看"階"右半確有可能是 類寫法的"昚"之進一步類訛。王精松先生提出"階"的另一種分析思路，"階"右上"化"形由倒人形（《説文》"殄"字之古文）繁化而來。③

　　按，無論取哪一種説法，從構件組合看，皆不認爲"階"爲簡單的從"化"聲之字，而是與"慎""殄"等音相近。綜合各方面信息，此思路較爲有理。接下來以此談談四個"階"的讀法問題。先看簡52"亡（無）䢔（咸）又（有）階"，下文"敬昚（慎）齊（齋）佰（宿）……神不求多"云云（簡52-53）與前文"神不求䢔（咸），爲共（恭）之故"（簡43）彼此表意一致，皆謂群神不必一一遍皆求禱、禱告，重要的是以恭敬之心求告。如將"亡（無）䢔（咸）又（有）階"結合此來理解，則頗疑"階"或當讀爲訓告、致的"畛"。

　　按，古文獻中"畛"有告、致（鬼神）之義。《禮記·曲禮下》"臨諸侯，畛於鬼神，曰'有天王某甫'"，鄭玄注："畛，致也。祝告致於鬼神辭也。"④《爾雅·釋詁上》："畛、祈、請，告也。"邢昺疏："畛者，致告也。"⑤《爾雅·釋言》："畛，致也。"《義疏》："畛者，《釋詁》云'告也'，《玉篇》引'《禮記》曰"眕於鬼神"，亦作"眕"'，今《曲禮》作'畛於鬼神'，鄭注：'畛，致也。祝告致於鬼神辭也。'是致、告義相成，故畛既訓告，又訓致。"⑥因此，簡52"凡（凡）事群神，亡（無）䢔（咸）又（有）階"意即凡侍奉衆神，不必向其一一全部求告。

　　再看其餘三例"階"的理解。簡32"階民之弋（忒）"可讀"診民之弋（忒）"，"診"，察視也。《左傳·隱公十一年》"不察有罪"，可參。⑦簡36"耑（顓）項階之，盈（盟）竝（傾）之"，

---

① 引文中"縈"讀爲"傾"及"保"讀爲"孚"的理解，參網友"gefei"在"清華簡《五紀》初讀"網貼下第118樓發言，簡帛網"簡帛論壇"，2021年12月20日。
② 清華大學出土文獻讀書會：《清華簡第十一輯整理報告補正》，清華大學出土文獻研究與保護中心網，2021年12月16日。
③ 清華大學出土文獻讀書會：《清華簡第十一輯整理報告補正》，清華大學出土文獻研究與保護中心網，2021年12月16日。
④ ［漢］鄭玄注，［唐］孔穎達疏，龔抗雲整理，王文錦審定：《禮記正義》，北京大學出版社，1999，125頁。
⑤ ［晉］郭璞注，［宋］邢昺疏，李傳書整理，徐朝華審定：《爾雅注疏》，北京大學出版社，2000，22頁。
⑥ ［清］郝懿行撰，王其和等點校：《爾雅義疏》，北京：中華書局，2017，287頁。
⑦ 《五紀》作者遣用察視義的動詞頗爲豐富、靈活，如簡34"大昊閒（簡）之，司命司之，癸中覎（視）［之］"、簡43"司覎（視）不羊（祥）"、簡57"后敓（閲）亓（其）婁（數）"、簡74"歛（檢）司民悳（德）"等（其中"閒"讀爲"簡"，意即簡核、檢查，見網友"gefei"在"清華簡《五紀》初讀"網貼下第103樓發言，簡帛網"簡帛論壇"，2021年12月19日；"歛"讀爲"檢"，參網友"王寧"在"清華簡《五紀》初讀"網貼下第171樓發言，簡帛網"簡帛論壇"，2021年12月25日），又簡71"后乃診象"亦其例，都是講某神察視、檢核某對象。《五紀》中異字表示同詞現象多見，如簡5以"又"表示{規}（此前《鄭武夫人規孺子》以"䛳"表示{規}，參李守奎《釋楚簡中的"規"——兼説"支"亦"規"之表意初文》，《復旦學報》2016年第3期），同時更多的是以"喬"表示{規}，{尻}以"溾"（簡84）、"怡"（簡93）表示，皆其顯例。所以，簡71"診"、簡32"階"同時表示{診}，亦其類。

"階"可讀"顛",與"虢(傾)"意近。① 簡127"言神又(有)階"可讀"言神又(有)階(慎)",意猶《墨子·天志中》"天之意不可不慎也"之"慎"。

三

32-33號簡原釋文與斷讀如下：

亓(其)水湛(沈)澤,五敦(穀)廬(濾)₃₂酉(酒),盠(蠲)瀊濯汽(溉)浴涂(沐)₃₃。②

整理者注云："廬,从酉,膚省聲,濾酒之'濾'的專字。瀊,似即清華簡《保訓》'演'字。《書·顧命》:'王乃洮頮水。'蠲、瀊、濯、溉、浴、沐皆訓爲清洗、清潔。"③

對這段簡文解釋,學界意見不一。趙市委先生斷句作"亓(其)水湛,澤五穀,廬酉(酒)濁瀊,濯汽(溉)浴沐",謂"湛,清也,澤,潤也。句意爲'其水清澈,潤澤五穀'",認爲"廬""是一個跟釀酒有關的字,是否讀爲'濾',尚難確定","盠","从皿,蜀聲。從文意來看,似應讀爲'濁',在簡文中指釀出的酒的狀態"。④ 劉新全先生則斷讀爲"亓(其)水湛,澤(擇)五敦(穀)廬(濾)酉(酒)、盠(蠲)瀊、濯汽(溉)、浴涂(沐)","擇"訓取。⑤

按,"盠"字曾見上博簡《鮑叔牙與隰朋之諫》簡3"器必盠(蠲)慤(潔),毋内錢(散)器",⑥本篇凡五見,如簡60形容祭品"盠(蠲)香"、簡76"盠(蠲)躬(躬)於婁=(婁女)",⑦亦皆用作清潔義的"蠲"無疑,而非簡單的从"蜀"聲之字。"瀊",薛培武先生釋讀爲"酳"。⑧此說從字形分析與文意方面看都很合適,本文從之。如一般理解那樣,"盠(蠲)瀊(酳)濯汽(溉)浴涂(沐)"諸詞皆表清洗、清潔之類義。

餘下前半簡文,趙市委先生於"湛"後句讀,可從。但"澤"既不如字訓潤澤,又不讀

---

① 甲骨卜辭"顛"或寫作𩒹,从"𠂤(阜)"、从"匕"形(辨參蔣玉斌《釋殷墟花東卜辭的"顛"》,《考古與文物》2015年第3期),所謂"匕"形象倒人形,與《說文》"㲋"古文丩(隸定作丩)係同一形體。金文"真"上亦从倒人形"丩"(參唐蘭《懷鉛文錄·釋真》,收入其著《唐蘭論文集》,上海古籍出版社,2018,532頁),王精松先生謂"階"右上"化"形其實與"芮良夫毖"簡6"真"即𩒹所从"真"上部一樣,是"丩"的繁化,應可從。因此,從構形看,"階"係在𩒹基礎上加"言",則"階"可表示"顛""畛""診""慎"諸詞便不難理解。
② 黃德寬主編:《清華大學藏戰國竹簡(拾壹)》,102頁。
③ 黃德寬主編:《清華大學藏戰國竹簡(拾壹)》,102頁。
④ 清華大學出土文獻讀書會:《清華簡第十一輯整理報告補正》,清華大學出土文獻研究與保護中心網,2021年12月16日。
⑤ 劉新全:《讀清華簡〈五紀〉札記一則》,簡帛網,2021年12月19日。
⑥ 釋"蠲潔",參陳劍《談談〈上博(五)〉的竹簡分篇、拼合與編聯問題》,收入其著《戰國竹書論集》,上海古籍出版社,2013,171頁。
⑦ 簡76"盠",整理者釋文括讀爲"屬",網友"ee"引《文選·張衡〈思玄賦〉》"湯蠲體以禱祈兮"證明應讀爲"蠲",說見其在"清華簡《五紀》初讀"網貼下第144樓發言,簡帛網"簡帛論壇",2021年12月19日。
⑧ 薛培武:《清華簡〈五紀〉短札一則》,簡帛網,2021年12月22日。

"擇"、訓取,而是應讀爲"釋/釋",意爲淘洗。《説文·米部》:"釋,漬米也。"段注:"《大雅》曰'釋之叟叟',傳曰:'釋,淅米也。叟叟,聲也。'按:漬米,淅米也。漬者初湛諸水,淅則淘汰之。《大雅》作釋,釋之叚借字也。"①簡文"澤(釋)五敎(穀)"即淘洗五穀。

"虚"原簡圖版作🔲,本篇"慮"字兩見,寫作🔲(簡 123)、🔲(簡 125),對比可知"虚"左下所從"月"形實乃"慮"中間"目"形之訛。"目"與"月"形訛,本篇不止此一例,如讀"骸"之字或作🔲(簡 93)、🔲(簡 111),前者從"目",後者從"月",亦可佐證。② 將"慮"之形符"心"換易爲"西"即成"虚",所以"虚"讀爲"濾"是十分自然的。

綜上,幾句簡文可斷讀作"亓(其)水湛(沈),澤(釋/釋)五敎(穀),虚(濾)酉(酒),盉(齷)、齳、濯、汽(溉)、浴、涂(沐)"。經過疏解,"澤(釋/釋)五敎(穀)""虚(濾)酉(酒)"并列,且與後面沐浴等具體事項也是并列關係。

四

51-52 號簡:

敬昚(慎)齊(齋)佰(宿)、竃(壇)叙(除)、唐(號)祝,牂(將)器母(毋)賵(僞),勿(物)生(牲)曰義(宜)₅₂,敝(幣)象用加(嘉)₅₃。③

"牂(將)器母(毋)賵",整理者釋文讀"賵"爲"貨",無注。侯瑞華先生認爲"賵"不讀"貨"而應讀"僞",所引據文獻有《周禮·司市》"凡市僞飾之禁"、《孔子家語·相魯》"路無拾遺,器不彫僞"、《潛夫論·務本》"今工好造雕琢之器,巧僞飾之"等。④

"牂(將)器母(毋)賵(僞)"之"牂(將)"原亦無注,據前後語境,"牂(將)器"殆指祭器、彝器。《詩·周頌·我將》"我將我享",鄭箋:"將,猶奉也。"⑤"牂(將)器"猶言尊器、薦器。⑥按"賵"讀爲"僞"可從,但釋義不夠精確。"僞"並非簡單空泛的虛僞、不真之義,而是著重就"牂(將)器"之製作品質、質量而言。"僞"古有(器物品質、質量)粗劣、不功致、不精善之類義,如《呂氏春秋·貴信》"百工不信則器械苦僞,丹漆染色不貞"、《鹽鐵論·力耕》"商通物

---

① [漢]許慎撰,[清]段玉裁注:《説文解字注》,上海古籍出版社,1981,322 頁。
② 又本篇簡 71"既奠吉凶,乃占盲(祜)央(殃)"("盲"原誤釋"青",其改釋"盲"、讀爲"祜",參網友"蜨枯"在"清華簡《五紀》初讀"網貼下第 81 樓發言,簡帛網"簡帛論壇",2021 年 12 月 18 日),"盲"寫作🔲,清華簡《湯在啻門》簡 7 有"肮"字寫作🔲,不知🔲所從"目"形是否亦爲"月"(肉)"之形訛。
③ 黃德寬主編:《清華大學藏戰國竹簡(拾壹)》,107 頁。
④ 清華大學出土文獻讀書會:《清華簡第十一輯整理報告補正》,清華大學出土文獻研究與保護中心網,2021 年 12 月 16 日。
⑤ [漢]毛亨傳,[漢]鄭玄箋,[唐]陸德明音義,孔祥軍點校:《毛詩傳箋》,北京:中華書局,2018,455 頁。
⑥ 金文中"尊"作動詞性修飾語時,其詞義爲奉獻、登進,辨參徐正考《殷商西周金文"障(尊)"字正詁》,《古漢語研究》1999 年第 1 期。

而不豫，工致牢而不僞"等即是。①

上博簡《鮑叔牙與隰朋之諫》簡 7+3"公乃身命祭又（有）嗣（嗣-司）：祭備（服）毋紋（黼）₇，器必罍（蠲）憼（潔），毋内錢器，牪（犧）生（牲）珪璧，必全女（如）者（故），伽（加）之以敬₃"，②其中"錢器"一詞舊有理解多種，筆者曾論述當讀爲"散器"，并舉文獻中"散"爲粗劣、不功致、不堅牢義的衆多用例證之。③《吕氏春秋·孟冬》："是月也，工師效功，陳祭器，按度程，無或作爲淫巧，以蕩上心，必堅致爲上。物勒工名，以考其誠。"④説明古代製作祭器，其質量以功致、精善爲上。"毋内錢（散）器"意即粗劣之器不入祭祀。《五紀》簡 51"䙖（將）器母（毋）賜（僞）"與"毋内錢（散）器"表意一致，正可比較互證。

---

① "僞"的這一詞義，辨參蔡偉《誤字、衍文與用字習慣——出土簡帛古書與傳世古書校勘的幾個專題研究》，復旦大學博士學位論文，2015，50 頁。與"僞"相反的"真"有（器物品質、質量）堅固、精善之類義，可參余國紅《漆器"牢"、"真"銘文考辨》，《考古》2021 年第 8 期；又可參筆者未刊稿《漢代銅期銘文中的"真"》。這種詞義的"真"楚簡中也有使用，參筆者未刊書稿《簡帛文獻語詞例釋》【真】條。

② 馬承源主編：《上海博物館藏戰國楚竹書（五）》，上海古籍出版社，2006，184、188-189 頁。簡 7+3 的編聯，參陳劍《談談〈上博（五）〉的竹簡分篇、拼合與編聯問題》，簡帛網，2002 年 2 月 19 日。

③ 王凱博：《"錢器"小考》，武漢大學簡帛研究中心主辦《簡帛》第 11 輯，上海古籍出版社，2015，44-47 頁。

④ 許維遹撰，梁運華整理：《吕氏春秋集釋》，北京：中華書局，2009，218 頁。

清華簡《治政之道》《治邦之道》與先秦儒墨道法的治國思想*

□ 上海財經大學人文學院　張玉傑

内容提要　清華簡《治政之道》《治邦之道》主要從施行教化、舉用賢才、君臣關係、治邦不在命等方面闡述其政治思想：在施行教化方面，《治政之道》認爲教化的手段之一就是《詩》教，并且施行教化需要君主修身以起道德表率作用，這與先秦儒家的論述是完全一致的；在舉用賢才方面，《治政之道》《治邦之道》主張不分高低貴賤地舉用賢才以及多方面考核賢才，與孔孟有所差異，與荀子、墨家、黄老學是一致的，但與法家差别較大；在君臣關係方面，《治政之道》認爲君臣關係是對等的，與儒家、墨家、黄老學均存在相似之處，而與法家截然不同，又認爲維繫君臣關係的是"利"，與墨家、黄老、法家是一致的，但與儒家有根本不同，總體説來，《治政之道》的君臣觀更近於墨家與黄老學；《治邦之道》認爲治邦之道不在命，而取决於君主的爲政措施，與墨家、黄老學、法家、荀子都有相似之處，而與孔孟有一定距離。《治政之道》《治邦之道》是一篇融合諸子思想的政論文獻，没有明確的學派意識，也并非"以儒家學説爲主"，而更多的是與黄老學的治政理念相似，這可能與楚國"兼收并蓄"的開放精神有關。

關鍵詞　清華簡　《治政之道》　《治邦之道》　先秦諸子　治國思想

清華簡第八册有一篇名爲《治邦之道》的簡文，第九册有《治政之道》，這兩篇簡文雖形制有所不同，但編痕一致，文意貫通，是首尾完整的一篇。全篇有七十支簡，約3230多字，現

---

* 本文係國家社會科學基金青年項目"最新黄老學出土文獻研究"（18CZX024）的階段性成果。

存 3165 字。① 在出土文獻中,清華簡《治政之道》《治邦之道》的篇幅是很長的,其主旨在於申論如何治理國家,是長篇政論。

關於《治政之道》《治邦之道》,學界已有一些研究成果,但大多集中在字詞考釋方面,② 關於其思想方面的研究也有一些,《治邦之道》的整理者劉國忠認爲:"簡文圍繞如何治國安邦展開,其中許多論述與《墨子》一書的思想關係密切,涉及尚賢、節用、非命等内容,應該是一篇與墨學有關的佚文。"③劉國忠又作文進一步詳細論述了《治邦之道》與墨學的關係,認爲從其具體内容看,這是一篇墨學相關的佚文。④ 馬騰也認爲《治邦之道》確是一篇墨學文獻。⑤ 陳民鎮對《治邦之道》歸屬墨家的説法提出質疑,認爲《治邦之道》是諸子思想交融的產物,總體更接近儒家。⑥《治政之道》的整理者李守奎認爲:"從總體上來看,簡文多與孔孟儒家的核心價值觀相合,但并不墨守一家,而是兼收并蓄,儒墨道法諸家思想被不同程度吸收,呈現出融合的氣象。"⑦李守奎又作文認爲《治政之道》是楚人著作,無論從語言還是思想上,都表現出以儒家學説爲主、百家雜糅的特點。⑧《治政之道》的發現,使學者認識到《治政之道》《治邦之道》的思想屬性并没有那麽清晰,而可能是一篇融合諸子的著作,但對於《治政之道》《治邦之道》如何融合諸子則探討得不夠,有待進一步深化,本文即嘗試將《治政之道》《治邦之道》放入先秦諸子的視野下來分析其如何融合諸子。

一 "教必從上始"與先秦儒家的教化思想

《治政之道》開篇説:"昔者前帝之治政之道,上下各有其修,終身不懈,故六詩不淫。六

---

① 清華大學出土文獻與保護中心編:《清華大學藏戰國竹簡(玖)》,上海:中西書局,2019,125 頁。
② 這方面的成果主要有魏棟《清華簡〈治邦之道〉篇補釋》,《清華大學學報(哲學社會科學版)》2018 年第 6 期;杜安《清華簡(捌)〈治邦之道〉"興"字試釋》,復旦大學出土文獻與古文字研究中心網站,2018 年 11 月 22 日;蕭旭《清華簡(捌)〈治邦之道〉校補》,復旦大學出土文獻與古文字研究中心網站,2018 年 11 月 26 日;單育辰《清華大學藏戰國竹簡(捌)釋文訂補》,清華大學出土文獻與保護中心編《出土文獻》第 14 輯,上海:中西書局,2019,166-173 頁;陳民鎮《據清華玖〈治政之道〉補説清華捌(六則)》,清華大學出土文獻與保護中心編《出土文獻》第 15 輯,上海:中西書局,2019,193-199 頁;高佳敏《清華大學藏戰國竹簡(捌)札記四則》,復旦大學出土文獻與古文字研究中心網站,2019 年 8 月 5 日;胡寧《讀清華簡玖〈治政之道〉札記》,復旦大學出土文獻與古文字研究中心網站,2019 年 11 月 28 日;王寧《讀清華簡〈治政之道〉散札》,復旦大學出土文獻與古文字研究中心網站,2019 年 11 月 28 日;陳民鎮《讀清華簡〈治政之道〉筆記》,清華大學出土文獻研究與保護中心網站,2019 年 11 月 22 日;侯瑞華《〈清華簡玖·治政之道〉"六詩"解》,清華大學出土文獻研究與保護中心網站,2019 年 11 月 22 日;劉信芳《清華玖〈治政之道〉所言詩教與"憮"試解》,復旦大學出土文獻與古文字研究中心網站,2019 年 12 月 22 日。
③ 清華大學出土文獻與保護中心編:《清華大學藏戰國竹簡(捌)》,上海:中西書局,2018,135 頁。
④ 劉國忠:《清華簡〈治邦之道〉初探》,《文物》2018 年第 9 期。
⑤ 馬騰:《論清華簡〈治邦之道〉的墨家思想》,《廈門大學學報(哲學社會科學版)》2019 年第 5 期。
⑥ 陳民鎮:《清華簡〈治邦之道〉墨家佚書説獻疑》,《陝西師範大學學報(哲學社會科學版)》2019 年第 5 期。陳民鎮:《清華簡〈治政之道〉〈治邦之道〉思想性質初探》,《清華大學學報(哲學社會科學版)》2020 年第 1 期。
⑦ 清華大學出土文獻與保護中心編:《清華大學藏戰國竹簡(玖)》,125 頁。
⑧ 李守奎:《清華簡〈治政之道〉的治政理念與文本的幾個問題》,《文物》2019 年第 9 期。

詩者,所以節民,辨位,使君臣、父子、兄弟毋相逾,此天下之大紀。上總其紀,乃馭之以教。"①《治政之道》認爲治政之道就是"上下各有其修","上下各有其修"就是簡文所說的"君守器,卿大夫守政,士守教,工守巧,賈守賈鬻聚貨,農守稼穡,此之曰修"。② 也就是說,治政之道就在於各階層各守其責、各安其位。要達到這個目的,就需要施行教化,教化手段之一是《詩》教,簡文中的"六詩",③整理者引《周禮·大師》認爲即"風""賦""比""興""雅""頌",④李守奎又説:"'六詩'應是《詩》的統稱,是文教的代稱。詩既是社會風化的反映,又是社會教育的手段。"⑤"六詩"也就是《詩大序》說的"詩有六義":"詩有六義焉:一曰風,二曰賦,三曰比,四曰興,五曰雅,六曰頌。"⑥孔穎達正義曰:"《大師》上文未有'詩'字,不得逕云'六義',故言'六詩'。各自爲文,其實一也。"⑦"六詩""六義"是"各自爲文,其實一也","六詩""六義"是《詩》的不同方面,它所表達的是古人關於《詩》的教學過程和教學目標的一組概念,體現了上古用《詩》學的禮樂政教目的。⑧

《詩》是古代中國的首席政治—倫理教材,擔負着教化萬民的任務。⑨ 關於《詩》的教化功能,早在前諸子時期就產生了,《尚書·舜典》就說:"詩言志。"⑩《國語·楚語上》:"教之《詩》,而爲之導廣顯德。"⑪《周禮·春官·大師》說:"教六詩……以六德爲之本,以六律爲之音。"⑫這都是把《詩》當作道德教化的手段。先秦儒、墨、道、法對《詩》的功能均有論述。儒家自不必說,孔子就說:"《詩》,可以興,可以觀,可以群,可以怨。邇之事父,遠之事君。"⑬《詩》以"興""觀""群""怨"等四種手段引導民眾事父事君,這是強調《詩》的倫理教化功能。上博簡《孔子詩論》是孔門論《詩》的思想著作,其論《詩》的主旨是"以仁見義",⑭也是強調《詩》的教化功能。孟子繼承了孔門這一思想,他說:"王者之迹熄而《詩》亡,《詩》亡然後

---

① 清華大學出土文獻與保護中心編:《清華大學藏戰國竹簡(玖)》,126頁。以下所引《治政之道》原文,均引自此書,同時吸收學界觀點,不另注。爲書寫方便,簡文內容逕直以通行字寫出。
② 清華大學出土文獻與保護中心編:《清華大學藏戰國竹簡(捌)》,137頁。以下所引《治邦之道》原文,均引自此書,同時吸收學界觀點,不另注。爲書寫方便,簡文內容逕直以通行字寫出。
③ 簡文中的"六詩",侯瑞華認爲當讀作"六志",指好、惡、喜、怒、哀、樂等六情。見侯瑞華《〈清華簡玖·治政之道〉"六詩"解》,可備一說。
④ 清華大學出土文獻與保護中心編:《清華大學藏戰國竹簡(玖)》,131頁。
⑤ 李守奎:《清華簡〈治政之道〉的治政理念與文本的幾個問題》。
⑥ [漢]毛亨傳,[漢]鄭玄箋,[唐]孔穎達正義:《毛詩正義》卷一《周南·關雎》,[清]阮元校刻《十三經注疏》,北京:中華書局,2009,565頁。
⑦ [漢]毛亨傳,[漢]鄭玄箋,[唐]孔穎達正義:《毛詩正義》卷一《周南·關雎》,[清]阮元校刻《十三經注疏》,565頁。
⑧ 俞志慧:《君子儒與詩教——先秦儒家文學思想考論》,北京:生活·讀書·新知三聯書店,2005,96-106頁。
⑨ 馮天瑜:《中華元典精神》,武漢大學出版社,2006,38頁。
⑩ [漢]孔安國傳,[唐]孔穎達正義:《尚書正義》卷三《舜典》,[清]阮元校刻《十三經注疏》,276頁。
⑪ 徐元誥集解,王樹民、沈長雲點校:《國語集解》,北京:中華書局,2002,485頁。
⑫ [漢]鄭玄注,[唐]賈公彥疏:《周禮注疏》卷二三《大師》,[清]阮元校刻《十三經注疏》,1719頁。
⑬ [魏]何晏注,[宋]邢昺疏:《論語注疏》卷一七《陽貨》,[清]阮元校刻《十三經注疏》,5486頁。
⑭ 吕芳:《以仁見義:〈孔子詩論〉的論詩特點》,《中州學刊》2019年第9期。

《春秋》作。"①在孟子看來,《詩》可以表示聖王之迹,可見孟子也認爲《詩》具有政治倫理教化功能。荀子也説:"聖人也者,道之管也。天下之道管是矣,百王之道一是矣,故《詩》《書》《禮》《樂》之歸是矣。《詩》言是,其志也;《書》言是,其事也;《禮》言是,其行也;《樂》言是,其和也;《春秋》言是,其微也。"②荀子認爲,《詩》《書》《禮》《樂》的歸宿是聖人之道,《詩》所説的是聖人之道的意志,可見荀子論《詩》也是著眼於其倫理政治功能。先秦儒家關於《詩》的倫理政治功能的論述,被《禮記·經解》總結爲:"温柔敦厚,《詩》教也。"③墨家著作中也經常引《詩》,但據相關學者的研究,墨家引《詩》,是把《詩》當作史料或格言來使用,與儒家解《詩》論《詩》時所奉行的"以《詩》爲教"的《詩》學觀念不同。④ 道家對《詩》的態度相對複雜一些,《老子》没有提及《詩》,《莊子》也祇在外、雜篇中提到《詩》,其中《莊子·天下篇》評述儒家説:"其在於《詩》《書》《禮》《樂》者,鄒魯之士、搢紳先生多能明之。《詩》以道志,《書》以道事,《禮》以道行,《樂》以道和,《易》以道陰陽,《春秋》以道名分。其數散於天下而設於中國者,百家之學時或稱而道之。"⑤這説明莊子學派也認識到儒家以六經爲本,"《詩》以道志"繼承了《尚書》以來關於《詩》功能的認識,但正如錢基博所説:"然則'鄒魯之士搢紳先生',多能明'《詩》《書》《禮》《樂》'者,特是明'禮法度數'之本,尚非真能遺外形迹,深明道本而知'所以'者。"⑥包括《詩》在内的六經雖可以明"禮法度數"之本,但與莊子學派的"道"本還相差甚遠,所以《莊子·天運》説:"夫六經,先王之陳迹也,豈其所以迹哉?"⑦這是從根本上否認了《詩》的作用。至於法家,對《詩》的態度是全盤否定。⑧ 因此,從諸子對於《詩》的功能的評述看,《治政之道》提出"六詩"的教化功能與儒家是一致的。

《治政之道》又説:"上施教,必身服之;上不施教,則亦無責於民。"此句整理者無注,"服"當訓爲"行",⑨即君主施行教化必須從自身開始做起,君主不施行教化就不會責備百姓。《治政之道》又説:"上不爲上之道,以欲下之治,則亦不可得。上風,下草。上之所好,下亦好之;上之所惡,下亦惡之。"這是强調君主對民衆的行爲具有導向作用,所以《治政之

---

① [漢]趙岐注,舊題[宋]孫奭疏:《孟子注疏》卷八《離婁章句下》,[清]阮元校刻《十三經注疏》,5932頁。
② [清]王先謙撰,沈嘯寰、王星賢點校:《荀子集解》卷四《儒效》,北京:中華書局,1988,133頁。
③ [漢]鄭玄注,[唐]孔穎達正義:《禮記正義》卷五〇《經解》,[清]阮元校刻《十三經注疏》,3493頁。關於《禮記·經解》的成書時代,學界爭議較大,筆者比較認同的是戰國後期説,參見陳桐生《〈禮記·經解〉寫作年代考》,《中山大學學報(社會科學版)》2018年第3期。
④ 鄭傑文:《墨家的傳〈詩〉版本與〈詩〉學觀念——兼論戰國〈詩〉學系統》,《文史哲》2006年第1期。
⑤ [晉]郭象注,[唐]成玄英疏,曹礎基、黃蘭發點校:《南華真經注疏》雜篇卷一〇《天下》,北京:中華書局,1998,605頁。
⑥ 張豐乾編:《莊子天下篇注疏四種》,北京:華夏出版社,2009,102頁。
⑦ [晉]郭象注,[唐]成玄英疏,曹礎基、黃蘭發點校:《南華真經注疏》外篇卷五《天運》,304頁。
⑧ 馬銀琴:《戰國時代〈詩〉的傳播與特點》,《文學遺產》2006年第3期。
⑨ "服"當訓爲"行"。《晏子春秋·内篇諫上·景公飲酒醒三日而後發晏子諫第三》:"君身服之。"吳則虞注曰:"蘇輿云:服,行也,言上必身自行之以率下也。《管子·權修篇》:'上身服以先之。'《荀子·宥坐篇》:'上先服之。'義并同。彼房、楊二注,'服'俱訓'行'……身服之者,猶言躬行之也。"參見吳則虞《晏子春秋集釋》,北京:中華書局,1962,10-11頁。

道》又説:"昔夏后作賞,民以貪貨;殷人作罰,民以好暴。故教必從上始。"君主對民衆影響很大,因此教化必須從君主開始,也就是説君主必須首先修身,然後去教化民衆。從這種思想出發,《治政之道》反對濫用刑罰,它説:"今或審用刑以罰之,是謂賊下。下乃亦詐以誣上。故上下離志,百事以亂。"這種思想在先秦儒家中反映得最爲明顯,孔子説:"不教而殺謂之虐。"[1]孔子對季康子説:"政者,正也,子帥以正,孰敢不正?"[2]又説:"君子之德風,小人之德草,草上之風必偃。"[3]《治政之道》的"上風下草"應是對《論語》這句話的概括。《中庸》説:"知所以修身,則知所以治人。知所以治人,則知所以治天下國家矣。"[4]孟子説"上有好者,下必有甚焉者矣。君子之德風也,小人之德草也,草上之風必偃",[5]"善政不如善教之得民也。善政民畏之,善教民愛之",[6]"君仁莫不仁,君義莫不義,君正莫不正,一正君而國治矣"。[7]荀子説:"君者,儀也,儀正而景正;君者,槃也,槃圓而水圓;君者,盂也,盂方而水方。"[8]這都是強調君主對於民衆具有重要的導向作用,君主應修身起到道德表率作用,然後君主纔能實現對民衆的道德教化。墨家也強調君主修身:"是故先王之治天下也,必察邇來遠,君子察邇而邇修者也。見不修行,見毀,而反之身者也,此以怨省而行修矣。"[9]同時,墨家認爲民衆應效法君主,上同於天子,因爲天子是天下至善之人,但墨家并未論説天子通過修身起道德表率從而實現對民衆的教化,這與《治政之道》有所差異。黃老學認爲治國之要首在於修心,修心在於"内静外敬",[10]這與《治政之道》強調道德修養、道德教化有較大的差異。法家則根本反對道德教化,如商鞅説:"仁義之不足以治天下。"[11]

可見,《治政之道》認爲治政之道要施行教化,教化手段之一就是《詩》教,還認爲施行教化需要君主修身起道德表率作用,這與儒家的論述是完全一致的。

二 "興人是慎"與儒墨道法的尚賢思想

《治政之道》《治邦之道》認爲治政之關鍵在於"興人",所謂"興人"就是舉用賢才,《治政之道》《治邦之道》多次強調這一點,李守奎就説:"治政之道的關鍵在於舉用賢才,這一論

---

[1] [魏]何晏注,[宋]邢昺疏:《論語注疏》卷二○《堯曰》,[清]阮元校刻《十三經注疏》,5509頁。
[2] [魏]何晏注,[宋]邢昺疏:《論語注疏》卷一二《顔淵》,[清]阮元校刻《十三經注疏》,5438頁。
[3] [魏]何晏注,[宋]邢昺疏:《論語注疏》卷一二《顔淵》,[清]阮元校刻《十三經注疏》,5439頁。
[4] [漢]鄭玄注,[唐]孔穎達正義:《禮記正義》卷五二《中庸》,[清]阮元校刻《十三經注疏》,3536頁。
[5] [漢]趙岐注,舊題[宋]孫奭疏:《孟子注疏》卷五《滕文公章句上》,[清]阮元校刻《十三經注疏》,5875頁。
[6] [漢]趙岐注,舊題[宋]孫奭疏:《孟子注疏》卷一三《盡心章句上》,[清]阮元校刻《十三經注疏》,6017頁。
[7] [漢]趙岐注,舊題[宋]孫奭疏:《孟子注疏》卷七《離婁章句上》,[清]阮元校刻《十三經注疏》,5922頁。
[8] [清]王先謙撰,沈嘯寰、王星賢點校:《荀子集解》卷八《君道》,234頁。
[9] [清]孫詒讓撰,孫啓治點校:《墨子閒詁》卷一《修身》,北京:中華書局,2001,8頁。
[10] 黎翔鳳撰,梁運華整理:《管子校注》卷一六《内業》,北京:中華書局,2004,947頁。
[11] 蔣禮鴻:《商君書錐指》卷四《畫策》,北京:中華書局,1986,113頁。

點貫穿全篇。"①《治政之道》說:"夫四輔,譬之猶股肱。"君主的"四輔"就像人身體的股肱一樣不可或缺。《治政之道》解釋"黃帝方四面"的典故,認爲"四面"是説黃帝有"四佐"纔能"不出門檐,以知四海之外"。《治政之道》還説:"聖人聽聰視明,夫豈信耳目之力哉!彼有强輔以爲己聽視于外,故天下之情僞皆可得而知。"聖人也需要選用大臣來輔佐纔能治理好國家。《治政之道》《治邦之道》詳細論述了舉用賢才的方法:其一,不分高低貴賤地選用人才,《治邦之道》説:"是以不辨貴賤,唯道之所在。貴賤之位,豈或在它?貴之則貴,賤之則賤,何寵於貴,何羞於賤?雖貧以賤,而信有道,可以馭衆、治政、臨事、長官。"貴賤都是君主給予的,因此君主不要以貴賤來選拔人才,反對"世卿世禄"制。其二,舉用賢才需要多方考察。《治邦之道》説:"故興善人,必熟問其行,焉觀其貌,焉聽其辭。既聞其辭,焉小穀其事,以程其功。如可,以佐身相家。"《治邦之道》提出考核賢才需要從言行、容貌以及功績等方面進行。

舉用賢才是先秦儒、墨、道、法都提倡的,但各家的舉賢才也有所差異。孔子提出"舉賢才"的政治主張,②這裏的"賢才"主要强調的是道德品質,而不是才能與知識,③所以孔子又説:"舉直錯諸枉,則民服。舉枉錯諸直,則民不服。"④"直""枉"顯然是就道德品質而言的。孔子也主張多方考察賢才,他説:"視其所以,觀其所由,察其所安,人焉廋哉,人焉廋哉。"⑤但孔子又維護周代制度,而"世卿世禄"是周制中一個核心制度,因此童書業就説:"孔子既遵從'周道',就不可能不維持'世禄''世官'制度,這是和'舉賢'思想相矛盾的。"⑥因此孔子的"舉賢才"并不徹底。孟子也重視賢臣的作用,主張"尊賢使能,俊傑在位"。⑦孟子衡量賢臣的標準也是道德品質,他説:"立乎人之本朝,而道不行,恥也。"⑧對於賢臣,孟子認爲也得綜合考察,不能偏聽偏信,他説:"左右皆曰賢,未可也;諸大夫皆曰賢,未可也;國人皆曰賢,然後察之;見賢焉,然後用之。"⑨但孟子又明確主張維護"世卿世禄",他説:"所謂故國者,非謂有喬木之謂也,有世臣之謂也……國君進賢,如不得已,將使卑踰尊,疏踰戚。"⑩童書業對孟子這一思想評價道:"一方面保持'世卿'制度,一方面也適當地'進賢'……但'進賢'

---

① 李守奎:《清華簡〈治政之道〉的治政理念與文本的幾個問題》。
② [魏]何晏注,[宋]邢昺疏:《論語注疏》卷一三《子路》,[清]阮元校刻《十三經注疏》,5445頁。
③ 劉澤華主編:《中國政治思想史(先秦卷)》,杭州:浙江人民出版社,1996,142頁。
④ [魏]何晏注,[宋]邢昺疏:《論語注疏》卷二《爲政》,[清]阮元校刻《十三經注疏》,5348頁。
⑤ [魏]何晏注,[宋]邢昺疏:《論語注疏》卷二《爲政》,[清]阮元校刻《十三經注疏》,5347頁。
⑥ 童書業:《先秦七子思想研究》,上海人民出版社,2019,55頁。
⑦ [漢]趙岐注,舊題[宋]孫奭疏:《孟子注疏》卷三《公孫丑章句上》,[清]阮元校刻《十三經注疏》,5850頁。
⑧ [漢]趙岐注,舊題[宋]孫奭疏:《孟子注疏》卷一〇《萬章章句下》,[清]阮元校刻《十三經注疏》,5971頁。
⑨ [漢]趙岐注,舊題[宋]孫奭疏:《孟子注疏》卷二《梁惠王章句下》,[清]阮元校刻《十三經注疏》,5827頁。
⑩ [漢]趙岐注,舊題[宋]孫奭疏:《孟子注疏》卷二《梁惠王章句下》,[清]阮元校刻《十三經注疏》,5827頁。

必須'如不得已',即有一定的限度。"①荀子也説:"欲修政美國,則莫若求其人。"②荀子所説的賢才包括"德""才"兩方面,他説"論德而定次,量能而授官"。③ 這就是説,要依據"德""能"定官位大小,荀子將這一主張貫徹到底,因此他反對"世卿世禄",他説"雖王公士大夫之子孫,不能屬於禮義,則歸之庶人。雖庶人之子孫也,積文學,正身行,能屬於禮義,則歸之卿相士大夫"。④ 變"世官""世禄"爲選拔賢才,那麽賢才的甄選就極其重要,荀子説"故校之以禮,而觀其能安敬也。與之舉措遷移,而觀其能應變也。與之安燕,而觀其能無流慆也。接之以聲色、權利、忿怒、患險,而觀其能無離守也"。⑤ 對人才的考察要以禮爲標準,從其辦事能力、容貌舉止等多方面考核人才。《治政之道》《治邦之道》主張不分高低貴賤地選拔人才以及從言行舉止、辦事成績等多方面考核人才的思想,與孔孟有一定距離,但與荀子是一致的。

墨家"十論"之一就是"尚賢",墨子説:"故古者聖王之爲政,列德而尚賢,雖在農與工肆之人,有能則舉之,高予之爵,重予之禄,任之以事,斷予之令。"⑥墨家"尚賢"主張堪稱是唯賢是舉,完全不看賢人的出身,即使是"農與工肆之人",祇要有才能就應該得到提拔,最終導致"官無常貴,而民無終賤,有能則舉之,無能則下之"的政治局面,⑦墨家這一主張徹底否定了"世卿世禄"制度,與荀子類似。墨家尚賢思想與《治政之道》《治邦之道》的一致性,學界已有論述。⑧ 但與荀子不同的是,墨家把"尚賢"主張貫徹到底,鼓吹君主禪讓制,這是荀子所不及的,荀子認爲君主世襲、官員選賢。⑨ 至於道家,老莊道家對賢人的智慧、能力以及所起的作用是懷疑的,甚至加以否定和批判,而黄老道家對國家爲何需要賢人、需要怎樣的賢才、如何使用賢才都作了詳細論述,尤其是《鶡冠子·博選》"五至"的説法與荀子和墨家的唯才是舉觀點是類似的,在某種程度上與《治政之道》《治邦之道》也是一致的。⑩ 法家對待賢人有尚法并不否定智能以及任法不任智兩種不同傾向,但總體都是説法高於賢,⑪這種思想與《治政之道》《治邦之道》相差甚遠。

可見,《治政之道》《治邦之道》主張不分高低貴賤地舉賢才以及多方面考核賢才的思想,與孔孟有所不同,與荀子和墨家一致,與黄老道家也有相通之處,但與法家差别較大。

---

① 童書業:《先秦七子思想研究》,109 頁。
② [清]王先謙撰,沈嘯寰、王星賢點校:《荀子集解》卷八《君道》,236 頁。
③ [清]王先謙撰,沈嘯寰、王星賢點校:《荀子集解》卷八《君道》,237 頁。
④ [清]王先謙撰,沈嘯寰、王星賢點校:《荀子集解》卷五《王制》,148-149 頁。
⑤ [清]王先謙撰,沈嘯寰、王星賢點校:《荀子集解》卷八《君道》,241 頁。
⑥ [清]孫詒讓撰,孫啓治點校:《墨子閒詁》卷二《尚賢上》,46 頁。
⑦ [清]孫詒讓撰,孫啓治點校:《墨子閒詁》卷二《尚賢上》,46-47 頁。
⑧ 馬騰:《論清華簡〈治邦之道〉的墨家思想》。
⑨ 童書業:《先秦七子思想研究》,56-57 頁。
⑩ 曹峰:《先秦道家關於"賢能"的思考》,《人文雜志》2017 年第 10 期。
⑪ 劉澤華:《法家"不尚賢"辨析——戰國時期儒法之爭問題之一》,《天津社會科學》2016 年第 6 期。

三 "君臣相事皆有利"與先秦儒墨道法的君臣觀

《治政之道》認爲君臣之間的關係是相互的,它説:"不唯君有方臣,臣有方君乎?""方",整理者釋爲"方直",①胡寧認爲"方"當訓爲"比較、區别",②從下文"比政□□,量德之賢"來看,"方"訓爲"比"更符合語意。這也就是説,君主可以比較不同的臣,臣也可以比較不同的君主,説明君可以選擇臣,臣也可以選擇君,君臣關係是對等的。《治政之道》進一步認爲維繫君臣關係的是"利",它説:"比政□□,量德之賢,是以自爲,匡輔左右,非爲臣賜,曰:是可以永保社稷,定厥身,延及庶祀。夫遠人之戀服于我,是之以彼佐臣之敷心盡惟,不敢妨善弼惡以憂君家,非獨爲其君,繫身賴寔多。"《治政之道》認爲君臣都是"自爲"的:君選擇賢臣不是對大臣的賞賜,而是爲了自己;臣對君盡心盡力也主要不是爲了君主,而是爲了自身。《治政之道》總結君臣關係,説:"故夫君臣之相事,譬之猶市賈之交易,則皆有利焉。"君臣之間的關係跟市場上做買賣一樣,都是因爲自身有利可圖。

《治政之道》這一君臣觀在先秦諸子中有所反映。儒家認爲君臣關係是對等的,如孔子説:"君使臣以禮,臣事君以忠。"③"臣事君以忠"的前提是"君使臣以禮",君臣關係并非單向地強調臣對君的忠。孟子説:"君之視臣如手足,則臣視君如腹心;君之視臣如犬馬,則臣視君如國人;君之視臣如土芥,則臣視君如寇讎。"④儒家還認爲維繫君臣關係是一種"道義"或"義",孔子説:"君子之仕也,行其義也。"⑤又説:"所謂大臣者,以道事君,不可則止。"⑥君臣關係是出於"義"或"道義",而非利益關係,這一點孟子説得更直接,他説:"是君臣、父子、兄弟終去仁義,懷利以相接,然而不亡者,未之有也。"⑦荀子也説:"從道不從君。"⑧梁啓超評價儒家的君臣關係説:"君如何始得爲君? 以其履行對臣的道德責任,故謂之君,反是則君不君。臣如何始得爲臣? 以其履行對君的道德責任故謂之臣,反是則臣不臣。"⑨君臣要各自履行自身的道德義務,可見儒家的君臣觀與《治政之道》有根本不同。

墨家認爲君臣之間要兼愛互利,要像愛自己身體一樣互相愛彼此,"視父兄與君若其身"

---

① 清華大學出土文獻與保護中心編:《清華大學藏戰國竹簡(玖)》,133頁。
② 胡寧:《讀清華簡玖〈治政之道〉札記》。
③ [魏]何晏注,[宋]邢昺疏:《論語注疏》卷三《八佾》,[清]阮元校刻《十三經注疏》,5360頁。
④ [漢]趙岐注,舊題[宋]孫奭疏:《孟子注疏》卷八《離婁章句下》,[清]阮元校刻《十三經注疏》,5928頁。
⑤ [魏]何晏注,[宋]邢昺疏:《論語注疏》卷一八《微子》,[清]阮元校刻《十三經注疏》,5496頁。
⑥ [魏]何晏注,[宋]邢昺疏:《論語注疏》卷一一《先進》,[清]阮元校刻《十三經注疏》,5430頁。
⑦ [漢]趙岐注,舊題[宋]孫奭疏:《孟子注疏》卷一二《告子章句下》,[清]阮元校刻《十三經注疏》,5998頁。
⑧ [清]王先謙撰,沈嘯寰、王星賢點校:《荀子集解》卷二《子道》,529頁。
⑨ 梁啓超:《先秦政治思想史》,北京:東方出版社,1996,91頁。

"視弟子與臣若其身",①君臣之間具有平等性。墨家"專注重利",②墨家的"愛"是以利爲基本内容的,墨家認爲君主要滿足臣子的利益,提出尚賢有三術,此即"三本"。墨子説:"何謂三本？曰爵位不高則民不敬也,蓄禄不厚則民不信也,政令不斷則民不畏也。故古聖王高予之爵,重予之禄,任之以事,斷予之令,夫豈爲其臣賜哉,欲其事之成也。"③"三本"就是爵位、蓄禄、政令,也即財富與權力,祇有如此,臣下纔會"竭四肢之力以任君之事,終身不倦,若有美善則歸之上",④君臣之間的關係是互利的。

黄老學也認爲君臣關係是互相的,《黄帝四經》説"行憎而索愛,父弗得子；行侮而索敬,君弗得臣"(《稱》),⑤又説"無父之行,不得子之用；無母之德,不能盡民之力"(《經法・君正》)。⑥ 君、父要得到臣、子的敬愛,就必須尊重臣、子,君主對臣民要有父母之愛。黄老學也認爲君臣關係是互利的,《黄帝四經》説"不受禄者,天子弗臣也；禄薄者,弗與犯難。故以人之自爲□□□□□□□□"(《稱》)。⑦《慎子・因循》有段類似的話,它説:"是故先王見不受禄者不臣,禄不厚者不與入難。人不得其所以自爲也,則上不取用焉。故用人之自爲,不用人之爲我。"⑧陳鼓應據《慎子》將《稱》篇所缺字補爲"也,不以人之爲我也"。⑨ 在黄老學看來,臣子爲君主辦事是出自其"自爲"心理的,維繫君臣關係的是利。

法家認爲大臣必須絕對服從君主的統治,韓非子説:"故人臣毋稱堯、舜之賢,毋譽湯、武之伐,毋言烈士之高,盡力守法,專心於事主者爲忠臣。"⑩君主對於大臣也不能親愛大臣,必須全方位控制大臣,韓非子説:"愛臣太親,必危其身；人臣太貴,必易主位。"⑪蕭公權指出法家的君臣觀是"不問君主之行爲如何而責臣民以無條件之服從"。⑫ 這顯然與《治政之道》關於君臣關係對等的論述有所不同。但法家也認爲君臣關係主要出於"利",韓非子説:"且臣盡死力以與君市,君垂爵禄以與臣市,君臣之際,非父子之親也,計數之所出也。"⑬君臣之間的關係就像做買賣一樣。

可見,在君臣觀上,《治政之道》認爲君臣關係是對等的,這一點與儒家、墨家、黄老學均存在相似之處,而與法家截然不同；《治政之道》認爲維繫君臣關係的是"利",這一點與墨

---

① [清]孫詒讓撰,孫啟治點校:《墨子閒詁》卷四《兼愛上》,99-100頁。
② 馮友蘭:《中國哲學史》,北京:中華書局,1961,115頁。
③ [清]孫詒讓撰,孫啟治點校:《墨子閒詁》卷二《尚賢中》,51頁。
④ [清]孫詒讓撰,孫啟治點校:《墨子閒詁》卷二《尚賢中》,53-54頁。
⑤ 陳鼓應:《黄帝四經今注今譯》,北京:商務印書館,2007,372頁。爲書寫之便,簡文徑直以通行字寫出。
⑥ 陳鼓應:《黄帝四經今注今譯》,73頁。
⑦ 陳鼓應:《黄帝四經今注今譯》,353頁。
⑧ [戰國]慎到著,許富宏校注:《慎子集校集注》,北京:中華書局,2013,25頁。
⑨ 陳鼓應:《黄帝四經今注今譯》,355頁。
⑩ [清]王先慎撰,鍾哲點校:《韓非子集解》卷二〇《忠孝》,北京:中華書局,1998,468頁。
⑪ [清]王先慎撰,鍾哲點校:《韓非子集解》卷一《愛臣》,24頁。
⑫ 蕭公權:《中國政治思想史》,瀋陽:遼寧教育出版社,1998,216頁。
⑬ [清]王先慎撰,鍾哲點校:《韓非子集解》卷一五《難一》,352頁。

家、黄老、法家是一致的,但與儒家有根本不同。因此,《治政之道》的君臣觀更近於墨家與黄老學。

四 "治邦之道不在命"與先秦儒墨道法的命論

《治邦之道》還批駁了治邦之道"在命"的看法,它説:"此治邦之道,智者知之,愚者曰:'在命。'"愚者認爲治邦之道是由"命"所決定的,認爲國家的興亡有定數:"譬之若日月之叙,一陰一陽。"《治邦之道》反對這種看法,它説:"彼豈其然哉?彼上有所可感,有所可喜,可感弗感,可喜弗喜,故墜失社稷,子孫不屬。可感乃感,可喜乃喜,故常政無忒。"君主有憂慮和喜樂,如果應憂慮的不憂慮,應喜樂的不喜樂,國家就會衰亡,反之則國家興盛。《治邦之道》強調國家興衰完全取決於君主本身的爲政措施而非"命",因此《治政之道》總結説:"無命大於此。"

《治邦之道》認爲治邦之道不在命的觀點,先秦儒、墨、道、法均有類似的觀點。孔子是提倡命的,他説:"道之將行也與?命也。道之將廢也與?命也。"[1]國家興亡治亂之道都是"命"所決定的,非人力所能干涉的,但孔子并不否認人的主觀努力,所以孔子又有"知其不可而爲之"的奮鬥精神。[2] 孟子繼承了孔子的觀點,他認爲國家興衰是由命與人爲努力兩方面決定,他説:"昔者大王居邠,狄人侵之,去之岐山之下居焉。非擇而取之,不得已也。苟爲善,後世子孫必有王者矣。君子創業垂統,爲可繼也;若夫成功,則天也。"[3]周朝替代殷商除了歷代周王努力"爲善"之外,還有"命"的因素。荀子則區分了"人之命"與"國之命",他説:"人之命在天,國之命在禮。"[4]這也就是説,個人的命運取決於天命,而國家的興衰則與天命無關,主要取決於君主。可見,儒家對於治國之道是否取決於"命"存在分歧,孔孟認爲治國之道由人事和天命兩部分決定,而荀子認爲治國之道取決於君主的治國手段,《治邦之道》認爲治邦之道不在命的觀點與孔孟有一定距離,而與荀子有相似之處。

墨家主張"非命",認爲國家治亂以及個人的貧富貴賤都不是"命"決定的,而取決於"强力"。墨家認爲國家治亂興衰完全取決於君主是否强治,所謂命定論不過是暴王用來迷亂民衆的手段。墨家的"非命"與《治政之道》關於治邦之道不在命的觀點是完全一致的。[5] 黄老學和法家認爲治國必須遵循既定的法則,此即"前道"(《十大經·前道》)或"緣道理",[6]主

---

[1] [魏]何晏注,[宋]邢昺疏:《論語注疏》卷一四《憲問》,[清]阮元校刻《十三經注疏》,5459頁。
[2] [魏]何晏注,[宋]邢昺疏:《論語注疏》卷一四《憲問》,[清]阮元校刻《十三經注疏》,5460頁。
[3] [漢]趙岐注,舊題[宋]孫奭疏:《孟子注疏》卷二《梁惠王章句下》,[清]阮元校刻《十三經注疏》,5832頁。
[4] [清]王先謙撰,沈嘯寰、王星賢點校:《荀子集解》卷一一《天論》,291頁。
[5] 馬騰:《論清華簡〈治邦之道〉的墨家思想》。
[6] [清]王先慎撰,鍾哲點校:《韓非子集解》卷六《解老》,136頁。

張在順從天道的基礎上,人可以發揮主觀能動性,依靠人力治國。① 可見,黄老學和法家都反對治國上的命定論,與《治邦之道》也存在一定的相似性。

可見,《治邦之道》認爲治邦之道不在命,而取決於君主的爲政措施,在這一點上,與墨家、黄老道家、法家都有相似之處,儒家對於治國之道是否取決於"命"存在分歧,孔孟認爲治國之道由人事和天命兩部分決定,與《治邦之道》的觀點有一定距離,而荀子認爲治國之道取決於君主是否以禮治國,不可推諉於天命,與《治邦之道》是一致的。

結語

《治政之道》《治邦之道》主要從施行教化、舉用賢才、君臣關係、治國不在命等方面闡述其政治思想:在施行教化方面,《治政之道》認爲教化手段之一就是《詩》教,并且施行教化需要君主修身起道德表率作用,這與先秦儒家的論述是完全一致的;在舉用賢才方面,《治政之道》《治邦之道》主張不分高低貴賤地舉用賢才以及多方面考核賢才,與孔孟有所不同,與荀子、墨家、黄老學是一致的,但與法家差别較大;在君臣關係方面,《治政之道》認爲君臣關係是對等的,與儒家、墨家、黄老學均存在相似之處,而與法家截然不同,又認爲維繫君臣關係的是"利",這一點與墨家、黄老、法家是一致的,但與儒家有根本不同,總體説來,《治政之道》的君臣觀更近於墨家與黄老學;《治邦之道》認爲治邦之道不在命,而取決於君主的爲政措施,在這一點上,與墨家、黄老學、法家、荀子都有相似之處,而與孔孟有一定距離。可見,《治政之道》《治邦之道》在施行教化、舉用賢才、君臣關係、治國不在命等方面與先秦儒家、墨家、黄老學、法家均有相通之處,也均有差異之處,它是一篇融合諸子思想的政論文獻,没有明確的學派意識,也并非"以儒家學説爲主",相對來講可能與黄老學相似之處更多。黄老學的一大特徵就是兼綜百家,②《治政之道》《治邦之道》融合諸子的特徵與黄老學也是吻合的。

李守奎認爲《治政之道》《治邦之道》的作者可能是楚人,文字呈現出典型的楚文字特徵。③ 羅運環認爲荆楚文化具有開放性和兼容性,呈現出多元的價值觀,儒、道、墨、法、佛等都有發展空間,④徐文武也論述了楚文化兼收并蓄的特點,楚文化能够容納和整合不同思想内容、不同風格流派的學術。⑤ 楚文化的開放性和兼容性,除與荆楚所處地理位置和君民複雜性相關外,⑥與楚國原始文化較爲落後也有關,楚國在歷史上處於文化落後地區,以至於楚

---

① 袁青:《論清華簡與先秦時期的命論》,《北京社會科學》2021年第11期。
② 曹峰:《近年出土黄老思想文獻研究》,北京:中國社會科學出版社,2015,4-5頁。
③ 李守奎:《清華簡〈治政之道〉的治政理念與文本的幾個問題》。
④ 羅運環:《論荆楚文化的基本精神及其特點》,《武漢大學學報(人文社會科學版)》2003年第2期。
⑤ 徐文武:《楚國思想與學術繁榮原因初探》,《長江大學學報(社科版)》2013年第1期。
⑥ 羅運環:《論荆楚文化的基本精神及其特點》。

王多次自稱"蠻夷"(《史記·楚世家》),[①]文化落後自然要吸收其他國家的先進文化,有學者論述了東周時期楚國文化與當時發達的齊魯文化存在密切的交流,[②]這就是楚文化兼收并蓄的一大體現。《治政之道》《治邦之道》融合諸子政論的思想特徵與楚文化兼收并蓄的特徵正好契合。

附記 感謝中山大學哲學系(珠海)袁青副教授和匿名審稿專家對本文提出的寶貴意見,特此致謝!

[①] 《史記》卷四〇《楚世家》,北京:中華書局,1959,1692、1695 頁。
[②] 王葆玹:《今古文經學新論》,北京:中國社會科學出版社,2004,19-27 頁。袁青:《晏子春秋研究》,成都:巴蜀書社,2021,157-162 頁。

傳抄古文與出土文字合證（一）*

□ 福建師範大學文學院　劉偉浠

内容提要　傳抄古文是指漢以後歷代輾轉抄寫而保留下來的古文字材料，有重要價值，大多數傳抄古文在字形或用法方面能與出土古文字互證。獄盨的"▢"應釋作從"石"得聲的"䂓"，借爲"格"；"傑"古文"▢"釋作"勢"，是在"劼"基礎上增加意符"攴"；"保"古文"▢"可能是來源於金文"▢"，晉公盤"寶"字所從的"▢"寫法與古文"▢"下部一致；結合新出安大簡"厚"的寫法，"厚"古文"▢"下部"土"形屬訛變。

關鍵詞　傳抄古文　金文　楚簡　《汗簡》　《古文四聲韻》

近二三十年來，學界在傳抄古文與出土文獻合證方面取得很大成績，李家浩、黃錫全、許學仁、徐在國、陳劍、王丹、李春桃等學者屢多創獲。有些出土古文字形體和用法可以從傳抄古文找到印證，而有些傳抄古文可從出土文獻中追溯到更早的來源。今舉《汗簡》《古文四聲韻》等古文數例，與金文或竹簡文字交互印證進而提高古文的使用價值。論述中若有不當之處，祈方家賜正！爲行文方便，下文統一把"傳抄古文"簡稱作"古文"。

一

《商周青銅器銘文暨圖像集成》（下文簡稱爲《銘圖》）5676 號收錄一件西周中期的獄盨，其中有一字作：

---

* 本文的撰寫得到 2021 年度福建省社科基金青年項目"宋以來字韻書傳抄古文疑難字研究"（FJ2021C050）、2022 年度教育部人文社會科學研究青年基金項目"傳抄古文疑難字集釋彙考"（22YJC740048）的資助。

◰（蓋）◰（器）

《銘圖》釋作"各",其辭例爲"王各于康大(太)室",銘文中讀作"格",并注"'各'字有所訛變"。① 田煒亦承認是"各"之訛寫,但又說:"如果除去◰字左下方的'卩'旁,此字似乎是誤析'各'字而成的,但何以从卩,則尚不清楚。"② 陳英傑亦謂其訛變產生的原因暫時還無法很好解釋。③

按,從辭例來看,此字無疑用作"格",金文多見類似辭例,又如獄簋甲"王夂(格)于康大室"(《銘圖》5315)、王臣簋"王夂(格)于大室"(《殷周金文集成》4268)及師虎簋"王才(在)杜笠,彳(格)于大室"(《集成》4316)等,④格式一致。但學界對該字的構形尚不太清楚,多偏向於是訛形,該字所從的"◰"的確與金文"各"非常接近,但其左下部爲何加"卩"則不好解釋。我們這裏提出另一種新的看法,考慮到"△"與"口"是分離開的,且整個字中的"◰"和"口"是平衡的左右結構,似可以把盨銘字形分析爲从"令""石",隸作"岾",⑤而"石"是聲符,并寫成反書,如古璽"庶"字作◰(《古璽彙編》3198),⑥所從的"石"呈反書,古文"宕"所從的"石"也是呈反書(參下文),與盨銘相類。盨銘"岾"借爲"格",古文中有"石"聲字與"各"聲字相通之例,古文"鄂"作◰(四5·25略)、◰(四5·25義),⑦分別借"䂞""䂞"表"鄂",李春桃曾對它們之間的通用關係進行解說:

　　古文爲"䂞"字,字書或以之爲"略"的異體。《說文》有"䂞"字,學者多指出其爲雙聲字,則"䂞"也是一個雙聲字,从半从各兩聲。号聲字與各聲系字可通,《爾雅·釋天》:"在酉曰作噩。""噩"字,《漢書·天文志》作"詻"。

又說:

　　字書多以"䂞"爲"䂞"字異體,而"䂞"可通作"鄂"(參上一條)。所以,此處可借

---

① 吳鎮烽:《商周青銅器銘文暨圖像集成》第12卷,上海古籍出版社,2012,453頁。
② 田煒:《西周金文字詞關係研究》,上海古籍出版社,2016,154頁。
③ 陳英傑:《談兩周金文中的訛字問題》,收入其著《金文與青銅器研究論集》,上海古籍出版社,2020,149頁。
④ 中國社會科學院考古研究所編:《殷周金文集成(修訂增補本)》,北京:中華書局,2007,2598頁。該書下文簡稱爲《集成》。
⑤ 與《玉篇·石部》等字書中訓"石"的"硍"字是同形字。
⑥ 羅福頤主編:《古璽彙編》,北京:文物出版社,1981,300頁。
⑦ 本文所引《汗簡》《古文四聲韻》《集古文韻》《集篆古文韻海》中的古文皆出自徐在國《傳抄古文字編》(北京:綫裝書局,2006),此四書的書名分別簡稱爲"汗""四""三""海",前三書中的引書簡稱如下:老——《老子》;石——三體石經;尚——《尚書》;說——《說文解字》;略——《字略》;義——《義雲章》。

"茖"作"鍔"。①

又如古文"駱"作🔲(汗4·54),此形爲"騢","駱""騢"音近可通,②此二字分別以"各""石"作基本聲符;古文"潞"作🔲(四4·11石)、🔲(海4·13)等,沈培將之隸作"宕",借"宕"表"潞",并聯繫上述古文"鍔"説明"各"聲字與"石"聲字古相通,認爲古文字的"宕"是从"石"聲,兮甲盤的"各伐"即四十二年逨鼎的"宕伐",③其説可從。因此,獄盨銘文二形可分析爲从"令""石"聲之字,因"石""各"音近,可讀作"格"。

二

古文"傑"作:

A1 🔲(汗6·75義)

A2 🔲(四5·14義)

鄭珍謂 A1 爲:"'劼'字也,加支,誤。"④黄錫全在《汗簡注釋》中指出:"《説文》'劼,慎也。从力,吉聲'。此形增从支,類似橐字作🔲(召伯毁)、🔲(罱卣)、🔲🔲(璽彙0227、0327),也从支作🔲(陳猷釜)、🔲(子禾子釜)、🔲🔲(璽彙0300、1597)等。傑屬群母月部,劼屬溪母質部,二字聲近,《義雲章》蓋假劼爲傑。"⑤李春桃從黄説。⑥

按,鄭氏以爲加"支"誤大概是因爲 A2 有从"🔲"的寫法,我們認爲該形實爲 A1 所从的"支"形所訛,有以下三點理由:其一,A2 整個字之構形不易分析,因爲古文系統中實未見與"🔲"相同的形體。其二,古文"支"常裂變爲"父"形,如以下二字:

旻:🔲(汗2·16)

鞭(夋):🔲(汗1·4)

---

① 李春桃:《古文異體關係整理與研究》,北京:中華書局,2016,185 頁。
② 李春桃:《古文異體關係整理與研究》,183 頁。
③ 沈培:《西周金文"宕"字釋義重探》,收入李宗焜主編《第四屆國際漢學會議論文集:出土材料與新視野》,臺北:"中研院",2013,404-412 頁。
④ [清]鄭珍著,黄萬機等點校:《鄭珍全集》第 2 册《汗簡箋正》,上海古籍出版社,2012,718 頁。
⑤ 黄錫全:《汗簡注釋》,武漢大學出版社,1990,466 頁。
⑥ 李春桃:《古文異體關係整理與研究》,228 頁。

"攴"形上部筆劃斷裂分別訛作🔲、🔲,"🔲"形可能由該類形體所訛(先訛作🔲,再進一步訛作🔲)。其三,A 同出《義雲章》,從時代來看,《汗簡》比《古文四聲韻》早,A2 極可能是因襲 A1 的,A1 要比 A2 準確。因此,我們認爲黃氏的思路是正確的,A 可隸作"勢",當是在"劼"的基礎上再疊加意符"攴"(偏旁"攴""力"義近,常互作),就像古文字"務"字一樣,上博簡《季庚子問於孔子》簡 2 作🔲,即"矛",①睡虎地秦簡《爲吏之道》簡 29 作🔲,②加"攴"繁化成"務"。"傑""劼"是音近通用關係,還可以從諧聲材料得以驗證,"吉"聲字與"句"聲字有着密切的聯繫,《晏子春秋·内篇·雜上》"噎而遽掘井",《説苑·雜言》"噎"作"渴",銀雀山漢簡《論政論兵之類·將德》篇簡 1205"叔(弔)死問傷,食饑餂","餂"字白於藍讀作"渴",③而楚文字的"桀"多寫作从"句"得聲,如上博簡《鬼神之明》簡 2 正、背面作🔲、🔲,這一點李守奎、張峰已有詳論,可參。④ 總之,從音理來看,"傑""劼"具備通用的條件。

新出清華簡多次出現"劼"字及其異體"敁",其中有兩處辭例較爲明確,都讀爲"吉"聲。清華簡《説命下》簡 7"敁"字作🔲,其所在辭例爲:"余既訊(諟)敁毖女(汝),思(使)若玉冰,上下罔不我義(儀)。"整理者説:"'敁毖'即'劼毖',《書·酒誥》:'汝劼毖殷獻臣。'對比同篇'厥誥毖庶邦庶士',知爲誥戒之意。"⑤清華簡《攝命》簡 30 有一句"䖒(虡)聖(聽)乃命,余既明戠(啓)劼卹女(汝)",整理者就指出這裏的"劼卹"即《書·酒誥》的"劼毖",⑥"劼卹""劼毖""敁毖"皆文獻中同一詞的不同寫法。

另一句辭例出現在清華簡《越公其事》簡 38,謂:

□□□而□(債)賈女(焉),則劼𤔲之。凡市賈爭訟,飯(反)訊(背)訐(欺)巳(詒),戡(察)之而諄(孚),則劼𤔲之。

"劼"字分別作🔲、🔲,對於"劼𤔲"一詞,整理者注:"劼,讀作'詰'。𤔲,从倒矢,蜀聲,疑爲裝矢之囊,與'韣'爲'弓衣'相類,或即'韣'。簡文中讀爲'誅'。詰誅,問罪懲罰。《禮

---

① 馬承源主編:《上海博物館藏戰國楚竹書(五)》,上海古籍出版社,2005,44 頁。
② 徐在國、程燕、張振謙:《戰國文字字形表》,上海古籍出版社,2017,1882 頁。
③ 以上相通之例參白於藍《銀雀山漢簡(貳)校讀六記》,武漢大學簡帛研究中心主辦《簡帛》第 10 輯,上海古籍出版社,2015,236 頁。
④ 李守奎、張峰:《説楚文字中的"桀"與"傑"》,武漢大學簡帛研究中心主辦《簡帛》第 7 輯,上海古籍出版社,2012,79-86 頁。
⑤ 清華大學出土文獻研究與保護中心編,李學勤主編:《清華大學藏戰國竹簡(叁)》,上海:中西書局,2012,130 頁。
⑥ 清華大學出土文獻研究與保護中心編,李學勤主編:《清華大學藏戰國竹簡(捌)》,上海:中西書局,2018,119 頁。

記·月令》'(孟秋之月)詰誅暴慢,以明好惡',鄭玄注:'詰,謂問其罪,窮治之也。'"①學界多贊同此說,②傳世文獻中"詰誅"是個常用詞,又見於《呂氏春秋·音律》"詰誅不義"等,③王輝將此處的"劼燭"與上博簡《鮑叔牙與隰朋之諫》簡5的"▢▢"聯繫起來,認爲是同一個詞,上博簡辭例爲"公弗詰誅,臣雖欲諫,又不得見,公沽弗察","詰誅"用於簡文亦通暢,④王説可從。這裏簡單交代一下,後一字"▢"過去釋法較多,或隸作"罿",讀爲"獨""蠋""觸""屬",或隸作"㠭",讀爲"逐""誅",或隸作"覍",讀"詰覍"爲"覺悟"。⑤ 實際上應分析爲從"蜀""皿",可比對同篇簡3該字,作▢,"蜀"所從之"虫"中間斜筆省簡,當如禤健聰所説上部"虫"符因位置有限而未能舒展,下部"皿"訛與"五"形近,⑥又如"臧"作▢(《古璽彙編》4051),⑦《訂正六書通·寒韻》録古文"盤"省訛作▢,⑧此二字下部所從之"皿"的確似"五"形。

總之,根據清華簡可確定"劼"異體作"鼓",皆從"吉"得聲,而古文"勞"是"劼"之繁構,讀作"傑"。此外,晉姜鼎、戎生編鐘亦見"劼"字,過去多釋作"嘉",看來是不對的,應循着讀爲"吉"聲這一思路去考慮。

三

古文"保"作:

A1 ▢(四3·21老) ▢(三14老)

王丹説:"▢形近《訂》(引者按:即《訂正六書通》)頁213保字下古文▢(古老子),右下'又'是較爲象形的商金文▢(保鼎)類形體簡化後,抱子之手形的殘留。"⑨段凱説此形是

---

① 清華大學出土文獻研究與保護中心編,李學勤主編:《清華大學藏戰國竹簡(柒)》,上海:中西書局,2017,134頁;引文見133頁。
② 過去我們曾懷疑該詞讀作"加誅",現在看來并不可從。劉偉浠:《讀清華簡札記二則》,陳偉武主編《古文字論壇》第3輯,上海:中西書局,2018,389-394頁。
③ 許維遹撰,梁運華整理:《呂氏春秋集釋》卷六《音律》,北京:中華書局,2009,138頁。
④ 王輝:《楚簡釋讀筆記五則》,收入田煒主編《文字·文獻·文明》,上海古籍出版社,2019,150-151頁。
⑤ 諸説參范常喜《上博五〈鮑叔牙與隰朋之諫〉"詰罿"新釋》,中國古文字研究會、中山大學古文字研究所編《古文字研究》第30輯,北京:中華書局,2014,337-344頁。
⑥ 禤健聰:《上博楚簡(五)零札(一)》,簡帛網,2006年2月24日。
⑦ 羅福頤主編:《古璽彙編》,373頁。
⑧ [明]閔齊伋輯,[清]畢弘述篆訂:《訂正六書通》,上海書店出版社,2013,74頁。
⑨ 王丹:《〈汗簡〉〈古文四聲韻〉新證》,上海古籍出版社,2015,107頁。

傳抄古文與出土文字合證(一)　　— 87 —

"保",但未詳論其形。①

　　按,此字右下角是"十"形,《訂正六書通》之"㺜"所從的"又"形當是"十"之訛。《集篆古文韻海》3·26作㺜,應該也是承襲《古文四聲韻》的。A1是出自《古文四聲韻》國家圖書館藏宋刻配抄本,但該形羅振玉石印本作㺜,②早稻田大學藏本作㺜,③右下角加斜筆,似更接近出土古文"保"的寫法,若此,A1右下部的"十"形可當作斜筆所訛。不過宋刻配抄本是現存最早的版本,④按理說其字形應更接近原貌,所以A1形也可能有可靠的來源,我們發現它與諻旟缶甲的"保"寫法很近,或許是一字之異,作:

A2 ㊀ ㊁(《銘續》910)⑤

A2與A1形近,但A2將"十"形夾在"人"與"子"之間。金文"保"又或作:

B ㊀(大万方鼎,《集成》2162、2163)
　 ㊁(自作薦鬲,《近出》132)⑥

謝明文把B形釋作"儍",所據是清華簡《繫年》簡34"保"字"㺜"和"抱"古文"㺜"(四3·20老),⑦可從。一般認爲所加的"爻"有表音作用。⑧鄔可晶、謝明文將"儍"與甲骨文的"㺜"聯繫起來,并進行深入的探討,認爲"爻"形來源於"㺜"背部用來綁縛襁褓的繩子或布帶之形,⑨此說或可參。B形亦見於昭之王孫𣄸盏,作㺜(《銘續》0525),新出的王孫褓尼戈作㺜。⑩顯然,A可視作B之省。此外,古文"抱"又作:

----

① 段凱:《〈古文四聲韻〉(卷一至四)校注》,華東師範大學博士學位論文,2018,733頁。
② [宋]夏竦:《新集古文四聲韻》卷三,羅振玉1925年石印本,21頁。
③ [宋]夏竦:《新集古文四聲韻》卷三,早稻田大學藏汪啟淑乾隆四十四年刻本,21頁。
④ 段凱:《〈古文四聲韻〉(卷一至四)校注》,22頁。
⑤ 吳鎮烽:《商周青銅器銘文暨圖像集成續編》第3卷,上海古籍出版社,2016,244-246頁。該書文中簡稱爲《銘續》。
⑥ 劉雨、盧岩:《近出殷周金文集錄》第1冊,北京:中華書局,2002,310頁。該書文中簡稱爲《近出》。
⑦ 謝明文:《金文叢考(一)》,收入其著《商周文字論集》,上海古籍出版社,2017,329-332頁。
⑧ 清華大學出土文獻讀書會:《〈清華大學藏戰國竹簡〉(貳)研讀札記(二)》,復旦大學出土文獻與古文字研究中心網站,2011年12月31日;顏世鉉:《清華竹書〈繫年〉札記二則》,武漢大學簡帛研究中心主辦《簡帛》第7輯,59-63頁。
⑨ 謝明文:《釋甲骨文中的"抱"——兼論"包"字》,收入其著《商周文字論集》,35-46頁。鄔說參該文。
⑩ 此形傅修才釋作"褓"。參傅修才《新出東周兵器銘文研究(三則)》,澳門漢字學會第八屆年會暨慶祝曾憲通先生米壽學術研討會,中國佛山,2022年8月6日。

▨（三 13 老）

此形與上揭古文"▨"出處相同，或爲一形之變（古文借"保"爲"抱"），其"爻"形省變爲單個"又"形，與省形 A 互證。

下面談談與古文"保"有關的另一類寫法。晉公盤"永康（康）寶"的"寶"字作▨（《銘續》0952），該盤銘文多數可與晉公盆（《集成》10342）對讀，鄧佩玲曾解説此字："'▨'字不從'貝'而從'呆'，'呆'似可隸定爲'呆'，從'呆'之'寶'字爲金文首見。至於晉公盆'寶'字書作'▨'，字形明顯從'貝'，與金文習見寫法一致。"① 按，其所從的"呆"當非《説文·木部》"古老切"之"呆"字，"呆"古屬見母宵部，"寶"屬幫母幽部，韻部雖爲旁轉關係，但聲母有隔閡。這類"呆"形實即《説文》"保"古文"呆"之變。古文字"保"一般作▨（清華簡《保訓》簡1），② 其"子"形下部或訛成"木"形，如作▨（佣生簋，《集成》4262.1）、▨（睡虎地秦簡《封診式》簡86）、▨（嶽麓秦簡《爲吏治官及黔首》簡6正）等。③ 不過"呆"又在"子"頭部中間增加一横點，古文"保"字就有類似寫法，作▨（四3·21老）、▨（海3·26），此形爲"宋"之訛，《説文·宀部》："宋，藏也。從宀，禾聲。禾，古文保。"④ 李春桃説"宋"字："也可理解成從保省聲，'寶、保、宋'讀音相近。"⑤ 可見，"▨""▨"下部所從形體與晉公盤的"呆"無異，在"子"形頭部中間加飾筆，皆是"呆"之變。所以，"▨"就是將其意符"貝"替換成聲符"禾"而構成雙聲符字，或謂是"寶""保"的糅合字（金文多見）。有學者質疑晉公盤的真實性，單從"寶"字此獨特的寫法來看，并非毫無根據，如果没有深厚的文字學功底，恐怕很難杜撰出這樣合乎理據之字。

四

清華簡《五紀》簡54有字作▨，整理者徑隸作"垕"，後括注爲"厚"，未加解釋，其辭例爲"夫抖（兆）奎（卦）竺（茫）䛥（亂），占垕吴（虞）之"。⑥ 整理者大概認爲是《説文》"厚"古文"垕"的省體，後來沈培釋作從"土""石"聲之字，讀作"坼"，⑦甚確，則此字與古文"厚"無關。

---

① 鄧佩玲：《新出兩周金文及文例研究》，上海古籍出版社，2019，90頁。
② 徐在國、程燕、張振謙：《戰國文字字形表》，1130頁。
③ 秦簡二形參見徐在國、程燕、張振謙《戰國文字字形表》，1130頁。
④ ［漢］許慎：《説文解字（附檢字）》卷七下，北京：中華書局，1963，150頁。
⑤ 李春桃：《古文異體關係整理與研究》，28頁。
⑥ 清華大學出土文獻研究與保護中心編，黃德寬主編：《清華大學藏戰國竹簡（拾壹）》，上海：中西書局，2021，107頁。
⑦ 沈培：《説清華簡〈五紀〉中關於占卜的一段話》，首屆出土文獻語言文字研究國際學術研討會，中國臺灣，2022年12月17-18日。

下面討論"厚"的字形,許慎謂古文从"后""土",《汗簡》《古文四聲韻》等亦有録,作⿸厂土(汗4·49尚)、⿸厂土(四3·27老)等。由於古文字"厚"字多从"石",如郭店簡"厚"作𝌆(《緇衣》簡2)、𝌆(《語叢一》簡7)、𝌆(《尊德義》簡29),清華簡作𝌆(《封許之命》簡8)、𝌆(《厚父》簡13背),①因而現代學者多認爲古文所从之"后"形是"石"形之訛,如徐在國説"厚"本从"石""土",郭店簡"厚"諸形爲古文所本,②張學城則説:"晉系文字厚寫作𝌆(《璽彙》0724)、𝌆(《璽彙》1203)等形,與⿸厂土同,从石从土,會意。許慎以爲从后,誤。"③從楚簡來看,上部明顯从"石"形("后"不作此形),《玉篇殘卷·厂部》:"厚,古文爲⿸厂土字。"④宋本《玉篇·土部》:"⿸厂土,古文厚。"⑤《玉篇》古文二形上部寫成"石",似更原始。張學城所舉古璽二例與古文"厚"無關,原璽作𝌆、𝌆,過去何琳儀釋作"子厚"二字,⑥田煒已改釋作單字"跪",⑦甚確。不過,諸家對古文下部"土"形的來源則有不同意見,彭裕商認爲楚簡及古文"厚"可視作金文"厚"的直接訛變。⑧ 李守奎説"厚"本是一個从"石""㫗"的會意兼形聲字,古文字"土""㫗"作形符常可互換,古文"厚"是替換形符而來。⑨ 段凱從李説。⑩ 張富海、李春桃説其"土"形由郭店簡"𝌆"下部所从之"毛"形所變。⑪ 諸説中似以訛變一説更可信,古文和新出楚簡中存在其訛變的中間環節,古文"厚"又作⿸厂屮(四3·27老)、⿸厂屮(四3·29老),下部訛同"屮"形,新出安大簡《仲尼》簡1作𝌆,⑫下訛同"屮"形,此三形正能與《厚父》之"𝌆"相溝通。因此,《説文》之"⿸厂土"下部的"土"形是由"⿸厂屮""⿸厂屮"這類形體所从的"屮"形拉伸筆畫而訛,或是由"𝌆"省去"中"形而來。至於《廣韻》《集韻》等書將"厚"古文隸作"垕"可視作變形音化("后""厚"古音接近)。⑬

---

① 徐在國、程燕、張振謙:《戰國文字字形表》,720頁。
② 徐在國:《隸定古文疏證》,合肥:安徽大學出版社,2002,120頁。
③ 張學城:《〈説文〉古文研究》,上海古籍出版社,2017,133頁。
④ [梁]顧野王:《原本玉篇殘卷》,北京:中華書局,1985,467頁。
⑤ [梁]顧野王:《大廣益會玉篇》,北京:中華書局,1987,9頁。
⑥ 何琳儀:《戰國古文字典:戰國文字聲系》,北京:中華書局,1998,334頁。
⑦ 田煒:《古璽探研》,上海:華東師範大學出版社,2010,218-222頁。
⑧ 彭裕商:《釋"厚"》,清華大學出土文獻研究與保護中心編,李學勤主編《出土文獻》第2輯,上海:中西書局,2011,137-142頁。
⑨ 李守奎:《楚簡文字四考》,華東師範大學中國文字研究與應用中心編《中國文字研究》第3輯,南寧:廣西教育出版社,2002,191-193頁。
⑩ 段凱:《〈古文四聲韻〉(卷一至四)校注》,793-794頁。
⑪ 張富海:《漢人所謂古文之研究》,北京:綫裝書局,2007,95頁。李春桃:《古文異體關係整理與研究》,71頁。
⑫ 安徽大學漢字發展與應用研究中心編,黃德寬、徐在國主編:《安徽大學藏戰國竹簡(二)》,上海:中西書局,2022,154頁。
⑬ 吳文文、林志强:《簡析漢碑文字中的訛混現象》,《福建師範大學學報(哲學社會科學版)》2009年第2期;段凱:《〈古文四聲韻〉(卷一至四)校注》,794頁。

據出土文獻及古書異例校正前人注說四題*

□ 厦門大學中文系　暨慧琳

内容提要　利用出土文獻相關材料并結合古書異例,可對前人校注中的一些問題進行補充或校正。北大簡《妄稽》中的"唯美之以"、《詩經·大雅·既醉》中的"釐爾女士"皆爲"倒文協韻";《史記》"韓徐爲"在馬王堆帛書中作"徐爲""徐",符合"古人二名止用一字"現象,中華書局點校本的標注不當;簡本和傳世本《金縢》"斯乃"爲"語詞複用";馬王堆帛書有以"公子"代稱"公孫"的稱名方式,陸德明相關注解可能存在問題。

關鍵詞　出土文獻　古書異例　前人注說

　　先秦文獻存在一些與現代漢語不同的表達方法和行文方式,給後人閱讀古書造成了很大的障礙。清儒俞樾所撰《古書疑義舉例》(以下簡稱"《舉例》")總結了八十八條古書異例,涉及古書中與文字、音韻、詞彙、語法、修辭、校勘等各方面相關的特殊問題,顧炎武、楊樹達等學者也指出了不少特殊文例。前人總結的古書異例有助於出土文獻的解讀,根據出土文獻也可以對舊説中的各種問題有更正確的認識。本文擬利用出土文獻相關材料并結合古書異例對前人校注中的一些問題進行補充或校正。

一

　　"古書多韻語,故倒文協韻者甚多"。①"倒文協韻"即古代詩歌、韻文因押韻需要而倒置

---

* 本文爲福建省社科基金青年項目(項目批准號:FJ2022C031)、"古文字與中華文明傳承發展工程"規劃項目"出土文獻學科建設與中國古典學的當代轉型"(G2607)階段性成果。

① [清]俞樾等:《古書疑義舉例五種》,北京:中華書局,1956,20頁。

詞語的現象,①這是文獻中常見的一種修辭方法。清華簡《芮良夫毖》簡 10 有如下一段:

> 縶先人有言,則咸虐之。或因斬柯,不遠其則。毋害天常,各當爾德。②

"或因斬柯,不遠其則",整理者指出這兩句可與《詩經·豳風·伐柯》"伐柯伐柯,其則不遠"參看,"斬""伐"爲同義換用,"'不遠其則'即'其則不遠'的倒裝,是爲適應押韻的需要。"③按:《芮良夫毖》全文基本有韻,這段文字中"則"爲職部字,與前後句的"之""德"(分別爲之、職部字)押韻。而清華簡《治政之道》簡 33 的"夫諺有言:'斬柯斬柯,其則〖不〗遠'"則是直接引用而不倒文。④ 又《孔叢子》卷七《與子琳書》引《詩》作"操斧伐柯,其則不遠",⑤可知"斬柯""伐柯"義同。這些異文皆可證《芮良夫毖》"不遠其則"確係爲押韻而倒文。

北大簡《妄稽》是一長篇敘事漢賦,基本上四字一句,在第二句末尾押韻;有時用韻較密,連續幾句押韻。⑥ 其中有一段妄稽勸誡姑翁不要買妾的言論,其辭曰:

> 殷紂大亂,用彼妲己。殺身亡國,唯美之以。美妾之禍,[16]必危君子。若此不憂,不爲逆父母?⑦

整理者注曰"'用',以""'以',用"。⑧ 按:整理報告以互訓的方式注釋,言簡而意猶有未盡之處。實際上"以"在此應是表示原因,"殺身亡國,唯美之以"意爲(紂)之所以殺身亡國,是因爲美人(的緣故)。《妄稽》全篇多用韻,此段押"之"部上聲韻,且爲四字句,故而用"唯……之……"句式將原本的"以美殺身亡國"(或"殺身亡國,以美……")表述爲"殺身亡國,唯美之以"。"唯……之……"句式可類比下列諸例:《左傳·昭公二十二年》"人有言曰:唯亂門之無過",《左傳·昭公十九年》則作"諺曰:無過亂門",《吕氏春秋·原亂》亦有"故詩曰:毋過亂門"。⑨ 另《左傳·文公七年》有"此子也才,吾受子之賜。不才,吾唯子之怨"。⑩從以上諸例來看,"唯亂門之無過"即"無過亂門","吾唯子之怨"即"吾怨子",可見將

---

① 向熹主編:《古代漢語知識辭典》,成都:四川辭書出版社,2007,290 頁。
② 李學勤主編:《清華大學藏戰國竹簡(叁)》,上海:中西書局,2012,145 頁。本文所引釋文從寬。其中"〖 〗"表示脱文,"【 】"表示可據異文、文例或文義補充的文字,"〈 〉"表示訛字,"□"表示難以識讀的文字,下標"₁"表示簡號或帛書行號。
③ 李學勤主編:《清華大學藏戰國竹簡(叁)》,151 頁。"斬""伐"有攻治、製造義,參見吴振武《趙簋銘文"伐器"解》,臺灣中山大學中國文學系、中國訓詁學會主編《訓詁論叢》第 3 輯,臺北:文史哲出版社,1997,795-805 頁。
④ 黄德寛主編:《清華大學藏戰國竹簡(玖)》,上海:中西書局,2019,129 頁。
⑤ 傅亞庶:《孔叢子校釋》,北京:中華書局,2011,452 頁。
⑥ 北京大學出土文獻研究所編:《北京大學藏西漢竹書[肆]》,上海古籍出版社,2015,57 頁。
⑦ 北京大學出土文獻研究所編:《北京大學藏西漢竹書[肆]》,61 頁。
⑧ 北京大學出土文獻研究所編:《北京大學藏西漢竹書[肆]》,62 頁。
⑨ 楊伯峻編著:《春秋左傳注》(修訂本),北京:中華書局,2016,1593、1559 頁;許維遹:《吕氏春秋集釋》,北京:中華書局,2009,638 頁。
⑩ 楊伯峻編著:《春秋左傳注》(修訂本),610-611 頁。

"唯……之……"句式提取出來後，仍爲完整的句子。因此，《妄稽》"殺身亡國，唯美之以"是由原本的"以美殺身亡國"改寫而成，因四字句式及押韻而作此改。①

根據"倒文協韻"這種現象還可以推知典籍原貌，校正前人注疏中的一些錯誤。《詩經·大雅·既醉》：

其僕維何？釐爾女士。釐爾女士，從以孫子。②

"釐爾女士"句，鄭玄解釋爲"予女以女而有士行者"。③《列女傳》引此句作"釐爾士女"，④所引爲魯詩，馬瑞辰、王先謙等認爲魯詩優於毛詩，并謂"士女"即女而士行，亦即女而君子者。⑤俞樾認爲"女士"即"士女"，"孫子"即"子孫"，《詩經》此係爲協韻而倒。⑥于省吾先生在俞説的基礎上，根據師寰簋(《集成》4313)銘文有"徒馭驅俘，士女羊牛"指出"士女"猶言"男女"，"釐爾女士"即所賜予的僕隸有男有女。⑦按：鄭説有誤，馬、王之説亦可商，俞、于之説可從，尚可補充的是庚壺(《集成》9733)有"□其士女"、秦子簋(《銘圖》5172)有"受命純魯，宜其士女"，銘文中的"士女"皆指男女，與《大雅·既醉》義同，可證《大雅·既醉》的"釐爾女士"確乃倒文協韻。鄭注顯然誤解了文義，《列女傳》引作"釐爾士女"，文義雖明但却不合韻。

此外，先秦秦漢典籍多見"士女"而罕見"女士"，除《大雅·既醉》此例之外，僅見《大戴禮記·夏小正》"綏多女士"一例，⑧此句意爲安撫衆男女，"女士"於此亦表男女。頗疑《夏小正》原句當爲"綏多士女"，通行本誤倒作"綏多女士"。經查檢，《玉燭寶典》卷二引《夏小正》此句正作"綏多士女"，⑨根據阮元校勘記，毛本、閩本、明監本《毛詩注疏》引《夏小正》作"綏多士女"，⑩《儀禮·士冠禮》與《周禮·地官·媒氏》兩處賈公彥疏引文亦如此。⑪《尚

---

① 本文原認爲"'唯美之以'即'以美……'，意即因爲美人(的緣故)"。"以美殺身亡國"之説承匿名審稿專家提示，謹致謝忱！
② 《毛詩正義》卷一七《大雅·既醉》，[清]阮元校刻《十三經注疏》，北京：中華書局，2009，1156頁。
③ 《毛詩正義》卷一七《大雅·既醉》，[清]阮元校刻《十三經注疏》，1156頁。
④ [漢]劉向：《古列女傳》卷一《啓母塗山》，《四部叢刊》景長沙葉氏觀古堂藏明刊本，6b頁。
⑤ [清]王先謙撰，吴格點校：《詩三家義集疏》，北京：中華書局，1987，891-892頁。
⑥ [清]俞樾等：《古書疑義舉例五種》，20頁。
⑦ 于省吾：《〈詩·既醉〉篇舊説的批判和新的解釋》，收入其著《澤螺居詩經新證》，北京：中華書局，2003，146-147頁。師寰簋今多斷句爲"無諆徒馭，毆俘士女、羊牛"。另，"《集成》"係中國社會科學院考古研究所編《殷周金文集成》(修訂增補本，北京：中華書局，2007)簡稱；下文"《銘圖》"係吴鎮烽編著《商周青銅器銘文暨圖像集成》(上海古籍出版社，2012)簡稱。
⑧ 黄懷信主撰，孔德立、周海生參撰：《大戴禮記彙校集注》，西安：三秦出版社，2004，194頁。
⑨ [隋]杜臺卿：《玉燭寶典》卷二，王雲五主編《叢書集成初編》，北京：商務印書館，1939，88頁。
⑩ 《毛詩正義》卷一《召南·摽有梅》，[清]阮元校刻《十三經注疏》，619頁。
⑪ 《儀禮·士冠禮》賈公彥疏曰："《夏小正》云：'二月，綏多士女，冠子取妻時也。'"參看《儀禮注疏》卷一，[清]阮元校刻《十三經注疏》，北京：中華書局，2009，2038頁。又，《周禮》賈疏："《夏小正》曰：'二月，綏多士女，交昏於仲春。'"參看《周禮注疏》卷一四，[清]阮元校刻《十三經注疏》，北京：中華書局，2009，1580頁。

書·武成》有"綏厥士女",與"綏多士女"義同。凡此皆可爲證。

二

顧炎武《日知録》卷二三有"古人二名止用一字"之例,指出《左傳·定公四年》稱晉文公重耳爲"晉重",《國語·晉語》稱曹叔振鐸爲"叔振"等例皆爲"二名止稱一字"。① 楊樹達《古書疑義舉例續補》又補充了《史記·管蔡世家》稱曹叔振鐸爲"叔鐸",以及《漢書·景帝紀》《漢紀》的開封侯"陶青翟",而《史記·景帝紀》稱其作"陶青"等例。②

出土文獻中亦有此類現象。湖北雲夢睡虎地 77 號西漢墓出土了一批簡牘,其中有部分書籍簡内容如下:

☐曰西門蠡徙而忘其妻此所謂忘之大者也
☐非忘之大者也昔者殷王有臣曰王子胥靡好史而不聞③

復旦讀書會指出簡文可與《説苑·敬慎》《孔子家語·賢君》以及《太平御覽》卷四九〇引《尸子》等文獻對讀,其中《尸子》佚文與簡文内容最爲接近:

魯哀公問孔子曰:"魯有大忘,徙而忘其妻,有諸?"孔子曰:"此忘之小者也。昔商紂有臣曰王子須,務爲諂,使其君樂須臾之樂,而忘終身之憂。"④

通過對讀可知,簡文之"王子胥靡",《尸子》佚文作"王子須",讀書會認爲今本"須"可能是"胥靡"的錯訛。⑤ "llaogui"(網名)認爲此不必是錯訛。⑥ 按:"llaogui"(網名)之説可從,施謝捷先生曾舉出漢魏私印中有大量的二字人名省稱一字之例,如"防勝時·防勝""傅廣德·傅中君·傅廣""侯買·買臣"等。⑦ 根據先秦稱名方式來看,《尸子》之"王子須"也很

---

① [清]顧炎武著,黃汝成集釋:《日知録集釋》,上海古籍出版社,2013,1306 頁。
② [清]俞樾等:《古書疑義舉例五種》,188 頁。
③ 釋文據復旦讀書會《睡虎地 77 號墓西漢簡牘書籍簡校讀》,復旦大學出土文獻與古文字研究中心網站,2009 年 8 月 29 日。
④ 《太平御覽》卷四九〇,北京:中華書局,1960,2243 頁。按:讀書會引文末有"棄黎老之言,而用姑息之謀"二句,然中華書局據涵芬樓影印宋本《太平御覽》無此二句。
⑤ 復旦讀書會:《睡虎地 77 號墓西漢簡牘書籍簡校讀》,復旦大學出土文獻與古文字研究中心網站,2009 年 8 月 29 日。
⑥ "llaogui"(網名)之説見於《睡虎地 77 號墓西漢簡牘書籍簡校讀》文後評論,復旦大學出土文獻與古文字研究中心網站,2009 年 8 月 30 日。
⑦ 施謝捷:《漢印文字校讀札記(十五則)》,《中國文字學報》編輯部編《中國文字學報》第 2 輯,北京:商務印書館,2008,77-82 頁。

有可能是"王子胥靡"之省稱。

馬王堆帛書《戰國縱橫家書·蘇秦自梁獻書於燕王章(二)》：

> 齊先鬻趙以取秦，後賣秦以取趙而攻宋，今又鬻天下以取秦，[63]如是而薛公、徐爲不能以天下爲其所欲……願王之使趙弘急守徐爲，令田賢急【守】[64]薛公，非是毋有使於薛公、徐之所，它人將非之以敗臣。①

文中多次出現的"徐爲"即名叫韓徐爲的趙國人。帛書前文多次以"薛公""徐爲"并稱，故可知第65行之"徐"確指韓徐爲，此即二名省稱一字之例。與此相關的是，《史記·趙世家》有："(惠文王)十二年，趙梁將，攻齊。十三年，韓徐爲將，攻齊。"中華書局點校本二十四史修訂本《史記》在"韓徐"下加標識符，將"韓徐"視作人名，"爲"視作動詞，"將"爲名詞。② 更有譯本《史記》明確把這句話譯爲"韓徐爲大將"。③ 按：此若以"二名省稱一字"來解釋，似無不可。但實際上，《史記》本篇前文即有"九年，趙梁將，與齊合軍攻韓""十二年，趙梁將，攻齊"，④"趙梁"是趙國的將領，"將"爲動詞。結合"趙梁將"的句子結構以及馬王堆帛書的記載，可知"韓徐爲將"句中之"韓徐爲"係人名，"將"乃是動詞。因此雖然"韓徐爲"可省稱作"韓徐"或"徐"，但《史記》此處并非二名省稱爲一字，中華本《史記》的標注有誤，應當改正。

三

古書有同義虛詞連用之例。俞樾《舉例》"語詞複用例"曰："古人用助語詞，有兩字同義而複用者。"⑤俞氏列舉了"尚猶""乃遂""此若"等例，兹略舉出土文獻中的各例如下：北大簡《周馴》簡195-196"已不可復得，而爲人子者尚猶不能守其骨骸，其若何哉"，⑥清華簡《越公其事》簡68"越師乃遂襲吴"，⑦銀雀山漢簡《曹氏陰陽》簡1675"此若言上可合星辰日月……"。⑧

除俞樾所舉諸例之外，文獻還有"斯乃"(斯廼)連用。"乃"爲連詞，"斯"亦可用爲連詞

---

① 裘錫圭主編：《長沙馬王堆漢墓簡帛集成(叁)》，北京：中華書局，2014，214頁。
② 見《史記》卷四三《趙世家》，北京：中華書局，2013，2175頁。
③ 許嘉璐主編，安平秋分史主編：《二十四史全譯·史記》，上海：漢語大詞典出版社，2004，699頁。
④ 《史記》卷四三《趙世家》，2175頁。
⑤ [清]俞樾等：《古書疑義舉例五種》，68頁。
⑥ 北京大學出土文獻研究所編：《北京大學藏西漢竹書[叁]》，上海古籍出版社，2015，143頁。
⑦ 李學勤主編：《清華大學藏戰國竹簡(柒)》，上海：中西書局，2017，145頁。
⑧ 整理小組指出"此若"當連讀，"此若言"猶"此言"。銀雀山漢墓竹簡整理小組編：《銀雀山漢墓竹簡〔貳〕》，北京：文物出版社，2010，207頁。

表順承,如《左傳·哀公八年》:"吳師來,斯與之戰,何患焉?"①《經傳釋詞》卷八曰:"斯,猶'乃'也。"②出土文獻"斯乃"連用之例如:

> 清華簡《皇門》簡 8-9:"我王訪良言於是[8]人,斯乃非休德以應。"
> 清華簡《皇門》簡 9-10:"是人斯廼讒賊[9]□□,以不利厥辟厥邦。"
> 北大簡《周馴》各章章末:"太子用兹念,斯乃授之書……"③

根據此例或可對相關注說再作討論。《尚書·金縢》"周公居東二年,則罪人斯得",僞孔傳曰"周公既告二公,遂東征之,二年之中,罪人此得",孔穎達疏"周公居東二年,則罪人於此皆得"。④ 該句清華簡《金縢》簡 8 作:"周公宅東三年,禍人乃斯得"。⑤ 簡本、今本"(乃)斯得"之"斯",或訓爲盡、或讀爲"澌"。⑥ 按:簡文之"乃斯",當與《皇門》的幾處"斯乃"作同樣理解,即"乃""斯"同義連用。王引之《經傳釋詞》訓解"斯,猶'乃'也",即舉《尚書·金縢》"則罪人斯得"爲例。⑦ 故清華簡《金縢》"禍人乃斯得"之"斯"爲連詞,表示於是,指示前後事項的順承關係,由於表示動作的"已然",引申而有"盡"之義;"乃""斯"義近連用,故《尚書·金縢》可省去其一而僅言"斯"。部分學者將傳本和簡本《金縢》之"斯"訓爲"盡"的解釋未必恰當。

四

"古人稱謂,或與今人不同",文獻中有以父名子者,如"潘尪之黨"(《左傳》);有以夫名妻者,如"武王邑姜"(《左傳》);有以母名子者,如"衛太子""栗太子"(《史記》),等等。⑧

結合出土文獻來看,先秦的稱名方式更顯豐富。如北大簡《周馴》簡 176 之"趙簡鞅"即趙簡子,其名爲"鞅",諡號爲"簡",史書多稱其爲"趙簡子"或"趙鞅""趙孟",《周馴》這種以

---

① 楊伯峻編著:《春秋左傳注》(修訂本),1840 頁。
② [清]王引之撰,李花蕾校點:《經傳釋詞》,上海古籍出版社,2016,167 頁。
③ 前二例均見於李學勤主編《清華大學藏戰國竹簡(壹)》,上海:中西書局,2010,164 頁;第三例見於北京大學出土文獻研究所編《北京大學藏西漢竹書[叁]》,131 頁。
④ 《尚書正義》卷一三,[清]阮元校刻《十三經注疏》,北京:中華書局,2009,418 頁。
⑤ 李學勤主編:《清華大學藏戰國竹簡(壹)》,158 頁。
⑥ 楊筠如認爲"斯,猶盡也"。見楊筠如《尚書覈詁》,西安:陝西人民出版社,2005,233 頁。何家興疑"斯"讀爲"澌",其說見於復旦讀書會《清華簡〈金縢〉研讀札記》文後評論,復旦大學出土文獻與古文字研究中心網站,2011 年 1 月 6 日。
⑦ [清]王引之撰,李花蕾校點:《經傳釋詞》,167 頁。
⑧ 可參顧炎武《日知錄》卷二三"以父名子""以夫名妻",[清]顧炎武著,黃汝成集釋:《日知錄集釋》,1332-1333 頁;俞樾《古書疑義舉例》卷三"稱謂例"、楊樹達《古書疑義舉例續補》"以母名子例",分別見於[清]俞樾等《古書疑義舉例五種》,48-50 頁、240 頁。

族氏、謚號、私名連稱的稱名方式較罕見。①

又如出土文獻中還有以"公子"稱"公孫"。一般來説,傳世文獻大多都是"諸侯之子稱公子……公子之子稱公孫"(據《儀禮·喪服傳》)。② 而馬王堆帛書《春秋事語·伯有章》有如下一段:

鄭伯有□[35]是殺我也。遂弗聽。伯有亦弗芒,自歸□□……閔子【辛聞之】[36]曰:"【伯】有必及矣…[37]…□□□有怨而使公子往,是以同位之人鮮〈解〉邦惡也……"③

帛書此段略有殘損。馬王堆帛書整理小組指出帛書所記之事亦見於《左傳·襄公二十九年》:④

鄭伯有使公孫黑如楚,辭曰:"楚、鄭方惡,而使余往,是殺余也。"伯有曰:"世行也。"(下略)⑤

兩段文字可以對讀。裘錫圭先生指出,帛書"有怨而使公子往"句中之"公子",即《左傳》之公孫黑,然公孫黑實爲鄭穆公之孫,若按照常理當稱其爲"公孫"而非"公子"。⑥ 無獨有偶,同樣的稱名方式又見於帛書《春秋事語·衛獻公出亡章》:

衛獻公出亡,公子浮□□【寧】悼子在位。獻公使公子段謂寧悼子曰:"苟入我□,政必【寧】[53]氏之門出,祭則我也。"⑦

此事相關記載見於《左傳》襄公十四年、二十六年:⑧

十四年:衛人立公孫剽。
二十六年:初,獻公使與寧喜言,寧喜曰:"必子鮮在。不然,必敗。"故公使子鮮。子鮮不獲命於敬姒,以公命與寧喜言,曰:"苟反,政由寧氏,祭則寡人。"⑨

---

① 北京大學出土文獻研究所編:《北京大學藏西漢竹書[叁]》,140 頁。
② 《儀禮注疏》卷三二,[清]阮元校刻《十三經注疏》,2414 頁。
③ 裘錫圭主編:《長沙馬王堆漢墓簡帛集成(叁)》,180 頁。
④ 馬王堆漢墓帛書整理小組編:《馬王堆漢墓帛書〔叁〕》,北京:文物出版社,1983,9 頁。
⑤ 楊伯峻編著:《春秋左傳注》(修訂本),1291 頁。
⑥ 裘錫圭:《帛書〈春秋事語〉校讀》,《裘錫圭學術文集》第 2 卷《簡牘帛書卷》,上海:復旦大學出版社,2012,416 頁。
⑦ 裘錫圭主編:《長沙馬王堆漢墓簡帛集成(叁)》,185 頁。
⑧ 馬王堆漢墓帛書整理小組編:《馬王堆漢墓帛書〔叁〕》,12 頁。
⑨ 分別見於楊伯峻編著《春秋左傳注》(修訂本),1116、1226 頁。

帛書之"公子浮",即《左傳》所載之公孫剽,裘文亦指出此與"公孫黑"稱爲"公子"同例。①可見帛書二例皆以"公子"稱"公孫",這雖然有可能是抄手筆誤,但也很有可能是一種較爲少見的稱名方式。

  類似的現象亦見於傳世文獻。《左傳·隱公十一年》"鄭伯伐許"記有"公孫閼與穎考叔爭車"一事,公孫閼爲鄭桓公之孫,字子都。②《左傳·莊公十六年》記載鄭厲公復位後懲治曾經參與雍糾之亂者,謂"九月,殺公子閼",③陸德明《經典釋文》曰:"隱十一年,鄭有公孫閼,距此三十五年,不容復有公子閼,若非'閼'字誤,則'子'當爲'孫'。"④陸德明的分析有一定的道理,"公子閼"與"公孫閼"當爲一人,皆指鄭桓公之孫子都。但《左傳》此處未必有誤字,從馬王堆帛書兩見以"公子"指稱"公孫"來看,《左傳·莊公十六年》亦極有可能是以"公子閼"來指稱公孫閼。

---

① 裘錫圭:《帛書〈春秋事語〉校讀》,《裘錫圭學術文集》第 2 卷《簡牘帛書卷》,416 頁。
② 楊伯峻編著:《春秋左傳注》(修訂本),78 頁。
③ 楊伯峻編著:《春秋左傳注》(修訂本),220 頁。
④ [唐]陸德明撰,黃焯彙校:《經典釋文彙校》,北京:中華書局,2006,481 頁。

"生器"還是"明器"?
——再議戰國秦漢墓葬簡帛的性質

□ 清華大學歷史系　梁睿成

内容提要　學界關於墓葬簡帛的性質問題有過諸多討論,但未形成統一的意見。在總結生器、明器各自特徵的基礎上,結合墓葬簡帛相關的考古信息,可知墓葬簡帛大體上爲生器,但少量墓葬簡帛存在不可使用、損毀以及空白的現象,應該視作明器。而同一墓葬中,生器簡帛與明器簡帛可以共存,并構成"重套"的關係。

關鍵詞　戰國秦漢　墓葬　簡帛　生器　明器

20世紀以來,大量出土簡帛問世。究其來源,大致可以歸爲墓葬、烽燧、古井三大類。隨着簡帛研究的不斷發展,其材料的考古屬性愈發被强調。[1] 烽燧、古井簡帛基本可以定性爲官府機構的遺存,它們絕大多數爲時人實際使用後遺留或廢棄之物。而墓葬則與死者、死後世界關係密切,其埋藏的簡帛性質爲何,是否實際行用過？目前學界還未形成一致的認識。而墓葬簡帛的性質無疑關係到其他問題的研究。

從内容上看,烽燧、古井簡帛因其主要出土於官府機構的遺址,所以絕大多數爲官文書,私人文書、典籍數量較少。而墓葬出土簡帛的類别相對多元,且出土簡帛中的典籍類絶大

---

[1] 劉瑞:《談簡牘報告的考古學特徵缺失》,中共金塔縣委等編《金塔居延遺址與絲綢之路歷史文化研究》,蘭州:甘肅教育出版社,2014,352—367頁;[日]籾山明:《秦漢出土文字史料の研究—形態・制度・社會—》,東京:創文社,2015,3—8頁;楊振紅:《簡帛學的知識系統與交叉學科屬性》,《河南師範大學學報(哲學社會科學版)》2016年第5期;劉國忠:《對於簡帛學建設的幾點思考》,《中國史研究動態》2016年第2期;蔡萬進:《出土簡帛整理的若干理論問題》,《鄭州大學學報(哲學社會科學版)》2017年第5期;楊博:《由篇及卷:區位關係、簡册形制與出土簡帛的史料認知》,《史學月刊》2021年第4期;郭偉濤:《文書簡研究取徑與方法的再思考——以文書學和考古學爲中心》,《出土文獻》2022年第1期。

數都來自墓葬。從時段上看,烽燧、古井簡帛主要集中在戰國末到秦漢魏晉時期,而墓葬簡帛從戰國早期墓葬開始就有發現。除去戰國末期的荆州高臺、益陽兔子山和湘鄉三眼井遺址,其他楚地簡帛均出自墓葬。即典籍類簡帛、楚地簡帛都與墓葬有着直接且密切的聯繫。這又牽涉到葬俗與社會文化的理解。如楚地是否從戰國開始到漢代延續着隨葬簡帛書籍的風俗? 又如隨葬簡帛是否可以反映墓主或當時社會的閱讀偏好、識字情況等。[1]

在一些具體問題的研究中,墓葬簡帛的性質甚至成爲研究的前提,關乎材料的可信度。例如在簡牘制度的研究中,胡平生先生就曾提出墓葬出土簡牘可能是爲隨葬而特意製作、謄抄的副本,其制度可能與實際應用的簡牘有所不同。[2] 而在律令的有效性上,富谷至先生認爲隨葬簡牘的目的無外乎辟邪厭勝,其中的律令條文未必在入葬時依然行用,它們可能已經被廢止或修改,甚至需要考慮這些律令完全是造假的可能。[3] 兩位先生對於墓葬簡帛材料的警惕都源自墓葬簡帛——"隨葬品"這一屬性。基於以上諸多原因,墓葬簡帛的性質自然有再次討論的必要。

一 墓葬簡帛性質舊説的檢討

關於墓葬簡帛的性質,大致有辟邪説、明器説、生器説三類。[4]

辟邪説旨在強調墓葬簡帛具有辟邪、保護墓主人的功能。早年,安志敏、陳公柔等學者討論楚帛書的性質時,即認爲其有辟邪功能,原因是帛書本身涉及一些避災、警示的內容。[5] 但辟邪功能也經常會與簡帛到底是否具有實用性的問題掛鈎,這就涉及後面的明器説與生器説。

如前文所提及的富谷至先生,他既談到了隨葬簡帛的辟邪功能,又同時質疑其實用性。他認爲衹有將隨葬律令存在的目的理解爲辟邪,纔能解釋出土律令中缺乏一貫性、任意選擇以及抄寫混亂等現象。而隨葬律令對邪氣、惡鬼的威嚇效果應當來自現世律令對惡行的威嚇效果。同時,其他文獻諸如兵書、醫書、經書、道家的書,以及授予王杖的文書亦具有辟邪的作用。[6] 紀安諾先生持類似觀點,他明確指出墓葬中的簡帛當屬明器,并認爲它們與死者

---

[1] 如曹硯農、李建華等先生均利用墓葬隨葬典籍研究當時的葬書風俗與閱讀偏好。參見曹硯農《從馬王堆漢墓帛書看漢代葬書習俗》,《中國文物報》1997年11月23日第3版;李建華《西漢知識階層的閱讀與典籍的散佚——以出土墓葬簡帛爲中心》,《圖書館理論與實踐》2019年第8期。
[2] 王國維著,胡平生、馬月華校注:《簡牘檢署考校注》,上海古籍出版社,2004,導言,13頁。
[3] [日]富谷至著,劉恒武、孔李波譯:《文書行政的漢帝國》,南京:江蘇人民出版社,2013,緒言,3-4頁。
[4] 另外,如游逸飛先生強調隨葬法律的"身份識别"功能,但本文暫不涉及相關的討論,暫列於此。參見其著《如何"閲讀"秦漢隨葬法律?——以張家山漢簡〈二年律令〉爲例》,《法律史研究》第26期,2014。
[5] 安志敏、陳公柔:《長沙戰國繒書及其有關問題》,《文物》1963年第9期。
[6] [日]富谷至著,李力譯:《江陵張家山二四七號墓出土竹簡——特别是關於〈二年律令〉》,卜憲群、楊振紅主編《簡帛研究二〇〇八》,桂林:廣西師範大學出版社,2010,309-310頁。

的鬼魂相關,墓葬中簡帛內容的不完整、任意摘録以及出現外表破損不可使用的現象均是明器的體現。① 張忠煒先生雖贊同辟邪説,但認爲辟邪功能應當限定在律令類,且否認隨葬簡帛爲明器。張先生認爲秦漢時期江陵地區的隨葬律令可能發揮着春秋戰國時期楚墓中鎮墓獸的辟邪、震懾功能(隨葬鎮墓獸的風氣於戰國晚期驟然停止),且二者在墓葬中的位置(如頭箱)也多有重合。②

目前學界關於隨葬律令辟邪功能的論證尚停留在推測的階段,没有非常直接的證據。而諸如隨葬典籍、官府文書、私人文書等文獻是否具有辟邪功能則缺乏論證。值得一提的是,張忠煒先生運用考古學的方法來判斷隨葬簡帛的性質是非常好的視角,且注意到了鎮墓獸隨葬的衰落與律令隨葬的興起可能存在接續關係。但亦存在些許可討論的空間。首先,隨葬律令并不僅見於湖北地區,還見於青川郝家坪、③武威磨咀子與旱灘坡、④青海大通上孫家寨等地。⑤ 這些地區隨葬律令的出現又該如何理解呢? 其次,僅就湖北地區而言,隨葬律令與鎮墓獸在墓葬中的擺放位置也未必一致,這樣就削弱了二者的相關性。如張先生提及的睡虎地 11 號秦墓的律令即位於墓主周邊。⑥ 而王家臺 15 號秦墓隨葬的《效律》位於墓主足部,⑦睡虎地 77 號漢墓隨葬的律令位於邊箱。⑧ 而與鎮墓獸較爲一致,擺在頭箱的隨葬律令,有張家山 247 號、⑨136 號(現稱爲 336 號)漢墓,⑩以及胡家草場 12 號漢墓。⑪ 由此可知,隨葬律令擺放在頭箱并未明顯占據主流。

撇開隨葬簡帛辟邪功能的討論,亦有其他學者,如邢義田、楊華、廣瀬薰雄、籾山明等先生持明器説。⑫ 除上文已經提到的簡帛文本中出現的重複、不完整、混亂以及外表破損等可

---

① Enno Giele, *Using Early Chinese Manuscript as Historical Source Materials*, Monumenta Serica 51, 2003, pp.431-433.
② 張忠煒:《墓葬出土律令文獻的性質及其他》,《中國人民大學學報》2015 年第 5 期。
③ 四川省文物考古研究院、青川縣文物管理所:《四川青川縣郝家坪戰國墓群 M50 發掘簡報》,《四川文物》2014 年第 3 期。
④ 甘肅省博物館:《甘肅武威磨咀子漢墓發掘》,《考古》1960 年第 9 期;武威地區博物館:《甘肅武威旱灘坡東漢墓》,《文物》1993 年第 10 期。
⑤ 青海省文物考古工作隊:《青海大通縣上孫家寨一一五號漢墓》,《文物》1981 年第 2 期。該墓遭盗掘,木簡現在的位置未必是原始位置。
⑥ 《雲夢睡虎地秦墓》編寫組編:《雲夢睡虎地秦墓》,北京:文物出版社,1981,12 頁。
⑦ 荆州地區博物館:《江陵王家臺 15 號秦墓》,《文物》1995 年第 1 期。
⑧ 熊北生、陳偉、蔡丹:《湖北雲夢睡虎地 77 號西漢墓出土簡牘概述》,《文物》2018 年第 3 期。
⑨ 荆州地區博物館:《江陵張家山三座漢墓出土大批竹簡》,《文物》1985 年第 1 期。
⑩ 荆州地區博物館:《江陵張家山兩座漢墓出土大批竹簡》,《文物》1992 年第 9 期;荆州博物館:《湖北江陵張家山 M336 出土西漢竹簡概述》,《文物》2022 年第 9 期。
⑪ 荆州博物館:《湖北荆州市胡家草場墓地 M12 發掘簡報》,《考古》2020 年第 2 期。
⑫ 邢義田:《從出土資料看秦漢聚落形態和鄉里行政》,黄寬重主編《中國史新論:基層社會分册》,臺北:聯經出版公司,2009,85 頁;楊華:《中國古墓爲何隨葬書籍》,《嶺南學報》2018 年第 2 期;[日]廣瀬薰雄:《王杖木簡新考——關於漢代律令學習的形態》,《秦漢律令研究》,東京:汲古書院,2010,377、389 頁;[日]籾山明著,莊小霞譯:《王杖木簡再考》,中國政法大學法律古籍整理研究所編《中國古代法律文獻研究》第 5 輯,北京:社會科學文獻出版社,2012,45 頁;[日]籾山明著,李力譯:《中國古代訴訟制度研究》,上海古籍出版社,2018,109 頁。

以體現明器特徵的因素外,邢義田先生提出隨葬簡册中存在上百簡甚至數百簡編爲一册的情況,這是不顧使用便利的體現。楊華先生則從葬俗角度予以理解,他認爲古墓隨葬書籍是上古葬俗的反映。開始時,隨葬書籍可能與墓主的身分、興趣、職業等有關,但後來則淡化了這種關聯,衹是在意是否有埋葬書籍這一行爲,此外墓葬中的空白簡正是這種觀念的體現。籾山明先生則認爲龍崗秦簡文書中人名的符號化現象,更可能是葬禮擬製的非實用文書。另外,他與廣瀨薰雄先生針對武威王杖簡性質判斷的論據大體包含在上文提到的幾點中,①不再贅述。

與明器説針鋒相對的則是生器説。周海鋒先生認爲隨葬律令以及其他墓葬中的典籍就是實用之物,他提出以下幾點理由:隨葬律令中多見校讎痕迹;出現重複現象是簡册由多位書手共同抄寫所致,這種重複有時也被校讎者所察覺;上百簡使用不便的簡册在傳世文獻中也能找到;隨葬簡册中出現錯誤,這在任何簡册中都難以避免;隨葬律令的規定多可得到遺址出土文書的印證。② 張忠煒先生則從明器的概念和使用範圍入手,指出隨葬簡帛似不包括在明器的範疇内,而隨葬律令在墓中的位置多爲生器所在的位置,且隨葬簡帛中所包含的標點符號可能就表明其曾使用過。③ 杜德蘭先生則指出,出土簡帛的墓葬在目前發現的同時期墓葬中占比很低,即便在一些保存完好的墓葬群中,其他易腐隨葬品都有發現,但依然没有簡帛,因此隨葬簡帛應被視作一種邊緣現象。此外,他還認爲隨葬簡帛應分爲與葬禮相關的文本和非相關文本。而這些非葬禮相關文本體現出的多樣性表明了它們作爲個人物品的性質,而不是大規模葬禮活動的標準化產物,因此它們不是標準化生產的明器。且葬禮文本與非葬禮文本在墓葬中從未擺放在一起。④

在具體的墓葬簡帛研究中,賈連翔先生指出包山簡131-139的案件分爲兩組三件文書,這三件文書形制各異,每件文書上由於發、收單位的不同,其字迹也表現出與之同步的差别。而隨葬臨時抄寫的文本難免出現字迹、形制較爲一致的特點,因此這些簡應是文書的原件。⑤劉國勝、王谷兩位先生在重新整理包山簡時發現卜筮祭禱簡的契口并不都處於同一位置上,有部分簡的竹節位置也與其他簡有差異,這表明卜筮祭禱簡并不是編連在一起的,這或許説明簡册并非統一抄寫後隨葬,而可能是占事的原簡彙集後入葬。⑥ 李成市、尹龍九、金慶浩三

---

① 另外,籾山明先生之前接受采訪時也提及了隨葬書籍大部分都是葬禮過程中的產物的觀點,可看作其對之前個案研究認識的類推。參見蘇俊林、陳弘音整理,游逸飛文字校對《日本東洋文庫研究員籾山明:在簡牘學、古文書學、法制史與秦漢史之間》,《文匯學人》2017年2月3日第W10版。
② 周海鋒:《秦律令之流布及隨葬律令性質問題》,《華東政法大學學報》2016年第4期。
③ 張忠煒:《墓葬出土律令文獻的性質及其他》,《中國人民大學學報》2015年第5期。
④ Alain Thote, *Daybooks in Archaeological Context*, Books of Fate and Popular Culture in Early China: The Daybook Manuscripts of the Warring States, Qin and Han, edited by Donald Harper and Marc Kalinowski, Leiden: Brill, 2017, pp.38-55.
⑤ 賈連翔:《包山簡131至139號"舒慶殺人案"的隱情與楚國的盟證審判》,中國文化遺產研究院編《出土文獻研究》第19輯,上海:中西書局,2021,49-50頁。
⑥ 劉國勝、王谷:《楚地出土戰國秦漢簡牘再整理的學術反思》,《鄭州大學學報(哲學社會科學版)》2017年第5期。

位先生指出平壤貞柏洞《論語》簡册少部分契口維持原狀,而其餘簡契口殘存情況各異,這種契口形態的多樣説明墓主曾長時間使用過該簡册。[1] 成都老官山醫簡的整理者指出醫簡存在刮削、補字的現象,且不同篇章的書寫風格、避諱有差異,表明這批醫簡書寫年代前後不同,且使用過。[2]

目前學界對明器説、生器説的論證主要以舉例爲主,這就可能帶來以偏概全的問題,因爲上述論著未提及的墓葬和隨葬簡帛其實占多數。所以需要從個案中總結出可以作爲明器或生器判斷依據的標準以便推及其他隨葬簡帛。此外,還需要對隨葬簡帛的情況作總體上的把握,并對其進行通盤統計。

生器説中諸如字體與避諱的對應,以及文書中收、發方字迹以及形制的差異都是非常堅實的證據,前者基於時代性,後者則基於文書制度,均是臨喪抄寫的文本難以出現的情況。而有關契口的證據,若實物確存在新舊程度的差異,則可以反映使用的痕迹;若是契口位置不同,還需考慮書寫或編連時誤寫或其他原因偶爾抽換了幾根其他批次竹簡的可能。但生器説的部分論證也存在問題,如通過校讎、刮削、標點等現象推斷書籍爲墓主身前使用之物,但正如楊華先生所説,即便是臨喪抄寫的文本亦可以進行類似的活動。[3] 即校讎等并非生器所獨有的現象(除非校讎處的字迹與其他正文字迹有明顯的時間差,如墨迹的濃淡、字體的古今的差異等)。而明器説所謂使用不便、文本錯誤、重複等現象亦可在生器中出現。故這些不具備排他性的情況均不可作爲各自立論的基礎。

另外,明器説還指出了書籍損壞以及空白簡相關的現象,生器説均無很好地作了回應或反駁。巫鴻先生曾依據西周末到戰國中期的出土實例對明器的情況做出了如下歸納(雖然這些是基於其他非簡帛實物,但具備一定參考價值):(1)微型;(2)擬古;(3)變形;(4)粗製;(5)素面;(6)仿銅;(7)重套。[4] 而其中的(3)(5)與隨葬簡帛中的書籍損壞以及空白簡的現象其實是比較類似的。這些筆者後文還會詳談。就目前情況而言,生器、明器均有可立論的標準,所以關鍵還是看比例。而且,也要考慮到生器、明器可能一起隨葬的情況。而明器中的"重套"現象就是指墓中隨葬相互對應的成套的明器與實用器。就算不是對應關係,墓中隨葬相同材質的生器、明器的情況也是很常見的,可見二者并不是非此即彼的關係,這點在隨葬簡帛的討論中鮮有提及。

---

[1] [韓]李成市、[韓]尹龍九、[韓]金慶浩:《平壤貞柏洞 364 號墓出土竹簡〈論語〉》,中國文化遺產研究院編《出土文獻研究》第 10 輯,北京:中華書局,2011,184-186 頁。
[2] 中國中醫科學院中國醫史文獻研究所等:《四川成都天回漢墓醫簡整理簡報》,《文物》2017 年第 12 期。
[3] 楊華:《中國古墓爲何隨葬書籍》,207 頁。此外,如果避諱情況不能與字體風格相對應,也同樣不能排除臨喪時抄寫了一個時代較早底本的可能。
[4] 巫鴻:《"明器"的理論和實踐——戰國時期禮儀美術中的觀念化傾向》,《文物》2006 年第 6 期。

二　生器説申論

　　前人已就生器説的立論提供了很好的思路，筆者在此將以更多的實例來説明這一問題。若墓葬中的簡帛爲明器，則大多當爲臨喪製作的文本，[①]其製作應該是一個短時間且統一性較强的行爲，且大多文本當屬抄本或副本。具體表現爲以下幾個特徵（包括但不限於）：（1）字體年代基本趨同；（2）無使用痕迹；（3）書寫材料的形制基本統一；（4）其他不含有兩個及以上時空纔産生的因素。當然，這些特徵是就同一墓葬而言的。

　　此外需要指出，無論是"抄本"自身還是以上提到的幾個特徵，亦可出現在現世使用的文本中，并非臨喪製作的文本所獨有。但隨葬簡帛表現出與之相反的特徵，如同一墓葬中的簡帛發現了書籍的正本，或不同書籍的形制各異，字體年代差異顯著，則我們更傾向於將它們視作生器。

　　目前所見出土簡帛中，有部分類型的文獻，可較好地判斷其爲正本抑或抄本，例如文書。前文所舉賈連翔先生的研究即論證了包山文書簡爲正本。再如海昏侯的奏牘中，存在牘背批示性文字的字迹不同於正文的現象，亦當視作正本。[②] 類似情況還出現在揚州蜀秀河1號墓的文書中。[③] 墓葬典籍類文獻很難發現或定義所謂"正本"，但却能發現諸如字體、避諱等在不同文本上的差異，如前文所舉的成都老官山醫簡。唐蘭先生很早就在對馬王堆《老子》甲、乙本帛書的研究中指出二者有避諱"邦"字的差别，甲本字體在篆、隸之間，乙本則爲隸書。[④] 馬王堆其他帛書中亦多存在字體、避諱等差異，這已爲學界所熟知。水泉子5號墓所出《蒼頡篇》與《日書》亦存在類篆書字體與標準隸書的差異。[⑤] 此外，前文提到的貞柏洞《論語》簡則表現出使用痕迹上的特徵。

　　接下來筆者想討論另一類在墓葬中亦發現較多的文獻，即曆書。從這類文獻中，可以看到不同人在不同時間參與曆書製作、書寫的證據。

　　曆書類文獻中討論較多的是"質日"。質日目前主要發現於秦漢時期的墓葬之中，其性質學界之前多有討論。大致而言，質日是在既有的曆書上填寫公、私事務的文獻，類似現在的臺曆。這些記事文字，就字迹而言，是區别於曆書中干支、月次等部分的。這點在嶽麓秦

[①] 也存在個别簡原爲生器，但在墓葬中已經過一些儀式轉化爲明器的情况，詳下文。
[②] 王意樂、徐長青：《海昏侯劉賀墓出土的奏牘》，《南方文物》2017年第1期。
[③] 汪華龍：《新出揚州蜀秀河M1木牘的年代與形制——兼談海昏侯奏牘的相關問題》，鄔文玲、戴衛紅主編《簡帛研究二〇二〇（秋冬卷）》，桂林：廣西師範大學出版社，2021，224-228頁。
[④] 唐蘭：《馬王堆出土〈老子〉乙本卷前古佚書的研究——兼論其與漢初儒法鬥爭的關係》，《考古學報》1975年第1期。
[⑤] 張存良、吴荭：《水泉子漢簡初識》，《文物》2009年第10期。

簡、周家臺秦簡、睡虎地漢簡、尹灣漢簡中均可得到印證。① 甚至有學者認爲質日的擁有者就是墓主本人或由墓主本人書寫。② 如果質日作爲一種抄本，無論是現世中複製，還是臨喪時複製，都難免會磨滅干支字迹和干支下所記事務字迹的差異。若複製工作僅由一名抄手完成，那通篇質日當爲同一種字迹。若出現多名抄手，大概率不會以干支和記事作爲分工抄寫的依據。目前所見單篇文獻内若出現多個抄手，一般的分工方式是各自抄寫不同的簡（中間可能出現同一簡前後抄手"換班"或者校改的情況）。若按照這樣的複製流程，質日應該會出現前面部分簡的干支和記事字迹相同，後面部分簡的干支和記事均换爲另一種字迹的情況，但事實并非如此。

除去前人研究提到的那些標準的六欄質日外，還可以發現在尹灣6號墓出土的《延元元年曆譜》背面的記事文字、《元延三年五月曆譜》正面干支下的記事文字與木牘上的月份文字以及干支文字均不相同，書寫風格都較爲隨意，而干支的字迹與月次字迹亦不同，干支爲細筆小字，月次爲粗筆大字。專門爲複製一件木牘就要替换兩輪抄手既低效且不經濟。類似的現象還見於水泉子8號墓出土的《五鳳二年曆日》簡册，整理者明確指出該曆書"全年月序、日次及曆注等以大字豎行書寫，頂格無天頭，筆迹較爲隨意……全年日干支則以小字横行書寫，緊密清秀，筆意雋永"。③ 筆迹隨意的大字中，月序、日次及曆注仍可細分爲不同抄手。按照臨喪抄本的方式來理解這些文獻顯然存在諸多問題，但如果從曆書文獻的製作流程來看，則不難理解。這點能從遺址簡中找到一些蹤迹。

此處以居延漢簡爲例。簡52.63、簡72.32在簡首書寫日次或月次，其下空白，無任何文字内容；簡273.17、簡88.15、簡148.33+148.39、簡273.15+148.49、簡308.13+148.50A均在簡首書寫干支，④除簡273.17外，其他簡干支下面每隔一段書寫一黑色墨綫（當作分欄之用），這些分好的欄中無任何書寫的内容。我們還能看到簡129.1、簡227.4這樣僅有横向墨綫或刻綫，没有任何文字的例子。由上述現象可以推知，曆書的製作不是一次性由一個書手來完成的，而是先有人專門負責書寫曆書簡首的内容（此前或有專人負責在簡上分欄），之後纔另有人書寫分欄處的干支部分。因爲曆書的製作量大，相同部分的内容由專人負責重複製作，這樣效率會比較高。另外，單獨製作簡首僅有日次或月次的半成品曆書的好處是，它不會因年份改變而失效，日數、月數每年的曆書均會出現，今年即便製作過剩，明年仍可繼續使用，

---

① 趙平安：《周家臺30號秦墓竹簡"秦始皇三十四年曆譜"的定名及其性質——談談秦漢時期的一種隨葬竹書"記"》，《文字·文獻·古史：趙平安自選集》，上海：中西書局，2017，209-210頁；蔡丹、陳偉、熊北生：《睡虎地漢簡中的質日簡册》，《文物》2018年第3期；謝計豪：《嶽麓秦簡〈質日〉〈數〉篇書手及相關問題研究》，湖南大學碩士學位論文，2020，10-16頁。
② 蘇俊林：《關於"質日"簡的名稱與性質》，《湖南大學學報（社會科學版）》2010年第4期；[德]史達：《嶽麓秦簡〈廿七年質日〉所附官吏履歷與三卷〈質日〉擁有者的身份》，《湖南大學學報（社會科學版）》2016年第4期；蔡丹、陳偉、熊北生：《睡虎地漢簡中的質日簡册》，《文物》2018年第3期。
③ 張存良、王永安、馬洪連：《甘肅永昌縣水泉子漢簡"五鳳二年曆日"整理與研究》，《考古》2018年第3期。
④ 這種曆書的形式可能類似於隨州孔家坡8號墓出土的《曆日》。

祇需在下方填入第二年的干支即可,適用性極强。同理,曆書首簡列月次的簡(如簡 332.18)應該也是提前製作的。

在書寫風格上,居延曆書簡首部分、首簡的月次部分多爲粗筆大字,上面所舉諸簡均如此,而干支部分則多爲細筆小字。簡 39.37、簡 88.22、簡 111.3A、簡 166.9、簡 257.18、簡 309.15、簡 482.9 等雖簡首殘斷,但可見干支部分爲細筆小字,簡 27.18、簡 166.8、簡 286.1A 則可看到日次的粗筆大字和干支的細筆小字并存。這裏的字迹的差異若結合前面的留白現象,不難得知就是曆書製作流程前後分工的結果。這種差異在前文提到的尹灣、水泉子的曆書中得到保留,大致能説明墓葬簡中曆書當是來自現實世界的實用曆書,而非臨喪製作的文本。

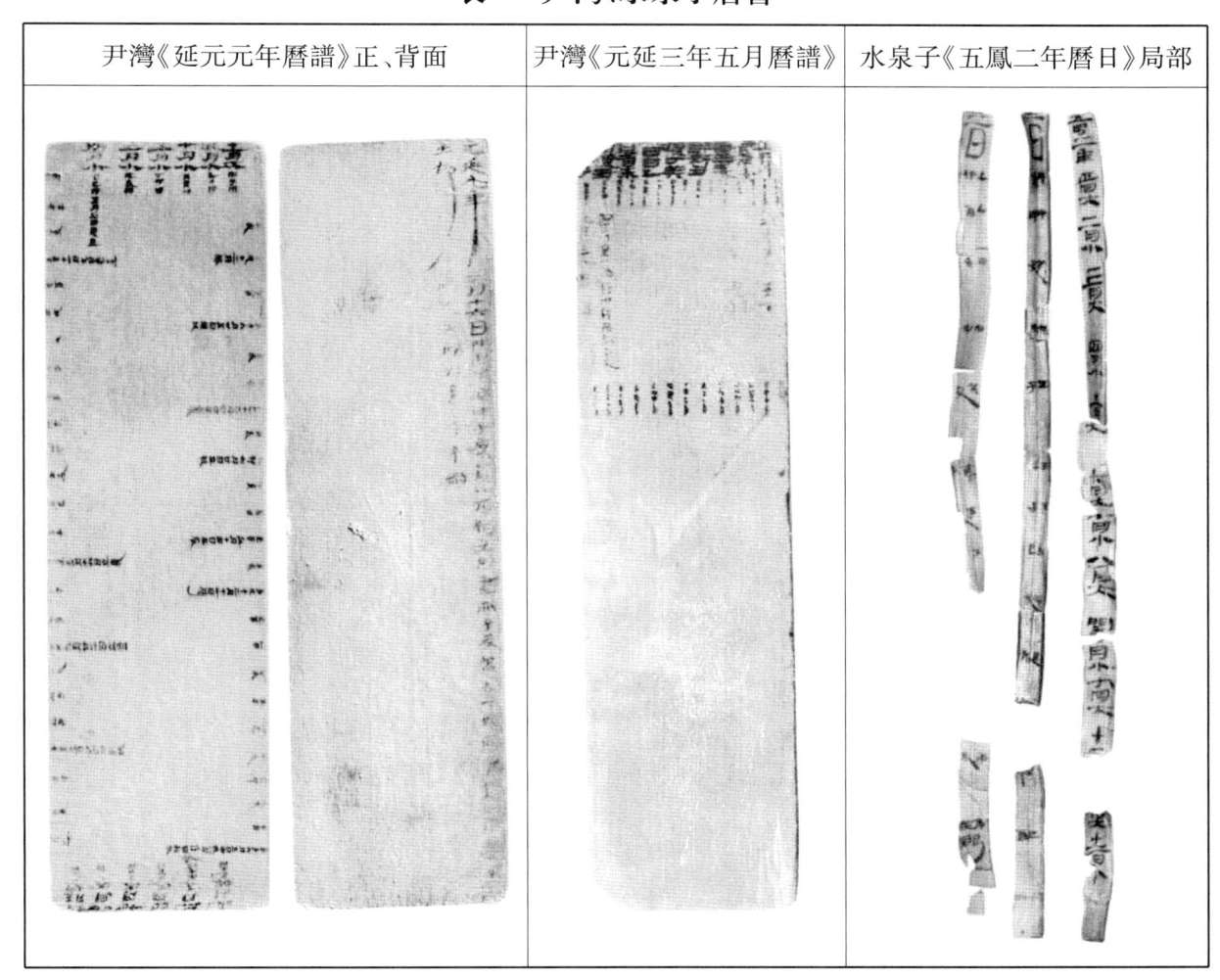

表 1 尹灣、水泉子曆書

尹灣《延元元年曆譜》正、背面	尹灣《元延三年五月曆譜》	水泉子《五鳳二年曆日》局部

資料來源:《尹灣漢墓簡牘》、[1]《甘肅永昌縣水泉子漢簡"五鳳二年曆日"整理與研究》[2]。

---

[1] 連雲港市博物館等編:《尹灣漢墓簡牘》,北京:中華書局,1997,21-22 頁。
[2] 張存良、王永安、馬洪連:《甘肅永昌縣水泉子漢簡"五鳳二年曆日"整理與研究》。

表 2　居延曆書

52.63	72.32	273.17	88.15	148.33+148.39	273.15+148.49	308.13+148.50A	129.1	227.4	332.18	39.37

續表

88.22	111.3A	166.9	257.18	309.15	482.9	27.18	166.8	286.1A		

資料來源:《居延漢簡》。①

上文已舉出了不少生器説的例證,但涵蓋面仍不够廣,一些宏觀上的考察或許能增進我們的認識。上文提到,臨喪製作的簡帛的特徵之一即形制相同,因此我們可以抽出隨葬兩種以上文獻的墓葬,對其隨葬文獻的形制進行比較,主要參考長度、寬度、契口、編連、版式并輔以材質等因素。

據筆者統計,目前已知的戰國秦漢時期隨葬簡帛的墓葬至少有172座。② 排除喪葬類文

---

① 簡牘整理小組編:《居延漢簡(壹)》,臺北:"中研院"歷史語言研究所,2014,86、130、170、221、258、259頁;簡牘整理小組編:《居延漢簡(貳)》,臺北:"中研院"歷史語言研究所,2015,17、67、122、124、165頁;簡牘整理小組編:《居延漢簡(叁)》,臺北:"中研院"歷史語言研究所,2016,50、133、188、229、270頁;簡牘整理小組編:《居延漢簡(肆)》,臺北:"中研院"歷史語言研究所,2017,27、109頁。
② 墓葬的統計主要參考駢宇騫、段書安編著的《二十世紀出土簡帛綜述》(北京:文物出版社,2006)及李均明等著的《當代中國簡帛學研究 1949-2019》(北京:中國社會科學出版社,2019)所録墓葬,并輔以其他書籍、期刊、網絡公布的考古報告與信息。

獻(如遣策、告地書等)必定爲臨喪製作的文獻的例子,[①]至少能找到隨葬兩種以上文獻的墓葬 55 座:

表 3　出土兩種及以上文獻墓葬統計

	墓葬名稱	文獻總量[②]	形制情況
1	湖北荆州夏家臺 M106	3	不一致
2	湖北荆州棗林鋪造紙廠 M46	9	未知
3	湖北荆州王家咀 M798	3	不一致
4	湖北荆州龍會河 M324	2	不一致
5	湖北江陵九店 M56	2	不一致
6	湖北荆門包山 M2	>4	不一致
7	湖北荆門郭店 M1	17	不一致
8	湖北荆門嚴倉 M1	>4	未知
9	湖南長沙子彈庫 M1	>5	不一致
10	湖南慈利石板村 M36	4	不一致
11	河南新蔡葛陵 M1	>2	不一致
12	湖北雲夢睡虎地 M4	2	不一致
13	湖北雲夢睡虎地 M11	>10	不一致
14	湖北雲夢龍崗 M6	2	不一致,木簡、木牘并存
15	湖北江陵王家臺 M15	>5	不一致
16	湖北荆州周家臺 M30	>4	不一致,竹簡、木牘并存
17	甘肅天水放馬灘 M1	>4	不一致,竹簡、木板并存
18	四川青川郝家坪 M50	2	不一致
19	湖北隨州孔家坡 M8	>3	不一致,竹簡、木牘并存

① 出現以下兩種情況的墓葬均不計入統計:(1)隨葬文獻數量≥2,但均爲喪葬文獻的,如江陵鳳凰山 M168 隨葬有遣策、告地書兩種文獻;(2)隨葬文獻數量≥2,但僅一種是非喪葬文獻的,如臨沂金雀山 M13 隨葬有遣策、帛畫兩種文獻。
② 當某種文獻之下還可細分爲若干篇時,則以">"表示。

續表

	墓葬名稱	文獻總量	形制情況
20	湖北隨州周家寨 M8	>3	不一致,竹簡、木牘并存
21	湖北荊州胡家草場 M12	>8	不一致,木簡、竹簡、木牘并存
22	湖北荊州松柏 M1	63	不一致,木簡、木牘并存
23	湖北荊州高臺 M46	9	不一致
24	湖北江陵張家山 M247	>8	不一致
25	湖北江陵張家山 M127	>1	不一致
26	湖北江陵張家山 M136(M336)	>7	不一致
27	湖北江陵鳳凰山 M9	4	不一致,竹簡、木牘并存
28	湖北江陵鳳凰山 M10	>2	不一致,竹簡、木牘并存
29	湖北雲夢睡虎地 M77	>7	不一致
30	湖南長沙馬王堆 M3	>55	不一致,竹簡、帛并存
31	湖南沅陵虎溪山 M1	3	不一致
32	江西南昌海昏侯 M1	>13	不一致
33	四川成都老官山 M1	50	未知
34	四川成都老官山 M3	10	不一致
35	江蘇揚州蜀秀河 M1	13	未知
36	江蘇連雲港海州雙龍 M1	13	2號棺内的所有木牘形制一致,但與3號棺、4號棺的衣物疏、空白牘形制不同
37	江蘇連雲港花果山漢墓	13	不一致
38	江蘇連雲港陶灣黃石崖西郭寶墓	6	墓主頭部的所有木牘形制一致。但在槨外箱與陶甕另有2支性質待考的竹簡
39	江蘇連雲港尹灣 M6	>18	不一致
40	江蘇泗陽大青墩漢墓	數十枚	未知
41	江蘇盱眙東陽 M1	5	不一致

續表

	墓葬名稱	文獻總量	形制情況
42	江蘇盱眙東陽 M6	2	未知
43	安徽阜陽雙古堆 M1	>24	不一致,竹簡、木牘并存
44	安徽天長紀莊 M19	34	不一致
45	山東臨沂銀雀山 M1	>13	不一致
46	山東青島土山屯 M147	11	一致
47	河北定縣八角廊 M40	>8	不一致
48	朝鮮平壤貞柏洞 M364	>4	不一致,竹簡、木牘并存
49	青海大通上孫家寨 M115	>3	未知
50	甘肅武威磨咀子 M6	>3	不一致
51	甘肅武威旱灘坡漢墓(1972)	15	不一致,木簡、木牘并存
52	甘肅武威旱灘坡漢墓(1989)	>2	不一致
53	甘肅武都琵琶鄉趙坪村漢墓	>4	不一致
54	甘肅永昌水泉子 M5	>2	不一致
55	甘肅永昌水泉子 M8	>3	不一致,竹簡、木簡、帛并存

55座墓葬中,7座墓葬因資料公布不全或簡帛殘斷破損無法比較形制,僅3座墓葬的隨葬簡帛形制是基本一致的,餘下45座墓葬的隨葬簡帛形制均不統一,且部分墓葬存在多種書寫材料并存的情況。從總體上看,不統一的墓例明顯占據主流。這種不統一性應該被視作不同時期的文獻被統一納入墓葬的結果。

在討論完明器簡帛的幾個特徵後,筆者還要連帶討論一下隨葬簡帛是否可以看作一種普遍葬俗的問題。在相關討論中,學者們一般會留意到《後漢書·周磐傳》《皇覽·塚墓記》以及《荆州記》等文獻中關於葬書的記載:

　　若命終之日,桐棺足以周身,外槨足以周棺,斂形懸封,濯衣幅巾。編二尺四寸簡,寫《堯典》一篇,并刀筆各一,以置棺前,示不忘聖道。[1]

---

[1] 《後漢書》卷三九《周磐傳》,北京:中華書局,1965,1311頁。

>民傳云:"不韋好經書,皆以葬。"漢明帝朝,公卿、大夫、諸儒八十餘人論五經誤失。符節令宋元上言:"臣聞秦昭王與不韋好書,皆以書葬。王至尊,不韋久貴,冢皆以黃腸題湊,處地高燥未壞。臣願發昭王、不韋冢,視未燒《詩》《書》。"①

>衡山南有南正重黎墓,楚靈王時山崩,毀其墳,得營丘九頭圖焉。②

《周磐傳》中的《堯典》是爲下葬而特意抄寫的,理解爲明器没什麽問題。《皇覽·冢墓記》《荆州記》中僅言"好經書,皆以葬""皆以書葬"或"得……圖",就很難斷定所葬之書一定是臨喪抄寫的了。僅就《周磐傳》中的這一現象,其實也可以做出完全相反的理解。我們既可以認爲這是當時一般葬俗在文獻中的寶貴孑遺,也可以認爲這是周磐個人的意願(所謂"不忘聖道"),因其特殊性,史書纔有意記録下來。後面兩條材料亦可如此理解。因此,在缺乏較大的考古學背景支撑的情況下,這些個案的史料價值就會非常難以評估。

杜德蘭先生關於墓葬葬書比例的觀點很值得注意,不過他的統計主要集中在楚墓,諸如九店、雨臺山的墓群以及長沙地區的楚墓,隨葬書籍的比例均不到1%。③ 劉國勝先生也曾有過總體上的統計,他提出目前發掘過的春秋戰國時期楚墓已逾6000座,然而發現簡牘的僅不到30座。④ 紀南城作爲戰國時期楚國最重要的都城,目前所見楚地簡帛大部分都發現在紀南城周邊地區的墓葬中。21世紀前後,紀南城周邊就發掘了不下3000座楚墓,郭德維先生亦曾對楚紀南城外的楚墓規模有過大概的估算,其數量至少也有十幾萬座。⑤ 雖然平民與中低貴族墓葬肯定占據主流,然目前所見出土簡帛的墓葬也有士階層的,如郭店M1、唐維寺M126、熊家灣M43、九店M621等,而九店M56墓主身分甚至可能是庶人。在墓葬保存環境和墓葬條件大致相同的情況下,實際出土簡帛的數量仍如此有限,我們有理由認爲簡帛的隨葬本身就不是流行的行爲。

這樣的情況在秦漢時期也是類似的。秦漢時期發現隨葬簡帛的墓葬,目前僅百餘座,但秦漢墓葬總量却以千萬計。有些地區甚至僅有一座漢墓出土過簡牘,如平壤貞柏洞M364是被調查的3000多座樂浪古墓中第一座出土文書和典籍的墓葬。⑥ 2018年山西地區纔首次在太原龍悦臺發現漢代簡牘。⑦ 湖北地區發現簡帛比較密集的墓葬群,如江陵鳳凰山墓葬群共

---

① 《太平御覽》卷五六〇《禮儀部三九》,北京:中華書局,1960,2532頁。
② 《後漢書》卷五九《張衡列傳》李賢注引,1922頁。
③ Alain Thote, *Daybooks in Archaeological Context*, pp.38-39.
④ 劉國勝:《楚喪葬簡牘集釋》,北京:科學出版社,2011,前言,2頁。此書爲劉先生博士論文修改後出版,初稿成於2003年,故文中所列數字距今日已過二十年,目前楚墓簡帛已知至少有49座,而新發掘的春秋戰國時期的楚墓總數暫未見新的統計。就算仍以6000座計,出土簡帛墓葬占總墓葬的數量仍是極低的,這一事實并未改變。
⑤ 郭德維:《楚都紀南城復原研究》,北京:文物出版社,1998,248-249頁。
⑥ [韓]李成市、[韓]尹龍九、[韓]金慶浩:《平壤貞柏洞364號墓出土竹簡〈論語〉》,174頁。
⑦ 央視網:《山西首次出土漢簡,墓主或爲西漢代王》,https://baijiahao.baidu.com/s?id=1615901023482967178&wfr=spider&for=p,2018年11月1日。

發掘秦西漢墓200餘座，其中6座出土簡牘，①出土簡牘的墓葬占比約3%。荆州印臺墓群共147座墓葬（秦西漢墓爲主，少量戰國唐宋墓），出土簡牘的墓葬9座。②若秦西漢墓按八成計，出土簡牘的墓葬占秦漢墓總數的7%-8%。馬增榮先生曾據目前披露的墓葬信息，推測青島土山屯隨葬簡牘的墓葬應該不超過14座，約占總墓葬138座的10%。③以上所舉已經是目前所見墓葬群出土簡帛最爲密集的例子了。根據這一背景，周磐墓中葬書更應該理解爲個人意願，不能以此論證葬書（具體而言是隨葬明器書籍）是具有普遍性的葬俗。

葬書行爲已是如此小衆，更何況所葬之書可能包含有不同性質的文獻。目前隨葬的文獻可大致分爲兩類，一類是前文已經提到的遣策、告地書以及記録隨葬品的簽牌、封檢等專門的喪葬文獻，一類是文書、律令、典籍等在現世中也使用的文獻，即杜德蘭先生所説的葬禮文獻與非葬禮文獻。隨葬簡帛的性質討論主要針對後者，前者必然是喪葬儀式的産物，大家均不會認爲它是現世流通的文獻。④而前者恰是墓葬中出現最多的。在戰國秦漢時期172座隨葬簡帛的墓葬中，隨葬喪葬文獻的有81座，占總數近一半；僅隨葬喪葬文獻，不隨葬其他文獻的則有53座，占總數近三分之一。在既隨葬喪葬文獻又隨葬其他文獻的29座墓葬中，仍有8座墓葬未嚴格區分二者的擺放位置，并非如杜德蘭所言二者在墓葬中不擺在一起。但餘下的18座還是有意識地區分了二者的位置，這還是能反映當時人對於兩種文獻性質相對主流的認識。如果把僅隨葬喪葬文獻的墓葬扣除，真正隨葬"書籍"的墓葬的比例又會進一步縮小。前文提到一個墓葬群中有多座墓葬隨葬了簡帛，但這些隨葬簡帛的墓葬大多數是隨葬喪葬文獻，隨葬非喪葬文獻的一般也就1至2座。

此外，葬書的比例亦需考慮到竹、木簡牘與絲帛未能保留下來的情況，但這個比例的高低很難準確估計，不過亦有一些側面的信息可供判斷。一是僅出土喪葬文獻的墓葬。它們被證明有條件且確實保存了簡牘，但并未有意隨葬真正的書籍，這樣的墓葬比較有限。我們還可以對一些考古信息公布較全的墓葬群進行考察。如果未出土簡帛的墓葬，尚能保存其他竹木或絲麻物品，則説明其有條件保存質地類似的簡帛，但未予隨葬，不過這些竹木、絲麻物品未必都能在墓葬中保存完好（然出土的簡帛保存較差的情況亦多見）。隨葬簡帛，尤其是竹木簡，數量一般都在數十至數百，少數墓葬甚至有上千枚，數量遠高於很多同材質的器物，即便很難保存，也不太可能在出土其他類似材質的同一墓葬中毫無蹤迹。以較爲乾旱的

---

① 湖北省文物考古所編：《江陵鳳凰山西漢簡牘》，北京：中華書局，2012，2頁。
② 鄭忠華：《印臺墓地出土大批西漢簡牘》，荆州博物館編著《荆州重要考古發現》，北京：文物出版社，2009，204-207頁。
③ 馬增榮：《讀山東青島土山屯147號墓出土木牘札記——考古脈絡、"堂邑户口簿（簿）""邑居"和"群居"》，武漢大學簡帛研究中心主辦《簡帛》第21輯，上海古籍出版社，2020，199-200頁。
④ 雖然喪葬文獻并非生器，但亦不宜簡單視作明器，至少不能簡單視作"書籍"的明器。因爲明器的製作是模仿現實世界的器物，是與"生器"相對應的。而喪葬文獻僅指向死後世界，并無一個現世可對應之物，盡管其在形制或者格式上可以模仿諸如現世中的文書、簿籍等。而另一個問題是，以竹簡爲書寫材料的遣策在戰國開始進入墓葬中，而之前更早的則是青銅的遣器，這個現象值得關注。遣策與遣器的最新研究可參看嚴志斌《遣器與遣策源起》，《故宫博物院院刊》2021年第10期。

西北爲例，武威磨咀子墓葬群近 40 座漢墓中，出土木簡的僅 2 座，其他墓中亦大量發現如木俑、木製動物、木梳、木笄、木几等木製品，以及少量草合、草袋等草製品。① 永昌水泉子漢墓群已發掘的 31 座漢墓中，出土簡帛的僅 2 座，其他墓葬亦大量隨葬竹木製品，此外尚有布枕、布囊、絲履、麻鞋等絲織品的發現。② 這些例子或許有助於我們理解當時隨葬簡帛的普遍程度。

此外，學界最近也逐漸開始關注隨葬簡帛在墓葬中的擺放位置，但主要是關照個別墓葬。我們亦對戰國秦漢時期 172 座墓葬中隨葬簡帛的擺放位置進行了統計。③ 其中擺放在棺室範圍内的（含棺内、棺蓋上）有 50 例，去除喪葬文獻後爲 29 例；擺放在槨室範圍内的（除去棺室後的範圍）有 124 例，去除喪葬文獻後爲 77 例；其他位置的（如墓道、側龕等）有 8 例，且無擺放喪葬文獻的情況；未公布信息位置、墓葬遭破壞或盜擾後位置無法確定的有 48 例，去除喪葬文獻後爲 31 例。暫拋開未公布與遭破壞盜擾的部分，隨葬簡帛的擺放位置主要在棺、槨範圍内，但并没有呈現出明顯的規律性，位置選擇較爲多元，槨室範圍内既有擺在頭箱的，亦有擺在邊箱的，若墓中有多個邊箱，亦無明顯傾向於某個方向。這側面説明了簡帛的隨葬總體上并没有形成一種制度化葬制。簡帛在不同擺放位置上的意義，還需要結合簡帛自身内容以及墓葬等級、地區、時代以及相鄰陪葬品來綜合研究，不能一概而論。

三 墓葬中少量的明器簡現象

雖然墓葬簡帛大部分當按生器來理解，但亦不能排除少部分明器的存在。

一些簡牘的性質可從其文字内容推知。如趙川先生即據朝鮮彩篋塚與連雲港海州雙龍 1 號漢墓名謁中提到的"故吏朝鮮丞田肱謹遣吏再拜奉祭""孤子曲平侯永頓首頓首"等信息，認爲墓中的名謁當是吊唁或賻贈者所使用。④ 這些簡牘雖不能直接簡單納入明器的範疇，但其製作目的和使用場合均與喪禮關係密切，絶非墓主生平日用之物。

不過，這樣的例子并不常見，我們更多還是從明器自身的特徵出發。上文中筆者對簡帛明器的特徵作出了歸納，主要落脚在短時間内的統一製作上，但并未回應明器説提到的破

---

① 甘肅省博物館：《甘肅武威磨咀子漢墓發掘》，《考古》1960 年第 9 期。
② 甘肅省文物考古研究所：《甘肅永昌水泉子漢墓發掘簡報》，《文物》2009 年第 10 期；甘肅省文物考古研究所：《甘肅永昌縣水泉子漢墓群 2012 年發掘簡報》，《考古》2017 年第 12 期。
③ 下文的統計因爲存在同一墓中不同書籍有不同擺放位置的情況，故單位不以墓葬的"座"計，而以"例"計，每有一處擺放位置即算一例。
④ 趙川：《連雲港海州雙龍漢墓 M1 的幾個問題》，《江漢考古》2014 年第 2 期。

損、空白簡等情況,這些情況大致可歸入"非實用性"的範疇。① 下文即主要對墓葬簡帛中的"非實用性"分兩部分進行論述。

首先談棗林鋪彭家灣183號楚墓、唐維寺126號楚墓隨葬竹簡以及鳳凰山9號漢墓隨葬木牘。

彭家灣183號墓出土12支卜筮祭禱簡,據整理者介紹,竹簡原本成卷置於一竹席中,其竹簡信息整理者列表如下:

表4　彭家灣183號墓出土竹簡信息

整理號	揭取號	保存狀態	長（釐米）	寬（釐米）	簡面契口	簡背情況	出土時簡首朝向
1	⑫	完整	65.80	0.75	右側三處	上端一處墨綫	西
2	⑪	完整	66.00	0.70	右側兩處	上段兩處劃痕	西
3	⑦	完整	68.20	0.90	右側兩處	上段三處劃痕	西
4	③	完整	66.60	0.75	右側兩處	上段一處劃痕	西
5	⑩	完整	65.90	0.70	右側兩處	上段一處劃痕	東
6	④	完整	69.70	0.80	右側兩處	上段一處墨綫	東
7	⑧	完整	68.20	0.80	右側兩處	無	東
8	⑤	完整	64.20	0.80	左側一處	下端一處劃痕	東
9	⑥	完整	64.30	0.80	左側一處	中段一處劃痕 下端一處劃痕	東
10	①	完整	63.40	0.85	無	上段一處劃痕	東
11	②	完整	63.70	0.85	無	上段一處劃痕	東
12	⑨	上半段缺失	殘長33.10	0.80	右側一處	下端一處劃痕	東

資料來源:《荆州棗林鋪彭家灣183號、264號楚墓出土卜筮祭禱簡》。②

---

① "備而不用"其實是明器在傳世文獻語境中提及最多的特徵。如《禮記·檀弓上》言:"竹不成用,瓦不成味,木不成斲,琴瑟張而不平,竽笙備而不和,有鐘磬而無簨虡,其曰明器。"參見[漢]鄭玄注,[唐]孔穎達等正義《禮記正義》卷八《檀弓上》,[清]阮元校刻《十三經注疏》,北京:中華書局,1980,1289頁;《荀子·禮論》也有類似的表述:"薦器則冠有鍪而毋縱,罋、廡虛而不實,有簟席而無牀笫,木器不成斲,陶器不成物,薄器不成内,笙竽具而不和,琴瑟張而不均,輿藏而馬反,告不用也。"參見[清]王先謙撰,沈嘯寰、王星賢點校《荀子集解》,北京:中華書局,1988,368頁。
② 趙曉斌:《荆州棗林鋪彭家灣183號、264號楚墓出土卜筮祭禱簡》,《出土文獻》2022年第1期。

整理者據內容將 12 支簡分爲七組簡文（七組分別爲簡 1、2；簡 3、4；簡 5；簡 6、7；簡 8、9；簡 10、11；簡 12）。結合各簡的形制信息，可看出不僅不同組的簡存在差異，同組的簡其形制信息亦多有不一致之處。如整理號 1 和 2 的簡爲一組，其長、寬、契口數不同，整理號 3 和 4 的簡爲一組，其長、寬不同。在字跡方面，通過共見字的比較，不難發現這 12 簡絕非一人一時所寫，同組内的簡字跡亦未必完全一致：

表 5　彭家灣 183 號墓出土竹簡字跡對比

	簡 1	簡 2	簡 3	簡 4	簡 5	簡 6	簡 7	簡 8	簡 9	簡 10	簡 11	簡 12
之												
貞		無		無			無				無	無
占								無				無
吉								無			無	無
元		無									無	

資料來源：《荆州棗林鋪彭家灣 183 號、264 號楚墓出土卜筮祭禱簡》。

另外，竹簡原是成卷的狀態，依此來對比揭取號與整理號，亦不難發現不同組的竹簡其實是混在一起的，并未按照内容順序排列。相應地，簡首的朝向在原始狀態下也是東西交錯。這些紛亂的情況在正常書寫、編連的簡册中一般不會出現，其并非是竹簡遭擾動導致的，更像是刻意爲之，這正體現了其非實用性的特徵。

唐維寺 M126 出土 8 支卜筮祭禱簡，整理者按内容分爲 7 組簡文（簡 1、2 爲一組，其他簡各自一組）。其形制信息可據整理者公布的内容列表如下：

表6　唐維寺126號墓出土竹簡信息

簡號	保存狀態	長（釐米）	寬（釐米）	簡面契口	背劃綫	其他信息
1	完整	70.1	0.8	右側兩處	有	簡背有斜向絲綢殘留
2	完整	70.1	0.8	右側兩處	有	與簡1緊貼，簡背有斜向絲綢殘留
3	完整	69.3	0.7	未提及	有	簡背有斜向絲綢殘留
4	下端殘	53.7	0.6	未提及	無	無
5	下端殘	53.3	0.6	未提及	有	簡面下端有斜向絲綢殘留
6	下端殘	31.6	0.6	未提及	無	兩面均有斜向絲綢殘留
7	已綴合	約69	0.7	未提及	有	下端簡面有簡8反印文，簡面中上和中下以及簡背有斜向絲綢殘留
8	已綴合	約67.8	0.7	未提及	無	簡面上、中段有絲帶斜向纏繞，下端有絲帶殘留

注：另有一段未編號的殘簡，殘長16.4釐米，寬0.6釐米。或是第5或第6號簡下端所殘缺者。

資料來源：《荆州棗林鋪楚墓出土卜筮祭禱簡》。[1]

不同組的簡長度、寬度存在差異，簡文字迹亦存在不同程度的區別。通過字迹對比即可看出：

表7　唐維寺126號墓出土竹簡字迹對比

	簡1	簡2	簡3	簡4	簡5	簡6	簡7	簡8
元								
之								

---

[1] 趙曉斌：《荆州棗林鋪楚墓出土卜筮祭禱簡》，武漢大學簡帛研究中心主辦《簡帛》第19輯，上海古籍出版社，2019，22頁。

續表

	簡1	簡2	簡3	簡4	簡5	簡6	簡7	簡8
又								無

資料來源:《荆州棗林鋪楚墓出土卜筮祭禱簡》。

此外,對比整理者公布的圖版,不同組的簡書寫疏密程度亦不一致。其中第1簡、第3簡爲滿簡書寫,前者容55字,後者則爲88字。這些現象應該反映了不同組簡并非一時一地一人製作的情況,當視作生器。但值得注意的是,大部分簡的簡面或簡背保留有絲綢斜向纏繞的痕迹,而簡8則保留了較完整的絲帶:

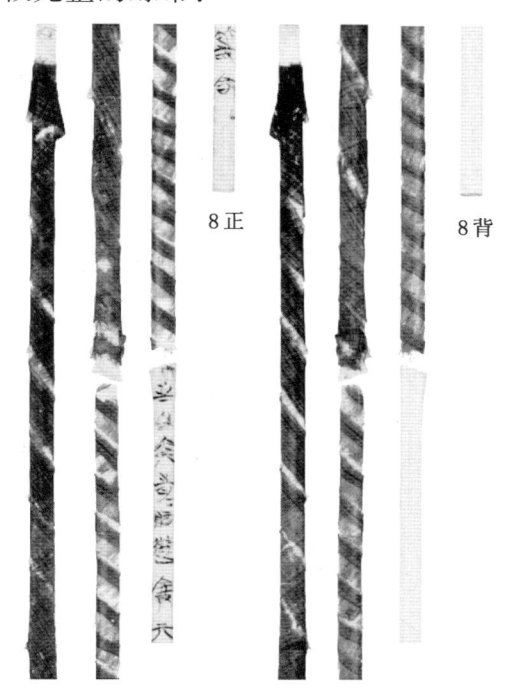

圖 1　唐維寺 126 號墓出土 8 號簡

在簡面纏繞絲綢其實已經表明了它們處於不可編連的狀態;而簡8保留的現象則表明絲綢原本就包覆了簡上的文字,簡上的文字是不可見的。這種用絲綢纏繞竹簡的現象是目前出土簡牘中唯一一例,值得特別關注。就目前呈現的現象——竹簡的不可編連、不可見的狀況看,其使得原本實用的簡册轉化爲非實用的簡册,即生器在入葬後轉化爲了明器。結合卜筮祭禱的内容性質,這種大費周章的行爲或許是出於某些喪葬以及信仰上的目的。生器通過某些方式在墓葬中轉化爲明器也絕非孤例,最常見的方式就是新石器時期就開始出現的"毁器"。① 亦有學者對馬王堆漢墓中各種陪葬生器轉化爲明器的方式進行了總結歸納。②

隨葬簡帛中亦可見損壞現象,類似上文提到的"毁器"。不過這種損壞必須被視作一種刻意行爲,因此需要排除一些其他因素,諸如時間原因造成的墓葬内簡帛保存不佳、盜墓造成的簡帛損害、施工或者考古挖掘造成的簡帛損害等。依據考古報告提供的信息,排除上述因素後,僅可找到一例與刻意損毁相關的,即江陵鳳凰山9號墓隨葬的三枚文書木牘,這也是紀安諾等學者能找到的唯一一例。考古簡報提到它們當時應該被截切過,其缺口部分與鳳凰山8號墓車器木片零件的缺口近似,而這些木牘在墓葬中的擺放位置亦在車器零件附近,故推測其爲木車零件的明器。且簡報提到三牘均是文帝十六年安陸丞綰的上書,字迹略同,應該是一種底稿。③

如果"底稿"按照稿本的概念來理解的話,應該在正式文書之前就形成了,自然是現世產生的文本,而非臨喪製作。但如果僅按字迹略同就判斷爲底稿,却不能必然得出這一結論。字迹相同的可能是文書傳遞或存檔時製作的副本,亦可能是臨喪時製作的副本。因此,三牘的性質還有討論的空間。

我們認爲牘1爲一書手所書,牘2、3則爲另一書手所書。雖然牘1在部分字迹上,諸如"申""年"等與牘2、3没有太大區別(這或許是簡報認爲三者字迹略同的依據),但其他字上用筆習慣的顯著差異則透露出書手的不同,如下:④

表8 鳳凰山9號墓出土木牘字迹對比

	守	丞	六	中	之	手(背)	寄(背)
牘1							無
牘2					無		
牘3							

資料來源:《江陵鳳凰山西漢簡牘》。⑤

---

① 我國早期墓葬中毁器現象可參看趙騰飛《中原地區史前至夏商時期毁器葬研究》,鄭州大學碩士學位論文,2019,18—45頁。
② 鄭曙斌:《試析馬王堆漢墓生器變葬器的轉換形式》,陳建明主編《湖南省博物館館刊》第11輯,長沙:嶽麓書社,2015,29—35頁。
③ 長江流域第二期文物考古工作人員訓練班:《湖北江陵鳳凰山西漢墓發掘簡報》,《文物》1974年第6期。
④ 原簡圖版部分字迹黯淡不清,此處暫使用摹本的圖版。
⑤ 湖北省文物考古所編:《江陵鳳凰山西漢簡牘》,81—86頁。

再聯繫牘的形制和牘背的"某手"的信息,則更能看到牘2、3之間的聯繫及其與牘1的區別。雖然三者都在下葬時被統一截爲16.5釐米的長度,但原始寬度上却没有改變,牘1爲4.9釐米,而牘2、3均爲3.8釐米。牘1背面爲"□郢人手",牘2、3均爲"寄手"。牘1"□郢人手"的"手"用筆與牘2、3的"手"明顯有異,牘2、3的"寄手"從用筆看没有明顯差别,當能判斷爲一人。到這已不難看出牘1與牘2、3之間的不同,它們不當視作臨時統一製作的産物。

另外,三牘牘背字迹與正面亦無明顯的差異,如牘1背面的"手"豎筆出鋒的習慣與正面的"中"相當一致。牘2、3背面的"寄"與正面的"守"以及"安"(㚢)在"宀"以及"奇"勾畫的用筆上亦較爲一致,牘背的"手"雖與正面的"中"豎筆的垂露不同,但與"十"(十)的用筆無别。即牘背的"某手"可能分别親自抄寫了牘正面的文書。①

這些在現世中就已經製作好的文書木牘,按整理者的描述,遭到了刻意的截切。故可以看作一種生器在墓葬中轉化爲明器的現象。但值得注意是,文書木牘是轉化爲木車零件的明器,而非書籍的明器。即現世中文書木牘在下葬時被挪作他用,其文書的屬性經過"毁器"後就喪失了。因此,這些木牘明器的製作目的以及在墓葬中的意義會與書籍明器有所不同,并不能發揮書籍明器的功能,諸如前文提到的辟邪、警示等。

接下來,我們專門談一下空白簡。空白簡和損毁簡一樣,亦要排除一些其他因素,即作爲封頁、隔簡、贅簡等書籍制度意義上的空白簡。就目前考古報告披露的信息而言,在172座隨葬簡帛的戰國秦漢墓葬中,發現空白簡帛的戰國楚墓有11座,漢代墓葬有21座,秦墓暫無發現。這32座墓葬中,荆州松柏1號漢墓和連雲港西郭寶漢墓中的空白木牘根據其疊放情況當是作爲上、下封頁存在的;江陵磚瓦廠370號楚墓、江夏丁家咀2號楚墓、江陵張家山136(336)號漢墓、連雲港尹灣6號漢墓、武威旱灘坡漢墓的空白簡數量都很少,②可能是作爲贅簡、隔簡等存在的,而馬王堆3號漢墓中如《五星占》、《刑德》乙篇等所含空白帛應該也是作爲篇末留白存在的;荆門嚴倉1號楚墓、江陵鳳凰10號漢墓、隨州周家寨8號漢墓、江蘇邗江胡場5號漢墓則未提及空白簡的具體數量,或空白簡可能是墨色褪去所致,故情況無法判斷。江蘇揚州王家廟劉母智墓的三枚空白封泥匣則因腐蝕嚴重無法看到字迹。除去以上墓葬,餘下墓葬中的空白簡應該是入葬時有意識埋入的(占墓葬總數約11%):

---

① 另一種可能是"某手"的字迹與文書均由另一名書手所寫。凌文超先生即認爲這些文書缺乏送達時間、傳送人和啓封記録,亦無其他相關的批示和簽署,應該不是正式的文書,可能是未發出的副本(參見凌文超《江陵鳳凰山9號墓三文書考證》,西北師範大學歷史文化學院等編《簡牘學研究》第5輯,蘭州:甘肅人民出版社,2014,25頁)。若把這三牘看作未發出時製作的副本,那這些副本的書手自然不必是"某手"本人。但無論哪種情况,這些牘都不是臨喪時抄寫的。
② 其中江陵磚瓦廠370號楚墓僅餘6支簡,其中2支爲空白殘簡,原來入葬簡的總量和空白簡數量無法得知,暫按2支計。

表 9　戰國秦漢墓葬隨葬空白簡(篩後)統計

	墓葬名稱
楚墓	荆門包山 M2、荆門郭店 M1、江陵九店 M56、江陵九店 M621、棗陽九連墩 M2、沙洋塌塚 M1、長沙楊家灣 M6、長沙左家公山 M15
漢墓	江陵高臺 M6、江陵張家山 M247、隨州孔家坡 M8、日照海曲 M106、連雲港海州雙龍 M1、連雲港海州霍賀墓、青島土山屯 M6、青島土山屯 M8、青島土山屯 M147、陝縣劉家渠 M23、貴縣羅泊灣 M1

甚至有的墓葬中出現空白簡數量超過有字簡的現象,如包山 2 號楚墓西室中的隨葬竹簡,僅一支有字,其餘 128 支均無字;連雲港霍賀墓隨葬 7 枚木牘,6 枚爲空白牘。長沙左家公山 15 號墓内僅存放空白簡,墓内無其他有字簡;連雲港海州雙龍 1 號漢墓的 4 號棺僅有一塊空白木牘,而棺内無其他有字簡牘。這些現象更能説明空白簡牘隨葬的刻意性。

值得注意的是,戰國秦漢時期隨葬空白簡的墓葬中除去長沙左家公山 15 號墓和棗陽九連墩 2 號墓,[1]其餘墓葬亦同時隨葬有字簡。這些墓中的空白簡與有字簡當存在對應關係,即有字生器與素面明器的對應。前者爲墓主生前所用,後者爲墓主死後世界所備,二者構成所謂的"重套"。

墓葬中隨葬空白待用書寫材料的現象,在東漢以降紙張逐漸成爲主流書寫載體後依舊延續。其中衣物疏的相關記載可以爲我們認識該材料的性質提供一定幫助。如南昌高榮墓(東吴前期)出土的衣物疏中記載了不少和書寫相關的陪葬品,如:"書刀一枚、研一枚、筆三枚、書□一枚、□□一枚、[象]□刷一枚、帥一枚、□具一枚、官紙百枚。"[2]因時間久遠,紙張未能保留。但衣物疏中的"官紙百枚",[3]結合文意,不當指某種寫好内容的書籍,而僅是空白待寫的文房用品。另一個證據是,該衣物疏所列部分隨葬品前會加"故"字,[4]即舊的、之前使用過的,而"官紙"前并無該字。此外墓中另葬有 21 支名刺簡,衣物疏未提及。南昌吴

---

[1] 九連墩墓中的空白畫簡,學界對其功能有專門論述,有承托物品的"藉"、待用簡册、掛飾等多種説法。參見胡麗雅《九連墩"簡策"畫概述》,武漢大學簡帛研究中心主辦《簡帛》第 2 輯,上海古籍出版社,2007,390-391 頁;楊麟、安富斌:《"無字天書"竹簡可能有第三種功能》,《湖北日報》2006 年 12 月 13 日第 4 版。

[2] 江西省歷史博物館:《江西南昌市東吴高榮墓的發掘》,《考古》1980 年第 3 期。

[3] "官紙"或讀爲"棺紙",可能是棺中用紙(參見中國簡牘集成編輯委員會編《中國簡牘集成》第 17 册,蘭州:敦煌文藝出版社,2005,1315 頁);或讀爲"菅紙",即用菅草一類植物爲原料做成的紙(參見趙詩凡《説"官紙"》,簡帛網,2022 年 4 月 26 日)。

[4] 在遣策、衣物疏的名物前使用"舊""新""故"的體例最早可以追述到仰天湖楚簡的遣策中,漢代亦稍有沿用。在隨葬書籍以及遣策的墓葬中,僅張家山 247 號墓、尹灣 6 號墓以及土山屯 147 號墓的遣策對隨葬書籍有記録,惜此三份遣策均未使用此體例。

應墓（西晉時期）的衣物疏則提到"故刺（刺）五枚"，[1]即墓中所葬 5 支名刺簡；又提到"帋一百枚"（按，"帋"即"紙"異體），前無"故"字，這就直接表明了刺和紙的性質差異，且"帋一百枚"是文中唯一無"故"字的隨葬品。[2] 除去名刺，吐魯番阿斯塔那 169 號墓（高昌建昌四年）出土的張孝章衣物疏還提到："《孝經》一卷，硯嘿（墨）紙筆一具。"[3]亦是有字書籍與紙張并列的例子。可惜這份衣物疏未用"故"字的體例，不能直接斷定書籍和紙張的性質差異。

另外，武威新華出土升平十二年藥生（或稱楊柏黃石）衣物疏載有"故卷一枚"，吳浩軍先生即認爲此處當指書籍一卷。[4] 王弘業墓志（唐開元九年）則提到："夫禮生尚儉，吾歿後薄葬，槨纔周身，祭不用肉。明器三□而已。《孝經》《易》《莊子》《世説》《楚詞》、王充《論衡》、皇甫謐《高士傳》，此吾平生所好，可貯於藏中。儻精與天通，冀復一覽。"[5]文中提到的書籍明顯出現在"明器"一句之後，下意識地表明了書籍的生器性質，而這些書籍正是墓主"平生所好"。

這時回頭再看杜德蘭先生提出的明器當是大規模標準化生產下的產物的觀點，不難發現其合理性。待用的空白紙張（或簡牘）纔是適合標準化生產的物品，而墓葬中的各類書籍多與墓主個人喜好、職業等相關聯，是個性化的體現，無法通過大規模標準化的生產來製作。

---

[1] 江西省博物館：《江西南昌晉墓》，《考古》1974 年第 6 期。
[2] 然亦有一個例外，即武威旱灘坡出土的前涼升平十三年姬瑜衣物疏，其載："故駙馬都尉板一枚，故建義奮節將軍長史板一枚，故雜黃卷書二弓（卷），故紙三百張。"（此處采張俊民先生校後的釋文，參見其著《武威旱灘坡十九號前涼墓出土木牘考》，《考古與文物》2005 年第 3 期。）此處的紙張便與前面的有字書籍均爲生器。
[3] 國家文物局古文獻研究室等編：《吐魯番出土文書》第 2 册，北京：文物出版社，1981，215 頁。
[4] 此處釋文采吳浩軍校後釋文，參見其著《河西衣物疏叢考——敦煌墓葬文獻研究系列之三》，張德芳主編《甘肅省第二屆簡牘學國際學術研討會論文集》，上海古籍出版社，2012，312 頁。另，梁繼紅先生將此處的"卷"字釋爲"帣"，并引《説文》"囊也"作解。參見其著《武威出土的漢代衣物疏木牘》，《隴右文博》1997 年第 2 期。田河先生則認爲"卷"指服飾類名物，讀爲"罨"或"纏"，爲一種漢晉時流行的頭衣。參見其著《武威新華鄉前涼墓出土木牘綜考》，李學勤主編，清華大學出土文獻研究與保護中心等編《出土文獻》第 15 輯，上海：中西書局，2019，358 頁。
[5] 轉引自孫齊《兩個中古基層讀書人》，https://www.douban.com/note/802880561/，2021 年 5 月 16 日。

嶽麓秦簡所見執法新論*

□ 湖南大學嶽麓書院　羅昭善

内容提要　數見於嶽麓秦簡中的執法并非特定的官名或官署名,秦律令中的執法是縣級以上負責具體行政的二千石官署的統稱,執法不是法官,與御史無關。秦簡所見執法丞爲執法官長之佐官,卒史則是秦漢時期二千石官普遍設置的屬吏,執法丞與卒史皆非單一官署的佐屬。秦律令中的執法,至漢初已被二千石官所替代,執法的消匿或源於漢初對秦代律令的編纂與整合。

關鍵詞　嶽麓秦簡　執法　二千石官　律令　行政機構

秦簡牘中常出現一些稱謂,因其少見或不見於史籍,學界在解讀時常存爭議。嶽麓書院藏秦簡中數見執法一詞,[①]對於執法的性質,嶽麓秦簡整理者認爲執法是官名或官署名,或爲朝廷法官,或爲郡縣法官。[②]多數學者已認同此説,并據此進一步闡發執法爲法官,與同爲監察官的御史在機構設置、職能範圍之間的差異。對於秦執法的性質,目前學界主要有以下幾種認識:彭浩先生認爲執法在中央政府中是與御史、丞相并列的官署,郡級執法官署獨立於郡。[③]王捷先生亦認爲執法在秦時發展成爲與御史并列的監察官體系,且職掌與御史有所區

---

* 本文的寫作得到國家社科基金項目"走馬樓吴簡所見孫吴基層社會結構研究"(項目批准號:21BZS007)的資助。
① 已刊里耶秦簡中也有與執法有關的簡文。里耶秦簡 9-26:"洞庭尉吏、執灋屬官在縣界中【者,各】下書焉。"9-2244:"☑☑書曰執灋上☑以。"執灋,即執法。《校釋》基本贊同嶽麓秦簡整理者對執法爲法官的看法。參見陳偉主編《里耶秦簡牘校釋(第二卷)》,武漢大學出版社,2018,38、438 頁。
② 陳松長主編:《嶽麓書院藏秦簡(肆)》,上海辭書出版社,2015,78 頁;亦可參陳松長《嶽麓秦簡中的幾個官名考略》,《湖南大學學報(社會科學版)》2015 年第 3 期。
③ 彭浩:《談〈嶽麓書院藏秦簡(肆)〉的執法》,王捷主編《出土文獻與法律史研究》第 6 輯,北京:法律出版社,2017,84-94 頁。

別。① 可見二位先生均認可執法是秦代設置的與御史不同系統且并列存在的監察官。然日本學者土口史記先生認爲嶽麓秦簡中的執法是屬於御史系統的地方官,負責監察郡縣。② 曹旅寧先生則認爲執法爲御史或丞相特派員公署的性質。③ 故二位先生認爲執法是中央御史或丞相御史的派出機構,負責地方事務。另外,王四維先生認爲秦執法誕生於秦以郡統縣制度發展的過程中,簡文中的執法多爲郡執法,但他認爲不能簡單的將執法視爲監察官,郡執法在監察權之外還掌握着廣泛的權力。④ 可見學界對於執法是否僅爲法官也存在爭議。需要指出的是,陳侃理先生曾推測漢初《二年律令》中的"二千石官"應是從秦律令中的"執法"官演變而來,但陳文并未詳論,此看法亦未能引起學界重視。⑤ 近日,唐俊峰先生撰文指出執法可作爲某些中央秩二千石官員(如廷尉、内史等)的泛稱,唐文所論詳實,但與筆者之看法仍有差別。⑥ 有鑒於此,筆者不揣鄙陋,擬在已刊嶽麓秦簡基礎之上,并結合新刊《嶽麓書院藏秦簡(柒)》中與執法相關的内容,再對秦簡執法的性質及消匿原因作一考察,以求教於方家。

一 縣官、執法、皇帝:秦上計程序中的執法

秦代對於上計有固定的上報和審查程序,執法常出現在與上計規定有關的律令中,故下文欲先考察執法在秦代上計程序中與郡的關聯及差別。

秦統一之前,轄境尚小,高恒先生認爲秦國最初實行的上計制度"并非由縣上計於郡,再由郡上計於朝廷,而是由縣直接上計於朝廷"。⑦ 如睡虎地秦簡《倉律》簡37規定"縣上食者籍及它費大(太)倉,與計偕。都官以計時讎食者籍"。⑧ 秦統一前,秦國確可由縣直接上計中央官署。然秦國設郡後,由縣道到郡,郡到中央的二級上計制,應更爲適合版圖擴張後國

---

① 王捷:《秦監察官"執法"的歷史啓示》,《環球法律評論》2017年第2期。
② [日]土口史記著,何東譯:《嶽麓秦簡"執法"考》,周東平、朱騰主編《法律史譯評》第6卷,上海:中西書局,2018,50—72頁。
③ 曹旅寧:《説嶽麓秦簡(伍)中的執法》,簡帛網,2019年1月26日。
④ 王四維先生在其文中説:"在朝廷要求各縣清償'購賞貰責(債)'的過程中,我們能够同時觀察到郡執法的財政權和監察權。"可見他認爲秦執法有財政權。參見王四維《秦郡"執法"考——兼論秦郡制的發展》,《社會科學》2019年第11期。
⑤ 陳侃理:《漢代二千石秩級的分化——從尹灣漢簡中的"秩大郡太守"談起》,出土文獻與中國古代文明研究協同創新中心中國人民大學分中心編:《出土文獻的世界:第六届出土文獻青年學者論壇論文集》,上海:中西書局,2018,149頁。
⑥ 筆者投稿期間,《簡帛研究》刊布了唐俊峰先生文,又蒙匿名審稿專家指出此文,故筆者於修改中業已參考唐文。唐俊峰:《秦代"執法"中央二千石官泛稱性質申論》,鄔文玲、戴衛紅主編《簡帛研究二〇二一(秋冬卷)》,桂林:廣西師範大學出版社,2022,67—83頁。
⑦ 高恒:《秦簡中與職官有關的幾個問題》,中華書局編輯部編《雲夢秦簡研究》,北京:中華書局,1981,215—216頁。
⑧ 陳偉主編:《秦簡牘合集(壹)》,武漢大學出版社,2014,68頁。

家行政的需要。① 《史記·范雎傳》記載:"昭王召王稽,拜爲河東守,三歲不上計。"② 至遲到秦昭王時期,秦國已經開始了由郡上計中央的制度。嶽麓秦簡中有一則涉及"縣官、執法、皇帝"的令文,屬於秦統一後上計制度的規定。③ 簡文作:

  1.·縣官上計執灋,執灋上計冣(最)皇帝所,皆用筭橐□,告薦(薦)已,復環(還)筭橐,令報訊縣官。(《嶽麓秦簡(肆)》:346/0561)④

材料1顯示,秦代在上計時,縣官應先上計給執法,再由執法上計"最"給皇帝,可見執法爲縣官的上級機構。⑤ 所謂"縣官",傳世文獻中通常泛指官府。如《史記·酷吏列傳》記載:"山東水旱,貧民流徙,皆仰給縣官,縣官空虛。"⑥ 當然,少數地方"縣官"亦可指天子。如《鹽鐵論》記載:"縣官之於百姓,若慈父之於子也。"⑦ 楊振紅先生曾據里耶秦簡更名方認爲縣官稱天子、國家的制度始於秦始皇統一中國。⑧ 由此可見,秦代的縣、郡甚至中央之官署皆可稱爲縣官。需要指出的是,部分秦簡中,縣官常用於特指縣一級官府。睡虎地秦簡《語書》記載:"有(又)且課縣官獨多犯令而令、丞弗得者,以令、丞聞。"⑨ 此處的縣官特指郡縣之縣府。實際上,材料1規定秦代在上計之時,中央至地方的官府都應使用"筭橐"裝盛計簿,這類細緻的行政命令也應下達到最基層的行政單位即縣,故材料1中的縣官也應理解爲縣一級機構。⑩ 如此,此令所見秦統一後的上計程序爲"縣官——執法——皇帝",執法是縣官與天子之間的連結。但是,就此令所反映的秦代上計程序,是否同傳世文獻所見"縣——郡——中央"的上計程序產生了抵牾呢?來看嶽麓秦簡他處記載執法參與具體上計事務的規定,擇其要錄於下:

  2.▎亡不仁邑里、官,毋以智(知)何人殹(也),中縣道官詣咸陽,郡〖縣〗道詣其郡

---

① 嚴耕望先生認爲漢代上計制度爲縣道上計郡國、郡國上計中央的兩級制,此處略改其説法。參見嚴耕望《中國地方行政制度史》甲部《秦漢地方行政制度史》,臺北:"中研院"歷史語言研究所,1990,258頁。
② 《史記》卷七九《范雎蔡澤列傳》,北京:中華書局,1959,2415頁。
③ 天子稱"皇帝"始於秦始皇統一中國,故下簡(材料1)中的規定應屬秦統一後。
④ 陳松長主編:《嶽麓書院藏秦簡(肆)》,209頁。
⑤ "冣(最)",嶽麓秦簡整理者認爲"計最"是地方官吏每年或每三年上呈中央的賬簿。里耶秦簡9-25載:"五月遷陵令、尉徼薄(簿)冣。"可見"最"也可按月制定。《校釋》認爲"最",概要,"簿最"似分別指具體記録和匯總,可從。陳松長主編:《嶽麓書院藏秦簡(肆)》,228頁;陳偉主編:《里耶秦簡牘校釋(第二卷)》,37-38頁。
⑥ 《史記》卷一二二《酷吏列傳》,3140頁。
⑦ 王利器:《鹽鐵論校注(定本)》卷六《授時》,北京:中華書局,1992,423頁。
⑧ 楊振紅:《"縣官"之由來與戰國秦漢時期的"天下"觀》,《中國史研究》2019年第1期。
⑨ 陳偉主編:《秦簡牘合集(壹)》,30頁。
⑩ 土口史記先生文中指出"縣向執法上呈計簿也稱上計",可見他認爲此處的縣官即郡縣之縣。[日]土口史記著,何東譯:《嶽麓秦簡"執法"考》,周東平、朱騰主編《法律史譯評》第6卷,60頁。

都縣,皆轂(繫)城旦舂……咸陽及郡都縣恒以計時上不仁邑里及官者數、獄屬所執灋,①縣道官別之,且令都吏時覆治之,以論失者,覆治之而即言請(情)者,以自出律論之。(《嶽麓秦簡(肆)》:024/1978……027/1973-028/2060)②

3. ·制詔御史:聞獄多留或至數歲不決,令無皋者久轂(繫)而有皋者久留,甚不善,其舉留獄上之⌒。御史請:至計,令執灋上冣(最)者,各牒書上其餘獄不決者一牒,③署不決歲月日及轂(繫)者人數,爲冣(最),偕上御史,御史奏之,其執灋不將計而郡守丞將計者,亦上之。制曰:可。 ·卅六(《嶽麓秦簡(伍)》:059/1125-060/0968-061/0964)④

材料2顯示,對於邑里、官署信息不明的逃亡者,中縣道的官府需將其傳送到咸陽,郡縣道官府則傳送到郡都縣。⑤ 咸陽和郡都縣在上計時,需將此類逃亡者的數量、案件審理情況以縣道爲單位分別上計給執法。⑥ 由此所見秦上計程序爲:

(中縣道官、郡縣道官)(縣道官)——咸陽、郡都縣——執法——(皇帝)

無論中縣道官還是郡縣道官,二者均屬縣道官。秦代咸陽歸屬於內史管轄,郡都縣雖爲郡治所在,本質上仍是郡的轄縣。可以推測,材料2中咸陽和郡都縣上計的屬所執法應該包括內史和郡中的某二千石官。再來看材料3,簡文顯示,皇帝在審查地方滯留獄事時,必不能事無巨細,故先需執法對地方官署滯留的獄事爲"最"。由執法上計御史,御史再呈遞給皇帝。若以縣的滯留獄事爲例,則需由執法對於縣的滯留獄事進行統計彙總。簡文其後規定"其執灋不將計而郡守丞將計者,亦上之",此處粗看似説明執法與郡守丞在上計獄事中存在職責分工,但實際上應將上計郡守丞理解爲上計執法之特殊情況。嶽麓秦簡中有類似句例,《嶽麓秦簡(肆)》156/1295"發繇(徭),興有爵以下到人弟子、復子,必先請屬所執灋,郡各請其守,皆言所爲及用積徒數,勿敢擅興……"。⑦ 簡文規定"弟子"和"復子"不得被官府擅自徵發,必先請屬所執法,若要徵發郡的"弟子""復子",則需要請示郡守。其實,這裏也不能將執法和郡守理解爲被請示的兩個不同主體,大概因爲郡的"弟子"和"復子"應是由郡守負責管理,所以律文明確規定徵發二者時需要請示郡守,即不能是郡尉或郡監。如此"郡各請其守"也應當包含在前文規定的請"屬所執灋"中。此外,秦漢時期的縣至郡,郡至中央,皆

---

① 彭浩先生將此處斷讀,認爲"數"指的是數量,"獄"指案件,可從。彭浩:《談〈嶽麓書院藏秦簡(肆)〉的執法》,王捷主編《出土文獻與法律史研究》第6輯,86頁。
② 陳松長主編:《嶽麓書院藏秦簡(肆)》,46-48頁。
③ 何有祖先生認爲"一牒"當屬上讀,可從。參見何有祖《〈嶽麓書院藏秦簡〔伍〕〉讀記(一)》,簡帛網,2018年3月10日。
④ 陳松長主編:《嶽麓書院藏秦簡(伍)》,上海辭書出版社,2017,58-59頁。
⑤ 郡都縣即郡治所在縣。
⑥ 歐揚先生認爲"亡不仁邑里、官者"指代所有的不明身份逃亡者。參見歐揚《嶽麓秦簡〈亡律〉"亡不仁邑里、官者"條探析》,楊振紅、鄔文玲主編《簡帛研究二〇一六(春夏卷)》,桂林:廣西師範大學出版社,2016,172-183頁。
⑦ 陳松長主編:《嶽麓書院藏秦簡(肆)》,119-120頁。

設置主管官吏在計時帶領上計。如里耶秦簡 8-164+8-1475 中的"遷陵將計丞",即是由縣丞主管帶領上計。① 因此,材料 3 中的"郡守丞"即是郡守府負責帶領上計的官吏。故材料 3 的意思是説,縣官的上級執法如不能帶領上計,則由其所屬的郡守府負責捎帶。可見郡守府的上計應當包含在縣官上計執法這一大的範圍規定下。② 若依材料 3,并將其與材料 1 所見秦代上計程序相對應,兩處上計程序之關係應爲:

(縣　官)——執法————————御史——皇帝
　　　　　　　↑
(縣道官)——郡守丞(郡守府)————御史——皇帝

二者相較,材料 1 中的縣官上計執法即與材料 3 中的(縣道官)上計郡守丞相對應。由此可見,秦代上計程序中,秦執法乃秦郡官署之統稱,即秦律令中的執法可充當官府與皇帝的媒介,代指内史、郡守府等縣級以上二千石行政機構。而且,在秦簡所見上計制度之外,在其他事務的上請中也可看到執法爲秦縣的上級機構。嶽麓秦簡規定:

> 4.・制詔丞相、御史:兵事畢矣,諸當得購賞貰責(債)者,令縣皆亟予之。令到縣,縣各盡以見(現)錢不禁〚者亟予之。〛【不足,各請其屬所執灋,執灋調】均。不【足】,乃【請御史,請以禁】錢貸之。(後略)(《嶽麓秦簡(肆)》308＝《嶽麓秦簡(陸)》068/1918－《嶽麓秦簡(陸)》069/J33+J62-1)③

簡文顯示,秦代在軍事戰爭結束後,各縣應當給予"當得購賞、貰責(債)者"錢財,支付日期在皇帝詔書下達之時。若縣少内的錢財不夠支付,則縣應請示上級執法,由執法負責調配各縣,若仍不足,則由執法上請御史,御史上請皇帝出貸各縣本應供天子使用的禁錢。材料 4 所見禁錢調撥上請程序爲:

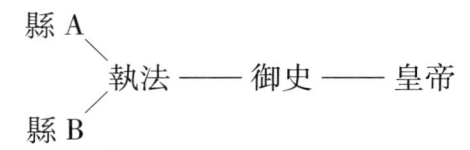

縣 A ＼
　　　＼執法 ── 御史 ── 皇帝
縣 B ／

由此可以發現,秦簡所見縣的上級機構既可以是郡官署(如太守府、郡尉府),也可以是

---

① "將計",《校釋》認爲似指帶領上計。可從。參見陳偉主編《里耶秦簡牘校釋(第一卷)》,武漢大學出版社,2012,100 頁。
② 里耶秦簡有縣上計郡守府與縣上計郡尉府的情況,若郡尉府不能帶領上計,即由郡守府代爲上計。此外,秦簡中亦有都官治獄的規定,若與縣同級的都官不能帶領上計,或也可由郡守府代爲上計,諸如此類情況應即本簡之規定。
③ 簡 1918 分別於《嶽麓秦簡(肆)》308 和《嶽麓秦簡(陸)》069 中出現。陳偉先生對該簡文進行了重新編連與復原,大致可從。文中誤將簡 069/J33+J62-1 歸屬《嶽麓秦簡(肆)》,當出自《嶽麓秦簡(陸)》。參見陳偉《"諸當得購賞貰債者皆亟予之令"復原試説》,簡帛網,2020 年 5 月 4 日;陳松長主編:《嶽麓書院藏秦簡(肆)》,197 頁;陳松長主編:《嶽麓書院藏秦簡(陸)》,上海辭書出版社,2020,70 頁。

執法,完全符合筆者前文指出執法應當包含郡官的看法。游逸飛先生業已指出,在里耶秦簡所見秦上計制度中,秦郡屬縣須向郡守、郡尉甚至中央的内史上計,其上級長官不祇一人。[①]如里耶秦簡 8-98+8-1168+8-546 記載:"廷吏曹當上尉府計者,行齎,勿亡。"[②] 8-1845 載:"卅二年遷陵内史計。"[③]因此,即便到秦統一後的秦始皇三十二年,秦縣上計的上級機構還存在守府、尉府及内史等多種二千石官,所見上計程序爲:

```
            中央(中央官署)
           ／              ＼
      縣                      丞相御史 —— 皇帝
           ＼              ／
              郡(郡官署)
```

相較於前文所列上計程序,這裏的中央官署和郡官署恰好與他處簡文所載縣與丞相御史間的執法形成對應關係,可見中央及郡的二千石官即是執法。漢初《二年律令》簡 214 規定:"縣道官之計,各關屬所二千石官。"[④]也就是説,漢初縣道官上計時,應上給所屬的二千石官。對照秦簡之規定,這種規定大抵襲秦而來。質言之,秦代縣行政事務上屬所執法時,縣級以上的郡官署或中央二千石官在秦律令中統稱爲執法。

二 郡守府、廷尉:秦簡所見執法的具體指代

嶽麓秦簡中的執法除與縣官共同出現外,亦常與御史、丞相并列出現。《嶽麓秦簡(伍)》記載:

> 5. ·令曰:御史、丞相、執灋以下有發徵及爲它事,皆封其書,毋以檄。不從令,貲一甲。·辛令乙八(《嶽麓秦簡(伍)》:102/1877)[⑤]
>
> 6. 令曰:都官治獄者,各治其官人之獄……其御史、丞相、執灋所下都官,都官所治它官獄者治之。·廷卒甲二(《嶽麓秦簡(伍)》:155/1894-156/1683-157/1613-158/1618)[⑥]

材料 5、6 中"御史、丞相、執灋"并列出現,有學者認爲除郡設置執法外,執法在中央政府中是

---

① 游逸飛:《三府分立——從新出秦簡論秦代郡制》,簡帛網,2016 年 10 月 13 日。
② 何有祖先生綴合此三簡,游逸飛先生據圖版將"吏"前一缺字補爲"廷",可從。參見何有祖《里耶秦簡牘綴合(四則)》,簡帛網,2013 年 10 月 4 日;游逸飛:《三府分立——從新出秦簡論秦代郡制》,簡帛網,2016 年 10 月 13 日。
③ 陳偉主編:《里耶秦簡牘校釋(第一卷)》,399 頁。
④ 張家山二四七號漢墓竹簡整理小組:《張家山漢墓竹簡[二四七號墓]》(釋文修訂本),北京:文物出版社,2006,37 頁。
⑤ 陳松長主編:《嶽麓書院藏秦簡(伍)》,101 頁。
⑥ 陳松長主編:《嶽麓書院藏秦簡(伍)》,119-120 頁。

與御史、丞相并列的官署。中央執法官署內設若干"曹"。① 事實上,秦簡中的丞相、御史、執法常并列出現,可見丞相、御史不爲執法,明矣。而且,目前所見秦執法未有具體的任職者,御史、丞相、執法三者共同議政時,執法也無具體署名,可見其并非單一官署名。《嶽麓秦簡(陸)》記載:

7.・臣訢與丞相啓、執灋議曰:縣官兵多與黔首兵相 類 者,有或賜于縣官而傳(轉)賣之,買者不智(知)其賜及不能智(知)其縣官兵殹(也)而挾之,即 與 盜 同 灋 。(《嶽麓秦簡(陸)》:007/1464-008/1454-009/1307+C5-3-2+C9-9-1+C9-3-1)②

"御史訢、丞相啓與執灋"三者共同議政,③説明材料7中的執法可以代稱某類官署,但不能説執法就是某官署,否則簡文應署執法名記作"臣訢與丞相啓、執灋某議"。而且,"御史訢、丞相啓和執灋"所議,是禁止官府售賣及黔首私買天子賜與縣官的兵器,此處執法應涉及縣官兵器的管理,非是法官所能觸及的範圍。若大膽推測,此執法或是秦中央負責兵器鑄造管理的少府工室、武庫,又或者是秦郡所設武庫等帶有兵器管理職權的部門。④ 因此,此處的執法應是負責具體行政的機構。如此,目前所見秦簡中有哪些官署直接稱爲執法呢?來看相關簡文:

8.・令曰:御史節發縣官吏及丞相、御史、執灋發卒史以下到縣官佐、史,皆毋敢名發。其發治獄者,⑤官必遣嘗治獄二歲以上。不從令,皆貲二甲,其丞,長史正、監,守丞

---

① 彭浩:《談〈嶽麓書院藏秦簡(肆)〉的執法》,王捷主編《出土文獻與法律史研究》第6輯,92頁。
② 陳松長主編:《嶽麓書院藏秦簡(陸)》,49頁。
③ 孫聞博先生於注釋中言:湖南省文物考古研究所《里耶秦簡(壹)》前言提到"在簡文中保存有二十五年三月時秦中央公卿的情況,當時的丞相是啓和王綰"(北京:文物出版社,2012,5頁)。近承張春龍告知,所涉及的簡文內容實爲"臣綰與丞相執灋""……大嗇夫及尉臣綰與丞相啓廷尉守葉議之……如丞相綰等議可廿五年三月己酉御史大夫綰……"。據孫聞博先生所引簡文,"臣綰與丞相執灋"一句與上引材料7在格式上相類,"臣綰"在秦王政二十五年曾任御史大夫,"臣訢"亦傳世文獻未見的御史大夫"訢"。孟峰先生曾據孫聞博先生所引簡文認爲執法既爲職名又爲官署名,廷尉可稱執法,而廷尉外派於郡的廷史亦可稱執法。執法即廷尉、外派廷史之別稱。筆者認爲并不準確,詳見文中對於材料9的考察。孫聞博:《爵、官轉移與文武分職:秦國相、將的出現》,簡帛網,2015年12月4日;孟峰:《秦簡牘"從人"考論》,《史學月刊》2021年第4期。
④ 秦始皇五年呂不韋戈釋文:"五年,相邦呂不韋造,少府工室鄭,丞冉,工九,武庫(A)。少府(B)。"可見秦代少府與武庫有製作與管理兵器的職權。并且,目前出土材料可證秦在中央及郡皆設武庫。戈釋文轉引自張頷《檢選古文物秦漢二器考釋》,《山西大學學報》1979年第1期。關於秦代武庫的研究,可參看徐龍國《秦代武庫初探》,《考古與文物》2009年第3期。
⑤ 原無逗號,筆者加。

有(又)奪各一攻(功),①史與爲者爲新地吏二歲。御史名發縣官吏□書律者,不用此令。·卒令丙九(《嶽麓秦簡(伍)》:128/1689-129/1914-130/1887)②

9. ·令曰:叚(假)廷史、廷史、卒史覆獄乘傳(使)馬╚,及乘馬有物故不備,若益驂駟者╚。議:令得與書史、僕、走乘,毋得驂乘╚。它執灋官得乘傳(使)馬覆獄,行縣官及它縣官事者比。·內史旁金布令第乙九(《嶽麓秦簡(伍)》:261/1924-262/1920)③

材料8的內容可分爲兩個部分:其一,御史、丞相、執法如"名發"縣官吏,④御史、丞相、執法的長官及屬吏都要貲二甲,負責具體執行的屬吏(丞,長史正、監,守丞)還要各奪一功。其二,御史、丞相、執法徵發治獄吏,"官"不遣有二歲以上治獄經驗的治獄吏,官長及屬吏都要貲二甲,屬吏(史與爲者)還需爲新地吏二歲。據此可見,令文前者是針對徵發者的處罰,後者是針對遣官者的處罰。從御史、丞相、執法被論罪的屬吏來看,"丞"及"長史正、監"應是御史、丞相的屬吏,即御史丞和丞相長史正、監。⑤那麽"守丞"應該就是執法的屬官。而且,這裏的"守丞"應特指郡守府丞而非代理丞。《嶽麓秦簡(柒)》有記載與之相類的處罰方式,簡215/1634記載:"貲守丞、卒史主者各二甲,奪各一攻(功)╚,泰守貲二甲。"⑥換句話說,官長(太守)和屬吏(守丞、卒史主者)需要貲各二甲,屬吏(守丞、卒史主者)各奪一功。二者相較,兩處簡文所規定的"守丞"都是指代郡守丞,因此,本簡中負責徵發官吏的執法應即郡守府。再看材料9,令文前段是對"叚(假)廷史、廷史、卒史"治獄時"乘傳(使)馬"的規定。"廷史"多見於傳世文獻,《史記·酷吏列傳》記載王溫舒"以治獄至廷史"。⑦《漢書·酷吏傳》記王溫舒"以治獄至廷尉史"。⑧可見廷史即廷尉史之省。《嶽麓秦簡(壹)》《質日》簡8記載"壬寅廷史行北",簡58有"癸巳廷史行行南"。⑨游逸飛先生認爲此反映出廷尉史正在

---

① 此處略改標點,將"正監"屬上讀。整理者原文爲"其丞、長史、正、監、守丞有(又)奪各一攻(功)",下注曰:"丞、長史指御史丞相官署的高級屬吏。"并未説明正監的情況。陳松長主編:《嶽麓書院藏秦簡(伍)》,155頁。
② 陳松長主編:《嶽麓書院藏秦簡(伍)》,110-111頁。
③ 陳松長主編:《嶽麓書院藏秦簡(伍)》,184頁。
④ "名發",陶磊先生謂點名徵發。陶磊:《讀〈嶽麓書院藏秦簡〉(五)劄記》,簡帛網,2018年7月1日。
⑤ 傳世文獻中僅廷尉置正、監。如《史書·平準書》記載:"乃分遣御史廷尉正監分曹往,即治郡國緡錢。"丞相長史正、監不見於傳世文獻,然《二年律令》簡441有"御史,丞相,相國長史,秩各千石",簡444有"·丞相長史正、監,衛將軍長史,秩各八百石",閻步克先生認爲呂后時存在千石和八百石兩種秩級的長史,《秩律》中的"丞相長史正監"或省略了"廷尉"二字,正、監是廷尉的屬吏。本簡前文主體未直接提及廷尉,此簡之正、監應暫理解爲"丞相長史正、監"爲宜。附帶提及,本簡之規定是否涉及廷尉與本文結論并不衝突。《史記》卷三〇《平準書》,1435頁;張家山二四七號漢墓竹簡整理小組:《張家山漢墓竹簡[二四七號墓]》(釋文修訂本),69-70頁;閻步克:《從爵本位到官本位:秦漢官僚品位結構研究》,北京:生活·讀書·新知三聯書店,2009,424頁。
⑥ 陳松長主編:《嶽麓書院藏秦簡(柒)》,上海辭書出版社,2022,154頁。
⑦ 《史記》卷一二二《酷吏列傳》,3147頁。
⑧ 《漢書》卷九〇《酷吏傳》,北京:中華書局,1962,3655頁。
⑨ 整理者原文作:廷史行=南。"行"字下爲重文號。朱漢民、陳松長主編:《嶽麓書院藏秦簡(壹)》,上海辭書出版社,2011,69、87頁。

巡視南郡全境。① 亦大致不誤。如此,上引材料9"廷史"後中的"卒史"應特指廷尉卒史。楊天宇先生曾指出漢代廷尉有卒史。② 如《漢書·兒寬傳》記載兒寬以功次"補廷尉文學卒史"。③ 因此,令文前段規定的是廷尉府的屬吏到地方行事時的乘馬規定。後文規定"它執灋官""得乘傳(使)馬覆獄,行縣官及它縣官事者比",就是說其他的執法官若"乘使馬"治獄,巡行官署或去其他官署,可與前文廷尉屬官(廷史、卒史)乘馬的規定比照執行。由此可見,"假廷史、廷史、卒史"所屬的廷尉府在簡文中也屬於執法官,否則後文何以規定"它執灋官"比照廷尉府而爲。總而言之,丞相、御史、執法并列出現時,執法并非與丞相、御史并列的單一中央官署,也不是專門的法官,其指的是有具體行政職權的機構,爲統稱。目前所見秦律顯示,秦郡守府、廷尉府可稱爲執法。

三 執法丞、卒史:秦二千石官佐屬的統稱

據前文之考察,已然能説明秦執法爲統稱,然目前學界以爲執法是獨立官署的另一重要原因,即認爲執法設有相關屬吏。先看相關材料:

10.黔首爲故不從令者,貲丞、令史、執灋、執灋丞、卒史各二甲。(《嶽麓秦簡(肆)》:287/0019)④

11.(諸治從人者……)所求在其縣道官畍中而脱,不得,後發覺,鄉官嗇夫、吏及丞、令、令史主者,皆以論獄失皋人律論之╚。執灋、執灋丞、卒史主者,皋減爲一等。(《嶽麓秦簡(伍)》:023/0965-024/0961)⑤

對於材料10、11中的"執灋、執灋丞、卒史",土口史記先生認爲:"執法是由執法、執法丞、卒史、'官'構成的機構,這與秦代的地方行政機關,即郡縣的職員構成基本相同。"故土口先生進一步推斷:"從卒史是執法下屬這點判斷,執法應是郡太守級的二千石官。"⑥"卒史",學界此前多以爲其僅是郡的屬吏,陳夢家先生據漢簡指出屬國亦有卒史。⑦ 楊天宇先生則據傳世文獻指出漢代大行、廷尉有卒史。⑧ 李迎春先生綜前人之説,認爲卒史應是秦漢時期二千石

---

① 游逸飛:《三府分立——從新出秦簡論秦代郡制》,簡帛網,2016年10月13日。
② 楊天宇:《談漢代的卒史》,《新鄉師範高等專科學校學報》2003年第1期。
③ 《漢書》卷五八《兒寬傳》,2628頁。
④ 陳松長主編:《嶽麓書院藏秦簡(肆)》,190頁。
⑤ 陳松長主編:《嶽麓書院藏秦簡(伍)》,45-46頁。
⑥ [日]土口史記著,何東譯:《嶽麓秦簡"執法"考》,周東平、朱騰主編《法律史譯評》第6卷,59頁。
⑦ 陳夢家:《漢簡所見太守、都尉二府屬吏》,收入其著《漢簡綴述》,北京:中華書局,1980,111頁。
⑧ 楊天宇:《談漢代的卒史》,《新鄉師範高等專科學校學報》2003年第1期。

官吏的高級屬吏,主要設於郡太守、都尉、屬國都尉、中央列卿等官府之中。① 所論當是。并且,《嶽麓秦簡(柒)》054/0463 記載"丞相今遣丞相史若卒史一人往",②可見秦代作爲三公之一的丞相或也下設卒史。③ 故土口先生僅以執法有"卒史"這類屬吏而認爲其屬於郡級官署,并不準確。再來看材料 11,簡文規定官府追捕的從人如果在"其縣道官畍中"(即管轄範圍内)逃脱且未能抓捕,縣、鄉官吏要以"論獄失罪人律"處罰,"執灋、執灋丞、卒史主者"需因罪連坐罪減一等。換句話説,從人若在縣的管轄範圍内脱逃且未能抓捕,縣級官吏及其所屬上級機構之官長、官長丞以及卒史都要受到連坐。以縣爲例,此處的執法、執法丞以及卒史或即郡太守、守丞及郡卒史。④ 還需指出的是,雖然郡中的守府及尉府皆下設有丞,但中央九卿類二千石官并非皆有屬丞。《漢書·百官公卿表》記載:"自太常至執金吾,秩皆中二千石,丞皆千石。"⑤但《漢表》所記九卿類職官除廷尉外,皆下設丞。對廷尉之屬官,《漢表》記作:"廷尉……有正、左右監,秩皆千石。"⑥相同規定在荀悦《漢紀·孝惠皇帝紀》中記爲:"凡九卿,秩皆中二千石,丞皆千石。廷尉無丞,有正監,秩比千石。"⑦無論廷尉正、監秩等爲何,漢代没有廷尉丞當無疑問。⑧ 據傳世文獻,廷尉丞首見於《魏書·薛辯傳》:"長子慶之……領侍御史,遷廷尉丞。"⑨但即便如此,我們無論從正、監的職權還是秩等來看,廷尉正、監其實就相當於廷尉之"丞"。《漢書·景十三王傳》記載:"天子遣大鴻臚、丞相長史、御史丞、廷尉正雜治鉅鹿詔獄,奏請逮捕去及后昭信。"⑩又《漢書·循吏傳》記載"聞霸持法平,召以爲廷尉正,數決疑獄,庭中稱平。守丞相長史……"。⑪ 據文可見,秦漢時期廷尉正、監就是廷尉的最高屬吏,其地位與其他九卿屬丞大致相當。而且,上引《漢表》所記"丞皆千石"若非要容納廷尉正、監,從"丞"的引申義來看也是可以的。《説文》云"丞,翊也",段玉裁注"翊當作

---

① 李迎春:《論卒史一職的性質、來源與級别》,西北師範大學歷史文化學院等編《簡牘學研究》第 6 輯,蘭州:甘肅人民出版社,2015,138 頁。
② 陳松長主編:《嶽麓書院藏秦簡(柒)》,79 頁。
③ 李迎春先生指出:"從目前史料來看,郡(包括郡守、郡尉、郡監)有卒史,大行、廷尉、太僕、執金吾等九卿府有卒史,三輔有卒史,然更高級的丞相、御史府和較低級的長官爲'令長'的縣級行政單位正常情況下皆無卒史之設。"今據此簡來看,秦丞相或也下設卒史,可補其説。
④ 里耶秦簡 8-247 載:"【尉】府爵曹卒史文、守府戍卒十五(伍)狗以盛都結。"可見郡尉府也設卒史,郡尉府是否也參與從人抓捕與管理,尚待考察。陳偉主編:《里耶秦簡牘校釋(第一卷)》,122 頁。
⑤ 《漢表》所列職官包含奉常(太常)、郎中令、衛尉、太僕、廷尉、典客、宗正、治粟内史、少府、中尉。參見《漢書》卷一九上《百官公卿表上》,726-733 頁。
⑥ 《漢書》卷一九上《百官公卿表上》,730 頁。
⑦ [漢]荀悦撰,張烈點校:《漢紀》卷五《孝惠皇帝紀》,北京:中華書局,2017,71 頁。
⑧ 關於廷尉正、監秩千石還是比千石的問題,閻步克先生對漢代比秩問題考察時指出,對同一職官的秩級,有時記比秩,有時記爲正秩,是很常見的……在漢人看來,比秩是從屬於正秩的,省略"比"字并無大礙。因此,廷尉正、監是正秩還是比秩,應仔細區分其所處年代。參見閻步克《從爵本位到官本位:秦漢官僚品位結構研究》,427-428 頁。
⑨ 《魏書》卷四二《薛辯傳》,北京:中華書局,1974,944 頁。
⑩ 《漢書》卷五三《景十三王傳》,2432 頁。
⑪ 《漢書》卷八九《循吏傳》,3629 頁。

翼。俗書以翊爲翼。翼猶輔也"。①《戰國策·齊策》載:"堯有九佐,舜有七友,禹有五丞,湯有三輔。"②"丞"即輔、佐也。秦漢職官名之"丞"的本義爲輔、佐,"丞"的職責即輔佐官長處置事務。按照這種説法,《漢表》所記"廷尉……正、左右監,秩皆千石"③與"自太常至執金吾,秩皆中二千石,丞皆千石"的記載也并不矛盾。行文至此可知,執法下設卒史,并不能説明其僅是郡級二千石官,卒史當是秦漢時期中央九卿類職官及地方郡守、尉府的高級屬吏。以先秦秦漢文獻中的"丞"爲佐官的意思來看,《漢表》所記廷尉的最高屬吏正、監亦可屬於"丞"的範疇。因此,秦簡中的執法丞不妨解釋爲執法官長之佐官。要言之,秦簡所見執法丞與卒史并非單一官署所設置的屬吏,其應是中央及郡二千石官佐屬的統稱。

四 執法、二千石官:秦漢時期執法的流變與消匿

後世所言漢承秦制在秦漢律令中體現得尤爲明顯,可令人不解的是,數見於嶽麓秦簡中的執法,在《睡虎地秦墓竹簡》、漢初《二年律令》等律文中皆無記載。就已有材料來説,秦代律令中的執法如何起源已難考查,但若對秦漢簡牘材料仔細甄別,應可察覺漢初《二年律令》"屬所二千石官"的記載與之相關。④ 兹舉相關簡文如下:

  12.气(乞)鞫者各辭在所縣道,縣道官令、長、丞謹聽,書其气(乞)鞫,上獄屬所二千石官,二千石官令都吏覆之。都吏所覆治,廷及郡各移旁近郡,御史、丞相所覆治移廷。(《二年律令》:簡116-117)

  13.□□□□發及鬥殺人而不得,官嗇夫、士吏、吏部主者,罰金各二兩,尉、尉史各一兩;而斬、捕、得、不得、所殺傷及臧(贓)物數屬所二千石官,二千石官上丞相、御史。(《二年律令》:簡147-148)

  14.郡守二千石官、縣道官言邊變事急者,及吏遷徙、新爲官、屬尉、佐以上毋乘馬者,皆得爲駕傳。縣道官之計,各關屬所二千石官。其受恒秩氣稟,及求財用年輸,郡關其守,中關内史。(《二年律令》:簡213-215)

  15.縣道官有請而當爲律令者,各請屬所二千石官,二千石官上相國、御史,相國、御史案致,當請,請之,毋得徑請。徑請者,罰金四兩。(《二年律令》:219-220)⑤

---

① [漢]許慎撰,[清]段玉裁注:《説文解字注》卷五,上海古籍出版社,1998,104頁。
② 何建章:《戰國策注釋》卷一一《齊策四》,北京:中華書局,1990,396頁。
③ 《漢書》卷一九上《百官公卿表上》,730頁。
④ 漢簡亦見"屬所二千石"的用法。如《居延新簡》EPT10·2A載:"囚律:告劾毋輕重皆關屬所二千石官。"《居延漢簡釋文合校》126.31:"□□獄屬所二千石□。"甘肅省文物考古研究所等編:《居延新簡——甲渠候官》,北京:中華書局,1994,23頁;謝桂華、李均明、朱國炤:《居延漢簡釋文合校》,北京:文物出版社,1987,207頁。
⑤ 張家山二四七號漢墓竹簡整理小組:《張家山漢墓竹簡[二四七號墓]》(釋文修訂本),24-25、29、37、38頁。

一般而言，漢代的二千石官吏包括中央的列卿和地方上的郡太守、郡尉（都尉）等職官，上述簡文所見縣道屬所二千石官一般爲郡守府或尉府等二千石官。但是，與縣同級的都官與上述規定略有區別。于振波先生認爲都官的上級長官可能是中央某機關的大臣，如廷尉、太僕、治粟内史、少府等等，也可能是郡太守，簡文中有時統稱"屬所二千石官"。① 實際上，秦簡中的執法除了是縣的上級機構外，也是都官的上級。《嶽麓秦簡（伍）》記載：

16.令曰：都官治獄者，各治其官人之獄，毋治黔首獄……其御史、丞相、執灋所下都官，都官所治它官獄者治之。　•廷卒甲二（《嶽麓秦簡（伍）》：155/1894－156/1683－157/1613－158/1618）②

簡文顯示，都官僅治理都官内部的獄事，若相關案件涉及黔首時，則需移交給縣處置。若是御史、丞相、執法下達給都官的獄事，都官可讓治理它官署獄事的官吏來治獄，可見都官的上級也可以是執法。藉此可以發現，秦簡所見縣與都官的上級爲執法，漢簡所見縣與都官的上級爲二千石官，有理由相信秦代律令中的執法即是漢初律令中的二千石官，二者名異實同。

爲進一步明確秦漢律令中執法與二千石官的關係，我們以秦漢官府治獄及上鞫的相關規定作爲突破口來考察。首先，秦簡涉及治獄的規定中，執法與縣官皆有治獄權。如《嶽麓秦簡（陸）》載：

17.□曰：治書，書已具，留弗行，盈五日到十日，貲一甲；過十日到廿日，貲二甲；後盈【十】日，輒駕（加）一甲。有☒數書同日偕留，皆犯令殹（也），其當論者，皆不當相遝，其駕（加）者，亦不當相遝及皆不當與它論相遝。及論獄失者，其同獄一鞫，有數人者，皆當人坐之，執灋縣官所已前論，不癋（應）律者，皆當更論。請亟令更論、論失者。•曰：可。　•廷戊十二（《嶽麓秦簡（陸）》：256/1893－257/1895－258/1676－259/1682）③

簡文顯示，官府應按照文書滯留的日期來處罰涉事官吏，對於官吏"數書同留"的論處，論罪

---

① 于振波：《漢代的都官與離官》，李學勤、謝桂華主編《簡帛研究二〇〇二、二〇〇三》，桂林：廣西師範大學出版社，2005，225－226 頁；收入其著《簡牘與秦漢社會》，長沙：湖南大學出版社，2012，251－252 頁。
② 陳松長主編：《嶽麓書院藏秦簡（伍）》，119－120 頁。
③ 陳松長主編：《嶽麓書院藏秦簡（陸）》，181－182 頁。

時不得"相遝"。① 從犯罪官吏的論處來看,"執灋、縣官所"此前所論處的獄事若不符合律令,都應該重新論罪。這説明涉及獄事的治理時,執法是縣官的上級機構。而此處的縣官,我們認爲也應理解爲縣一級機構。《嶽麓秦簡(叁)》"暨過誤失坐官案"中對"暨坐八劾"罪行是否應"相遝"的判決中説到:"・鞫之:暨坐八劾:小犯令二,大誤一,坐官、小誤五。巳(已)論一甲,餘未論,皆相遝,審。疑暨不當贏(累)論。它縣論。敢讞(讞)之(105/0039-106/0088)。"②"它縣論"即説明對於"暨"數罪是否"相遝"的論處機構爲縣,而對於"敢讞之"的對象,結合材料 17 來看,應該就是縣的上級執法。另外,秦簡中與鞫審、讞獄有關的規定,也多見執法爲執行部門。如:

18. 輕罪殹(也)而重斷之,復以律論之,令復□□校鞫審,獻(讞)屬所執灋。・十三(《嶽麓秦簡(陸)》:202/1380-203/0125)③

19. ・郡歲以計時□□獄計,獨寫其獄不當律令獻(讞)者計籍,即臧(藏),以案來年計,其別論它縣官者盡校之。廷尉守邦上議曰:制書節(即)令御史、丞相,有問當殹(也),而非求復治者及□者,獨令廷當其不當律令者。其當復治者,御史、丞相各下之其屬所執灋,執灋以律令當上。其有不當律令者,御史、丞相乃令廷當之。(《嶽麓秦簡(柒)》:181/1101-182/2064-1-183/1642-184/1077-185/0867)④

材料 18 簡文雖有殘缺,但大致可看出對於重新論罪的獄事,可由屬所執法"校鞫審獻(讞)"。材料 19 對此規定得更爲細緻。秦郡需在每年上計時審核縣的獄事,并將其中不符合律令且需要上讞的案件及計簿上交給御史、丞相論決。御史、丞相不能決論的,則應令廷尉審查論處。如果是應當復治的獄事,御史、丞相應下給執法,令執法處置。從簡文前後的對應關係來看,屬所執法指代的應是郡中負責獄事審查的行政機構,而其所充當的角色其實就是前引《二年律令》中所見的二千石官。此外,秦簡規定由執法對縣需復論的獄事進行"校鞫審讞",同張家山漢簡(見材料 11)規定由屬所二千石官負責縣之鞫獄一般。西漢前期,縣是地方治獄的重心,由郡及中央二千石官負責上讞獄事的鞫審。《漢書・刑法志》記載高皇帝七年詔説,制詔御史:"獄之疑者,吏或不敢決,有罪者久而不論,無罪者久繫不決。自今以來,縣道官獄疑者,各讞所屬二千石官,二千石官以其罪名當報之。所不能決者,皆移廷

---

① 關於"相遝"的考察。參見吳雪飛《説〈里耶秦簡(貳)〉中的"相遝"》,簡帛網,2018 年 5 月 17 日;蘇俊林:《嶽麓秦簡〈暨過誤失坐官案〉的議罪與量刑》,《史學月刊》2019 年第 8 期。
② 朱漢民、陳松長主編:《嶽麓書院藏秦簡(叁)》,上海辭書出版社,2013,148-149 頁。
③ 陳松長主編:《嶽麓書院藏秦簡(陸)》,152 頁。
④ 陳松長主編:《嶽麓書院藏秦簡(柒)》,142-144 頁。

尉,廷尉亦當報之。廷尉所不能決,謹具爲奏,傅所當比律令以聞。"①可見漢初縣道的"所屬二千石官"以及"廷尉"是縣道上級負責鞫獄的機構。筆者認爲,從秦及漢初獄事的治理與鞫審來看,秦簡中的執法也就是漢簡中的二千石官,執法與二千石官僅是不同時期律令中的不同稱謂而已。傳世文獻所記漢代雖有執法之稱,可已與秦簡所見執法含義不同。《漢書·高帝紀》所載高帝求賢詔説:"御史大夫昌下相國,相國酇侯下諸侯王,御史中執法下郡守。"②《漢書·叔孫通傳》記載:"御史執法舉不如儀者輒引去。"③兩處記載中的"御史中執法"或"御史執法"實際上是御史系統的執法,已非二千石官的統稱。此外,秦及漢初的執法與二千石官在屬吏用詞上亦存在一致。《二年律令》簡396-397載:"二千石官令毋害都吏復案,問(聞)二千石官,二千石官丞謹録〈掾〉,④當論,乃告縣道官以從事。徹侯邑上在所郡守。"⑤相較於秦簡所見執法丞,張家山漢簡中亦有"二千石官丞"的用法,據前文之考察,"二千石官丞"也應理解爲二千石官的佐官。附帶提及的是,秦簡執法消匿的具體原因雖不明晰,然若大膽推測,或是由於漢初對秦律的重新編纂所造成,以下試舉旁證。秦簡中涉及執法的部分律令存在編號:

20.▎内史郡二千石官共令　第戊(《嶽麓秦簡(肆)》:312/0465)⑥
21.廷内史郡二千石官共令　·第己　·今辛(《嶽麓秦簡(肆)》:353/0081+0932)⑦

以上所引簡文編號前記作"某某二千石官共令",然材料20和材料21令文主體中并未提及二千石官,反而多言執法在行政事務中應當如何。其實,以筆者前文對執法與二千石官的考察來看,嶽麓秦簡中的"共令"均應斷讀爲"某某二千石官",如上引簡353/0081+0932當拆分爲"廷二千石官""内史二千石官""郡二千石官"。⑧ 而簡文編號前規定的二千石官,應即令文主體内容中提及的執法。換句話説,秦代律令主體中不明言二千石官一詞,多習慣稱之爲執法,而漢初《二年律令》中不再出現類似於"二千石官共令"的記載,也不見執法一詞。究其原因,或是漢初編纂秦代律令時,將秦律中的執法一詞徑直删去,統一删訂爲二千石官。最後,秦簡常見的"縣官上屬所執法"的記載,在漢代文獻中也未再出現。《史記·儒林列

---

① 《漢書》卷二三《刑法志》,1106頁。
② 《漢書》卷一下《高帝紀下》,71頁。
③ 《漢書》卷四三《叔孫通傳》,2128頁。
④ "録",彭浩等釋爲"掾",可從。彭浩、陳偉、[日]工藤元男主編:《二年律令與奏讞書:張家山二四七號漢墓出土法律文獻釋讀》,上海古籍出版社,2007,242頁。
⑤ 張家山二四七號漢墓竹簡整理小組:《張家山漢墓竹簡[二四七號墓]》(釋文修訂本),62頁。
⑥ 陳松長主編:《嶽麓書院藏秦簡(肆)》,198頁。
⑦ 陳松長主編:《嶽麓書院藏秦簡(肆)》,212頁。
⑧ "郡二千石官"稱謂又見於《二年律令》簡213"郡守二千石官、縣道官言邊變事急者,及吏遷徙、新爲官"。郡二千石官應包含郡守二千石官。張家山二四七號漢墓竹簡整理小組:《張家山漢墓竹簡[二四七號墓]》(釋文修訂本),37頁。

傳》記載:"郡國縣道邑有好文學,敬長上……令相長丞上屬所二千石。"[1]《漢書·儒林傳》亦載:"郡國縣官有好文學,敬長上……令相長丞上屬所二千石。"[2]《史》《漢》對於同一事件的兩處記載,不論是由郡國"縣道邑"上屬所二千石,或是郡國"縣官"上屬所二千石,都説明執法一詞在漢代已不再用於指代二千石官。

結語

據前文考察可知,數見於嶽麓秦簡中的執法并非特定的官名或官署名,秦律令中的執法是縣級以上負責具體行政的二千石官署的統稱。秦代上計程序中,執法是縣官與天子的連結,執法是縣級以上郡或中央二千石官的統稱。秦簡中丞相、御史、執法并列出現時,執法并非是與丞相、御史并列的中央官署,也不是專門的法官,其指的是有具體行政職權的二千石機構。已有秦簡所見廷尉府和郡守府,可稱之爲執法。從秦簡所見執法屬吏來看,執法丞應理解爲執法官長之佐官,漢律亦有"二千石官丞"的用法,二者性質類似。卒史則是秦漢時期二千石官吏的高級屬吏,執法丞與卒史皆非單一官署的佐官及屬吏,均應將其看做一類佐屬的統稱。以秦漢律令所見縣與都官的上級治獄與鞫審機構來看,秦簡所見縣與都官的上級稱執法,漢簡所見縣與都官的上級稱二千石官,故執法與二千石官僅是不同時期律令中的不同稱謂而已。

此外,從秦簡中涉及執法的部分律令編號來看,或可推測漢初出於律令編纂的需要,將秦律中的執法一詞逕直删去,統一删訂爲二千石官,秦執法隨即消匿於史迹之中。通過對嶽麓秦簡執法的考察,尚可窺見秦漢之際律令制度變革之一隅。

附記 本文寫作過程中得到于振波、鄒水杰老師的悉心指導與幫助,匿名審稿專家也給出了很好的建議,業已一并吸收,謹致謝忱! 惟文責自負。

---

[1] 《史記》卷一二一《儒林列傳》,3119頁。
[2] 《漢書》卷八八《儒林傳》,3594頁。

秦代園圃業的官營與管理*
——以出土資料爲考察中心

□ 嘉應學院政法學院　吴方基

内容提要　過去限於史料,對秦代園圃業官營的研究較爲薄弱。現依托出土資料,可較具體考察秦代園圃業的官營表現及其管理體制與機制問題。秦代園圃業官營主要表現爲經營機構與作物品種較多,單一作物種植園進一步發展。在管理上,秦代官營園圃業主要實行多層級管理體制,專職管理與上級主管相結合,相關官吏兼管與上級監管相補充。考核與獎懲機制的貫徹,"定程""取殿"兩種考核方式的互補,以及獎懲對象的全覆蓋,有利於官營園圃業管理。官府經營是秦代農業經營的重要特徵,這一發現有助於再認識秦代農業經營情況。

關鍵詞　秦代　園圃業　官營

　　秦代以農爲本,園圃業作爲農業的重要生産部門之一,對其考察頗爲重要。何謂"園圃"?《説文》分别解釋"園,所以樹果也","種菜曰圃"。此體現"園"與"圃"有一定的區别,不過"園圃"連用,則泛指種植作物之地。[①] 如《墨子·非攻上》:"今有一人,入人園圃,竊其桃李"[②]《周禮·天官·大宰》:"以九職任萬民:一曰三農生九穀;二曰園圃毓草木"[③]確切地說,園圃就是種植果樹和蔬菜的園地,四周圍有籬笆加以保護。[④] 園圃業即指以蔬菜、果物及

---

* 本文爲教育部人文社會科學研究規劃基金項目"大一統視野下秦朝'新地'治理研究"(21YJA770012)之階段性成果。
① 參見朱城《"園圃"非偏義復詞説》,《古漢語研究》2001年第1期。
② 吴毓江撰,孫啓治點校:《墨子校注》,北京:中華書局,1993,195頁。
③ [漢]鄭玄注,[唐]賈公彦疏:《周禮注疏》,[清]阮元校刻《十三經注疏》,北京:中華書局,1980,647頁。
④ 參見陳文華《中國農業通史·夏商西周春秋卷》,北京:中國農業出版社,2007,124頁。

其他一些經濟作物爲栽培對象的種植業。①

過去針對秦代官營園圃業的研究成果極少。余華青先生較早綜合考察秦漢園圃業的主要表現、生產技術、發展原因及其影響，指出園圃業在整個社會經濟中的重要地位。② 不過由於當時限於史料，所論側重於漢代，主要考察私營園圃業，對秦代官營園圃業的探討較少。一些相關研究或是限定區域，具體考察秦漢三國時期嶺南地區的園藝業生產技術、園藝業發展的原因；③或是以漆園、橘園爲個例，探討秦漆園經營與漆園經濟發展的原因，④以及圍繞少府、太官令、御羞、中羞、橘官等職官，細緻考論秦漢貢橘的發出、接收、運輸等制度。⑤ 因是地區性或個例研究，缺乏綜合把握秦代官營園圃業的整體情況。近年不斷新出秦代史料，以出土資料爲中心考察秦代官營園圃業及其管理，可爲整體認識秦代園圃業提供一定基礎，也爲再認識秦代農業發展提供新的綫索。

一 秦代園圃業的官營表現

依托簡牘、封泥等出土資料進行考察，秦代園圃業的官營表現可形成具體的認識，主要在以下三方面。

（一）園圃業官營機構。秦代上至皇宫、下至鄉官經營園圃業在出土資料中有相關記載。秦皇宫中經營有"御羞陰園"。⑥ "御羞"也單獨見於秦封泥，⑦應爲掌皇帝飲食之官，主要掌管供皇帝使用的果菜類貢品。⑧ "御羞陰園"應是"御羞"掌管之園，可爲皇帝提供果菜類貢品。秦封泥還見"中羞"，"中羞"職司當爲太子、皇后、皇太后膳食之官。⑨ "中羞"機構是否同樣掌管相應的園圃，有待新出資料印證。另外秦時的禁苑園圃（霸園、具園、杏園、中圃等）以及因陵建園的"陵園"（北園、康園、麗山園等）也栽種果蔬。⑩

新出里耶秦簡可見，秦代縣以下至鄉官機構經營園圃業。如里耶秦簡8-454號"課上金

---

① 參見余華青《略論秦漢時期的園圃業》，《歷史研究》1983年第3期；高維剛《秦漢市場研究》，成都：四川大學出版社，2008，50頁。
② 參見余華青《略論秦漢時期的園圃業》。
③ 參見王川《試論秦漢三國時期嶺南地區的園藝業生產技術》，《中山大學學報（社會科學版）》1995年第2期；《試論秦漢三國時期嶺南地區園藝業發展的原因》，《中山大學學報（社會科學版）》2001年第1期。
④ 參見朱學文《秦漆園經濟發展原因之探究》，《西北農林科技大學學報（社會科學版）》2011年第4期；朱學文、朱宏斌《秦生漆產地與漆園經營》，《農業考古》2012年第4期。
⑤ 參見李超《秦漢貢橘制度考》，《農業考古》2016年第6期。
⑥ 楊廣泰：《新出封泥彙編》，杭州：西泠印社，2010，45頁。
⑦ 楊廣泰：《新出封泥彙編》，93-94頁。
⑧ 參見周曉陸、路東之《秦封泥集》，西安：三秦出版社，2000，163頁；李超《秦漢貢橘制度考》。
⑨ 參見周曉陸、路東之《秦封泥集》，164頁。
⑩ 參見王偉《秦璽印封泥職官地理研究》，北京：中國社會科學出版社，2014，333頁。

布副"中關於"園"的課有3項:"枽課""園栗""園課"。① "金布"是縣屬列曹之一,直接隸屬於縣廷。② "課"即考核。沈剛先生認爲"課""是對國有資財增減情況的動態記錄和監督"③。黎明釗、唐俊峰先生進一步補充,"課"還包括黔首及兵卒息耗、鰥寡子女數量變更等情況的記錄,據此進行考評。④ 因此"枽課""園栗""園課"應爲縣官營。具言之,"枽課"是針對漆樹種植及其生産之"課"。"園栗"是"園栗課"的簡稱,⑤即經營栗樹之園的"課"。若將漆園、栗園視爲單一作物種植園,"園課"應是針對普通種植園的"課"。這種普通種植園在里耶秦簡遷陵縣中常見,如9-2289號簡所見"二人作園:平、☐""一人作園:夕"⑥;8-162、8-663、8-2101與9-1731號簡所見"作園""守園""治園"等。

此外,里耶秦簡也有一些明確説明鄉官經營園圃業的情況,如8-455號簡記載:

貳春鄉枝(枳)枸志。
枝(枳)枸三木。☐下廣一畝,格廣半畝,高丈二尺。
去鄉七里。卅四年不實。

貳春鄉是遷陵縣屬三鄉之一。"枝枸"當讀作"枳枸",即枳椇,是一種果樹。⑦ 這3棵枳椇樹應是貳春鄉官經營,如8-1527號簡載:"卅四年八月癸巳朔丙申,貳春鄉守平敢言之:貳春鄉樹枝(枳)枸卅四年不實。敢言之。"關於"守"的含義,主要有主管説、代理説、正式長官與"守官"并存説等。⑧ 據更多新出資料,代理説更有説服力。貳春鄉守即是貳春鄉代理鄉嗇夫。另外,8-1861號簡記載"☐妾一人蓐芋",相似記載還見於9-1781+9-2298號簡:"☐己丑,將田鄉守敬作徒薄(簿)。(中略)☐蓐(耨)芋。"其中"將"是率領的意思。⑨ "將田鄉守敬"即指率領田作的代理鄉嗇夫敬,敬是人名。"芋"俗稱芋頭,可作一種菜品。"蓐(耨)芋"應指作徒在種植芋的田裏鋤草。可見此爲鄉官經營芋的種植業。8-1664號簡又載:"☐、

---

① 陳偉主編:《里耶秦簡牘校釋(第一卷)》,武漢大學出版社,2012。如無特別説明,本文所引該著祇注明簡號,不另出注。
② 參見吴方基《論秦代金布的隸屬及其性質》,《古代文明》2015年第2期。
③ 沈剛:《〈里耶秦簡〉【壹】中的"課"與"計"——兼談戰國秦漢時期考績制度的流變》,《魯東大學學報(哲學社會科學版)》2013年第1期。
④ 參見黎明釗、唐俊峰《里耶秦簡所見秦代縣官、曹組織的職能分野與行政互動——以計、課爲中心》,武漢大學簡帛研究中心主辦《簡帛》第13輯,上海古籍出版社,2016,131-158頁。
⑤ 參見李均明《里耶秦簡"計録"與"課志"解》,武漢大學簡帛研究中心主辦《簡帛》第8輯,上海古籍出版社,2013,156頁。
⑥ 陳偉主編:《里耶秦簡牘校釋(第二卷)》,武漢大學出版社,2018。如無特別説明,本文所引該著祇注明簡號,不另出注。
⑦ 參見陳偉主編《里耶秦簡牘校釋(第一卷)》,153-154頁。
⑧ 參見吴方基《秦簡所見地方行政制度研究的新進展》,鄔文玲主編《簡帛研究二〇一七(春夏卷)》,桂林:廣西師範大學出版社,2017,104頁。
⑨ 睡虎地秦簡《秦律十八種·司空》145號簡曰:"毋令居貲贖責(債)將城旦舂。城旦司寇不足以將,令隸臣妾將。""將"即率領之意(參見睡虎地秦墓竹簡整理小組編《睡虎地秦墓竹簡》,北京:文物出版社,1990,53頁)。

□、芋(第一欄);芹(第二欄);韭、□、芋(第三欄);季、析、梅、喬(第四欄)。""芋、芹、韭、季、析、梅、喬"等屬於蔬菜、果樹。從分欄記録與上文鄉官經營種植芋的情況來看,此簡爲遷陵縣官文書,所記蔬菜、果樹或爲鄉官經營。需要指出,秦代地方上除園圃業官營之外,私營園圃業也多有存在,對此余華青先生已作詳論。①

(二)園圃業官營的品種。李蘭芳先生梳理秦遷陵一帶的蔬菜有巴葵、芹、韭、冬瓜、菌,瓜果有枳枸、栗、梅、橘,竹木類經濟作物有竹、漆、檀木等。② 謝坤先生統計里耶秦簡中共出現 19 種農作物,園圃業種植作物占絶大多數。③ 由於里耶秦簡所見主要是秦代遷陵縣官文書,上述統計園圃業種植作物應該主要來自於遷陵縣官營。

里耶秦簡 9-2089 號簡記載:"【遷】陵地執(勢)美。"秦代遷陵縣城地處今湖南省龍山縣里耶鎮,此地氣候温和,雨水較多,雲霧多,濕度大,年平均氣温 17.1 攝氏度,年平均降水量 1303.3 毫米,④較爲適合園圃業種植。雖然限於史料,所見品種大多出自遷陵縣官營園圃業,不過地區性種植作物并非偶發,在一定程度上也反映秦代官營園圃作物品種情況。

(三)官營單一作物種植園。秦代進一步發展官營單一作物種植園,主要有漆園、栗園、橘園、杏園等。睡虎地秦簡《秦律雜抄》20-21 號簡記載"髹園殿","髹園"即漆園,爲種植漆樹之園。⑤ 制定漆園考核的相關法律,説明當時官營漆園的廣泛存在。如里耶 8-383+8-484 號簡所見遷陵縣官營"漆園",16-1105 號簡所見屖陵縣官營"漆園"。⑥ "栗園"見於里耶 8-454 號簡,是專門種植栗木之園。"橘園"見於里耶 9-869 號"橘園橘志",應爲遷陵縣官營。"杏園"有"僑陵杏【園】"(9-1866),即僑陵縣官營,西安出土秦封泥也見"杏園"。⑦

二 秦代官營園圃業的職官設置

秦代官營園圃業的職官設置主要有兩種情況,一種是設置專職官吏管理,見於官營單一作物種植園;另一種是不設專職官吏,而由相關官吏兼管,見於其他官營普通種植園。第二種情況較爲簡單。如前述"御羞陰園"即由御羞兼管,鄉官經營園圃業也是由鄉吏兼管。

對於第一種情況,睡虎地秦簡所見官營"漆園"即設置專職官吏管理,如《秦律雜抄》20-21 號簡記載:

---

① 參見余華青《略論秦漢時期的園圃業》。
② 參見李蘭芳《里耶秦簡所見秦遷陵一帶的農作物》,《中國農史》2017 年第 2 期。
③ 參見謝坤《里耶秦簡所見秦代農作物考略》,《農業考古》2017 年第 3 期。
④ 參見湖南省文物考古研究所編著《里耶發掘報告》,長沙:嶽麓書社,2007,1 頁。
⑤ 參見睡虎地秦墓竹簡整理小組編《睡虎地秦墓竹簡》,84 頁。
⑥ 里耶秦簡博物館、出土文獻與中國古代文明研究協同創新中心中國人民大學中心編著:《里耶秦簡博物館藏秦簡》,上海:中西書局,2016,209 頁。
⑦ 參見馬驥《西安新見秦封泥及其斷代探討》,《中國文物報》2005 年 12 月 7 日第 7 版。

・髹園殿,貲嗇夫一甲,令、丞及佐各一盾,徒絡組各廿給。髹園三歲比殿,貲嗇夫二甲而法(廢),令、丞各一甲。[1]

整理小組注釋:"漆園屬於縣,故此處令、丞應爲縣令、丞。"[2]甚是。里耶秦簡提供"漆園屬於縣"的新證據,即上文所述遷陵縣漆園(8-383+8-484)、"屖陵髹(桼)園"(16-1105)等。可以確知,《秦律雜抄》20-21號簡中"佐"指漆園佐,是管理漆園的專職吏員,如里耶秦簡9-796號記曰"髹(漆)園佐氏☐",氏爲人名。

然需注意,《秦律雜抄》20-21號簡中"嗇夫"是否指漆園嗇夫?睡虎地秦簡整理小組注釋認爲此"嗇夫"是"漆園的嗇夫",[3]可再重新檢討。里耶秦簡8-383+8-484號記載:

田課志。
髹園課。
・凡一課。

已有研究指出,"田"指田機構或田嗇夫,設置於縣一級,主管全縣農事,與田部、田官不同。[4]甚是。此"髹園課"即漆園的考核,屬田課,説明漆園由"田"主管,而非由縣直管。由此推知睡虎地秦簡"髹園殿,貲嗇夫一甲"中"嗇夫"應是田嗇夫,而非漆園嗇夫。首先,田機構的長官爲田嗇夫,所屬漆園再設置漆園嗇夫,則與田嗇夫的設置相衝突。其次,從"髹園殿"所處罰對象分析,縣令、丞均承擔連帶責任,若作爲漆園主管的田嗇夫不在處罰之列,於理不合。再次,10-91號簡記載"漆課。得錢過程四分一,賜令、丞、令史、官嗇夫、吏各襦,徒人酒一斗、肉少半斗(中略)得錢不及程四分一以下,貲一盾,笞徒人五十(後略)"。[5] 最後,對比此"漆課"的獎懲對象與上文"髹園殿"所處罰對象,其中縣令、丞與徒完全一致,看似不同的是"髹園殿"所處罰對象是嗇夫與佐,"漆課"的獎懲對象是官嗇夫與吏。其實"髹園殿"所處罰的嗇夫就是指官嗇夫,而官嗇夫包括田嗇夫,不包括漆園嗇夫。如9-633號記載"遷陵吏志"所見"官嗇夫十人",水間大輔先生認爲,官嗇夫是設在"司空""倉""庫"等鄉以外各種部署的嗇夫的總稱,爲各種部署的長官;遷陵縣中至少設有田嗇夫、司空嗇夫、倉嗇夫、厩嗇

---

[1] 睡虎地秦墓竹簡整理小組編:《睡虎地秦墓竹簡》,84頁。
[2] 睡虎地秦墓竹簡整理小組編:《睡虎地秦墓竹簡》,84頁。
[3] 睡虎地秦墓竹簡整理小組編:《睡虎地秦墓竹簡》,84頁。
[4] 參見陳偉《里耶秦簡所見的"田"與"田官"》,《中國典籍與文化》2013年第4期;鄔文杰《再論秦簡中的田嗇夫及其屬吏》,《中南大學學報(社會科學版)》2014年第5期;李勉、晉文《里耶秦簡中的"田官"與"公田"》,楊振紅、鄔文玲主編《簡帛研究二〇一六(春夏卷)》,桂林:廣西師範大學出版社,2016,120-131頁;劉鵬《也談簡牘所見秦的"田"與"田官"——兼論遷陵縣"十官"的構成》,武漢大學簡帛研究中心主辦《簡帛》第18輯,上海古籍出版社,2019,57-74頁。
[5] 湖南省文物考古研究所(張春龍執筆):《里耶秦簡中和酒有關的記錄》,吳榮曾、汪桂海主編《簡牘與古代史研究》,北京大學出版社,2012,14頁。

夫、少内嗇夫、發弩嗇夫、船嗇夫、畜嗇夫、庫嗇夫等九人，鄉有秩、鄉嗇夫均有可能包括在官嗇夫内。① 單印飛先生確定九個官嗇夫是田嗇夫、司空嗇夫、庫嗇夫、倉嗇夫、厩嗇夫、發弩嗇夫、少内嗇夫、田官嗇夫、畜官嗇夫。魯家亮先生考證縣官嗇夫有田、田官、尉、鄉、司空、畜官、倉、少内、庫、發弩。② 鄒水杰先生指出，秦代遷陵縣屬"十官"爲司空、少内、倉官、田（官）、尉官、畜官、船官、都鄉、啓陵鄉和貳春鄉。③ 劉鵬先生認爲，遷陵縣屬"十官"應當爲司空、少内、倉、畜官、田官、庫、尉、田、發弩、厩。④ 由此可見，田嗇夫爲"官嗇夫"之一，取得一定的共識。⑤ 那麽前文 10-91 號簡"漆課"獎懲的"官嗇夫"與《秦律雜抄》所見"髹（漆）園殿"所處罰的"嗇夫"相對應，即此官嗇夫具體指田嗇夫。同樣"漆課"獎懲的對象"吏"與"髹園殿"所處罰的對象"佐"相對應，即此吏具體指漆園佐。因此"髹園殿"所處罰的嗇夫爲田嗇夫應無疑義。另外，黎明釗、唐俊峰先生認爲 10-91 號簡"漆課實以錢作爲評核標準，故應歸類至少内之課"，⑥也可商榷。此"漆課"應是漆園課的省稱，實屬田課，非屬少内之課。

據上可以認識到，田嗇夫作爲全縣農事的主管官員，同樣是漆園的主管，然具體專職管理漆園之吏還是漆園佐。9-633 號記載"遷陵吏志"所見"官佐五十三人"，漆園佐應屬"官佐"一類。需要説明，田官署設置有"田佐"，如"田佐□一甲"（8-149+8-489）、"田佐囚吾死"（8-1610）、"【稟】人□出以稟田佐"（9-1906）等，主要輔佐田嗇夫處理田機構相關事務。漆園佐在田嗇夫的主管之下專職管理漆園，與田佐應該不同。

此外，秦封泥還見"橘監"，周曉陸、路東之先生認爲："此疑爲秦印之遺，爲由巴蜀向關中輸送橘果之官署，自秦而漢相繼未衰。"⑦然可以確定，不僅巴蜀有官營橘園，其他如遷陵縣也有橘園，"橘監"祇負責輸送橘果，可能不關涉橘園的日常管理。值得注意，《嶽麓秦簡（叁）》"暨坐官過誤失案"96 號簡記載：

公士豕田橘將陽，未庰（斥）自出，當復田橘，官令戍，捸（録）弗得。⑧

---

① 參見［日］水間大輔《里耶秦簡〈遷陵吏志〉初探——通過與尹灣漢簡〈東海郡吏員簿〉的比較》，武漢大學簡帛研究中心主辦《簡帛》第 12 輯，上海古籍出版社，2016，179-196 頁。
② 參見單印飛《略論秦代遷陵縣吏員設置》，武漢大學簡帛研究中心主辦《簡帛》第 11 輯，上海古籍出版社，2015，89-100 頁；魯家亮《秦簡牘與區域社會研究——以秦遷陵縣（地區）爲個案分析》，"出土文獻與秦漢史研究"工作坊之二，北京大學出土文獻研究所，2015。
③ 參見鄒水杰《秦簡"有秩"新證》，《中國史研究》2017 年第 3 期。
④ 參見劉鵬《也談簡牘所見秦的"田"與"田官"——兼論遷陵縣"十官"的構成》。
⑤ 關於"田"機構，孫聞博《里耶秦簡〈遷陵吏志〉考釋——以"吏志"、"吏員"與"員"外群體爲中心》（《國學學刊》2017 年第 3 期）提出一些不同看法："田、田部是否屬於兩官，還需做進一步工作。"質疑田與田部是否區分。對於此，鄒水杰《再論秦簡中的田嗇夫及其屬吏》已有相關探討。
⑥ 參見黎明釗、唐俊峰《里耶秦簡所見秦代縣官、曹組織的職能分野與行政互動——以計、課爲中心》。
⑦ 周曉陸、路東之：《秦封泥集》，237 頁。
⑧ 朱漢民、陳松長主編：《嶽麓書院藏秦簡（叁）》，上海辭書出版社，2013，145 頁。

整理小組注釋："橘,橘官,疑爲縣下屬機構,與《漢書·地理志》巴郡朐忍縣和魚復縣所見橘官係中都官略有别。"① 根據此案中縣丞暨因"過誤失,坐官弗得"而被追責的情況,② "橘官"應是縣的下屬機構。出土秦代封泥也見"橘官",③ 一般認爲橘官主歲貢橘。④ 然據里耶秦簡記載,秦代遷陵、臨沅縣設置"獻官",專門負責貢獻之事。⑤ 是故"橘官"不應承擔本屬於獻官之職責,即不當主貢橘,疑是縣之"橘園"的管理機構。

三　里耶秦簡所見秦代官營園圃業的日常管理

過去限於史料,對秦代官營園圃業的日常管理瞭解甚少。里耶秦簡的出土可爲進一步探討秦代官營園圃業的日常管理提供新的資料。下文主要以里耶秦簡所見遷陵縣官營園圃業爲考察中心,初步探討秦代官營園圃業的日常管理體制與機制問題。

（一）多層級管理體制。遷陵縣官營的單一作物種植園一般爲多層級管理體制。以漆園爲例,漆園佐專職管理漆園;上級主管機構爲"田",主管官吏爲田嗇夫;再上級監管機構爲縣廷,監管長官爲縣令、丞。如上文《秦律雜抄》20-21 號簡記載,"髤園殿",三級管理官吏（漆園佐、田嗇夫、縣令丞）分别受到處罰。又前引 10-91 號簡所見漆園的三級管理官吏略有不同"漆課。得錢過程四分一,賜令、丞、令史、官嗇夫、吏各襦",其中縣令丞、官嗇夫、吏與《秦律雜抄》所見三層級官吏可以對應,令史却爲新見,可能與秦統一後修訂律令有關。《秦律雜抄》的抄寫年代不晚於秦始皇三十年（前 217）。⑥ 里耶秦簡"紀年由秦始皇（含秦王政）二十五年（前 222）到秦二世二年（前 208）,一年不少",⑦ 記載的基本是秦統一後之事。秦統一後對過去的法律作了詳密的修訂,⑧ 如湖南益陽兔子山遺址九號井出土《秦二世元年十月甲午詔書》曰:"今宗廟事及箸以明至治大功德者具矣,律令當除定者畢矣。"⑨ "律令當除定者畢矣"意思是說律令應當刪除改定的都已經完成。⑩ 因而里耶秦簡所見"漆課"的法律規定更爲詳密,10-91 號簡中對令史進行獎懲或爲律令修訂後之規定。再者,此規定也與令史實際

---

① 朱漢民、陳松長主編:《嶽麓書院藏秦簡（叁）》,150 頁。
② 參見于振波《秦代吏治管窺》,《湖南大學學報（社會科學版）》2013 年第 3 期;蘇俊林《嶽麓秦簡〈暨過誤失坐官案〉的議罪與量刑》,《史學月刊》2019 年第 8 期。
③ 傅嘉儀:《新出土秦代封泥印集》,杭州:西泠印社,2002,81 頁。
④ 參見傅嘉儀《秦封泥彙考》,上海書店出版社,2007,158 頁。
⑤ 參見李蘭芳《試論里耶秦簡中的"獻"》,《中國農史》2019 年第 6 期。
⑥ 參見湖北孝感地區第二期亦工亦農文物考古訓練班《湖北雲夢睡虎地十一號秦墓發掘簡報》,《文物》1976 年第 6 期。
⑦ 湖南省文物考古研究所編著:《里耶發掘報告》,234 頁。
⑧ 參見陳松長《嶽麓書院藏秦簡中的行書律令初論》,《中國史研究》2009 年第 3 期。
⑨ 湖南省文物考古研究所、益陽市文物處:《湖南益陽兔子山遺址九號井發掘簡報》,《文物》2016 年第 5 期。陳偉《〈秦二世元年十月甲午詔書〉通釋》（《江漢考古》2017 年第 1 期）認爲:"箸,讀爲'書',蓋指記叙秦始皇功績的史書。"
⑩ 參見陳偉《〈秦二世元年十月甲午詔書〉通釋》;吴方基《〈秦二世元年十月甲午詔書〉解讀與秦亡原因新説》,《蘭臺世界》2019 年第 10 期。

參與漆園的管理工作有關。如 8-454 號簡"課上金布副"所見"枲課",説明遷陵縣金布曹對漆園之課進行核實。① 縣金布曹一般由令史主管。土口史記先生通過考察秦代縣令史與曹之關係,指出"曹"的職責由令史出任。② 孫聞博先生同樣認爲令史可被考慮從事列曹工作。③ 鄒水杰先生也指出,每個機構(稱爲"官"的職能機構)都有相應的"某曹令史"處理與其相關的文書。④ 令史核實課的記録還有:

    廿九年九月壬辰朔辛亥,貳春鄉守根敢言之:牒書水火敗亡課一牒上。敢言之。(正)

    九月辛亥旦,史邖以來。/感半。邖手。(背)(8-645)

    廿九年九月壬辰朔辛亥,遷陵丞昌敢言之:令令史感上水火敗亡者課一牒。有不定者,謁令感定。敢言之。(正)

    九月辛亥水下九刻,感行。感手。(背)(8-1511)

8-454 號簡"課上金布副"中有"水火所敗亡"課,當是 8-645 號簡記載貳春鄉所上金布曹的課。8-1511 號簡記載令史感(即金布曹令史)將此課交給上級官署,并負責對課進行核實。⑤ 以此推知,金布曹令史也應負責核實漆園之課,因此在"漆課"的法律規定中,金布曹令史需要承擔相應責任。

    需要强調,縣廷作爲監管機構,若監管失當同樣承擔一定的連坐責任。如上引《嶽麓秦簡(叁)》"暨坐官過誤失案"記載縣丞監管"橘官"失當,承擔連坐責任。此外嶽麓秦簡所見秦代法律多見縣令、丞、令史監管不當而承擔連坐責任,如見表1:

表1 秦代法律所見縣令、丞、令史承擔連坐責任

違法者	連坐者	簡文	簡號
官嗇夫、吏主者	縣令、丞、令史	官嗇夫、吏主者各一甲,丞、令、令史各一盾	嶽麓秦簡(肆)107
吏主者	縣令、丞	吏主者,貲二甲,令、丞一甲	嶽麓秦簡(伍)201

---

① 參見黎明釗、唐俊峰《里耶秦簡所見秦代縣官、曹組織的職能分野與行政互動——以計、課爲中心》。
② 參見[日]土口史記《秦代の令史と曹》,《東方學報》第 90 册,2015。
③ 參見孫聞博《秦縣的列曹與諸官——從〈洪範五行傳〉一則佚文説起》,武漢大學簡帛研究中心主辦《簡帛》第 11 輯,上海古籍出版社,2015,86 頁。
④ 參見鄒水杰《簡牘所見秦代縣廷令史與諸曹關係考》,楊振紅、鄔文玲主編《簡帛研究二○一六(春夏卷)》,桂林:廣西師範大學出版社,2016,132-146 頁。
⑤ 參見黎明釗、唐俊峰《里耶秦簡所見秦代縣官、曹組織的職能分野與行政互動——以計、課爲中心》。

續表

違法者	連坐者	簡文	簡號
田嗇夫、吏	縣令、丞、令史	田嗇夫、吏、吏部弗得，貲各二甲，丞、令、令史各一甲	嶽麓秦簡(肆)115
縣尉、尉史、士吏主者	縣令、丞、令史	尉、尉史、士吏主者貲各一甲，丞、令、令史各一盾	嶽麓秦簡(肆)134
鄉部嗇夫	縣令、丞	貲鄉部嗇夫一甲，令丞訾	嶽麓秦簡(肆)056
鄉嗇夫、吏主者	縣令、丞、令史	貲鄉嗇夫、吏主者各一甲，丞、令、令史各一盾	嶽麓秦簡(肆)254
鄉嗇夫	縣令、丞	鄉嗇夫弗得，貲一甲，令、丞一盾	嶽麓秦簡(伍)197
鄉亭嗇夫吏	縣令、丞、令史	鄉亭嗇夫吏弗得，貲各一甲；丞、令、令史貲各一盾	嶽麓秦簡(肆)129—130

資料來源：陳松長主編《嶽麓書院藏秦簡(肆)》《嶽麓書院藏秦簡(伍)》。

（二）官營園圃業主要使用徒隸勞作。里耶秦簡所見遷陵縣官營園圃業使用徒隸勞作，如下表2里耶秦簡"徒簿"所見"守園""作園"情況。

表2　里耶秦簡"徒簿"所見"守園""作園"情況

管理機構	徒隸情況	園中勞作情況	簡號
倉	隸臣妾	一人守園	8-663
倉	隸臣妾	一人守園	8-2101
	【隸】妾	一人蓐芋	8-1861
司空		☐治園	9-1731
司空	城旦司寇一人。鬼薪廿人。城旦八十七人。仗(丈)城旦九人。隸臣毄(繫)城旦三人。隸臣居貲五人。	二人作園	9-2289
司空	☐☐【八】人。☐☐十三人。隸妾毄(繫)舂八人。隸妾居貲十一人。受倉隸妾七人。	一人作園	9-2289
司空	城旦司寇☐人，鬼薪廿人	一人作園	11-249

資料來源：陳偉主編《里耶秦簡牘校釋(第一卷)》《里耶秦簡牘校釋(第二卷)》；湖南省文物考古研究所(張春龍執筆)《龍山里耶秦簡之"徒簿"》，中國文化遺產研究院編《出土文獻研究》第12輯，上海：中西書局，2013。

表2所見園中勞作者均屬徒隸,包括城旦舂、鬼薪白粲、隸臣妾等。① 其中城旦司寇是城旦的一個類型。② 隸臣妾居貲還是納入"隸臣妾"的範疇,并不納入"居貲貲（債）"之中。如10-1170號簡"卅四年十二月倉徒薄冣"總計隸臣妾"凡積四千三百七十六",其後分列"男百五十人居貲司空""女九十人居貲臨沅"等。③ 再者9-1861、9-2283與較早公布的16-5、16-6號簡所見"居貲贖責（債）"也不包括隸臣妾居貲。已有研究指出,從事縣官府勞作的徒隸爲司空、倉調撥,并受到司空、倉機構管理。④ 可從。表2中大體是秦代遷陵縣官營園圃業使用徒隸勞作情況,從勞作徒隸數量看,遷陵縣官營園圃業的規模不大。

另外,《嶽麓秦簡（伍）》也有徒隸從事園圃勞作的記載:

035・御史言:予徒隸園有令,今或盜牧馬、牛、羊徒隸園中,盡踐其嫁（稼）。請:自今以來盜牧馬、牛、羊 036 徒隸園中壹以上,皆貲二甲。吏廢官,宦者出宦,而没其私馬、牛、羊縣官。有能捕、訶告犯此令 037 ☒□傷樹木它嫁（稼）及食之,皆令償之,或入盜牧者與同灋。⑤

整理小組注釋:"徒隸園,徒隸勞作之園。《里耶秦簡》8-1636:'二人治徒園。'此徒園或爲'徒隸園'之省。"⑥甚是。

（三）考核與奬懲相結合。上引《秦律雜抄》20—21號簡所見"髳園殿",里耶秦簡8-383+8-484號簡所見"髳園課",8-454號簡"課上金布副"所見"柒課""園栗""園課",10-91號簡所見"漆課"等均是針對官營園圃業考核的相關資料。這些有關園之"課"是由管理園之生産的機構呈交縣廷,縣廷再將所屬職能機構之"課"（包括官營園圃之"課"）呈交給郡,由郡負責考課,其中縣廷中的曹（如金布）負責"定課"。⑦《嶽麓秦簡（伍）》新出一則材料,也可窺見郡對縣的考課情況:

---

① 關於秦代徒隸的界定,學界的認識雖未統一,但普遍將城旦舂、鬼薪白粲、隸臣妾納入徒隸的範疇。參見李學勤《初讀里耶秦簡》,《文物》2003年第1期;曹旅寧《釋"徒隸"兼論秦刑徒的身份及刑期問題》,《上海師範大學學報（哲學社會科學版）》2008年第5期;李力《論"徒隸"的身份——從新出土里耶秦簡入手》,中國文化遺産研究院編《出土文獻研究》第8輯,上海古籍出版社,2007,33-42頁;賈麗英《里耶秦簡牘所見"徒隸"身份及監管官署》,卜憲群、楊振紅主編《簡帛研究二〇一三》,桂林:廣西師範大學出版社,2014,68-81頁;沈剛《〈里耶秦簡〉（壹）所見作徒管理問題探討》,《史學月刊》2015年第2期;孫聞博《秦及漢初的司寇與徒隸》,《中國史研究》2015年第3期;李亞光《戰國秦及漢初的"徒隸"與農業》,《中國農史》2018年第3期;魯西奇《秦統治下人民的身分與社會結構》,《中華文史論叢》2021年第1期。
② 參見張新超《試論秦漢刑罰中的司寇刑》,《西南大學學報（社會科學版）》2018年第1期。
③ 湖南省文物考古研究所（張春龍執筆）:《龍山里耶秦簡之"徒簿"》,中國文化遺産研究院《出土文獻研究》第12輯,上海:中西書局,2013,108-110頁。
④ 參見沈剛《〈里耶秦簡〉（壹）所見作徒管理問題探討》;孫聞博《秦及漢初的司寇與徒隸》。
⑤ 陳松長主編:《嶽麓書院藏秦簡（伍）》,上海辭書出版社,2017,50-51頁。
⑥ 陳松長主編:《嶽麓書院藏秦簡（伍）》,75頁。
⑦ 參見黎明釗、唐俊峰《里耶秦簡所見秦代縣官、曹組織的職能分野與行政互動——以計、課爲中心》。

048 ●監御史下刻郡守,縣官已論,言夬(決)郡守,郡守謹案致之,不具者,輒却,道近易具,具者,郡守輒移 049 御史,以𩰢(齎)使及有事咸陽者,御史掾平之如令,有不具不平者,御史却郡而歲郡課,郡所移……缺簡……050 并筭而以夬(決)具到御史者,獄數術(率)之,嬰筭多者爲殿,十郡取殿一郡,奇不盈十到六亦取一郡。☐051 亦各課縣,御史課中縣官,取殿數如郡。殿者,貲守、守丞、卒史、令、丞各二甲,而令獄史均新地。①

對於 050 號簡,整理小組注釋:"此簡末尾殘斷僅見'郡'字墨迹,按簡長計算墨迹之後最多有一重文號空間。故此處或可補一'郡'字。"②可從。又,陳偉先生指出:"原釋文頗不順,疑 49 號簡'而歲'下衍一'郡'字,50 號簡末尾可能僅殘重文符。"同時認爲簡文應讀作:"監御史下刻郡守。縣官已論,言夬(決)郡守,郡守謹案致之。不具者,輒却道近易具;具者,郡守輒移御史以𩰢(齎)使及有事咸陽者。御史掾平之如令。有不具、不平者,御史却郡。而歲〈郡〉課郡所移并筭,而以夬(決)具到御史者獄數率之,嬰筭。多者爲殿。十郡取殿一郡,奇不盈十到六亦取一郡。〖郡〗亦各課縣。御史課中縣官,取殿數如郡。殿者,貲守、守丞、卒史、令、丞各二甲,而令獄史均新地。"③其中所載"〖郡〗亦各課縣"是針對獄事而言,同樣可反映在其他事務上郡對縣也負有考課之責。

具體而言,郡對縣官營園圃業的考核方式有兩種,一種是"定程",制定獎罰細則,過程者獎勵之,不及程者懲罰之。如 10-91 號簡記載:

漆課。得錢過程四分一,賜令、丞、令史、官嗇夫、吏各襦,徒人酒一斗、肉少半斗;過四分一到四分二,賜襦、絝,徒酒二斗、肉泰半斗;過四分二,賜衣,徒酒三斗、肉一斗。得錢不及程四分一以下,貲一盾,笞徒人五十;過四分一到四分二,貲一甲,笞徒百;過四分二,貲二甲,笞徒百五十。④

這是針對漆園生産的考核。又如 8-855 號簡記曰"下臨沅請定獻枳枸程,程已",9-718 號簡記曰"獻枳枸毋程令書"。里耶秦簡所見官營枳枸的生産主要用於"獻"。⑤《嶽麓秦簡(陸)》117 號簡記載:"內史言:請令縣共園有吏徒屏☐☐……☐☐作匿所去園毋下百步,有不從令者,貲二甲。"⑥"縣共園"即指縣官營的供給"獻"之園。此"下臨沅請定獻枳枸程"即是通過"定程"考核"獻"枳枸的情況,實際是考核枳枸的生産狀況。

---

① 陳松長主編:《嶽麓書院藏秦簡(伍)》,54-55 頁。
② 陳松長主編:《嶽麓書院藏秦簡(伍)》,76 頁。
③ 陳偉:《〈嶽麓書院藏秦簡〔伍〕〉校讀》,簡帛網,2018 年 3 月 9 日。
④ 湖南省文物考古研究所(張春龍執筆):《里耶秦簡中和酒有關的記錄》,14 頁。
⑤ 參見李蘭芳《試論里耶秦簡中的"獻"》。
⑥ 陳松長主編:《嶽麓書院藏秦簡(陸)》,上海辭書出版社,2020,104 頁。

另一種考核方式是"取殿"。"殿"指考課中的最後一等。① 如上引《嶽麓秦簡（伍）》050-051記載："〖郡〗亦各課縣，御史課中縣官，取殿數如郡。"《秦律雜抄》20-21號簡所載"髳園殿"也是通過"取殿"方式考核後進行相應的處罰。里耶秦簡所見一則考課爲"殿"被處罰的實例，雖非園圃業之考課，也可作爲參考，如8-1516號簡記載：

廿六年十二月癸丑朔庚申，遷陵守禄敢言之：沮守瘳言：課廿四年畜息子得錢殿。沮守周主。爲新地吏，令縣論言夬（決）。② ·問之，周不在遷陵。敢言之。

沮，縣名。"沮守"是沮縣的代理縣令，因"廿四年畜息子得錢殿"而被罰爲新地吏。③ 值得注意，不論是"定程"，還是"取殿"，兩種考核方式的獎懲對象均包括園圃業的直接生產者及其管理官吏，如漆園之考課，獎懲對象有作徒、漆園佐、田嗇夫以及監管官吏縣令、丞、令史等。

綜上所述，官營是秦代園圃業經營的重要方式，主要表現爲園圃業官營機構與作物品種較多，官營單一作物種植園進一步發展。爲了適應各官府機構的實際情況，秦代官營園圃業采取多樣化的經營方式。同時秦代爲了保障多樣化的官營園圃業的生產運作，在職官設置方面也較爲靈活。官營單一作物種植園主要設置專職官吏管理；其他官營普通種植園則不設專職官吏，而由相關官吏兼管。具體到官營園圃業的日常管理，秦代主要實行多層級管理體制，園圃業勞動力來源以官屬徒隸爲主，并且引入考核機制，貫徹獎懲措施。這些管理舉措重在體制與機制方面，有利於秦代官營園圃業的正常發展。通過考察秦代官營園圃業可以發現，官府經營是秦代農業經營的重要特徵，既表現爲園圃業官營的較多存在，又從秦代公田及其經營可以印證。④ 由此可促進深化認識秦代農業經營情況。

附記 非常感謝匿名審稿專家提供寶貴意見。

---

① 參見陳偉主編《里耶秦簡牘校釋（第一卷）》，344頁。
② 陳偉將誤釋之"史"改釋爲"夬"，見《里耶秦簡中的"夬"》，簡帛網，2013年9月26日。
③ 參見張夢晗《"新地吏"與"爲吏之道"——以出土秦簡爲中心的考察》，《中國史研究》2017年第3期；吳方基《里耶秦簡"日備歸"與秦代新地吏管理》，《古代文明》2019年第3期。
④ 參見裘錫圭《從出土文字資料看秦和西漢時代官有農田的經營》，《裘錫圭學術文集》第5卷《古代歷史、思想、民俗卷》，上海：復旦大學出版社，2012，210-253頁；魏永康《里耶秦簡所見秦代公田及相關問題》，《中國農史》2015年第2期；王勇《嶽麓秦簡〈縣官田令〉初探》，《中國社會經濟史研究》2015年第4期；李勉、晉文《里耶秦簡中的"田官"與"公田"》；劉鵬《秦縣級公田的勞動力供給與墾種運作》，《北京社會科學》2019年第12期；陳松長《嶽麓秦簡中的"縣官田令"初探》，《中州學刊》2020年第1期。

從"譊、妘刑殺人等案"看秦丞相史的司法職能*

□ 中國海洋大學法學院　李勤通

內容提要　嶽麓秦簡《爲獄等狀四種》"譊、妘刑殺人等案"中"丞相、史如"是審理乞鞫案的主體,由此產生丞"相"、"丞相"與"丞相史"三種解讀。丞"相"的觀點有說服力,但悖於郡丞不能主導郡級審判的制度。"丞相"與"官職+名諱"的官文書記錄方式相悖,且與秦漢丞相的司法執掌不相契合。"丞相史"的觀點合乎秦漢丞相掌有司法權但往往不直接行使的制度,且部分材料顯示丞相史能夠處理地方司法事務。因此,"丞相、史如"的斷句可能爲"丞相史如"。對丞相史司法權的考察可見,秦中央對地方的司法控制有多元性。

關鍵詞　嶽麓秦簡　譊、妘刑殺人等案　丞相　二年律令　疑獄奏讞

　　在秦法律運行中,中央政府試圖通過各種方式控制地方司法權。法律不僅設計了嚴密的程序,還設置了多種職官來監督地方司法。無論監御史還是都官等可能都在承擔這種職責。其中,丞相史或許也在發揮一定作用。這可由嶽麓秦簡《爲獄等狀四種》"譊、妘刑殺人等案"得以窺見。儘管該案記錄殘缺,但對於更深刻地認識秦司法制度具有相當的啓發性。按照整理小組的觀點,該案中記載有兩個不同的案例,後一個案例可能是審理前一個案例時引爲後比的先例。① 由於殘缺嚴重,該觀點的猜測性較強。不過可以發現,這兩個相隔數年且有不同被告人的案例受到同一司法主體的裁決,即"丞相、史如"。其文稱"鞫:譊刑審,妘殺疑。九月丙寅,丞相、史如論令妘贖舂","鞫,審。己卯,丞相、史如論磔"。按照整理小組的意見,該案應該由一個叫相的丞和一個叫如的史共同審判。② 不過陳偉先生認爲,這裏的

---

* 本文受國家社會科學基金後期項目"嶽麓秦簡所見秦代司法實踐及其後的轉型"(18FFX009)資助。
① 參見朱漢民、陳松長主編《嶽麓書院藏秦簡(叁)》,上海辭書出版社,2013,176-177頁。
② 參見朱漢民、陳松長主編《嶽麓書院藏秦簡(叁)》,300頁。

"丞相、史如"有可能是丞相史"如"。① 還有學者認爲,這裏的"丞"相可能指當時的丞相。② 在這三種斷句法下,本案的審判主體可能會迥異。而且,如果"丞相史、如"斷句爲丞相史 "如"或丞相,這就關係到認識秦丞相或丞相史是否能夠參與地方案件審判的重要制度,或者 説關係到認識秦丞相或丞相史的司法權。本文試對該問題進行研究。

一 "譊、妘刑殺人等案"中的"'丞'相"斷句説獻疑

《爲獄等狀四種》所載的"譊、妘刑殺人等案"内容殘缺過甚,具體案情已經很難復原。 但仍然可見,這份材料記録了兩個殺人案,不過這兩個案件是否有内在聯繫并不清楚。在這 兩個案件的審理中,"丞相、史"是最終審判者。應該説,整理小組將"丞相史"句斷爲"丞相、 史"的做法頗有影響力。而且可能出於謹慎起見,整理小組的釋文并没有明確這個"丞"相 究竟是縣丞還是郡丞。③ 從記載來看,"譊、妘刑殺人等案"中"丞相、史如"一共對兩個案情 做出判斷。該簡册背後有三個標識,分别爲"爲獄□狀"(簡137)、"爲覆奏狀"(簡140)、"爲 乞鞫奏狀"(簡139)。據整理小組的修訂説明,"爲獄□狀"可能是爲獄等狀四種現有卷册的 總標題。④ 那麽,該案就可能是覆奏案或者乞鞫案。乞鞫本身就是覆奏案的一種,⑤整理小組 的修訂説明推測,"爲覆奏狀""爲乞鞫奏狀"是對同一案件的兩種定性。⑥ 因此,這兩個案件 最大可能爲乞鞫案。這意味着,該案至少應由郡一級來審理。張家山漢簡《二年律令·具 律》載:"气(乞)鞫者各辭在所縣道,縣道官令、長、丞謹聽,書其气(乞)鞫,上獄屬所二千石 官,二千石官令都吏覆之。"⑦雖然二千石官可以令都吏覆案,但郡守、郡丞等長吏纔可能有決 斷權。⑧ 這樣,此處的"丞"應爲郡丞。該案的審判者則可能是郡丞"相"和郡史"如"。

按照這一推論,這裏如果斷句爲"丞"相,其制度前提是郡丞能夠主導乞鞫案。但有學者 提出,在秦漢司法制度中,郡一級的案件無論是一般案件還是奏讞、乞鞫類案件主要由郡守

---

① 參見陳偉《"丞相史如"與"丞"贈:關於〈嶽麓書院藏秦簡(叁)〉的兩個官制問題》,簡帛網,2013年9月7日。
② 參見孫銘《簡牘秦律分類輯析》,西安:西北大學出版社,2014,220頁。
③ 值得注意的是,《爲獄等狀四種》"田與市和奸案"有一名獄史就名"相"。而且,《嶽麓書院藏秦簡(壹—叁)》的釋文修 訂本仍然采納整理小組意見。參見陳松長主編《嶽麓書院藏秦簡(壹—叁)釋文修訂本》,上海辭書出版社,2018,155 頁。而按照李世持的總結,以"相"爲名在秦簡牘中凡三見。參見李世持《秦簡牘人名整理與命名研究》,西南大學博士 學位論文,2017,415頁。
④ 參見陳松長主編《嶽麓書院藏秦簡(壹—叁)釋文修訂本》,137頁。
⑤ 參見[日]水間大輔《秦漢時期承擔覆獄的機關與官吏》,武漢大學簡帛研究中心主辦《簡帛》第7輯,上海古籍出版社, 2017,277頁。
⑥ 參見陳松長主編《嶽麓書院藏秦簡(壹—叁)釋文修訂本》,137頁。
⑦ 張家山二四七號漢墓竹簡整理小組:《張家山漢墓竹簡[二四七號墓]》(釋文修訂本),北京:文物出版社,2006,24頁。
⑧ 參見[日]水間大輔《秦漢時期承擔覆獄的機關與官吏》,279頁。

主導,郡監御史則起制衡作用。① 而從前引張家山漢簡《二年律令·具律》的規定來看,作爲二千石官的郡守纔是乞鞫案的審判主體。《漢書·百官公卿表上》載:"郡守,秦官,掌治其郡,秩二千石。有丞,邊郡又有長史,掌兵馬,秩皆六百石。"② 郡丞不過是六百石官,不符合二千石官的級別要求。《漢舊儀》下卷也載:"漢承秦郡,置太守,治民斷獄。"③ 在《爲獄等狀四種》的案件中,郡守是郡級司法職能的主要承擔者,這與縣丞在縣中發揮的司法功能很不同,縣丞在縣的司法職權較大。《奏讞書》案例十四有郡丞參與司法,而有趣的是,這個案件的審理者雖然包括郡守强、守丞吉和卒史建,奏讞書的署名却祇有郡守强。④ 這同樣證明,郡守在郡級審判中占主導地位。⑤ 這種在特定級別采取長官負責制的做法并不鮮見,古今中外都有通例,在司法權方面表現得也很明顯。

再對比一下奏讞案件中郡守和郡丞的地位。《漢書·刑法志》載漢高祖七年(前200)詔云:"獄之疑者,吏或不敢決,有罪者久而不論,無罪者久繫不決。自今以來,縣道官獄疑者,各讞所屬二千石官,二千石官以其罪名當報之。所不能決者,皆移廷尉,廷尉亦當報之。廷尉所不能決,謹具爲奏,傅所當比律令以聞。"⑥ 正如前引《漢書·百官公卿表上》載:"郡守,秦官,掌治其郡,秩二千石。有丞,邊郡又有長史,掌兵馬,秩皆六百石。"這樣來看,根據高祖七年詔,作爲二千石的郡守是處理奏讞案件的主體,作爲六百石的郡丞則未見此功能。這再次反映出郡守在郡司法中的主導地位。而從實踐中看,郡守確實也在奏讞案件中占據主導地位。如在《爲獄等狀四種》的奏讞類案件中,"癸、瑣相移謀購案""尸等捕盜疑購案"由南陽叚守賈進行了審理。而在張家山漢簡《奏讞書》中,案例六到案例十三都是以郡守的名義進一步向上請讞的。在這種意義上,睡虎地秦簡《法律答問》所載"'辭者辭廷。'·今郡守爲廷不爲?爲殿(也)"就可以理解了。⑦ 沈家本所謂漢代郡守有生殺之權,⑧ 或許秦時就已有萌芽。郡丞的司法權相對於郡守顯然有限,在乞鞫案件中或也如此。

---

① 參見游逸飛《三府分立——從新出秦簡論秦代郡制》,《"中研院"歷史語言研究所集刊》第87本第3分,2016,468-475、486-490頁。
② 《漢書》卷一九《百官公卿表上》,北京:中華書局,1962,742頁。
③ [清]孫星衍等輯:《漢官六種》,北京:中華書局,1990,81頁。
④ 但郡守丞在該案中的作用并不清楚。參見張家山二四七號漢墓竹簡整理小組《張家山漢墓竹簡[二四七號墓]》(釋文修訂本),97頁。
⑤ 有學者認爲秦漢郡丞有斷獄、讞獄權。參見胡仁智《兩漢郡縣官吏司法權研究》,西南政法大學博士學位論文,2007,54頁。但事實上其所引《二年律令·具律》稱有斷獄、讞獄權的是"縣道官",整理小組也認爲相關的丞是縣丞,且爲其他學者接受。參見張家山二四七號漢墓竹簡整理小組《張家山漢墓竹簡[二四七號墓]》(釋文修訂本),23頁;朱紅林《張家山漢簡〈二年律令〉集釋》,北京:社會科學文獻出版社,2005,87頁。《二年律令·興律》亦載"縣道官所治死罪及過失、戲而殺人,獄已具,毋庸論,上獄屬所二千石官"(前引,62頁)。這亦可作爲此處的丞爲縣丞的參考。
⑥ 《漢書》卷二三《刑法志》,1106頁。
⑦ 睡虎地秦墓竹簡整理小組編:《睡虎地秦墓竹簡》,北京:文物出版社,1990,115頁。有學者據此認爲郡守有司法權。參見劉海年《秦的訴訟制度(上)》,《中國法學》1985年第1期;高恒《秦漢法制論考》,廈門大學出版社,1994,12頁。
⑧ [清]沈家本撰,鄧經元、騈宇騫點校:《歷代刑法考》,北京:中華書局,1985,1976頁。

當然還有一種可能是,當時郡守出缺,所以郡丞代理政事。但在這個記録中,如果兩個嚴重刑事犯罪都是由郡丞"相"審理,這意味着兩案間隔的期間内郡丞"相"一直在主政。按照原整理小組的意見,譊、妘刑殺人案的判决大約發生在秦始皇二十八年(前 219)九月二十九日(即九月丙寅),而喜盜殺人被判决於秦王政二十年(前 227)九月二十六日(即九月己卯)。陶安後來又認爲,譊、妘刑殺人案所涉及的兩個日期"十月癸酉""九月丙寅"雖然不能排除在秦始皇二十八年,但更可能是在秦王政二年(前 245)。同時,陶安又提出,喜盜殺人案所涉及的兩個日子"九月丙辰""己卯"可能是在嬴政在位的五年、十年、二十年、三十年、三十一年中的一個年份。① 無論如何,這意味着郡丞"相"會主郡政數年,這顯然不合理。同時,在《爲獄等狀四種》中還發現,假守即代理郡守多見,這説明秦十分重視郡守的置員,那就更不可能允許郡守長期出缺。這些都對"丞"相這種説法提出了進一步質疑。儘管在某種意義上,這種觀點不能被完全否定,但一旦受到質疑,這就意味着其他觀點也是可能的。譬如,"丞"相當作"丞相",即本案的審判者爲當時的丞相,但這一觀點的問題可能更大。

二 "譊、妘刑殺人等案"中的"丞相"斷句説獻疑

秦時,丞相職能極大。《漢書·百官公卿表上》謂:"相國、丞相,皆秦官,金印紫綬,掌丞天子助理萬機。"②《史記·陳丞相世家》云:"宰相者,上佐天子理陰陽,順四時,下育萬物之宜,外鎮撫四夷諸侯,内親附百姓,使卿大夫各得任其職焉。"③從乞鞫案本身出發,至少漢代丞相是有相關職權的。張家山漢簡《二年律令·具律》載:"气(乞)鞫者各辭在所縣道,縣道官令、長、丞謹聽,書其气(乞)鞫,上獄屬所二千石官,二千石官令都吏覆之。都吏所覆治,廷及郡各移旁近郡,御史、丞相所覆治移廷。"④針對這一簡文,籾山明認爲"及郡各移旁近郡,御史、丞相所覆治移廷"可能是錯簡。⑤ 但不論其簡文是否綴錯,都反映出漢代丞相有司法權,并且可能成爲審理乞鞫案的主體。這與"丞相"的斷句法内在契合。然而,當發現丞相職任重大直接審判地方刑事案件時,這可能會有可疑之處。⑥ 當然,這種疑慮并不嚴重,因爲皇

---

① 參見[德]陶安《嶽麓秦簡〈爲獄等狀四種〉釋文注釋》(修訂本),上海古籍出版社,2021,121 頁。
② 《漢書》卷一九《百官公卿表上》,724 頁。
③ 《史記》卷五六《陳丞相世家》,點校本二十四史修訂本,北京:中華書局,2014,2504 頁。
④ 張家山二四七號漢墓竹簡整理小組:《張家山漢墓竹簡[二四七號墓]》(釋文修訂本),24–25 頁。
⑤ 參見[日]籾山明著,李力譯《中國古代訴訟制度研究》,上海古籍出版社,2018,96 頁。有學者也認同此觀點。參見南玉泉《秦漢的乞鞫與覆獄》,《上海師範大學學報(哲學社會科學版)》2017 年第 1 期;[日]水間大輔《秦漢時期承擔覆獄的機關與官吏》,278–279 頁。但也有不同觀點。參見程政舉《張家山漢墓竹簡反映的乞鞫制度》,《中原文物》2007 年第 3 期。武大"釋讀"本仍采用整理小組的綴簡方式。參見彭浩等主編《二年律令與奏讞書:張家山二四七號漢墓出土法律文獻釋讀》,上海古籍出版社,2007,139 頁。
⑥ 而且,論者或以爲秦漢的丞相不主管具體事務。參見祝總斌《兩漢魏晉南北朝宰相制度研究》,北京大學出版社,2017,21 頁。

帝都有可能直接處理某些司法案件。

如果"丞"相被連讀爲中央行政長官"丞相",那麽審理相關乞鞫案件就是丞相和丞相史"如"兩個人。但這會在官文書的結構上形成丞相(官職)與史如(官職+名諱)的結構。而在秦公文書中,"官職+名諱"的記載是常態,[①]僅有官職的寫法則相對較少。試舉例説明:《爲獄等狀四種》"癸、瑣相移謀購案"載"廿(二十)五年六月丙辰朔癸未,州陵守綰、丞越敢讞(讞)之",[②]《爲獄等狀四種》"尸等捕盜疑購案"載"廿(二十)五年五月丁亥朔壬寅,州陵守綰、丞越敢讞(讞)之",[③]這種寫法到漢代亦如是。如張家山漢簡《奏讞書》案例一載:"十一年八月甲申朔己丑,夷道介、丞嘉敢讞(讞)之。"[④]再如,張家山漢簡《奏讞書》案例二十一載:"廷尉穀、正始、監弘、廷史武等。"[⑤]

除此之外,被極度簡化後的案例或者詔書等有可能會簡稱。如《嶽麓秦簡(伍)》載:"令·丞相議:如南陽議,它有等比。"[⑥]這種詔書爲實際使用的律令,没有必要寫名諱,所以丞相二字後面的名字被省略了。[⑦]再如張家山漢簡《奏讞書》案例六到十三相比其他案例都是被極度簡化的,故祇稱守而不綴名。而在《爲獄等狀四種》"芮盜賣公列地"案的記載中,這種區别較爲明顯。即在該案記載中,整理小組所謂"發揭"部分由於是對初審的簡述所以采用"江陵言""大(太)守令曰"等簡稱,而回到核心部分後,"丞暨""守感""亭賀"的記録方式就回歸常態。但"譊、妘刑殺人等案"的記載顯然不是張家山漢簡《奏讞書》案例六到十三那種極簡模式。同時,還需要注意,簡寫的通常做法是一省俱省。如《嶽麓秦簡(伍)》載:"府夜治書,丞相議許,它比御史請,諸它所以夜爲燭物而欲賣以責。"[⑧]丞相後面省略名諱後,御史後面亦如此。那麽如果把"丞"相視爲丞相,"丞相、史如"就變成,丞相的記録祇有官職,丞相史則是"官職+名諱"。這都不是通常寫法。

當然,可能會有人認爲祇記録丞相就完全能夠指代明晰,没有必要再稱名諱。但自秦設丞相以來,左、右丞相是基本制度設計。[⑨]《史記·秦本紀》載:"(秦武王)二年,初置丞相,樗里疾、甘茂爲左右丞相。"[⑩]《漢書·百官公卿表上》云:"相國、丞相……秦有左右,高帝即位,

---

① 陳偉已經提出這一問題。參見陳偉《"丞相史如"與"丞"繒:關於〈嶽麓書院藏秦簡(叁)〉的兩個官制問題》。
② 朱漢民、陳松長主編:《嶽麓書院藏秦簡(叁)》,95頁。
③ 朱漢民、陳松長主編:《嶽麓書院藏秦簡(叁)》,113頁。
④ 張家山二四七號漢墓竹簡整理小組:《張家山漢墓竹簡[二四七號墓]》(釋文修訂本),91頁。
⑤ 張家山二四七號漢墓竹簡整理小組:《張家山漢墓竹簡[二四七號墓]》(釋文修訂本),108頁。
⑥ 陳松長主編:《嶽麓書院藏秦簡(伍)》,上海辭書出版社,2015,198頁。
⑦ 在處理詔令等的過程中,整理者往往會删減立理由等而祇保留能夠適用的法律規範。參見歐揚《嶽麓秦簡〈亡律〉日期起首律條初探》,周東平、朱騰主編《法律史譯評》第8卷,上海:中西書局,2020,58頁。
⑧ 陳松長主編:《嶽麓書院藏秦簡(伍)》,199頁。
⑨ 安作璋、熊鐵基:《秦漢官制史稿》,濟南:齊魯書社,2007,17-18頁。
⑩ 《史記》卷五《秦本紀》,263頁。

置一丞相,十一年更名相國,綠綬。"①當然,秦有左、右二相,是否兩者皆歷年不缺,尚有可疑。但是,《史記·秦始皇本紀》載秦始皇二十八年(前 219)《琅琊臺石刻》稱當時有丞相隗林、王綰兩人。而按原整理小組的意見,"譊、妘刑殺人等案"有可能發生在秦始皇二十八年(前 219)。顯然,衹言丞相不能指代明晰。② 不過,如果按照陶安修訂後的看法,該案又可能發生在秦王政二年(前 245)。但《史記·吕不韋列傳》載,其時吕不韋爲相國。那麼,這裏就不會出現"丞相"這種用法。不過,傳抄過程中被改寫的可能也是存在的。事實上,傳世文獻中"官職+名諱"的寫法也常見,衹是很多時候不像官文書那麼嚴謹,因此也可能會被省寫。

同時需要指出,《嶽麓秦簡(肆)(伍)》中都有不少關於丞相處理政務的記載,但没有關於司法案例的記載。事實上,如果回到漢高祖七年(前 200)的"疑獄奏讞"詔,會發現丞相或者説相國并未被賦予審理疑獄奏讞的權力。這種做法與《史記·陳丞相世家》載陳平謂漢文帝"陛下即問決獄,責廷尉"的説法如出一轍。當然,這并不能排除丞相有處理司法案件的權力,前引《二年律令·具律》或可爲證。這種矛盾可能意味着,即使丞相有審理司法案件的權力,但其未必會親自審理。

三 "譊、妘刑殺人等案"的"丞相史如"斷句説證成

質疑"丞"相和"丞相"等兩種觀點後,或可從後者衍生出第三種觀點,即此處的"丞相、史如"可能是一位名叫如的丞相史,丞相史是如的官職。這樣,既不會出現郡丞主導乞鞫案件,也不會出現丞相直接審案的情況,同時又能滿足《二年律令》中關於丞相司法權的規定,而且還會使得官文書的記載回歸到"官職+名諱"的通行寫法上。

有學者曾認爲,秦代"丞相之下是可以説没有什麼屬官的",③那麼丞相史可能就不存在。但這種説法頗令人疑惑。不僅漢代丞相有包括長史在内的屬官,而且秦的各級主守官員都有屬官,何以秦丞相反而没有屬官?如果"丞相史如"斷句正確,這首先就意味着丞相是有屬官的。而且,里耶秦簡中有"丞相假史"的記載,里耶秦簡牘校釋小組以爲其與"丞相史"存在密切關係。④ 這應該能夠直接證明秦丞相屬官的存在。而且,"丞相假史"參與到了

---

① 《漢書》卷一九《百官公卿表上》,724 頁。
② 《嶽麓秦簡(伍)》有"丞相+名諱"的表達。簡 1129 載:"制詔丞相斯:所召博士得與議者,節(即)有逮告劾,吏治輒請之,盡如宦顯大夫逮。斯言:罷博士者,請輒除其令。"陳松長主編:《嶽麓書院藏秦簡(伍)》,68 頁。從内容來看,這個簡文應是未被删改過的律令材料,其中保留了立法理由。顯然,未經整理的資料常采用"職官+名諱"的表達方式。《琅琊臺石刻》"隗林",當作"隗狀"。
③ 參見安作璋、熊鐵基《秦漢官制史稿》,23 頁。
④ 里耶秦簡中至少有兩處丞相假史出現。其一,里耶秦簡 9-456 載"敢言之:廷下與丞相假史□、南陽卒史臣(正)日入取薪訊未□(背)"。見湖南省文物考古研究所編《里耶秦簡(貳)》,北京:文物出版社,2017,20 頁。《里耶秦簡牘校釋(第二卷)》也認爲此處"丞相假史"爲丞相下屬的史。參見陳偉主編《里耶秦簡牘校釋(第二卷)》,武漢大學出版社,2018,130 頁。其二,里耶秦簡 16-886 載:"鄭覆衣用丞相叚(假)Ⅰ史産治所。"見里耶秦簡牘校釋小組《新見里耶秦簡牘資料選校(三)》,簡帛網,2015 年 8 月 7 日。

地方事務中。事實上,安作璋等在其書中也暗示了秦丞相或許也是有屬官的。①

那麼,丞相史的職掌爲何?《漢官儀》載:"侍中,左蟬右貂,本秦丞相史,往來殿中,故謂之侍中。分掌乘輿服物,下至褻器虎子之屬。"②儘管曾經作爲秦丞相史的侍中執掌比較繁瑣,但從中可以發現一點信息,即丞相有時會需要專門屬官與皇帝溝通政務,而且這種屬官有政府官員的性質。這樣,侍中總會有專門執掌并有權出入禁中。到漢代,丞相史仍可往來殿中,爲丞相與皇帝進行溝通。③ 如《漢書·劉屈氂傳》載,戾太子劉據攻入丞相府謀反,"是時上避暑在甘泉宮,丞相長史乘疾置以聞"。④ 那麼,丞相在與其他官員溝通政務時,也可能需要依賴屬官,而且這些屬官也是有專門執掌的。當丞相行使司法權時,他當然也需要跟司法官吏溝通,那麼也就可能有相應屬官,并且這些人應當有國家意義上的職權。

有關秦丞相史的司法職權資料有限,不過可透過漢制窺其一斑。在漢代,很多時候丞相會通過丞相史行使司法權。如《漢書·韋賢傳》載"徵至長安,既葬,當襲爵,以病狂不應召。大鴻臚(奉)[奏]狀,章下丞相御史案驗。玄成素有名聲,士大夫多疑其欲讓爵辟兄者。案事丞相史乃與玄成書",⑤大鴻臚奏狀,皇帝命丞相、御史審理,而具體執行的是所謂案事丞相史。某些情況下,丞相史會受其他丞相屬官的制約。如《漢書·孫寶傳》載:"上復拜寶爲冀州刺史,遷丞相司直。時帝舅紅陽侯立使客因南郡太守李尚占墾草田數百頃,頗有民所假少府陂澤,略皆開發,上書願以入縣官。有詔郡平田予直,錢有貴一萬萬以上。寶聞之,遣丞相史按驗,發其姦,劾奏立、尚懷姦罔上,狡猾不道。尚下獄死。"⑥丞相史會受諸多制約。《漢書·百官公卿表上》載:"武帝元狩五年(前118)初置司直,秩比二千石,掌佐丞相舉不法。"⑦丞相司直爲丞相屬官,能夠派遣丞相史審理案件。

除了丞相史會協助處理某些案件外,⑧作爲漢代丞相主要屬官的丞相長史有時候會獨立承案。這或也可佐證丞相史的職權。《漢書·景十三王傳》載:"建時佩其父所賜將軍印,載天子旗出。積數歲,事發覺,漢遣丞相長史與江都相雜案,索得兵器璽綬節反具,有司請捕誅建。"⑨《漢書·景十三王傳》又載:"本始三年(前71),相内史奏狀,具言赦前所犯。天子遣

---

① 該書所引《漢舊儀》認爲,侍中可能就是丞相史,爲秦丞相屬官。參見安作璋、熊鐵基《秦漢官制史稿》,22頁。但從後文來看,該書似乎不認同這一觀點。
② [清]孫星衍等輯:《漢官六種》,137頁。
③ 安作璋、熊鐵基引《漢舊儀》指出,漢初時開始設相國史,後又設丞相史,漢文帝以後又設立了丞相長史。參見安作璋、熊鐵基《秦漢官制史稿》,35頁。
④ 《漢書》卷六六《劉屈氂傳》,2880頁。
⑤ 《漢書》卷七三《韋賢傳附韋玄成傳》,3108-3109頁。
⑥ 《漢書》卷七七《孫寶傳》,3258-3259頁。
⑦ 《漢書》卷一九《百官公卿表上》,725頁。
⑧ 王勇華認爲,丞相史作爲丞相府的屬吏有監察職責。參見水間大輔《秦漢時期承擔覆獄的機關與官吏》,294頁。
⑨ 《漢書》卷五三《景十三王傳附江都王劉建傳》,2417頁。

大鴻臚、丞相長史、御史丞、廷尉正雜治鉅鹿詔獄,奏請逮捕去及后昭信。"①《漢書·王嘉傳》載:"初,廷尉梁相與丞相長史、御史中丞及五二千石雜治東平王雲獄,時冬月未盡二旬,而相心疑雲冤,獄有飾辭,奏欲傳之長安,更下公卿覆治。"②在這些案件中,丞相長史被直接委以司法職責。這也可佐證,"譸、奻刑殺人等案"中的"丞相、史如"很有可能就是"丞相史"如。從其他事件還可以進一步考察丞相史執掌的獨立性。《漢書·夏侯勝傳》載:"宣帝初即位,欲褒先帝,詔丞相御史曰:'朕以眇身,蒙遺德,承聖業,奉宗廟,夙夜惟念。孝武皇帝……功德茂盛,不能盡宣,而廟樂未稱,朕甚悼焉。其與列侯、二千石、博士議。'於是群臣大議廷中,皆曰:'宜如詔書。'長信少府勝獨曰:'武帝雖有攘四夷廣土斥境之功,然多殺士衆……不宜爲立廟樂。'公卿共難勝曰:'此詔書也。'勝曰:'詔書不可用也。人臣之誼,宜直言正論,非苟阿意順指。議已出口,雖死不悔。'於是丞相義、御史大夫廣明劾奏勝非議詔書,毀先帝,不道,及丞相長史黃霸阿縱勝,不舉劾,俱下獄。"③在該案中,漢宣帝召集群臣爲武帝議興廟樂,但夏侯勝表示反對,丞相長史黃霸則支持夏侯勝的觀點,這導致兩人雙雙下獄,而舉劾者包括了當時的丞相和御史。這說明,丞相史有資格以獨立身份參與廷議,并且獨立發表意見。又《漢書·朱買臣傳》載:"數年,坐法免官,復爲丞相長史……及買臣爲長史,湯數行丞相事,知買臣素貴,故陵折之。"④在這份材料中,朱買臣與張湯積怨,但張湯也祇能羞辱朱買臣,還可能仍不得不與之共事。這或可進一步說明,丞相長史雖然是丞相屬官,但在職權上仍可能會保留相對獨立性,并非與丞相完全一體。當然,這是否可以比況丞相史尚需斟酌。

從這些文獻中可見,丞相史確乎在漢代司法制度中發揮了重要作用,且其不僅是丞相司法權的延伸,而且可能會保留相對獨立性。再舉一例說明。《史記·酷吏列傳·趙禹傳》載:"趙禹者,斄人。以佐史補中都官,用廉爲令史,事太尉亞夫。亞夫爲丞相,禹爲丞相史,府中皆稱其廉平。然亞夫弗任,曰:'極知禹無害,然文深,不可以居大府。'"⑤何以周亞夫對時任丞相史的趙禹做出"無害""文深"的判斷,可能部分原因就是因爲趙禹作爲丞相史處理司法案件的方式。回到前引里耶秦簡,簡 9-456 載"敢言之:廷下與丞相叚史□、南陽卒史臣(正)日入取薪訊未□";簡 16-886 載"鄭覆衣用丞相叚(假)丨史產治所"。由此觀之,丞相史可能在地方上有治所且能夠與地方官吏共同處理事務。《漢書·翟方進傳》亦載:"義行太守事,行縣至宛,丞相史在傳舍。立持酒肴謁丞相史,對飲未訖,會義亦往,外吏白都尉方至,立語言自若。"⑥可見,丞相史也會巡行地方。

丞相屬官何以在地方處理事務?《後漢書·光武帝紀》李賢注:"漢初遣丞相史分刺州,

---

① 《漢書》卷五三《景十三王傳附廣川王劉去傳》,2432 頁。
② 《漢書》卷八六《王嘉傳》,3499 頁。
③ 《漢書》卷七五《夏侯勝傳》,3156-3157 頁。
④ 《漢書》卷六四《朱買臣傳》,2794 頁。
⑤ 《史記》卷一二二《酷吏列傳·趙禹傳》,3809 頁。
⑥ 《漢書》卷八四《翟方進傳附翟義傳》,3425 頁。

武帝改置刺史,察州,秩六百石。成帝更名牧,秩二千石。《漢官典儀》曰'刺史行郡國,省察政教,黜陟能不,斷理冤獄'也。"①丞相史在漢初承擔巡視州郡的功能,其中包括審理冤獄或者説監察司法。不過,《續漢書·百官志》又載:"秦有監御史,監諸郡,漢興省之,但遣丞相史分刺諸州,無常官。孝武帝初置刺史十三人,秩六百石。"②按照這一説法,丞相史監察司法的功能源自漢初。但睡虎地秦簡《秦律十八種·内史雜》載:"縣各告都官在其縣者,寫其官之用律。"③按此,縣中是有都官的。《嶽麓秦簡(伍)》又載:"都官治獄者,各治其官人之獄,毋治黔首獄,其官人亡若有它論而得,其官在縣盼(界)中而就近自告都官,都官聽,書其告,各移其縣。縣異遠都官旁縣者,移旁縣。其官人之獄與黔首連者,移黔首縣,黔首縣異遠其旁縣者,亦移旁縣,縣皆亟治論之。有不從令者,貲二甲。其御史、丞相、執灋所下都官,都官所治它官獄者治之。"④丞相似乎在地方上也下轄有都官。那麽,丞相史就可能是秦丞相在地方的直屬都官。而據《嶽麓秦簡(伍)》的記載,丞相在地方的都官有權處理某些案件,該案或許就是這種職權的直接體現。這也可能是丞相司法權的一種實現方式。因此,將"丞相、史如"斷句爲"丞相史"就不僅是合理的,而且也是極有可能的。

通過丞相史對地方案件的介入可以再次發現,秦設郡縣後,對郡縣高度不信任。《韓非子·備内》稱:"人主之患在於信人,信人則制於人。人臣之於其君,非有骨肉之親也,縛於勢而不得不事也。故爲人臣者,窺覘其君心也無須臾之休,而人主怠傲處其上,此世所以有劫君弑主也。"⑤通過觀察春秋戰國時期諸侯的顛覆衰亡史,嚴防臣下侵奪君權的法家思想深刻地内嵌於秦制中。由於君主對臣下的不信任,秦設置重重機構以相互牽連、制約,防止臣權危及君權。對此,古人已有深刻認識。《三國志·魏書·夏侯玄傳》載:"始自秦世,不師聖道,私以御職,姦以待下;懼宰官之不脩,立監牧以董之,畏督監之容曲,設司察以糾之;宰牧相累,監察相司,人懷異心,上下殊務。漢承其緒,莫能匡改。"⑥其中,爲制約地方司法權,秦不僅在郡設有監御史,⑦還可能在地方設執灋以監督郡縣。⑧ 從本文來看,秦還可能通過丞相史進一步加强對地方司法的控制,以實現中央法律的全面貫徹。這充分體現出秦管理和控制地方權力(包括司法權)的多重性。

---

① 《後漢書》卷一《光武帝紀》,北京:中華書局,1965,11頁。
② 《後漢書》志第二八《百官志五》,3617頁。
③ 睡虎地秦墓竹簡整理小組編:《睡虎地秦墓竹簡》,61頁。對如何理解"都官在其縣",尚未達成統一觀點。裘錫圭以爲,這是中央或内史設在縣範圍内的都官,或者是都官設在縣範圍内的分支機構。劉海年則認爲這是設在各縣内直屬朝廷的機構。參見陳偉主編《秦簡牘合集》第1、2輯《睡虎地秦墓簡牘》(釋文注釋修訂本),武漢大學出版社,2016,135頁。
④ 陳松長主編:《嶽麓書院藏秦簡(伍)》,119—120頁。
⑤ [戰國]韓非撰,陳奇猷校注:《韓非子新校注》,上海古籍出版社,2000,321頁。
⑥ 《三國志》卷九《魏書·夏侯玄傳》,北京:中華書局,1964,296頁。
⑦ 參見游逸飛《三府分立——從新出秦簡論秦代郡制》,486—490頁。
⑧ 參見王捷《秦監察官"執灋"的歷史啓示》,《環球法律評論》2017年第2期。

結論

　　儘管"譊、妘刑殺人等案"的記載嚴重殘缺,但從中也可以看出其應該是當時的大案。作爲這一大案的乞鞫案,誰來審判涉及秦的司法體制。"丞"相、"丞相"、"丞相史"三種不同觀點本質上圍繞誰有權審理秦死刑乞鞫案的問題展開。整理小組目前的觀點雖然有一定説服力,但確乎存在與秦漢制度的矛盾之處。如果從秦漢丞相審理乞鞫案的權力和方式出發,丞相史作爲丞相屬官,代表丞相直接處理類似的乞鞫案是順理成章的,那麼"丞相、史如"的斷句或許可以修正爲"丞相史如"。這也意味着在秦體制下,廷尉會處理地方奏讞案件,丞相及其屬官也可能會以不同方式參與到地方案件的審判中,地方司法權受到中央的多重制約。

附記　本文的匿名審稿專家提出了極爲詳細的意見,對提高本文質量起到了非常重要的作用,在此特表感謝！當然,文責自負。

期會：秦漢三國政務處理的時限要求*

□ 河南師範大學政治與公共管理學院　姚立偉

内容提要　出土秦漢三國時期政務文書中，部分標注有"恒會""期會""會"等。對於文書中的"期會"含義，目前學界有約期相會、時限要求與二者兼而有之三種説法。考察不同時期標注有"恒會""期會""會"的文書，可發現此類標注多用於規定承辦機構或吏員完結某項政務的日期。該種嚴格規定事務辦結上報時間的文書形式，是文法吏群體運作地方政務的突出特色。

關鍵詞　期會　文書　政務運作　秦漢

20世紀以來，秦漢三國時期簡牘大量出土、刊布，其中一大部分是地方政務文書。這些新材料有力地推動了地方政務運作研究的深入。對於政務文書中多見的"期會"，學界雖有一定研究，但分歧較大，[①]有進一步討論、辨析的空間。除"期會"外，秦漢三國政務文書之上還會標注"恒會""會"等。秦代標注有"恒會""會"的政務文書，所涉事務多爲按照律令要

---

* 本文爲河南省高校人文社會科學研究一般項目"秦漢地方政務運作研究（2023-ZZJH-212）"成果。

[①] 李天虹《分段紀時制與秦漢社會生活舉隅》，定義秦漢時人社會生活中的"期會"爲"人們在工作、活動中約定或規定一個時限進行會面、會集"（中國文化遺産研究院編《出土文獻研究》第10輯，北京：中華書局，2011，152頁）。秦漢三國時期地方政務文書中的"期會"含義，目前學界有約期相會、時限要求與二者兼而有之三種説法。將秦漢三國政務文書中的"期會"解釋爲約期相會的學者有凌文超（《走馬樓吴簡舉私學簿整理與研究——兼論孫吴的占募》，《文史》2014年第2輯）、徐暢（《釋長沙吴簡"君教"文書牘中的"掾某如曹"》，楊振紅、鄔文玲主編《簡帛研究二〇一五（秋冬卷）》，桂林：廣西師範大學出版社，2015，230-231頁）等。强調"期會"時限要求的學者有裘錫圭（《湖北江陵鳳凰山十號漢墓出土簡牘考釋》，《裘錫圭學術文集》第2卷《簡牘帛書卷》，上海：復旦大學出版社，2012，20頁）、侯旭東（《湖南長沙走馬樓三國吴簡性質新探——從〈竹簡（肆）〉涉米簿書的復原説起》，長沙簡牘博物館編《長沙簡帛研究國際學術研討會論文集》，上海：中西書局，2017，86頁）等。李均明則對上述兩種説法進行了調和，認爲"兩漢時期爲文件彙集、人員聚合所設期限及活動通稱爲'期會'"（《長沙五一廣場東漢簡牘"假期書"考》，李學勤主編《出土文獻》第13輯，上海：中西書局，2018，367頁）。

求進行人員、物品統計的簿書。秦漢三國政務文書中所標注的"恒會""期會""會"等,充分展現出地方管理機構對行政事務時間管理之嚴格,也從側面反映出文法吏群體對地方政務運作模式的塑造和影響。

一 秦漢三國標注"恒會""期會""會"政務文書舉隅

秦漢三國出土簡牘和石刻資料中有些政務文書中會標注"恒會""期會""會"等,出土秦漢律令條文中也有相關規定。由於時代不同或事務有別,導致不同時期政務文書標注時間限制的文書用語稍有差異,但也顯示出一定的延續性,充分反映出這一政務運作模式存在的長期性。

(一)秦及西漢初標注"恒會"的政務文書

在秦代及西漢初年,政務文書或律令規定中多用"恒會"。里耶秦簡所見洞庭郡府與遷陵縣廷的來往文書中有標注"恒會"某月朔日者,列舉如下。

卅二年三月丁丑朔朔日,遷陵丞昌敢言之:令曰上葆繕牛車薄(簿),恒會四月朔日泰(太)守府。·問之遷陵毋當令者,敢言之。　　　　　　　　　　　(8-62)[①]

卅三年二月壬寅朔朔日,遷陵守丞都敢言之:令曰恒以朔日上所買徒隸數。·問之,毋當令者,敢言之。　　　　　　　　　　　　　　　　　　　　　(8-154)[②]

☐【恒】會九月朔日守府。·問之　　　　　　　　　　　　　　　　(8-1258)[③]

於中可見,遷陵縣廷呈交給洞庭郡府標注有"恒會"的文書有相對固定的格式,即:年月日,遷陵丞/守丞某敢言之,郡府所下令文内容,恒會某月朔日太守府/守府,遷陵縣是否有當令者,敢言之。郡府要求上報的内容有葆繕牛車簿、所買徒隸數等,應爲律令規定中較爲常規化的政務活動。

遷陵縣廷和縣内諸官的往來文書中也有標注"恒會"或"會"者。標注有"恒會"的文書,如:

☐☐敢言之:令曰上見輼輬輻乘車及

[①] 陳偉主編:《里耶秦簡牘校釋(第一卷)》,武漢大學出版社,2012,47-48頁。
[②] 陳偉主編:《里耶秦簡牘校釋(第一卷)》,93頁。
[③] 陳偉主編:《里耶秦簡牘校釋(第一卷)》,301頁。

    ☑守府，今上當令者一牒，它毋
    ☑□恒會正月七月朔日廷。   （8-175）①

從簡文中"恒會正月七月朔日廷"，推測這件文書可能爲遷陵縣內某官將"見輀輬輻乘車"等事上報給遷陵縣廷的文書。與之類似，內容較爲完整、標注有"會"的文書，如：

    卅三年四月辛丑朔丙寅，貳春鄉守吾敢言之：令曰：以二尺牒疏書見芻稾、茭石數，
  各別署積所上，會五月朔日廷。問之，毋當令者。敢言之。   （9-2284）②

該文書顯示，律令規定官署分別用長二尺的木簡將所"見芻稾、茭石數"上報的要求，貳春鄉守將沒有合乎律令規定的情況上報給遷陵縣廷。該文書顯示遷陵縣廷要求各官上報的時間是"五月朔日"，而根據與張家山漢簡《二年律令·田律》中的類似規定"官各以二尺牒疏書一歲馬、牛它物用稾數，餘見芻稾數，上內史，恒會八月望"，③顯然最後彙報給朝廷的時間在"八月望"。

  校釋者認爲，里耶簡 8-62 中的"恒會"，可能"是指按照固定的時間歲計"。④ 根據《二年律令·田律》中的律文內容，可以認爲存在按照固定時間進行歲計的情況。里耶簡 9-2284 文書和漢初《田律》規定，顯示出秦及漢初芻稾數統計事務的處理有自下而上的過程，即先由縣廷諸官進行統計上報縣廷，縣廷統計的時間在"五月朔"，其後縣廷繼續上報，最後在"八月望"彙總至朝官內史處。該過程展示出這一時期律令與文書相互配合，共同構成了朝廷和地方間的政務運作。

（二）官府文書傳遞、乘傳中的"期會"

  在漢代文書傳送過程中，對於有時限要求的文書，《行書律》等明確規定出失期者的相應處罰標準。張家山漢簡《二年律令·行書律》中規定："發致及有傳送，若諸有期會而失期，乏事，罰金二兩。非乏事也，及書已具，留弗行，行書而留過旬，皆盈一日罰金二兩。"整理小組注釋"期會"爲"在規定的時間內會合"。⑤ 居延新簡中有相關記載，爲"期會急行毋留遲"（EPT65:434）。⑥ 日本京都大學三國時代出土文字資料研究班將《行書律》中的期會解釋爲

---

① 陳偉主編：《里耶秦簡牘校釋（第一卷）》，104 頁。
② 陳偉主編：《里耶秦簡牘校釋（第二卷）》，武漢大學出版社，2018，452 頁。
③ 張家山二四七號漢墓竹簡整理小組：《張家山漢墓竹簡[二四七號墓]》（釋文修訂本），北京：文物出版社，2006，44 頁。
④ 陳偉主編：《里耶秦簡牘校釋（第一卷）》，48 頁。
⑤ 張家山二四七號漢墓竹簡整理小組：《張家山漢墓竹簡[二四七號墓]》（釋文修訂本），46 頁。
⑥ 張德芳主編，張德芳、韓華著：《居延新簡集釋（六）》，蘭州：甘肅文化出版社，2016，329 頁。

"期日"。① 韓國學者金慶浩認同"期日"說,并指出,"從《居延漢簡》123.55'郵書失期前檄召候長敢詣官對狀'可知,'失期'是没能按時的意思"。②《漢書·平帝紀》"在所爲駕一封軺傳"顔師古注引如淳曰:"律,諸當乘傳及發駕置傳者,皆持尺五寸木傳信,封以御史大夫印章。其乘傳參封之。參,三也。有期會累封兩端,端各兩封,凡四封也。乘置馳傳五封也,兩端各二,中央一也。軺傳兩馬再封之,一馬一封也。"③從中可看出,在漢代律法規定中,乘傳有不同的等級,"有期會"的乘傳爲四封,較之普通三封乘傳,具有加急的意味。漢律之所以將文書傳送、乘傳中的"期會"者與普通者予以區分并特别重視,可能源於其所具有的時效性,即需在規定時間内將文書、乘傳者送達。

(三)秦漢簡牘與石刻中政務文書所標注的"會"

在秦漢簡牘與石刻資料中留存的律令規定、政務文書中,有些會標注"會(某)月(某)日"。嶽麓書院藏秦簡所載律令中有"獄史、令史、縣官,恒令令史官吏各一人上攻勞吏員,會八月五日。上計寂(最)、志、郡〈群〉課、徒隸員簿,會十月望"的規定。④ 里耶秦簡中的政務文書標注有"會某月朔日"的簡文除前舉簡9-2284外,還有:

元年八月庚午朔朔日,遷陵守丞固敢言之:守府書曰:上真見兵,會九月朔日守府。·今上癒(應)書者一牒。敢言之。九月己亥朔己酉,遷陵【守】丞固敢言之:寫重。敢言之。贛手。　　　　　　　　　　　　　　　　　　　　　(8-653+9-1370)⑤

漢簡中多見"會月某日",如居延漢簡中有:

收責報會月十日謹以府書驗問子都名親辭　　故居延令史喬子功　　　　　(3.2)⑥
十月壬寅甲渠鄣候喜告尉謂不侵候長敕等
寫移書到趣作治已成言會月十五日詣言府如律令/士吏宣令史起
　　　　　　　　　　　　　　　　　　　　　　　　　　　　　(139.36+142.33)⑦

---

① [日]"三國時代出土文字資料の研究"班:《江陵張家山漢墓出土〈二年律令〉譯注稿その(二)》,《東方學報》第77册,2005,85頁。
② [韓]金慶浩:《張家山漢簡〈二年律令·行書律〉譯注補》,卜憲群、楊振紅主編《簡帛研究二〇〇八》,桂林:廣西師範大學出版社,2010,82頁。
③ 《漢書》卷一二《平帝紀》,北京:中華書局,1962,359-360頁。
④ 陳松長主編:《嶽麓書院藏秦簡(肆)》,上海辭書出版社,2015,251頁。
⑤ 陳偉主編:《里耶秦簡牘校釋(第二卷)》,296頁。
⑥ 簡牘整理小組編:《居延漢簡(壹)》,臺北:"中研院"歷史語言研究所,2014,1頁。
⑦ 簡牘整理小組編:《居延漢簡(貳)》,臺北:"中研院"歷史語言研究所,2015,94頁。

居延新簡中有:

> ・甲渠言府下赦令
> 詔書・謹案毋應書
> 建武五年八月甲辰朔　甲渠鄣候　敢言之府下赦令
> 詔書曰其赦天下自殊死以下諸不當得赦者皆赦除之上赦者人數罪別之
> 會月廿八日・謹案毋應書敢言之　　　　　　　　　　　　　（EPF22:162-165）①

對於簡文中的"會月",薛英群、何雙全等認爲是"指上級官府規定的上報彙總文書的日期"。②

東漢碑刻中也留存有標注"會月某日"的政務文書。《張景碑》中南陽郡府在延熹二年(159)八月十七日下達給宛縣的府君教文書中,就張景出資作治勸農土牛事規定了"會廿□",宛縣接到文書後,宛縣令、右丞於八月十九日將具體操辦事宜交由追皷賊曹掾石梁辦理,并規定"會月廿五日"。③《韓仁墓碑》中河南尹、丞於熹平四年(175)十一月廿二日就韓仁祀事下達文書責成吏員辦理,并規定"墳道頭訖成,表言,會月卅日,如律令"。對於兩方漢碑中的"會月",校注者認爲"即當月,本月"。④ 我們認爲,將"會月"解釋爲當月或者本月似不確,聯繫後文所舉長沙東牌樓東漢簡牘中雜文書事目類下有期會雜事目與期會當對事目中的"會某月某日",可以知道"會月"中的"月"應該有本月或當月之意,而"會"字意同"恒會"或"期會"中的"會",有要求在規定時間內完成或給出答覆的含義。

二　秦漢三國地方"期會"類文書的形成過程與運作流程

在秦漢三國地方處理同一事務的過程中,往往會形成多份文書,每份文書作爲該項事務處理流程的單個節點而存在。爲了便於對政務處理流程中不同階段經手人的責任追查,文書上會有多個經手人的簽名。侯旭東指出,一般情況下,官文書中的吏員簽名應該有文書的發起者、起草者、經手者、處理者、抄寫者、收發者、傳送者七種。⑤ "期會"類文書也是如此,大致可劃分爲文書形成與政務處理兩個過程。"期會"類文書的形成過程是指,某一事項經由郡縣丞、掾提出處理意見上報行政長官核准。其後,"期會"類文書進入政務處理流程,核

---

① 張德芳主編,張德芳著:《居延新簡集釋(七)》,蘭州:甘肅文化出版社,2016,469-470頁。
② 甘肅省文物考古研究所編,薛英群、何雙全、李永良注:《居延新簡釋粹》,蘭州大學出版社,1988,66頁。
③ 毛遠明編著:《漢魏六朝碑刻校注》,北京:綫裝書局,2008,第1冊,217頁。
④ 毛遠明編著:《漢魏六朝碑刻校注》,北京:綫裝書局,2008,第2冊,7-8頁。
⑤ 侯旭東:《中國古代人名的使用及其意義——尊卑、統屬與責任》,《近觀中古史:侯旭東自選集》,上海:中西書局,2015,24頁。

准後的文書發給具體承辦機構或吏員辦理。由於文書上標注有"期會"時間,承辦者需要在期限之内答覆。專門吏員負責登記需要按時答覆的事項。如未能按時辦理,承辦機構或吏員需提出"假期"或者郡縣發出文書追查辦理結果。上述流程在東漢簡牘文書中有所體現。

長沙五一廣場簡牘中一份"君教"文書,較爲完整地展現了"期會"文書的形成過程,内容如下:

      兼辭曹史煇、助史襄白:民自言,辭如牒。
      教屬曹分别白。案:惠前遣姊子毒、小自言,易永元十七年
君教諾。 中,以由從惠質錢八百。由去,易當還惠錢。屬主記爲移長刺部
      曲平亭長壽考實,未言,兩相誣。丞優、掾賜議請勅理訟
      掾伉、史寶實核治決。會月廿五日復白。
            延平元年八月廿三日戊辰白。(CWJ1③:325-5-21)①

從該文書可窺得東漢時期長沙郡臨湘縣處理易向惠借錢不還這一民事案件的處理流程。第一步,民毒、小向縣廷相關部門自言;第二步,辭曹依據民所自言形成文書;第三步,自言内容核實,該文書中爲"移長刺部曲平亭長壽考實",結果爲"未言,兩相誣";第四步,丞、掾等吏員給出處理意見,即"議請勅理訟掾伉、史寶實核治決",給出處理結果上報時限,該文書中要求在八月廿五日之前給出答覆,并上報縣長官"君";第五步,臨湘縣長官同意處理意見,畫諾。之後,該文書應該下發給理訟掾伉、史寶進行辦理。

居延新簡中有東漢建武初年張掖郡府就入關檄留遲事進行責任追查事下達的府記(EPF22:151),府記下達日期爲十一月二十一日(戊戌),要求甲渠部候的答覆日期是十一月最後一天,甲渠部候下達命令給不侵候長憲等的日期爲十一月二十四日(辛丑),要求其答覆日期爲十一月二十六日。② 不侵候長憲等回復甲渠部候的文書可能爲:

  持行到府皆後宫等到留遲記到各推辟界中相付日時具言狀會月廿六日謹案鄉嗇夫
 丁宫入關檄不過界中男子郭長入關檄十一月十八日乙未食坐五分木中隧長張勳受卅井
 誠勞   (EPF22:324)③

朝廷、地方職官體系中設置有典掌"記期會""錄文書期會""催期會"等事務的官吏,對標注有"期會"的文書專門管理,即督察期會文書在下達給具體承辦機構或吏員後是否在規

---

① 長沙市文物考古研究所等編:《長沙五一廣場東漢簡牘選釋》,上海:中西書局,2015,157頁。
② 張德芳主編,張德芳著:《居延新簡集釋(七)》,467頁。
③ 張德芳主編,張德芳著:《居延新簡集釋(七)》,505頁。

定日期收到承辦者的答覆。朝廷之中，掌管期會事務者爲尚書，如《漢書·陳遵傳》載："遵耆酒，每大飲，賓客滿堂，輒關門，取客車轄投井中，雖有急，終不得去。嘗有部刺史奏事，過遵，值其方飲，刺史大窮，候遵霑醉時，突入見遵母，叩頭自白當對尚書有期會狀，母乃令從後閤出去。"[1] 東漢末年陳琳所作討曹操檄文中有"尚書記期會，公卿充員品"。[2] 具體言之，尚書左、右丞典掌文書期會，《續漢書·百官志》載尚書"左右丞各一人，四百石。本注曰：掌錄文書期會"。[3] 在地方，郡一級職掌文書期會的爲主記室史，《續漢書·百官志》載郡府吏員中的"主記室史，主錄記書，催期會"。[4] 長沙走馬樓三國吳簡部分文書中有"期會掾"，内容涉及領雜米一時簿、庫領品市布一時簿、雜米旦簿、舉私學情況的審校和租税雜限米已入未畢、錢付吏李珠糴米等事，[5] 該吏職可能是縣廷内專門管理期會文書的吏員。

在對期會文書進行管理時，漢代地方郡縣中負責"催期會"的主記史等吏員會條列需要答覆的"期會"文書，以供核查。在長沙東牌樓東漢簡牘中雜文書事目類下有期會雜事目與期會當對事目，如下：

期會雜事目一　　七五

　　（正面）

　　□□□□□……□大男 負 □……

　　府前 記 送不周，對□□ 胥 ，會 十 月卅日。

　　（背面）

　　□□□皆官史李□，吾遣廷掾史張白將徒黄獻，會十一月五日。

期會雜事目二　　七六

　　□□□收土受賞惠，會月廿四日……

　　□　　付婁水事史□土□□ 時 □□曹史□

期會當對事目　　七七

　　（正面）

　　□□□當對。

　　□遣督郵案事，掾史主簿詣府白狀，會十二月廿日，何頓當對。

---

[1] 《漢書》卷九二《游俠·陳遵傳》，3710頁。
[2] 《後漢書》卷七四《袁紹傳》，北京：中華書局，1965，2396頁。
[3] 《後漢書》志二六《百官志三》，3597頁。
[4] 《後漢書》志二八《百官志五》，3621頁。
[5] 參見徐暢《走馬樓吳簡竹木牘的刊布及相關研究述評》，武漢大學中國三至九世紀研究所編《魏晉南北朝隋唐史資料》第31輯，上海古籍出版社，2015，43-45頁；長沙簡牘博物館等編著《長沙走馬樓三國吳簡·竹簡[柒]》，北京：文物出版社，2013，779頁；長沙簡牘博物館等編著《長沙走馬樓三國吳簡·竹簡[陸]》，北京：文物出版社，2017，832頁。

☐會其月廿四,士曹當對。

☐詣府白狀,會十二月廿二日,右金曹當對。

☐二月日遣主者詣府白狀,右倉曹李饒當對。

(背面)

☐☐☐遣主簿☐得☐☐☐☐☐,會十二月廿☐日,☐件當對。

☐☐☐詣府白狀,會十二月廿二日,右金、倉曹吏☐何頓當對。

☐詣府白狀,會十二月廿二日,右倉掾何頓、周☐當對。①

居延新簡中有"鴻嘉二年五月以來吏對會入官刺"(EPT50:200)。②《中國簡牘集成》注釋者認爲:"對會入官刺,指官吏因召對或期會等事而詣官的記録文書摘要。"③李均明認爲,吏對會入官刺,"是申報集會應對報到情況的文書形式,可借以對期會進行檢查"。④"吏對會入官刺"形成於期會之前還是之後難以確定。若形成於事前,可能爲東牌樓東漢簡牘中的期會雜事目、期會當對事目的集合後的總稱。若形成於事後,可能爲對期會諸事項辦理情況的總結。里耶秦簡中有"卅年廷金布期會已事"(9-2310)、"司空曹、倉曹期會式令☐"(9-2311)"遷陵廷尉曹【卅】一年、卅二年期會已事筥"(9-2313),三枚簡簡首均塗黑,⑤當爲盛放對應文書筥的簽牌。可見,遷陵縣依據所涉事務不同,將接收自洞庭郡或下發給縣内諸官的期會文書按照式令、是否"已事"予以分別存放。

具體政務運作中,上級交辦事項并非均能如期對會。居延漢簡中有"未能會會日"的記載,如3.7中有"未能會=日"、3.26中有"未能會="的記載。⑥裘錫圭認爲,"="爲重文符號,當讀爲會會日、會會,并指出:"漢代行政講究'期會'。上級爲某事規定一個會日,下級未能如期赴會,就叫'未能會會日'。"⑦對於不能按期完成交辦事項者,有一定處罰措施,如居延新簡中載:

☐期會　皆坐辦其官事不辦論罰金各四兩直二千五百　　　　　　　　(EPT57:1)⑧

---

① 長沙市文物考古研究所、中國文物研究所編:《長沙東牌樓東漢簡牘》,北京:文物出版社,2006,105-106頁。
② 張德芳主編,楊眉著:《居延新簡集釋(二)》,蘭州:甘肅文化出版社,2016,525頁。
③ 中國簡牘集成編輯委員會編:《中國簡牘集成》,蘭州:敦煌文藝出版社,2001,第10册,50頁。
④ 李均明:《簡牘文書"刺"考述》,《文物》1992年第9期。
⑤ 陳偉主編:《里耶秦簡牘校釋(第二卷)》,468-469頁。
⑥ 簡牘整理小組編:《居延漢簡(壹)》,2、6頁。
⑦ 裘錫圭:《〈居延漢簡甲乙編〉釋文商榷》,《裘錫圭學術文集》第2卷《簡牘帛書卷》,上海:復旦大學出版社,2012,103-104頁。
⑧ 張德芳主編,馬智全著:《居延新簡集釋(四)》,蘭州:甘肅文化出版社,2016,481頁。

"期會"與後文間留空,"皆坐辦其官事不辦",指承辦者未能如期辦理期會文書所交辦的"官事"而受到懲處。爲了免於處罰,承辦機構或吏員在不能按照文書所要求時限完成交辦事項時,可以通過提交文書申請延期,但須説明理由和延期時限,李均明稱此類文書爲"假期書",並列舉出十一份該類文書。[1]

綜上,期會文書在兩漢三國時期的地方政務運作中有一套相對成熟的形成過程與處理流程。在接到需要辦理事務後,地方吏員擬出處理意見,在文書中標出期會日期及承辦機構或吏員,經由地方長官畫諾批准後下發給具體承辦者,至此一份期會文書形成。爲了掌握文書中交辦事項的完成情況,典掌期會的吏員會將期會文書編成事目,以備查核。承辦事務的機構或吏員在接到文書後予以處理,可能會有三種情況發生,其一,在規定期會日期給出處理結果答覆文書下發機構;其二,未按日期處理完畢,提交假期書申請延期;其三,處理結果或申請假期文書均未提交給文書下發機構,針對這種情況,文書下發機構會進行追查,給予未能辦理交辦事項者懲罰。

三 "期會"含義解

史書中的"期會"記載,大致出現於三種不同的歷史情境。第一種情境爲朝廷、地方日常政務處理。第二種情境爲私人相約聚會,如西漢末原涉"密獨與故人期會"。[2] 第三種軍事戰爭情境下的"期會",例證有二,一爲劉邦進軍追擊項羽,與韓信、彭越"期會"共同攻擊楚軍,但是韓信和彭越的軍隊"不會";[3]二爲東漢安帝元初年間,北地先零羌亂,朝廷詔護羌校尉龐參"將降羌及湟中義從胡七千人,與行征西將軍司馬鈞期會北地擊之"。[4] 如果綜合上述三種情境對漢代的"期會"進行定義,也許正如李天虹所説,"期會,指人們在工作、活動中約定或規定一個時限進行會面、會集"。[5] 但是,具體到秦漢三國日常政務處理,尤其是地方政務文書中的"期會",這一解釋過於籠統且稍有不確。

對於秦漢三國時期地方政務文書中的"期會"含義,學者給出了不同的解釋,大致可以分爲約期相會、時限要求與二者兼而有之三種説法。將秦漢三國政務文書中的"期會"解釋爲約期相會的學者有凌文超、徐暢等。凌文超在解釋走馬樓吴簡中"期會掾"時,認爲期會意爲"約期聚會",是秦漢以降行政過程中較爲常見的辦公方式,[6]釋"皆會月十五日"時,認爲是

---

[1] 李均明:《長沙五一廣場東漢簡牘"假期書"考》,李學勤主編《出土文獻》第13輯,上海:中西書局,2018,367-373頁。
[2] 《漢書》卷九二《游俠·原涉傳》,3717頁。
[3] 《史記》卷七《項羽本紀》,點校本二十四史修訂本,北京:中華書局,2014,420頁。
[4] 《後漢書》卷五一《龐參傳》,1689頁。
[5] 李天虹:《分段紀時制與秦漢社會生活舉隅》,中國文化遺產研究院編《出土文獻研究》第10輯,北京:中華書局,2011,152頁。
[6] 凌文超:《走馬樓吴簡舉私學簿整理與研究——兼論孫吴的占募》,《文史》2014年第2輯。

"規定了期會的日期在每月十五日"。① 徐暢認爲,如曹的掾"與侯國相、丞、主簿,門下系統之期會掾、録事掾一起期會,審查日常稅務、行政運轉中産生的帳簿",②其將"丞某如掾掾某如曹"解釋爲臨湘侯國長官與丞、主簿、掾等在期會日會同辦公似可確定,應是認爲期會爲約期相聚、會同辦公。裘錫圭、侯旭東等學者特别强調"期會"所藴含的時限要求。裘錫圭在考察湖北江陵鳳凰山十號漢墓出土簡牘時指出,不宜將漢簡中的"會""期會"簡單理解爲會集,西北漢簡中"會"的使用對應多種情况,如"上級限定日期讓下級送去某種東西,或者要下級當面去報告情况、答覆問題或接受命令"。③ 侯旭東認爲,"秦漢官文書中大量存在的'會×月×日'的説法,乃是對文書或事務完成期限的限定,并非需要官吏在該日集會"。④ 李均明則認爲,"兩漢時期爲文件彙集、人員聚合所設期限及活動通稱爲'期會'",⑤是將上述兩種觀點予以雜糅。

我們認爲,"期會"表示事項需要辦理完結的時限要求較爲合理,將從期和會二字含義關係、秦漢政務文書中"恒會"爲"期會"所替换、政務文書中所規定的期會日期統計、應對"期會"的主體多爲文書等方面予以考察。

首先,從"期""會"二字的關係來看,《説文解字》釋"期"爲"會也",⑥顯然"期"與"會"意同,并非期指日期,會爲聚會。漢武帝時,伍被在回答淮南王言中有"急其會日",顔師古注爲"促其期日"。⑦ 據顔注,"會日"與"期日"等同,亦顯示出期與會意義相近。那麽,在許慎、顔師古看來,期與會二字的意義存在一致性。

其次,秦代政務文書"恒會""期會""會"均有使用,漢簡政務文書中多用"會+時間",或"期會+時間",改恒爲期也許是爲避西漢文帝劉恒之諱。⑧ 但之所以用"期"代"恒",是因二者有相近之處。在楚簡中,恒與極、亟字同形,亟與期字音近。裘錫圭指出,楚簡中的"亘"字

---

① 凌文超:《新見吴簡私學木牘文書考釋》,西北師範大學歷史文化學院等編《簡牘學研究》第 6 輯,蘭州:甘肅人民出版社,2016,56 頁。
② 徐暢:《釋長沙吴簡"君教"文書牘中的"掾某如曹"》,楊振紅、鄔文玲主編《簡帛研究二○一五(秋冬卷)》,桂林:廣西師範大學出版社,2015,230 頁。
③ 裘錫圭:《湖北江陵鳳凰山十號漢墓出土簡牘考釋》,《裘錫圭學術文集》第 2 卷《簡牘帛書卷》,20 頁。
④ 侯旭東:《湖南長沙走馬樓三國吴簡性質新探——從〈竹簡(肆)〉涉米簿書的復原説起》,長沙簡牘博物館編《長沙簡帛研究國際學術研討會論文集》,上海:中西書局,2017,86 頁。
⑤ 李均明:《長沙五一廣場東漢簡牘"假期書"考》,李學勤主編《出土文獻》第 13 輯,367 頁。
⑥ [漢]許慎撰,[清]段玉裁注,許惟賢整理:《説文解字注》,南京:鳳凰出版社,2015,550 頁。
⑦ 《漢書》卷四五《伍被傳》,2174-2175 頁。
⑧ 《漢書》卷二八《地理志》載爲避文帝諱,改"恒山"爲"常山"(1576 頁)。出土簡牘、傳世文獻中有兩個"常會"與文書相關聯的例子。長沙走馬樓西漢古井出土武帝時期簡牘中簡 456"移狠(墾)田租簿常會六月　内史府敢言之"(陳松長:《長沙走馬樓西漢古井出土簡牘概述》,《考古》2021 年第 3 期)。《續漢書·百官志》注引《漢官解詁》胡廣注:"所察有條應繩異者,輒覆問之,不茹柔吐剛也。歲盡,齎所狀納京師,名奏事,差其遠近,各有常會。"(《後漢書》志二八《百官志五》,3618 頁)其中的"常會",可理解由"恒會"所改,規定文書提交的時限,前者墾田租簿提交的時限在六月,後者刺史提交監察情况的文書則根據距離京師的遠近而有不同的時限要求。

寫作"亙",和《説文解字》中的"恒"字古文同形。① 陳偉在解釋郭店楚簡《窮達以時》篇中"孫叔敖三謝郢(期)思少司馬,出而爲令尹,遇楚莊也"一句中説:"楚簡中寫作'亙'的字每可讀爲'亟'。楚地有期思。'亟'字上古音在職部,'期'字上古音在'之'部,讀音相近。《山海經·海内東經》:'汝水出天息山,在梁勉鄉西南,入淮極西北,一曰淮在期思北。'疑'西'爲'思'字之誤,'極西'實即'期思'。這是'期思'曾寫作'亟思'的間接證據。"② 可見,恒、亟、極、期四字在形、音、義方面有可通之處,這也可解釋何以漢文帝之後的政務文書多改"恒會"爲"期會"。

第三,凌文超所認爲的"皆會月十五日"爲"規定了期會的日期在每月十五日"。③ 通過統計秦漢三國政務文書的"期會"日期可發現,雖然漢簡中也有"會月十五日"的記錄,如前舉居延漢簡 139.36+142.33 和長沙五一廣場東漢簡牘 CWJ1③:285,④ 但是"期會"日期要求并非每月十五日的情況是大量存在的,如秦簡中多規定"會某月朔日",前舉居延漢簡 3.2 和居延新簡 EPF22:162-165 簡文中有"會月十日""會月廿八日"。將部分期會文書的日期要求,列表如下:

表1 秦簡、漢簡、吳簡部分政務文書所規定"期會"日期

期會日期	出處
恒會四月朔日	里耶簡 8-62
恒會九月朔日	里耶簡 8-1258
恒會正月、七月朔日	里耶簡 8-175
會五月朔日	里耶簡 9-2284
會九月朔日	里耶簡 8-653+9-1370
會月十五日	居延漢簡 139.36+142.33
會月十五日	五一廣場東漢簡牘 CWJ1③:285
會月十五日	走馬樓吳簡私學木牘 169
會月十日	居延漢簡 3.2

---

① 裘錫圭:《是"恒先"還是"極先"?》,《裘錫圭學術文集》第5卷《古代歷史、思想、民俗卷》,上海:復旦大學出版社,2012,326頁。
② 陳偉:《郭店竹書別釋》,武漢:湖北教育出版社,2002,46頁。
③ 凌文超:《新見吳簡私學木牘文書考釋》,西北師範大學歷史文化學院等編《簡牘學研究》第6輯,56頁。
④ 長沙市文物考古研究所等編:《長沙五一廣場東漢簡牘選釋》,202頁。

續表

期會日期	出處
會月晦	居延新簡 EPF22：151
會月廿六日	
會月廿八日	居延新簡 EPF22：162—165
會十月卅日	東牌樓東漢簡牘期會雜事目一 七五（正面）
會十一月五日	東牌樓東漢簡牘期會雜事目一 七五（背面）
會月廿四日	東牌樓東漢簡牘期會雜事目二 七六
會十二月廿日	東牌樓東漢簡牘期會當對事目 七七
會其月廿四	
會十二月廿二日	
會十二月廿□日	

　　從表1可見，期會日期可以爲一個月當中的一日、五日、十日、十五日、二十日、三十日，也可以是二十二日、二十四日、二十六日、二十八日，期會日期的訂立顯然非僅有每月十五日。僅就簡牘文書所見，秦及漢初可能較爲固定，出於對律文規定的因襲，政務文書中也規定爲"會某月朔日"。西漢中期之後，隨着地方管理事務日趨複雜，期會日期的訂立也逐漸因事而定，即文書發出機構考慮經辦某一具體事項所需時日，經過計算給出完結期限，如居延新簡中有：

　　鄣卒蘇寄　　九月三日封符休居家十日往來二日會月十五日　　　　　（EPT17：6）[①]

　　有些交辦事項層層下達，不同層級行政機關對於下屬機構會給出不同的日期，如前舉居延新簡 EPF22：151 中甲渠鄣候根據府記的日期，又對具體承辦的不侵候長憲給出回復甲渠鄣候的時限要求。期會日期應衹是對交辦事項的最後時限規定，不是要求必須在當日答覆，如前舉里耶簡 8-653+9-1370 中，洞庭太守府要求在九月一日之前給出答覆，遷陵縣守丞分別在八月一日和九月十一日兩次予以答覆，第一次答覆顯然在期會日期之前。里耶簡 9-2284 中貳春鄉守吾按規定將芻稾、荥石數上報給遷陵縣廷的日期是四月二十六日，也在期

[①]　張德芳主編，孫占宇著：《居延新簡集釋（一）》，蘭州：甘肅文化出版社，2016，466頁。

會時限"會五月朔日"之前。

第四,失期會或者如期會的主體多爲文書。《周禮·天官·宰夫》載:"歲終則令群吏正歲會,月終則令正月要,旬終則令正日成,而以攷其治。治不以時舉者,以告而誅之。"鄭玄注曰:"治不時舉者,謂違時令失期會。"賈公彥疏曰:"云'治不以時舉'者,謂文書稽滯者,故鄭云'違時令失期會'也。"①里耶秦簡9-38載:"以故事稽留,不如守府期會,期會事皆急。"②此簡文可與賈公彥所疏相互發微,文書稽留或稽滯者即爲不如某一機構期會或失期會。居延新簡EPF22:321載"具言如莫府守府",③似指形成文書上報莫府守府,簡文中如或不如某一機構,可指文書的去向。

因此,"期會"可能并非如凌文超、徐暢所言爲約期相聚、會同辦公。從一般行政事務處理考量,行政事務均有丞會同不同職掌的掾史共同集會辦理,會造成丞分身乏術的情況,在行政運作中并不現實。侯旭東指出,走馬樓吳簡中包括標注有"期會掾"在内的君教文書中"涉及的事務基本都是縣級官府日常面臨的定期事務或經常出現的事務,大多有先例、故事或律科可因循,無需衆官吏集會來討論處理,祇需要檢查文書對工作進行得如何進行監督和核驗"。④

四 期會:秦漢文法吏處理政務的突出特徵之一

秦奉行以法治國,文法吏出任朝廷和地方各級吏員。文法吏群體治理地方、運作政務,多按律令從事。漢朝對此亦有承襲。秦及漢初對政務處理的規定之細緻嚴密,從睡虎地秦簡《秦律十八種》《效律》《秦律雜抄》《法律答問》和張家山漢簡《二年律令》等律文中可窺見一斑。"期會",是文法吏處理朝廷、地方政務時頗爲明顯且較爲重要的風格之一。漢文帝時,賈誼上疏陳政事,其中便有"大臣特以簿書不報,期會之間,以爲大故。至於俗流失,世壞敗,因恬而不知怪,慮不動於耳目,以爲是適然耳。夫移風易俗,使天下回心而鄉道,類非俗吏之所能爲也。俗吏之所務,在於刀筆筐篋,而不知大體"。顏師古注曰:"特,徒也。言公卿大臣特以簿書期會爲急,不知正風俗、厲行義也。"⑤從中可知,特别重視"期會",是精於"刀筆筐篋"之俗吏的突出特徵。《漢書·禮樂志》中也載有類似内容,如"大臣特以簿書不報期會爲故,至於風俗流溢,恬而不怪,以爲是適然耳"。⑥ 兩處文獻中的期會,一作"以簿書不報,期會之間,以爲大故",一作"簿書不報期會爲故",期會與簿書之間的關係頗爲密切。漢宣帝時,博士諫大夫王吉上疏批評宣帝"躬親政事,任用能吏"時說:"陛下躬聖質,總萬方,

---

① 《十三經注疏》整理委員會整理:《周禮注疏》,北京大學出版社,2000,84頁。
② 里耶秦簡博物館、出土文獻與中國古代文明研究協同創新中心中國人民大學中心編著:《里耶秦簡博物館藏秦簡》,上海:中西書局,2016,182頁。
③ 張德芳主編,張德芳著:《居延新簡集釋(七)》,505頁。
④ 侯旭東:《湖南長沙走馬樓三國吳簡性質新探——從〈竹簡(肆)〉涉米簿書的復原說起》,長沙簡牘博物館編《長沙簡帛研究國際學術研討會論文集》,86-87頁。
⑤ 《漢書》卷四八《賈誼傳》,2244-2246頁。
⑥ 《漢書》卷二二《禮樂志》,1030頁。

帝王圖籍日陳於前，惟思世務，將興太平。詔書每下，民欣然若更生。臣伏而思之，可謂至恩，未可謂本務也。欲治之主不世出，公卿幸得遭遇其時，言聽諫從，然未有建萬世之長策，舉明主於三代之隆者也。其務在於期會簿書，斷獄聽訟而已，此非太平之基也。"① 顯然，王吉對宣帝治國理政時的"務在於期會簿書"有所不滿，間接對"宣帝所用多文法吏，以刑名繩下"提出批評。②

地方吏員在處理具體行政事務時，頗爲重視"期會"。由於秦及漢初文法吏群體治理地方模式的影響，雖然漢武帝之後有不少具有儒學背景的士人成爲地方長官，但他們治理地方依然"以期會爲大事"。活躍於漢宣帝時期，尚禮儀、務教化的韓延壽即如此，其出任東郡太守，"治城郭，收賦租，先明布告其日，以期會爲大事，吏民敬畏趨鄉之"。③ 此處之期會，較前舉"簿書不報期會""期會簿書"，與"明布告其日"相關，即韓延壽在進行修繕城郭、收取賦租一類日常政務活動時，事先將具體時間予以刊布，要求吏民在規定日期之前完成。東漢桓帝時，劉梁出任北新城長，"告縣人曰：'昔文翁在蜀，道著巴漢，庚桑瑣隸，風移碨磈。吾雖小宰，猶有社稷，苟赴期會，理文墨，豈本志乎！'乃更大作講舍，延聚生徒數百人，朝夕自往勸誡，身執經卷，試策殿最，儒化大行。此邑至後猶稱其教焉"。④ 劉梁行事與西漢韓延壽有類似處，即在"赴期會，理文墨"之類日常行政工作較好完成的基礎上，努力推行教化。

秦漢文法吏群體重視律令與文書，尤其關注律令規定或文書命令中提出的行政事務的完成時限，也就是所謂的"簿書不報，期會之間，以爲大故"。較强的可操作性和易於核查行政事務完成情况的優點，使其成爲秦漢三國時代朝廷、地方政務處理中一種較爲常見的運作模式并爲後世所沿襲，如《宋書·百官志》載郡官屬"有主記史，催督期會，漢制也，今略如之"。⑤

餘論

秦漢時期，文法吏群體在朝廷、地方政務運作中發揮了重要作用，其處理政務的標準爲律令，推動政務運行的方式是文書。文法吏群體爲政的一大特色是重視具體事項的完成時限，在秦漢三國出土政務文書中有較爲充分地展現，即爲了按時完成律令規定的任務，地方郡府縣廷等機構下發文書時，通過標注"恒會""期會""會"等文字給出承辦機構或吏員某項事務的完結日期。

從秦、漢、吴簡文書的情况與史書所載史實來看，政務處理中的期會要求，可能存在一個普遍化的過程。以西漢中期爲界，此前政務處理中的期會可能多針對簿書使用。漢文帝時賈誼所批評的文法吏重視"簿書不報期會爲故"當是有的放矢。嶽麓書院藏秦簡中律令規定

---

① 《漢書》卷七二《王吉傳》，3062-3063 頁。
② 《漢書》卷九《元帝紀》，277 頁。
③ 《漢書》卷七六《韓延壽傳》，3211 頁。
④ 《後漢書》卷八〇《文苑·劉梁傳》，2639 頁。
⑤ 《宋書》卷四〇《百官志》，北京：中華書局，2018，1363-1364 頁。

要求"會"的文書爲吏員功勞簿、上計最、志、群課和徒隸員簿等。里耶秦簡中所見標注有"恒會""會某月朔日"的上報給洞庭郡府或遷陵縣廷的文書,所涉事務有葆繕牛車簿、所買徒隸數、見輼輬輻乘車、見芻槀和茭石數等,是按照郡府、縣廷文書要求上報官署所存徒隸、物品數量的統計簿書。"會"與簿書存在關聯,從漢人鄭玄《周禮》注中亦可窺見。[1]

西漢中期之後,物品統計簿要求期會的慣例依然存在,如吴簡中期會掾所涉事務就有領雜米一時簿、庫領品市布一時簿、雜米旦簿等,但也有簿書之外的舉私學事務等。這表明政務處理中,期會的使用從按律令簿書上報擴大到其他事務,成爲政務處理中常規化、普遍化的操作手段。突出顯示這一轉變的史實,是漢宣帝時韓延壽進行治城郭、收賦租等事務時,明確給出期會要求。可以認爲,西漢中期之後,政務處理中的期會要求推廣到簿書之外的其他事務,如居延新簡 EPF22∶151 中的入關檄留遲責任追查事和長沙五一廣場東漢簡牘 CWJ1③∶325-5-21 中的民事案件處理,甚至於居延新簡 EPT17∶6 中鄣卒歸家休息的時限要求。尤可注意的是,這種轉變的萌芽可能在秦朝基層官府處理緊急事務時中已有使用,但并不普遍。[2]

附記 本文蒙匿名審稿專家多次提出寶貴的修改意見,謹致謝忱。

---

[1] 《周禮·天官·大宰》中載:"歲終,則令百官府各正其治,受其會",鄭玄注曰:"會,大計也。"(《十三經注疏》整理委員會整理:《周禮注疏》,61 頁。)《周禮·天官·小宰》"要會"條鄭玄注引鄭司農認爲:"要會,謂計最之簿書,月計曰要,歲計曰會"。(《十三經注疏》整理委員會整理:《周禮注疏》,69 頁。)在鄭玄看來,會是一整年的統計簿書。睡虎地秦簡《爲吏之道》中有"命書時會,事不且須",(陳偉主編:《秦簡牘合集(第 1、2 輯)》(釋文注釋修訂本),武漢大學出版社,2016,308 頁。)時會與命書對舉,應指簿書。《秦律十八種·行書律》中規定"行命書及書署急者,輒行之"。(陳偉主編:《秦簡牘合集(第 1、2 輯)》(釋文注釋修訂本),133 頁。)那麽,時會文書應和命書一樣,來即處理,不得留遲。

[2] 魯家亮在校釋里耶簡 9-39 時,認爲"期會似指在指定的時間以某人、某物或某事會合。"物品、人員在指定時間會合者,其列舉有簡 8-999 中的"擇拾札、見絲上,皆會今旦"和 8-1252+8-1265 中的"守及士吏,士吏各自將求盜詣廷,會庚午旦"以爲證明(陳偉主編:《里耶秦簡牘校釋(第二卷)》,49 頁)。里耶簡 8-999 中"擇拾札、見絲上"可能爲統計所見絲數量上報,而簡 8-1252+8-1265 中士吏將求盜詣廷的情況可能發生於準軍事場景之中。

秦漢時期的涉水通道*
——簡牘所見"隥"與"梁"解析

- 清華大學出土文獻研究與保護中心
- "古文字與中華文明傳承發展工程"協同攻關創新平臺

李均明

内容提要 四川青川秦牘秦武王二年"命書"及張家山漢簡《二年律令·田律》皆見關於整修渡河設施的規定。與渡河有關的設施包括橋、津、隥(梁)。前二者已爲人們所熟悉,本文則專門討論秦牘"隥"及張家山漢簡"梁"字的結構及意義,説明二字皆指向涉水通道,衹是表達的角度不同而已。隥字上從"隧",下從"水",是涉水通道專用字。文獻及實物表明,實踐中涉水通道有多種形式,主要有:一、淺灘涉水。二、壩梁涉水。三、步石涉水。三種設施之間并没有嚴格的界限,歷代皆被廣泛應用。

關鍵詞 簡牘 隥 梁 步石

四川青川秦牘秦武王二年"命書"及張家山漢簡《二年律令·田律》皆見關於整修渡河設施的規定,爲便於叙述,引録如下:

(一)二年十一月己酉朔朔日,王命丞相戊(茂)、内史匽。民臂(辟)更脩(修)《爲田律》:田廣一步,袤八則,爲畛。畝二畛,一百(陌)道。百畝爲頃,一千(阡)道,道廣三步。封高四尺,大稱其高;捋(埒)高尺,下厚二尺。以秋八月,脩(修)封捋(埒),正彊(疆)畔,及癹千(阡)百(陌)之大草。九月,大除道及阪險;十月爲橋,脩(修)波(陂)

---

* 本文爲古文字工程(2021-2025)規劃項目《中國文書簡的理論研究與體系構建》(G1424)階段成果。

堤,利津隥,鮮草離(薙)。非除道之時,而有陷敗不可行,輒爲之。章手　《青川秦牘》16A[①]

（二）田廣一步,袤二百卌步,爲畛,畝二畛,一佰(陌)道;百畝爲頃,十頃一千(阡)道,道廣二丈。恒以秋七月除千(阡)佰(陌)之大草;九月大除道□阪險;十月爲橋,脩波(陂)堤,利津梁。雖非除道之時而有陷敗不可行,輒爲之。鄉部主邑中道,田主田道。道有陷敗不可行者,罰其嗇夫、吏主者黃金各二兩。□□□□□□及□土,罰金二兩。　《張家山漢簡·二年律令·田律》[②]

例(一)所見爲秦武王二年十一月己酉命書,或可簡稱爲"己酉命書",是迄今所見最早的"命書"抄本墨迹。内容可分爲兩大部分:一是嚴格執行《爲田律》規定的造田標準,以二百四十步爲畝是核心内容,屬硬性規定;二是墾田者有整修道路、橋樑、津渡、水利工程的義務。其中規定了集中整修的時間,以八至十月爲主,臨時有"陷敗"者則不受時間限制。而例(二)所見已將以上兩部分内容合并爲《田律》的一個條款,其後又加懲罰性規定,明確墾田者及各級官吏的責任,對違規者罰款,使内容更加完善。表明秦漢制度一脈相承。[③]

二例中涉及渡河設施的稱謂有橋、津、隥、梁。例(一)"利津隥",例(二)作"利津梁"。"橋"爲橋樑,設橋墩與橋面,水在橋下流,人在橋上走;"津"爲渡口,設碼頭,通常以船擺渡。二者已被人們熟知,此不贅述。律文規定:橋、津、隥(梁)皆須在每年十月同時整修,表明其非一物。三者功能雖然一樣,但形式有區別。其中"隥"與"梁"的關係當如下述。

"利津隥"之"隥",字形作(圖1):

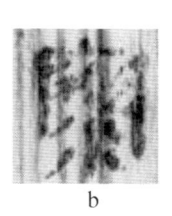

a　　　　b

圖1[④]

釋讀青川秦牘時,對此字的歧義最多,主要如:

---

① 四川省博物館、青川縣文化館:《青川縣出土秦更修田律木牘——四川青川縣戰國墓發掘簡報》,青川縣文物管理所編《青川郝家坪戰國木牘考古發現與研究》,成都:巴蜀書社,2018,1-24頁。釋文已據圖版校改。
② 張家山二四七號漢墓竹簡整理小組:《張家山漢墓竹簡[二四七號墓]》,北京:文物出版社,2001,166頁。本文簡稱《張家山漢簡》。
③ 關於秦武王二年"命書"的考證,詳見拙文《青川秦牘新解》,待刊。
④ 圖1a引自青川縣文物管理所《青川郝家坪戰國墓木牘考古發現與研究》,扉頁。圖1b引自陳偉主編《秦簡牘合集(貳)》,武漢大學出版社,2014,349頁。

李昭和釋爲"深",①于豪亮、李學勤釋爲"梁",②黄盛璋釋"隘",③胡平生、韓自强釋爲"沱",讀"渡",④田宜超、劉釗釋"康",⑤李零釋"衍""岸",⑥陳世輝、湯餘惠、劉洪濤釋"澗",⑦陳偉、高大倫釋"隧"。⑧陳偉、高大論説是。

　　此字上部形旁从餡,是兩座土山相對的形象,《説文》"兩阜之間也,从二阜。"段玉裁注:"似醉切。按:此字不得其音,大徐依鐩讀也。"⑨牘文兩阜之間當爲"豖"字,陳偉、高大倫論述云:

　　　　看彩色照片與紅外影像,此字二"阜"之間、"水"上的部分,似是"豖"。古文獻中,逐、遂二字或混用。如《山海經·西山經》"逐水出焉",郭璞注:"逐,或作遂。"《春秋繁露·考功名》"各逐其弟",淩曙注:"官本案:逐,它本作遂。"《周易·大畜》"良馬逐",馬王堆漢帛書本與雙古堆漢簡本均作"遂",張政烺先生指出:"帛書常以遂爲逐。此處似遂字義長。"⑩

　　論説可從。二氏云秦牘此字或爲"隧"字異體,頗有道理。

　　牘文鐩字上旁"餡"當同"餡",亦爲"隧"字異體。《玉篇》餡部第三百五十五:"餡,似醉切,延道也,今作隧。"⑪字形與牘文上旁類同,區別僅在兩阜間字形,牘文从"豖",而《玉篇》从"豕"。據以上所見古籍"逐"與"遂"偏旁互易的原理,"隧"字偏旁"豕""豖"互易也在情理之中。《説文》"豕,从意也。从八,豖聲",段注:"隨从,字當作豕。後世皆以遂爲豕也。"⑫誠然"豕"从"豖"聲,"餡""餡""隧""遂"皆可通讀,都有道路的意思。牘文"隧"下加水旁,衹是爲了表明它是與水有關的通道而已。《荀子·大略》"迷者不問路,溺者不問遂,亡人好獨",楊倞注:"遂謂徑遂,水中可涉之徑也。"⑬牘文之"鐩"則可明確爲涉水通道。

　　牘文"利津鐩",張家山漢簡作"利津梁"。"津梁"連稱亦見於古籍,如《左傳·昭公八

---

① 李昭和:《青川出土木牘文字簡考》,《文物》1982 年第 1 期。
② 于豪亮:《釋青川秦墓木牘》,《文物》1982 年第 1 期。李學勤:《青川郝家坪木牘研究》,《文物》1982 年第 10 期。
③ 黄盛璋:《青川新出秦田律木牘及其相關問題》,《文物》1982 年第 9 期。
④ 胡平生、韓自强:《解讀青川秦墓木牘的一把鑰匙》,《文史》第 26 輯。
⑤ 田宜超、劉釗:《秦田律考釋》,《考古》1983 年第 6 期。
⑥ 李零:《李零自選集》,西安:陝西師範大學出版社,1998,183 頁。李零:《〈三德〉釋文考釋》,收入《上海博物館藏戰國楚竹書(五)》,上海古籍出版社,2005,296 頁。
⑦ 陳世輝、湯餘惠:《古文字概要》,長春:吉林大學出版社,1988,255 頁。劉洪濤:《釋青川木牘〈田律〉的"利津關"》,青川縣文物管理所編《青川郝家坪戰國墓木牘考古發現與研究》,155-157 頁。
⑧ 陳偉、高大倫:《郝家坪秦墓木牘》,青川縣文物管理所《青川郝家坪戰國墓木牘考古發現與研究》,60-61 頁。
⑨ [漢]許慎撰,[清]段玉裁注:《説文解字注》,上海古籍出版社,1981,737 頁。
⑩ 陳偉、高大倫:《郝家坪秦墓木牘》,青川縣文物管理所編《青川郝家坪戰國墓木牘考古發現與研究》,60-61 頁。
⑪ 張氏澤存堂本影印:《宋本玉篇》,北京:中國書店,1983,420 頁。
⑫ [漢]許慎撰,[清]段玉裁注:《説文解字注》,49 頁。
⑬ [清]王先謙撰,沈嘯寰、王星賢點校:《荀子集解》,北京:中華書局,1988,589 頁。

年》"今在析木之津",孔穎達疏:"隔河須津梁以渡。"①《周禮·合方氏》"合方氏掌達天下之道路",鄭氏注:"津梁相奏,不得陷絶。"②《後漢書·蓋延傳》"破舟檝,壞津梁,僅而得免。"③凡物體拱起的部分多稱"梁",如山梁、棟樑、脊樑、鼻樑,等等。水中拱起的地方亦稱梁,包括水中、水上的所有隆起物皆稱爲"梁",橋亦在其中,故稱"橋樑",此爲廣義之"梁",故橋與梁常互訓。狹義之"梁"則指水中隆起的通道。《說文》"梁,水橋也",段玉裁注:"若《爾雅》堤謂之梁,毛傳:石絶水曰梁。謂所以偃塞取魚者。亦取亘于水中之義,謂之梁。凡《毛詩》自造舟爲梁外,多言魚梁。"④《詩·曹風·候人》"維鵜在梁,不濡其翼",鄭氏箋:"梁,水中之梁。"孔穎達疏:"知梁是水中之梁,魚梁也。"⑤今人比較熟悉的重慶白鶴梁,梁脊比江水常年最低水位高 2 至 3 米,但大多時間掩没在水中,祇有每年冬春之交水位最低的時候露出水面。唐朝起,古人便創立了白鶴梁題刻標記水位,并以"石魚"作爲水文標誌,這就是典型的水梁。⑥ 梁與橋所起作用相同,又形似堤壩,故三者常互訓。《爾雅·釋宫》"堤謂之梁",郭璞注:"即橋也,或曰石絶水者爲梁,見《詩》傳。"⑦

由上可知,水梁(自然的或人工造就的河床隆起處)是古人涉水渡過河溪的主要憑藉物或設施,形式多樣,最常見的有三種:

一是淺灘涉水。淺灘涉水是利用河溪中水最淺的自然段過河,此類河段往往是事先經過勘查、標誌,甚至加工的。《吕氏春秋·察今》"荆人欲襲宋,使人先表澭水,澭水暴益,荆人弗知,循標而夜涉,溺死者千有餘人,軍驚而壞都舍。嚮其先標之時可導也,今水已變而益多矣,荆人尚猶循表而導之,此其所以敗也",奇猷按:"表是植表以便荆人循而涉。表水事尚見他書,《荀子·天論篇》'水行(原作'行水',從俞樾説改)者表深,表不明則陷;治民者表道,道不明則亂',又《大略篇》'水行者表深,使人無陷;治民者表亂,使人無失。'涉水宜預知深淺,本書《處方篇》荆人渡泚水事可證。表爲竿類,如《慎小篇》吴起置表(高注:'置,立也;表,柱也'),《不屈篇》造城者'或操表掇以善睎望'(高注:'表掇:儀度'),《淮南·説林》'縣衡而量則不差,植表而望則不惑',《戰國策·燕策》'左右司馬各營壁地,已植表,明日大雨,山水大出,所營者水皆減表'。"⑧注文所引各書皆圍繞表水事而做解釋,所謂表水即在水中立杆做標誌,目的有二:一是指引方向,二是告知水深。古人常以車馬代步過淺灘,以免當事人直接涉水。《説苑·政理》"景差相鄭,鄭人有冬涉水者,出而脛寒,後景差過之,下陪乘而載之,覆以上衽。晉叔向聞之曰:'景子爲人國相,豈不固哉!吾聞良吏居之,三月而溝渠

---

① 阮元校刻:《十三經注疏》,北京:中華書局,1980,2053 頁。
② 阮元校刻:《十三經注疏》,864 頁。
③ 《後漢書》卷一八,北京:中華書局,1965,688 頁。
④ [漢]許慎撰,[清]段玉裁注:《説文解字注》,267 頁。
⑤ 阮元校刻:《十三經注疏》,385 頁。
⑥ 因下游設堤壩水位提升,白鶴梁已常年在水下,今設有白鶴梁水下博物館。
⑦ 周祖謨:《爾雅校箋》,南京:江蘇教育出版社,1984,64 頁。
⑧ 陳奇猷:《吕氏春秋校釋》,上海:學林出版社,1984,935、940 頁。

修,十月而津梁成,六畜且不濡足,而況人乎?'",校證云:"此與《孟子》所載'子產以其乘輿濟人於溱洧'事略同。《困學紀聞》八云:'叔向之時無景差,當以《孟子》爲正'。"[1]今人乘車涉水過淺灘與之同理。當然,某一淺灘的水深不一定全都一樣,稍深處可以通過人工抛入沙石等方法提高河床,這些石頭俗稱"石砩",使該段溪水變淺。《廣韻·廢韻》:"砩,以石遏水曰砩。"[2]據下文所見秦漢時期生産力的發展水準,做到這些應該是很容易的事情。

　　二是壩梁涉水。壩梁涉水是通過攔河築壩的方法,提高上游水位,使水流從壩頂溢過,而人畜亦可從其上通行,俗稱"溢水壩"或"滚水壩",聞名於世的秦靈渠分水堤爲其典型。靈渠,古稱秦鑿渠,又稱零渠、陡河、興安運河,秦史監禄於公元前214年爲運輸軍糧而鑿,長約30公里,寬約5米,包括鏵嘴、大小天平、陡門、南渠、北渠、秦堤、堰壩等主要部分。分水堤由相連的鏵嘴及大、小天平組成。首當其衝的堤首,因形似犁鏵,故名"鏵嘴"。"鏵嘴"後接着兩條長堤:北堤稍長,稱"大天平";南堤稍短,稱"小天平"。三者組建成人字形分水堤。"鏵嘴"前端直指湘江上游,將水流一分爲二。一般認爲三分南流,被"小天平"引入南渠;七分北流,被"大天平"引入北渠(三、七分流非恒定值)。南渠向西延伸流入灕江,北渠向北延伸流入湘江。對於靈渠的水利功能,人們已比較熟悉,[3]但對壩梁的通行功能尚需重視。作爲主水道的南渠和北渠,水道較深,無疑需要造橋纔能跨過,但渠寬畢竟祇有5米,跨度不大,架橋還是比較容易的。而總長近1里地的大、小天平,更適合於壩梁通行。這樣纔能做到泄水與通行兩不誤。如果説南渠、北渠是水運的主航道,則由南渠橋——小天平——大天平——北渠橋構連在一起的過河設施便是陸路通行之要道。大、小天平的壩梁設計非常精巧:大天平在北,長約360米、寬10米左右。小天平在南,長約120米,寬4.5米左右。建設大、小天平時,先在鬆散的河床沙石裏夯入密集的松木樁(飽含松脂,不易腐爛),其上之壩頂則用每個重達數噸的長條形青石横向堆砌,再在石與石之間鑿出斧形槽口,然後往凹槽裏倒入生鐵水,鐵水冷却凝固後便將各個構件鉚連成一個整體,非常牢固。石堤外側呈緩斜坡形(即滚水部分),因用長片石嵌砌,形似魚鱗,故稱"魚鱗石"。大、小天平不僅起着蓄水排洪的作用,其上亦可行人,即使是在汛期,祇要不是特大洪水,水流也祇没過脚背。當然,大、小天平的壩梁設計,無疑達到當時的頂尖水準,成本極高。而普通的壩梁,祇要能溢水又能行人即可,不必那麼複雜,故可普及。

　　三是步石涉水,就是踩着石頭過河。步石通常是人工搭建的,將石頭豎立水中,互不相連,空隙之間可流水,魚亦可上下游貫。今人所用稱謂很多,如矼步、碇步、磴步、汀步、跳巖、跳跳巖、馬齒橋、琴橋、踏步橋、䵶䵶、石磴橋等。由於步石的結構與古人偃塞溪流又開口設籠捕魚的"魚梁"相同,即皆兼有通水、通行功能。《詩·谷風》"毋逝我梁,毋發我笱",孔穎達疏引鄭司農云:"梁,水堰。堰水而爲關空,以笱承其空。然則梁者爲堰以障水,空中央,承

---

[1] 〔漢〕劉向撰,向宗魯校證:《說苑校證》,北京:中華書局,1987,165頁。
[2] 余迺永校注:《新校互注宋本廣韻定稿本》,上海人民出版社,2008,391頁。
[3] 關於靈渠的全面情況,可參見鄭連第《靈渠工程史略》,北京:水利電力出版社,1986。

之以笱,故云笱所以捕魚也。"①《詩經》亦多見水鳥佇立梁上的記載,除上文《候人》所見,又《白華》"有鶖在梁,有鶴在林",鄭氏箋:"鶖也,鶴也,皆以魚爲美食者也。"又"鴛鴦在梁。"②知步石亦是捕魚的理想場所,故人們統稱之爲"魚梁",也不難理解。古書中還有許多與步石相關的叫法,如稱爲"砅",《説文》"履石渡水也",段玉裁注:"謂若今有水汪,甃甎石而過,水之至小至淺者也。"③是説"砅"就像今天我們用磚頭、石塊墊高地面以通過漫水的地方一樣。古代又稱之爲"石杠""彴"等,《爾雅·釋宮》"石杠謂之徛",郭璞注:"聚石水中以爲步渡彴也。"④徛,《説文》"徛,舉脛有渡也",段玉裁注:"郭曰:聚石水中以爲步渡彴也。"⑤用步石過河的辦法來源甚早,遠古徑稱之爲"黿鼉"。《竹書紀年·周紀》輯録"黿鼉爲梁"的故事,從不同的用詞可以反映其形態,如輯《廣韻》卷一《二十二元》:"《紀年》曰:穆王十七年,起師至九江,以黿爲梁。"輯《藝文類聚》卷九《水部》:"《紀年》曰:周穆王十七年,伐楚,大起九師,至於九江,比黿鼉爲梁。"輯《太平御覽》卷七三《地部》:"《紀年》曰:周穆王七年,大起師,東至於九江,架黿鼉爲梁。"⑥黿鼉是中國神話傳説中的巨鱉和揚子鱷之類。當然,《紀年》所指"黿鼉"不是真的指巨鱉之類,而是形似鱉、鱷的橢圓形、長條形巨石。輯録中各書對實施過程採用不同的表達形式,恰好可以顯示出完整的步石畫面,謂"以黿爲梁"指以其爲壩梁、橋樑;謂"比黿鼉爲梁"指將之排列爲壩梁、橋樑;謂"架黿鼉爲梁"指用之架設爲壩梁、橋樑。三者的組合正好反映步石的功能與完整形象。步石體現了橋樑的原始狀態,是從"梁"到"橋"的過渡階段,步石猶如排列成一條綫的石墩,每個都可以成爲橋墩,衹要在其上鋪上木板或石板,便是名副其實的"橋樑"。直至今天,在淺河、小溪比較多的地方,步石的應用仍然比較普遍。我國境內留存的中古步石也不少,浙江省泰順縣仕陽鎮溪東村所見仕水矴步爲其典型。⑦ 當然,經過加工的淺灘、壩梁與步石之間并沒有絕對的界限:在淺灘上堆積比較多的沙石,便形成溢水的壩梁;而在壩梁上排列露出水面的石頭,無疑就形成爲步石。有些地方則又是多種設施的綜合運用,如靈渠所見,同一過河地點,既過兩座橋,又過兩座壩梁,盡顯先人智慧。

以上僅爲秦漢時期人們涉水過河常用的三種手段與設施。簡牘所見"檠"是從廣義的角度泛指涉水通道;"梁"指狹義的過河設施,張家山漢簡《田律》所見特指步石之類涉水設施,而其他古籍所見則包括橋樑。

---

① 阮元校刻:《十三經注疏》,304 頁。
② 阮元校刻:《十三經注疏》,497 頁。
③ [漢]許慎撰,[清]段玉裁注:《説文解字注》,556 頁。
④ 周祖謨:《爾雅校箋》,64 頁。
⑤ [漢]許慎撰,[清]段玉裁注:《説文解字注》,77 頁。
⑥ 方詩銘、王修齡校注:《古本竹書紀年輯證》,上海古籍出版社,2005,49 頁。
⑦ 參見國家文物局《全國重點文物保護單位(第六批)》,北京:文物出版社,2008,第 5 集,220 頁。

海昏漢簡《易占》"四靈"初探

□ 遼寧師範大學歷史文化學院　易蕭

内容提要　海昏漢簡《易占》中有虯、麎、爵、虎四種禽蟲分别與子、卯、午、酉四仲月相配,此四禽實際組成一個新的"四靈"系統。文獻文物中有以蛇爲北方之靈的情况,蛇主要指螣蛇。《易占》中的虯亦即螣蛇一類,其形象介於龍、蛇之間,在文物遺迹上多有出現。由《易占》三十六禽和"四靈"的情况,或可推斷《易占》所配禽蟲最初的抄寫樣式。

關鍵詞　海昏漢簡　《易占》　四靈　虯　螣蛇

　　海昏漢簡《易占》中有與重卦和時令相配的禽蟲,其種類十分豐富,對於研究古代數術的配禽系統特别是三十六禽(及十二屬)有重要意義。[①] 其中虯(虯龍)、麎、爵、虎四種禽蟲較爲特别,筆者懷疑它們與文獻中習見的"四靈"有關,故嘗試對相關問題作初步探討。文中錯謬之處,敬請方家不吝賜正。

一　《易占》配比禽蟲的依據及種類

　　中國傳統占筮術特别喜歡用禽蟲作爲信息符號,以輔助於吉凶判斷,這在傳世及出土文獻中十分常見,我們已非常熟悉。雖然禽蟲數目衆多,但大多皆可歸入《五行大義・論禽蟲》

---

* 本文寫作得到國家社科基金重大項目"清華簡與儒家經典的形成發展研究"(16ZDA114)和教育部人文社會科學研究青年基金項目"長沙馬王堆漢墓帛書《周易》經傳研究史與集釋疏證"(21YJC770003)的資助。
① 釋文皆據李零先生《海昏竹書〈易占〉初釋》一文,收入朱鳳瀚主編《海昏簡牘初論》,北京大學出版社,2020,254-267頁。另,三十六禽系統以動物爲主,但也有如生木、老木、死火等非動物,《五行大義》統稱之爲"禽蟲",爲便於討論,本文亦沿用"禽蟲"一詞。

所總結的幾種禽蟲系統之中。相關禽蟲系統，析而言之即如下：

其一是"四靈"，其配比依據是天文星象和四方（五行）觀念。中國古代天文學將天赤道附近的星空分成東、南、西、北四個部分，并以四種動物作爲象徵，此即"四靈"。"四靈"有多種説法，最爲流行的是東方青龍屬木、南方朱雀屬火、西方白虎屬金、北方玄武屬水（詳下文）。四方加上中央爲五方，五方對應五行，於是又以麒麟（或黄龍）配中央土，結合四方之靈組成"五靈"；若以勾陳、螣蛇配中央土，則結合四方之靈又可組成所謂"六獸"。

其二是八卦配禽，其配比依據是八卦之象。按《周易·説卦傳》以乾爲馬，坤爲牛，震爲龍，巽爲雞，坎爲豕，離爲雉，艮爲狗，兑爲羊。進一步申説，則乾又"爲良馬，爲老馬，爲瘠馬，爲駁馬"，坤"爲子母牛"，震"爲龍……於馬也，爲善鳴，爲馵足，爲作足，爲的顙"，①坎"於馬也，爲美脊，爲亟心，爲下首，爲薄蹄，爲曳"，離"爲鱉，爲蟹，爲蠃，爲蚌，爲龜"，艮"爲狗，爲鼠，爲黔喙之屬"。②

其三是十二屬及三十六禽，其配比依據是十二地支之象。以一個禽蟲配一個地支，如子配鼠、丑配牛，則十二地支分别與十二個禽蟲一一對應，此即十二屬（又稱十二生肖）；以三個禽蟲配一個地支，如子配燕、鼠、伏翼，丑配牛、蟹、鱉，則十二地支共配三十六個禽蟲，此即三十六禽。在配禽上，傳世及出土文獻中所見各版本三十六禽系統會有一些差異，但大體上是相同的。此外，又有"二十八星禽"，即將二十八宿分别與二十八個禽蟲相配。二十八星禽的配比原則、禽蟲種類基本與三十六禽一致，祇是在數量上少了八個，故二者應有相同的來源，不過產生時間的先後則尚難確定。

可以説，傳統占筮所使用的體系相對完整的禽蟲系統主要就是上述三種。雖然三種系統中的禽蟲各有異同，甚至在五行屬性和排列方位上還互相矛盾，但其基本配比思想仍是一致的，即以陰陽、五行學説爲核心。在具體應用上，三種系統常結合使用，却又各有側重。其他一些散見禽蟲多是在這三種系統的基礎上推排、引申而來，其基本理論依據亦不出陰陽、五行、八卦與十二支等。③

《易占》簡文中出現的禽蟲約有56個（包括重複出現的），④它們分别與六十四重卦和16個時空坐標相配。如坤卦爲"季冬牛吉"，屯卦爲"豕東北卦穫吉"。⑤ 16個時空坐標包括十二月（孟春、仲春、季春、孟夏、仲夏、季夏、孟秋、仲秋、季秋、孟冬、仲冬、季冬）和四維（東南、

---

① 虞翻以爲此處震"龍"當作"駹"，下文艮"狗"當作"拘"。見［唐］李鼎祚撰，王豐先點校《周易集解》，北京：中華書局，2016，534頁。
② 以上各卦之象見［唐］李鼎祚撰，王豐先點校《周易集解》，514-515、517-534頁。
③ 另，敦煌出土 S.612V、P.5024B、P.4881 三個卷子中皆抄録有《推十二禽獸法》，其中以鳳凰、白鶴、麒麟、鴻鳥、鵲雞、鷙子、獐禄、鴿鳥、孔雀、鳩鴿、朱雀、鷹鳥等十二中動物配十二地支。這十二禽獸與十二生肖有較大差别，與三十六禽也僅有少許相同之處，當屬另外一種配禽系統。其説較爲罕見，且後世已不再使用，故僅附記於此，以備參考。有關釋文可直接參考關長龍輯校《敦煌本數術文獻輯校》，北京：中華書局，2019，1291-1292、1347-1348頁。
④ 詳情可參考易蕭《海昏漢簡易占類文獻研究》，清華大學博士學位論文，2022，127-131頁。
⑤ 朱鳳瀚主編：《海昏簡牘初論》，255頁。

西南、西北、東北)。有一些禽蟲雖不見於已知的禽蟲系統,但通過考察可知,它們的種類和配比原則仍與上述三種系統密切相關。

首先,《易占》中多數禽蟲可確定或推定與十二屬及三十六禽有關,主要包括配子之鼠、大雪(伏翼),配丑之牛、解(蟹),配寅之虎、豺,配卯之兔、貈(貉),配辰之龍、鮫(鮫)、角(魚)、錯(鯔),配巳之蛇、蓷(雉),配未之羊、雁、解(麝),配申之䶂、毋隻(玃)、夏(嬰),配酉之雞,配戌之狼,配亥之夷俞(蛦蝓)、貎(㺉)以及配東北之貳(蚤)、鴅(鴜鳶)、穫(獾),配東南之蠦、節且(蝍蛆),配西南之鵠、臬(鵚),配西北之豹、老坫(窘)、舩興(豿熊),等等。① 將這些禽蟲與我們所熟知的三十六禽(及十二屬)進行對照即一目瞭然,二者有甚多相近或相同之處。至於四維所配之禽,看似與十二支無關,但通過比較可知,其實仍與四維所屬的某一地支對應,如師卦之"蠦"主要對應東南中的巳,泰卦之"鵠"主要對應西南中的未,故實際也與三十六禽有關。②

在傳統觀念中,四維是包含於十二支之内的,即東南屬辰、巳,西南屬未、申,西北屬戌、亥,東北屬丑、寅。然而,《易占》却將四維獨立出來,與十二月并舉,組成16個時空坐標。我們知道,漢代分卦值日之説如"六日七分法"一般將六十四重卦配入十二月中,而《易占》却將六十四卦配入16個時空坐標中,似與漢代流行的做法格格不入。③ 而由四維所配之禽可知,四維所配之卦同樣還是與四維中某一具體的地支(即月)相對應,换言之,四維所配之卦及時日可能最終仍要分别歸入十二月中,并非獨立出來。

此外,還有一些見於三十六禽但所配地支有差異的禽蟲,推測當屬於抄譌,如無妄卦配酉之"䶂"原當配申,④明夷卦配戌之"雞"原當配酉,大有卦配戌之"豕"疑當與大過卦配亥之"大"(疑爲"犬"之壞字)調换,豫卦配亥之"龍"疑涉配子之"蚓龍"而誤。此類常見禽蟲的配比應是當時的數術通説,一般不會混淆,而簡文中出現如此多的譌誤,在很大程度上説明抄手對數術知識和簡文内容不熟悉。

其次,八卦配禽在《易占》中也有體現。我們知道,有些禽蟲同時見於四靈、八卦配禽與三十六禽(及十二屬)中,但它們的五行屬性或方位却可能是衝突的。然而,《易占》却非常巧妙地化解了三種配禽系統的一些矛盾之處。從八卦配禽來看,雖一般以乾爲馬、爲西北(對應戌、亥),但傳統解釋又以乾爲龍,而《易占》則以屬子之"蚓龍"配乾;震爲龍、爲東方,《易占》同樣以屬子之"蚓龍"配震;坤爲牛、爲西南(對應未、申),《易占》則以屬丑之"牛"配坤;離爲蟹、爲南方,《易占》則以屬丑之"蟹"配離。更巧的是,在納甲筮法中乾、震兩卦六爻

---

① 按,筆者對原釋文中的部分禽蟲名稱有改釋,詳見易蕭《海昏漢簡〈易占〉所見禽蟲校讀瑣記》,待刊。
② 詳見易蕭《海昏漢簡〈易占〉所見禽蟲校讀瑣記》,待刊。
③ 詳見易蕭《海昏漢簡〈易占〉考述》,《出土文獻》2022年第2期。
④ 分别見朱鳳瀚主編《海昏簡牘初論》,257、259頁。按,簡文原作"鼠",當爲"䶂"之譌。鼠、䶂形近易混,大壯卦所配之"鼠"亦當爲"䶂"之譌。

所配地支完全一樣,而《易占》同時以"虯龍"配乾、震,顯示出兩卦的特殊關係,亦令人稱奇。① 另外,謙卦簡文云:"馬,西北,卦吉。"整理者説:"馬見十二屬。"②十二屬及三十六禽中皆以馬配午,但西北對應戌、亥,故不當配馬。不過,《説卦傳》以"乾爲馬",乾於八方爲西北,不知《易占》以馬配西北是否與此有關。③

二 《易占》中的"四靈"

如上文所述,《易占》中多數禽蟲可確定或推定與三十六禽有關。其中有幾種禽蟲較爲特别,它們的配比與三十六禽有明顯衝突,而却與"四靈"系統極爲相似。

首先,最爲明顯的是虎。三十六禽是以十二地支配 36 種不同的動物,故一種動物祇對應某一地支,没有重複。然而,《易占》中却有一種動物對應多個地支的情况,其中一部分是抄訛所致,另一部分可能不誤。簡文中虎出現四次,分别在小過(孟春)、晉(仲秋)、困(仲秋)、未濟(仲秋)四卦中。孟春爲寅,三十六禽一般以虎屬寅,故孟春配寅没有問題;仲秋爲酉,三十六禽中常配的動物爲雞、烏、雉之類,如《易占》同人卦也是以"雞"配酉,但上述三卦皆以虎配酉,與此矛盾。④ 我們以爲這種配法應該不是抄訛,當是四靈與方位的配比。"四靈"中虎配西方,其説見於歷代文獻,亦有河南濮陽西水坡 45 號墓(仰韶時代)蚌虎、曾侯乙墓(戰國早期)漆箱蓋星圖及戰國以來的銅鏡紋飾等文物遺迹作爲參照,學者已十分熟悉,兹不贅述。以八方而言,則是正西方爲虎,於八卦爲兑位,故《易·革》九五爻云"大人虎變",李鼎祚《集解》引宋衷注曰:"兑爲白虎。"⑤十二辰中酉爲正西,爲"四正"之一,正可對應"四靈"之虎。《漢書·叙傳》"伯姐歸於龍虎",孟康注曰:"卯爲龍,酉爲虎也。"⑥明確指出以虎配酉。對於虎配寅、酉的矛盾,前人也早已注意并試圖進行解釋,如蕭吉《五行大義》曾專門討論曰:"問:'寅位在東,何忽白虎居西?'答曰:'凡五行相雜,無有獨在一方之義。東方自是木行相次,白虎居西,是殺戮之威。如震在東方,正至於龍;乾之六爻,并是龍象。震取其運動,乾譬聖人,自取龍有飛潛之德。爲象各異,故無定準也。如《考異郵》云陰陽相雜,不妨分在東方,此立靈通,隱顯無定,寧可一執?'"⑦

其次是爵。《易占》中"爵"出現兩次,一見於噬嗑卦(配仲夏),一見於剥卦(配西南)。⑧整理者讀"爵"爲"雀",可從。《説文·隹部》:"雀,依人小鳥也。从小隹。讀與爵同。"段注

---

① 有關《易占》涉及納甲筮法的情况,可參考易蕭《海昏漢簡〈易占〉考述》。
② 朱鳳瀚主編:《海昏簡牘初論》,256 頁。
③ 筆者先前徑以爲《易占》以馬配西北就是依據西北爲乾,現在看來或略顯武斷,特此説明,見易蕭《海昏漢簡〈易占〉考述》。
④ 按:未濟當配孟秋,而非仲秋,故實際不當與虎配,見易蕭《海昏漢簡〈易占〉考述》。
⑤ 〔唐〕李鼎祚撰,王豐先點校:《周易集解》,306 頁。
⑥ 《漢書》卷一〇〇上,北京:中華書局,1962,4219 頁。
⑦ 劉國忠:《〈五行大義〉研究》,瀋陽:遼寧教育出版社,1999,附《五行大義》校文,293 頁。
⑧ 皆見朱鳳瀚主編《海昏簡牘初論》,257 頁。

曰：“今俗云麻雀者是也。其色褐，其鳴節節足足。禮器象之曰爵。爵與雀同音，後人因書小鳥之字爲爵矣。”①三十六禽中以鴈、鷹、鵙等配未，《易占》中季夏（未）及西南（對應未、申）配有鴈、鵠、鵙等鳥類，兩者配比的禽類大致一樣。然而，雀在外形、大小等方面，與上述鴈、鵠、鵙、鷹等有較大差異，故恐難歸入一類。疑"爵"當是漢代人常説的"神爵"。漢宣帝以"五采"神爵之祥瑞而改元曰"神爵"，《急就篇》"鳳爵鴻鵠鴈鶩雉"顔師古注曰：“爵謂神爵……神爵之形，或大如鷃，黄喉白頸，黑背而腹斑文，或大如鳩而背五色。”②《文選·揚雄〈羽獵賦〉》：“麒麟臻其囿，神爵棲其林。”李善引《漢書注》曰：“神雀大如雞，斑文。”③則"爵"無疑爲鳳凰之類，正與四靈系統的朱雀相應，即出土漢代銅鏡銘文中常見之"朱爵"。同時，"爵"位在南方，若參考上文虎配仲秋，顯然以仲夏（午）配爵更爲合適，而非像鴈、鷹、鵙之類配未，故疑西南配爵或是抄寫之譌。

再次是麕、麋。隨卦云：“中（仲）春麕（？）吉。”整理者於"麕"後加問號而未解釋原因，推測是原字殘泐，整理者暫釋爲"麕"。豐卦云：“季夏麋吉。”④依全篇體例，豐卦當配仲春，此處"季夏"應爲"仲春"之譌。⑤麕、麋皆爲鹿類，《説文·鹿部》：“麕，麞也。”《周禮·考工記·畫繢》"山以章"，鄭玄注曰：“'章'讀爲'獐'。獐，山物也。在衣。齊人謂麕爲獐。”又，《説文·鹿部》：“麞，麕屬。”⑥據此，則麕、麋、獐（麞）實際可看作一物。另外，原簡圖版尚未公佈，麕、麋二字形近，故也不排除殘泐之"麕"即是"麋"字的可能。

整理者又説"三十六禽有鹿、獐"。⑦按，三十六禽中確有鹿、獐（麞），但皆配午，而與《易占》中配卯（仲春）不同。不過，卯爲正東，正東爲震位，而震剛好可配麕鹿、鹿之類。《易·屯》六三爻云"即鹿無虞"，《集解》引虞翻曰：“震爲麋鹿。”《易·比》九五爻云"失前禽"，《集解》引虞翻曰：“震爲鹿。”⑧這樣一來，麕、麋配卯就比較合理了。

又，在漢代人的觀念中，麒麟是與麕、麋較爲接近的動物。如《爾雅·釋獸》曰：“麐，麕身，牛尾，一角。”⑨《孔叢子·記問》稱"麟"爲："麕身而肉角。"⑩《搜神記》載孔子泣麟事引《孝經右契》曰：“吾所見一獸，如麕，羊頭，頭上有角，其末有肉。”⑪《牟子理惑論》曰：“麟，麕

---

① ［漢］許慎撰，［清］段玉裁注：《説文解字注》卷四上，上海古籍出版社，1988，141 頁。
② ［漢］史游撰，張傳官校理：《急就篇校理》卷四，北京：中華書局，2017，363 頁。
③ ［梁］蕭統編，［唐］李善等注：《六臣注文選》卷八，北京：中華書局，1987，166 頁。
④ 以上分別見朱鳳瀚主編《海昏簡牘初論》，257、264 頁。
⑤ 見易蕭《海昏竹書〈易占〉校讀零札》，復旦大學出土文獻與古文字研究中心網站，2021 年 9 月 27 日。
⑥ 分別見［漢］許慎撰，［宋］徐鉉校定《説文解字》卷五下，北京：中華書局，1963，202 頁；趙伯雄整理《周禮注疏》卷四〇，北京大學出版社，2000，1306-1307 頁。
⑦ 朱鳳瀚主編：《海昏簡牘初論》，257、264 頁。
⑧ 分別見［唐］李鼎祚撰，王豐先點校《周易集解》，50、81 頁。
⑨ 李傳書整理：《爾雅注疏》卷一〇，北京大學出版社，2000，366 頁。又，《説苑》説與此同，但於"牛尾"後多"圓頂"二字，見［漢］劉向撰，向宗魯校證《説苑校證》卷一八，北京：中華書局，1987，455 頁。
⑩ 傅亞庶：《孔叢子校釋》卷二，北京：中華書局，2011，97 頁。
⑪ ［晉］干寶撰，李劍國輯校：《搜神記輯校》，北京：中華書局，2019，76 頁。

身,牛尾,鹿蹄,馬背。"①《説文·鹿部》曰:"麒,仁獸也。麇身,牛尾,一角。"又曰:"麟,大牝鹿也。"段玉裁注曰:"牝,各本及《集韻》《類篇》皆譌'牝',今正。"②麒麟像麇或大牝鹿應是當時一種通識。另外,《漢書·武帝紀》又載有武帝元狩元年冬十月獲白麟及作《白麟之歌》事,顔師古注曰:"麟,麇身,牛尾,馬足,黄色,圜蹄,一角,角端有肉。"這是漢代著名的獲麟事件。③《論衡·講瑞》曰:"周獲麟,麟似麏而角;武帝之麟,亦如麏而角。"④《史記·司馬相如列傳》"徼麋鹿之怪獸",《集解》引《漢書音義》曰:"麋鹿得其奇怪者,謂獲白麟也。"⑤《文選·司馬相如〈封禪文〉》"徼麋鹿之怪獸"劉良注亦曰:"麋鹿,麟也。"⑥此皆以漢武帝所獲之白麟爲麏、麋之類。因此,《易占》中所謂"麋""麏"當然也可能即指麒麟。

麒麟爲"四靈"之一的説法甚早,《禮記·禮運》曰:"麟、鳳、龜、龍謂之四靈。"⑦《漢書·王莽傳上》曰:"麟鳳龜龍,衆祥之瑞。"⑧對於《禮記》之説,孔穎達《正義》曰:

《異義》:"《公羊》説,麟,木精;《左氏》説,麟,中央軒轅大角之獸;陳欽説,麟是西方毛蟲。許慎謹按:《禮運》云麟、鳳、龜、龍謂之四靈。龍,東方也。虎,西方也。鳳,南方也。龜,北方也。麟,中央也。"

鄭駁云:"古者聖賢言事亦有効,三者取象天地人,四者取象四時,五者取象五行。今云麟鳳龜龍謂之四靈,是則當四時明矣。虎不在靈中,空言西方虎者,麟中央得,則無近証乎?"⑨

關於麟所對應的方位,許慎《五經異義》列出了東方、中央、西方三種觀點。許慎與鄭玄的主要分歧在於麟是否屬於"四靈"以及麟應配何方,這或許也是當時人的普遍困惑。還要注意的是,《鶡冠子·度萬》曰:"騏麟者,玄枵之獸,陰之精也。"⑩《爾雅·釋天》曰:"玄枵,虛也。"⑪則麟又可以配北方。此外,馮時先生還據文物遺迹等資料論述麒麟曾配北方。⑫ 以麟配東方之説,除上引許慎言外,還有《太平御覽》卷八八九引《春秋保乾圖》曰:"歲星散爲

---

① 見[梁]僧祐編《弘明集》卷一,民國間上海商務印書館《四部叢刊》影印明汪道昆刊本,12b-13a 頁。
② [漢]許慎撰,[清]段玉裁注:《説文解字注》卷一〇上,470 頁。
③ 《漢書》卷六,174 頁。
④ [漢]王充撰,黄暉校釋:《論衡校釋》,北京:中華書局,2017,842 頁。
⑤ 《史記》卷一一七,北京:中華書局,1959,3065-3066 頁。
⑥ [梁]蕭統編,[唐]李善等注:《六臣注文選》卷四八,908 頁。
⑦ 龔抗雲整理:《禮記正義》卷二二,北京大學出版社,2000,818 頁。又,《孔子家語·禮運》説與此同,見高尚舉、張濱鄭、張燕校注《孔子家語校注》卷七,北京:中華書局,2021,429 頁。
⑧ 《漢書》卷九九上,4074 頁。
⑨ 龔抗雲整理:《禮記正義》卷二二,821 頁。
⑩ 黄懷信:《鶡冠子校注》卷中,北京:中華書局,2014,146 頁。
⑪ 李傳書整理:《爾雅注疏》卷六,195 頁。
⑫ 馮時:《中國天文考古學》,北京:社會科學文獻出版社,2001,315-318 頁。

麟。"同卷又引《春秋演孔圖》曰:"蒼之滅也,麟不榮也。麟,木精也。麒麟鬭,日無光。"宋均注曰:"麟,木精,木生於水,故曰陰。木氣好土,土黃木青,故麟色青黃。"①《五行大義·論五靈》又進一步闡釋道:"《衍孔圖》以麟爲木精,龍則非木……公羊高以麟爲木精,木生於火……今解以木者,觸也,有觸冒之義。"②孔穎達《禮記正義》曰:"麟屬東方,取其性仁,則屬木也。"③由上可見,《易占》以麇、麋配東方或正與麒麟作爲東方之靈有關。

最後是蚪。蚪,簡文寫作"軌",全篇凡兩見:一見於乾卦,以仲冬配"軌龍";一見於震卦,以仲冬配"軌"。整理者説:"軌,几與九形近易誤,疑本从九,字同觓,讀爲蚪。《説文解字·虫部》《廣雅·釋魚》以蚪爲龍子有角者。龍見十二屬。"④其説可從。按,《周禮·小史》"史以書叙昭穆之俎簋",鄭玄注曰:"故書'簋'或爲'几'。鄭司農云:几讀爲軌,書亦或爲簋,古文也。"⑤段玉裁《説文注》釋"甌"引鄭注皆改"几"爲"九"。⑥《説苑·敬慎》云"魯有恭士名曰机氾",盧文弨曰:"《古今人表》有'仇氾',向宗魯曰:"'机',疑當作'杬'(古簋字),與'仇'皆从'九'聲。或又疑'机''杬'皆'仇'之誤。"⑦《干禄字書·上聲》於"軌、軌"下注曰:"上通下正。"⑧《龍龕手鑑·車部》曰:"軌,居水反,法也,車迹也。《説文》《字樣》皆从九。"同書《水部》又以汍、汎爲異體。⑨可見几、九之形譌多見,从几、从九之字甚至可作異體混用。蚪爲龍、蛇之類,但十二屬及三十六禽中的龍、蛇之類却皆與辰、巳相配,此處蚪與仲冬(即子)相配顯然矛盾。同時,從上文的討論可知,《易占》配仲春之麇、仲夏之爵、仲秋之虎皆屬於"四靈",而獨缺北方一靈,故疑配仲冬之蚪即作爲北方之靈。至於這種配法的可能性,下文會有所討論。

從全篇來看,蚪、麇、爵、虎似乎皆與四仲相配,且皆對應兩卦。歸結起來,即蚪對應乾、震,麇(及麋)對應隨、豐,爵對應噬嗑和另一卦(非剥卦,因簡文有抄誤,已不可考),虎則對應晉、困。

三 蚪何以爲北方之靈

中國古代文獻及文物遺迹中有關四靈的資料數量極多,可謂不勝枚舉,足見四靈之説分布之廣,流傳之久。文獻中的四靈(包括五靈)系統有數種,考察先秦至漢魏之間傳世文獻的相關記載,其大致情況可列表如下(表1):

---

① 分別見《太平御覽》卷八八九《獸部一》,北京:中華書局,1960,3950、3951頁。
② 劉國忠:《〈五行大義〉研究》,附《五行大義》校文,292–293頁。
③ 龔抗雲整理:《禮記正義》卷二二,821頁。
④ 按,整理者意見及"軌"字圖版分別見朱鳳瀚主編《海昏簡牘初論》,255、262、263頁。
⑤ 趙伯雄整理:《周禮注疏》卷二六,821–822頁。
⑥ [漢]許慎撰,[清]段玉裁注:《説文解字注》卷五上,194頁。
⑦ [漢]劉向撰,向宗魯校證:《説苑校證》卷一〇,264頁。
⑧ [唐]顔元孫:《干禄字書》,王雲五主編《叢書集成初編》,上海:商務印書館,1936,16頁。
⑨ 分別見[遼]釋行均《龍龕手鑑》,上海書店出版社,1984,59、169頁。

表1 早期文獻中的"四靈"系統比較

	東方	南方	西方	北方	中央	備注
《吳子·治兵》	青龍（蒼龍）	朱鳥（朱雀、赤鳥）	白虎	玄武（龜蛇）		《春秋繁露·服制像》、《禮記·曲禮》、《漢書·王莽傳下》、《白虎通·論陰陽盛衰》、《論衡·物勢》、《論衡·龍虛》、《三輔黃圖·未央宮》、《神異經》、《神龜賦》（曹植）、《五行大義·論五靈》引《尚書刑德放》、《開元占經》卷一八引"巫咸曰"、《歷林問答集》引《尚書考靈曜》說同
《史記·天官書》	蒼龍	朱鳥	咸池	玄武		
《月令章句》	蒼龍	朱雀	白虎	玄武	麒麟	
《六韜·五音》	青龍	朱雀	白虎	玄武	勾陳	《太平御覽》卷七三六引蔡邕《祖餞祝》說同
《石氏星經》	蒼龍	朱鳥	白虎	玄武	黃龍	《淮南子·天文》《靈憲》說同①
《河圖》	青龍	赤鳥	白虎	玄虵	黃龍	按,《初學記》卷二二引
《禮記·禮運》	龍	鳳	麟	龜		《孔子家語·執轡》《孔子家語·禮運》《孔叢子·記問》《説苑·辨物》《漢書·王莽傳上》說同
《大戴禮記·易本命》	蛟龍	鳳凰	麒麟	神龜		
《孝經鈎命訣》	龍麟	鸑鳳	白虎	玄龜	黃龍	按,《五行大義·論五靈》引②
《子華子·北宫意問》	蒼龍	朱鳥	伏虎	玄龜	鳳凰	
《古微書》卷一八引《禮稽命徵》	龍	鳳	虎	龜	麟	《禮記·禮運》孔穎達疏引許慎《五經異義》說同
《周禮·考工記·輈人》	龍（交龍）	鳥（鳥隼）	熊（熊虎）	龜蛇		《周禮·春官·司常》說同、《續漢書·輿服志》"龜蛇"作"龜"

---

① 按,《續漢書·天文志上》劉昭注引《靈憲》以朱鳥爲朱雀,玄武爲靈龜,見《後漢書》卷一○○,北京:中華書局,1965,3216頁。
② 按,《孔子家語·執轡》曰:"鱗蟲三百有六十,而龍爲之長。"《大戴禮記·曾子天圓》曰:"鱗蟲之精者曰龍。"《禮記·月令》曰:"春……其蟲鱗。"則此處所謂"龍麟"或即是"龍鱗",鱗爲水中鱗蟲之類,而與麒麟無關。以上分別見高尚舉、張濱鄭、張燕校注《孔子家語校注》卷六,358頁;[清]王聘珍撰,王文錦點校《大戴禮記解詁》卷五,北京:中華書局,1983,100頁;龔抗雲整理《禮記正義》卷一四,523頁。

按，由上表可以看出，傳世文獻中作爲北方之靈的動物主要就是玄武（龜蛇）和龜兩種，相對較爲固定。

相較文獻而言，古代文物遺迹上保存的四靈圖像則更加豐富，它們常成對或三四個同時出現，四靈造型也多種多樣。單就北方之靈來説，先秦秦漢以來最爲常見的形象主要是與龜蛇有關的玄武。程萬里先生曾對漢代文物及遺迹上的四靈形象進行了較爲全面的收集和整理，并將北方玄武的造型分爲"龜蛇相纏""祇有龜而無蛇""龜蛇不相纏"和"一龜二蛇"四個類型。[1] 以上四種類型其實可以歸結爲兩種，一是龜形，一是龜蛇之形，與文獻記載相近。

以前學者多認爲北方之靈最早是鹿，如見於趙寶溝文化小山遺址的刻紋陶尊、虢國墓地出土青銅鏡和曾侯乙墓漆箱身。[2] 不過，近年浙江餘杭卞家山出土的殘損黑陶雙鼻壺（編號G1②:87）已挑戰了此説。其壺身殘存有刻畫的動物圖像，儘管殘損嚴重，但從動物的排列位置上，仍可判斷其中鳥上龜下的圖形，很大可能就是四靈中的鳳與龜。[3] 陶壺屬於新石器時代晚期的良渚文化，可見以龜爲四靈之一也有很早來源，未必就晚於鹿。至漢代，文物遺迹上大量存在以單獨的龜作爲北方之靈的情況，前文已有提及，而文獻中稱"龜""神龜"或"玄龜"爲北方之靈也比較常見。這些資料都在強調龜的形象，而與蛇没有太大關係。

"玄武"的流行也不會晚於戰國時代，除上文所舉《六韜》《石氏星經》《孔叢子》《孔子家語》《吴子》《周禮》等文獻的系統記載之外，還有《楚辭·遠游》"召玄武而奔屬"之説，足見玄武的確立可能不是之前學者所説的"在西漢初年或稍前的一段時間内完成的"。[4] 傳世文獻中記載的"玄武"形象主要爲龜蛇合體，這一形象之産生不晚於戰國時期，如《周禮·春官·司常》曰："龜蛇爲旐。"同書《考工記·輈人》又曰："龜蛇四斿，以象營室也。"《戎事類占》引《石氏星經》曰："北方黑帝，其精玄武，爲七宿，有龜蛇蟠結之象。"[5]而漢代文物遺迹上最流行、普遍的玄武形象正是龜、蛇同時出現，祇是在具體形態上有一些差異。

然而，除上述兩種之外，還有一種單以蛇作爲北方之靈的情形。《左傳》襄公二十八年載梓慎曰："今兹宋、鄭其饑乎？歲在星紀，而淫於玄枵，以有時菑，陰不堪陽。蛇乘龍。龍，宋、鄭之星也，宋、鄭必饑。玄枵，虚中也。枵，耗名也。土虚而民耗，不饑何爲？"杜預注曰："蛇，玄武之宿，虚、危之星。龍，歲星。歲星，木也。木爲青龍，失次，出虚、危下，爲蛇所乘。"[6]梓慎直接稱玄武之宿爲蛇，顯然是以蛇作爲北宫七宿的主要形象，而與龜無涉。不過，由於文

---

[1] 詳見程萬里《漢畫四神圖像》，南京：東南大學出版社，2012，92-98頁。
[2] 馮時先生認爲此類鹿形之獸皆爲麒麟，見其著《中國天文考古學》，315-318頁。王小盾亦從馮說，見其著《中國早期思想與符號研究：關於四神的起源及其體系形成》，上海人民出版社，2008，931頁。
[3] 參見良渚博物院編《良渚文化刻畫符號》，上海人民出版社，2015，32-33頁；王仁湘《良渚文化四神新體系猜想》，《南方文物》2021年第1期。
[4] 分別見［宋］洪興祖《楚辭補注》，北京：中華書局，1983，171頁；馮時《中國天文考古學》，319頁。
[5] 分別見趙伯雄整理《周禮注疏》卷二七、四〇，859、1283頁；［元］李克家《戎事類占》卷九，續修四庫全書編纂委員會編《續修四庫全書》，上海古籍出版社，2002，第1051册，373頁。
[6] 浦衛忠等整理：《春秋左傳正義》，北京大學出版社，2000，1230-1232頁。

獻稀少,這一說法過去一直没有引起學者的重視。① 近年來公布的出土文獻,則爲此説提供了不少堅實的證據。清華簡《四時》中有四維之説,即青維、玄維、白維、赤維,其中"青維"又稱"青龍",赤維又稱"鳥星",玄維又稱"蛇星"。② 清華簡《五紀》又有"東維龍,南維鳥,西維虎,北維蛇"之記載。③ 另外,上博簡《容成氏》曰:"東方之旗以日,西方之旗以月,南方之旗以蛇,中正之旗以熊,北方之旗以鳥。"④ 雖然蛇、鳥方位與上述文獻的記載正好相反,但也不排除有抄寫謆誤的可能,又或者戰爭中旗幟的使用就是要與蛇星、鳥星之方向相衝。無論如何,這都能證明蛇、鳥是成對出現作爲南、北方之代表。由此可見,先秦之時以蛇爲北方之靈并非罕見。

我們知道,數術文獻多歷代相承,後世雖有部分理論的增删,但多數内容或核心理論都是沿襲早期的説法,因此,我們也能在後世文獻中發現相關記載。例如,《初學記》卷二二"九名五法"條下注引《河圖》曰:"風后曰:予告汝帝之五旗,東方法青龍曰旗,南方法赤鳥曰鼠,西方法白虎曰典,北方法玄虵曰旐,中方法黃龍曰常。"⑤ 也是以"玄蛇"配北方。又,古代兵法中有天、地、風、雲、飛龍、翔鳥、虎翼、蛇蟠"八陣"之説。唐代李筌《太白陰經》認爲飛龍陣居震,虎翼陣居兑,鳥翔陣居離,蛇蟠陣居艮,"龍虎鳥蛇爲四奇"。⑥ 宋施子美《施氏七書講義》則以"震爲龍,兑爲虎,離爲鳥,坎爲蛇"。⑦ 無論蛇居艮位(東北),還是坎位(正北),其皆爲北方之代表而與龍、虎、鳥相配。又,英藏敦煌卷子《後唐同光二年甲申歲具注歷日附錄》(S.2404A)中有"八龍、七鳥、九虛(虎)、六蛇日"之説,⑧ 北宋時期編纂的《武經總要》中也有相同説法,其中以龍、鳥、虎、蛇并舉,蛇自然是作爲北方之靈。⑨ 這些記載正是早期觀念的遺存。

當然,與龍、鳳一樣,作爲北方七宿代表的蛇是有神性的,故文獻中常以其爲"螣蛇"一類

---

① 姚娟娟已據出土漢代墓室壁畫提出"蛇"曾作爲北方之靈,但未引傳世及出土文獻互證,且對"蛇""玄武"形象作爲北方之靈的時代有誤解,詳見其著《從西漢中山國的兩件銅器談四神圖像的形成與演變》,湖南省博物館編《湖南省博物館館刊》第 14 輯,長沙:嶽麓書社,2018,395-400 頁。
② 黃德寬主編:《清華大學藏戰國竹簡(拾)》,上海:中西書局,2020,128 頁。
③ 黃德寬主編:《清華大學藏戰國竹簡(拾壹)》,上海:中西書局,2021,112 頁。
④ 諸家釋讀意見詳俞紹宏、張青松《上海博物館藏戰國楚簡集釋》,北京:社會科學文獻出版社,2019,第 2 册,270-271 頁。
⑤ 《初學記》卷二二《武部·旌旗第一》,北京:中華書局,1962,524 頁。
⑥ [唐]李筌:《神機制敵太白陰經》卷六《握奇外壘》,1921 年上海博古齋影印清張海鵬輯《墨海金壺》本。
⑦ [宋]施子美:《施氏七書講義》卷四〇《唐太宗李衛公問對》,《中國兵書集成》編委會編:《中國兵書集成》,北京:解放軍出版社,瀋陽:遼瀋書社,1992,第 8 册,1091 頁。另,[元]曉山老人《太乙統宗寶鑒》卷一七《明五陣三陣八陣之原》、[明]茅元儀《武備志》卷五四《司馬法握奇營記》、[明]王鳴鶴《登壇必究》卷三四《諸葛亮八陣記》等書皆從此説,今不備引。
⑧ 篇名及釋文皆據關長龍輯校《敦煌本數術文獻輯校》,85 頁。
⑨ [宋]曾公亮等:《武經總要》後集卷二〇"擇歲月日時法"條,《景印文淵閣四庫全書》,臺北:臺灣商務印書館,1986,第 726 册,945 頁。按,"九虎、六蛇",明萬曆二十七年金陵富春堂刻本《武經總要》、明萬曆二十五年厭原山館刻本《戎事類占》卷二〇、明萬曆二十七年刻本《登壇必究》卷五、明崇禎刻本《戰守全書》卷一七皆作"九蛇,十虎"。此中數目皆以五行成數而論,故當以"九虎、六蛇"爲是。

之靈物。按,《韓非子·十過》曰:"騰蛇伏地,鳳皇覆上。"①《文選·王延壽〈魯靈光殿賦〉》曰:"朱鳥舒翼以峙衡,騰蛇蟉虯而繞榱。"②皆明確以螣蛇與朱鳥對舉,且方位也相對,可知以螣蛇爲北方之靈在戰國時期已出現。按,靈光殿爲西漢景帝時魯恭王劉餘所建,王延壽於序中稱"其規矩制度,上應星宿",結合全文來看,所謂"朱鳥""騰蛇"正是就星宿而言。王延壽生活在東漢中後期,此時龜蛇合體的玄武形象早已定型,而王氏仍稱"螣蛇",可知當時所見靈光殿上所繪必是蛇形,而非龜蛇合體之形。另外,1992年山東滕州市官橋鎮大康留莊出土一塊東漢晚期畫像石上有天文星象圖,其中與朱雀(背負日輪,日中有三足鳥)相對的正是一似龍似蛇之物(環繞月輪,月中有玉兔、蟾蜍),我們認爲其正是上述文獻所説之"螣蛇"。③這至少説明從西漢初到東漢末,一直存在以"螣蛇"爲北方之靈的傳統,特別是在涉及天文星象的圖像中。

又,《文選·張衡〈思玄賦〉》云:"玄武縮于殼中兮,騰蛇蜿而自糾。"李周翰注曰:"龜與蛇交曰玄武,北方神獸也。殼,甲也。騰蛇似龍,亦北方獸也。或縮於甲中殼,自宛而糾繞,皆苦寒也。"④句中玄武、騰蛇可有兩種理解:一是玄武即龜,螣蛇即龜上之蛇,二物合成龜蛇之形;一是玄武爲龜蛇合體,螣蛇別是一物。正如李注所云,《思玄賦》包括這兩句在内的一大段文字皆是描寫"苦寒"之狀,而當時龜蛇合體的玄武形象已定型,若因寒冷而"縮于殼中"祇是龜的形態,那麼龜上之蛇將是何形態? 從文意上看,顯然不能置蛇不顧,而另舉一螣蛇成文。因此,當按第一種理解,即"玄武"實即玄龜,前一句是説龜因寒冷而縮入殼中,後一句是説龜上之蛇因寒冷而踡曲,寫兩者不相交之狀。若從修辭上看,上下兩句實爲互文,當合而觀之。⑤ 此外,《五行大義·論禽蟲》云:"騰蛇居火之末,在土之初,而爲灰神。以蛇配龜,共爲玄武。無有正方,故爲灰神。"⑥蕭吉顯然也認爲玄武形象中的蛇即是螣蛇。

需要注意的是,雖然作爲北方七宿形象之蛇有"螣蛇"之名,但其與北方七宿之外的螣蛇星官却無必然聯繫。有不少學者認爲以龜蛇結合作爲北宫玄武的形象出現較晚,并認爲先由虚、危二宿組成了龜形,後又將虚、危之北的螣蛇星官移用作蛇形,最後再共同組成了玄武。⑦ 此説可追溯到宋儒,朱熹曰:"虚、危星如龜,騰蛇在虚、危度之下,故爲玄武。"⑧元初學

---

① [清]王先慎撰,鍾哲點校:《韓非子集解》卷三,2版,北京:中華書局,2013,69頁。
② [梁]蕭統編,[唐]李善等注:《六臣注文選》卷一一,219頁。
③ 畫像石拓片見中國畫像石全集編輯委員會編《中國畫像石全集》,濟南:山東美術出版社,鄭州:河南美術出版社,2000,第2册,157頁。
④ [梁]蕭統編,[唐]李善等注:《六臣注文選》卷一五,282頁。
⑤ 又,《藝文類聚》卷三引梁蕭子雲《歲暮直廬賦》曰:"藏玄武於太陰,蟄螣虵於高霧。"其中,玄武、螣虵所指實與《思玄賦》一致。見[唐]歐陽詢撰,汪紹楹校《藝文類聚》,上海古籍出版社,1982,57頁。
⑥ 劉國忠:《〈五行大義〉研究》,附《五行大義》校文,294頁。
⑦ 參見馮時《中國天文考古學》,432頁;陳器文《玄武神話、傳説與信仰》,西安:陝西師範大學出版社,2013,8頁。
⑧ [宋]黎靖德輯:《朱子語類》卷一三八,朱傑人等主編:《朱子全書》(修訂本),上海古籍出版社,合肥:安徽教育出版社,2010,第18册,4279頁。

者俞琰又對朱子之説進行補充："玄武,即烏龜之異名。龜,水族也。水屬北,其色黑,故曰玄龜。有甲,能捍禦,故曰武。其實祇是烏龜一物耳。北方七宿如龜形,其下有螣蛇星。蛇,火屬也。丹家借此以喻身中水火之交,遂繪爲龜蛇蟠蚪之象,世俗不知其故,乃以玄武爲龜蛇二物。"[1] 明代王英明《歷體略》又曰："玄龜,一名天黿。《國語》曰'辰在天黿',即女、虚玄枵之分也,而室上有螣蛇二十二,故曰玄武,象爲龜蛇。或云:玄,蛇也;武,龜也。虚、危以前象蛇,室、壁象龜。"[2] 不過,其説最初可能是受戰國時期《石氏星經》的啓發,《開元占經》卷六五《螣蛇星占》引《石氏》曰："螣蛇二十二星在營室北。螣蛇,天蛇也,主水蟲。又,螣蛇,蛇之牡也,與龜、鱉交,水蟲之長也,水中之蟲皆屬螣蛇。"[3]

然而,這種觀點却有一個無法彌縫的矛盾,即螣蛇二十二星本不在北方七宿之中,又如何能代表北方七宿呢? 而且,上述《石氏星經》根本没有涉及螣蛇星與北方七宿的關係,故難以推出上述觀點。同時,《戎事類占》卷九引《石氏星經》又曰："北方黑帝,其精玄武,爲七宿,有龜蛇蟠結之象。牛,蛇象。女,龜象。虚、危、室、壁,皆龜蛇蟠蚪之象。司冬,司水,司北嶽,司北方,司介蟲三百有六十。"[4]《開元占經》卷六七《北極鈎陳星占》引《荆州占》曰:"蒼龍、白虎、朱雀,七星;玄武,虚、危。"[5] 知北方七宿内部之間(主要是虚、危二宿)即有龜蛇結合之象,故不必去七宿之外另尋星官。1987 年發現於西安交通大學西漢墓的星象圖中,虚、危二宿(5 個黑點)組成了一個五角閉合圖像,閉合圖像中還畫有一條黑色小蛇,學者多認爲其與玄武形象有關。[6] 2015 年,考古工作者在陝西省靖邊縣楊橋畔渠樹壕發掘了一座東漢壁畫墓,其墓室拱頂所繪星象圖中亦有二十八宿圖案,其中虚宿二星、危宿三星(5 個白點)相連呈"圭"形,與西安交通大學西漢墓星象圖的畫法極爲相似。略有不同的是,該圖虚、危二宿皆繪成自我纏繞的蛇形,閉合圖形中間還繪有一隻龜,似正從虚宿向危宿昂首爬去。這顯然也是在表現"玄武"之形象,但蛇、龜并没有纏繞在一起,且虚、危二宿皆以蛇形爲主。[7] 上述二圖皆與《荆州占》之説相符,皆明確顯示了北方虚、危二宿内部便可以找出蛇形,而不必去牽合螣蛇星官。

綜上可知,螣蛇在西漢及之前曾作爲北宫之象,而玄武形象中的蛇有時也被稱作"螣蛇",且此"螣蛇"與北宫七宿之外的螣蛇星官并無必然關係。

《易占》及其他文獻中的"蚪"可與南方之靈"鳳"對舉,且與螣蛇爲一類,故當然可以作

---

[1] [元]俞琰:《席上腐談》卷上,《景印文淵閣四庫全書》,臺北:臺灣商務印書館,1986,第 1061 册,606 頁。
[2] [明]王英明:《歷體略》卷中,任繼愈主編:《中國科學技術典籍通彙》,鄭州:大象出版社,2015,第 11 册,27 頁。
[3] [唐]瞿曇悉達:《開元占經》,《景印文淵閣四庫全書》,臺北:臺灣商務印書館,1986,第 807 册,644 頁。
[4] [元]李克家:《戎事類占》,續修四庫全書編纂委員會編《續修四庫全書》,第 1051 册,373 頁。
[5] [唐]瞿曇悉達:《開元占經》,《景印文淵閣四庫全書》,第 807 册,667 頁。
[6] 陝西省考古研究所、西安交通大學:《西安交通大學西漢壁畫墓》,西安交通大學出版社,1991,25 頁。又,整理者認爲這五顆星皆屬於虚宿,與危宿無關,其説不可從,見同書 35 頁。
[7] 圖像詳情見陝西省考古研究院、靖邊縣文物管理處《陝西靖邊縣楊橋畔渠樹壕東漢壁畫墓發掘簡報》,《考古與文物》2017 年第 1 期。

爲北方之靈。上文引《離騷》"駟玉虬以椉鷖兮",王逸注曰:"鷖,鳳皇別名也。《山海經》云:鷖身有五采,而文如鳳。"① 明以虬、鳳對舉,這與前述騰蛇、鳳皇(朱鳥)對舉本質上是一致的。螣蛇之爲物,《説文·虫部》曰:"螣,神蛇也。"②《爾雅·釋魚》曰:"螣,螣蛇。"③《荀子·勸學》云:"螣蛇無足而飛。"④《韓非子·難勢》引《慎子》曰:"飛龍乘雲,騰蛇游霧,雲罷霧霽,而龍蛇與螾螘同矣。"⑤《淮南子·主術》曰:"螣蛇游霧而動,應龍乘雲而舉。"⑥ 郭璞注《爾雅》曰:"龍類也,能興雲霧而游其中,淮南云蟒蛇。"又曰:"蟒,蛇最大者。"⑦ 可知螣蛇爲龍一類神物,或認爲即是蟒蛇。至於虬,《説文·虫部》曰:"虬,龍子有角者。"然而,段注却説:

> 各本作"龍子有角者",今依《韻會》所據正,然《韻會》尚誤多"子"字。李善注《甘泉賦》引《説文》"虬龍無角者",他家所引作"有角",皆誤也。王逸注《離騷》《天問》,兩言"有角曰龍,無角曰虬",高誘注《淮南》同。張揖《上林賦注》、《後漢書·馮衍傳》注、《玉篇》、《廣韻》皆曰"無角曰虬",絶無"龍子有角"之説。惟《廣雅》云"有角曰虯,即虬字。無角曰蛟,即螭字",其説乖異,恐轉寫之譌,不爲典要。⑧

法國國家圖書館藏有敦煌文獻《瑞應圖》(P.2683)一卷,其中"黄虬"條曰:"一名龍無角曰虬,一則虬龍子也。"⑨ "虬"即"虬",這段記載正可佐證段注。不過,段注所云并非完全正確。按,《漢書·司馬相如傳》"六玉虬",顔師古注引張揖曰:"龍子有角曰虬。"⑩《文選·謝靈運〈登池上樓〉》"潛虬媚幽姿",李善注引《説文》曰:"虬,龍有角者。"⑪《楚辭·離騷》"駟玉虬以椉鷖兮",洪興祖補注曰:"《説文》云龍子有角者。"⑫ 再加上《瑞應圖》的記載,足以説明今本《説文》"龍子""有角"之説也有較早的來源,不一定是後世轉寫之譌。"虬"的形象差異,應是早期傳聞異辭造成,其是非尚不可遽定。當然,無論如何,虬是外形介於龍、蛇之間的神物

---

① [宋]洪興祖:《楚辭補注》,25頁。
② [漢]許慎撰,[宋]徐鉉校定:《説文解字》卷一三上,278頁。
③ 李傳書整理:《爾雅注疏》卷九,337頁。
④ [清]王先謙撰,沈嘯寰、王星賢點校:《荀子集解》卷一,2版,北京:中華書局,2013,11頁。
⑤ [清]王先慎撰,鍾哲點校:《韓非子集解》卷一七,423頁。
⑥ 劉文典撰,馮逸、喬華點校:《淮南鴻烈集解》卷九,北京:中華書局,1989,337頁。
⑦ 皆見李傳書整理《爾雅注疏》卷九,337頁。
⑧ [漢]許慎撰,[清]段玉裁注:《説文解字注》卷一三上,670頁。
⑨ 按,日本學者小島祐馬最先公布録文,并定名作"祥瑞圖説"。王重民先生後改題作"瑞應圖",又推測其作者當在梁陳之世,并從引文中不避唐諱推斷爲六朝寫本,見其著《敦煌古籍敘録》,北京:商務印書館,1958,167—173頁。
⑩ 《漢書》卷五七上,2563頁。
⑪ [梁]蕭統編,[唐]李善等注:《六臣注文選》卷二二,408頁。
⑫ [宋]洪興祖:《楚辭補注》,25頁。

是没有爭議的。又,《淮南子·精神》"越人得髯蛇以爲上肴",高誘注曰:"髯蛇,大虺也。"①髯蛇即蚺蛇,是與蟒接近的大蛇。由此可見,所謂虺與螣蛇、蚺、蟒外形相似,大小可能也相近,應當看作一類。因此,在古人觀念中作爲北宮七宿代表的"蛇""螣蛇"與"虺"在本質上没有太大差異,皆指一種似蛇、龍類動物,名異而實同。

作爲北方之靈的"虺"或"螣蛇"圖像,在一些文物遺迹中也有發現。2002年河南葉縣舊縣鄉4號墓(墓主應爲春秋晚期許國國君許靈公)出土一件鉞形戟(編號M4:79),其鋬部以一虎、一鳳、一龍(夔龍)及四蛇(蟠蛇)爲飾,這四種物動也很容易讓人聯想到"四靈",其中的"蟠蛇"也正與"虺"相對應。② 1987年發現的河南永城柿園梁王墓主室頂部彩繪壁畫中有四個主要動物,即龍、鳥、虎和一身體蜷曲之獸,學者多認定其爲四靈。其中蜷曲之獸,學者有"玄武""白虺""小龍""魚婦""魚龍"等不同解釋,現在看來,"小龍"或"白虺"的說法應該是相對準確的。③ 仔細觀察原圖,蜷曲之獸爲長喙,有小角、背鰭、腹鰭和分叉魚尾,這些地方都與漢代龍形的典型特徵相符。這類龍形在出土西漢壁畫墓中比較常見,如洛陽燒溝61號壁畫墓(西漢晚期)隔梁上三角形雕磚上龍紋、咸陽36號空心磚漢墓(西漢中晚期)磚上龍紋以及洛陽卜千秋墓(西漢昭宣時期)、洛陽淺井頭西漢壁畫墓(編號CM1231,西漢成帝至新莽時期)、洛陽新安縣磁澗鎮里河村西漢壁畫墓(西漢中晚期至新莽)三墓頂脊壁畫的龍皆是如此。④

西漢器物上的龍形也與之類似,如1968年發掘的滿城2號漢墓中出土銅熏爐(編號2:3004)上的龍也有長喙、背鰭及分叉魚尾等特徵。⑤ 尤值得注意的是,1982年湖北江陵馬山1號戰國楚墓出土刺繡上有一種由"小龍"、鳳、虎、"大龍"四種動物組成的紋飾,"一側是一隻鳳鳥,雙翅張開,有花冠,脚踏小龍。另一側是一隻滿身布紅黑(或灰)條紋的斑斕猛虎,張牙舞爪朝前方奔逐大龍",這種所謂的"龍鳳虎紋"實際上正是在表現"四靈",其中的"小龍"正是"虺"之類。⑥ 其實,無論是梁王墓壁畫上的"虺"還是刺繡上的"小龍",其形態皆與商周以來的所謂"蟠螭紋""夔龍紋""曲龍紋"之類近似。它們的形象介於龍、蛇之間,而體形相對

---

① 劉文典撰,馮逸、喬華點校:《淮南鴻烈集解》卷七,291頁。
② 平頂山市文物管理局、葉縣文化局:《河南葉縣舊縣四號春秋墓發掘簡報》,《文物》2007年第9期。
③ 詳見閻道衡《永城芒山柿園發現梁國國王壁畫墓》,《中原文物》1990年第1期;倪潤安《論兩漢四靈的源流》,《中原文物》1999年第1期;顧森《秦漢繪畫史》,北京:人民美術出版社,2000,48頁;賀西林《古墓丹青:漢代墓室壁畫的發現與研究》,西安:陝西人民美術出版社,2001,16-17頁;鄭清森《河南永城柿園漢墓壁畫淺析》,《中原文物》2002年第6期;王良田《柿園漢墓壁畫考釋》,《商丘師範學院學報》2007年第11期。
④ 分別見河南省文化局文物工作隊《洛陽西漢壁畫墓發掘報告》,《考古學報》1964年第2期,圖版捌;咸陽市文管會、咸陽市博物館《咸陽市空心磚漢墓清理簡報》,《考古》1982年第3期;洛陽博物館《洛陽西漢卜千秋壁畫墓發掘簡報》,《文物》1977年第6期;洛陽市第二文物工作隊《洛陽淺井頭西漢壁畫墓發掘簡報》,《文物》1993年第5期;沈天鷹《洛陽出土一批漢代壁畫空心磚》,《文物》2005年第3期;沈天鷹《洛陽博物館新獲幾幅漢墓壁畫》,《考古與文物》2006年第5期。
⑤ 中國社會科學院考古研究所、河北省文物管理處:《滿城漢墓發掘報告》,北京:文物出版社,1980,257頁。
⑥ 湖北省荊州地區博物館:《江陵馬山一號楚墓》,北京:文物出版社,1985,63頁,圖版見70頁。

較短的特點，或正是爲了與普通的龍形進行區分。

至於虯（螣蛇）爲何有鰭或魚尾，則與其作爲龍、魚之類有關。龍與蛇、魚皆關係密切，故漢代龍形紋飾常有蛇尾、魚尾兩種。如籠統而言，虯龍、螣蛇之類實際又能歸入魚類，故自然也可有鰭或魚尾。例如，《爾雅》便將螣蛇、蟒之類歸入《釋魚》中。又，《開元占經·螣蛇星占》引《石氏星經》云："水蟲之長也，水中之蟲皆屬螣蛇。"又引《黄帝》曰："螣蛇星明，水蟲茂，魚鹽賤；星不明，則水蟲衰耗，魚鹽貴。"①螣蛇既爲水蟲之長，又與魚類的生長有關，足見時人認爲螣蛇與魚爲一類，故爲螣蛇畫上魚鰭、魚尾也就不奇怪了。前文已論證玄武形象中與龜纏繞的蛇也可稱作"螣蛇"，則其蛇也必然會出現有鰭或魚尾的情況。翻檢出土資料，我們發現咸陽26號空心磚漢墓出土1號磚上殘存的玄武像，其蛇尾部正有一鰭（圖1）；陝西西安漢城遺址出土的四神瓦當中，龍與玄武的尾部皆有分叉，屬於變形的魚尾形（圖2）。②

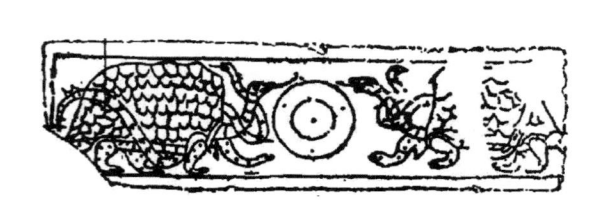

圖1　咸陽M26墓磚玄武紋　　　　圖2　漢城遺址出土玄武紋瓦當，編號651

同時，我們也可看到，玄武紋瓦當中的蛇頭上有明顯的小角（或亦可解釋爲耳朵），這種情況在陝西榆林、米脂、綏德等地出土的漢代畫像石玄武像中皆能見到，③又在一定程度上證明前文所論今本《説文》虯爲"龍子有角"之説確有較早來源。

總結來説，文物遺迹中的"虯"形象多爲長喙，或有角或無角，身體踡曲，或有背鰭，尾部爲蛇形或魚尾形（或有分叉），整體形象介於龍、蛇之間，實際上與商周以來的所謂"蟠螭紋""蟠虺紋""曲龍紋"及"夔龍紋"之類近似。《史記·司馬相如列傳》"蛟龍赤螭"，《正義》曰："文穎云：龍子爲螭。張揖曰：雌龍也。二説皆非。《廣雅》云：有角曰虯，無角曰螭。按，此皆龍類而非龍。"④虯、螣蛇也正是"龍類而非龍"之物。

又按，《尚書·堯典》"日中，星鳥，以殷仲春"，孔穎達疏曰："日中謂春分之日。鳥，南方朱鳥七宿。殷，正也。春分之昏，鳥星畢見，以正仲春之氣節。"按，古人觀察星象，尤其關注

---

① 皆見[唐]瞿曇悉達《開元占經》，《景印文淵閣四庫全書》，第807册，644頁。
② 分別見咸陽市文管會、咸陽市博物館《咸陽市空心磚漢墓清理簡報》，《考古》1982年第3期；傅嘉儀《秦漢瓦當》，西安：陝西旅游出版社，1999，329頁。
③ 詳見中國畫像石全集編輯委員會編《中國畫像石全集》，第5册，8、23、51、178頁。
④ 《史記》卷一一七，3017頁。

天上四組恒星與分、至四時（四仲月）的對應，《堯典》中"日永，星火，以正仲夏……宵中，星虚，以殷仲秋……日短，星昴，以正仲冬"，皆是此例。[①] 而最初來自天文學的"四靈"，正是相關星宿的代表，也自然與四時（四仲月）有密切的對應關係。《易占》中"四靈"多與四仲月相配，其思想來源或即在此。

總而言之，《易占》中虯、麇、爵、虎四禽組成了一個新的"四靈"系統，爲考察文獻文物中的"四靈"特別是北方之靈提供了重要的幫助，《易占》的文獻價值也得以體現。

餘論

除《易占》簡文外，海昏侯墓出土的其他文獻、文物中也有一些有關北方之靈的資料。比如，墓中出土的數術類殘簡中就明確提到"東方青龍，西方白虎，南方朱鳥，北方玄武"，這是以"玄武"爲北方之靈。[②] 再如，車馬坑出土的錯金銀銅當盧（編號 K1：286），其正面最底部爲一長頸之龜，與頂部之朱雀相對應；主槨室西室南部出土的青銅熏爐，其底座爲朱雀立於龜之上。[③] 這都是前文所述以龜的形象爲北方之靈的情況。另外，墓中還出土有一幅"孔子衣鏡"，衣鏡掩正面有一篇《衣鏡賦》，賦中云："右白虎兮左倉龍，下有玄鶴兮上鳳凰。"以"玄鶴"爲四靈之一是首次見到。同時，衣鏡邊框還繪有鳳凰、蒼龍、鳳凰、玄武（殘泐）圖像。[④] 同一墓中出土的文獻文物中北方之靈即有多種，足見當時北方之靈形象的不穩定性。

由《易占》中三十六禽和"四靈"的情況，我們或可推斷出這些禽蟲最初的抄寫樣式。上文已論《易占》配禽有一種誤抄的情況，即相鄰兩個地支所配禽蟲會混淆。例如，"龜"本配申，而申、酉相鄰，抄手誤以"龜"配酉；"鷄"本配酉，而酉、戌相鄰，抄手誤以"鷄"配戌。按《易占》中有六十四卦，每卦各占一簡，并對應某一地支（或方位）及禽蟲。因此，以編聯成册的竹書而言，出現這種譌誤說明地支相鄰的兩枚竹簡（即兩卦）位置是比較接近的。整理者將《易占》簡文按今本《周易》卦序排列，這個卦序正將地支相鄰的兩枚竹簡編排在一起。[⑤] 然而，《易占》全篇中僅有兩卦配"鷄"，一爲同人（配酉），一爲明夷（配戌），如果按整理者的編聯，兩卦之間相隔了 22 枚簡，不太可能產生上述抄寫譌誤。同理，無妄卦配"龜"的抄譌也不當產生。

因此，可能有兩種情況會導致這種譌誤出現：其一，《易占》配比的禽蟲最初是抄成一幅

[①] 以上皆見廖名春、陳明整理《尚書正義》卷二，北京大學出版社，2000，33-35 頁。
[②] 江西省文物考古研究院等：《江西南昌西漢海昏侯劉賀墓出土簡牘》，《文物》2018 年第 11 期。
[③] 分別見江西省文物考古研究所等《南昌市西漢海昏侯墓》，《考古》2016 年第 7 期；江西省文物考古研究所、首都博物館編《五色炫曜：南昌漢代海昏侯國考古成果》，南昌：江西人民出版社，2016，85 頁。
[④] 王意樂、徐長青、楊軍等：《海昏侯劉賀墓出土孔子衣鏡》，《南方文物》2016 年第 3 期。
[⑤] 按，《易占》六十四卦可能是以今本《周易》卦序排列，但也不排除使用八宮之類其他排法的可能，詳見易蕭《海昏漢簡〈易占〉考述》。

式圖的樣式,且一組屬於同一地支的禽蟲緊密書寫在一起,其形式或與上海博物館藏六壬銅式的地盤(如圖3)相似,①後來的抄手在轉抄該圖時看錯位,故產生相關謬誤;其二,《易占》所據之底本是將相同地支(及對應方位)的竹簡編聯在一起,如將配戌(季秋)的大有、大畜、明夷、井四卦編在一起,然後再與配酉(仲秋)的四卦進行編聯,這種情況也是將一組屬於同一地支的禽蟲緊密書寫在一起,故轉抄時同樣容易看錯位。

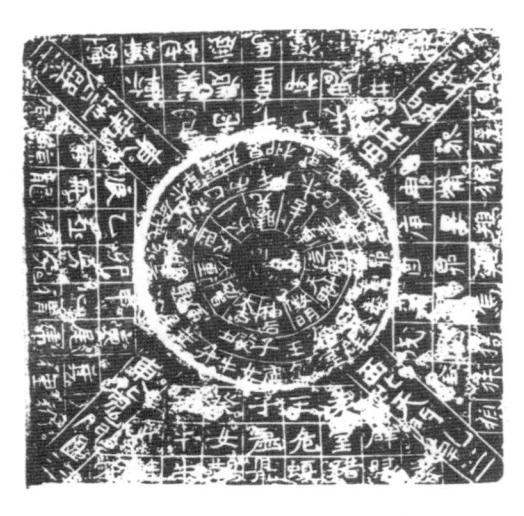

圖3　上海博物館藏六壬銅式盤拓片

不過,由於文本輾轉傳抄,目前還無法判斷兩種可能之中當以何者爲是,也無法判斷這些謬誤是由海昏竹簡的抄手造成的,還是他們所據之底本已是如此。若抄謬是第二種情況導致的,則《易占》簡文的編聯可能就不能依據今本《周易》卦序了。無論如何,可以推測出的是,《易占》所配之禽最初的抄寫樣式應與上引六壬式地盤布局相近,即由内向外分成數圈,不同的禽蟲系統分布在不同的圈裏,"四靈"當在内圈,三十六禽之類當在外圈,如此便可避免相同禽蟲所配地支不同的衝突。②

附記　拙文蒙劉國忠、涂荀璨、李沬等師友及匿名審稿專家提供修改意見,謹此致謝！文中所有疏漏,皆由本人負責。

---

① 式盤拓片采自羅福頤《漢栻盤小考》,《古文字研究》第11輯,北京:中華書局,1985,264頁。
② 需要説明的是,這裏所説"四靈"在内圈而三十六禽在外的抄寫樣式,是就六壬式地盤那種較爲簡單、原始的式圖而言,即僅包括十二地支與禽蟲的對應,故我們特别點明是"最初的抄寫樣式"。因爲《易占》中禽蟲還與六十四卦逐一相配,若將其全部内容一并還原成一幅式圖,則一卦對應一禽,也不容易混淆,故"四靈"與三十六禽就不一定要處在不同的圈層中。

敦煌漢簡校釋拾遺*

- 東北師範大學文學院
- "古文字與中華文明傳承發展工程"協同攻關創新平臺

白軍鵬　張瑞

内容提要　敦煌漢簡 1676"補隨"當改釋爲"秭歸",爲地名,可爲"留變事案件"殘册所載史實提供地理位置的定點;簡 2446"畢衆"之"畢"當爲"異"之誤寫或誤釋,"異衆"爲漢人常見名字;《玉門關漢簡》Ⅱ98DYT5∶38"甚"當改釋爲"茝"而用爲"改",在此基礎上可確定該簡爲《論語》殘簡。

關鍵詞　敦煌漢簡　秭歸　異衆　茝

敦煌漢簡中的各批材料經過歷次整理及學者們的不斷校正,簡文的準確性一直在不斷提高。不過漢簡的校讀亦如"掃塵",雖然不能説"一面掃一面生",但是以往的整理與校讀仍未將釋文中的問題一網打盡,因此對簡文的校訂仍有必要給予一定的關注。本文在此前校釋及其他學者考釋之外,對三枚敦煌漢簡中的部分釋文進行了新的校訂,同時也對涉及的相關問題作了相應的探索。不當之處,祈請方家批評指正。

一

☐當時,賊燔補隨城,臧滿二百廿,以不知何人發覺,種八十☐　　　　1676[1]

---

* 本文爲國家社科基金重大項目"東漢至唐朝出土文獻漢語用字研究"(21&ZD295)、"古文字與中華文明傳承發展工程"實施計劃(2021—2025)研究項目"秦漢簡帛古書異文整理與研究"(G3912)的階段性成果。
[1] 簡 1676 及下一條簡 2446 的釋文均依白軍鵬《敦煌漢簡校釋》,上海古籍出版社,2018。

此簡上下殘斷。不過從保存的字數來看所缺文字并不多。其中"秴隨"二字,沙畹最初釋爲"捕隊",王國維在《流沙墜簡》中改釋爲"秴隨",《敦煌漢簡釋文》作"秴歸",其餘各家則均從王國維之說。《中國簡牘集成》謂"秴,禾穧也,穧禾聚也(引者按,當作"穧,禾聚也")。見《集韻》。隨,墮的通假字。墮,下墜也。見《史記·留侯世家》。"① 我們在《敦煌漢簡校釋》中曾推測"'燔秴'大概就是燃燒柴草垛"。②

今按,此二字分别作 ![]、![],③ 當釋爲"秭歸"。《說文》無"秴"字。目前出土文獻所見,不僅漢代簡牘帛書中無此字,南北朝碑刻中亦未見。這似乎表明此時尚未産生所謂的"秴"字。而漢簡中从"朿"之字常與从"甫"之字形近,且易造成誤釋。如北大簡《蒼頡篇》簡40"魃袮姊再"一句,"姊"作 ![],整理者原釋爲"姉"。④ 此字阜陽漢簡《蒼頡篇》作 ,可確定爲"姊"。⑤ 更直接的證據是北大簡《蒼頡篇》簡15"秅秭麻荅"一句中的"秭"作 ![],整理者最初亦誤釋爲"秴"。⑥ 關於此字以及从"甫"與从"朿"之字的關係,李家浩先生有過比較詳細的考述。⑦ 兩個字作爲部件時的這種形近在傳世文獻中亦有體現。如李文所指出的《經典釋文》中提到《周易·噬嗑》九四爻辭"噬嗑胏"中的"胏",子夏作"脯"等。說明此兩部件間的形體糾葛影響很深。⑧

所謂的"隨"字,雖然書寫較爲草率,但可以確定其右側的寫法與"隨"之右側有較明顯的區別,而與"歸"字右側接近。可參下表:⑨

---

① 中國簡牘集成編輯委員會編:《中國簡牘集成·甘肅省(卷上)》,蘭州:敦煌文藝出版社,2001,234 頁。
② 白軍鵬:《敦煌漢簡校釋》,46 頁。上引沙畹及王國維釋文亦參見此書。
③ 圖版出自羅振玉、王國維《流沙墜簡》,北京:中華書局,1993,29 頁。
④ 北京大學出土文獻研究所編:《北京大學藏西漢竹書(壹)》,上海古籍出版社,2015,50 頁、107 頁。
⑤ 中國簡牘集成編輯委員會編:《中國簡牘集成·二編·圖版選(卷下)》,蘭州:敦煌文藝出版社,2005,301 頁。
⑥ 北京大學出土文獻研究所編:《北京大學藏西漢竹書(壹)》,43 頁、83 頁。
⑦ 李家浩:《北大漢簡〈蒼頡篇〉中的'秭'字》,《出土文獻研究》第 16 輯,上海:中西書局,2017,205-209 頁。
⑧ 《詩經·衛風·碩人》有"領如蝤蠐"一句,其中"蠐"字阜陽漢簡《詩經》S069 作"蛹"。胡平生、韓自强先生認爲是"蛳"之譌,而上古音"朿"與"齊"音近可通。參見胡平生、韓自强《阜陽漢簡詩經研究》,上海古籍出版社,1988,64-65 頁。不過由於簡文清晰程度有限,該字的確切寫法如何尚無法判斷。我們認爲此字未必是訛寫,很可能應該徑釋爲"蛳",與北大簡《蒼頡篇》的情況相同。
⑨ 表中字形出處:北大簡《老子》出自北京大學出土文獻研究所編《北京大學藏西漢竹書(貳)》,上海古籍出版社,2012;居延漢簡出自簡牘整理小組編《居延漢簡(壹)》,臺北:"中研院"歷史語言研究所,2014;居延新簡出自張德芳主編,蕭從禮著《居延新簡集釋(五)》,蘭州:甘肅文化出版社,2016;肩水金關漢簡出自甘肅簡牘保護研究中心、甘肅省文物考古研究所、甘肅省博物館、中國文化遺産研究院古文獻研究室、中國社會科學院簡帛研究中心編《肩水金關漢簡(壹)》(中册),上海:中西書局,2011。

敦煌漢簡校釋拾遺

隨	字形	![隨1]	![隨2]	![隨3]
	出處	北大簡《老子》簡128	居延漢簡78.11	居延新簡EPT59:50
歸	字形	![歸1]	![歸2]	![歸3]
	出處	北大簡《老子》簡173	居延漢簡17.17	肩水金關漢簡73EJT10:208

　　從上表中兩字的對比可知，簡1676的該字顯然與"歸"更爲接近。因此，將其改釋爲"歸"應該是没有問題的。綜合上面的討論，可知所謂"補隨"當改釋爲"秭歸"。該句應爲"賊燔秭歸城"，意思顯豁。"秭歸"，漢代屬南郡。《漢書·地理志》謂"歸鄉，故歸國"。①

　　簡1676發現於斯坦因編號之T6b.1烽燧遺址，現已知此爲漢代的凌胡隧。大庭脩先生曾據字迹及文義復原了一批簡册。② 謂之"留變事案件"。此册書情况如下：

　　☐☐隧長當時，坐男郢海以公事怨望，欲害。　　　　　　　　　　　　1667
　　☐當時，賊燔秭歸城，臧滿二百廿，以不知何人發覺，種八十☐　　　　1676
　　輒以聞。非所謂留難變事，當以留奉☐☐☐☐☐律令。吏用之疑，或不以聞，爲留
　　變事，滿半月　　　　　　　　　　　　　　　　　　　　　　　　　　1700
　　棄市。樂見決事，興、霸、德、安漢不所坐不同，即上書，對具☐　　　1751
　　制曰：可。　　　　　　　　　　　　　　　　　　　　　　　　　　　1592
　　四月庚子，丞吉下中二千（石）、二千（石）、郡大守、諸侯相，承書從事下當用者 1595
　　☐☐☐、令史禹、光。　　　　　　　　　　　　　　　　　　　　　　1671
　　☐煌大守常樂、丞賢☐　　　　　　　　　　　　　　　　　　　　　　1728
　　☐下部縣官，承書從事，下當用者。　　　　　　　　　　　　　　　　1743
　　☐☐丙寅，大煎都守候丞☐☐☐☐☐☐士吏☐，承書從事
　　下當用，如詔書。／令史尊。　　　　　　　　　　　　　　　　　1761+1785③

大庭氏所復原的册書基本没有問題，不過需要注意的是他在復原時遺漏了一枚殘簡，即上面之簡1671。我們曾將其補入。④ 此册書的詳細情况由於殘缺過甚已經不可確知。就所存内容來看，有些簡文的理解也仍然存在疑問。不過其經由中央政府逐級下發，説明牽涉事件的

---

① 《漢書》卷二八《地理志》，北京：中華書局，1962，1566頁。
② ［日］大庭脩著，徐世虹譯：《漢簡研究》，桂林：廣西師範大學出版社，2001，62-66頁。
③ 以上釋文主要參考白軍鵬《敦煌漢簡校釋》。
④ 白軍鵬：《敦煌漢簡整理與研究》，長春：吉林大學博士學位論文，2014，613-614頁。

重要。而"秭歸"的改釋無疑爲此事件的發生地提供了一個定點。

"留變事"與漢代"言變事"制度顯然是有關的。長沙尚德街東漢簡牘中編號212的木牘有類似記載。主要集中於木牘背面,均爲觸犯相關法律的處罰規定:"盜變事書,棄市。""留變事書當上不上滿半日,棄☐""吏留難變事滿半日,棄市。""發視變事,棄市。"其中兩處均與"留變事"或"留難變事"相關。① 吳方基先生據此認爲敦煌漢簡1700之"半月"當爲"半日"之誤釋。② 雖然兩者時代相隔,但是對"留變事"的規定不會相差如此之多。尚德街簡中"日"字清晰可辨,而敦煌漢簡1700之所謂的"月"字則并不清晰。兩相比較,顯然當以作"日"爲確。

二

☐字爲范子孫,名爲畢衆,年廿七。　　　　　　　　　　　　　　　　2446

從簡文所載可知此人之名爲"范畢衆",字爲"子孫"。其中"畢"字作 ,③由於竪筆較爲突出,因此以往學者們對於將其釋作"畢"字未產生懷疑。漢人名字具有比較突出的特點,往往可以據此對所載文獻進行校訂。值得注意的是,漢人名字中未見作"畢衆"者。大概也由於之前的整理未關注到漢代人名的問題,因此亦未對簡文中的"畢衆"產生疑問。與此問題相關的是漢代人以"異衆"爲名者甚多。以漢印爲例,有"楊異衆""富異衆""蔡異衆""張異衆""尹異衆"等人名。④ 漢印以外,西北漢簡中亦保存了大量漢人名字資料,其中名"異衆"者亦有多例。如敦煌漢簡2109有"任異衆",⑤居延新簡EPT53:186有"呂異衆",簡EPT56:150有"語丘異衆",⑥顯然,"語丘"即傳世文獻之複姓"吾丘",肩水金關漢簡73EJT6:63有"文異衆",⑦簡73EJT37:876有西鄉有秩名"異衆",簡73EJT37:1075有佐名"異衆",簡73EJT37:1518有氐池守長昭武尉名"異衆"。⑧ 因此,頗疑此字應爲"異"之誤寫。

---

① 長沙市文物考古研究所編:《長沙尚德街東漢簡牘》,長沙:嶽麓書社,2016,171頁。
② 吳方基:《新出尚德街東漢簡牘所見"上言變事"制度》,鄔文玲、戴衛紅主編《簡帛研究二〇一九(春夏卷)》,桂林:廣西師範大學出版社,2019,306-307頁。
③ [日]大庭脩:《大英圖書館藏敦煌漢簡》,京都:同朋舍,1990,圖版47頁。
④ 參見趙平安、李婧、石小力編纂《秦漢印章封泥文字編》,上海:中西書局,2019,255頁。
⑤ 白軍鵬:《敦煌漢簡校釋》,98頁。
⑥ 張德芳主編,馬智全著:《居延新簡集釋(四)》,蘭州:甘肅文化出版社,2016,171頁、214頁。
⑦ 甘肅簡牘保護研究中心、甘肅省文物考古研究所、甘肅省博物館、中國文化遺產研究院古文獻研究室、中國社會科學院簡帛研究中心編:《肩水金關漢簡(壹)》(中冊),134頁。
⑧ 甘肅簡牘博物館、甘肅省文物考古研究所、甘肅省博物館、中國文化遺産研究院古文獻研究室、中國社會科學院簡帛研究中心編:《肩水金關漢簡(肆)》(中冊),上海:中西書局,2015,138頁、171頁、234頁。

《史記·秦本紀》及《左傳·定公四年》之"秦哀公",《秦始皇本紀》作"畢公"。① 清華簡《繫年》則作"異公"。此字作▨(簡 105)。② 海天先生認爲當改釋爲"畢",理由是其與清華簡《耆夜》"繹"字所從相當接近。③ 該字在《耆夜》中三見,如簡 1 作▨,簡 3 作▨,④確與《繫年》"異"字接近。如果考慮到楚簡中"異"字的多種變體寫法,則《耆夜》"繹"字右側所從與《繫年》之"異"字可以判斷爲一字。⑤ "畢"字在西周以前一般不從"奴",自春秋時起始在下部加"奴"形,如《邵黛鐘》作▨(《殷周金文集成》226),⑥《竈公華鐘》作▨(《殷周金文集成》245),⑦這種寫法在戰國時被繼承下來。同時,以楚簡來看,這也是"畢""異"區分的最重要標志。上博簡《容成氏》簡 9"運能亓事"之"運"字作▨,⑧其右側"畢"形即從"奴"作。包山簡中的"罼"字亦皆從"奴"。⑨ 因此《繫年》釋"異"是沒有問題的,《耆夜》"繹"字所從之"異"大概纔是譌寫。因此,可以説明在戰國文字中"畢""異"間即存在譌寫的情況。

　　《尚書·大誥》"余曷敢不于前寧人攸受休畢"。于省吾先生認爲"畢"乃"異"之譌,并云"休異謂殊異之休也。"⑩馮勝君先生謂"于氏認爲《尚書》'休畢'爲'休異'之形譌,所論信而有徵,十分正確。衹是解'休異'爲殊異之休,却不一定恰當。這裏的'休'應依裘錫圭説理解爲庇蔭或庇佑。'異'應讀爲'翼',與'休'義近連言。"⑪可見兩字間的譌寫亦曾滲透并影響經典文獻的流傳。

　　以上兩例爲"畢"與"異"的相互譌寫提供了有力的支持。因此,此字從形體上看釋爲"畢"或許没有問題,不過其在簡文中當爲"異"之譌寫。當然,由於"畢""異"形體接近,加上簡文中的這個字并不清晰,也存在本就是"異"字而被誤釋爲"畢"的可能。不過不管是"異"字還是"畢"字,其與"衆"所代表的爲"異衆"這個人名則是無疑的。

---

① 梁玉繩謂"《謚法》無畢字,當依《春秋》作哀公"。參見梁玉繩著《史記志疑》,北京:中華書局,1981,194 頁。
② 李學勤主編,沈建華、賈連翔編:《清華大學藏戰國竹簡(壹—叁)文字編》(修訂本),上海:中西書局,2020,73 頁。
③ 參見李松儒《清華簡〈繫年〉集釋》,上海:中西書局,2015,270 頁。
④ 李學勤主編,沈建華、賈連翔編:《清華大學藏戰國竹簡(壹—叁)文字編》,316 頁。
⑤ 參見滕壬生《楚系簡帛文字編》(增訂本),武漢:湖北教育出版社,2008,238-239 頁。
⑥ 中國社會科學院考古研究所編:《殷周金文集成(修訂增補本)》,北京:中華書局,2007,第 1 册,273 頁。
⑦ 中國社會科學院考古研究所編:《殷周金文集成(修訂增補本)》,第 1 册,291 頁。
⑧ 馬承源主編:《上海博物館藏戰國竹書(二)》,上海古籍出版社,2002,101 頁。
⑨ 參見李守奎編著《楚文字編》,上海:華東師範大學出版社,2003,247-248 頁。此外,從《容成氏》與包山簡來看,"畢"字下部所從爲"人"形,與"異"字所從"大"形亦不同。
⑩ 于省吾:《雙劍誃群經新證·雙劍誃諸子新證》,上海書店出版社,1999,81-82 頁。
⑪ 馮勝君:《二十世紀古文獻新證研究》,濟南:齊魯書社,2006,73 頁。

三

　　弗能甚是吾憂也。　　　　　　　　　　　　　　　　　《玉門關漢簡》Ⅱ98DYT5：38①

此簡爲1998年在敦煌小方盤城發掘所獲，并在《玉門關漢簡》中首次公布。其中所謂"甚"字作▨，②字形較爲清晰，顯然并非"甚"字。居延新簡 EPT52：191A"甚不憂邊塞"一句中"甚"字作▨，③是漢簡中"甚"字的一般寫法，下部與此字相同，但是上部絶非一形。不過這種下部的相同寫法應該就是整理者將此字釋爲"甚"的字形因素。

　　從字形來看，該字當釋爲"苣"。武威醫簡88乙"白苣"之"苣"作▨，整理者釋爲"苣"，認爲"'白苣'，據《名醫别録》即白芷"。④ 此字與《玉門關漢簡》中的這個所謂"甚"字無疑是同一個字。因此，將其改釋爲"苣"從字形上看是没有任何問題的。《説文》有"苣"無"芷"，關於兩字的關係，鈕樹玉在《説文解字校録》中認爲本來當以"苣"爲正字，"後人誤爲兩字"。⑤ 古書中二者通用的例子也很多。

　　不過僅將此字改釋爲"苣"尚不能解决問題。《論語·述而》中有一則作：

　　子曰："德之不脩，學之不講，聞義不能徙，不善不能改，是吾憂也。"⑥

顯然，若將簡文"弗能苣，是吾憂也"點斷開，是可以與前引《論語·述而》中的最後兩句對讀的。《詩經·鄭風·緇衣》"緇衣之好兮，敝予又改造兮。適子之館兮，還予授子之粲兮"。⑦阜陽漢簡《詩經》相應的部分"改"作"苣"，整理者已經指出"《雲夢睡虎地秦簡·爲吏之道》'不有可改'，'改'字假'苣'爲之，字寫作▨（引者按，其所引字形爲手摹，這裏换之以陳偉主編《秦簡牘合集》中的紅外綫照片）；《馬王堆帛書·周易》'有孚改命'，'改'字亦假'苣'爲之。"⑧書中所引馬王堆帛書《周易》"有孚改命"乃"革"卦"九四"爻辭的内容，今本作

---

① 張德芳、石明秀主編：《玉門關漢簡》，上海：中西書局，2019，180頁。此書所收爲1949年後在玉門關及其周圍烽燧遺址所發掘采集的漢簡，一直屬於"敦煌漢簡"的範疇之内。
② 張德芳、石明秀主編：《玉門關漢簡》，180頁。
③ 張德芳主編，李迎春著：《居延新簡集釋（三）》，蘭州：甘肅文化出版社，2016，337頁。
④ 甘肅省博物館、武威縣文化館合編：《武威漢代醫簡》，北京：文物出版社，1975，17頁。
⑤ 參見丁福保編纂《説文解字詁林》，北京：中華書局，2014，1503頁。
⑥ ［魏］何晏集解，［宋］邢昺疏：《論語注疏》卷七《述而》，［清］阮元校刻《十三經注疏》，北京：中華書局，1980，2481頁。
⑦ ［漢］毛亨傳，［漢］鄭玄箋，［唐］孔穎達正義：《毛詩正義》卷四《鄭風·緇衣》，［清］阮元校刻《十三經注疏》，336頁。
⑧ 胡平生、韓自强：《阜陽漢簡詩經研究》，69—70頁。

敦煌漢簡校釋拾遺

"改"。類似的情況還見於"井"卦"改邑不改井","改"字,帛書本實作[圖],①此字嚴格來看并非"苣"字,其内部乃"巳"形,爲"改"字所從。② 不過考慮到其形體與"苣"字接近,因此,不能排除這種寫法或是受到當時常以"苣"表示"改"的影響而新造的字。總之,該簡中的所謂"甚"當改釋爲"苣",而用爲"改"。此外,簡文中的"弗"對應傳世本之"不"。傳世與出土文獻中"不""弗"的換用也是我們所熟知的,尤其值得注意的是定州漢簡《論語》中就有不少今本用"不"而簡本用"弗"的例子。如《述而》篇今本"正唯弟子不能學也"一句,簡本作"誠唯弟子弗能學也"。③ 張玉金先生曾據出土文獻討論了《老子》及《論語》中"不"與"弗"的替換問題。認爲兩書中"弗"字有被後人改作"不"之例,并有詳細的舉例,可參看。④ 如此,這些文字便可確認爲《論語》殘簡無疑。雖然不足十字,但是"苣"與"弗"均保存了其在漢代的書寫習慣,對研究《論語》在漢代的流傳具有一定的價值。⑤

---

① 裘錫圭主編:《長沙馬王堆漢墓簡帛集成》,北京:中華書局,2014,第 1 册,5 頁。
② 雖然《説文》分"改"與"攺"爲二字,但是從春秋以來所見的"改"字來看,絶大多數均從"巳"作。
③ 河北省文物研究所定州漢墓竹簡整理小組:《定州漢墓竹簡論語》,北京:文物出版社,1997,35、38 頁。
④ 張玉金:《從出土文獻看〈老子〉〈論語〉中被替換的"弗"》,《文獻》2012 年第 2 期。
⑤ 定州漢簡《論語》此句作"改",其用字與傳世本同,而不同於《玉門關漢簡》,這個差異也是頗值注意的問題,所牽涉者或許不僅僅是用字的不同,也許與《論語》在漢代的學派傳承有關。

懸泉漢簡地名札記(四則)*

□ 武漢大學歷史學院　趙垍燊

内容提要　本文對懸泉漢簡所見四個地名進行考釋。簡Ⅰ91DXT0309③:276 記載宣帝神爵年間有"廣川郡",可補史之闕。簡Ⅱ90DXT0111①:288 出現地名"效穀邑","邑"不宜理解作縣級政區的邑,聯繫敦煌馬圈灣漢簡"魚離邑"和秦質日簡所見的"邑",此處的"邑"是指一種居民組織。簡Ⅰ90DXT0112③:108A 原書釋縣名爲"燔陽",可改釋爲"燎陽"。簡Ⅰ90DXT0114③:66 中的"東郡□□昌里馮宗",或可補釋爲"東郡茌大昌里馮宗"。

關鍵詞　懸泉漢簡　廣川郡　效穀邑　燎陽　茌

一　廣川郡

《懸泉漢簡(貳)》著録了一枚西漢刑徒"有年而免"的簡牘(Ⅰ91DXT0309③:276),簡文主要涉及神爵四年(前58)十一月甲戌懸泉置嗇夫弘上書請求爲刑徒減罪。下面先列出釋文:

　　神爵四年十一月辛酉朔甲戌,縣泉置嗇夫弘敢言之,爰書:髡鉗釱左止徒大男
　　□□□□廣川郡廣川縣□□□□□□　坐以縣官事擊傷北闌亭長段閻,神爵二年
　　九月庚午論廣川郡廣川縣徒敦煌郡效穀縣,署作縣泉置,盡神爵四年十一月甲戌,積滿

---

* 本文爲國家社科基金重大項目"先秦出土文獻地理資料整理與研究及地圖編繪"(18ZDA176)、"古文字與中華文明傳承發展工程"規劃項目"新資料與先秦秦漢荆楚地區的空間整合研究"(G3613)的階段性研究成果。

二歲六十七日,論以來未嘗有它告劾若穀,以律減罪爲三歲完城旦,它如爰書,敢言之。①

從該文書的內容可知,刑徒"以縣官事擊傷北闌亭長段閭",在神爵二年九月庚午論罪。②

簡牘中的廣川郡,即西漢晚期信都國(郡)的前身,《漢書·地理志》"信都國"本注云:"景帝二年爲廣川國,宣帝甘露三年復故。"③縱觀西漢一代的信都國(郡)和廣川郡(國),其轄域經常發生變動,時"廣川郡(國)"時"信都國(郡)",反復多次。

據《漢書·王子侯表》記載,神爵三年四月戊戌封廣川繆王子侯國昌成(今河北冀州市官道李鎮)、樂信(今河北深州市前磨頭鎮);四年三月乙亥置侯國西梁(今河北辛集市馬莊鄉),七月置侯國歷鄉(今河北寧晉縣賈家口鎮歷城村)。④ 以上侯國均是在神爵三年至四年從廣川國析置,可見此時確有廣川國無疑。又《漢書·景十三王傳》述及廣川戴王時云:"後四歲,宣帝地節四年,復立去兄文,是爲戴王……二年薨。子海陽嗣……甘露四年坐廢,徙房陵,國除。"⑤此處明言宣帝時期,廣川國復置於地節四年,而甘露四年國除。同時,史書雖未載有廣川郡,但是廣川國應是以漢郡置。周振鶴將西漢廣川郡(國)的建置沿革歸納爲:廣川郡始置於漢文帝十五年(前165),其時河間國除,文帝分河間地置廣川郡;景帝二年(前155)以廣川郡置廣川國,五年國除爲信都郡,中元二年(前148)復置廣川國;宣帝本始四年(前70)國除爲郡,地節四年(前66)復置廣川國,紹封繆王子文,是爲戴王,到了甘露四年(前50),國除爲信都郡。⑥ 現代學者亦多信從此說。

新見懸泉漢簡表明,宣帝地節四年復置廣川國後,曾國除爲郡。雖然簡牘中爰書的製作時間是神爵四年十一月,但是論處刑徒的時間是在神爵二年九月庚午,因而廣川縣隸屬廣川郡是在神爵二年(前60)的時候。已有學者指出,景帝中六年以後漢王朝已形成"王國境內無侯國"的格局,⑦史書也未見宣帝元康年間削廣川王國置王子侯國的相關記載。據此可推測,宣帝地節四年至甘露四年期間,廣川國曾短暫廢置爲廣川郡,時間很可能是在元康年間廣川戴王去世後;約在神爵二年至三年復置廣川國,封戴王子海陽爲廣川王,直至甘露四年國除。這種郡國之間的交替在西漢中晚期較爲常見。如宣帝五鳳四年(前54)廣陵厲王劉

---

① 甘肅簡牘博物館、甘肅省文物考古研究所、陝西師範大學人文社會科學高等研究院、清華大學出土文獻研究與保護中心編:《懸泉漢簡(貳)》,上海:中西書局,2020,上冊100頁,下冊402頁。
② 懸泉漢簡Ⅰ91DXT0309③:9記錄同一天嗇夫弘還上報關於大男郭展奴請求減罪一事。參見甘肅簡牘博物館、甘肅省文物考古研究所、陝西師範大學人文社會科學高等研究院、清華大學出土文獻研究與保護中心編:《懸泉漢簡(貳)》,上冊49頁,下冊351頁。
③ 《漢書》卷二八下《地理志下》,北京:中華書局,1962,1633頁。按,"甘露三年"應爲"甘露四年"之誤。
④ 《漢書》卷一五下《王子侯表下》,494—495頁。
⑤ 《漢書》卷五三《景十三王傳》,2432—2433頁。
⑥ 周振鶴:《西漢政區地理》,北京:商務印書館,2017,94—96頁;周振鶴、李曉傑、張莉:《中國行政區劃通史·秦漢卷》,上海:復旦大學出版社,2017,第2編,上冊395—396頁。
⑦ 參見馬孟龍《西漢侯國地理》(修訂本),上海古籍出版社,2021,227—251頁。

胥因詛咒之事自縊而亡,廣陵國除爲郡;元帝初元二年(前47)復置廣陵國,封劉胥之子霸紹爲廣陵孝王。① 至於緣何除廣川國爲郡,因文獻未見相關記載,暫且存疑。

二 效穀邑

《懸泉漢簡(貳)》著録有一枚簡牘(Ⅱ90DXT0111①:288)對於理解漢簡所見的"邑"有幫助。該簡上部殘斷,釋文爲:

        □敦煌胡□
 錢…… □縣爲縣泉置嗇夫□
      效穀邑北磨山亭部②

由於缺乏明確的紀年,這枚簡牘具體的年代不能確指。

效穀縣始置於武帝元封六年(前105),隸屬酒泉郡,敦煌置郡後改隸敦煌郡,該縣一直延續至東漢。③ 由於漢代懸泉置隸屬效穀縣,因而在懸泉漢簡中也多見作爲縣級政區的"效穀"。而新見懸泉漢簡中效穀稱"邑"當爲首見,從簡牘書寫的字迹看,也可排除"邑"字爲誤書的可能性。

漢代存在與"縣"同級的行政單位"邑",《漢書·百官公卿表》云:"皇太后、皇后、公主所食曰邑。"④簡牘所見漢邑,一般包括有湯沐邑、侯國別邑和陵邑。⑤ 目前文獻所見西漢的湯沐邑,多集中在中原地區以及山東半島等相對富庶的地區,這與食封貴族僅享有封邑內的租税經濟特權,不享有管轄權。而效穀處漢王朝的西北邊境,該地經濟條件有限,也未曾設有王國、侯國,作爲貴族封邑、侯國別邑或是陵邑等的可能性較小。因而,"效穀邑"應與縣級政區的"邑"有别。

---

① 參見周振鶴《西漢政區地理》,41頁。
② 甘肅簡牘博物館、甘肅省文物考古研究所、陝西師範大學人文社會科學高等研究院、清華大學出土文獻研究與保護中心編:《懸泉漢簡(貳)》,上册164頁,下册466頁。按,簡牘最後一句可斷爲"效穀邑/北磨山亭部",可參見居延新簡"張掖縣南廣漢亭部"(EPT53.105)和肩水金關漢簡"張掖居延南□亭部"(73EJT37:974)。"亭部"是指亭管理的地域、轄區,如懸泉漢簡見有"五月中居宜歲亭部,鬥以劍刃賊傷男子顏賀頭一所"(ⅡT0113③:17)、"龍勒不審里謝根,字文卿,有田八十畝,在大祿里渠西廣漢亭部"(ⅤT1410③:37),兩簡釋文見張俊民《敦煌懸泉置出土文書研究》,蘭州:甘肅教育出版社,2013,128頁。
③ 參見周振鶴、李曉傑、張莉《中國行政區劃通史·秦漢卷》,上册487、489頁。
④ 《漢書》卷一九上《百官公卿表上》,742頁。
⑤ 參見鄭威《簡牘文獻所見漢代的縣級政區"邑"》,武漢大學簡帛研究中心主辦《簡帛》第11輯,上海古籍出版社,2015,217-241頁。按,新出長沙走馬樓西漢簡牘多次出現"定邑",陳松長認爲"定邑"是長沙王劉的陵邑,該邑內部吏員配置齊全,具有獨立司法職權,與一般縣邑平級。參見其著《長沙走馬樓西漢簡中的"定邑"小考》,《出土文獻》2022年第1期。

敦煌馬圈灣漢簡230A簡出現有"魚離邑",簡牘釋文爲:

藥,竊聞循母循弟家盡病在田=(田,田)在敦德魚離邑東,循不及候,母病篤①

新莽時期曾改敦煌郡爲敦德郡,該枚簡牘具體的時間範圍應在天鳳四年(17)至地皇四年(23)。② 西北邊塞漢簡常見有"魚離置",位於懸泉置和廣至置交通要道之間,地望約在今懸泉置以東三十公里處瓜州縣境内。張德芳認爲馬圈灣漢簡中的"魚離邑"當與魚離置相近,③可從。史書未見兩漢時期敦煌郡曾設有魚離縣,因此簡牘中的"魚離邑"不是指縣級政區的"邑"。同時,該邑并非位於郡的邊境,因而"魚離邑"是指障塞類的軍事設施可能性也很小。

筆者認爲懸泉漢簡所見"效穀邑"可與"魚離邑"進行聯繫,"效穀邑"位於效穀置附近。④懸泉漢簡Ⅱ0214③:154簡載"效穀、遮要、縣(懸)泉、魚離、廣至、冥安、淵泉寫移書到",⑤表明效穀置的位置是在遮要置以西,具體地望待考。敦煌馬圈灣漢簡明言魚離邑東部有田,可見"邑"也是供田作人居住,表示的是一種居民組織,⑥與漢簡中代表臨時居住區的"辟"有相似性。⑦

秦"質日"簡是研究當時交通地理的重要材料,其中亦出現有小地名"邑"。如周家臺秦簡《三十四年質日》有"嬴邑""區邑"、嶽麓秦簡《三十五年質日》有"麗邑","邑"中設有住宿點,供當時基層官吏出差時居住。⑧ 這些"邑"均位於當時交通路綫上,結合魚離置也是漢代敦煌郡傳置郵書路綫中的重要驛置,因而"魚離邑""效穀邑"位於交通路綫的可能性也很大。此外,懸泉漢簡Ⅱ90DXT0111①:288簡記載效穀邑北部有磨山亭,而ⅡT0115①:3簡亦

---

① 張德芳:《敦煌馬圈灣漢簡集釋》,蘭州:甘肅文化出版社,2013,36、216頁。
② 新始建國元年(9),敦煌郡更名爲文德郡。結合西北邊塞漢簡所見"文德""敦德"簡,約始建國天鳳四年更文德郡名爲敦德郡,此後直至新始建國地皇四年(23),郡名當未更。參見陳文豪《"文德"地名考釋》,西北師範大學文學院歷史系、甘肅省文物考古研究所編《簡牘學研究》第2輯,蘭州:甘肅人民出版社,1998,88-97頁。
③ 張德芳:《敦煌馬圈灣漢簡集釋》,435頁。
④ 懸泉漢簡Ⅱ90DXT0113④:72號簡"七月辛巳,徒復作廿一人,人六人受效穀置",可證效穀置的存在。參見郝樹聲、張德芳《懸泉漢簡研究》,蘭州:甘肅文化出版社,2009,22頁。
⑤ 胡平生、張德芳:《敦煌懸泉漢簡釋粹》,上海古籍出版社,2001,51頁。
⑥ 魯西奇指出長沙五一廣場東漢簡牘在述及編户身份時多用鄉、里,而述及人户居地時多用亭、丘。這種述及人户居住時用地域、聚落割分可能在西北邊塞漢簡中也有體現。如簡牘在記録士卒的籍貫時常用"郡+邑+里","邑"代表的是縣級政區之邑,而本文所述"魚離邑""效穀邑"均與人户居地有關。參見其著《中國古代鄉里制度研究》,北京大學出版社,2021,194-201頁。
⑦ 與"辟"不同的是,"邑"由官府設立的可能性比較大。有關簡牘中的"辟",參見邢義田《從出土資料看秦漢聚落形態和鄉里行政》,收入其著《治國安邦:法制、行政與軍事》,北京:中華書局,2011,291頁;魯西奇:《中國古代鄉里制度研究》,208頁。
⑧ 參見郭濤《周家臺30號秦墓竹簡"秦始皇三十四年質日"釋地》,中國地理學會歷史地理專業委員會《歷史地理》編輯委員會編《歷史地理》第26輯,上海人民出版社,2012,243-244頁;郭濤《嶽麓書院藏秦"質日"簡交通地理考》,中國地理學會歷史地理專業委員會《歷史地理》編輯委員會編《歷史地理》第30輯,上海人民出版社,2014,245頁。

見"磨山亭長淳于章"詣效穀縣,張俊民懷疑磨山亭爲郵驛之亭。① 若"效穀邑"位於當時交通路綫上,也可説明張先生的懷疑是合理的。

由於材料有限,關於漢代居民組織"邑"的内部人員結構、層級關係等問題尚未明晰,是否與先秦時期的"邑"有關,②有待更多相關材料的公布。

三　燎陽

《懸泉漢簡(壹)》著録一枚戍卒名籍簡(Ⅰ90DXT0112③:108A),原書釋文如下:

戍卒魏郡燔陽安世里☒③

縣名爲"燔陽",里名爲"安世里"。其中縣名第二字釋成"陽"字,當無疑問。第一字作 形,左旁从火,右旁僅能看出一小部分。漢簡中"燔"字作 (玉門關漢簡1369)、 (居延新簡EPT68:91)等形,④雖然從字形上看釋作"燔"字有合理之處,但是先秦、秦漢時期均不見地名燔陽,此字是否釋成"燔"字值得懷疑。

筆者認爲該字是"燎"字,可通轑,縣名實爲"燎(轑)陽"。漢簡"燎"字作 、 等形,⑤ 字也有相符的可能。同時文獻中"燎""轑"二字可相通,如《集韻·筱韻》云:"燎,《説文》:'放火也。'或作轑。"⑥又《漢書·杜周傳》云:"欲以熏轑天下",顔師古注曰:"轑讀曰燎。假借用字。"⑦簡牘中"轑"字作 (居延舊簡198·21)、 (居延舊簡266·

---

① 張俊民:《敦煌懸泉漢簡所見的"亭"》,《南都學壇》2010年第1期。
② 邑本來是指"人所聚會",可大可小。戰國時期,商鞅對秦國縣制進行改革時便有"集小鄉、邑、聚爲縣"。包山楚簡亦反映楚國存在"邑",楚國的邑應看作具有一定範圍的鄉間地域概念,是地域政治系統中的基層單位,在邑之上還存在層級較高的單位,其土地還可由國家分授和收回。參見陳偉《包山楚簡所見邑、里、州的初步研究》,《武漢大學學報(哲學社會科學版)》1995年第1期。
③ 甘肅簡牘博物館、甘肅省文物考古研究所、陝西師範大學人文社會科學高等研究院、清華大學出土文獻研究與保護中心編:《懸泉漢簡(壹)》,上海:中西書局,2019,上册165頁,下册469頁。
④ 敦煌市博物館、甘肅簡牘博物館、陝西師範大學人文社會科學高等研究院編:《玉門關漢簡》,上海:中西書局,2019,123、259頁;張德芳、韓華著:《居延新簡集釋(六)》,蘭州:甘肅文化出版社,2016,81、191頁。
⑤ 參見劉釗主編,鄭健飛、李霜潔、程少軒協編《馬王堆漢墓簡帛文字全編》,北京:中華書局,2020,1087頁;李洪財《漢代簡牘草書整理與研究》,北京:中國社會科學出版社,2022,下册527頁。
⑥ [宋]丁度等編:《集韻》上聲六,述古堂影宋鈔本,上海古籍出版社,1985,上册391頁。
⑦ 《漢書》卷六〇《杜周傳》,2680-2681頁。

24)、▇(居延新簡 EPT56.224)等形,①以上字形所從尞與▇字右旁所從也有相合之處。另外,簡牘背面亦見"□陽",可能也是縣名"燎陽"。

居延漢簡記錄有"魏郡轑陽",以往學者因圖版模糊不清對"轑"字的釋讀有誤。②馬孟龍正確釋讀出簡牘地名爲"轑陽",同時指出轑陽本爲侯國,武帝末年初封於魏郡,昭宣時期侯國曾有中斷,後復國仍隸屬魏郡。③西漢晚期清河郡有繚縣,治今河北臨西縣搖鞍鎮,轑陽即繚縣的前身。《中國行政區劃通史·秦漢卷》總結西漢轑陽侯國(縣)的建置沿革大致是:轑陽侯國始置於武帝征和二年七月(前91);昭帝元鳳四年(前77)國除爲縣,不知何年復置侯國仍隸屬魏郡;宣帝地節四年(前66)清河國除爲郡,乃入清河郡;元帝初元二年(前47)復隸魏郡爲縣,永光元年(前43)再屬清河,永光四年(前40)國除爲縣。④

文獻所見大部分地名用字差異可用通假現象進行解釋。如西漢河南郡的滎陽縣,在漢簡中可寫作滎陽、熒陽、營陽、⑤罃陽;⑥肩水金關漢簡73EJT4:153"梁國載秋里李游子",⑦《漢書·地理志》梁國甾縣,本注曰"故戴國",⑧甾、載上古音均屬精紐之部,兩字可通。⑨《史記·建元以來侯者年表》記錄有"潦陽",⑩即轑陽侯國,故漢代地名"轑陽"之"轑"除了從車、火、糸旁,還可從水旁,以上諸字均屬同音相通。通過西北邊塞漢簡可知,"轑陽"在同一時期至少存在兩種寫法。不過漢代通假字盛行,不同時代或不同書手也有不同用字習慣,再加上簡牘文書在抄寫的過程中存在錯譌、不規範等現象,因而對於地名"轑陽"用字差異的原因尚存疑問。

四 東郡茬大昌里

《懸泉漢簡(壹)》著録一枚戍卒病死衣器名籍(Ⅰ90DXT0114③:66)。簡牘有明確的紀

---

① 簡牘整理小組編:《居延漢簡(貳)》,臺北:"中研院"歷史語言研究所,2015,234頁;簡牘整理小組編:《居延漢簡(叁)》,臺北:"中研院"歷史語言研究所,2016,167頁;張德芳主編,馬智全著:《居延新簡集釋(四)》,蘭州:甘肅文化出版社,2016,220頁。
② 過去將該簡牘的地名釋爲"犁陽""繁陽""軹陽""軼陽"等。
③ 馬孟龍:《居延漢簡地名校釋六則》,《文史》2013年第4輯。
④ 周振鶴、李曉傑、張莉:《中國行政區劃通史·秦漢卷》,上冊386-387、395頁。
⑤ 甘肅簡牘博物館、甘肅省文物考古研究所、甘肅省博物館、中國文化遺産研究院古文獻研究室、中國社會科學院簡帛研究中心編:《肩水金關漢簡(肆)》,上海:中西書局,2015,上冊158頁,中冊158頁。
⑥ 北京大學出土文獻研究所編:《北京大學藏西漢竹書(肆)》,上海古籍出版社,2015,5、59頁。
⑦ 甘肅簡牘保護研究中心、甘肅省文物考古研究所、甘肅省博物館、中國文化遺産研究院古文獻研究室、中國社會科學院簡帛研究中心編:《肩水金關漢簡(壹)》,上海:中西書局,2011,上冊95頁,中冊95頁。
⑧ 《漢書》卷二八下《地理志下》,1636頁。
⑨ 馬孟龍認爲"戴"是"載"的假借字,"甾縣"乃是"載縣"更名而來,更名時間約在宣帝時期。參見其著《談肩水金關漢簡中的幾個地名》,《中國歷史地理論叢》2012年第3輯。
⑩ 《史記》卷二〇《建元以來侯者年表》,北京:中華書局,2014,1256頁。

年"本始三年","本始"爲漢宣帝年號。其中有關戍卒的籍貫,整理者的釋文爲"東郡□□昌里馮宗"。① 簡牘缺釋二字字迹淺淡、磨滅,分別作 ▨、▨ 形(後文簡稱"A""B"字)。②

筆者懷疑 A 字可釋作"茌"。如漢簡"茌"字可寫作 ▨、▨、▨ 等形,③可作參照。A 字上部從艸;中部所從 ▨ 顯然是手形;下部字迹漫漶,聯繫漢代簡牘中書手在書寫土旁時,最後一筆習慣采用按捺的筆法,因而此處可看作土形。④ 簡牘中的地名"茌"即茌平縣,治今山東聊城市茌平區西南。該縣也見於肩水金關漢簡中(73EJT24:392、73EJT37:844、73EJC:425),從郡縣轄屬關係看,漢宣帝時期茌平爲東郡屬縣應無疑問。⑤

若簡牘縣名是指"茌平",則 B 字或可釋作"平"字。不過漢簡中的"平"字一般作 ▨、▨、▨ 等形,⑥與 B 字字形不類。該字有可能是"大"字,如肩水金關漢簡"大"字有作 ▨、▨、▨ 等形。⑦ 里名"大昌里"在西北邊塞漢簡中常見,如敦煌馬圈灣漢簡"戍卒何池大昌里上官詡"(255)、居延舊簡"鸑鳥大昌里不更李憚"(51·5+119·27+54·25)、"[屋]蘭大昌里丁□"(236·22)等均是其例。漢代出土地名資料中地名也經常出現省寫的現象,同時秦陶文"茌市"的"茌"也是指東郡茌平縣,⑧簡牘"茌"爲茌平縣之省也是有可能的。

附帶一提,肩水金關漢簡 73EJT37:844 整理者釋文作"茬平邑",其中"茬"字作 ▨ 形,⑨下部所從實爲左,故此字釋作"茌平邑"爲宜。除了前舉西北邊塞漢簡和秦陶文,張家山漢簡《二年律令·秩律》簡 460 和漢封泥見地名"茌平",⑩陳直舉出東漢時期的謁者景君碑和楊

---

① 甘肅簡牘博物館、甘肅省文物考古研究所、陝西師範大學人文社會科學高等研究院、清華大學出土文獻研究與保護中心編:《懸泉漢簡(壹)》,上册 229 頁,下册 533 頁。
② 需要說明的是,A 字左下部有一小墨點,應是左欄"一"字的筆畫,不應理解作 A 字的筆畫。筆者對缺釋二字的圖片對比度和亮度作了相應調整。
③ 參見駢宇騫編著《銀雀山漢簡文字編》,北京:文物出版社,2001,22 頁;葛丹丹《〈肩水金關漢簡(貳)(叁)〉文字編》,吉林大學碩士學位論文,2019,第 1 册,77 頁;韓鵬飛《〈肩水金關漢簡(肆、伍)〉文字整理與釋文校訂》,吉林大學碩士學位論文,2019,第 1 册,67 頁。
④ 該字上部所從與"燕"字的上部相似,漢東郡亦見燕縣。然而該字中部所從顯然是手形,因而排除釋作"燕"字。又,匿名評審專家認爲從圖版字形來看,A 字與"茌"似不能完全吻合。由於該枚簡牘的字體書寫較潦草(如"裘""常""死"等字),再結合目前所知的漢代東郡轄縣,故筆者認爲 A 字釋作"茌"的可能性最大。
⑤ 參見周振鶴、李曉傑、張莉《中國行政區劃通史·秦漢卷》第 2 版,286 頁。
⑥ 參見李洪財《漢代簡牘草書整理與研究》,下册 240-241 頁。
⑦ 參見葛丹丹《〈肩水金關漢簡(貳)(叁)〉文字編》,第 2 册,1029-1035 頁;韓鵬飛《〈肩水金關漢簡(肆、伍)〉文字整理與釋文校訂》,第 2 册,1013-1020 頁。
⑧ 王恩田編著:《陶文圖録》,濟南:齊魯書社,2006,2260 頁。
⑨ 甘肅簡牘保護研究中心、甘肅省文物考古研究所、甘肅省博物館、中國文化遺產研究院古文獻研究室、中國社會科學院簡帛研究中心編:《肩水金關漢簡(肆)》,中册 134 頁。
⑩ 參見彭浩、陳偉、[日]工藤元男主編《二年律令與奏讞書——張家山二四七號漢墓出土法律文獻釋讀》,上海古籍出版社,2007,49、270 頁;任紅雨編著《中國封泥大系》,杭州:西泠印社出版社,2018,上册 511 頁。

叔恭殘碑亦有"茬平"。① 史書一般將東郡"茬平"寫作"茌平",唯有《漢書·地理志》寫作"茬平"。②《説文》有"茬"字而不見"茌"字,段玉裁認爲:"'茬'俗作'茌'。"③吴良寶認爲"茬"作"茌"屬於通假關係,④古文字中"在"从才从土,二者皆爲"在"的聲符,故"茬""茌"可通。聯繫出土地名資料均寫作"茬平",可證"茬平"是秦漢時期常見的用字習慣,而文獻中的"茌平"可能是秦漢以後纔出現。

---

① 陳直:《漢書新證》,北京:中華書局,2008,197頁。
② 《漢書》卷二八上《地理志上》,1557頁。此外《續漢書·郡國志》記作"茌平",應爲"茬平"之誤。
③ [漢]許慎撰,[清]段玉裁注:《説文解字注》一篇下,經韻樓藏版,上海古籍出版社,1981,39頁。
④ 吴良寶:《戰國秦漢傳世文獻中的地名訛誤問題》,《出土文獻史地論集》,上海:中西書局,2020,237頁。

懸泉漢簡所見常惠任長水校尉考*

□ 蘭州城市學院文史學院　馬智全

内容提要　常惠是西漢著名的外交家,爲促進漢與烏孫的交往作出了重要貢獻。漢宣帝神爵二年,常惠護送少主和親烏孫到達敦煌,《漢書·西域傳》對此有簡要記載。新近刊布的一枚懸泉漢簡,記載了常惠於神爵二年持傳信經過敦煌懸泉置的情况。簡文記載了傳信的簽發機構、常惠到達敦煌的具體時間以及常惠的隨行人員等信息,豐富了常惠出使西域史事的認知。簡文記載常惠的身份爲"使烏孫長水校尉長羅侯臣惠",未見史籍記載。結合相關史料可知,常惠應是本始二年始任長水校尉,直至神爵二年。漢簡對常惠任長水校尉的記載,有助於正確認知常惠的生平履歷和相關史事。

關鍵詞　常惠　烏孫　長水校尉　懸泉置

　　常惠是西漢著名的外交家,他爲促進西漢與烏孫的交往作出了重要貢獻,是漢代維護絲綢之路暢通的代表性人物。常惠的生平《漢書》有傳,簡明的記述了常惠的主要事迹。關於常惠往來烏孫的情况,《漢書·西域傳》有具體記載。上世紀初發現的敦煌漢簡出現了"長羅侯"的記載,王國維據此考察了常惠的生平,有很精到的論述。[1] 上世紀末懸泉漢簡出土,有關常惠的記載更加豐富。特別是"懸泉置元康五年正月過長羅侯費用簿"引起了廣泛關注,研究者對常惠的生平多有討論。[2] 懸泉漢簡中還有一枚關於常惠的簡牘,因爲簡面剥蝕

---

* 本文爲國家社科基金項目《秦漢簡帛書信校釋與研究》(21BZS024)階段性成果。
[1] 羅振玉、王國維:《流沙墜簡》,北京:中華書局,1993,163頁。
[2] 張德芳:《"長羅侯費用簿"及長羅侯與烏孫關係考略》,《文物》2000年第9期。王子今:《"長羅侯費用簿"應爲"過長羅侯費用簿"》,《文物》2011年第6期。袁延勝:《也談"過長羅侯費用簿"的史實》,《敦煌研究》2000年第3期。張德芳:《漢簡中的烏孫資料考證》,中國文化遺産研究院編《出土文獻研究》第15輯,上海:中西書局,2016,358-368頁;初昉、世賓:《懸泉漢簡拾遺(七)》,中國文化遺産研究院編《出土文獻研究》第15輯,330-357頁。

嚴重,以往的釋文不够準確,所以没有引起足够重視。最近刊布的《懸泉漢簡(貳)》采用了高清圖版,對該簡的釋文有新的釋讀。簡文中"使烏孫長水校尉長羅侯臣惠"的記載,是以往所不瞭解的情況,具有重要歷史價值,值得關注討論。

一 簡文説明

  神爵二年四月戊戌,大司馬車騎將軍臣增,承
  制詔侍御史曰,使烏孫長水校尉長羅侯臣惠,與斥候王利國、侯君、周國、假長壽、
  □□中、樂安世、陳蓋衆、□□意、非延年,奉書迎
  爲駕二封軺傳,十人共傳,二人共載　　十月□(第一欄)
  御史大夫吉下扶風厩,承書
  以次爲駕,當舍傳舍,如律令(第二欄)　　Ⅰ91DXT0309③:59①

  這枚漢簡爲一木牘,釋文分上、下兩欄書寫。上欄文字三行,内容是傳信發出的時間、下發程序、持傳人身份姓名、乘傳規格等信息。下欄文字兩行,内容是傳信的簽發機構及持傳者享有待遇的説明。簡面文字剥蝕嚴重,以往的釋讀缺文較多,所以簡文價值没有充分揭示出來。如張德芳先生《懸泉漢簡中的烏孫資料考證》一文引用了這枚漢簡,但是將"使烏孫長水校尉長羅侯臣惠"釋讀爲"使烏孫長□□□長□侯臣或與",②儘管張先生敏鋭的指出本簡"應是常惠奉命護持少主出發時御史大夫開具的傳信",但對簡文没有作進一步的闡釋。而《懸泉漢簡(貳)》利用了更清晰的圖版,釋讀出了"使烏孫長水校尉長羅侯臣惠"的信息,這枚漢簡的價值頓時凸現了出來。

  由於簡面剥蝕,現在刊布的簡文,也還有可討論之處。主要的疑惑點在於上欄中行的文字,簡文記載了多個人名,有的字迹不是很清晰。還有一個重要的干擾因素在於人名之後出現了"奉書迎"三字,其中"奉迎"二字釋讀很可能是不正確的。簡文二字作"▨""▨",字迹都有剥蝕,難以確定釋文。而從文意來看,"奉書迎"三字叙事未完,下文應説明迎接的對象,可是簡文下行却説"爲駕二封軺傳",則"奉書迎"三字的釋讀就更值得懷疑。況且從類似的簡牘來看,上欄中行的叙述一般句意完整,參考下面一枚漢簡:

  元康元年十月乙巳,前將軍臣增,大僕臣延壽,承
  制詔侍御史曰,將田車師軍候强將士詣田所

---

① 甘肅簡牘博物館、甘肅省文物考古研究所、陝西師範大學人文社會科學高等研究院、清華大學出土文獻研究與保護中心編:《懸泉漢簡(貳)》,上海:中西書局,2020,58 頁。
② 張德芳:《漢簡中的烏孫資料考證》,363 頁。

爲駕二封軺傳，載從者一人　　傳第二百卅（第一欄）
御史大夫吉下扶風廄，承
書以次爲駕，當舍傳舍，如律
令（第二欄）　　　　Ⅱ90DXT0214③:45①

這兩枚漢簡的性質相似，格式布局一致，上欄也分三行，"制詔"因尊崇皇權提行而書的寫法也相同。其中第二行說"將田車師軍候彊將士詣田所"敘事完整，第三行說"爲駕二封軺傳"，是對持傳人乘坐車輛的説明，由此也可證前簡"奉書迎"三字釋讀的不當。特意强調這三字的釋讀，是爲了對簡文性質作出準確的判斷。

如上所述，"奉書迎"三字的位置是要説明常惠一行人出行目的，對於簡文理解意義重要。筆者反復觀察，提出一説，"奉書迎"三字，當爲"奉少主"，以就正於方家。簡文所謂"書"作"▨"，其他簡上"少"字作"▨"（Ⅰ90DXT0110①:24）、"▨"（Ⅰ90DXT0114②:39B），考慮到該簡字形總體向右下傾斜，可以釋爲"少"字。簡文所謂"迎"作"▨"，其他簡上"主"字作"▨"（Ⅰ90DXT0112③:20）、"▨"（Ⅱ90DXT0114④:358），考慮到簡上字形向右下傾斜，字體輪廓相似。疑惑點在於右上部兩個橫畫連在一起，很可能是筆墨漫漶所致。懸泉漢簡記載有少主事："少主馬六匹"（Ⅰ91DXT0309③:126），"少主"二字簡上字形作"▨""▨"，也可作爲旁證。"奉少主"三字説明常惠此行出使目的，可與簡文"爲駕二封軺傳"相接，也與史書記載常惠事迹相符。

此外，本簡上欄第三行有"十月□"三字，應是敦煌懸泉置對持傳人經過時間的記載，祇是簡文中的"十"字形作"▨"，橫長豎短，豎畫重心較上，應釋讀爲"七"，這對簡文内容理解也有影響。

二　懸泉漢簡記載的神爵二年常惠至敦煌事件

這枚漢簡記載了長羅侯常惠到達敦煌的事件，可與史書記載相印證，藴含的歷史信息十分豐富。《漢書》載：

神爵二年，遣長羅侯惠使送公主配元貴靡。未出塞，翁歸靡死，其兄子狂王背約自立。惠從塞下上書，願留少主敦煌郡。惠至烏孫，責以負約，因立元貴靡，還迎少主。②

上乃以烏孫主解憂弟子相夫爲公主，置官屬侍御百餘人，舍上林中，學烏孫言。天

---

① 張俊民：《敦煌懸泉置出土文書研究》，蘭州：甘肅教育出版社，2015，446 頁。
② 《漢書》卷七八《蕭望之傳》，北京：中華書局，1962，3279 頁。

子自臨平樂觀,會匈奴使者、外國君長大角抵,設樂而遣之。使長羅侯光禄大夫惠爲副,凡持節者四人,送少主至敦煌。未出塞,聞烏孫昆彌翁歸靡死,烏孫貴人共從本約,立岑陬子泥靡代爲昆彌,號狂王。惠上書:"願留少主敦煌,惠馳至烏孫責讓不立元貴靡爲昆彌,還迎少主。"[①]

以上兩則材料,一則出自《漢書·蕭望之傳》,一則出自《漢書·西域傳》,共同記述了神爵二年長羅侯常惠送公主去烏孫的事件。從史籍記載可以看出,朝廷派遣常惠護送少主去烏孫,常惠一行到了敦煌,得到信息説烏孫昆彌翁歸靡已死,烏孫没有立對漢承諾的元貴靡而立了親近匈奴的泥靡,這樣少主和親就無法進行。本文所論懸泉漢簡關於常惠經過敦煌懸泉置的記載,時間正是神爵二年,地點正是敦煌,皆可與史書記載相印證。由此而能確認,懸泉漢簡記載的神爵二年常惠經過懸泉置,正是史書記載常惠送少主到敦煌的事件。也因如此,簡上所釋讀的"奉書迎"三字改釋爲"奉少主"更爲合理。

將漢簡内容與史書記載對讀,可以深入認知神爵二年常惠西行的具體過程。

首先,簡文記載了常惠西行傳信的簽發情況。該傳信由大司馬車騎將軍韓增以詔令名義下發,符合史書記載宣帝命常惠送少主去烏孫的情況。傳信的具體簽發者是御史大夫丙吉,朝廷文書常由御史大夫簽發,是朝廷旨意的體現。因此從傳信的簽發情況來看,該簡是宣帝命常惠送少主去烏孫的行政運轉證明。

其次,簡文明確的紀年信息可知常惠西行的具體時間。簡文紀年"神爵二年四月戊戌",該月庚子朔,二十九日戊戌,公元前六十年六月一日,這是朝廷爲常惠西行簽發傳信的時間,也應是常惠從長安出發的時間。簡文又有"七月"的記載,這是懸泉置記載持傳者通過的時間,常惠此行從長安到敦煌共用了三個月的時間,常惠送少主的行程由此可知。同時,史書記載常惠"未出塞,聞烏孫昆彌翁歸靡死",也應是在該年七月或稍後。常惠在神爵二年七月得知烏孫消息,由此可知烏孫昆彌翁歸靡去世和立泥靡爲昆彌是在神爵二年夏季,這也是簡文史料價值的體現。

再次,簡文記載了常惠出行團隊的情況。該簡是以"共傳"的形式爲多人同行開出的傳信,具體人物是使者常惠與其他九位斥候。乘坐傳車規格爲二封軺傳,即二匹馬拉的傳車,輕便易行。"十人共傳,二人共載",是説十人爲同一傳信,即常惠與九位斥候一路共行,共同爲護送少主西行服務。二人共載,需要五輛傳車,出行較爲整齊。值得關注的是此行有九位斥候,斥候職責偵察瞭望,這是爲少主西行提供軍事安全保障的人員。

因此,該傳信以文書形式記録了常惠送少主西行至敦煌的情況,傳信以朝廷詔令命義發出,是朝廷管理西域事務的體現。傳信記載常惠西行具體的時間、同行的人物、乘坐傳車的

---

① 《漢書》卷九六下《西域傳下》,3905–3906 頁。

情况,都豐富了神爵二年常惠西行歷史事實的認知。

三　常惠任長水校尉的年代

這枚漢簡最有價值的地方,在於記載了"使烏孫長水校尉長羅侯臣惠",未見史籍記載,具有重要史料價值,對於認識常惠生平及漢代西域事務管理都有重要意義。

長水校尉是漢武帝所設八校尉之一,《漢書·百官公卿表》:"長水校尉掌長水胡騎。"顏師古注:"長水,胡名也。"① 顧炎武《日知録》考證:"按長水非胡名也。《郊祀志》:'霸、産、豐、澇、涇、渭、長水,以近咸陽,盡得比山川祠。'《史記索隱》曰:'《百官表》有長水校尉。沈約《宋書》云:營近長水,因名。《水經》云:長水出白鹿原。今之荆溪水是也。'"② 可見長水校尉是因地處長水而得名。荆溪水的位置,《水經注》説:"霸水又北,長水注之,水出杜縣白鹿原,其水西北流,謂之荆溪。"③ 唐代詩人王維《山中》:"荆溪白石出,天寒紅葉稀。"陳鐵民校注:"荆溪,即長水,又名荆谷水。源出藍田縣西北,西北流,經長安縣東南入灞水。《長安志》卷十六藍田縣:'荆谷水自白鹿原(在藍田縣西五里,西北入萬年縣界)東流入萬年縣唐村界。'"④ 可見長水發源於藍田縣的白鹿原,西北而流,匯入灞水,又名荆溪。長水校尉設於長安東南地域,是守衛京師安全的重要軍事力量。

長水校尉所掌的軍隊是胡騎,長於騎射且行動迅捷。武帝征和二年(前91),太子劉據造反時就曾徵發長水胡騎。《漢書·劉屈氂傳》:"太子亦遣使者矯制赦長安中都官囚徒,發武庫兵,命少傅石德及賓客張光等分將,使長安囚如侯持節發長水及宣曲胡騎,皆以裝會。"⑤ 太子派人持節發長水胡騎,準備和丞相率領的軍隊在京師作戰,可見長水校尉守衛京師的重要作用。

由於長水校尉職掌胡騎,所以熟悉匈奴、西域等民族事務。漢成帝時蕭育曾任使匈奴副校尉,後任長水校尉。⑥ 新莽時長水校尉王歙曾出使匈奴,要求匈奴不得受西域歸降者。⑦ 以長水校尉從事征戰者,漢宣帝時有長水校尉富昌。《漢書·趙充國傳》説:"今詔破羌將軍武賢將兵六千一百人,敦煌太守快將二千人,長水校尉富昌、酒泉候奉世將婼、月氏兵四千人,亡慮萬二千人。"⑧ 此次征伐西羌,朝廷派長水校尉富昌與酒泉候奉世率領婼、大月氏等四千

---

① 《漢書》卷一九上《百官公卿表上》,738頁。
② [清]顧炎武著,黄汝成集釋:《日知録集釋》卷二七《漢書注》,上海古籍出版社,2014,1534頁。
③ [北魏]酈道元著,陳橋驛校證:《水經注校證》,北京:中華書局,2007,456頁。
④ [唐]王維撰,陳鐵民校注:《王維集校注》,北京:中華書局,1997,464頁。
⑤ 《漢書》卷六六《劉屈氂傳》,2881頁。
⑥ 《漢書》卷七八《蕭育傳》,3289頁。
⑦ 《漢書》卷九四下《匈奴傳下》,3818頁。
⑧ 《漢書》卷六九《趙充國傳》,2980頁。

人。媷應是依附於漢朝的羌人名稱,《漢書》服虔注:"媷音兒,羌名也。"①而西域有國名媷羌,余太山先生考證"媷羌種分布的地域甚廣",并説"'媷'果指媷羌,則酒泉候所將不僅僅是去胡來王一支"。②長水校尉富昌、酒泉候奉世所率軍隊中的媷、月氏,與西域諸國有種族上的聯繫。

長水校尉與西域事務相關的代表性例子是甘延壽任職。西域都護騎都尉甘延壽與副校尉陳湯於漢元帝建昭三年(前 36)出師誅滅郅支單于,漢元帝封甘延壽爲長水校尉。《漢書·甘延壽傳》:"元帝取安遠侯鄭吉故事,封千户,衡、顯復爭。乃封延壽爲義成侯。賜湯爵關内侯,食邑各三百户,加賜黄金百斤。告上帝、宗廟,大赦天下。拜延壽爲長水校尉,湯爲射聲校尉。"③西域任職有功者可拜長水校尉,是長水校尉管理民族事務的體現。

從上面材料可以看出,長水校尉職掌宣曲胡騎,守衛京師安全。由於長水校尉熟悉民族事務,因此常參與出使匈奴、平叛反羌等職事。常惠早年曾出使匈奴,熟悉胡人事務,是長水校尉的合適人選。常惠以長水校尉出使烏孫,是行政、軍事、民族等方面重視烏孫事務的體現。

結合常惠的生平履歷,還可以探知常惠任長水校尉的具體年代。常惠早年曾隨蘇武出使匈奴,與蘇武一齊被稽留十九年,到昭帝始元六年(前 81)纔得以返回。史書記載常惠返回後的職官,《漢書·蘇武傳》説:"常惠、徐聖、趙終根皆拜爲中郎,賜帛各二百匹。"④《漢書·百官公卿表》説:"郎掌守門户,出充車騎,有議郎、中郎、侍郎、郎中,皆無員,多至千人。議郎、中郎秩比六百石。"⑤中郎秩級雖不高,却是宫廷守衛人員,爲皇帝所信任。後來常惠以勤於職事而得以升遷。《漢書·常惠傳》説:"昭帝時乃還,漢嘉其勤勞,拜爲光禄大夫。"⑥此處所言勤勞,或可理解爲常惠在匈奴十九年的勤勞,也可理解爲常惠任職中郎時的勤勞,總之,常惠在昭帝時初任中郎,後任光禄大夫。《漢書·百官公卿表》:"大夫掌議論……太初元年更名中大夫爲光禄大夫,秩比二千石。"⑦常惠在昭帝時已得到朝廷重用。

漢宣帝即位,烏孫公主上書朝廷,希望漢與烏孫共同出兵抵禦匈奴。本始二年(前 72),漢朝決定派五將軍北擊匈奴,同時派常惠持節護烏孫兵共禦匈奴。《漢書·宣帝紀》本始二年:"校尉常惠持節護烏孫兵,咸擊匈奴。"⑧《漢書·常惠傳》:"以惠爲校尉,持節護烏孫兵。"⑨從"以惠爲校尉"的記載來看,本始二年常惠始任校尉。常惠所任校尉的身份史書没

---

① 《漢書》卷六九《趙充國傳》,2980 頁。
② 余太山:《兩漢魏晉南北朝正史西域傳要注》,北京:商務印書館,2013,80 頁。
③ 《漢書》卷七〇《甘延壽傳》,3020 頁。
④ 《漢書》卷五四《蘇武傳》,2467 頁。
⑤ 《漢書》卷一九《百官公卿表》,727 頁。
⑥ 《漢書》卷七〇《常惠傳》,3003 頁。
⑦ 《漢書》卷一九《百官公卿表》,727 頁。
⑧ 《漢書》卷八《宣帝紀》,244 頁。
⑨ 《漢書》卷七〇《常惠傳》,3004 頁。

有記載,以往也没有引起關注。現在從懸泉漢簡的記載來看,常惠所任校尉,正是掌管胡騎的長水校尉。常惠以長水校尉的身份出使西域護烏孫兵,從常惠的經歷來看也十分合適。常惠此次出行功勳卓著,本始四年被封爲長羅侯,《漢書·景武昭宣元成功臣表》:"長羅壯侯常惠,以校尉光禄大夫持節將烏孫兵擊匈奴,獲名王,首虜三萬九千級,侯,二千八百五十户。"①則長惠任長水校尉時仍兼任光禄大夫。

本始以後,長羅侯常惠又多次出使西域。懸泉漢簡"過長羅侯費用簿"記載常惠使團於神爵元年(前61)五月經過敦煌,對常惠的稱謂祇是"長羅侯",應是一種簡稱。本文所討論簡紀年神爵二年,是常惠持節護少主和親烏孫的情況,《漢書·西域傳》的記載是"以長羅侯光禄大夫惠爲副",而懸泉漢簡的記載是"使烏孫長水校尉長羅侯臣惠",則神爵二年常惠兼任長水校尉、光禄大夫職官。神爵二年之後常惠職官應發生了變化,因爲此年典屬國蘇武去世,《漢書·蘇武傳》:"武年八十餘,神爵二年病卒。"②蘇武去世後,常惠繼蘇武任典屬國。《漢書·常惠傳》:"後代蘇武爲典屬國,明習外國事,勤勞數有功。"③典屬國掌蠻夷降者,秩二千石,是朝廷列卿,則此時常惠很可能不再兼任長水校尉。到了甘露四年(前50),常惠繼趙充國任右將軍。史載:"甘露中,後將軍趙充國薨,天子遂以惠爲右將軍,典屬國如故。"④《漢書·百官公卿表》甘露四年:"典屬國常惠爲右將軍,四年薨。"⑤元帝初元三年(前46),常惠去世,馮奉世又爲右將軍。

從常惠的經歷可以看出,在史書記載的常惠生平中,無論是《漢書·常惠傳》所言"以惠爲校尉,持節護烏孫兵",還是《漢書·百官公卿表》所言"以校尉光禄大夫持節護烏孫兵",校尉實指都不明確。懸泉漢簡的記載,確認了常惠所任校尉就是長水校尉。常惠從本始二年(前72)始任長水校尉,到神爵二年(前60)送少主時仍任此職。神爵二年之後,常惠代蘇武爲典屬國,應不再任長水校尉。常惠十三年長水校尉的履歷,因懸泉漢簡的記載而得以明確。

附記 匿名審稿專家對本文提出了寶貴的修改意見,特此致謝!

---

① 《漢書》卷一七《景武昭宣元成功臣表》,669頁。
② 《漢書》卷五四《蘇武傳》,2468頁。
③ 《漢書》卷七〇《常惠傳》,3005頁。
④ 《漢書》卷七〇《常惠傳》,3005頁。
⑤ 《漢書》卷一九《百官公卿表》,812頁。

西北漢簡"柱馬"再探*

□ 蘭州城市學院文史學院、簡牘研究所　馮玉

内容提要　西北漢簡中的"柱"多通"住""駐",有"停駐""駐扎"之意,常見"爲……柱"的結構,强調柱馬服務的對象。"柱馬"是對某地停駐的其他機構公務用馬的統稱,以區别於該機構的自有馬匹;某地經停的其他機構的車輛也可以被稱作"柱車"。西北漢簡中的"柱馬"除了有迎來送往的駕車傳馬外,還有下級吏員騎乘迹候的候馬、傳遞信息的驛馬等。柱馬應受郡太守府一級的統籌和調度,其所停駐機構爲柱馬提供飼料,并移文告知柱馬原屬機構按律令於次月入賬,再以書面形式回報。

關鍵詞　西北漢簡　懸泉漢簡　柱　柱馬　柱車

　　西北漢簡中多見"柱""柱馬"等詞語,學界對其認識不一,有必要作進一步的探討。隨着《懸泉漢簡》(壹)(貳)(叁)的出版,[①]我們可以利用更多的材料,全面分析"柱"類詞語的出現語境,釐清相關用法,總結其核心義項,對"柱馬"作進一步的解讀。

一　關於柱馬的已有觀點

　　目前,學界對於"柱馬"主要有四種觀點。第一種觀點認爲"柱馬"是備用、待用之馬。

---

* 本文爲國家社科基金2018年度一般項目"西北漢簡所見絲綢之路上的使者研究"(18BZS016)的階段性成果。
① 本文所引懸泉漢簡,標明"釋粹+排序號"者,據胡平生、張德芳編撰《敦煌懸泉漢簡釋粹》,上海古籍出版社,2001;簡號爲"分區號+發掘年代+DX+探方號+層位號+簡牘流水編號"者,如"Ⅱ90DXT0112①∶36",據甘肅簡牘博物館等編《懸泉漢簡(壹—叁)》,上海:中西書局,2019、2020、2023。居延漢簡據簡牘整理小組編《居延漢簡(壹—肆)》,臺北:"中研院"歷史語言研究所,2014、2015、2016、2017。居延新簡據張德芳主編《居延新簡集釋(一—七)》,蘭州:甘肅文化出版社,2016。肩水金關漢簡據甘肅簡牘保護研究中心(甘肅簡牘博物館)等編《肩水金關漢簡(壹—伍)》,上海:中西書局,2011、2012、2013、2015、2016。

胡平生、張德芳、初世賓、馬克冬、張顯成、張俊民等學者的觀點大體一致,支持該説。第二種觀點是李天虹主張的"柱馬"爲"正馬"。第三種觀點是高榮提出的"柱馬"即"主馬",是駕車之轅馬,爲傳馬之"主"者。① 第四種觀點是王志勇主張的"柱馬"爲負物之"駄馬"。

主張第一種觀點的學者,多在疏通文意時結合語境隨文解釋,均未展開詳細論述。胡平生、張德芳:"柱,未詳。或説,懸泉漢簡中常見'柱'或'柱馬',疑指飼養在馬廐裏的待用之馬。柱是'住'的假借字。"② 初世賓:"柱(拄、駐)有專備不得挪作他用之意。"③ 馬克冬、張顯成:"'柱馬'指備用的馬匹。"④ 張俊民:"從文義上'柱'字不好理解,但是從衆多簡文的記録來看,'柱馬'應該是專門爲了某事預先準備的馬匹。"⑤ 高榮的文章曾以柱馬相關的飼料爲依據,提出以所"柱"地規模而言同一天不可能預留太多馬匹,或不必特意區分是否爲"待用"之馬;又發現柱馬飼料的供應量比一般馬匹爲多,指出"將柱馬視爲馬廐中的備用之馬既與簡文内容不符,又與相關律令衝突",⑥ 否定了第一種觀點,有一定的道理。

筆者認爲,第一種觀點不論理解爲"預備"之用,還是"候補"之"備",都似乎強調了柱馬尚未投入某項事務的正式使用,但西北漢簡中的不少用例反映出"柱馬"是正在執行或者已經執行完公務的馬匹。如懸泉漢簡:

(1) 釋粹二〇〇:
  甘露二年二月庚申朔丙戌,魚離置嗇夫禹移縣(懸)泉置:遣佐光持傳馬十匹,爲馮夫人柱,稟穬麥小石卅二石七斗,又茭廿五石二鈞。今寫券墨移書到,受薄(簿)入,三月報,毋令繆(謬),如律令。
                   Ⅱ0115③:96

該簡是漢宣帝甘露二年二月二十七(前52年4月13日)魚離置嗇夫禹移送懸泉置的文書。⑦ 據懸泉漢簡ⅡT0216③:135可知,甘露元年十一月有懸泉置佐光;據ⅤT1310③:215,甘露二年正月有懸泉廐佐光;ⅡT0213③:58中甘露二年二月有廐佐光。⑧ 筆者認爲西北漢簡中的廐、置在某種語境中所指是一致的,所以簡(1)中的佐光應是懸泉置(廐)佐光,他曾帶十匹傳馬在魚離置爲馮夫人"柱"。史書記載,甘露元年(前53)烏孫國内亂,當時的西域都護鄭吉派馮嫽去勸説烏就屠降漢歸附。之後,漢宣帝又詔馮夫人詢問烏孫情況。據袁延勝考證,

---

① 高榮:《漢代"傳驛馬名籍"簡若干問題考述》,《魯東大學學報(哲學社會科學版)》2008年第6期。
② 胡平生、張德芳編撰:《敦煌懸泉漢簡釋粹》,上海古籍出版社,2001,83頁。
③ 初世賓:《懸泉漢簡羌人資料補述》,中國文物研究所編《出土文獻研究》第6輯,上海古籍出版社,2004,169頁。
④ 馬克冬、張顯成:《〈居延新簡〉軍備用語及其價值研究》,《河北北方學院學報(社會科學版)》2013年第6期,33頁。
⑤ 張俊民:《懸泉漢簡馬匹問題研究》,收入其著《敦煌懸泉置出土文書研究》,蘭州:甘肅教育出版社,2015,344頁。
⑥ 高榮:《漢代"傳驛馬名籍"簡若干問題考述》。
⑦ 本文涉及的曆譜查算均據徐錫祺《西周(共和)至西漢曆譜》,北京科學技術出版社,1997。下文不再贅注。
⑧ 參見張俊民《懸泉漢簡中有紀年可考的物價資料》,收入其著《敦煌懸泉置出土文書研究》,蘭州:甘肅教育出版社,2015,42頁。

该简"應是馮夫人親自趕往長安向宣帝報告烏孫情況時,路過懸泉置的記錄。"①魚離置是懸泉置以東緊鄰的置,馮夫人自烏孫經懸泉置到長安去,是自西向東行進。"柱"在這裏的意思應該不是提前預備、待用,如果是預備,懸泉置的傳馬去其西邊的厩置或在懸泉置待命纔更合理。實際上簡文的意思是甘露二年二月丙戌十匹懸泉傳馬在執行送馮夫人的任務時"柱"於魚離置,其在魚離置所廩穤麥的總數都已經核出,至發文之時此次公務在進行中,甚或已經完成。梳理西北漢簡中的"柱""柱馬"簡,尤其是居延漢簡中的用法,更是不符合"備用""待用"的解釋,因此,第一種觀點有待商榷。

第二種觀點是李天虹在其書中引用有"柱馬"一詞的簡EPT4:91時,於當頁脚注中提出了"或爲正馬"這一看法,指出柱馬"含義不明,或謂與'倅馬'(副馬)相對,指正馬。"②"倅馬"見於《漢書·趙充國傳》:"至四月草生,發郡騎及屬國胡騎伉健各千,倅馬什二,就草,爲田者游兵。"其下顔師古注曰:"倅,副也。什二者,千騎則與副馬二百匹也。"③這裏的"倅馬"是騎兵配備的副馬,以備戰馬耗損後補充之需,是作爲"候補"的備用馬匹。"正馬"與之相對而言,就可以理解爲正式"在編"的、當下正在承擔主要任務的馬匹。筆者認爲,"柱"和"正"沒有直接聯繫,直接對應去解釋并無依據;且第二種觀點是在脚注中提出,祇是對"柱馬"含義的猜測,沒有舉出論據。

第三種觀點,是高榮的"主馬"説。如前所述,高先生先否定了學界第一種觀點,之後結合對"柱"字含義的解釋,提出了柱馬爲"主馬",即駕車之轅馬的主張。筆者認爲,沒有證據證明"主馬"必然是"轅馬";另外,柱馬如果是駕車的"轅馬",與之對應的就應該是駕車時處於轅馬兩側的"駿馬",西北漢簡中既然記錄了柱馬的廩食情況,爲何不記錄與之同駕的駿馬的飼料? 因此,其論證不能讓人信服。

王志勇指出"'柱馬'很可能是馱馬在當時的稱呼,其主要職能就是負責馱運物品。"④王先生所謂"古代傳馬,除駕車之外,還可負物"的表述沒有依據。目前學界普遍接受傳馬爲駕傳車之馬的認識;另外,從漢簡等資料看,當時拉運物資的主要是牛車。懸泉漢簡《傳馬名籍》中的一枚簡中同時出現了"柱"和"駕",其文認爲這樣的馬匹兼用於"柱""駕",這與他後面所説"'駕馬'顯然更應該稱爲'主馬','柱馬'應該有其專屬的職能"相矛盾。所以,第四種觀點是不能成立的。

以上四種主要觀點,置於西北漢簡出現"柱""柱馬"的語境中,不能全部釋通。有必要作進一步的研究。

---

① 袁延勝:《懸泉漢簡所見漢代烏孫的幾個年代問題》,《西域研究》2005年第4期。
② 李天虹:《居延漢簡簿籍分類研究》,北京:科學出版社,2003,74頁脚注。
③ 《漢書》卷六九《趙充國傳》,北京:中華書局,1962,2986頁。
④ 王志勇:《漢簡所見"柱馬"新解》,《南京師範大學文學院學報》2018年第3期。

二　柱馬的含義與特徵

《後漢書·鄧禹列傳》載:"禹所止輒停車住節,以勞來之,父老童稚,垂髮戴白,滿其車下,莫不感悦,於是名震關西。""停車住節",李賢注曰:"'住'或作'柱'"。[①] 筆者認爲這裏的"停""住(柱)"互言,爲同義詞,因此"柱"有"停"的意思。傳世文獻中偶見的"駐馬"用"駐"字,爲臨時短語,是"使馬駐足停留"的意思,如《後漢書·王允傳》:"城陷,吕布奔走。布駐馬青瑣門外,招允曰:'公可以去乎?'"[②]這一用法不能等同於西北漢簡中作爲專有名詞性質的"柱馬",但可以爲我們研究西北漢簡中的"柱""柱馬"提供思路。

分析西北漢簡中目前所見全部出現"柱""柱馬"的簡文(除人名用字),其無一例外都與公務用馬有關,且都指向於非本機構的馬匹。

1.懸泉置傳馬柱其他機構

前述簡(1)記録了甘露二年二月二十七(前52年4月13日),懸泉置佐光帶領懸泉置的十匹傳馬爲馮夫人在魚離置"柱"。該簡的"柱"可理解爲懸泉置的傳馬曾因送馮夫人的公務,在懸泉置東邊廣至縣轄的魚離置停駐。

(2)永光三年正月丁亥朔丁未淵泉丞光移縣泉置遣厩佐賀持傳車馬迎使者董君趙
　　君所將客柱淵泉留稟茭今寫券墨移書受簿入二月報毋令繆如律令　　Ⅰ90DXT0111②:3

該簡中持傳車馬柱淵泉的厩佐賀是懸泉厩佐賀,懸泉置曾遣其持傳車馬迎接使者董君、趙君及所將客,在敦煌郡最東邊的淵泉(置)駐留。

(3)入粟一石四斗以縣泉柱馬八匹　　陽朔三年十月丁巳縣泉御宋意受倉嗇夫☐
　　　　　　　　　　　　　　　　　　　　　　　　　　　　　　Ⅱ90DXT0112①:36[③]

漢成帝陽朔三年十月二十五(前22年12月3日),懸泉御宋意從倉嗇夫(簡下部殘斷,名字不可見)處接受一石四斗的粟,作爲八匹懸泉置柱馬的廩食。因爲是懸泉御接受的,所以該簡中的柱馬是懸泉置駐於他處的馬匹。據懸泉漢簡ⅡT0214②:557,建昭元年(前38)郡倉附近或設有置一類的機構,[④]懸泉御宋意從倉嗇夫處接受粟作爲懸泉柱馬食,筆者認爲該簡

---

① 《後漢書》卷一六《鄧禹傳》,北京:中華書局,1965,602頁。
② 《後漢書》卷六六《王允傳》,2176頁。
③ 疑"以"字後脱一"食"字。
④ 這一主張筆者將於另文論述。

中的八匹懸泉傳馬當時可能駐於郡倉(置)。這枚簡在懸泉置遺址被發現,應是簡(1)(2)那樣的移送文書所附的"券墨",郡倉(置)發出移送文書,連同這樣的"入券"移至懸泉置。

(4) 出穈麥小石一石　　以食懸泉傳馬爲大守柱七月□□☑

Ⅰ90DXT0116②:58+135

(5) 嗇夫爲將軍柱宜禾候官　　　　　　　　　　　Ⅰ90DXT0210①:98+103

簡(4)反映出懸泉傳馬七月時曾爲太守駐留於某機構,有馬匹廩食穈麥支出。簡(5)殘斷,大致可知(懸泉傳馬)爲迎送將軍的公務停駐於敦煌郡宜禾都尉下轄的宜禾候官。

2. 敦煌廄(置)傳馬柱懸泉置

(6) 出粟三石　建始五年正月庚申縣泉廄佐霸付敦煌廄佐宋昌以食迎都護柱馬

(左側有刻數)　　　　　　　　　　　　　　　　Ⅰ90DXT0110②:34

該簡記錄了漢成帝建始五年正月十九(前28年3月12日),懸泉廄佐霸付給敦煌廄佐宋昌粟三石,這是爲迎西域都護的敦煌廄傳馬提供的飼料。此簡發現於懸泉置遺址,且"左側有刻數",所以應是懸泉廄爲曾停駐於此的敦煌縣敦煌廄(置)的柱馬提供飼料的"出券"原件。

3. 龍勒(置)傳馬柱懸泉置

(7) ☑付龍勒長爲護羌使者柱馬☑　　　　　　　　Ⅰ90DXT0112②:69

原簡殘斷,簡文應是柱馬廩食支出記錄。簡出於懸泉置,接受柱馬食的是龍勒長,參照其他簡文例可知,該簡或是懸泉置爲迎送護羌使者的龍勒柱馬提供廩食的出賬記錄。

4. 其他縣置傳馬柱魚離置

(8) 鴻嘉三年正月甲戌朔己丑魚離置嗇夫音敢言之謹移縣置持傳馬爲使者孟君及

諸國客柱往來過廩食傳馬谷茭石斗數如牒謁移其縣簿入二月報敢言之

Ⅱ T0214②:277[1]

該簡是漢成帝鴻嘉三年正月十六(前18年2月17日),魚離置嗇夫音移敦煌郡相關縣置的文書。從該簡可知其他縣置的人員帶傳馬迎送使者孟君及諸國客,往來經過時"柱"於魚離

---

[1] 張俊民:《敦煌懸泉置出土文書研究》,229頁。

置,因而魚離置有傳馬廩食支出。該簡有各縣置傳馬往來兩次"柱"魚離置時的廩食,是已經發生的事情,也可以爲我們否定"柱馬"爲備用馬的主張提供依據。由於此文書在懸泉置出土,故該簡所記曾停駐於魚離置的傳馬,應包括了效穀縣懸泉置的傳馬。

5.遮要置傳馬柱其他厩置

(9)☑□遮要左王武受廣至厩左良夫以食助史者□□柱馬十八匹

Ⅰ 90DXT0109S:198①

該簡反映出,遮要置佐王武帶領的十八匹馬(或包括了效穀縣所轄懸泉置的傳馬,所以簡纔在懸泉置被發現),曾因迎使者的公務停駐於廣至厩,王武從廣至厩佐良夫處接受了柱馬廩食。該簡或是廣至厩移送效穀縣所轄各置的柱馬廩食的入券。

(10)遮要置傳馬廿六匹
其十五匹東柱

Ⅱ T0113③:6②

該簡應是效穀縣遮要置的十五匹傳馬,因公務到其東邊的厩置駐留的相關文書。

6.效穀傳馬柱萬歲候官

(11)初元五年七月壬申朔丁亥萬歲候廣丞昌移效穀萬歲出糜小石十石一斗爲大石六石六升付效穀倉佐充御肥賞
□以食傳馬爲行大守事司馬張君送迎丞相史柱今寫券墨移書到願令史受簿入八月報毋令繆如律令

Ⅰ 90DXT0114③:144

該簡是初元五年七月十六(前44年8月30日)移送傳馬食的文書。根據簡文可知:效穀的傳馬曾奉暫行敦煌大守事的司馬張君之命送迎丞相史,"柱"於敦煌郡中部都尉下轄的萬歲候官。萬歲候官出糜付給了帶領傳馬送迎丞相史的效穀倉佐充、御者肥賞,用以飼喂效穀的傳馬。簡文中已明確書寫了傳馬廩食的實際支出方爲發文方萬歲候官,這也爲我們判斷同類簡文中的柱馬廩食支出、收入方提供了更堅實的依據。

敦煌懸泉漢簡中的"柱馬"是對停駐的其他機構馬匹的稱呼,居延、金關漢簡中的"柱""柱馬"也指的是異機構的駐留馬匹。

---

① 該簡上部殘斷,根據文例第一字應爲紀日干支的地支用字,從殘存的字形看,或爲"申"字;第一個"左"字通"佐",釋文的第二個"左"原簡似本就寫作"佐";"助"當爲"迎"字;"史"通"使";漫漶不能識的"□□"應爲對使者的稱呼。
② 張俊民:《敦煌懸泉置出土文書研究》,344頁。

7. 其他機構馬匹"柱"甲渠候官轄地

居延漢簡有：

（12）·元延三年十月出穀給它縣柱馬秕 墨　　☐　　　　　　　　　　62.12

該簡出土於 A8 破城子遺址，即甲渠候官所在地。出穀給它縣"柱馬"，就是因爲其他縣的馬匹因公務曾駐留於甲渠候官轄地。"它縣"在這裏作爲定語，也反映了"柱馬"非本縣本機構馬匹的特徵，這是其共性。

（13）出茭卌束　閏月乙卯以食送使者葉君柱馬八匹壹宿南　　　　　　EPT51：85

該簡也出自 A8 破城子，甲渠候官出茭 40 束用以在閏月乙卯這天喂養送使者葉君的八匹柱馬。簡文記載這些馬匹隨使者葉君在此駐留了一宿，之後向南出發。很明顯，這些柱馬是隨使者葉君等一行到達甲渠候官轄地的，正在執行公務，不是提前預備，也不屬於甲渠候官。

（14）☐主馬十四匹四日殄北主馬十四匹一宿去藥馬八束半
　　　☐主馬四匹三日藥馬八束半　　　　　　　　　　　　　　　　EPT52：226

《居延新簡集釋》注釋該簡中的"主馬"："又稱'柱馬'，可能是備用之馬。"[①]筆者支持此處"主"通"柱"，該簡上部殘斷，前面應爲表示某機構的名稱。簡文統計某機構主（柱）馬十四匹，可能在甲渠候官轄地駐留四日；殄北主（柱）馬十四匹，駐留一宿後離開。另一行簡文也是某機構主（柱）馬四匹，在甲渠候官轄地駐留三日。這裏的"主（柱）馬"都是非甲渠候官所屬的、因公務暫時停駐甲渠轄地的殄北候官等機構的馬匹。

（15）☐行塞使者勞邊使者太守君柱馬　　☐　　　　　　　　　　EPT52：616

"行塞使者"是"受皇帝指派循行邊塞的使者"；[②]"勞邊使者"在居延新簡 EPT51：323 中也出現過，即"慰勞邊塞駐軍的使者"[③]。"太守君"應指居延都尉府所在的張掖郡的太守。該簡的"柱馬"，是隨行塞使者、勞邊使者和太守君等人到達的公務專用馬匹。其在甲渠候官駐留，不是甲渠候官的馬匹，僅停駐於此，所以也指的是其他機構的馬匹。

---

① 張德芳主編，李迎春著：《居延新簡集釋（三）》，蘭州：甘肅文化出版社，2016，663 頁。
② 張德芳主編，李迎春著：《居延新簡集釋（三）》，754 頁。
③ 張德芳主編，李迎春著：《居延新簡集釋（三）》，498 頁。

8. 其他機構馬匹"柱"肩水候官轄地

肩水金關漢簡載:

（16）陽朔元年五月丁未朔丁卯肩水候丹移觻得出穀付厩佐丁充食柱馬石斗如牒

書到願令史簿入六月四時報如律令　　　　　　已入　　　73EJT21:102A

該簡是陽朔元年五月二十一（前24年6月26日）肩水候官的一封移送文書,肩水候官爲觻得柱馬提供了食料,具體的量在作爲附件的"牒"中,要求觻得方面按律令規定於次月六月入賬,并以四時簿的形式回復。其中的"柱馬"也必指因公務曾駐留於肩水候官的觻得縣的馬匹。

以上對已公布的西北漢簡中的"柱""柱馬"進行全面分析後,我們認爲:"柱"通"住""駐",單用爲一個詞時,是動詞"停駐""駐扎"的意思,通常與"爲"構成"爲……柱"的結構,強調"爲"後面是此次公務服務的對象。"柱馬"已是一個基本固定的雙音節名詞,是對在某地停駐的異機構（非馬匹所屬機構）公務用馬的統稱。梳理出現"柱馬"的這些文書簡,筆者認爲發文機構或文書主筆機構不會稱自己機構的馬匹爲"柱馬",都是對其他機構停駐於本地的馬匹的稱呼。簡（3）出土於懸泉置却有"懸泉柱馬"的説法,是因爲該簡是郡倉（置）作爲發文單位書寫的入券移送到了懸泉置,對於郡倉（置）而言,懸泉置的柱馬就是停駐郡倉的其他機構的馬匹。這一點也可以幫助我們在簡文不完整時,判斷柱馬簡的發文方和收文方。筆者認爲柱馬的特徵至少有兩點:一是公務用馬,其本身可能是縣官馬,也可以是行公務的"私財物馬";二是停駐、駐留於馬匹所屬機構之外的其他官有機構,是某機構對其所供給飼料的、外來停駐的公務馬匹的稱法,以區别於該機構的自有馬匹。

不僅是停駐的異機構馬匹被稱"柱",異機構的車輛（一般應是傳車）也可以被稱"柱"。如《玉門關漢簡》:

（17）龍勒柱車二兩吴充等二人　　二月甲辰入東門　　Ⅱ98DYT4:2/Ⅱ98DYT4:8[①]

這是兩枚簡文内容相同的簡,都出土於小方盤城遺址附近,且同屬一個探方。從内容看,應是車輛和相關人員進入"東門"的登記信息,簡文稱龍勒的兩輛車爲柱車。這是因爲對於小方盤城所在的機構而言,龍勒就是異機構。車輛到達龍勒以外的地方停留,就被稱作"柱車",這與"柱馬"的得名緣由是一樣的。作爲進出關門的記録,車輛并未在此待命備用,也進一步證明了"柱車""柱馬"是對異機構車馬所使用的區别性稱呼。再如:

---

① 張德芳、石明秀主編:《玉門關漢簡》,上海:中西書局,2019,162、163頁。

(18)縣泉言府未報今見新車二乘故車一乘其二乘當柱魚離置一乘留置車

Ⅰ 91DXT0405④A:15

該簡中懸泉置的傳車要停駐在魚離置執行公務,故稱"柱"。

三　柱馬的性質與功用

個別學者就柱馬的性質作過推測:初世賓説柱馬"與驛置交通有關";① 高榮認爲"柱"是傳馬的特徵。② 統計西北漢簡中的柱馬,我們發現其中的柱馬并非都是傳馬。

(一) 敦煌懸泉漢簡中的"柱馬"多爲傳馬

高榮等學者之所以認爲"柱"是指傳馬的特徵,主要依據的是懸泉漢簡中的《傳馬名籍》。懸泉漢簡有建始二年(前31)三月懸泉置(厩)傳馬名籍,據《敦煌懸泉漢簡釋粹》可知,其爲11枚簡組成的簡册,"原册散亂,中間或有缺失"。③ 最後1枚(Ⅴ1610②20)是上行公文書:"建始二年三月戊子朔庚寅,縣(懸)泉厩嗇夫欣敢言之:謹移傳馬名籍一編,敢言之。"前10枚(Ⅴ1610②10-Ⅴ1610②19)是10匹傳馬的情况,筆者將這10枚簡中馬匹的基本信息按釋文先後順序分條摘録、判斷如下:

建始二年懸泉厩《傳馬名籍》信息表

序號	性質數量	毛色	牝牡	體貌特徵	齒齡	高度	用途	名號	其他信息	後書内容
1	傳馬一匹	騩	牡	左剽;決兩鼻兩耳數	齒十九歲	高五尺九寸	…	…		
2	私財物馬一匹	騩	牡	左剽;白背	齒九歲	高六尺一寸			小宵;補縣(懸)泉置傳馬缺	

---

① 初世賓:《懸泉漢簡美人資料補述》,中國文物研究所編《出土文獻研究》第6輯,上海古籍出版社,2004,169頁。
② 高榮:《漢代"傳驛馬名籍"簡若干問題考述》。所謂傳馬,森鹿三説"就是由車站供給的駕車之馬",并明確指出傳馬不同於驛馬:驛騎在驛站替换馳行所用的馬爲驛馬,駕車用的是傳馬。參[日]森鹿三著,姜鎮慶譯《論居延簡所見的馬》,中國社會科學院歷史研究所戰國秦漢史研究室編《簡牘研究譯叢》第1輯,北京:中國社會科學出版社,1983,84頁。
③ 胡平生、張德芳編撰:《敦煌懸泉漢簡釋粹》,82頁。

續表

序號	性質數量	毛色	牝牡	體貌特徵	齒齡	高度	用途	名號	其他信息	後書內容
3	傳馬一匹	駹	乘	白鼻；左剽	齒八歲	高六尺	駕	全（？）厩		翟聖；厶卩
4						（五）尺六寸	駕	葆橐		
5	傳馬一匹	騮	乘	左剽；決右鼻	齒八歲	高五尺九寸半寸	驂	黃爵（雀）		
6	傳馬一匹	駹	乘	左剽	八歲	高五尺八寸	中	倉（蒼）波	柱	
7	傳馬一匹	騮	乘	左剽；決兩鼻；白背	齒九歲	高五尺八寸	中	佳□（楛）	柱駕	
8	傳馬一匹	赤騮	牡	左剽	齒八歲	高五尺八寸	駕	鐵柱		
9	傳馬一匹	騂駒	乘	左剽	齒九歲	高五尺八寸	驂	完幸		呂戟；厶卩
10	私財物馬一匹	駹	牡	左剽	齒七歲	高五尺九寸			補縣（懸）泉置傳馬缺	

資料來源：《敦煌懸泉漢簡釋粹》九七《傳馬名籍》。[1]

該簡册中的第6、7枚簡中出現了"柱"，這兩枚簡上有"傳馬一匹"的表述，可知其性質爲"傳馬"。通觀10枚簡的文例，在傳馬高度的表述之後應是對其功用的標注。"駕"，《説文》曰"馬在軛中"，在該傳馬名籍中"特指用於駕轅的馬"；[2]"驂"爲駕轅之馬兩側的馬匹；"中"與"駕""驂"所出現的位置一致，筆者推測或爲雙轅車最中間的駕馬。通過以上表格對比我們發現，備注有"柱"的這兩匹傳馬從齒齡、體高等各個方面看，并無特殊之處。標注

---

[1] 參見胡平生、張德芳編撰《敦煌懸泉漢簡釋粹》，81頁。其中，第一枚簡上有"齒十九歲"，疑"十"或"九"爲衍文。

[2] 胡平生、張德芳：《敦煌懸泉漢簡釋粹》，83頁。

"柱""柱駕",或是因爲在作爲上報文件(V1610②20)附件的傳馬名籍寫成之時,這兩匹傳馬正被派駐異地執行公務,不在其所屬的懸泉置。

《懸泉漢簡(壹)》載:

(19)☐□主荾佐程崇以給柱傳馬食　　　　　　　　　　　Ⅰ90DXT0114①:95

此簡中的"柱"明顯是"傳馬"的定語,是對其性質的描述。但是,這祇能説明傳馬可以是"柱馬",并不能確定"柱馬"都是傳馬。前面討論柱馬含義時所引用的簡(1)-(11)中涉及的馬匹,幾乎都是傳馬,主要與敦煌懸泉漢簡出土於懸泉置這樣的縣置有關,其是公務接待、交通物資保障的厩置機構。這就決定了懸泉漢簡中的"柱馬"的功能用途,主要是作爲公務用馬迎送往來的官員、使者和外國客等。

(二)居延、金關漢簡中的"柱馬"不都是傳馬

居延、金關漢簡所見"柱馬"既有傳馬,也有其他性質和功用的馬匹。

1.迎來送往的駕車之傳馬

居延漢簡有:

(20)☐粟廿石　給萬歲傳舍
　　　　　　柱馬食　　☐　　　　　　　　　　214.128

這是出自 A8 破城子的削衣。萬歲傳舍應在甲渠候官萬歲部萬歲隧附近。"所謂傳舍就是設在可稱之爲供應傳車和傳馬之傳置的車站上的宿舍,以供因公出差者食宿之用。"①萬歲傳舍必然提供傳馬、傳車,也爲往來的其他機構的傳馬提供臨時的飼養和休整。簡(20)或爲削衣出土地——甲渠候官將粟廿石運到萬歲傳舍,作爲柱傳馬食料的記録。

前引簡(13)也出自 A8 破城子甲渠候官遺址,是甲渠候官出荾飼養送使者葉君的八匹柱馬。這些柱馬是隨使者到達的,《漢書·王莽傳下》載:"乘傳使者經歷郡國,日且十輩,倉無見穀以給,傳車馬不能足,賦取道中車馬,取辦於民。"②使者乘傳,簡(13)中的柱馬很可能是沿途置厩的傳馬,其功用很明顯是承擔迎送使者的公務。

簡(15)中的柱馬,是行塞使者、勞邊使者、張掖太守等上級官員到甲渠候官一帶行塞、勞邊、巡行用的馬匹。這些官員很可能也是乘坐沿途厩置的傳車馬,如《史記·游俠列傳》:

---

① [日]森鹿三著,姜鎮慶譯:《論居延簡所見的馬》,中國社會科學院歷史研究所戰國秦漢史研究室編《簡牘研究譯叢》第1 輯,83 頁。
② 《漢書》卷九九下《王莽傳下》,4158 頁。

"吴楚反時,條侯爲太尉,乘傳車將至河南。"①所以,簡(15)的柱馬其功用是爲上級官員和使者行塞駕車之用。

簡(16)中也出現了"柱馬"。簡文反映出肩水候官相關機構曾將柱馬的飼料付給了觻得厩佐丁充,由厩佐帶領的柱馬理應也是其厩置的傳馬。

筆者認爲同爲屯戍候望系統的甲渠候官、肩水候官等附近有厩置、傳舍是可以肯定的,且與候官關係密切,相關簡牘中出現的"柱馬"很可能多是駕車之傳馬。

2.候官下級吏員騎乘以迹候追逐的候馬

居延漢簡有:

(21)受杜君稍糧卅石其十五石稟柱馬食十五石　　　　廪候長候史馬二匹吏一人　　　　507.3A
　　　　　　　　　　　　　　　　　　　　　　　　閏月食餘四斗見
即當入王並一兩粟餘當爲五百卅六石六斗六升大　　　　　　　　　　　　　　　　507.3B

該簡出自A8破城子遺址。A面的意思大致清楚:從杜君處接受稍糧三十石,其中十五石用以稟柱馬,另外十五石爲"食"。簡下半部分右側"廪候長候史馬二匹吏一人"應該就是這些稍糧所供給的對象,即候長、候史的馬共兩匹和吏員一人。很明顯,簡(21)中的"柱馬"并非傳馬,而是候望系統候長和候史的馬。塞上出行不便,中下級官吏有自用馬更便於工作,如居延新簡有"塞上吏苦亡馬,若西出塞,尉吏、士吏、候長、候史、隧長、小吏毋馬,步,予;卒步行出塞,不齋食。"(EPT65:291)有的吏員還要自行準備䩨(鞍)等馬具。②"䩨",《説文》曰:"馬鞁具也。"段注:"此爲跨馬設也。"③所以候望系統下級吏員的馬匹是用於騎乘的候馬,這與用於拉傳車的傳馬是不同的。這些馬匹可能是公有馬匹,也有私馬公用而由國家提供馬匹飼料者,如"以迹候爲職,自給私馬"(214.115),"……斗,給候長候史私馬"(EPT59:674)。

因此,筆者認爲簡(21)中的"柱馬"很可能就是由國家提供食料的、候長和候史騎乘以執行公務的候馬,而非傳馬。其功用是候望系統下級吏員候望巡視和追逐盜賊及越境之人時騎乘所用。

3.郵書傳遞時騎乘的驛馬

關於傳馬與驛馬的關係,顔師古注《漢書·昭帝紀》中的"傳馬"時引張晏曰:"驛馬也。"④陳直也認爲傳馬謂驛傳之馬,⑤即傳馬、驛馬無別。日本學者森鹿三指出二者有別:當

---

① 《史記》卷一二四《游俠列傳》,北京:中華書局,1982,3184頁。
② 參見居延新簡EPT59:58:"皁單衣、毋䩨馬,不文。史詰責。駿對曰:'前爲縣校弟子,未嘗爲吏,貧困,毋以具皁單衣、冠、䩨馬。'謹案:尉史給官曹治簿書、府官縣使、乘邊候望、爲百姓潘幣,縣不肯除。"其中"䩨""鞍"爲異體字。
③ [漢]許慎撰,[清]段玉裁注:《説文解字注》卷一二,上海古籍出版社,1981,109頁。
④ 《漢書》卷七《昭帝紀》,228頁。
⑤ 陳直:《居延漢簡研究》,北京:中華書局,2009,342頁。

時把這種驛騎在驛站替換馳行時所用的馬,特稱之爲驛馬,以區別於駕車用的傳馬。[①] 學者現在多認可這一觀點。

(22)出粟小石九石六斗　　𠃍　鴻嘉二年五月辛卯甲渠掾儵付居延轂虜亭長徐偃給柱馬食　　　　　　　　　　　　　　　　　　　　　　　　　　　　　EPT4:91

這是漢成帝鴻嘉二年五月十四(前19年6月24日),由甲渠掾儵經手付給居延轂虜亭長徐偃粟小石九石六斗,用以柱馬食。邊塞之亭多爲郵亭,郵亭之馬多爲驛馬。作爲轂虜亭等亭隧的馬匹,不排除是驛馬的可能性。居延漢簡中驛馬用於亭隧者還有很多,可參編號78.36、231.20、EPT59:72、EPT59:268、EPF22:352、EPC:1的諸簡。甲渠河南道上塞以文書傳遞爲主要職責,故其亭隧多配有驛馬,因而,筆者認爲簡(22)中出現的"柱馬"很可能就是轂虜亭用於郵書傳遞的驛馬。居延新簡《甲渠言永不當負駒》劾狀稱驛馬爲縣官馬,[②]可知驛馬主要由國家提供。

4.其他功用不明的"柱馬"

以下簡(23)和前引簡(14)中出現的柱(主)馬,因缺乏具體語境,其類屬性質和具體功用尚不好判定。

(23)☒□□一石二斗給柱馬食　　□□☒　　　　　　　　　　　　EPT5:34

綜上,分析西北漢簡中出現的柱馬,我們發現"柱馬"除了有承擔迎來送往職能的駕車之傳馬外,還有一些是候長、候史等候望系統下級吏員日常迹候和追逐騎乘用的馬匹,還有以傳遞信息行檄爲主要用途的驛馬等。因此,西北漢簡中的柱馬并非都是傳馬,柱馬不能簡單地被認爲是傳馬的一種,其性質和功用主要决定於其所屬系統的主要功能。不同於敦煌漢簡中柱馬多爲傳馬,居延、金關漢簡中的"柱馬"除了有傳馬外,還有候馬和驛馬,正與這些漢簡出自候望、屯戍系統有關。其出現的語境也進一步證明了"柱馬"是對停駐、駐扎於非該馬匹所屬機構的公務用馬的統稱,加深了我們對"柱""柱馬""柱車"等含義和特徵的認識,爲柱馬相關制度的探討奠定了基礎。

---

① [日]森鹿三著,姜鎮慶譯:《論居延簡所見的馬》,中國社會科學院歷史研究所戰國秦漢史研究室編《簡牘研究譯叢》第1輯,84頁。
② 參見張德芳主編,張德芳著《居延新簡集釋(七)》,蘭州:甘肅文化出版社,2016,481-485頁,EPF22:186-201號簡。

四　柱馬相關制度

目前已公布的西北漢簡中出現"柱""柱馬"的有近 30 例(人名用字除外),可以幫助我們初步瞭解柱馬制度。

(一)柱馬的調配

從西北漢簡看,"柱馬"一般都是對於停駐的異機構公務用馬的稱呼,至少是對本地停駐的外縣馬匹的稱呼,本縣内的各級機構之間還未見互稱柱馬的情況。究其原因,一方面可能由於一縣以内的廐置一日内可以往返,不需駐留;更有可能是因爲同縣内廐置馬匹的廩食都由同一縣廷提供,不需要因爲柱馬的廩食往來而這樣特稱記録。

從"柱馬"用例較多的敦煌懸泉漢簡看,柱馬的隸屬機構與停駐機構多爲敦煌郡的各個縣置。縣置是縣級機構轄屬的各置,包括在縣治所在地設的廐置和縣域内交通孔道上的廐置機構。少數駐留地還有候望系統的候官,如簡(5)宜禾候官、簡(11)萬歲候官。這些柱馬往來於敦煌郡内,在敦煌郡的下級機構停留、駐扎,承擔迎來送往的一些公務。其迎送的有皇帝專使(如馮嫽)、護羌使者、主迎送的漢使者及其所帶領的諸國客、將軍、太守、(西域)都護、丞相史等。前引簡(8)是各縣置人員帶傳馬迎送使者孟君及諸國客,往來經過停駐魚離置時柱馬廩食支出的移送文書。該文書中衹言"縣置",没有强調是某郡的縣置,可以認爲就是魚離置所在的敦煌郡的各縣置,那麼調配這些縣置傳馬的應該就是敦煌郡。再如懸泉漢簡載:

(24)樓蘭王以下二百六十人當東,傳車馬皆當柱敦□　　　ⅡT0115②:47①

該簡記録樓蘭王等二百六十人的使團一行將要東去長安,要求敦煌郡的傳車馬都"柱"敦煌(郡治所在的敦煌縣)。從"傳車馬皆當柱敦(煌)"一句看,這種文書應是敦煌郡在使團到達前,預先下發給各縣置的文書,所以在懸泉置遺址發現了這封文書。據懸泉漢簡Ⅱ90DXT0115③:80 記載,敦煌郡有廐置九所、傳馬員額約三百六十匹。面對二百六十人的使團,敦煌郡可能調配了該郡各廐置能用的幾乎所有傳車馬,要求駐扎在敦煌縣以待命。調配文書是在使團到達前提前下發的,"柱"作"駐扎""停駐"來理解仍没有問題。前引簡(18)也有"縣泉言府"的表述,類似這樣的文書應該都是敦煌郡下達調配命令或下級機構向太守府匯報現有傳車馬相關情況的文書。因此,筆者認爲,一郡之内柱馬的調動,是受到郡一級機構的指示和統籌的。一郡下面多爲一縣一置,少數的縣有兩個或兩個以上的置,調配文書

---

① 張俊民:《敦煌懸泉置出土文書研究》,486 頁。

應該是由郡太守府下發至各縣置。

(二)柱馬的廩食往來

柱馬飼料的量,應參照其在原屬機構本來的廩食標準,但不排除會因公務奔走的強度而適度增加飼料,[①]這一點高榮《漢代"傳驛馬名籍"簡若干問題考述》一文作過討論,[②]此處不再贅述。這裏主要談談柱馬"出差"期間的廩食往來。目前所見秦漢律令中未見對柱馬廩食往來情況的規定。睡虎地秦簡《秦律十八種》中有"宦者、都官吏、都官人有事上爲將,令縣貸(貸)之,輒移其稟縣,稟縣以減其稟。已稟者,移居縣責之。倉"(44),[③]可知出差的公務人員,在他縣内可以貸食,之後支出廩食的他縣會移書到該公務人員的廩縣,其所屬的廩縣相應地減去其廩。如果該公務人員已經重複享受了廩食,就移書追回其重複享受的部分。公務出差人員和因公務在異地駐留的柱馬的廩食支付應有共通之處,相關流程也應相似。筆者參照秦簡中因公出差人員的廩食支付情況,結合西北漢簡中柱馬的廩食往來文書,嘗試對柱馬飼料的付受作以推測。

首先,柱馬停駐機構提供飼料,并製作柱馬飼料出、入券。

柱馬執行公務在異地停駐期間,由停駐機構按照律令規定爲柱馬提供飼料,該機構的相關負責人(如佐、掾)會將柱馬飼料支付給柱馬的帶領、持有者,由其去飼喂柱馬。并可能在支付飼料時,製作柱馬飼料的出、入券,書寫移送文書。簡(6)(22)就是其中典型的"出券",尤其是簡(6),其"左側有刻數",這是券契原件的標識。"出券"原件當由支出方保存。從提示性的標識"·"和文例看,前引簡(12)"·元延三年十月出穀給它縣柱馬粺 墨☐"(62.12)應該是一枚標題簡,以其爲標題的簡册應是漢成帝元延三年(前10)十月,甲渠候官爲張掖郡其他縣在甲渠轄地停駐的柱馬提供廩食的"出券"原件匯編。

與"出券"相對的"入券"原件也應有刻齒,其作爲附件隨柱馬飼料移送文書送至柱馬所屬機構,并由收文方留存備案。簡(3)或許就是這樣的"入券",遺憾的是從已公布的該簡信息看,未標注其上有刻數。不過,我們可以參考其他類似的糧食入券,來思考柱馬飼料入券。如:

(25)入糜小石二石　本始五年二月乙卯縣泉厩佐廣意受敦煌倉嗇夫過送長羅侯

Ⅰ90DXT0209⑤:17

該簡是縣泉厩佐廣意從敦煌倉嗇夫處接受"糜小石二石"的記錄,其右側似有刻齒,或爲糧食"入券"的原件。簡(25)文書格式與簡(3)相似,均出土於糧食接受方懸泉置,因而簡(3)當是柱馬在異地廩食的入券。柱馬飼料的移送文書中常有"寫券墨"一語,"寫"是抄録的意

---

① 秦律有:"駕傳馬,一食禾,其顧來有(又)一食禾,皆八馬共。其數駕,毋過日一食。駕縣馬勞,有(又)益壺〈壹〉禾之。倉律"(47)。陳偉主編,彭浩、劉樂賢等撰著:《秦簡牘合集·釋文注釋修訂本(壹)》,武漢大學出版社,2016,70頁。
② 高榮:《漢代"傳驛馬名籍"簡若干問題考述》。
③ 陳偉主編,彭浩、劉樂賢等撰著《秦簡牘合集·釋文注釋修訂本(壹)》,69頁。按:"稟"通"廩"。

思,作爲移送文書附件的"入券"應該就是所謂的"券墨"。"寫券墨"是依照"出券"抄寫"入券"內容,因爲兩者除"出""入"的性質不同外,其他付受雙方、飼料數量等信息是一致的。一定時間段内如果柱馬在某機構往返停駐,有多次飼料支出,則所附的"券墨"就不止一枚,發文方會以編連的一組"券墨"作爲移送文書的附件發出,這樣成組編連的"券墨"簡,即簡(8)(16)所謂的"牒"。

其次,柱馬停駐機構向柱馬所屬機構移送廩食文書。

移送的文書應該包括了簡(1)(2)(11)(16)這樣的平移文書主體,和前述作爲附件憑證的"入券"(或入券編册的"牒")。移送文書主體大致包含以下信息:發文時間(也應是柱馬飼料的支付時間)、發文方(支付方)相關主管的職務和名、收文方單位(柱馬所屬機構)、實際支付者、飼料的種類和量、飼料接受者身份及名、柱馬數量、所柱緣由等。如果發文給某一特定機構,不排除該機構接受馬匹廩食的人員在返回工作單位時將移送文書一同帶回,交付柱馬所屬的本單位的相關主管人員。如果涉及多縣多機構,這些文書可能會集中傳送,如簡(8)應是魚離置統一向它縣廐置發送柱馬在其地的廩食文書。

再次,柱馬所屬機構收到移送文書後於次月入賬。

移送文書中常有"書到,受,簿入某月,報,毋令繆,如律令"之類的文書套話,筆者認爲"某月"要上讀,爲"簿入某月"。從文例看"某月"均爲文書發出時間的次月,簡(1)(2)(11)(16)移送文書中依次爲"三月""二月""八月""六月",即於次月入賬。之所以這樣斷句,是受簡(16)"書到,願令史簿入六月,四時報,如律令"的啓發,其中發文方注明收文方要按照律令規定以"四時簿"的方式回復入賬的情況。"四時簿"是漢簡中常見的季度會計報告。簡(16)中既然明確要求了每季度匯總後統一回報,那麽該移送文書中的"六月"就應上讀爲"簿入六月",指的是入賬的時間,而不是"報"的時間。再參考睡虎地秦簡《秦律十八種》中公務出差人員的廩食支付减扣方式,筆者認爲,柱馬所屬機構收到"入券"後,登記"入"於次月的賬上,即相關柱馬次月的廩食供給量被相應地减少,這是因爲本月的廩食可能和人員廩食一樣於月初已經領取過了。這些柱馬因"出差"在本單位盈餘的本月廩食部分,可延至下月,這樣也補足了次月的廩食總數。

最後,收文方向發文方回復入賬情況,付受雙方平賬。

如前所述,柱馬廩食入賬的情況還要回報給發文機構。簡(16)表明肩水候官與觻得縣之間,似乎可以以季度爲統計周期,後以四時簿的形式匯總回復給發文機構,以便進行核驗、核銷。但像敦煌郡内處於絲綢之路孔道的縣置之間,公務往來頻繁,其相關簡文中也未見"四時報"的要求,不排除按月回報的可能。

同郡的各縣置等相關機構祇需從賬面上平衡柱馬的廩食,對雙方的馬匹廩食"出入"進行賬面核銷,不需實際持送廩食實物,大大减輕了往來負擔,也加快了辦事效率。

筆者推測柱馬廩食移送文書,發文機構自己也要抄寫一份備案,并在其收到收文方入賬的回復後備注存檔。前引簡(16)是肩水候官發給觻得的柱馬廩食移送文書,却出土於肩水金關遺址(A32),肩水金關遺址距離肩水候官治所(A33)地灣非常近,基本可視爲一個地理單元,所以這就是發現於發文方的移送文書。該簡 A 面簡尾有後書的"已入"二字,墨色較淡,應爲二次書寫。筆者認爲這很可能是發文方收到四時簿回復入賬後,在之前抄寫留存的移送文書上備注了"已入"二字。這樣,柱馬出差在外飼料的全部付受流程纔真正完成。

小結

西北漢簡所見的"柱"多通"駐",單用時是動詞,是"停駐""駐扎"的意思,通常構成"爲……柱"的結構,強調公務服務的對象。"柱馬"是一個基本固定的雙音節名詞,是對在某地停駐的其他機構公務用馬的統稱。西北漢簡中文書主筆機構不會稱自己機構的馬匹爲"柱馬",都是對其他機構停駐於本地的馬匹纔這樣稱號。因此"柱馬"有兩個特徵:一是公務用馬,二是停駐、駐扎於馬匹所屬機構之外的某機構,以區別於該機構的自有馬匹。同理,某地經停的異機構車輛(一般應是傳車)也可以被稱作"柱車"。

西北漢簡中的"柱馬"除了有承擔迎來送往職能的駕車之傳馬外,還有一些是候長、候史等候望系統下級吏員迹候和追逐騎乘用的候馬,或是以傳遞信息爲主要職責的驛馬等。可見,西北漢簡中的柱馬并非都是傳馬,柱馬也不能簡單地被認爲是傳馬的一種。敦煌懸泉漢簡中的柱馬多是傳馬,這是因爲這些漢簡的出土地是懸泉置這樣的厩置機構,其職能本來就是負責迎來送往。而居延、金關漢簡中的"柱馬",除了是傳馬外,還有候馬和驛馬等,這又與這些漢簡出自候望、屯戍系統有關。

從現有資料看,"柱馬"都是一郡之内往來調動的馬匹,其調配是受到郡太守府的統籌和調度的。敦煌郡這樣的邊郡多爲一縣一置,少數有一縣兩置或多置的情况,柱馬調配文書似乎由郡太守府下發各縣置。"柱馬"這一稱呼的主要作用是將外來駐留馬匹與本機構所屬馬匹相區别,西北漢簡中的"柱馬"簡常與其廩食付、受相關。這些簡反映出,柱馬停駐機構先向外來公務馬匹提供飼料,并製作柱馬飼料的出、入券,"出券"由停駐機構(發文方)保存,"入券"作爲附件隨柱馬廩食移送文書發往柱馬所屬機構;柱馬所屬機構收到移送文書後按律令規定於次月入賬,相應地減去相關柱馬次月的廩食;最後,收文方向發文方回復入賬情况,完成付受雙方的平賬程序。

統觀西北漢簡中的這些"柱""柱馬""柱車"簡,我們可從這些零散文書中窺見漢帝國相關制度之嚴格,管理之嚴密。國家通過有條不紊的文書行政,大大保障了行政和交通效率,鞏固了大一統中央集權。柱馬制度雖小,但它在維護國家統一、加強漢帝國郡縣及與西域的聯繫方面仍有不可忽視的價值。

附記 審稿專家提出了諸多精確而細緻的修改意見,特此致謝!

西北漢簡所見"心腹疾"及相關問題考*

□ 武漢大學簡帛研究中心
□ "古文字與中華文明傳承發展工程"協同攻關創新平臺

陳寧

内容提要 西北漢簡中常常可見屯戍士卒患有"心腹疾"的記載。相關材料可證，"心腹疾"具有患病人群不分性別老幼，涉及病位幾可覆蓋人體全身等特點，由此可知心腹疾病當爲腹內臟腑之間所患疾症的概稱。但秦漢醫書資料中關於內臟疾病并非皆爲概述，從醫書對"心腹疾"的詳載可見醫學知識掌握者與普通民衆對此認知的差異頗大，背後原因大致爲普通吏民讀寫能力不足和醫學知識傳授方式的局限性。邊地醫方製作者可能爲普及醫學知識撰寫了一批不涉醫理且實用簡明的非禁藥方。

關鍵詞 西北漢簡 心腹疾 內臟觀念 醫藥

漢代的"河西"泛指黃河以西廣大地區，其屯戍機構包括敦煌郡、酒泉郡和張掖郡下轄的各都尉。[①] 河西漢塞存在一套行之已久的醫療保障制度，近一個世紀以來西北地方出土材料對於研究邊塞士卒的日常生活和兩漢時期醫療史大有裨益。然而學界的目光却較少關注邊塞病員的疾病狀況，不少疾症內涵還未得到全面辨析，如本文重點探討的邊塞漢簡中常見"心腹疾"的病名含義仍缺乏確解。目前學界對此疾的定義大致有如下諸種説法：(1)認爲心腹疾是心疾與腹疾的合稱。[②] (2)認爲心腹疾是胃腸道部位的病症。[③] (3)認爲心腹疾是

---

* 本文是國家社會科學基金重大項目"雲夢睡虎地77號西漢墓出土簡牘整理與研究"(16ZDA115)的階段性成果。
① 趙寵亮：《行役戍備——河西漢塞吏卒的屯戍生活》，北京：科學出版社，2012，2-4頁。
② 張光裕、陳偉武：《戰國楚簡所見病名輯證》，黃德寬主編《中國文字學報》第1輯，北京：商務印書館，2006，85頁。
③ 如孫其斌、何雙全、張德紅《敦煌、居延簡牘中絲路漢代戍邊醫學》，《敦煌研究》2017年第6期，144頁；傅錕、張如青《出土簡帛中醫內科學文獻研究綜述》，《中醫文獻雜誌》2020年第4期，81頁。

臟腑之間的病症。[①]而更多學者常常以"心腹部疼痛"來渾言其症。本文希望能釐清疾病的確切含義,并藉由此例更深入地探討當時邊塞社會的醫學觀念和醫學知識傳達交流的情況。

一 邊塞與內郡所見"心腹疾"特點

西北漢簡中常見"心腹"疾病患者,羅列典型文例如下。居延漢簡可見相關記載:[②]

(1)第二隧卒江譚以四月六日病苦心服(腹)丈滿(4.4A)
(2)左前萬世隧長破胡敢言之候官即日疾心腹四節不舉(255.22+5.18)
(3)當北隧卒馮毋護　三月乙酉病心腹丸藥卅五(275.8)
(4)本始五年二月丁未疾心腹丈滿死右農前丞則主(293.5)

居延新簡中有記:[③]

(5)候長敢言□□隧卒陳崇遝□病傷汗頭應抚應即日加心腹(EPT4:101)

敦煌漢簡中有記:[④]

(6)☒治久欬逆勾痺痿痺止泄心腹久積傷寒方(2012)

肩水金關漢簡有記:[⑤]

(7)□疾心腹寒炅(熱)未能(73EJT1:168)
(8)巨卿時力過府君行事毋它欲往會病心腹丈滿甚□□注以故至今請

[①] 張雷在注解里耶秦簡 8-1718+8-258 中的"心腹痛"時,"今按"部分引述《諸病源候論·心腹痛》:"心腹痛者,由臟腑虛弱,風寒客於其間故也。"張雷編著:《秦漢簡牘醫方集注》,北京:中華書局,2018,18 頁。由此可知他認爲此與臟腑之疾相關。
[②] 本文如無特殊説明時,居延漢簡圖版與釋文均參考簡牘整理小組編《居延漢簡(壹)—(肆)》,臺北:"中研院"歷史語言研究所,2014—2017。下文不另注。
[③] 本文如無特殊説明時,居延新簡圖版與釋文均參考張德芳主編《居延新簡集釋(壹)—(柒)》,蘭州:甘肅文化出版社,2016。下文不另注。
[④] 本文如無特殊説明時,敦煌漢簡圖版與釋文均參考甘肅省文物考古研究所編《敦煌漢簡》,北京:中華書局,1991。下文不另注。
[⑤] 本文如無特殊説明時,肩水金關漢簡圖版與釋文均參考甘肅簡牘博物館、甘肅省文物考古研究所、甘肅省博物館、中國文化遺產研究院古文獻研究室、中國社會科學院簡帛研究中心編《肩水金關漢簡(壹)—(伍)》,上海:中西書局,2011—2016。下文不另注。

少□(71EJT23:359A)

懸泉漢簡有記:[①]

(9)心腹丈滿吞二丸(Ⅰ 90DXT0109②:32)

　　從上引簡文材料中可總結出"心腹"疾病若干特點:首先,關於"心腹丈滿"一疾,裘錫圭先生認爲"丈"字當釋爲"支",居延漢簡中所見病名釋作"心腹支滿"。且引據《黄帝内經·素問》解釋"支滿"爲醫書中常見症狀,并舉《韓詩外傳》"人主之疾有十二發"中載有"支""滿"兩疾爲證,認爲"支和滿是相類的兩種病症"。[②] 學者多從其説,進一步指出"支"作病名,當作"支撑""拒按"義解。[③] 若細繹字形,西北漢簡中"支"與"丈"字形大部分可以區分,但仍存在兩字混淆的情況。如居延漢簡中"繩十丈"(10.6)的"丈"字圖版爲，肩水金關漢簡"四支不舉"(73EJT29:115A)中的"支"字圖版爲，王國維認爲漢簡中"丈"字作"支"是從篆文寫法。[④] 依此可知心腹疾病應與體内支撑、阻塞有關,但未明晰心腹之内何處患疾。

　　其次,從(3)(4)(9)文例可知,心腹病需要丸藥數量不少,病情可能比較嚴重,危重時可能會引起死亡。再次,據(2)(5)(6)(7)例可見,心腹與四肢不舉應有關。另與傷汗(即傷寒)、頭痛、抚痛等症狀亦有聯繫,且爲它們發展的下一程,比之更爲嚴重。心腹疾還與積症有關,其外在表現可能爲積塊腫脹。此外,心腹疾與寒熱症狀亦有關聯,它們可能爲并發關係,後者也可能爲前者的病狀表現。總之,心腹疾的症狀或者相關聯的疾病多種多樣,人體的上下内外均有涉及的病位,似乎是一種牽連甚廣的疾病。

　　除西北漢簡之外,其他地區的出土材料亦有心腹疾的記載,爲深入探討邊塞地區疾病的確義提供啓示。雖然地域和時代有所不同,但從已發現的出土涉醫材料可見邊塞與内郡在

---

① 甘肅簡牘博物館、甘肅省文物考古研究所、陝西師範大學人文社會科學高等研究院、清華大學出土文獻研究與保護中心編:《懸泉漢簡(壹)》,上海:中西書局,2019,11,315頁。
② 裘錫圭:《居延漢簡中所見的疾病名稱和醫藥情況》,《裘錫圭學術文集(簡牘帛書卷)》,上海:復旦大學出版社,2015,39-40頁。
③ 參見徐海榮《居延漢簡"支滿"、"丈滿"辨》,《中國史研究》2005年第4期,16頁;劉嬌《漢簡病名"支滿"補證——兼説〈韓詩外傳〉"十二發"》,張勇安主編《醫療社會史研究》第2期,北京:社會科學文獻出版社,2016,270-271頁;黄龍祥《中國古典針灸學大綱》,北京:人民衛生出版社,2020年,65頁;傅錕、張如青《〈韓詩外傳〉"人主之疾"試析》,《中醫藥文化》2020年第2期,89頁。
④ 羅振玉、王國維編著:《流沙墜簡》,北京:中華書局,1993,136頁。

疾病的診治上具有相似性,①這也使得邊塞與内郡的涉醫材料具備共同討論的基礎。走馬樓吴簡中亦屢見心腹疾病,常被稱爲"腹心病"。兹簡要羅列於下:②

（10）妻大女妾年五十筭一腫兩足　耳子男康年廿九筭一腹心病（壹·938）
（11）子公乘客年廿八筭一苦腹心病復（壹·3075）
（12）錢弟仕伍布年五腹心病（壹·7706）
（13）大男周弩年年六十一腹心病死（肆·334）
（14）☑女棠年□腹心病（肆·1942）

分析以上引文可知,所患心腹疾病的人群無分男女,且在年齡分布上跨越很大,既有幾歲的幼童,也有六十多歲的老人。另外,如(11)所示,有的患者雖要交納筭賦却可以"復",即免除賦役。但有的文例中却未注明可"復",説明腹心病可能爲某種可重可輕的病症。重者如癃病一類可免除勞役,更甚者如(13)所示可能危及生命,輕者則不免。另一種可能則是心腹疾非爲某種具體病症,衹是一類泛指的疾病,登記官吏視患者的具體情况來决定是否免役。結合患者年齡、性別,病位的跨度,很難有一種疾症能符合如此多條件,後一説法的可能性似乎更大。③

二　内臟觀念與"心腹疾"含義探析

要進一步釐清這個問題,還需考察兩漢時期"人體内部"的觀念是否普及。也即是説文書撰寫者書寫"心腹"疾時,是否已洞悉心腹内部各處,上文推斷心腹疾爲泛稱疾症的觀點是否具有可能性。檢視出土材料中記載"内臟"的文本,可見居延漢簡售賣畜肉的記載:

（15）　頭六十　肝五十　乳廿　肺六十　迹廿　舌廿　胃百葉百錢　頸十錢　卑十

---

① 按,本文所説"醫書文本"的含義以《漢書·藝文志》中《方技略》的記録爲限,主要包括醫經、經方、房中、神仙方面的材料。若衹是對疾病或者醫療作客觀描述,比方文書簡牘材料中涉及當時醫療制度的記録,如病書和疾症登記的記録則不算入醫書文本。此處和下文還會提及的"涉醫"材料,則包括醫書文本和其他材料中與疾病醫療相關的部分。另,邊地與内郡在疾病診治上具有相似性,可見的例子有:里耶秦簡 8-1057 與武威旱灘坡醫簡 52-53 所記治療"金屬創傷"均以甘草入藥療治;肩水金關漢簡醫方 73EJT5:70 與長沙馬王堆漢墓出土《五十二病方》中"疣""癃""癩"等病所涉醫方中均有"灸法"記録;居延漢簡 89.20"傷寒四物方"的本草成分烏喙、細辛、尤、桂等皆出現在長沙馬王堆漢墓醫書和張家界古人堤漢代簡牘醫方中。這些材料均能説明在疾病診治方法、用藥和觀念上,邊地與内郡差異不大。
② 以下引文參見長沙市考古研究所等編著《長沙走馬樓三國吴簡[壹][肆]》,北京:文物出版社,2003、2011。
③ 彭衛輯録《長沙走馬樓三國吴簡》[壹]至[肆]中關於"腹心病"的材料,并分析患者的年齡、性別、居住地等信息,并結合其他材料對"心腹病"的記載,指出走馬樓吴簡所説的"腹心病"是一個包含多種疾病的較爲寬泛的概念。彭衛:《秦漢三國時代疾病初考》,中國社會科學院歷史研究所學刊編委會編輯《中國社會科學院歷史研究所學刊》第 8 集,北京:商務印書館,2013 年,125-132 頁。

　　　　寬卅　　心卅斤　　□十　　二百　　奄將十　　賣讎直六百七十　　腸益卅·凡四百五十。
（286.19B）

居延新簡亦可見士卒取肉的清單記録：

　　（16）□任頭直五斛　　韓幼君取寬直二清黍凡腸　　楊子仲取脾直三斛　　徐子房取邊將迹直二斛清黍　　李子産取腸直三斛五斗未出　　房子春取項直一斛清黍　　陳偉君取脯直三斛　　張偉君取應脅於朗直二斛清黍　　陳伯取肝直二斛其……□大凡直粟三十九斛。（EPT40∶76B）

引文所列雖是當時屯戍人員解剖牲畜後對其内臟的觀察理解，但哺乳類動物與人體的臟器構成相同，且分布具有高度相似性，衹有一些數據上的差異。① 范行準根據字形和字義的追溯，亦認爲人體的解剖知識是人類進入農耕生活之後從動物身上學到。② 杜正勝從《禮記·内則》對"狼腸""鹿胃"等記載中，也認同内臟的名目大概從禽獸開始，後來纔加諸於人。他還指出早期社會的酷刑和後世凌遲重犯的方式都是使人認識人體的主要方法。③ 至於後來王莽曾讓太醫對亂党王孫慶進行"刳剥"："翟義党王孫慶捕得，莽使太醫、尚方與巧屠共刳剥之，量度五藏，以竹筳導其脈，知所終始，云可以治病。"④則可能是"正規解剖學"的早期試驗。⑤ 新近出土於成都天回漢墓的經穴髹漆人像的背部正中陰刻有"心""肺""肝""胃""腎"等銘文，雖然這可能爲五臟之俞的名稱，⑥但亦可説明西漢早期人體内臟已成爲重要的醫學知識，以至於其被標刻在經穴人俑教具上供醫者學習。

　　古人雖在較早時期便發現内臟，但未必能準確理解内部臟腑的具體病位，這可從具體病名進行考察。在甲文資料的記録中，可見大量的疾病名稱，如"疾首""疾目""耳鳴""小腹疾""心敉""疾肩"等，⑦但除了"心疾""腹疾"之外，鮮見其他内臟疾病。仔細梳理簡帛材料，可知常見内臟病名亦有"心疾"，如"心痛""煩心""腹心疾"，另外還可見"腸辟""病腸"

---

① 此處醫學知識蒙北京協和醫院博士生孔釨雅女士相告，特致謝忱。
② 范行準著，伊廣謙等整理：《中國病史新義》，北京：中醫古籍出版社，1989，7-13 頁。
③ 杜正勝：《從眉壽到長生——醫療文化與中國古代生命觀》，臺北：三民書局，2005，91-92 頁。
④ 《漢書》卷九九中《王莽傳中》，北京：中華書局，1962，4145-4146 頁。
⑤ 陳垣將早期的解剖學分爲"正規解剖學"和"借觀解剖學"。陳垣：《中國解剖學史料》，陳智超主編《陳垣全集》，合肥：安徽大學出版社，2009，第 1 册，343-349 頁。
⑥ 黄龍祥：《老官山出土西漢針灸木人考》，《中華醫史雜誌》2017 年第 3 期。
⑦ 關於甲骨文中病名材料，近年來總結比較全面的著作是彭邦炯編著《甲骨文醫學資料釋文考辨與研究》，北京：人民衛生出版社，2008，193-217 頁。其他可參考的論著有李宗焜《從甲骨文看商代的疾病與醫療》，"中研院"歷史語言研究所集刊》第 72 本第 2 分，2001，339-391 頁；李宗焜《花東卜辭的病與死》，李建民主編《從醫療看中國史》，北京：中華書局，2012，17-31 頁。

"諸癃""血叚""唐叚",①後諸種疾病發生在腸中,主要與排泄相關。西北漢簡中還記有與"脾"相關的病症,但應通讀爲"髀"。② 懸泉漢簡中有馬患肺病的記錄:"傳馬一匹騂駮(駁),(中略)病中肺欬、洟出、睪,飲食不盡度。"(Ⅱ0314②:301)③雖然此處提及肺病,然患者爲馬而非人,是否可依此證明漢塞屯戍人員亦具備判斷人體肺病的醫學知識,還值得推敲。上文所徵引的簡牘材料部分爲非醫書文本,這部分記載中能確定的内臟疾病除"心疾"之外,多爲與排泄相關、易於從體外辨認的腸疾,而更爲隱蔽的臟腑疾症則鮮見。由於西北漢簡中"心腹疾"大多見於文書材料,故可大致推斷在秦漢乃至戰國的非醫書文本中,對體内疾病的認識除顯見於外的腸道疾病外,或祇限於"心疾""腹疾"等症。

"腹疾"一名本就含混,因此能從包括西北漢簡在内的秦漢出土非醫書材料中確認的内臟病名似祇有"心疾"。"心疾"見諸文獻的歷史久遠,早在花東甲骨卜辭中便有"心敄"一疾,應爲一種心病。杜鋒整理多家説法,贊同沈培意見將"敄"讀爲"畏",認爲"心敄"當與"心蕩"義相近,指心臟異常之疾,而非屬精神之疾。④ 然有學者認爲殷周以來的心疾不一定專指心臟病,可能與精神情緒的狀態相關。⑤ 這應與早期先民對"心疾"的認識有關,用此詞兼表情志與生理兩方面疾症,此類渾言表述説明"心疾"的確切病症可能還未明晰。直至戰國秦漢時代,這類疾病的含義似乎仍未被徹底認清。包山楚簡簡218記(以下釋文從寬):"許吉以保家爲左尹卲沱貞,以其下心而疾,少氣。(中略)病良有瘥。"簡221記:"既有病,病心疾,少氣,不内食,爨月幾中尚毋有恙。"簡236記:"既腹心疾,以上氣,不甘食,久不瘥,尚速瘥,毋有祟。"⑥上述記載簡要勾勒出墓主卲沱病情發展的過程,據簡文所述,可見卲沱患病具有發病突然、病情間斷反覆,且一次比一次嚴重,後期身體出現浮腫等特點。再聯繫其生活環境,或可推斷卲沱死於心臟病。⑦ 但若結合"不内食""不甘食"等食欲不振的記載,加之"少氣"——氣短症狀,可解釋爲胸腹水——該病依照現代診斷學意見,似乎更應判斷爲肝

---

① 張光裕、陳偉武:《戰國楚簡所見病名輯證》,82—91頁;張光裕、陳偉武:《秦漢簡帛所見病名輯證》,饒宗頤主編《華學》第11輯,廣州:中山大學出版社,2014,65—77頁;王瑜楨:《釋〈清華三·赤鳩之集湯之屋〉有關疾病的"疾"》,"第二屆古文字學青年論壇"論文,臺北,2016,224—229頁。
② 如居延漢簡中"坐鬭以劍傷戍卒同郡縣戈里靳鼃右脾一所"(118.18)裘錫圭先生改讀爲"右髀",見裘錫圭《居延漢簡中所見的疾病名稱和醫藥情況》,41頁。甚確。肩水金關漢簡記有"官酒泉會水候官不知何馬二匹駱牝齒四歲久左脾"(72EJC:315),"久"當通爲"灸",應該是用火灼的方式給馬作標誌。因此必然不會在脾臟上進行,而應爲髀部。居延新簡還記有"乃二月壬午病加兩脾雍種匈脅支滿不耐食"(EPF22:80),因兩脾後加"雍種"一詞,故"脾"似也應視爲"髀"的借字,意爲"髀部處腫大"可能於義更協。另,馬王堆出土簡帛醫書和張家山漢簡醫書中也常見用"脾"字表示"髀"義的例子。
③ 胡平生、張德芳編撰:《敦煌懸泉漢簡釋粹》,上海古籍出版社,2001,24頁。句讀意見參考陳寧《據新見資料校讀〈敦煌懸泉漢簡釋粹〉"馬病"一則》,簡帛網,2023年3月26日。
④ 杜鋒:《花東卜辭中的"敄"、"心敄"、"鬼心"及相關問題》,李學勤主編《出土文獻》第14輯,上海:中西書局,2019,11—16頁。前引王瑜楨文認爲表示精神方面症狀的"心疾"有專字"悠",楚簡材料中的"心疾"應指生理疾病而非心理疾病。王瑜楨:《釋〈清華三·赤鳩之集湯之屋〉有關疾病的"疾"》,229—235頁。
⑤ 杜正勝:《從眉壽到長生——醫療文化與中國古代生命觀》,87頁。
⑥ 陳偉等:《楚地出土戰國簡册[十四種]》(全二册),北京:經濟科學出版社,2009,93—95頁。
⑦ 后德俊、史珞琳:《湖北荆門包山二號楚墓墓主死因初探》,《中華醫史雜誌》1994年第3期。

硬化一類的症狀。① 故卲蛇所患的"心疾"是否爲心臟病還未有定論,且很有可能是肝部疾病。新蔡葛陵楚簡中亦可見墓主平夜君患有"心悶""心疾"等病症,宋華强通過聯繫《黄帝内經》《太平聖惠方》等醫籍文獻,判斷此疾可能即爲中醫所説的"心痛"症,也即現代醫學所講的"冠心病"。該症常常因心痛而引發其他臟器肌體部位的不適,引起胸、背、肩等部位的疼痛。② 由此更可啓發對於"心疾"的理解不能僅著眼於心臟,因心疾具有牽連身體其他部位疼痛的特點,故可能致使病患以爲祇要體内有所疼痛則均爲心疾所引起,從而渾言"心疾"來概括無法辨别的病源。

從秦漢涉醫文獻的記載中亦可窺知心疾指義籠統的特點。周家臺秦簡《病方及其他》簡335-336 記有:" ·病心者,禹步三,(中略)赤【隗獨】指,搯某叚(瘕)心疾。即兩手搯病者腹。"③蘇建洲認爲"搯某叚(瘕)心疾"意爲敲擊、按摩患者的心臟部分積塊,"兩手搯病者腹"是指敲擊、按摩患者的心腹部位。④ 蘇文從字面意義理解此句大致不誤,不過此條材料明載"搯瘕心疾"即"搯病者腹",蘇文中也詳列書證指出"瘕"是指腹部積塊,故"瘕心疾"一說則將"心"與"腹"等同視之。里耶秦簡 8-1718+8-258 與胡家草場漢簡 935 皆記有"心腹病者如盈狀而出不化"一類内容,紀婷婷、李志芳已指出其與胃腹疾病可能有關,⑤表明"心腹"之疾的病位或在胃腹區域。北京大學藏漢代醫簡記有"曰:死病及心痛、心痹。此皆在腹心肺肝之間,不可别名也,人猥謂之心腹病"(2978),⑥成都天回醫簡《治六十病和齊湯法》似亦有相類記載:"此皆在腸心肝肺之間"(138-139)、"其病在心腹肝肺間"(140)⑦。《説文解字》作爲大型字書,或可代表兩漢時期知識階層對字義的一般看法,其中對"心"字的説解爲:"心,人心土藏,在身之中,象形。博士説以爲火藏。"⑧忽略五行解字的色彩,"在身之中"的心位描述應是漢時的生理認識,這顯然與現代醫學意義中位於胸腔左下方的"心臟"概念有所出入。廖育群指出古人可能未認識到"心跳",他據《内經》的記載指出,心前區的跳動被古人認爲是來源於胃提供的動力。他推測古人未識心跳的原因大致有二:一是古代進行屍體解剖時,不能觀察到心臟跳動;二是當時對心臟官能的認識,導致人們不能想象作爲"君

---

① 現代醫學對"肝硬化"的症狀診斷爲:"代償性肝硬化症狀較輕微,常缺乏特徵性,可有食欲減退、消化不良、腹脹、噁心、大便不規則等消化系統症狀……失代償期肝硬化時上述症狀加重,并可出現水腫、腹腔積液、黄疸……等症狀。"萬學紅主編:《診斷學》(第 9 版),北京:人民衛生出版社,2018,189 頁。
② 宋華强:《新蔡葛陵楚簡初探》,武漢大學出版社,2010,319-320 頁。
③ 陳偉主編:《秦簡牘合集(叁)》,武漢大學出版社,2014,63 頁。
④ 蘇建洲:《清華三〈赤鵠之集湯之屋考釋兩篇〉》,清華大學出土研究與保護中心編《清華簡研究》第 2 輯,上海:中西書局,2015,181 頁。
⑤ 紀婷婷、李志芳:《胡家草場漢簡醫方雜識兩則》,《江漢考古》2020 年第 1 期。
⑥ 李家浩、楊澤生:《北京大學藏漢代醫簡簡介》,《文物》2011 年第 6 期。圖版可參北京大學出土文獻研究所《北京大學藏西漢竹書概説》,《文物》2011 年第 6 期,52 頁圖三簡 2978。
⑦ 天回醫簡整理組編著:《天回醫簡(下册)》,北京:文物出版社,2022,116 頁。
⑧ [漢]許慎撰,[宋]徐鉉校定:《説文解字》,北京:中華書局,2013,216 頁。

主之官"的心會晝夜無休的跳動。① 以上可窺見戰國秦漢社會所理解的"心"與現代醫學常識有異,且時人傾向於籠統概括心疾的病源部位。

傳世文獻的記載中亦可佐證這一觀點。《周易》《左傳》中屢屢提及的"心病""心疾"一類病症經學者鈎沉考索,被認爲可能是"憂恚成疾"或"神經衰弱"之疾,與上文提及的甲文記録記載相似,均可有生理與情志兩方面理解。② 而更具系統性的傳世醫書對"心腹"疾的描述則更加細緻,如《黄帝内經太素·脹論》:"黄帝問於岐伯曰:有病心腹滿,旦食則不能暮食,此爲何病? 岐伯曰:名爲鼓脹……此飲食不節,故時痛。雖然其病且已,時當痛,氣聚於腹。"③《諸病源候論·心腹痛候》:"心腹痛者,由腑臟虚弱,風寒客於其間故也。邪氣發作,與正氣相擊,上衝於心則心痛,下攻於腹則腹痛,上下相攻,故心腹絞痛,氣不得息。"④上述醫籍引文都説明心腹痛的病源部位被認爲是在腹内的臟腑之間。更有深入分析的醫書文本將心腹痛的病源解釋爲由經絡聯繫搭建起的整體臟腑系統,其間邪氣與正氣的消長主導了病候變化。⑤

綜上,心腹疾在包括西北地區在内的邊塞與内郡流行,病源部位當在腹内臟腑之間,可能爲體内疾病的泛稱。究其原因,或與時人對内臟病位的認識與分析程度有關。下文將繼續探討在内臟疾病理解上所存在的兩種目光,即掌握醫學常識的知識群體與普通民衆群體的不同視角,并試圖進一步考索醫學知識在邊塞地區的傳播情況。

三 兩種視角:對内臟疾病的認識及其意義

從已刊布的秦漢簡帛材料來看,涉及内臟病位的文本并非皆對其籠統概括。出土醫書文獻中便不乏對臟腑病位的細緻描述,如張家山漢簡《脈書》簡2至9:⑥

>　(17)病在頭,(中略)在胃管(脘),癰,爲鬲(隔)中。在肺,爲上氣欬(咳)。在心胑下,堅痛,爲□□烝□。在腸中,小者如馬矢(矢),大者如桮(杯),而堅痛,榣(摇),爲牡叚(瘕)。在腸中,痛,爲血叚(瘕)。(中略)在腸中,痛,左右不化,泄,爲唐(溏)叚(瘕)。在腸,左右不化,爲塞〈寒〉中。在腸,有農(膿)血,篡、脾(髀)、尻、少腹痛,爲腸辟(澼)。

---

① 廖育群:《重構秦漢醫學圖像》,上海交通大學出版社,2012,259-260頁。關於各臟器的官能和地位,可參山東中醫學院、河北醫學院校釋《黄帝内經素問校釋》卷三《靈蘭秘典論》,北京:人民衛生出版社,1982,124-129頁。
② 余雲岫編著,張葦航、王育林點校:《古代疾病名候疏義》,北京:學苑出版社,2012,308-309頁、362-363頁、374頁。
③ 李克光、鄭孝昌主編:《黄帝内經太素校注》卷二九《脹論》,北京:人民衛生出版社,2005,1014-1015頁。
④ 丁光迪主編:《諸病源候論校注》卷一六《心腹痛候》,北京:人民衛生出版社,2013,341-342頁。
⑤ 丁光迪主編:《諸病源候論校注》卷一六《心腹痛候》,343頁。
⑥ 張家山二四七號漢墓竹簡整理小組編著:《張家山漢墓竹簡[二四七號墓]》(釋文修訂本),北京:文物出版社,2006,115-116頁。

其中可見胃、肺、腸等各臟腑疾病的病狀表現，并將病源的具體部位與體内的病發過程都予以精細描述。成都天回醫簡《治六十病和齊湯法》中亦見臟腑病名，如"腸疝""傷肺""心暴痛""泄而煩心"等。從已知的内臟病名可見出土醫書文獻對人體内部疾症的理解異於非醫書出土文本，前者的創造群體顯然掌握較爲精準的臟腑知識。

對於心疾之痛，傳世醫籍中的理解也顯然更爲複雜。《靈樞·厥病》詳細區分"厥心痛"和"真心痛"，并將其不同的病情表現總結歸納。[1] 厥心痛是指五臟氣機逆亂犯心所致病痛，不同氣機導致的病狀皆有不同，原文描寫頗細，當爲臨床經驗的總結。正因邪氣從五臟亂逆，故可解釋心疾引發其他部位疼痛的原因。而據《靈樞》的理解，祇有手足厥冷至肘部、膝部，且伴有病情發作快、致死亦快的特點纔可稱爲真心痛。范行準認爲"真心痛"是指狹心症，是在心臟和血管系統中主要的嚴重病變。他指出當時的醫家認爲真正的心臟病變很少，故一旦有病便會很快死亡。[2] 這亦説明《厥病》撰寫者已經明晰心病的複雜與多源性，與非醫材料中對心疾簡要籠統的叙述顯然不同，在醫學知識的掌握層次上應屬於兩個群體。

傳世典籍中亦可見關於内臟的記録，如《管子·水地》：[3]

(18) 人，水也。男女精氣合而水流形。三月如咀，咀者何？曰五味。五味者何？曰五藏。酸主脾，鹹主肺，辛主腎，苦主肝，甘主心。五藏已具，而後生肉。脾生隔，肺生骨，腎生腦，肝生革，心生肉。五肉已具，而後發爲九竅。脾發爲鼻，肝發爲目，腎發爲耳，肺發爲竅。五月而成，十月而生。

此段詳述五味與五臟，五臟與肉體、五官之間的相互關係，雖帶有五行解構的色彩，但大致可窺探出當時對臟腑的初步認識。《吕覽》記有："凡人三百六十節，九竅五藏六府，肌膚欲其比也，血脈欲其通也，筋骨欲其固也。"[4]對骨節、臟腑、肌膚、血脈的叙述亦説明當時對人體内部構造知識的初步瞭解。依上可知，除了醫事從業者之外，知識階層群體對人體内部構造的生理知識應也有一定掌握。

在醫學診法上，專業知識的掌握群體亦有普通民衆似難企及的地方，例如能綜合利用"脈法"與"色診法"來分析病情。上文提及的張家山漢簡《脈書》便是當時較爲完備的經脈學説著作，比馬王堆漢墓帛書《陰陽十一脈灸經》等脈學著作更爲完善。此外，《史記·扁鵲倉公列傳》中記載淳于意診病的醫案，醫案記載中每每提及淳于意爲人看病時運用診脈法，如"臣意診其脈""臣意診切其脈""臣意灸其左大陽明脈"。淳于意還用色、脈診結合的方式

---

[1] 河北醫學院校釋：《靈樞經校釋》卷五《厥病》，北京：人民衛生出版社，1982，435-439頁。
[2] 范行準著，伊廣謙等整理：《中國病史新義》，100頁。
[3] 黎翔鳳撰，梁運華整理：《管子校注》卷一四《水地》，北京：中華書局，2018，901-902頁。
[4] ［戰國］吕不韋著，陳奇猷校釋：《吕氏春秋新校釋》卷二〇《達鬱》，上海古籍出版社，2002，下册，1382頁。

看診治療,即綜合望面色和切脈象的變化互相參照、進行分析,從而推知病情:"臣意曰:'公所論遠矣。扁鵲雖言若是,然必審診,起度量,立規矩,稱權衡,合色脈表裏有餘不足順逆之法,參其人動靜與息相應,乃可以論。'"[1]正是由於專業醫學知識與普通民衆的疏離,導致時人對醫事從業者的信任感不高。扁鵲爲齊桓侯診疾并言道:"君有疾在腠理,不治將深。"齊桓侯非但不采納其意見及時治療,反而向左右近侍嘲諷扁鵲:"醫之好利也,欲以不疾者爲功。"[2]以致最後貽誤最佳治療時間,病入膏肓而死。細繹這則故事,可以窺見在故事創作者所想表達的政治隱喻之外,當時連王侯一級的高階群體對待諳熟內科疾病的專業醫生都如此不信任,更可推知普通民衆對醫學知識的冷漠,而以華佗爲代表的外科手術醫生在秦漢社會可能往往被視作異端。[3] 無怪時人在總結疾病不治的原因時,會得出"信巫不信醫"的結論,[4]可從側面看出醫學知識不如神巫之説遠甚,也表現出當時掌握醫學知識的群體與普通民衆之間的認知隔閡。

造成普通民衆與醫學知識遠隔的重要客觀原因在於秦漢社會中普通吏民的讀寫和理解水準可能無法掌握精細而成系統的人體生理知識,這種狀況在邊塞地區應顯得更爲突出。根據西北漢簡記載,可知當時普通吏卒在軍中亦可學習文化知識,諸如:習字、數學、曆法、典籍、律令、地理等基礎課程。[5] 邢義田專文探討漢代邊塞吏卒、隧長的軍中教育和讀寫能力,對隧長基本讀寫能力的肯定和對普通吏卒整體知識水準較低的估計大致可從。[6] 因此,邊塞士卒對涉及人體內部的專業術語如"魚股""腨""骭骨"及相關知識可能頗爲陌生,以至於在描述和登記病況時往往渾言概括,不求確切的病源部位。

醫學知識在秦漢早期普及較低的另一原因或與知識傳承的方式和途徑相關。《史記·扁鵲倉公列傳》中記載扁鵲和淳于意受業於其師時都述及"禁方":[7]

(19)長桑君亦知扁鵲非常人也。出入十餘年,乃呼扁鵲私坐,閒與語曰:"我有禁方,年老,欲傳與公,公毋泄。"

(20)慶年七十餘,無子,使意盡去其故方,更悉以禁方予之。

---

[1] 《史記》卷一〇五《扁鵲倉公列傳》,北京:中華書局,2014,3397 頁。另按,關於"色診"的記載,還可參見《素問·五臟生成篇》《難經·十三難》等文獻,山東中醫學院、河北醫學院校釋:《黃帝內經素問校釋》卷三《五臟生成篇》,149-162 頁;廖育群譯注:《黃帝八十一難經》,瀋陽:遼寧教育出版社,1996,68 頁。
[2] 《史記》卷一〇五《扁鵲倉公列傳》,3378 頁。
[3] 廖育群:《重構秦漢醫學圖像》,79-80 頁。
[4] 《史記》卷一〇五《扁鵲倉公列傳》,3379 頁。
[5] 參見李振宏《居延漢簡與漢代社會》,北京:中華書局,2003,117-123 頁;趙寵亮《行役戍備——河西漢塞吏卒的屯戍生活》,311-319 頁。按,趙寵亮認爲邊塞軍中學習還包括醫藥知識,所舉多爲西北地方出土的醫方文獻,此説可商。這批醫方材料可能用於實際生活中,并不一定被當作教學知識來傳教給邊塞吏卒。不過邊塞吏卒確有機會接觸到這一類醫方文本,但有多大比例的吏卒人員會運用掌握,還待進一步探討。
[6] 邢義田:《漢代邊塞吏卒的軍中教育——讀〈居延漢簡〉札記之三》,李學勤主編《簡帛研究》第 2 輯,北京:法律出版社,1996,273-278 頁。
[7] 《史記》卷一〇五《扁鵲倉公列傳》,3369、3379 頁。

關於禁方的探討,已有學者做過大量研究,可資啓發。① 首先可知禁方的治療效果應比普通醫方好,淳于意少時喜好醫藥之術,但大多醫方都"不驗",故往陽慶處學習禁方。然禁方效驗也非皆爲良好,②這可能與藥方本身内容有關,亦可能在於受方者得師法傳授後領悟程度的參差。③ 從傳世醫籍的記載來看,"禁方"的特殊性可能在於其方子的臨床效果較佳,且在理解使用上需要老師口授點撥。因此醫家内部規定"非其人不教,非其真勿授",④老師需要考察弟子的資質纔會決定是否可授。但禁方的傳承并非完全封閉,"覽觀雜學"當爲醫學傳習的一種常態模式,弟子應博覽多家學派知識,⑤在接續傳授時亦會廣教衆人,⑥由是可見禁方在當時的醫家群體中或已成爲公共的知識資産。⑦ 楊勇還提出禁方的另一種呈現面貌,即秦漢早期的出土醫方記載中在藥物配比上故意隱去計量單位,以達到技術保護的目的。⑧ 此説或還可進一步研究,但就從秦漢早期醫方所呈現的客觀面貌來看,這確實使平民群體使用不便,亦導致醫學知識在民間普及存在阻力和困難。

或許正基於此,邊地醫方的製作者似有意打破傳播限制,在内容撰寫上删去不易掌握的醫理知識,儘量製作簡明曉暢、語義淺白、可供對症下藥的非禁醫方。這一類方子在面貌上與專講理論的醫經文獻不同,亦與秦漢早期的病方有所區别,可從里耶秦簡醫方和馬王堆漢墓帛書《五十二病方》例舉一些材料:⑨

(21)·治暴心痛方:令以□屋左□□□□□取其□□草蔡長一尺,禹步三,析。專(敷)之病者心上。(8-876)

---

① 相關學者觀點的綜述可見楊勇《戰國秦漢醫療研究》,武漢大學博士學位論文,2016,126-136 頁。按,對"禁方"概念的討論,學者多利用出土簡帛材料中帶"禁"字的醫方記載,但廖育群認爲"禁方"的概念探討應著眼於"禁方"這個詞語,不應過度偏向於研究"禁"字的内涵。見廖育群評李建民《中國古代"禁方"考論》的書評,收入李建民《生命史學——從醫療看中國歷史》,上海:復旦大學出版社,2008,152-153 頁。楊勇改讀武威旱灘坡醫簡原整理者對簡 55、56 的句讀,并認爲這是出土材料中首次明確出現"禁方"一詞。楊勇:《戰國秦漢醫療研究》,第 128-129 頁。按,若依楊説,改讀後的藥方内容是在禁方不能治人的情況下提出,亦無法就此探討禁方含義。本文大致贊同廖育群説法,主要圍繞《史記·扁鵲倉公列傳》展開討論。
② 金仕起:《中國古代的醫學、醫史與政治:以醫史文本爲中心的一個分析》,臺北:政大出版社,2010,94 頁。
③ 按,醫家内部的師授方式除了傳授書寫文本,還包括口授,學生對方子的運用則受其領悟水準的影響。參見李建民《中國古代"禁方"考論》,《生命史學——從醫療看中國歷史》,132-136 頁。
④ 山東中醫學院、河北醫學院校釋:《黃帝内經素問校釋》卷一《金匱真言論篇》,58 頁。
⑤ 金仕起:《中國古代的醫學、醫史與政治:以醫史文本爲中心的一個分析》,70-80 頁。
⑥ 《史記·扁鵲倉公列傳》記有淳于意曾教授菑川人宋邑五臟脈診法,教授濟北王所遣太醫高期、王禹經絡腧穴的知識,教授菑川王所遣太倉馬長馮信用藥之法,還教授高永侯家丞杜信、臨菑召里人唐安經脈方面的學説。《史記》卷一〇五《扁鵲倉公列傳》,3403 頁。
⑦ 金仕起:《中國古代的醫學、醫史與政治:以醫史文本爲中心的一個分析》,89-98 頁。
⑧ 楊勇:《戰國秦漢醫療研究》,131-133 頁。
⑨ 下列釋文分別參考張雷編著《秦漢簡牘醫方集注》,14、11、6 頁;裘錫圭主編《長沙馬王堆漢墓簡帛集成(伍)》,北京:中華書局,2014,217 頁。

(22)九十八,治令金傷毋痛方:取鼢鼠,乾而☐[長]石、薪(辛)夷、甘草各與鼢☐。(8-1057)

(23)·五,一曰:啓兩臂陰視(脈)。·此治[黃癉]方。(8-1224)

(24)一,令傷者毋(無)痛,毋(無)血出,取故蒲席厭(厭)☐☐【☐】燔☐【☐☐☐】痛(痛)。(12/12)

從上舉秦漢早期的部分醫方內容可知其諸多特點。如:從(22)可見藥物組成較爲複雜,有動物和植物,獲取鼢鼠當比獲取其他本草植物更不易。其次,方中治法較繁,平民難以持方自療,如(23)需要掌握砭脈放血之法。再次,還可見早期醫方中保留祝由色彩和較爲樸素的藥物成分,如(21)可見禹步,(24)用陳舊蒲席入藥。由此可知這類醫方對於普通民衆而言應難以自由使用,反而比較適合醫事從業者閱讀施授。而西北邊塞的醫簡在內容方面相較早期醫方則更易理解,大多是藥物加以確定的劑量組成。如武威旱灘坡醫簡:"乾當歸二分,弓窮二分"(簡12),[①]肩水金關漢簡:"灌淳酒二☐,薑、桂、烏☐半升,烏喙、☐毒各一刀刲,并和,以灌之"(73EJT21:24),居延漢簡:"傷寒四物:烏喙十分,尤十分,細辛六分,桂四分"(89.20),此類醫方構成成分比較單一,用者可以根據淺白的說明自行配藥服用。邊塞吏卒雖然讀寫能力不高,但從"傷寒四物"典型的固定用藥搭配來看,一些簡單的醫藥知識已經普及,而其中重要的載體無疑便是醫方文本。

綜上文,從普通民衆及吏卒的讀寫理解能力與醫方流傳的特殊方式兩方面切入分析,可推斷醫學知識群體與一般吏民在生理知識儲備上應有顯著不同;對於個體內部臟器疾病的審視亦會存在兩種視角。而這兩類精準程度迥異的理解,又會反映在不同類別的文本中,即構成了以"心腹疾"爲代表的人體內部疾病在醫書文本和涉及醫學記錄的文書材料中呈現的兩種記述方式。這恰可說明,當時社會中包括邊塞吏卒在內的普通民衆對於人體內部的認知程度、醫學知識的掌握程度較低。邊地醫方製作者似有意打破這種局面,爲醫方受衆群體的下移創造條件。

結語

上文從西北漢簡中常見的心腹疾病著眼,通過比對邊塞與內郡出土的涉醫材料,探究不同文本對人體內臟病況的不同記述,從記載的差異中追問兩種認知目光背後醫學知識和生理常識的構成,及其產生原因。最終得出,因醫學知識傳授、流播特點與平民有限的讀寫能力,導致包括邊塞吏卒在內的普通群體無法掌握足夠的生理知識,進而對體內疾病難有準確的認識,所以在審視體內疾病時往往以"心腹疾"來概言病位。然而秦漢社會中民間醫學如

---

① 甘肅省博物館、武威縣文化館合編:《武威漢代醫簡》,北京:文物出版社,1975,"摹本·釋文·注釋"部分第2頁。

何發展,邊塞吏卒如何獲取醫藥知識,仍是需要回答的重要課題。秦漢早期有部分醫方存在計量單位不準確以達到技術保護目的,同時也造成效驗不佳的情況。而在邊地出土的醫方材料中雖亦存在禁方内容,但更多的是方便使用、利於對症施藥的非禁藥方。這提示秦漢社會中醫學知識掌握者可能針對以"心腹疾"認知模糊爲典例的民間醫學知識匱乏的情況,在秘傳禁方的同時,也製作許多簡略實用的醫方以便於患者對症治療。秦漢社會民間醫學的傳播和西北邊塞醫藥常識的普及很可能便依托於此。

附記 本文寫作過程中曾得到陳偉教授、黄浩波老師指導,匿名審稿專家亦提出寶貴意見,并致謝忱。

漢簡所見"伉健吏"考*

□ 中國藝術研究院中國文化研究所　焦天然

内容提要　"伉健"用來形容體格强健,勇猛有力,爲漢代基層吏卒的選任條件之一,吏卒中"伉健"者被稱爲"伉健吏"與"伉健卒"。漢簡可見因"伉健"除授職位有隧長、士吏、亭長等。以"伉健"選任,本質是因能任官的體現,即通過對基層官吏的素質、技能進行揀選,從而保證邊郡軍事實力與工作效率。

關鍵詞　伉健吏　居延新簡　懸泉漢簡　五一廣場東漢簡

"伉健"一詞見於漢簡,王國維《流沙墜簡》稱"伉健蓋騎兵也"。[1] 邢義田《從居延簡看漢代軍隊的若干人事制度》提出"'伉健'是指勇武强健的特質,應該是與武事較有關的資格評語"。[2] 懸泉漢簡與五一廣場東漢簡有若干關於"伉健吏"的記載,本文將梳理"伉健"與"伉健吏"相關的出土文獻材料,并對"伉健"所體現的吏卒選任標準作出分析。

一　説"伉健"

伉,《漢書·宣帝紀》顔師古注"健也"。[3] 又《集韻·梗韻》:"伉,健力也。"[4] 健,許慎《説

---

* 基金項目:中國藝術研究院基本科研業務費項目"中華文化符號和中華民族形象研究"(立項號:2022-補-8)。
[1] 王國維、羅振玉撰,何立民點校:《流沙墜簡》附録一《流沙墜簡考釋補正》,杭州:浙江古籍出版社,2013,213頁。
[2] 邢義田:《從居延簡看漢代軍隊的若干人事制度——讀〈居延新簡〉札記之一》,收入其著《治國安邦:法制、行政與軍事》,北京:中華書局,2011,538頁。
[3] 《漢書》卷八《宣帝紀》顔師古注,北京:中華書局,1962,244頁。又見《漢書》卷八三《朱博傳》"伉俠好交,隨從士大夫,不避風雨。"顔師古注:"伉,健也。"(3398頁)
[4] [宋]丁度等編:《集韻·梗韻》,上海古籍出版社,2017,423頁。

文解字·人部》:"健,伉也。"①《易·象傳》孔穎達疏:"健者,强壯之名。"②"伉""健"互訓,即爲同義復合詞,是漢代習語,如《後漢書·馮異傳》注引《東觀漢記》曰:"(丁)綝字幼春,定陵人也。伉健有武略。"③"伉健"通常用來形容體格强健,勇猛有力。

此前學界對"伉健"的關注較少,南宋錢文子《補漢兵志》言:"武帝之後有選募,有罪徒。其選募曰勇敢、曰犇命、曰伉健、曰豪吏、曰應募、曰私徒。"④學者對此説多有沿用,將"伉健"與"射聲""虎賁""奔命""佽飛""勇敢"并列,認爲是西漢時募兵的名稱,根據各自特長,分别名之,⑤然此説恐有未安之處。"佽飛"原稱"左弋",屬少府,武帝太初元年(前104)更名,《漢書·百官公卿表》載:"佽飛掌弋射,有九丞兩尉。"⑥"射聲""虎賁"爲武帝時北軍所設八校尉之二,見《漢書·刑法志》:"京師有南北軍之屯。至武帝平百粵,内增七校。"顔注引晉灼曰:"《百官表》中壘、屯騎、步兵、越騎、長水、胡騎、射聲、虎賁、凡八校尉,胡騎不常置,故此言七也。"⑦而"伉健"其名,《百官公卿表》未見,將其視爲募兵的名稱,可能來源於對史料的誤讀。

宣帝初,匈奴欲掠烏孫,嫁去烏孫的解憂公主及烏孫王昆彌遣使請求漢出兵共擊匈奴,於是漢大發十五萬騎,五將軍分五道并出。⑧ 對於此事,《漢書·宣帝紀》載本始二年(前72)秋,"大發興調關東輕車鋭卒,選郡國吏三百石伉健習騎射者,皆從軍……凡五將軍,兵十五萬騎,校尉常惠持節護烏孫兵,咸擊匈奴。"⑨又見於《漢書·匈奴傳》:"本始二年,漢大發關東輕鋭士,選郡國吏三百石伉健習騎射者,皆從軍。"⑩又有《漢書·趙充國傳》記載趙充國上屯田奏曰:"至四月草生,發郡騎及屬國胡騎伉健各千,倅馬什二,就草,爲田者游兵。"⑪以上三條史料所見"伉健",從文意上看,《宣帝紀》與《匈奴傳》"伉健習騎射者"即選拔標準爲"伉健"和"習騎射"。《趙充國傳》"發郡騎及屬國胡騎伉健各千"是指發郡騎一千,屬國胡騎一千,"伉健"爲郡騎與屬國胡騎的選拔條件。

---

① [漢]許慎撰,[清]段玉裁注:《説文解字注》卷八,上海古籍出版社,1988,369頁。
② [魏]王弼注,[唐]孔穎達疏:《周易正義》卷一,[清]阮元校刻《十三經注疏》,北京:中華書局,1980,14頁。
③ 《後漢書》卷一七《馮異傳》,北京:中華書局,1965,640頁。
④ [宋]錢文子:《補漢兵志》,二十五史補編編委會編《史記兩漢書三史補編 一》,北京圖書館出版社,2005,412頁。
⑤ 參見臧知非《漢代兵役制度演變論略》,《山東大學學報(哲學社會科學版)》1991年第1期;相似觀點另見黄今言《秦漢軍制史論》,南昌:江西人民出版社,1992,92頁;劉良群《簡論西漢軍隊的徵調與招募》,《江西社會科學》1988年第3期。
⑥ 《漢書》卷一九上《百官公卿表上》,732頁。
⑦ 《漢書》卷二三《刑法志》,1090頁。
⑧ 參見《漢書》卷九六下《西域傳下》:"宣帝初即位,公主及昆彌皆遣使上書,言:'匈奴復連發大兵侵擊烏孫,取車延、惡師地,收人民去,使使謂烏孫趣持公主來,欲隔絶漢。昆彌願發國半精兵,自給人馬五萬騎,盡力擊匈奴。唯天子出兵以救公主、昆彌。'漢兵大發十五萬騎,五將軍分道並出。"(3905頁)《漢書》卷九四下《匈奴傳下》:"至本始之初,匈奴有桀心,欲掠烏孫,侵公主,乃發五將之師十五萬騎獵其南,而長羅侯以烏孫五萬騎震其西,皆至質而還。"(3814頁)
⑨ 《漢書》卷八《宣帝紀》,243-244頁。
⑩ 《漢書》卷九四上《匈奴傳上》,3785頁。
⑪ 《漢書》卷六九《趙充國傳》,2986頁。

《漢官儀》載："高祖命天下郡國選能引關蹶張、材力武猛者，以爲輕車、騎士、材官、樓船。"① 可見漢初選擇兵員的標準就已對身體、騎射、武藝等方面有所要求。漢成帝於元延元年（前12）詔："北邊二十二郡舉勇猛知兵法者各一人。"② "勇猛知兵法"與"伉健習騎射"詞語結構相似，因此與其將"伉健"視爲募兵名稱，不如理解爲吏卒的選拔條件，即選拔體格強健、勇猛有力者從軍，以此保證吏卒的身體素質和作戰能力。

張家山三三六號墓出土了西漢初期的《功令》簡册，内容爲考核、任免官吏令文的彙編，其中第廿六條規定了軍吏的選任標準："議：令車騎士、材官皆相誰（推）大夫以上、材犹（伉）建（健）、勁有力、輕利足、辯護者，以爲卒長、五百將、候長，候長一人將幕候百廿人，上名牒屬所二千石官，二千石官上相國、御史，移副中尉。"③《功令》内容較《漢官儀》記載更爲詳細，規定卒長、五百將、候長等軍吏的選任標準爲"材伉健、勁有力、輕利足、辯護"。"辯護"與"伉健"連用見於《公羊傳》宣公十五年何休注："選其耆老有高德者，名曰父老，其有辯護伉健者爲里正，皆受倍田，得乘馬。"阮元校勘記："辯常作辨。辨即今人所用之辦字。辦護，謂能幹辦護衛也。"④

這樣的選拔延續至新莽、東漢時期，史載王莽"徵天下能爲兵法者六十三家數百人，并以爲軍吏；選練武衛，招募猛士，旌旗輜重，千里不絶"。⑤ 漢桓帝延熹九年（166）"詔舉武猛，三公各二人，卿、校尉各一人。"⑥

二 漢簡所見"伉健吏"

漢朝在西北邊郡徙民塞下，徵六郡良家子爲兵。出於對匈奴作戰的需求，需徵募強健勇猛的吏卒。"伉健吏"一詞，散見於居延漢簡、肩水金關簡、懸泉漢簡等西北出土的簡牘文書，長沙五一廣場簡也有文例，兹將相關簡文抄録如下：

（1）玉門候造史龍勒周生萌，伉健，可爲官士吏。1898⑦

"造史"，陳夢家認爲其爲新莽時特有之制，相當於"尉史"。⑧ 饒宗頤、李均明認爲新莽

---

① ［漢］應劭：《漢官儀》，［清］孫星衍等輯，周天游點校：《漢官六種》，北京：中華書局，1990，152頁。
② 《漢書》卷一〇《成帝紀》，326頁。
③ 荆州博物館編，彭浩主編：《張家山漢墓竹簡：三三六號墓》，北京：文物出版社，2022，上册，110頁。
④ ［漢］何休解詁、［唐］徐彥疏：《春秋公羊傳注疏》卷一六，［清］阮元校刻《十三經注疏》，2287、2289頁。
⑤ 《後漢書》卷一上《光武帝紀上》，5頁。
⑥ 《後漢書》卷七《孝桓帝紀》，317頁。
⑦ 甘肅省文物考古研究所編：《敦煌漢簡》，北京：中華書局，1991，下册，293頁。
⑧ 陳夢家：《漢簡綴述》，北京：中華書局，1980，50頁。

改"令史"稱謂的可能性最大。① 鄔文玲認爲造史不是改名而來,而是新設的職官名稱。② 據敦煌漢簡 2190"☐閒田武陽里,年卅十五歲,姓李氏,除爲萬歲候造史,以掌領吏卒爲職",③可知"掌領士卒"是造史的職責。"士吏"秩百石,爲都尉、候官派駐部、隧,負責監察日常工作。周生萌"伉健",從造史升遷爲士吏。此簡王國維得出"伉健蓋騎兵也"的結論,其依據也爲《漢書·匈奴傳》與《漢書·趙充國傳》,但隨着新見出土文獻的陸續刊布,可知因"伉健"除授者,有士吏、隧長、亭長等多種官職,并不僅限騎兵。

(2)☐☐里公乘訾千秋,年卅五,伉健,可授爲臨之隧☐   EPT65∶430④

此簡下部殘端,"隧"下僅餘一橫墨迹,推測或爲"隧長"。"授",文物本作"授",《集釋》作"換",其圖版爲"换",⑤且"換爲某某隧長"未有文例,故據圖版及文意當爲"授"。西北漢簡所見官吏遷轉仍稱"授",如居延漢簡 3.14"☐午朔辛酉,渠井隧長成敢言之:迺五鳳四年五月中除爲殄北☐☐,五年正月中授爲甲渠誠北隧長,至甘露元年六月中授爲殄北塞外渠井隧長。成去甲渠☐☐"⑥所以,此簡訾千秋非遷轉,而是以"伉健"除授爲隧長。居延漢簡可見收虜隧長訾千秋(40.27、143.7),居延新簡又見萬歲隧長訾千秋(EPT51∶250),若爲同一人,可以推測訾千秋以臨之隧長爲起點,轉任三隧。

(3)甲溝第十三隧長閒田萬歲里上造馮匡,年二十三,伉健。   EPT27∶32⑦

此簡紅外綫圖版見下:

―――――――――
① 饒宗頤、李均明:《新莽簡輯證》,臺北:新文豐出版公司,1995,158 頁。
② 鄔文玲:《居延新簡釋文補遺》,《湖南大學學報(社會科學版)》2018 年第 3 期。
③ 甘肅省文物考古研究所編:《敦煌漢簡》,下册,305 頁。
④ 釋文見甘肅省文物考古研究所、甘肅省博物館、文化部古文獻研究室、中國社會科學院歷史研究所編《居延新簡:甲渠候官與第四燧》,北京:文物出版社,1990,448 頁。簡稱"文物本"。又見張德芳主編,張德芳、韓華著《居延新簡集釋(六)》,蘭州:甘肅文化出版社,2016,329 頁。簡稱《集釋》。
⑤ 圖版見張德芳主編,張德芳、韓華著《居延新簡集釋(六)》,170 頁。"授"字例可參見[日]佐野光一《木簡字典》,東京:雄山閣,1985,336 頁。
⑥ 簡牘整理小組編:《居延漢簡(壹)》,臺北:"中研院"歷史語言研究所,2014,4 頁。
⑦ 張德芳主編,孫占宇著:《居延新簡集釋(一)》,蘭州:甘肅文化出版社,2016,506 頁。

图 1　居延新簡 EPT27:32 紅外綫圖版①

新莽時改"甲渠候官"爲"甲溝候官",簡文中"二十三"也爲新莽時寫法,由此可以判定此簡年代爲新莽時期。圖版可見,"伉健"二字書體與前文不同,當係後書。"萬歲里上造馮匡"又見於居延漢簡 225.11"居成甲溝第三隊(隧)長閒田萬歲里上造馮匡年二十一,始建國天鳳六年閏月乙亥除補止北隧長□□",②可知其先任止北隧長,隨後轉任第十三隧長。

(4) 安農隧卒王同自言:數省今歸,同隧部爲發伉健卒,代　　　73EJT23:298③
(5) 伉健吏卒將護☐　Ⅰ90DXT0112③:47④

---

① 張德芳主編,孫占宇著:《居延新簡集釋(一)》,228 頁。
② 簡牘整理小組編:《居延漢簡(叁)》,臺北:"中研院"歷史語言研究所,2016,46 頁。
③ 甘肅簡牘博物館、甘肅省文物考古研究所、甘肅省博物館、中國文化遺産研究院古文獻研究室、中國社會科學院簡帛研究中心編:《肩水金關漢簡(貳)》,上海:中西書局,2012,下册,78 頁。
④ 甘肅省簡牘博物館、甘肅省文物考古研究所、陝西師範大學人文社會科學高等研究院、清華大學出土文獻研究與保護中心編:《懸泉漢簡(壹)》,上海:中西書局,2019,下册,460 頁。

此處見到"伉健卒"與"伉健吏卒"之稱，由簡（4）可知，"伉健卒"基於部、隧，也可以旁證"伉健卒"并非騎兵或者某種募兵這樣的獨立編制，而是從普通戍卒中選拔出來的，卒中伉健者稱"伉健卒"，吏中伉健者稱"伉健吏"，合稱爲"伉健吏卒"。

（6）☐材，伉健，明習候事，☐爲虎☐☒ Ⅰ 90DXT0114③：75①

材伉健，見於張家山三三六號墓出土《功令》。"明習某事"，爲漢代習語，如《史記·陳丞相世家》"孝文皇帝既益明習國家事"，②《漢書·常惠傳》"（常惠）後代蘇武爲典屬國，明習外國事"。③ 此簡雖上下殘斷，或可推測文書内容爲某人因"伉健"、明瞭熟悉候官事務而除授官職。

（7）駟望亭長當市里士五王快，年卌七，不史，伉健，本始五年三月戊辰除。 Ⅴ DXT1712④：15④

"本始五年"應爲宣帝地節元年（前69），寫爲"本始"當是沿用舊年號的誤書。此爲亭長的任免文書。"士五"，即"士伍"，爲秦漢時無爵者。西北漢簡所見，吏卒擁有公文書寫能力稱爲"史"，欠缺公文書寫能力被稱爲"不史"。⑤ 簡文中王快此時已四十七歲，無爵，并且不擅長書寫公文，不適合做史職從事的文字工作，僅因"伉健"被除授駟望亭長之職。

（8）君教：若。
　　　　兼左賊史脩、助史壽詳白：男子留相自言辭如牒。
　　　　教今白。丞優、掾隗議請屬功曹選伉健吏
　　　　二人，與左尉并力密收祥，考實，得吏便
　　　　勅遣。白草。
　　　　　　　延平元年十二月廿七日庚午白。
　　　　　　　　　　一六八七 木牘 2010CWJ1③：266-19⑥

---

① 甘肅省簡牘博物館、甘肅省文物考古研究所、陝西師範大學人文社會科學高等研究院、清華大學出土文獻研究與保護中心編：《懸泉漢簡（壹）》，下册，534頁。
② 《史記》卷五六《陳丞相世家》，北京：中華書局，1982，2061頁。
③ 《漢書》卷七〇《常惠傳》，3005頁。
④ 轉引自張俊民《敦煌漢簡所見的"亭"》，《南都學壇》2010年第1期。
⑤ 關於"史"與"不史"，參見［日］冨谷至著，劉恒武、孔李波譯《文書行政的漢帝國》，南京：江蘇人民出版社，2013，96-99頁。邢義田《漢代邊塞隧長的文書能力與教育》也有相關論述，收入其著《今塵集：秦漢時代的簡牘、畫像與文化流播》，上海：中西書局，2019，51-55頁。
⑥ 長沙市文物考古研究所、清華大學出土文獻研究與保護中心、中國文化遺産研究院、湖南大學嶽麓書院編：《長沙五一廣場東漢簡牘（肆）》，上海：中西書局，2019，150頁。

此木牘爲延平元年(106)"君教"文書,是長沙郡臨湘縣廷對下級上報的劃"諾"批示。"兼左賊史脩、助史壽"爲臨湘縣屬曹官吏,從木牘字體可見,丞"優"、掾"隗"爲簽署,議請内容爲囑托功曹選伉健吏二人,與左尉協力收捕。

(9)例已得亭長,如□言。請屬功曹丞遣(?)例亭長□□伉健□□

一二九九 竹簡 2010CWJ1③:265-45

此簡字迹較爲漫漶,圖版見下:

圖 2　長沙五一廣場東漢簡 2010CWJ1③:265-45 紅外綫圖版①

"伉"後整理者未釋讀,據圖版" "可補"健"字,當爲"伉健"。"例亭長",參一七九二木牘 2010CWJ1③:266-124:"案故事,橫溪深内匿,常恐有小發,置例亭長禁姦。從閒以

---

① 長沙市文物考古研究所、清華大學出土文獻研究與保護中心、中國文化遺產研究院、湖南大學嶽麓書院編:《長沙五一廣場東漢簡牘(肆)》,94 頁。

來,省罷。"①可見"例亭長"不常設,有需要臨時設置,不需要則省罷。此簡内容可能爲請囑功曹立即派遣例亭長,選"仇健"去做某事。

以上九簡,(1)爲敦煌漢簡,(2)(3)爲居延新簡,(4)爲肩水金關漢簡,(5)(6)(7)爲懸泉漢簡,(8)(9)爲長沙五一廣場東漢簡。地域上從西北敦煌郡、張掖郡到南方長沙郡,時間上從漢宣帝地節元年經新莽時期至殤帝延平元年。可見"仇健吏"與"仇健卒"在漢代邊郡乃至内郡都普遍存在。

在漢代邊郡,隧長等基層官吏承擔謹候望、通烽火、備盜賊的戍守任務,其能力要求是"能書、會計、頗知律令",簡(3)所示,"仇健"與"能書""會計""知律令"一樣,是對官吏素質能力的檢定,(1)(2)(6)(7)皆爲以"仇健"除授爲吏。漢代郡縣屬吏因秩次有長吏、少吏之别,《漢書·百官公卿表》序云:"(縣)皆有丞、尉,秩四百石至二百石,是爲長吏。百石以下有斗食、佐史之秩,是爲少吏。"②秩百石以下爲少吏,以上簡文可見,在候望體系中,以"仇健"除授的隧長、士吏皆爲少吏,即較爲基層的官吏,蓋與基層官吏需要參加作戰有關。

值得注意的是簡(8)(9)均爲長沙郡臨湘縣屬吏請囑功曹選仇健吏派遣去做某事,此外,五一廣場東漢簡中還有"亟部周密吏、職大吏,步騶辟切界中"(六一二 2010CWJ1③:261-97)③"方今曹亟正卒未具,須得有謀略吏職……"(二九四 2010CWJ1③:132A)④等表述,"周密""有謀略"與"仇健"相似,同爲對官吏能力的評語。上文所引《東觀漢記》"(丁)綝字幼春,定陵人也。仇健有武略"。其表述與出土文獻所示漢代官文書如出一轍,考慮到《東觀漢記》爲東漢官修史書,編撰時應當採用了留存的官方檔案,可以推知,"仇健"作爲對個人能力的評語被記錄在官員履歷中,永久保留下來。又,丁綝官至河南太守,爲光武帝朝功臣,封陵陽侯,或可進一步推測,"仇健"一類的評語不僅影響低級官吏升遷,高級官吏升遷同樣需要參考。

三 "仇健"所體現的吏卒選任標準與漢代尚武精神

漢代西北邊郡以"仇健"選任吏卒有其客觀原因。晁錯在總結秦用兵匈奴的教訓時言:"秦之戍卒不能其水土,戍者死於邊,輸者僨於道。秦民見行,如往棄市。"⑤秦時情況如此,

---

① 長沙市文物考古研究所、清華大學出土文獻研究與保護中心、中國文化遺產研究院、湖南大學嶽麓書院編:《長沙五一廣場東漢簡牘(伍)》,上海:中西書局,2020,78 頁。此木牘與一七九二、一八〇〇、一七九八、一八〇一、一七九六號竹簡所述爲同一事項。具體參見李均明《五一廣場東漢簡牘所見"例亭"等解析》,《出土文獻》2020 年第 4 期。
② 《漢書》卷一九上《百官公卿表上》,742 頁。
③ 長沙市文物考古研究所、清華大學出土文獻研究與保護中心、中國文化遺產研究院、湖南大學嶽麓書院編:《長沙五一廣場東漢簡牘(貳)》,上海:中西書局,2018,208 頁。
④ 長沙市文物考古研究所、清華大學出土文獻研究與保護中心、中國文化遺產研究院、湖南大學嶽麓書院編:《長沙五一廣場東漢簡牘(壹)》,上海:中西書局,2018,232 頁。
⑤ 《漢書》卷四九《晁錯傳》,2284 頁。

漢代亦然,故文帝采納晁錯建議,徙民塞下,屯田實邊。漢簡中可以看到吏卒對河西自然環境的不適應,如簡文多見"始春未和"(435.4)"盛暑不和"(495.4B)"方春時氣不調"(EPT50:50)。王子今研究"戍卒物故"現象,認爲"其死因多屬非戰爭因素,在某種程度上或許與來自内地的軍人未能完全適應當地環境有關。"[1]

漢代邊郡對吏卒健康狀況尤爲重視,西北出土漢代官文書所見邊郡吏員疾病的記録,張俊民將之統稱爲"病書簿",并提出居延漢簡58.26"病年月日署所病偷不偷報名籍候官如律令"是"病書簿"的模板,要求將病人生病的年、月、日,工作崗位、生的什麽病、是否痊愈等事項造册并上報候官。[2] 漢簡中可以看到"病書"[3]、"病卒名籍"[4]、"病診爰書"[5]、"病死爰書"[6]等文書,都是吏卒生病情況的各種上報記録。吏卒生病情況被嚴格記録,由都尉府掌握。居延新簡EPT50:10爲漢成帝河平年間功勞簿,簡文見下:

　　居延甲渠候官第十隧長公乘徐譚功將。能書、會計、治官民頗知律令,文。居延鳴沙里,家去大守府千六十三里,産居延縣。
　　中功一,勞二歲。爲吏五歲三月十五日。
　　其六月十五日,河平二年、三年、四年秋試射,以令賜勞,應令。其十五日河平元年陽朔元年病不爲勞。居延縣人。

　　　　　　　　　　　　　　　　　　　　　　　　　　　　　　　EPT50:10[7]

功勞簿記録了居延甲渠候官第十隧長公乘徐譚"其十五日河平元年陽朔元年病不爲勞"的情況,即因生病有十五日不計入"勞"。

因病罷免的現象數見不鮮,例如:

　　第十三隧長王安病三月免缺移府　·一事一封　五月庚辰尉史☐
　　　　　　　　　　　　　　　　　　　　　　　　　　　　　　　EPT52:158[8]

此爲甲渠候官上報居延都尉府的文書,言第十三隧長王安"病三月免",即因生病滿三個月

---

[1] 王子今:《居延漢簡所見"戍卒行道物故"現象》,《史學月刊》2004年第5期。
[2] 張俊民:《簡牘文書格式初探》,收入其著《簡牘學論稿——聚沙篇》,蘭州:甘肅教育出版社,2014,66-68頁。
[3] 如居延漢簡7.22"[移]病書一編敢言"、26.22"甲渠候官病書"。
[4] 如居延漢簡45.15"·鉼庭第廿三部五鳳四年三月病卒名籍"。
[5] 如居延新簡EPT59:80"·右病診爰書"。
[6] 如居延新簡EPT57:8"·甲溝候官始建國天鳳一年十二月戍卒病死爰書旁行"。
[7] 張德芳主編,楊眉著:《居延新簡集釋(二)》,蘭州:甘肅文化出版社,2016,487頁。"應"舊釋爲"遷",承張俊民先生提示當釋爲"應"。
[8] 張德芳主編,李迎春著:《居延新簡集釋(三)》,蘭州:甘肅文化出版社,2016,644頁。

被罷免。漢代法令規定官吏生病三個月會被免黜,《史記·高祖本紀》:"高祖爲亭長時,常告歸之田"《集解》引孟康曰:"漢律,吏二千石有予告、賜告。予告者,在官有功最,法所當得也。賜告者,病滿三月當免,天子優賜,復其告,使得帶印綬,將官屬,歸家治疾也。"①《風俗通義·過譽》:"漢典,吏病百日,應免。所以卹民急病,懲俗逋慝也。"②所言"百日",正符合簡文中"三月"之期。

因生病被罷免的例子還有鉼庭士吏李奉、隧長陳安國,居延新簡EPT51:319+320記録了他們因"年老病"被斥免:

  ·甲渠言:鉼庭士吏李奉、隧長陳安國等年老病,請斥免。言府。·一事集封　七月己未功曹佐同封。EPT51:319+320③

陳安國,又見於居延新簡EPT51:4"居延甲渠第二隊(隧)長居延廣都里公乘陳安國,年六十三,建始四年八月辛亥除。不史。"④可知他任居延都尉府甲渠候官第二隧隧長,家在居延縣廣都里,爵級爲公乘,時年六十三歲,不會寫公文。陳安國已經超過服役年齡,雖然隧長不同於普通戍卒,屬於基層軍吏,仍因爲"年老病"而被斥免。

  ·甲渠言:尉史陽貧困、不田、數病,欲補隧長,宜可聽。　　EPF22:327⑤

此簡爲甲渠候官上呈居延都尉府的文書,尉史爲塞尉屬吏,簡文言尉史陽貧困、無法進行田獵、屢次生病,所以擬從塞尉降職爲隧長。"宜可聽"則説明這種因貧病降職的情況得到了政府的認可。

通過上述情況可知,邊塞自然環境惡劣、生活條件艱苦,基層吏卒在完成"謹候望、驚烽火"的日常工作外,還需要參與作戰,如果體弱多病,則難以勝任職位。由此,吏卒"伉健"者在選任上便具有優勢。

"伉健"作爲除吏資格,春秋戰國時已有傳統,如前引《公羊傳》何休注:"其有辯護伉健者爲里正",睡虎地秦簡《秦律十八種·内史雜》簡190:"除佐必當壯以上,毋除士五(伍)新傅。"⑥古時三十歲爲"壯"。"傅",即傅籍,指男子開始從事正役。可見秦代規定佐的除授年齡爲三十歲,不得除授剛成年男子爲佐。《漢書·高帝紀》載劉邦"常有大度,不事家人生産

---

① 《史記》卷八《高祖本紀》,346頁。
② [漢]應劭撰,王利器校注:《風俗通義校注》,北京:中華書局,1981,178頁。
③ 張德芳主編,李迎春著:《居延新簡集釋(三)》,497頁。
④ 張德芳主編,李迎春著:《居延新簡集釋(三)》,396頁。
⑤ 張德芳主編,張德芳著:《居延新簡集釋(七)》,506頁。
⑥ 睡虎地秦墓竹簡整理小組編:《睡虎地秦墓竹簡》,北京:文物出版社,1990,62頁。

作業。及壯,試吏,爲泗上亭長。"①《後漢書》載馮良"年三十,爲尉從佐",②可證漢代除佐承襲秦代以三十歲爲年限。③ 這與簡(2)訾千秋三十五歲的年紀相符合,于振波考證居延漢簡所見隧長與候長的年齡構成,提出隧長多由中青年擔任,候長年齡多在三十至五十歲之間。④ 有學者提出兩漢仕進制度的特點之一是尚武精神。⑤ 可以推測,以"伉健"爲標準,其淵源來自於漢代官吏選任對體質和年齡的規定。

雖然秦漢職官在文武分職一途上有了更進一步的發展,漢代官吏的培養與選任仍舊體現出尚武的一面。正如邢義田在《允文允武:漢代官吏的一種典型》一文中提出:"漢代士人一般能騎馬、射箭,知曉兵書,并不輕視武事。"⑥"性兼文武""有文武才"爲官吏的常用評價。尹翁歸就是文武兼備的典型例子,《漢書》本傳記載:"會田延年爲河東太守,行縣至平陽,悉召故吏五六十人,延年親臨見,令有文者東,有武者西。閱數十人,次到翁歸,獨伏不肯起,對曰:'翁歸文武兼備,唯所施設。'功曹以爲此吏倨敖不遜,延年曰:'何傷?'遂召上辭問,甚奇其對,除補卒史,便從歸府。"⑦

漢代對於武事的重視在都試與邊郡秋射上得以體現。《續漢書·百官志》注引《漢官儀》:"民年二十三爲正,一歲以爲衛士,一歲爲材官騎士,習射御騎馳戰陣。八月,太守、都尉、令、長、相、丞、尉會都試,課殿最……邊郡太守各將萬騎,行障塞烽火追虜。"⑧都試由郡太守主持,内容爲對騎射和戰陣的演練,對此《漢書·韓延壽傳》有具體記載。⑨ 秋射爲邊郡獨有制度,學界通常將之視爲邊郡都試。秋射在候官所在地舉行,受試者爲候官所轄部隧的士吏、候長、燧長,每人發十二矢,中六矢爲合格,六矢以上增加勞績十五日,以下奪勞十五日。邊郡秋射除了軍事演練的用途,當也與邊地修習騎射的尚武傳統有關,如《漢書·地理志》所載:"北地、安定、上郡、西河,皆迫近戎狄,修習戰備,高上氣力,以射獵爲先。"⑩值得注意的是,邊郡官吏無論文武,均要參加秋射,如前引居延新簡 EPT50:10 中的徐譚,徐譚任居延甲

---

① 《漢書》卷一《高帝紀》,2 頁。
② 《後漢書》卷五三《周變傳》,1743 頁。
③ 東漢除吏年齡似有放寬,不拘於三十之限,史籍及漢碑中多有"少仕州郡"之語,如《孔謙碑》記載孔謙"弱冠而仕,歷郡諸曹史"。
④ 于振波:《居延漢簡中的隧長和候長》,《史學集刊》2000 年第 2 期。
⑤ 參見邢義田《允文允武:漢代官吏的一種典型》,收入其著《天下一家:皇帝、官僚政與社會》,北京:中華書局,2011,224-284 頁;黃留珠《試論兩漢仕進制度的特點》,《西北大學學報(哲學社會科學版)》1982 年第 4 期。
⑥ 邢義田:《允文允武:漢代官吏的一種典型》,收入其著《天下一家:皇帝、官僚政與社會》,227 頁。
⑦ 《漢書》卷七六《尹翁歸傳》,3206-3207 頁。
⑧ 《續漢書》志二八《百官五》,3624 頁。
⑨ 《漢書》卷七六《韓延壽傳》:"延壽在東郡時,試騎士,治飾兵車,畫龍虎朱爵。延壽衣黃紈方領,駕四馬,傅總,建幢棨,植羽葆,鼓車歌車。功曹引車,皆駕四馬,載棨戟。五騎爲伍,分左右部,軍假司馬、千人持幢旁轂。歌者先居射室,望見延壽車,嗷咷楚歌。延壽坐射室,騎吏持戟夾陛列立,騎士從者帶弓鞬羅後。令騎士兵車四面營陣,被甲鞮鍪居馬上,抱弩負籣。又使騎士戲車弄馬盜驂。延壽又取官銅物,候月蝕鑄作刀劍鉤鐔,放效尚方事。及取官錢帛,私假繇使。及治飾車甲三百萬以上。"(3214 頁)
⑩ 《漢書》卷二八下《地理志下》,1644 頁。

渠候官第十隧長,簡文記録爲"文",在河平二年、三年、四年"秋試射,以令賜勞"。

概而言之,漢代官吏選任體現出尚武的一面,儒生與文吏也同樣學習兵書與弓馬射御之類的武事。在官員遷轉上,文武也没有明顯的途徑差別。邊郡承擔戍備作戰之責,設部都尉總轄烽火候望,對武事尤爲重視,這也是"伉健"作爲基層官吏選任標準的深層原因。

結語

綜上所述,"伉健"用來形容體格强健,勇猛有力。漢朝在河西建立了漫長的邊防綫,亭鄣修列,屯駐烽燧的吏卒承擔着御外穩内的軍事重任,加之邊地嚴酷的生活環境,需要吏卒體格强健,勇猛善戰,因此"伉健"爲基層吏卒的選任條件。吏卒中"伉健"者被稱爲"伉健吏"與"伉健卒"。漢簡所見因"伉健"所授職位有隧長、士吏、亭長等。以"伉健"選任,其淵源來自於漢代官吏選任對體質和年齡的規定,本質是漢代因能任官的體現,即通過對基層官吏的素質、技能進行揀選,從而保證邊郡軍事實力與工作效率,也體現了漢代官吏培養、選任中對武事的重視。

東漢罷郡都尉後,邊郡仍有保留。《後漢書·順帝紀》載永建元年(126):"詔幽、并、涼州刺史,使各實二千石以下至黄綬,年老劣弱不任軍事者,上名。嚴敕障塞,繕設屯備,立秋之後,簡習戎馬。"[①]可見當時邊兵仍存,可以推想"伉健"也仍爲基層吏卒的選任條件。

附記 本文初稿於 2022 年 9 月在中國政法大學法律古籍整理研究所主辦的"出土文獻與秦漢法治"青年學者論壇宣讀。文章寫作及修改過程中,曾就相關問題向馬怡老師、孫聞博師兄、崔啓龍師弟請益,特此致謝。也感謝匿名審稿專家提出的寶貴修改意見。

---

① 《後漢書》卷六《順帝紀》,252-253 頁。

漢代簡牘所見"故事"發微

□ 濱州學院黄河三角洲文化研究所　李濬陽

内容提要　在漢代之前,"故事"作爲專有名詞大致出現4次,散見於《戰國縱橫家書》《商君書》和里耶秦簡;從漢代開始,"故事"大量見於傳世資料與出土文獻。漢代簡牘所見"故事"印證了"故事"不僅是傳世資料中後世史家的追書,也是漢代慣用語。結合傳世資料可知,"故事"的具體内容雖然有所差别,但其主要含義可以化約爲慣例和事例;"故事"不是成文法,在西漢中期正式成爲處理行政事務的依據和參照。簡牘所見"故事"爲釋讀簡牘文字提供啓示,爲考察漢代行政實態提供契機,爲探索治國理政依據的演變提供思考,也有益於思考秦漢統一國家的具象化影響和中國古代法源的多元化等問題。

關鍵詞　漢簡　故事　含義　應用

自20世紀初的敦煌漢簡到21世紀初的荆州胡家草場西漢簡牘,出土文獻極大地豐富了我們對漢代社會細節的認識。在做好簡牘綴合和復原等工作的基礎上,深化對簡文的釋讀和闡發,進而將其置於傳世資料提供的時空框架中,不僅能更好地挖掘簡牘承載的信息,還能見微知著,觸及漢代社會的宏觀問題。簡牘所見"故事"即是一個切入點。

《中國簡牘集成》《尹灣漢墓簡牘校理》《居延新簡集釋》等著作對"故事"做出過隨文注,僅解釋其具體含義,較爲分散,未能進行歸納(詳見下文)。廖伯源和孫聞博等學者在利用簡牘進行專題研究時引用過相關簡牘,但未對"故事"全面分析。邢義田、閆曉君和吕麗等學者在研究傳世資料中的"故事"時關注到簡牘所見"故事",其中,邢義田概括了"故事"的一層含義,認爲"故事"介於成文法與不成文法之間,是漢代官僚運作的一大依據;閆曉君總結"故事"的兩種形式和内容;吕麗主要探討"故事"的引用及其與制詔、律令的關係。[1] 這些成果爲進一步研究提供啓示和綫索,但限於體例或研究側重點,均未對簡牘所見"故事"進行系統梳理和專門分析。有鑒於此,筆者不揣淺陋,對漢代簡牘所見"故事"進行較爲全面地探討。首先搜集含有"故事"一詞的簡牘,并簡要説明釋讀情況;其次分析"故事"的含義、性質和應用,進而結合傳世資料對這三個問題予以補充,最後略述簡牘所見"故事"的意藴。

一 簡牘所見"故事"的釋讀情況

漢代簡牘距今時代久遠,出土後所載文字有的較爲清晰,容易得到整理者和研究者的認可;有的較爲模糊,容易引起分歧。下文列出目前搜集到的相關簡牘:

(1)☐☐禁毋出兵穀馬牛羊
　　☐☐掌故事以便宜出家(1845)[2]
(2)☐丑死謹案故事☐
　　☐☐☐☐等☐(E.P.T43:208)[3]
(3)憲等卒當以四月旦交代故事候長將當罷卒詣官(E.P.T65:37)[4]
(4)☐人・今掾史見九十三人其廿五人員十五(?)人君卿門下十三人以故事置廿九人請治所置吏贏員廿一人
　　☐☐人以故事置
　　☐亭長一人以故事置
　　☐掾史八人以故事置(YM6D5)[5]
(5)如律令故事有陳者教首書者員悒李阿六月廿二日白(一一七)[6]
(6)☐路令到縣　道官國邑十日有敢犯法趨謹之☐

---

[1] 參見中國簡牘集成編輯委員會編《中國簡牘集成》(標注本),蘭州:敦煌文藝出版社,2001,第11册,235頁;張顯成、周群麗《尹灣漢墓簡牘校理》,天津古籍出版社,2011,37頁;張德芳主編,張德芳、韓華著《居延新簡集釋(六)》,蘭州:甘肅文化出版社,2016,235頁;邢義田《從"如故事"和"便宜從事"看漢代行政中的經常與權變》,收入其著《治國安邦:法制、行政與軍事》,北京:中華書局,2011,380-449頁;閻曉君《兩漢"故事"論考》,《中國史研究》2000年第1期;吕麗《漢魏晉"故事"辯析》,《法學研究》2002年第6期;廖伯源《簡牘與制度:尹灣漢墓簡牘官文書考證》(增訂版),桂林:廣西師範大學出版社,2005,50頁;孫聞博《河西漢塞軍人的生活時間表》,楊振紅、鄔文玲主編《簡帛研究二〇一五(春夏卷)》,桂林:廣西師範大學出版社,2015,152-183頁。
[2] 白軍鵬:《敦煌漢簡校釋》,上海古籍出版社,2018,65頁。
[3] 張德芳主編,楊眉著:《居延新簡集釋(二)》,蘭州:甘肅文化出版社,2016,384頁。
[4] 張德芳主編,張德芳、韓華著:《居延新簡集釋(六)》,235頁。
[5] 張顯成、周群麗:《尹灣漢墓簡牘校理》,37-39頁。
[6] 長沙市文物考古研究所、中國文物研究所編:《長沙東牌樓東漢簡牘》,北京:文物出版社,2006,118頁。

□其犯免　　刑□□其□□白者皆上法故事□(1885)①

(7)□候長博告隧長張□

　　□九日宿吞遠置

　　□□自辦如故事(393.1A)②

(8)謂臣□曰□從□之□□爲一□□□國□一人數名□毋故事謹□□□又謂臣□曰(201)③

(9)□以□□得□□□事到齋本末文書□

　　□前白□□□故事四月廿二日起□□□(二二)④

　　簡牘(1)至(5)中"故事"字迹清晰,易於釋讀,在大多數簡牘整理作品中,如《流沙墜簡》《疏勒河流域出土漢簡》和《敦煌漢簡釋文》等均得到相應確認。簡牘(6)和(7)字迹略顯模糊,大部分研究者從中釋讀出"故事"一詞,也有把"故事"釋爲其他詞語的,如《漢簡研究》把簡牘(6)中的二字釋爲"從事",且認爲把"故"改爲"從"之後,簡文意思更加通暢,即"令到縣、道官、國、邑,經十日以後敢有犯法者,以□□法處斷",⑤其實這主要是前半句的意思;而《居延漢簡甲乙編》⑥等把簡牘(7)中的二字釋爲"故興"。簡牘(8)和(9)字迹較爲漫漶,《敦煌漢簡》⑦《敦煌漢簡釋文》⑧和《中國簡牘集成》⑨等僅釋讀出簡牘(8)中"故"字,《長沙東牌樓東漢簡牘》把簡牘(9)中的"故事"釋爲"胡襄"。⑩

　　從縱向角度看,隨着更爲清晰簡牘圖版的面世,研究者通過綜合運用多種方法,在簡文釋讀方面不斷取得進展,以前未完全釋讀或存在爭議的"故事"不斷被確認,它們與漢人奏疏和漢代碑刻中的"故事"共同證實了傳世資料中的"故事"不僅是後世的追書,也是漢人的習語,⑪這是下文討論的前提和出發點。

---

① 白軍鵬:《敦煌漢簡校釋》,71頁。
② 中國簡牘集成編輯委員會編:《中國簡牘集成》(標注本),蘭州:敦煌文藝出版社,2001,第8册,18頁。另,"候長博告隧長張",勞榦未釋讀出"告"字,詳見勞榦《居延漢簡考釋·釋文之部》,上海:商務印書館,1949,100頁。
③ 白軍鵬:《敦煌漢簡校釋》,207頁。
④ 楊耀文:《〈長沙東牌樓東漢簡牘〉釋文商補六則》,《江漢考古》2019年第4期。
⑤ [日]大庭脩著,徐世虹譯:《漢簡研究》,桂林:廣西師範大學出版社,2001,69頁。
⑥ 中國社會科學院考古研究所編:《居延漢簡甲乙編》,北京:中華書局,1980,下册,234頁。
⑦ 甘肅省文物考古研究所編:《敦煌漢簡》,北京:中華書局,1991,227頁。
⑧ 吳礽驤、李永良、馬建華釋校:《敦煌漢簡釋文》,蘭州:甘肅人民出版社,1991,18頁。
⑨ 中國簡牘集成編輯委員會編:《中國簡牘集成》(標注本),第3册,27頁。
⑩ 長沙市文物考古研究所、中國文物研究所編:《長沙東牌樓東漢簡牘》,82頁。
⑪ 據筆者初步統計,漢代傳世資料和出土文獻中大致出現260次"故事"(去除重複),其中約250次是專有名詞,其他是"故"和"事"分開使用。

二　簡牘所見"故事"解析

　　管見所及,含有"故事"的漢代簡牘如上所列。由於數量有限,這些簡牘還不能揭示"故事"的全貌。下面結合傳世資料,對幾個問題做些討論和辨析,以期更全面地認識"故事"。

(一)"故事"的含義

　　"故事"的含義和具體内容是整理者和研究者關注最多的問題,但"故事"的含義不同於"故事"的具體内容,由於簡牘所載文字有限,"故事"的具體内容往往難以考證,我們祇能對其進行模糊處理,經過理解之後以抽象性的語彙進行界定。

　　圍繞這個問題,研究者形成以下三種觀點。第一種認爲"故事"指詔令。初世賓認爲簡牘(2)中的"故事"是指"戍卒死亡,按過去已行詔令取得某種優待。漢代自漢初開始,對邊塞戍卒死亡者,官府給予棺木和入殮衣物,并送致故里,免除其家一定的賦役,見漢書高帝紀,這裏不知是否即指此"。雖然他還不確定"故事"詔令的具體内容,但把它釋爲詔令是肯定的,對此他又强調説:"故事每指此前已奉行的詔令。"①這就把"故事"與詔令等同起來。然而傳世資料中的大量"故事"證明,詔書雖然與"故事"聯繫密切,也有"故事詔書"②"詔書故事"③等詞彙,但不能把二者等同起來,守屋美都雄即以《漢書·孔光傳》所載"國家故事"爲例證明詔書祇是"故事"的形成方式。④ 第二種認爲"故事"指案例,如黄人二認爲"故事"就"詔令或法律文書云,即前朝之案例"。⑤ 第三種認爲"故事"指慣例或制度。廖伯源和張伯元都認爲簡牘(4)中的"故事"是指慣例,所謂"以故事置"就是按照以往的慣例繼續安排。⑥ 張顯成和周群麗説:"故事,先例,舊日的典章制度。"⑦楊耀文説:"故事即爲舊時的制度,或之前已經發生的事情。"⑧張德芳和韓華説:"故事,爲後世所遵行的制度或事例。"⑨這些研究者試圖用"故事"的同義詞——慣例、先例、典章制度、制度、事例等對它進行界定,然而這些同義詞之間有着很大的區别:從時間性上説,慣例與典章制度延續的時間長,意味着某種傳統;先例與事例則指具體的事件。

---

① 范鵬總主編,初世賓著,李勇鋒編選:《隴上學人文存:初世賓卷》,蘭州:甘肅人民出版社,2015,321-322頁。
② 《漢書》卷七四《魏相傳》,北京:中華書局,1962,3137頁。
③ [清]嚴可均輯:《全後漢文》卷一〇四《無極山碑》,北京:商務印書館,1999,1046頁。
④ [日]守屋美都雄著,錢杭、楊曉芬譯:《中國古代的家族與國家》,上海古籍出版社,2010,457-458頁。
⑤ 黄人二:《長沙東牌樓東漢熹平元年覃超人形木牘試探》,麥永雄主編《東方叢刊》第3輯,桂林:廣西師範大學出版社,2007,85-91頁。邢義田也以傳世資料爲主概括出"故事"的這層含義。(詳見其著《治國安邦:法制、行政與軍事》,389頁)傳世資料記載的"故事"很多,其含義也有多種。
⑥ 分别見廖伯源《簡牘與制度:尹灣漢墓簡牘官文書考證》(增訂版),50頁;張伯元《律注文獻叢考》,北京:社會科學文獻出版社,2016,287頁。
⑦ 張顯成、周群麗:《尹灣漢墓簡牘校理》,2011,37頁。
⑧ 楊耀文:《〈長沙東牌樓東漢簡牘〉釋文商補六則》。
⑨ 張德芳主編,張德芳、韓華著:《居延新簡集釋(六)》,235頁。

研究者雖然在"故事"的具體内容方面存在差異,或認爲詔令,或認爲案例,或認爲慣例,或認爲典章制度,但除了案例之外,其他觀點從時效性角度看可以互通,即,無論詔令、慣例還是典章制度都可以存續一段時間,在這段時間内它們可能被重複踐行,成爲約定俗成的做法。事實上,簡牘(2)中的"謹案故事……"、簡牘(3)中"故事……"、簡牘(4)中的"以故事置"、簡牘(5)中的"故事……"和簡牘(7)中的"……如故事"等表述方式,也透露出"故事"已經存在過一段時間。從這個角度上,本文把簡牘中"故事"的含義化約爲慣例。當然,囿於數量,簡牘中的"故事"主要揭示了漢代"故事"的一層含義,這層含義與另一層含義事例構成漢代"故事"的兩大主要含義。此外,"故事"還指舊事、職事和文體等,多屬於個案。[①]

　　在漢代歷史上,"故事"從"故""事"二字分開使用到演變爲專有名詞,從含義廣泛到趨向穩定,[②]再到東漢時主要指慣例和事例。[③] 簡牘所見"故事"的含義正處在這個演變趨勢中。

(二)"故事"的性質

　　"故事"的含義揭示出後世對已存慣例的繼承,那這種繼承是否具有强制性呢? 這關係到"故事"的正當性,即"故事"在性質上是否屬於成文法。從相關研究成果來看,不少研究者認可這一點。

　　孫聞博在探討漢代河西邊塞軍人的生活時間時,曾引用簡牘(3)説明戍卒罷歸之日的交代工作,并解釋道:"漢代'故事',每部當罷戍卒一般由候長帶領赴候官報到。這裏'憲等'就屬於這樣的罷卒,他們依程式的'交代'當於'四月旦'。"[④]"依程式"也就是按照"故事"約定的程式辦理。張伯元把"故事"視爲法律用語,他在引用簡牘(4)的部分内容後説:"故事,也是個法律用語,專指舊例。"這種認識與他對"故事"含義的界定相呼應,"在漢代已經用'故事'之名指稱成例。據簡文[筆者按,指簡牘(2)]内容,故事與舊例、成案同義。時采用成案比附判斷,即使在邊陲地區也得以施行,可見成例法的普遍適用"。[⑤] 既然是法律用語,又被以"比附"方式處理事件,"故事"應該屬於成文法。《長沙東牌樓東漢簡牘》整理者把簡牘(5)的"如律令"與"故事……"分開句讀,《〈長沙東牌樓東漢簡牘〉釋文校訂稿》則重新句讀作"如律令故事……",[⑥]"故事"與作爲成文法的律令連讀,顯示出後者傾向於把二者聯繫在一起。

---

① 參見李瀋陽《西漢"故事"考論——兼及漢代治理國政的依據》,《咸陽師範學院學報》2021年第1期。
② 吴咏絮:《儒家經典與"漢家故事"——漢代奏議中的二重傾向研究》,《安順學院學報》2018年第1期。
③ 參見李瀋陽《東漢"故事"考》,《南都學壇》2018第4期。
④ 孫聞博:《河西漢塞軍人的生活時間表》。
⑤ 張伯元:《律注文獻叢考》,286-287頁。
⑥ 長沙東牌樓東漢簡牘研讀班:《〈長沙東牌樓東漢簡牘〉釋文校訂稿》,卜憲群、楊振紅主編《簡帛研究二〇〇五》,桂林:廣西師範大學出版社,2008,145-165頁。另外,徐俊剛也釋爲"如律令故事"。參見徐俊剛《〈長沙東牌樓東漢簡牘〉集釋》,吉林大學碩士學位論文,2014,43頁。

這些觀點都有把"故事"視爲法律形式的取向。由於在簡牘中尚未見到否定"故事"的例子,研究者形成這種取向也屬自然。但如果結合傳世資料,尤其是傳世資料中否定"故事"的例子,我們對"故事"性質的判斷會有所不同。竟寧元年(前33)元帝去世,按照"故事,近臣皆隨陵爲園郎"①的傳統,身爲近臣的金敞應該到元帝的渭陵擔任園郎,然而太后因金家世代以忠孝聞名,特許他留在宮中侍奉繼任的成帝,這意味着太后基於個人主觀意願打破了"故事",也就是沒有遵循"故事"。在這之前和之後,都頻繁出現這種做法,透露出"故事"不是必須遵循的。頻繁否定"故事"的做法沒有遭到時人的反對,顯示出漢代"故事"不具有強制性,也不具備法律地位。

所以,在漢代行政中,遵循與否定"故事"并存更符合事實,簡牘所見僅是遵循"故事"的一面,不能據此斷定它已經成爲法律的組成部分。從長遠眼光來看,"故事"具有明確的法律地位是在魏晉南北朝時期。《隋書·經籍志》載:"晉初,賈充、杜預,刪而定之,有律,有令,有故事。梁時,又取故事之宜於時者爲《梁科》。"②可見,"故事"在西晉初年成爲與律、令并列的法律形式,在南朝梁時單獨成卷,其法律地位得以確立。

(三)"故事"的應用

漢代"故事"雖然還不是成文法,但不妨礙它在漢代社會中的廣泛應用。

從運用的領域看,簡牘所見"故事"的内容涉及漢代社會的多個領域:根據簡牘(1)前一行殘存的文字"禁毋出兵穀馬牛羊"來看,其内容可能與牲畜的管護有關。簡牘(2)殘存的文字太少,姚磊根據出土地、材質、色澤、茬口、紋路和文意等的相同和一致,把該簡與居延新簡 E.P.T43:251 簡綴合爲一簡:

□藥卅齊不偷至八月己丑死謹案故事□
□□□□府□爰書□□□等□□(EPT43:251+208)③

即使這樣,還是難明文意,祇能推測其内容與死亡成卒的安排有關。簡牘(3)關乎戍卒的復員或輪值,簡牘(4)關乎設置吏員的數量,簡牘(5)關乎信仰,④簡牘(6)關乎刑法,簡牘(7)和(8)難以確定,簡牘(9)内容應與行政有關⑤。因此,簡牘所見"故事"證實了它在漢代行

---

① 《漢書》卷六八《金日磾傳》,2963頁。
② 《隋書》卷三三《經籍志二》,北京:中華書局,1973,974頁。
③ 姚磊:《居延新簡綴合(五)》,簡帛網,2018年12月12日。又可參見姚磊《〈居延新簡〉綴合綜論》,鄔文玲、戴衛紅主編《簡帛研究二〇二〇(春夏卷)》,桂林:廣西師範大學出版社,2020,233-269頁。
④ 該木牘的作用還有爭議。《長沙東牌樓東漢簡牘》認爲是死者覃超給道、巫世界的上言,黃人二認爲與"司命"信仰有關,董遠成推測是爲尋求某種驅邪、庇護和解脱心理(參見長沙市文物考古研究所、中國文物研究所編《長沙東牌樓東漢簡牘》,76頁;黃人二《長沙東牌樓東漢熹平元年覃超人形木牘試探》;董遠成《長沙東漢"熹平元年"人形木牘》,陳建明主編《湖南省博物館館刊》第10輯,長沙:嶽麓書社,2014,293-297頁)。無論哪種觀點,都與信仰有關。
⑤ 楊耀文:《〈長沙東牌樓東漢簡牘〉釋文商補六則》。

政、軍事、刑法和信仰等領域中的運用，而在傳世資料中，還可以發現屬於財政領域的"入稅縣官如故事"，[①]屬於對外關係領域的"南單于故事"，[②]屬於禮儀領域的"霍光故事"，[③]足見在漢代社會各個領域，幾乎都有運用"故事"的狀况。

從歷史的角度看，簡牘（2）中對死亡戍卒的（優待）政策與簡牘（3）中對服役期滿的戍卒在返鄉前由候長率領到候官處集合的做法，都應該推行過一段時間。初世賓推測前者始於高祖時，[④]趙寵亮推測後者大約始於高后時，[⑤]據此，這兩個"故事"在漢初就形成并被後世所遵循，但這都屬於推測。目前所見最早的漢代"故事"是武帝元狩六年（前 117）丞相莊青翟等人在請求册立皇子爲諸侯王的上疏中提到的，"臣請令史官擇吉日，具禮儀上，御史奏輿地圖，他皆如前故事"。[⑥] 可見，最晚到漢武帝時，漢代人已經有意識地使用"故事"一詞。

從空間的角度看，簡牘（1）（6）出土於敦煌，簡牘（2）（3）（7）出土於居延，敦煌和居延位於西北邊塞，這些簡牘體現出"故事"在邊郡的運用；簡牘（4）出土於尹灣，簡牘（5）（9）出土於東牌樓，尹灣時屬東海郡，東牌樓時屬長沙郡，二者體現出"故事"在内郡的運用。在地理範圍上，從西北到南部再到東部，都存在運用"故事"的做法。

三　簡牘所見"故事"的意藴

在辨析簡牘所見"故事"本身的幾個問題後，我們可以從更廣闊的視角對它的意藴做些分析，以探求"故事"在簡牘文字釋讀、地方行政實態和治國理政依據等方面的意義。

簡牘文字的釋讀除了依靠文字學、校勘學等知識外，還可以從專有名詞的角度考慮前後文字。漢代之前，"故事"作爲專有名詞大致在《戰國縱横家書》[⑦]中出現 1 次，在《商君書》中出現 2 次，在里耶秦簡中出現 1 次；從漢代開始，"故事"成爲慣用語，這可爲釋讀"故"後或"事"前之字提供歷史背景。楊耀文從簡牘（9）中釋讀出"故事"，一個依據就是"故事"是慣用語，"其上一字或爲'故'，'故事'爲成詞，在漢代文獻多見"。[⑧]

---

① 《後漢書》卷四《和帝紀》，北京：中華書局，1965，167 頁。另參見李潘陽《融入華夏：東漢時期漢匈關係中的"南單于故事"探微》，《西南民族大學學報（人文社會科學版）》2020 年第 2 期。
② ［晉］袁宏撰，周天游校注：《後漢紀校注》卷一三《和帝紀上》，天津古籍出版社，1987，370 頁。
③ 《漢書》卷九七下《外戚傳下》，4009 頁。
④ 范鵬總主編，初世賓著，李勇鋒編選：《隴上學人文存·初世賓卷》，321-322 頁。
⑤ 趙寵亮：《居延漢簡所見"罷卒"》，《石家莊學院學報》2010 年第 5 期。
⑥ 《史記》卷六〇《三王世家》，北京：中華書局，1959，2110 頁。
⑦ 《戰國縱横家書》各章紀事年代不一，"故事"見於《韓貴獻書於齊章》，是在韓貴寫給齊王的信中提到的。馬雍把該章紀事時間定在公元前 287 年，本文據此認爲該"故事"出現在漢代之前。詳見馬雍《帛書〈戰國縱横家書〉各篇的年代和歷史背景》，馬王堆漢墓帛書整理小組編《戰國縱横家書》，北京：文物出版社，1976，173-201 頁。
⑧ 楊耀文：《〈長沙東牌樓東漢簡牘〉釋文商補六則》。

西漢時期郡的吏員，《史記集解》引如淳之言稱有 24 人，[①]紙屋正和推測有 27 人。[②] 事實上，漢代各郡的面積、人口和區位等千差萬別，額定吏員人數不一定完全應對複雜的社會現實，於是就有了根據"故事"設置的"編外"吏員，如簡牘(4)所表明的那樣。這些按照"故事"設置的屬吏與東海郡是大郡、人口數量位居西漢前列、行政事務繁多有關，未必是各郡的通例，[③]邢義田就懷疑那"是東海郡的地方性先例或習慣"。[④] 按"故事"設置吏員，體現出漢代行政運作中在遵守律令規定與考慮地方實際之間的彈性。

中國古代治國理政往往遵循一定的依據。從西周到春秋時期，治國理政的重要依據是禮儀。從春秋時期開始，諸侯國逐漸出現法，法成爲治國理政的重要依據。進入漢代後，治國理政的依據與先秦相比有繼承也有增加，包括天象、[⑤]經典、[⑥]法令[⑦]和"故事"等。正是從宣帝開始，"故事"成爲朝廷決策的參考。[⑧]

在這些依據中，[⑨]經典和"故事"的廣泛運用主要始於漢代，隨着時間的推移，法令一直保持治國理政基本準則的地位，天象中的災異分量逐漸減少。

結語

通過上文的討論，我們可以得出以下結論和可供深入思考的問題：第一，出土文獻提供了漢代社會的諸多細節，有助於細化和明晰化傳世資料記載的歷史圖景，彌補傳世資料不足，但它可能祇反映問題的一個方面；傳世資料記載的歷史圖景爲挖掘簡牘承載的信息提供

[①] 如淳曰："律，太守、都尉、諸侯内史史各一人，卒史書佐各十人。"（詳見《史記》卷一二〇《汲黯列傳》引，3106 頁）按："史史"之第二個"史"，嚴耕望認爲是"丞"之訛（詳見嚴耕望《中國地方行政制度史——秦漢地方行政制度》，上海古籍出版社，2007，109 頁）。如此，郡的吏員計有太守、都尉、諸侯内史和丞共 4 人，卒史和書佐各 10 人，合計 24 人。

[②] [日]紙屋正和著，朱海濱譯：《漢代郡縣制的展開》，上海：復旦大學出版社，2016，320 頁。

[③] 如池田雄一就指出東漢河南尹有吏員 927 人，遠遠多於東海郡的 27 人，而造成這種差異的一個原因是吏員設置繁簡有别。參見[日]池田雄一著，鄭威譯《中國古代的聚落與地方行政》，上海：復旦大學出版社，2017，595 頁。

[④] 邢義田：《治國安邦：法制、行政與軍事》，389 頁。

[⑤] 它要求行政決策應當符合自然界的周期性變動，也應當根據偶然性的變動——災異或祥瑞做出調整。

[⑥] 如皮錫瑞所言，"以《禹貢》治河，以《洪範》察變，以《春秋》決獄，以三百五篇當諫書"。詳見[清]皮錫瑞著，周予同注釋《經學歷史》，北京：中華書局，2004，56 頁。

[⑦] 如王充所言，"縣官事務，莫大法令"。詳見黃暉撰《論衡校釋》卷一二《程材篇》，北京：中華書局，1990，542 頁。

[⑧] [日]渡邊信一郎著，張娜譯：《東漢古典國制的建立——漢家故事和漢禮》，周東平、朱騰主編《法律史譯評》第 5 卷，上海：中西書局，2017，64-84 頁。

[⑨] 此外還需注意不是依據的"依據"——臨事專斷。這在春秋時期被稱爲"制"，《左傳》載昭公六年（前 536）叔向之言："昔先王議事以制。"（詳見楊伯峻編著《春秋左傳注》，北京：中華書局，1981，第 4 册，1274 頁）王引之解釋說："謂度事之輕重，以斷其罪，不豫設爲定法也。"（詳見[清]王引之撰，虞思徵、馬濤、徐煒君校點《經義述聞（三）》，上海古籍出版社，2018，1100 頁）可見，"制"就是臨事專斷；這在漢代被稱爲"便宜"，《漢書·循吏傳》載宣帝任命龔遂爲渤海太守，龔遂請求他上任後"願丞相御史且無拘臣以文法，得一切便宜從事"。（詳見《漢書》卷七〇《循吏傳》，3639 頁）"便宜從事"與"無拘臣以文法"相通，指給予龔遂臨事專斷權力。"議事以制"和"便宜從事"都要求在處理事情的時候審度形勢，酌情處理，不必拘泥於常制。

時空框架,有利於全面把握簡牘内容。如本文所論,簡牘所見"故事"的含義、性質、應用等問題祇涉及"故事"的部分内容,祇有結合傳世資料,纔能更加接近"故事"的全貌。第二,隨着秦漢統一國家的建立和發展,"故事"的含義發生轉折性變動,同期變化的還有"不道"、[①] "公、卿、大夫、士",[②]以及新出現的"學官"等詞。[③] 這些詞語内涵的演變是自身演變的邏輯推進,還是受到統一國家的影響? 也就是說,這些詞語内涵的演變是否可視爲統一國家影響的具象化呢? 第三,如果說在漢代是否遵循"故事"取決於當事者的主觀意願,具有較大的隨意性,到南朝梁時,"故事"確立其法律地位,被列入成文法,成爲法律的組成部分。這是否啟發我們在注意中國古代法源多元化的同時,思考法律秩序的中國特色呢?

附記 匿名審稿專家提出非常重要的修改意見,本文基本采納,敬致謝忱!

[①] 劉洋:《漢代"不道"罪考論》,《安徽教育學院學報》2006 年第 4 期。
[②] 閻步克:《從爵本位到官本位:秦漢官僚品位結構研究》(增補本),北京:生活·讀書·新知三聯書店,2017,339 頁。
[③] 蔡亮著,付强譯:《巫蠱之禍與儒生帝國的興起》,北京師範大學出版社,2020,52 頁。

走馬樓吳簡"州中倉嘉禾二年月旦簿"分析與復原*
——兼論"關聯簡組定位復原法"的可行性

□ 清華大學歷史系　成鵬

内容提要　倉月旦簿是孫吳官倉賑簿體系中極重要的組成部分。走馬樓吳簡中的倉月旦簿是存檔性質的文書,原本應以年爲單位保存。月旦簿簿題中的會計關鍵詞和揭剥圖所示的位置關係,均表明"出米簡"爲倉月旦簿的屬簡。以"出米簡"爲主的關聯簡組在揭剥圖中的位置,是認識倉月旦簿構造的重要線索。立足揭剥圖,利用"關聯簡組定位復原法",分析州中倉嘉禾二年月旦簿的11個屬簡坨,可得到較爲可信的倉月旦簿格式,能據此復原出嘉禾二年州中倉月旦簿的基本框架。

關鍵詞　走馬樓吳簡　關聯簡組定位復原法　州中倉　月旦簿

1996年出土的長沙走馬樓三國孫吳簡牘,按材質和形制可分爲大木簡(吏民田家莂)和竹簡兩大類,另有一定數量的木牘和籤牌。[①] 竹簡簿書大致包括户籍和户籍簿、名籍簿、庫賬

---

* 本文爲國家社會科學基金西部項目"孫吳簡牘文書與地方行政研究"階段性成果之一(項目編號:19XZS028)。
① 大木簡最先刊布,即走馬樓簡牘整理組編著《長沙走馬樓三國吳簡·嘉禾吏民田家莂》,北京:文物出版社,1999。竹簡分九卷刊布,業已出版完畢,即走馬樓簡牘整理組編著《長沙走馬樓三國吳簡·竹簡[壹][貳][叁][肆][伍][陸][柒][捌][玖]》,分別由文物出版社於2003、2007、2008、2011、2018、2017、2013、2015、2019年出版,文中分別簡稱《竹簡·壹》至《竹簡·玖》。籤牌和木牘在上述各卷竹簡和一些吳簡相關的美術、書法出版物中有零星刊布。據徐暢披露,走馬樓吳簡尚有收録6000餘枚有字殘簡的《竹簡·別册》及《竹木牘》特輯(擬收吳簡木牘和竹牘376枚)有待出版。參見徐暢《長沙走馬樓三國孫吳簡牘官文書整理與研究》,北京:中國社會科學出版社,2021,4-5、51頁。

簿、倉賬簿、特殊簿書等五類。① 其中,倉賬簿主要記載了孫吴黄武、黄龍和嘉禾年間當地官倉的會計報告及其業務活動。② 倉賬吴簡"顯示了'米'之類的物資如何由百姓一步步交到縣倉,再轉運到上一級倉中,最後調運到朝廷需要的地方,見證了一個由生産,聚集,轉運到消費的過程……不僅使我們瞭解百姓交納賦税的具體環節,也讓今人進一步瞭解了百姓生産的米之類的物資交到官府後,官府又如何逐級聚集轉運并發放物資以維持朝廷官吏的日常消費,從而保證了朝廷的運轉。"③因此引起了學界廣泛關注,自出土訖今積累了豐富的研究成果。④ 在孫吴官倉賬簿體系中,以月爲單位編制的月旦簿是一種基礎的常規賬簿,數量居大宗,現存倉賬吴簡中,州中倉和三州倉月旦簿屬簡占了最大份額。故月旦簿理應成爲倉賬吴簡研究的重點。⑤

目前,學界對吴簡倉月旦簿的研究主要包括内容推測和文書復原兩方面。關於倉月旦簿記録的内容,主要有"前月"賬目和"當月"目賬兩種觀點。前者認爲"n月旦簿"記録的是(n-1)月的倉米賬目,之所以名爲"n月旦簿",是由於(n-1)月賬目的結算日期在n月第一天(旦日),"月旦簿"簿題中的月份是提交的月份,而非記録的月份。⑥ "當月"説則認爲"n月旦簿"記録的是n月當月倉米收支狀况。⑦ 這個問題可藉助月旦簿"簿尾簡"來解决。一般而言,册書簿尾簡類似"落款",其"上白"日期就是册書名義上的製成時間。若依"前月"賬目説,月旦簿的完成日期在"旦日",則簿尾落款時間亦應保持一致,寫作"某月一日"。但現存吴簡月旦簿簿尾簡的落款時間皆爲每月月底(卅日)。據此,某月旦簿記録的應是本月的倉米賬目,名義上於該月底完成。之所以稱爲"月旦簿",是由於該種賬簿從每月第一天

---

① 凌文超:《走馬樓吴簡采集簿書整理與研究》,桂林:廣西師範大學出版社,2015,466-467頁。關尾史郎通過整理和分析采集吴簡,將其細分爲三大類和17小類。侯旭東綜合已刊采集簡和發掘簡,將走馬樓吴簡分成七大類。分别參見[日]關尾史郎《史料群としての長沙吴簡・試論》,木簡學會編《木簡研究》第27號,2005,250-266頁;侯旭東《湖南長沙走馬樓三國吴簡性質新探——從〈竹簡(肆)〉涉米簿書的復原説起》,長沙簡牘博物館編《長沙簡帛研究國際學術研討會論文集:紀念走馬樓三國吴簡發現二十周年》,上海:中西書局,2017,92-94頁。另外,對於吴簡中户籍和户籍簿的存在性,并非所有學者都認同,比如侯旭東就在前引文章中從吴簡所屬機構的角度否認了其中户籍的存在。
② 戴衛紅:《長沙走馬樓吴簡所見孫吴時期的倉》,《史學月刊》2014年第11期。
③ 侯旭東:《吴簡所見"折咸米"補釋——兼論倉米的轉運與史的職務行爲過失補償》,長沙簡牘博物館、吴簡研討班編《吴簡研究》第2輯,武漢:崇文書局,2006,185頁。
④ 倉賬吴簡研究的具體現狀請參見成鵬《走馬樓吴簡倉賬簡研究的回顧與展望》,復旦大學歷史學系《中國中古史研究》編委會編《中國中古史研究(第九卷)》(吴簡專號),上海:中西書局,2021,379-417頁。
⑤ 侯旭東:《湖南長沙走馬樓三國吴簡性質新探——從〈竹簡(肆)〉涉米簿書的復原説起》,81-85頁;成鵬:《走馬樓三國吴簡倉賬簿復原研究》,清華大學碩士學位論文,2021,41-44頁。
⑥ [日]谷口建速:《長沙走馬樓吴簡における穀倉關係簿初探》,《民衆史研究》第72號,2006,45-61頁,修訂後收入其著《長沙走馬樓吴簡の研究:倉庫關連簿よりみる孫吴政權の地方財政》,東京:早稻田大學出版部,2016,35-78頁;陳明光:《走馬樓吴簡所見孫吴官府倉庫賬簿體系試探》,《中華文史論叢》2009年第1期;王素:《長沙吴簡中的"月旦簿"與"四時簿"》,《文物》2010年第2期;鄧瑋光:《對三州倉"月旦簿"的復原嘗試——兼論"縱向比較復原法"的可行性》,《文史》2014年第2輯,8-9頁。
⑦ 鄧瑋光:《對中倉黄龍三年十月旦簿的復原嘗試》,樓勁主編《魏晉南北朝史的新探索——中國魏晉南北朝史學會第十一届年會暨國際學術研討會論文集》,北京:中國社會科學出版社,2015,652頁;侯旭東:《湖南長沙走馬樓三國吴簡性質新探——從〈竹簡(肆)〉涉米簿書的復原説起》,74-75頁。

("旦日")就開始起記列簿,"某月旦簿"即"從某月第一日開始列簿"之意。①

在文書學方面對倉月旦簿開展研究的學者主要是谷口建速和鄧瑋光。前者用文書集成方法,推測了月旦簿的內容、屬簡和格式。② 後者用"横向比較復原法"和"縱向比較復原法"復原出了若干個倉月旦簿,并總結出了月旦簿格式。③ 既有研究對於深入認識吴簡倉月旦簿奠定了良好的基礎。但總體而言,目前對吴簡倉月旦簿的研究依然不充分,原因在於册書復原方面做得不夠。鄧瑋光是目前倉月旦簿册書復原方面下功夫最深、復原成果最突出的學者,其成果對深入研究倉月旦簿具有重要的先導意義,但復原方法存在一定問題,因此其復原結果可能與吴簡倉月旦簿的實態有一定距離。④ 有鑒於此,本文將立足既有研究,利用"關聯簡組定位復原法"(詳後),分析現存"州中倉嘉禾二年月旦簿"屬簡坨,對之進行局部復原,嘗試探索一種比較穩妥的吴簡倉賬簿復原思路。

一 對吴簡倉月旦簿的總體認識及復原思路

在復原吴簡倉月旦簿之前,先要明確其文書性質和保存狀態。在文書性質上,要判斷吴簡倉月旦簿是運行文書,還是"檔案"文書。這兩種文書在保存和呈現上存在較大區别,前者注重體現單個册書的功能,後者則側重分類歸檔。换言之,作爲檔案保存的文書,單個簿册之間的區分度下降,不同文書類型之間的差别凸顯,同類册書在存放時有一定的隨意性。關於吴簡的整體性質,學者們雖在具體所屬機構上存在不同意見,但都贊同其爲檔案文書。⑤ 因此,吴簡倉月旦簿亦當爲存檔文書。然則作爲檔案的吴簡倉月旦簿是如何保存的? 該問題可藉助與其相關的籤牌來回答。與倉月旦簿相關的籤牌,目前已刊的如下:

中倉　吏黄諱潘慮嘉禾元年月旦簿⑥
中倉　吏黄諱潘慮嘉禾二年月旦簿(柒·4707-1)

---

① 吴簡中有時直接稱月旦簿爲"旦簿"似乎暗示此類賬簿之關鍵區分點在"旦",即"每月第一天"起記。陳明光就將月旦簿類稱爲"旦簿",參見陳明光《走馬樓吴簡所見孫吴官府倉庫賬簿體系試探》,53-54頁。
② [日]谷口建速:《長沙走馬樓吴簡における穀倉關係簿初探》,45-61頁,修訂後收入其著《長沙走馬樓吴簡の研究:倉庫關連簿よりみる孫吴政權の地方財政》,35-78頁。
③ 鄧瑋光:《對三州倉"月旦簿"的復原嘗試——兼論"縱向比較復原法"的可行性》,5-36頁;鄧瑋光:《對中倉黄龍三年十月旦簿的復原嘗試》,645-677頁;鄧瑋光:《對中倉黄龍三年十一月旦簿的復原嘗試》,楊振紅、鄔文玲主編《簡帛研究二〇一五(秋冬卷)》,桂林:廣西師範大學出版社,2015,182-214頁。
④ 成鵬:《走馬樓三國吴簡倉賬研究的回顧與展望》,415-416頁。
⑤ 徐暢:《長沙走馬樓三國吴簡整理研究二十年熱點選評》,武漢大學簡帛研究中心主編《簡帛》第15輯,上海古籍出版社,2017,225-227頁;徐暢:《長沙走馬樓三國吴簡基本性質研究平議》,李學勤主編《出土文獻》第12輯,上海:中西書局,2018,295-303頁。
⑥ 轉引自侯旭東《湖南長沙走馬樓三國吴簡性質新探——從〈竹簡(肆)〉涉米簿書的復原説起》,80-81頁。

中倉　　吏黃諱潘慮嘉禾三年月旦簿起正月訖五月十五日所入①
　　三州倉　　吏谷漢鄭黑嘉禾二年月旦簿②

這4枚籤牌分別標示州中倉嘉禾元年、二年、三年(1月到5月15日)月旦簿,以及三州倉嘉禾二年月旦簿。據此可知,作爲"檔案"的吳簡倉月旦簿,應當以年爲單位分倉保存。同倉同年各月月旦簿經核校處理完畢後,③當集中保存,以籤牌標示。因此,就保存狀態而言,吳簡倉月旦簿不是各個單獨的月旦簿,而是由多個月旦簿彙編而成的"月旦簿",即"某年月旦簿"。那麼,處於運行中的倉月旦簿以何種狀態流轉? 這一點可根據下列簡牘來探討:

　　右倉曹史烝堂白,州中倉吏黃諱、潘慮列起嘉禾元年//④正月一日訖三月卅日旦簿☐
　　　　　　　　　　　　　　　　　　　　　　　　　　　　　　　　(壹·2039+壹·1773)

　　☐倉曹史烝堂白,州中倉吏黃諱、潘慮列起嘉禾元年四月//一日訖六月卅日旦簿,
　　☐承三月餘襍領吳平斛米三萬　　　　　　　　　　　　　　　　(壹·2243+壹·2364)⑤

　　右倉曹史烝堂白,中倉吏黃諱、潘慮列簿起嘉禾二年九⑥//月一日承八月餘米訖⑦
十一月卅日旦簿,領襍米五萬六千七百斛
　　　　　　　　　　　　　　　　　　　　　　　　　　　(柒·11·1/11⑧+柒·2188·15/211)

君教 重校　　丞珍如掾掾烝修如曹　　期會掾烝若校
　　　已核　　主記史陳嗣省　嘉禾三年正月十五日白嘉禾二年起四
　　　　　　　　　　　　　　月一日訖閏月卅日襍米旦簿草

【注】"重校""已核"爲批語,"珍""嗣"爲花押。

　　　　　　　　　　　　　　　　　　　　　　　　　　　　　(柒·2124-1·15/147-1)

---

① 走馬樓簡牘整理組編著:《長沙走馬樓三國吳簡·嘉禾吏民田家莂》,31、33頁。
② 轉引自侯旭東《湖南長沙走馬樓三國吳簡性質新探——從〈竹簡(肆)〉涉米簿書的復原說起》,80-81頁。
③ 吳簡倉月旦簿經歷的具體文書處理過程,參見侯旭東《湖南長沙走馬樓三國吳簡性質新探——從〈竹簡(肆)〉涉米簿書的復原說起》,73-85頁。
④ "//"表示兩簡內容之分界。
⑤ 本組簡與前組簡均由谷口建速復原,參見谷口建速《長沙走馬樓所見孫吳政權的地方財政機構》,武漢大學簡帛研究中心主辦《簡帛》第5輯,上海古籍出版社,2010,500頁。
⑥ 整理者缺釋。查圖版,該字作▆,當爲"九"。
⑦ 整理者缺釋。查圖版,該簡原字作▆,比較模糊難辨。柒·2124(1)·15/147-1、捌·2788(1)·6/10-1、捌·2820(1)·6/42-1中"訖"字分別作▆,▆,▆,輪廓與筆意均與該字相似,再結合文意,該字當釋爲"訖"。
⑧ 編號"柒·11·1/11"中"柒""11""1""11"分別代表卷數、整理號、揭剝圖號、揭剝簡號,本文其他簡號含義順序均同此。

前三組簡是右倉曹史烝堂上報州中倉月旦簿情況（以供勾校）的呈文。簡文表明，月旦簿是按季度（三個月）由倉吏上呈倉曹史，而非每月一上報。因此，倉吏每次上呈倉曹的是由三個月旦簿組成的"季月旦簿"。① 木牘柒·2124-1表明，倉曹審核勾校後，再向上呈報時，也以三個月旦簿（嘉禾二年四月、五月、閏月）爲一組進行。這説明在文書運行中，倉月旦簿是以三個月爲一組的狀態流動，而非顧名思義按月進行。

綜上，吳簡倉月旦簿經歷了按月編製、按季流轉、按年存檔的處理過程。從運行文書到檔案文書再到目前的殘存屬簡（坨），月旦簿狀態歷經"單個月旦簿"→"季月旦簿"→"年月旦簿"→"失編散亂單簡"的變化過程。因此，對其復原時應遵循"逆序"原則，首先分析其"終端狀態"，明確倉"年月旦簿"的構造和特徵，然後以此爲基礎，進行"季""月"尺度上的分析和復原。

現存倉月旦簿屬簡是處於文書行政"終端狀態"的"年月旦簿"失編散亂後的結果，劃定某些簡爲單個月旦簿屬簡，建立所謂的"數據庫"，從數量關係角度進行復原的做法顯然不穩妥。這是因爲處於存檔狀態的"某年月旦簿"經歷擾亂變動後，各月月旦簿的屬簡必會相互侵入，形成"你中有我，我中有你"的混雜狀態，不同月份的月旦簿又存在一些"同文簡"，②"湊數字"式的復原明顯不甚可靠。所以，必須從揭剥圖入手，首先弄清楚"月旦簿"群的層次，即各月旦簿所處的大致位置，識别"某年月旦簿"的屬簡坨。然後探明其中每個月旦簿内部的構成，尤其是一些"框架簡"的相對位置和各自的屬簡，總結出"月旦簿"的正確格式。最後，以此爲據，參考簡牘形制特徵，根據實際情況對現存的月旦簿屬簡進行不同程度的復原。

對"某年月旦簿"殘存簡坨内部各個月旦簿層次的劃分，主要通過分析"關聯簡"組來實現。"關聯簡"組是指内容上前後銜接，能據此確定其在原本完整簡册中相對位置的若干枚簡。例如，某月旦簿的簿題簡和簿尾簡，二者一定屬於同一簿書，且前者一定在後者的右邊（前面），此即構成一組"關聯簡"。在現存月旦簿屬簡中，"出米簡"是關聯簡數量最多的簡型。這類簡容字量大，記録内容較多，常用多枚竹簡書寫。同一組"出米簡"在内容上的銜接性比較明顯，容易辨識。這類出米簡州中倉和三州倉皆有，此前亦爲戴衛紅、鄧瑋光、谷口建

---

① 侯旭東認爲從時間範圍看，或許就是"一時簿"，參見侯旭東《湖南長沙走馬樓三國吳簡性質新探——從〈竹簡（肆）〉涉米簿書的復原説起》，84頁。
② 鄧瑋光：《對三州倉"月旦簿"的復原嘗試——兼論"縱向比較復原法"的可行性》，11-18頁；成鵬：《走馬樓三國吳簡倉賬簿復原研究》，108-126頁。

速、鄔文玲、徐雪、陳榮傑等學者所關注,進行了一系列整理研究,在具體問題上取得了一些進展。① 其中,谷口建速通過集成簡組、分析内容、總結格式,結合出土整理盆號,認爲出米簡("穀物搬出簡")是倉月旦簿的一部分。② 鄧瑋光在復原吴簡倉月旦簿時,注意到這類出米簡常見於月旦簿殘簡坨,認爲其可能與月旦簿有關,但最終視爲"闌入簡",否認其爲月旦簿屬簡,并推測這些出米簡可能屬於專門的"出米簿"。③ 侯旭東指出鄧瑋光將這類"出米簡"視爲闌入簡而認爲月旦簿另有出米簡的觀點不妥,但没有進行論證。④ 筆者贊成谷口建速和侯旭東的判斷。

首先,通檢現存吴簡所有倉賬簿簿題簡,未發現以往根據零散簡例定名的"入米簿""出米簿"簿題,説明吴簡中可能不存在單獨記録入米或出米情況的賬簿。其次,從倉月旦簿簿題簡所含會計關鍵詞來看,每月的米糧出入是月旦簿記録的内容。⑤ 既如此,除個別出於特定目的製成的記録某一時段三州倉往州中倉運米情況的"要簿"外,⑥ 常規記賬中别爲"出米簿"和"入米簿",所記内容與月旦簿重複,似有多此一舉之嫌。之所以看到出米簡和入米簡會推測存在"出米簿""入米簿",或是受了分類集成的研究思路影響,不一定符合吴簡倉賬簿的實態。因此,吴簡中的入米簡和出米簡,有可能不會獨立成簿,而祇是某些綜合性賬簿的屬簡。既不存在所謂"出米簿",出米簡又常出現在月旦簿殘簡坨中,便不可排除其爲月旦簿屬簡的可能性。最後,測量現存"州中倉嘉禾二年月旦簿"簡坨的部分屬簡形制後發現,出米簡的長、寬、編痕距和同坨其他月旦簿的明確屬簡基本一致。⑦ 對於字數較多的内容,吴簡中往往用較長的"莿"來書寫,若存在由出米簡單獨構成的出米簿,爲何不用莿而用容字量較少的一般竹簡來寫? 觀察月旦簿屬簡圖版,可以發現其天頭留白的長度具有一定的規律性,

---

① 參見戴衛紅《長沙走馬樓所見三州倉出米簡初探》,長沙簡牘博物館、北京大學中國古代史研究中心、北京吴簡研究班編《吴簡研究》第 3 輯,北京:中華書局,2011,197-210 頁;戴衛紅《長沙走馬樓吴簡中所見吏員俸禄實態》,中國文化遺産研究院編《出土文獻研究》第 19 輯,上海:中西書局,2020,416-433 頁;鄧瑋光《走馬樓吴簡三州倉出米簡的復原與研究——兼論"横向比較復原法"的可行性》,《文史》2013 年第 1 輯,231-254 頁;鄧瑋光《對州中倉十二月出米簡[肆]4012 組的復原嘗試》,《蘇州文博論叢》第 6 輯,2015,45-55 頁;鄧瑋光《走馬樓吴簡"出米簡"的復原與研究》,楊振紅、鄔文玲主編《簡帛研究二〇一五(春夏卷)》,桂林:廣西師範大學出版社,2015,201-217 頁;[日]谷口建速:《長沙走馬樓吴簡よりみる孫吴政權の穀物搬出システム》,《中國出土資料研究》第 10 號,2006,17-41 頁,修訂增補後收入其著《長沙走馬樓吴簡の研究:倉庫關連簿よりみる孫吴政權の地方財政》,79-180 頁;鄔文玲《〈長沙走馬樓三國吴簡·竹簡(捌)〉所見州中倉出米簿的集成與復原嘗試》,中國文化遺産研究院編《出土文獻研究》第 16 輯,上海:中西書局,2017,341-363 頁;徐雪、陳榮傑《試析走馬樓吴簡"直""奉""稟"》,《湖北文理學院學報》2019 年第 9 期,19-28 頁。
② [日]谷口建速:《長沙走馬樓吴簡の研究:倉庫關連簿よりみる孫吴政權の地方財政》,90-95、110 頁。
③ 鄧瑋光:《對三州倉"月旦簿"的復原嘗試——兼論"縱向比較復原法"的可行性》,19-20 頁;鄧瑋光:《對中倉黄龍三年十月旦簿的復原嘗試》,658-660 頁。
④ 侯旭東:《湖南長沙走馬樓三國吴簡性質新探——從〈竹簡(肆)〉涉米簿書的復原説起》,82 頁注釋①。
⑤ 成鵬:《走馬樓三國吴簡倉賬簿復原研究》,32-44 頁。
⑥ 這類要簿的屬簡主要爲"入米簡",但會計關鍵詞特别明顯,且簿題亦非"入米簿",具體研究參見[日]谷口建速《長沙走馬樓吴簡の研究:倉庫關連簿よりみる孫吴政權の地方財政》,57-60 頁;戴衛紅《長沙走馬樓所見三州倉出米簡初探》,208-210 頁。出米簿遍檢現存吴簡確乎未見。
⑦ 成鵬:《走馬樓三國吴簡倉賬簿復原研究》,235-272 頁。

表明倉吏在書寫月旦簿時具有較强的"格式"意識。出米簡之所以不采用蒌來書寫,或即爲照顧月旦簿整體的視覺"格式"。綜上,可確定出米簡爲月旦簿屬簡。

完整的出米簡組會有具體的倉米交付時間,據此可大致判斷出各個簡層所屬的月份,從而圈定出特定月旦簿的屬簡範圍。此外,關聯簡在簡坨中的相對位置,能爲判定揭剥圖是"頂視圖"或"底視圖"提供依據,進而確定簿書的編聯收捲方向。同時,關聯簡組不僅出現在同一簡坨中,相鄰簡坨乃至不相鄰的簡坨中也會出現一些"關聯簡"。這又爲判定簡坨之間的關聯性提供了依據,成爲尋找"關聯簡坨"的重要綫索。因此,關聯簡組當爲倉月旦簿復原的重要切入點。

在具體分析簡坨之前,尚需對"月旦簿"的大致内容進行初步判斷。根據鄧瑋光總結的格式,除去簿題和簿尾,倉月旦簿的内容主要包括:①"承餘";②"新入";③"别領";④"定領";⑤"承餘新入";⑥"出米";⑦"今餘"。① 這七個部分中,除"定領""别領"外,其餘都比較容易理解。關於"定領"和"别領"的具體含義,鄧瑋光未給出解釋。實際上,除了這兩種"領"外,月旦簿中還有"縣領"部分(詳後)。因此,鄧瑋光對於倉月旦簿構成的見解或有可完善之處。月旦簿記録的具體内容,以下簿題簡給出了一些提示:

中② 倉 吏 黄諱番慮謹列所領襦米八月旦簿(壹·2359)

倉 吏 黄 諱 潘 慮 謹 列襦米入出三月旦簿(叁·1549)

三州倉謹列所領税米出用餘見正月旦簿(叁·4559)

三州倉謹列所領 税 米出用餘見二月旦簿(叁·4573)

三州倉謹列所領 税 米出用餘見四月旦簿(叁·4750)

三州倉謹列所領襦米出用餘見閏月 旦 簿(伍·7178)

這6枚簡所記簿題當爲月旦簿的全稱,而"月旦簿"則是簡稱。③ 這些全稱簿題包含的信息比較豐富,概括了月旦簿的關鍵内容。在具體表述上,州中倉和三州倉之間有明顯差别,或由於兩倉級别不同而使其月旦簿記録的具體内容存在差異。此外,同倉的簿題簡簡文之間也存在微小差異,可能是書寫者的不同習慣造成的。三州倉的4枚全稱簿題簡顯示,似乎存在專門米類的月旦簿,如"税米出用餘見月旦簿""襦米出用餘見月旦簿",然遍檢現有吳簡,未發現"限米出用餘見月旦簿""租米出用餘見月旦簿"之類的簿題簡。因此,這些簿題簡中的

---

① 鄧瑋光:《對中倉黄龍三年十一月旦簿的復原嘗試》,182-183頁。
② "中"字,原釋爲"入",據圖版改釋爲"中"。
③ 侯旭東:《湖南長沙走馬樓三國吳簡性質新探——從〈竹簡(肆)〉涉米簿書的復原説起》,74頁;成鵬:《走馬樓三國吳簡倉賬簿復原研究》,43頁。

"税米"和"䊭米"應當是泛指,囊括租、税、限、䊭四類米。

上舉簿題中的"入""出""用""餘""見"五個會計關鍵詞,提示了月旦簿記録的内容。"入"指該月官倉收米的情況,對應月旦簿中的"新入"部分,屬簡爲入米簡。"出"和"用"指本月官倉米的輸出和用途,即"出了多少米"以及"幹什麽用了",這正是出米簡所記内容,再次證明出米簡爲月旦簿屬簡。出米簡承載了月旦簿的"出""用"兩個統計項内容,所以記録内容纔會較其他部分多。"餘"指倉米的結餘情況,包括"承餘"和"今餘"兩部分,"承餘"是對上一個月倉米結餘總數的記録,"今餘"記録的是本月米出用後的結餘情況。"見"應當指倉米中没用動用的那部分。倉不僅是米糧轉運的中樞機構,而且也是儲糧之所,倉中之米理當分爲固定和流動兩部分,後者供出用,而前者則作爲固定的存糧,以應日常開支和不時之用。

除了這些關鍵字外,上述簿題中還有一個關鍵字,易被忽略,但非常重要,即"領"字。關於吴簡中"領"字的含義,目前存在多種説法。① 這些説法很多是針對某些特定的簡例語境提出的。"領"作爲吴簡中非常普遍的會計用語,不僅見於倉庫賬簿,還見於其他類型的簿書,其含義在當時應當比較固定,故對"領"字的解釋在吴簡中應具有"普適性"。侯旭東將吴簡中的"領"理解爲"記録",并認爲可引申爲"管轄"。② 凌文超從其説。③ 筆者將這種解釋帶入吴簡中"領"字出現的不同場合,發現都能理順文意,具有普適性。因此,由"記録"而"管轄、負責"應當是吴簡中"領"字的含義。準此,月旦簿中的"定領""别領""縣領"等會計用語當分别理解爲"固定負責(的米)","另外或額外負責(的米)"以及"由縣負責(的米)"。那麽,這三部分米之間有什麽關係呢? 除了鄧瑋光給出過"定領"和"别領"的數量關係外,尚無人關注。但鄧瑋光没有注意到月旦簿的"縣領"簡,故其推定的"定領"和"别領"的數量關係未必準確。此外,倉月旦簿統計的"領"米、"入"米、"出用"米、"餘"米、"見"米這五部分之間存在怎樣的賬目關係? 簿題中"所領某米出用餘見某月旦簿"的表述,似乎暗示米的"出用""餘見"項的統計以"領"爲基礎,即"出用""餘""見"是對"領"米的分解統計。但"領"米部分和"入"米部分的關係,則無法通過簿題來推斷。因此,上述問題還需回到揭剥圖中,利用這些簡的位置關係,進一步探究。

以上對吴簡倉月旦簿的性質、保存和主要内容的判斷,是對其復原的基礎。根據現存的簿題簡和籤牌判斷,吴簡中保留的主要是州中倉、三州倉黄龍年間和嘉禾年間的月旦簿,未見其他倉和其他年份的月旦簿。④ 據籤牌,吴簡倉月旦簿似乎又以嘉禾年間的爲主,這符合

---

① 參見沈剛《〈長沙走馬樓三國吴簡〉語詞彙釋》,北京:中國社會科學出版社,2017,245-246 頁。
② 侯旭東:《走馬樓竹簡的限米與田畝記録——從"田"的類型與納"米"類型的關係説起》,長沙簡牘博物館、吴簡研討班編《吴簡研究》第 2 輯,武漢:崇文書局,2006,164-166 頁。
③ 凌文超:《吴簡與吴制》,北京大學出版社,2019,223-224 頁。
④ 成鵬:《走馬樓三國吴簡倉賬簿復原研究》,41 頁。

吴簡作爲檔案文書保存具有年限性的特徵。黄龍年間的月旦簿，鄧瑋光已經做過復原嘗試。而且，黄龍年間月旦簿的屬簡多爲采集簡，缺乏揭剥圖作爲復原依據，進行可靠復原的難度較大。因此，本文選取"州中倉嘉禾二年月旦簿"屬簡坨爲對象，立足揭剥圖，采用"關聯簡組定位復原法"，進行分析復原。

二　州中倉嘉禾二年月旦簿屬簡坨確認

籤牌柒·4707-1 表明，州中倉嘉禾二年（233）各月月旦簿處於集中保存狀態。[①] 從其出版號柒·4707-1 可知，該籤牌位於發掘Ⅱ區，屬於發掘簡第 19 盆，這些信息爲尋找其標示的簡簿劃定了範圍。通過分析發掘Ⅱ區出土簡牘内容和揭剥圖，大致可圈定嘉禾二年月旦簿屬簡主要分布於 11 個簡坨中，各簡坨信息見表 1。

表 1　州中倉嘉禾二年月旦簿屬簡坨信息

簡坨編號	揭剥圖號	盆號	簡號（出版號）	容簡量（枚）
Ⅱb㊵	陸·揭剥圖 57	16	陸·5986-陸·6074	89
Ⅱb㊶	陸·揭剥圖 58	16	陸·6075-陸·6124	50
Ⅱb㊸	柒·揭剥圖 1	16	柒·1-柒·63	63
Ⅱb㊳	柒·揭剥圖 11	17	柒·1502-柒·1566	65
Ⅱb㊷	柒·揭剥圖 15	17	柒·1978-柒·2206	229
Ⅱc㉒	柒·揭剥圖 39	19	柒·4472-柒·4499	28
Ⅱc㉛	捌·揭剥圖 6	21	捌·2779-捌·2872	94
Ⅱc㉜	捌·揭剥圖 7	21	捌·2873-捌·3264	392
Ⅱc㉝	捌·揭剥圖 8	21	捌·3265-捌·3394	130
Ⅱc㉞	捌·揭剥圖 9	21	捌·3395-捌·3498	104
Ⅱc㉗	捌·揭剥圖 12	21	捌·3681-捌·3795-1	115

---

① 嘉禾二年爲閏年，閏五月，參見朱桂昌《後漢四分日曆表》，北京：中華書局，2014，301-302 頁。

图 1　吴简总平面和总立面分布①

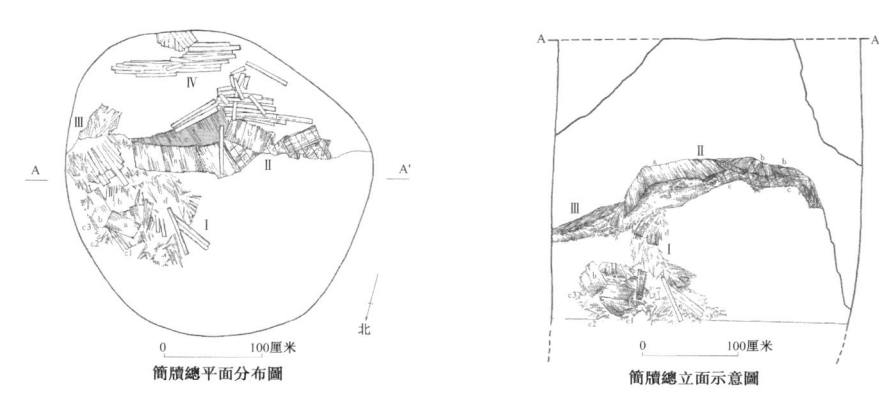

说明：图中阴影部分表示《竹简·捌》揭剥整理区位，斜綫部分表示《竹简·柒》揭剥位置整理区位。

这 11 个简坨均出土於发掘 II 区。据整理者介绍，II 区出土的简牍经过科学发掘，未经扰乱，保存较爲完整，叠压关系比较清楚。② 因此，该区简坨的揭剥图能比较准确反映简牍出土时的层位关系，是册书复原值得信赖的依据。除这些简坨外，州中仓嘉禾二年月旦簿的部分属简也可能散落於其他简坨，尤其是位於以上简坨之间的一些简坨。因此，除集中精力处理上述简坨外，位於发掘 II 区的散简乃至一些关联度较高的采集简亦需被留意。

从揭剥图来看，11 个简坨的形状均不甚规则，简层皆爲单面向，除柒·揭剥图 15 简坨简的有字面朝上外，其余简坨的有字面均朝下，如不考虑扰动颠倒情况，两者应当分别是原收捲状态的嘉禾二年月旦簿下半部分和上半部分的残存。简的内容方面，除少数简坨存在一些阑入简外，其余大部分简坨成分单纯，均爲月旦簿属简。形制上，这些简的长度在 22.3-24.4 釐米之间，宽度多在 0.7-1.1 釐米之间，大部分简的编痕可辨，编痕距多在 7-9 釐米之间，基本"大同小异"。存在"小异"亦不难理解，因爲这些简分属於不同月份的月旦簿，同年不同月份的月旦簿属简的形制很难保证绝对整齐划一，加上测量误差，存在小差异在所难免。

这 11 坨简爲嘉禾二年月旦簿残存属简的判断，还可通过下列一些带有明显月份的簿题简、簿尾简以及"承余"简、"月出米"简、"月入米"简进一步确认。首先，这 11 坨简及邻近简坨中包含了如下 8 枚月旦簿簿题简：

中仓吏黄讳潘虑谨列二月旦簿（捌·3141·7/269）
仓吏黄讳潘虑谨列五月旦簿（柒·1206·9/5）

---

① 图片引自走马楼吴简整理组编著《长沙走马楼三国吴简·竹简[捌]》，北京：文物出版社，2015，798 页。
② 宋少华：《长沙三国吴简的现场揭取与室内揭剥——兼谈吴简的盆号和揭剥图》，长沙简牍博物馆、北京大学中国古代史研究中心、北京吴简研究班编《吴简研究》第 3 辑，北京：中华书局，2011，6 页。

倉吏黃諱潘慮謹列閏月旦簿（捌·3372·8/108）
中倉吏黃諱潘慮謹列六月旦簿（柒·4474·39/3）
中倉吏黃諱潘慮謹列七月旦簿（捌·3766·12/86）
中①倉吏黃諱潘慮謹列十一月旦簿（捌·2916·7/44）
中倉謹列十二月旦簿☒（捌·3757·12/77）
倉吏黃諱潘慮☒……（柒·1505·11/4）

這些簿題簡中，簡柒·1505·11/4月份不明，需先進行判斷。整理者注："'潘慮'下☒右半殘缺，左半從'言'"，據此推知該字爲"謹"，符合簿題簡書式，故可確定其爲簿題簡。至於具體的月份，可從同揭剥圖的以下兩簡得到綫索：

承（？）嘉禾元年十二月簿領吴平斛米三萬一千八百卅斛八斗四升九合（柒·1504·11/3）
☒②正月卅日倉吏黃諱潘慮白（柒·1556·11/55）

簡柒·1504·11/3是記録承嘉禾元年十二月旦簿餘米量的簡，③應屬所承月份次月的月旦簿，即嘉禾二年正月旦簿。簡柒·1556·11/55爲正月旦簿的簿尾簡。這三枚簡在柒·揭剥圖11中的位置如圖2所示，簡柒·1504·11/3和簿題簡前後相接，根據鄧瑋光總結的月旦簿格式（見後），可判定簡柒·1505·11/4爲嘉禾二年正月旦簿的簿題簡，根據月旦簿簿題簡的書式，可將簡文未釋部分補全爲：

倉吏黃諱潘慮謹列正月旦簿（柒·1505·11/4）

---

① 該字整理者釋爲"出"。查圖版，原字作 ▨，細辨字形乃"中"，故改釋。
② 該簡原釋文"正"字前有未釋字符號☒，查圖版，"正"前爲下編痕，并無文字，故刪☒。
③ "承某月簿領"和"承某月旦簿餘"所記録是同一對象，具體論證見後文。

走馬樓吴簡"州中倉嘉禾二年月旦簿"分析與復原

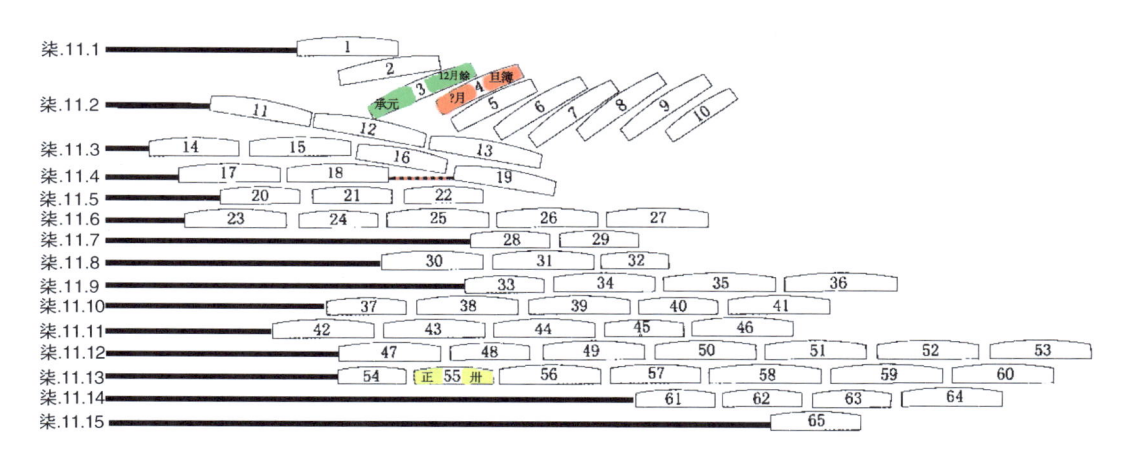

圖2 州中倉嘉禾二年正月旦簿關聯簡位置示意

此外,簡捌·3372·8/108所記閏月旦簿簿題又恰與嘉禾二年爲閏年相合,再次印證了對簡坨所屬年份的判定。總之,上列簿題簡有力地確認了嘉禾二年正月、二月、五月、閏月、六月、七月、十一月、十二月等八個月的月旦簿的存在。

再來看簿尾簡,11個簡坨中共發現了如下5枚簿尾簡:

☐正月卅日倉吏黄諱潘慮白(柒·1556·11/55)

二月卅日倉吏黄諱潘慮白(捌·3125·7/253)

五月卅日倉吏黄諱潘慮白(捌·3364·8/100)

☐六月卅[①]日倉吏黄諱潘慮白(捌·2837·6/59)

七月卅日倉吏黄諱潘慮白(捌·2917·7/45)

分别對應上述正月、二月、五月、六月、七月五個月旦簿的簿題,剩餘簿題簡對應的簿尾簡在已刊全部吴簡中未找到,當已殘毁。

嘉禾二年十三個月份中,尚有三月、四月、八月、九月、十月五個月旦簿的簿題簡和簿尾簡皆未找到,應當已殘毁。然其存在仍可通過簡坨中的以下諸簡得到確認:

承二月旦簿餘襍米一萬二千五百七十七斛三斗一升九合

(捌·3139·7/267)

右三月入吴平斛米二千七百五斛二斗九升 其一千一百八十六斛七斗七升三州倉運米

(捌·3422·9/28)

---

① 原釋爲"廿",查圖版,該字作 ▨ ,當爲"卅"。

承四月旦簿餘吴平斛米一萬四千一百卅四斛七斗三升七合

（柒·2049·15/72）

右四月入吴平斛米四千九百廿七斛七斗七升① （捌·3056·7/184）

右四月出吴平斛米合五千三百卅斛九斗 （捌·3078·7/206）

右八月出吴平斛米……萬□千□百五十□斛一斗 （捌·2933·7/61）

承十月旦簿餘吴平斛米三萬一千五百六十五斛三斗七升 （捌·2923·7/51）

簡捌·3139·7/267 爲承二月旦簿餘米簡,屬於三月旦簿,簡捌·3422·9/28 爲三月入米結計簡,爲月旦簿所記内容之一。以上兩簡共同證明了三月旦簿的存在。簡柒·2049·15/72（簡屬五月旦簿,然其簡文亦證明了四月旦簿的存在）、捌·3056·7/184、捌·3078·7/206 確認了四月旦簿的存在,捌·2933·7/61 爲八月出米結計簡,是八月旦簿存在的一個證據。十月旦簿的存在則可通過簡捌·2923·7/51 來確認。至此,祇有九月旦簿的存在尚缺乏直接證據。但屬簡坨中有下列一組關聯簡:

右倉曹史烝堂白,中倉吏黄諱、潘慮列簿起嘉禾二年 九 //月一日承八月餘米 訖 十一月卅日旦簿,領襓米五萬六千七百斛 （柒·11·1/11+柒·2188·15/211）

該簡組的内容爲右倉曹史烝堂上報州中倉嘉禾二年九月一日至十一月三十日月旦簿所"領"米的總數,即九月旦簿、十月旦簿和十一月旦簿三個月旦簿領米總量,明確包含九月旦簿,其中"承八月餘米"的簡文,則進一步證明上述簡坨中存在九月旦簿的屬簡。

綜上,在上述 11 個簡坨中找到了嘉禾二年十三個月旦簿存在的證據,説明根據出土位置對嘉禾二年月旦簿屬簡坨的確認是準確的,也印證了前文對吴簡月旦簿以年爲單位歸檔存放的判斷。

本文采取的復原方法是"關聯簡組定位復原法",因此首先要對待復原簡坨中的關聯簡組進行識别和整理,再以此爲基礎分析簡坨之間、簡層之間的關係,尋找復原的依據。下面先以時間爲目對嘉禾二年月旦簿中的關聯簡組進行集成,再圖示同一簡坨中關聯簡的位置,藉此觀察月旦簿的特點。

三 "州中倉嘉禾二年月旦簿"關聯簡組集成

《竹簡·柒》和《竹簡·捌》中的出米關聯簡,鄔文玲已依據簡文内容等信息,識别出了

---

① "升"後原有不確定釋字符號(……),查圖版,其後無字迹,當已釋盡。

其中較完整的 17 組。[①] 基本無誤。筆者綜合內容、揭剝圖和形制等信息,另識別出了 25 組關聯簡,目前共得到了 42 組州中倉嘉禾二年月旦簿關聯簡。筆者按照時間順序,對這些簡組進行了編號,各組關聯簡的組號和簡號見表 2(鄔文玲識別出的簡組,組號前後均加"＊")。

表 2　州中倉嘉禾二年月旦簿關聯簡組信息

時間	組號	簡號
嘉禾二年正月	第 1 組	柒・1505・11/4+柒・1504・11/3+柒・1556・11/55
	第 2 組	捌・3218・7/346+捌・3217・7/345+捌・3216・7/344+捌・3214・7/342
	＊第 3 組＊	捌・3206・7/334+捌・3205・7/333+捌・3204・7/332+捌・3157・7/285
	＊第 4 組＊	捌・3245・7/373+捌・3240・7/368+捌・3208・7/336
	第 5 組	捌・3311・8/47+捌・3296・8/32+捌・3682・12/2
	第 6 組	陸・6003・57/18+陸・6014・57/29
	第 7 組	捌・3303・8/39+捌・3233・7/361+捌・3254・7/382
嘉禾二年二月	第 8 組	捌・3141・7/269+捌・3125・7/253
	＊第 9 組＊	捌・3144・7/272+捌・3145・7/273+捌・3143・7/271+捌・3129・7/257
	＊第 10 組＊	捌・3348・8/84+捌・3337・8/73+捌・3285・8/21+捌・3292・8/28
	＊第 11 組＊	捌・3261・7/389+捌・3413・9/19+捌・3429・9/35+捌・3404・9/10
	第 12 組	捌・5641+捌・3148・7/276
嘉禾二年三月	＊第 13 組＊	捌・3321・8/57+捌・3322・8/58+捌・3323・8/59
	＊第 14 組＊	捌・3118・7/246+捌・3117・7/245+捌・3116・7/244
	＊第 15 組＊	捌・3434・9/40+捌・3440・9/46+捌・3441・9/47
	第 16 組	捌・3374・8/110+捌・3367・8/103+捌・3317・8/53
嘉禾二年四月	＊第 17 組＊	捌・3443・9/49+捌・3452・9/58+捌・3455・9/61
	＊第 18 組＊	柒・2065・15/88+柒・2085・15/108+捌・3344・8/80
	＊第 19 組＊	捌・5632+捌・3052・7/180+捌・3075・7/203+捌・3088・7/216
	＊第 20 組＊	捌・3345・8/81+捌・3346・8/82+捌・3683・12/3+捌・3227・7/355
	第 21 組	柒・2076・15/99+柒・2080・15/103+柒・2070・15/93

[①]　鄔文玲:《〈長沙走馬樓三國吳簡・竹簡(捌)〉所見州中倉出米簿的集成與復原嘗試》,341-363 頁。

續表

時間	組號	簡號
嘉禾二年五月	第22組	柒·1206·9/5+柒·2049·15/72+捌·3364·8/100
	第23組	捌·3036·7/164+捌·3012·7/140+捌·3043·7/171+捌·3041·7/169
	第24組	捌·3050·7/178+捌·3049·7/177+捌·3048·7/176+捌·3047·7/175
嘉禾二年閏月	第25組	捌·3372·8/108+捌·3697·12/17
	第26組	捌·3016·7/144+捌·3015·7/143+捌·2996·7/124
	第27組	捌·3417·9/23+捌·3033·7/161+捌·3020·7/148+捌·3018·7/146
	第28組	捌·3004·7/132+捌·3002·7/130+捌·209
嘉禾二年六月	第29組	柒·4474·39/3+捌·3388·8/124+捌·2837·6/59
	第30組	捌·2985·7/113+捌·2983·7/111+捌·2981·7/109+捌·2992·7/120
	第31組	捌·2998·7/126+捌·2997·7/125+捌·2995·7/123
	第32組	柒·2033·15/56+柒·2035·15/58
嘉禾二年七月	第33組	捌·3766·12/86+捌·3721·12/41+捌·2917·7/45
	第34組	捌·3736·12/56+捌·4341·14/362
	第35組	捌·3225·7/353+捌·3219·7/347
嘉禾二年十月	第36組	捌·2878·7/6+捌·2883·7/11+捌·2884·7/12
嘉禾二年十一月	第37組	捌·2916·7/44+捌·2923·7/51
嘉禾二年十二月	第38組	捌·3757·12/77+捌·4331·14/352
月份不確定	第39組	捌·3248·7/376+捌·3239·7/367
	第40組	捌·3083·7/211+捌·3085·7/213
	第41組	捌·3127·7/255+捌·3092·7/220+柒·4478·39/7+柒·3496
	第42組	柒·11·1/11+柒·2188·15/211

鄔文玲識別出的17組關聯簡，簡文和判斷依據已公開發表，限於篇幅，不再引舉。下面僅將新識別的25組關聯簡的相關情況，按組號順序分別加以説明，其具體形制信息見表3。

第1組

倉吏黄諱潘慮謹列正月旦簿　　　　　　　　　　　　　　　　　　　　（柒·1505·11/4）

承（？）嘉禾元年十二月簿領吴平斛米三萬一千八百卅斛八斗四升九合

（柒·1504·11/3）

☐正月卅日倉吏黄諱潘慮白　　　　　　　　　　　　　　　　　　　　（柒·1556·11/55）

這三枚簡的關係前文已述及,其在正月旦簿中的相對位置關係是可以確定的,符合關聯簡組的定義,因此是一組關聯簡。

第 2 組

　　嘉禾元年限米,三百廿斛郵卒嘉禾元年限米,七斛佃吏黃龍元年限米,//十斛七斗三升黃龍三年盈涵米,卅斛吏張晶備黃武六年適客限米,被督//軍糧都尉嘉禾元年十二月十九日庚戌書,[①]付監運掾楊遺運詣集所,嘉禾//二年正月六日付書 史 孫應,杝師文平、戴壽、黃 密 、馬桑。

　　　　　　　　　　　　　　　　　　　　　（捌·3218+捌·3217+捌·3216+捌·3214)[②]

本簡組由筆者依據文意和揭剝圖位置識別出。內容不完整,前面部分簡未能找到,或已殘毀。

第 5 組

　　八十七斛,通合二萬六千六百六十九斛,被督軍糧都尉嘉禾元年[③]二年正月十五//日丙子[④]書,付校尉呂端所督校尉向倉、栂豪等運詣武陵,嘉禾二年正月廿日//付書史黃定。
　　　　　　　　　　　　　　　　　　　　　　　（捌·3311+捌·3296+捌·3682)

該簡組現存 3 枚簡,屬跨簡坨關聯簡組,由筆者根據揭剝圖位置和文意識別出,并得到了形制上的佐證。該組簡前面部分內容缺失,在已刊全部吳簡中未找到合適的簡,或已殘毀。

第 6 組

　　出倉吏黃諱、潘慮所領嘉禾元年稅吳平斛米四斛八斗,爲稟斛米五斛,給左尉 陳 □//嘉禾元年三月直,嘉禾二年正月廿八日付吏潘喜。
　　　　　　　　　　　　　　　　　　　　　　　　　　　（陸·6003+陸·6014)

該組簡由筆者根據揭剝圖位置和文意識別出,其內容是否完整尚需說明。筆者識別出的下

---

① 嘉禾元年十二月十九日爲辛亥日,十八日爲庚戌日,書當爲前日所發。若無特別出注,本文的干支核對,皆據朱桂昌《後漢四分日曆表》,299-304 頁(嘉禾元年至三年)。
② 爲表述簡潔,出米簡祇引整理號,各簡的揭剝圖號等詳細信息可據組號在表 2 中回查。各簡內容以符號"//"相隔。下同。
③ "元年"當爲衍字。
④ 嘉禾二年正月十五日爲丙子,與簡文合。此爲兩簡之關聯匹配提供了又一佐證。

列兩組州中倉嘉禾元年月旦簿出米簡可提供判斷依據：

出倉吏黃諱、潘慮所領嘉禾元年稅吴平斛米九斛六斗,爲稟斛米十斛,給右尉高賓 嘉//禾元年三月奉,其年五月一日付左倉曹史區衍。

（柒·4389·37/11+柒·4197·34/14）①

出倉吏黃諱、潘慮所領嘉禾元年稅吴平斛米五斛七斗六升,爲稟斛米六斛,給侯相嘉禾//元年十二月奉,其年十二月廿七日付右倉曹掾丞修。

（柒·4194·34/11+柒·4191·34/8）

內容上,三組出米簡記錄的都是州中倉出米給官吏作"奉"/"直"的情況,差異在於出付米的時間不同。後兩組簡的內容明顯完整,據此可判定第6組關聯簡內容完整,再無其他關聯簡。值得一提的是,本組出米簡所記內容,下列結計簡也做了記錄：

·右出嘉禾元年稅吴平斛米四斛八斗爲稟斛米五斛給左尉陳□嘉禾元

（柒·4205）

從內容上看,是對第6組出米簡的結計,二者似乎也構成了某種關聯性。

第7組

一斛,通合稟斛米四百六十斛,被監作部都尉王晫嘉禾二年正月廿九日庚寅［書］,//給□所領鍛師佐監寒等一百九十六人嘉禾二年二月直,其卌② 人人三斛,五十六人人二//斛五斗,百人人二斛,其年正月廿九日付吏丞承。

（捌·3303+捌·3233+捌·3254）

該簡組由筆者根據簡文、人數等量關係（196=40+56+100）、米量等量關係（460=40×3+56×2.5+100×2）識別出。首簡未尋到,或已殘毀。依書式,簡捌·3303·8/39"庚寅"後缺一"書"字,當爲漏寫。

第8組

---

① 這兩組簡不在表2中,故引其詳細簡號。
② 整理者釋爲"卅",查圖版,該字作 ,有四竪筆,故改釋爲"卌"。

中倉吏黄諱潘慮謹列二月旦簿　　　　　　　　　　　　　　（捌・3141・7/269）
二月卅日倉吏黄諱潘慮白　　　　　　　　　　　　　　　　（捌・3125・7/253）

兩簡分別爲嘉禾二年二月旦簿的簿題簡和簿尾簡，故構成一組關聯簡。

第 12 組

郭據被督軍糧都尉嘉禾二年二月十三日癸卯書，①給右選曹尚書郎貴倩②//嘉禾二年二月奉，其年二月廿日付倩所將佰史胡曼。　　　　　　（捌・5641+捌・3148）

該組簡由筆者根據簡文内容和形制信息新識別出，内容不完整，前面部分的簡當已殘毀。其中，簡捌・5641 屬發掘Ⅱ區第 22 盆簡，與上述簡坨同區鄰盆，當是月旦簿屬簡中散落出去的部分。該組出米簡的首簡雖已殘毀，但據第 4 組、第 17 組關聯簡可知，右選曹尚書郎貴倩的月"奉"爲定額 6 斛，故本次出米量當爲稟斛米 6 斛。

第 16 組

郭據被督軍糧都尉移右節度府嘉禾元年十二月卅日辛酉書，給右大倉曹//離襲一年奉，起嘉禾元年十一月訖二年九月，月三斛，除小月，嘉禾二年三月廿日付倉③//掾時都。　　　　　　　　　　　　　　　　　　　　（捌・3374+捌・3367+捌・3317）

該組簡由筆者據簡文和揭剥圖位置識別出，内容不完整，前面記載出米量的簡當已殘毀，根據文意可推斷出米量當爲 36 斛（3 斛×12）。形制上，簡捌・3317 比其餘兩簡要窄短些，三者的編痕距基本一致，雖然三者的關聯性在文意上成立，但爲謹慎起見，將尾簡的關聯地位定爲"疑似"，并做相應下劃綫標記。

第 21 組

中李嵩被督軍糧都尉嘉禾二年四月十七日丁未④書，給監運掾謝慎所領吏//卅九人嘉禾二年閏月食，其一人三斛，十五人人二斛五斗，廿三人人二斛，其年四月□□日

---

① 嘉禾二年二月十三日爲甲辰日，二月十二日爲癸卯日，書爲前日所發。
② 該字整理者未釋出，查圖版，該簡尾部有殘損，"貴"下有殘筆，當爲"倩"字所餘。
③ "倉"原缺釋，查圖版，原字作，似爲"倉"字的下半部殘存，故補釋。
④ 該字原缺釋，查圖版并根據嘉禾二年四月十七日爲丁未日補釋。

　　　　□□書史//馮禄(?)吏(柒·2076+柒·2080+柒·2070)

該組簡由筆者根據揭剥圖位置和人數相等關係(39＝1＋15＋23)識别出,其中尾簡尚不能十分確定,暫且標出存疑。依據書式,首簡最後一個字當爲"郎",然未能找到,當已殘毁。通過現存部分,可推算本次出米量爲稟斛米八十六斛五斗(即86.5斛)。

第22組

　　　倉吏黄諱潘慮謹列五月旦簿　　　　　　　　　　　　　　　(柒·1206·9/5)
　　　承四月旦簿餘吴平斛米一萬四千一百卅四斛七斗三升七合　　(柒·2049·15/72)
　　　五月卅日倉吏黄諱潘慮白　　　　　　　　　　　　　　　(捌·3364·8/100)

以上三簡分别是五月旦簿的簿題簡、承餘簡、簿尾簡。簿題簡所在的柒·揭剥圖9簡坨共包括68枚簡(柒·1202－柒·1269),除了本簡及以下6枚月旦簿屬簡外,其餘均爲别類簡,據此可推斷該簡坨中的月旦簿屬簡爲闌入簡。

　　　出倉吏黄諱潘慮所領嘉禾元年税吴平斛米一十斛九斗二升爲稟斛米二斛運□
　　　　　　　　　　　　　　　　　　　　　　　　　　　　　　　(柒·1202·9/1)
　　　其一十六斛五斗一升嘉禾元年郡縣佃吏限米　　　　　　　(柒·1203·9/2)
　　　入三州倉運黄龍元年佃卒限米十五斛　　　　　　　　　　(柒·1204·9/3)
　　　其廿九斛一斗黄龍二年私學限米□五斛　　　　　　　　　(柒·1208·9/7)
　　　其廿二斛佃吏蔡雅董基黄龍三年限米　　　　　　　　　　(柒·1256·9/55)
　　　其卅斛六斗九升黄龍元年襍税米　　　　　　　　　　　　(柒·1258·9/57)

這些簡的位置和五月旦簿的簿題簡鄰近,因此當爲四月旦簿或五月旦簿的屬簡。在同一月旦簿中,承餘簡在簿題簡之後、簿尾簡之前(詳後),位置關係確定,三枚簡符合"關聯簡"的定義,故構成關聯簡組。

第25組

　　　倉吏黄諱潘慮謹列閏月旦簿　　　　　　　　　　　　　　　(捌·3372·8/108)
　　　承五月旦簿餘吴平斛米三萬七千三百五十九斛七斗四升三合　(捌·3697·12/17)

兩簡分别爲閏月旦簿的簿題簡和承餘簡,相對位置明確,構成關聯簡組。

走馬樓吳簡"州中倉嘉禾二年月旦簿"分析與復原

第 29 組

  中倉吏黃諱潘慮謹列六月旦簿　　　　　　　　　　（柒·4474·39/3）

  承閏①月旦簿領餘吳平斛米二②萬八百六斛六斗七升三合

  　　　　　　　　　　　　　　　　　　　　　　（捌·3388·8/124）

  ☐六月卅日倉吏黃諱潘慮白　　　　　　　　　　（捌·2837·6/59）

以上三簡分別爲六月旦簿的簿題簡、承餘簡和簿尾簡，構成一組關聯簡。

第 30 組

  出倉吏黃諱、潘慮所領襍吳平斛米九百卌斛，其六百九十七斛三斗六升嘉禾元年稅米，一百//八十九斛六斗四升嘉禾元年粢租米，卌斛習射嘉禾元年限米，十三斛民還黃武//稅米，邸閣右郎中李嵩被督軍糧都尉嘉禾二年六月廿六日甲申書，③給監運//·掾章采運詣集所，其年六月廿八日付杝師五生、黃☐、張☐、呂升、高元。

  　　　　　　　　　　　（捌·2985+捌·2983④+捌·2981+捌·2992）

本組關聯簡由筆者依據揭剥圖位置和米量相等（940＝697.36＋189.64＋40＋13）關係識別出，四枚簡在形制上也基本一致。

第 31 組

  四千二百卅八斛，通合吳平斛米五千九百一十八斛，邸閣右郎中李嵩被督軍糧//都尉嘉禾二年六月廿日戊寅書，⑤付監運掾劉乘運詣集所，其年六月廿八日付//書史述隄，杝師黃郡、徐襄、尤集。　　　　　　　　　　（捌·2998+捌·2997+捌·2995）

本簡組由筆者根據文意、揭剥圖位置及形制識別出，内容不完整，記録前面部分内容的簡缺，

---

① 該字整理者缺釋，查圖版原字作▨，僅餘左半部分，細看爲"閏"字之左半部。
② 該字原缺釋，查圖版，該字爲▨，上下兩道橫筆殘迹可辨，當爲"二"，故補釋。
③ 嘉禾二年六月廿六日爲乙酉日，六月廿五日爲甲申日，書爲前日所發。
④ 該簡圖版編號誤爲"二八八三"。此外，簡 2984、2985、2986、2987、2988、2989 對應圖版編號分別誤爲"二八八四""二八八五""二八八六""二八八七""二八八八""二八八九"（参見《竹簡·捌（中册）》，366 頁），當改百位之"八"爲"九"。
⑤ 嘉禾二年六月廿日爲己卯日，六月十九日爲戊寅日，書爲前日所發。

或已殘毀。

第 32 組

   出倉吏黃諱、番慮所領嘉禾元年稅吴平斛米卌五斛三斗二升,爲稟斛米卌七斛二斗//八合,郵閣左郎中郭據被督軍糧都尉移右節度府嘉禾二年六月十一日己[巳書]①

(柒·2033+柒·2035)

本組簡由筆者根據揭剥圖位置和吴平斛米稟斛米轉化關係(45.32÷0.96≈47.208)識别出,形制上亦基本一致。尾簡未能找到,或已殘毁。

第 33 組

   中倉吏黃諱潘慮謹列七月旦簿   (捌·3766·12/86)

   承六月旦簿領餘吴平斛米二萬六千七百一十一斛九斗三升三合

                  (捌·3721·12/41)

   七月卅日倉吏黃諱潘慮白   (捌·2917·7/45)

三簡分别爲七月旦簿的簿題簡、承餘簡、簿尾簡,故構成關聯簡組。

第 34 組

   師佐監寒、趙眅、盖買等一百七十七人嘉禾二年七月起月一日訖廿九日,其六十四人人二斛九斗,//卌六人人二斛四斗二升,六十七人人一斛九斗三升,其年七月十日☐

(捌·3736+捌·4341)

本簡組由筆者識别出,依據爲分項人數加起來等於總人數(177=64+46+67)。記録前面部分内容的關聯簡當已殘毁難尋,但依據剩餘簡,可推算其出米量爲稟斛米四百廿六斛二斗三升(即 426.23 斛)。

第 35 組

   出倉吏黃諱、潘慮所領嘉禾元年稅吴平斛米五斛七斗六升,爲稟斛米六斛,郵閣左

---

① 根據書式,嘉禾二年六月十一日所被書當爲六月十日所發,而六月十日恰爲己巳日,據此補釋。

郎//中郭據被督軍糧都尉嘉禾二年七月十一日癸巳書,①給右選曹尚書郎貴

（捌·3225+捌·3219）

本組簡由筆者根據文意和揭剝圖位置識別出,尾簡內容缺,形制也支持識別結果。其首字當爲"倩",然遍尋吳簡未見,當已損毀。

第 36 組

　　升黃龍三年屯田限米,邸閣右郎中李嵩被督軍糧都尉嘉禾//二年十月廿日丙午書,②給監運掾劉乘運詣集所,其年十月廿三日付書史③//尤(?)堤。

（捌·2878+捌·2883+捌·2884）

本組簡由筆者根據簡文內容和揭剝圖位置識別出,記錄前面部分內容的簡未找到,當已殘毀。

第 37 組

　　　　中倉吏黃諱潘慮謹列十一月旦簿　　　　（捌·2916·7/44）
　　　　承十月旦簿餘吳平斛米三萬一千五百六十五斛三斗七升　（捌·2923·7/51）

兩簡分別爲十一月旦簿的簿題簡和承餘簡,故構成一組關聯簡。

第 38 組

　　　　中倉謹列十二月旦簿☐　　　　　（捌·3757·12/77）
　　　　承十一月旦簿餘吳平斛米☐☐三萬五千六百一十五斛四斗

（捌·4331·14/352）

兩簡分別爲十二月旦簿的簿題簡與承餘簡,故構成關聯簡組。

---

① 嘉禾二年七月十一日爲己亥日,七月五日爲癸巳日,書當爲六天前所發。
② 嘉禾二年十月廿日爲丁丑日,且該月無丙午日,而十月十九日爲丙子日,午或爲子之誤寫。
③ 兩字原缺釋。查圖版　　,兩字當爲"書史"。

第 39 組

  出倉吏黄諱、潘慮所領襍吴平斛米五千六百斛,其四千三百二斛二斗七升嘉禾//元年税米,五百廿斛 嘉 禾 元 年 粢 租 米,三百六十斛新吏嘉禾元年新吏

                    （捌·3248+捌·3239）

該關聯簡組由筆者根據文意和揭剥圖位置識别出。疑與第 2 組關聯簡尾同屬一個完整出米簡組,然中間尚有米量爲 40 斛的分項簡未找到,爲謹慎起見,暫將其歸爲兩組關聯簡。

第 40 組

  出倉吏黄諱、潘慮所領襍吴平斛米七百七十三斛,其五百廿斛五斗三升嘉禾二//年税米,二百五十二斛四斗七升私學黄龍元年限米,邸閣右 郎 中 （捌·3083+捌·3085）

本簡組由筆者依據簡文内容、揭剥圖位置和等米量關係(773=520.53+252.47)識别出。根據書式,簡組尾簡前兩字當爲"李嵩",然未找到,當已殘毁。

第 41 組

  出倉吏黄諱、潘慮所領襍吴平斛米二百斛,其一百卌八斛六斗嘉禾元年税米,卅五斛//·嘉禾元年賊帥限米,七斛四斗東部烝口倉吏孫陵備黄龍元年耗咸税//米,九斛男子郭 元 年 賈 賊 黄勳黄龍三年牛賈米,邸閣左郎中郭據被督 軍 //糧都尉嘉禾二☒

             （捌·3127+捌·3092+柒·4478+柒·3496）

該關聯簡組由筆者依據揭剥圖位置、内容及等米量關係(200=148.6+35+7.4+9)識别出,内容基本完整,尾簡下半段殘損。

第 42 組

  右倉曹史烝堂白,中倉吏黄諱、潘慮列簿起嘉禾二年 九 //月一日承八月餘米 訖 十一月卅日旦簿,領襍米五萬六千七百斛   （柒·11+柒·2188）

該關聯簡組由筆者依據簡文内容識别出,形制信息亦爲其關聯性提供了佐證。

表3 新識別州中倉嘉禾二年月旦簿關聯簡組形制信息（單位：釐米）

組號	簡號	簡長	簡寬	編痕距	天頭留白	其他信息
1	柒·1505·11/4	24	0.8	7.9	0	簡尾開叉略殘。上編痕清楚，下編痕難辨。簡面多污迹。
1	柒·1504·11/3	24	0.9	8.1	0	簡尾略殘。上下編痕可辨。
1	柒·1556·11/55	20.5	0.8	8.1	12.7	簡上段殘。上下編痕清晰。
2	捌·3218·7/346	24.1	1	8.7	2.2	簡完整。上編痕模糊，下編痕可辨。
2	捌·3217·7/345	24.1	1	8.6	2.2	簡完整。上下編痕模糊，編繩通過空間明顯。
2	捌·3216·7/344	24.1	1	8.7	2.1	簡上段右半部邊緣略殘。上下編痕比較模糊。
2	捌·3214·7/342	24	0.9	8.7	2.3	簡完整。上編痕可辨，下編痕模糊。
5	捌·3311·8/47	23.9	0.8	8.4	2.2	簡完整。上下編痕可辨。
5	捌·3296·8/32	24.1	0.8	8.8	2	簡完整。上下編痕可辨。
5	捌·3682·12/2	23.7	0.9	8.4	2.6	簡首左側邊緣略殘。上下編痕清晰。
6	陸·6003·57/18	24.1	0.9	8.5	0	簡完整。上下編痕清晰。
6	陸·6014·57/29	24	0.8	8.5	2.1	簡完整。上下編痕清晰。
7	捌·3303·8/39	23.9	0.8	8.6	2.2	簡完整。上下編痕可辨。
7	捌·3233·7/361	24.2	0.8	8.7	2.3	簡完整。上下編痕可辨。
7	捌·3254·7/382	24.1	0.9	8.5	2.3	簡完整。尾部略開叉。上下編痕清晰。
8	捌·3141·7/269	24.2	1.1	8.5	0	簡完整。上編痕清晰，下編痕可辨。
8	捌·3125·7/253	24.3	0.9	8.7	16.6	簡完整，簡首略開裂。上下編痕可辨。
12	捌·5641	23.6	0.9	8.2	2.3	簡上端略殘。上編痕可辨，下編痕模糊。
12	捌·3148·7/276	24.2	1	8.4	2.2	簡完整，簡右側邊緣不齊整，似破開所致。上下編痕可辨。
16	捌·3374·8/110	24.1	1	8.6	2.5	簡首右角略缺。簡中部開裂，中上段簡面磨損嚴重。上下編痕可辨。
16	捌·3367·8/103	24.4	0.9	8.9	2.5	簡尾右下角略缺。上下編痕清晰。
16	捌·3317·8/53	23.4	0.7	8.8	2.2	簡完整。上編痕清晰，下編痕可辨。

續表

組號	簡號	簡長	簡寬	編痕距	天頭留白	其他信息
21	柒·2076·15/99	24	0.9	8.6	2.5	簡完整。上下編痕清晰。
	柒·2080·15/103	23.9	0.9	8.6	2.6	簡完整。上下編痕清晰。
	柒·2070·15/93	23.8	0.9	8.7	2.5	簡完整。上下編痕清晰。
22	柒·1206·9/5	22.8	1	7.8(?)	0	簡完整。上編痕可辨，下編痕難辨。
	柒·2049·15/72	23.1	0.9	7.5	0	簡尾右側邊緣略殘。上下編痕較模糊。
25	捌·3364·8/100	22.5	0.9	7.7	15.4	簡完整。上下編痕可辨。
	捌·3372·8/108	23.7	0.9	7.7	0	簡中下段左側邊緣略缺，簡尾略開裂。簡面多污迹。上下編痕可辨。
	捌·3697·12/17	24.2	0.8	7.9	0	簡完整。上下編痕清晰。
29	柒·4474·39/3	23.7	0.9	8.3	0	簡完整。上編痕可辨，下編痕模糊。
	捌·3388·8/124	23.7	1	8.3	0	簡上段右半部分殘。字迹較模糊。上下編痕可辨。
	捌·2837·6/59	23	0.9	7.6		簡首僅存右半部。下編痕模糊。
30	捌·2985·7/113	23.7	0.9	8.1(?)	0	簡完整。上下編痕比較模糊。
	捌·2983·7/111	23.4	0.9	8.2	2.6	簡完整。上下編痕清晰。
	捌·2981·7/109	23.3	0.9	8.1	2.4	簡上段右半部略開裂。上下編痕可辨。
	捌·2992·7/120	23.5	0.9	8.2	2.4	簡完整。上編痕清楚，下編痕模糊。
31	捌·2998·7/126	23.3	1	8.2	2.5	簡上段右半部分略殘，左下角開叉。上下編痕較模糊。
	捌·2997·7/125	23.8	0.9	8.3	2.6	簡首略開叉。上下編痕可辨。
	捌·2995·7/123	23.7	0.9	8.4	2.5	簡完整。上下編痕較模糊。
32	柒·2033·15/56	24.3	0.9	8.6	0	簡完整。上下編痕清晰。
	柒·2035·15/58	24.1	0.8	8.6	2.6	簡完整。上下編痕可辨。
33	捌·3766·12/86	23.7	0.8	7.5	0	簡上段僅存左半部分，尾端右側邊緣略殘。上下編痕可辨。
	捌·3721·12/41	23.9	0.9	8.3	0	簡尾略開裂。上下編痕可辨。
	捌·2917·7/45	24.1	0.6	8.6	15.9	簡完整。上下編痕清晰。
34	捌·3736·12/56	23.6	0.7	8	2.2	簡上段左半部殘一小截。上下編痕可辨。
	捌·4341·14/362	16.1	0.7	8.5	2.4	簡下段殘小半截。上下編痕可辨。

續表

組號	簡號	簡長	簡寬	編痕距	天頭留白	其他信息
35	捌·3225·7/353	24.2	0.6	8.4	0	簡右小半殘。上下編痕可辨。
	捌·3219·7/347	24.2	1	8.2	2	簡完整。上編痕模糊，下編痕清晰。
36	捌·2878·7/6	23.4	0.9	7.7(？)	2.3(？)	簡完整。上下編痕難辨。
	捌·2883·7/11	23.2	0.8	8.5	2.3	簡完整。下道編痕模糊。
	捌·2884·7/12	23.2	0.7	8.6	2.4	簡完整。上下編痕較模糊。
37	捌·2916·7/44	23.2	0.9	8.1	0	簡完整。上下編痕可辨。
	捌·2923·7/51	23.2	0.7	7.8	0	簡完整。上編痕可辨，下編痕模糊。
38	捌·3757·12/77	18.5	0.7		0	簡下段殘。僅上編痕可辨。
	捌·4331·14/352	23.5	0.7	7.6	0	簡完整。上編痕可辨，下編痕模糊。
39	捌·3248·7/376	24.4	0.8	8.6	0	簡完整。上下編痕清晰。
	捌·3239·7/367	24.3	1	9	2.2	簡完整。上編痕模糊，下編痕清晰。
40	捌·3248·7/376	24.4	0.8	8.6	0	簡完整。上下編痕清晰。
	捌·3239·7/367	24.3	1	9	2.2	簡完整。上編痕模糊，下編痕清晰。
41	捌·3127·7/255	24.2	1	8.3	0	簡完整。上下編痕清楚。
	捌·3092·7/220	24	0.9	8.3	2.3	簡完整。上下編痕可辨。
	柒·4478·39/7	24.4	0.8	8.3	2.2	簡完整。上下編痕清晰。
	柒·3496	6.5	0.9		2.1	簡僅存上段一小截。
42	柒·11·1/11	23	1.3	7.9	0	簡完整，簡體略扭曲。上下編痕可辨。
	柒·2188·15/211	22.8	1.3	8.1	0	簡完整。上下編痕可辨。

前列42組關聯簡中，出米關聯簡有33組，占了絕大部分，再次證明出米簡在月旦簿屬簡中的重要地位。除了關聯出米簡組外，嘉禾二年月旦簿屬簡坨中還有一些單枚的出米簡，應當也是州中倉嘉禾二年月旦簿的屬簡，祇是其關聯簡已殘毀難識。根據完整出米簡組的書式，依據會計關鍵詞，可將出米關聯簡組分爲如下三部分：

  首簡：含"出"字部分
  尾簡：含"付"字部分
  中簡：中間其餘部分

州中倉嘉禾二年月旦簿屬簡坨中的單枚出米簡，即可按照首簡、中簡、尾簡進行集成整理，并提取其關鍵信息,來研究州中倉出用米的特徵。[①]

四 "州中倉嘉禾二年月旦簿"簡坨分析與復原

前列42組關聯簡中,既有同簡坨關聯簡,又有跨簡坨關聯簡。其中,捌·揭剥圖7簡坨在11個簡坨中容簡量最大,簡坨内的關聯簡組數也最多,因此先對該簡坨中的關聯簡組進行圖示,其分布情況見圖3。圖中,揭剥號左邊的顔色標示關聯簡組,同組關聯簡顔色相同,揭剥號右邊的圈號數字標示關聯簡在原册書中的相對位置,數字越小表示位置越靠右(前)。

從揭剥圖形狀來看,相較原來完整收捲簿册的上半部分,捌·揭剥圖7簡坨應當發生過嚴重的形變,故并非所有關聯簡都能保持原來的位置關係,有一部分本應前後緊接的關聯簡位於不同的簡層,一些關聯簡雖然位於同一簡層,但并非前後緊接,中間隔着其他簡。上述這些情形,是擾動擠壓形變使然。不過,同簡層關聯簡的位置,還是能夠提供很多原簿册編連特點的信息,因此,下面將著重分析這類關聯簡。捌·揭剥圖7簡坨中的同層關聯簡的位置關係見圖4。

仔細觀察圖4,可以發現同層關聯簡的位置存在一定的規律性。關聯簡在原簿册中的相對位置是可以確定的,將其與揭剥圖中位置加以對照,可大致確定揭剥圖與原簿册的關係。對比13組同層關聯簡的圖位置與原位置(表4)發現,有10組簡的圖位置與原位置一致,2組簡的圖位置與原位置相反,1組簡的位置異常。這種現象是由於本簡坨包含州中倉嘉禾二年多個月旦簿的屬簡,編繩朽爛後又經過了嚴重的擾動和破壞,部分簡因此而發生顛倒錯位,出現頭尾相反的情形。通過分析同層關聯簡位置可大致確定,本簡坨大部分簡的揭剥圖位置應爲底視圖,即揭剥圖反映的前後(右左)關係,和原簡册中的前後關係大體一致。準此方法,對捌·揭剥圖8、9、12簡坨的視角亦可進行判定。

[①] 谷口建速將出米簡組分成了四個部分,與筆者根據會計關鍵詞劃分的有所不同。參見谷口建速《長沙走馬樓吳簡の研究:倉庫關連簿よりみる孫吳政權の地方財政》,89-90頁。

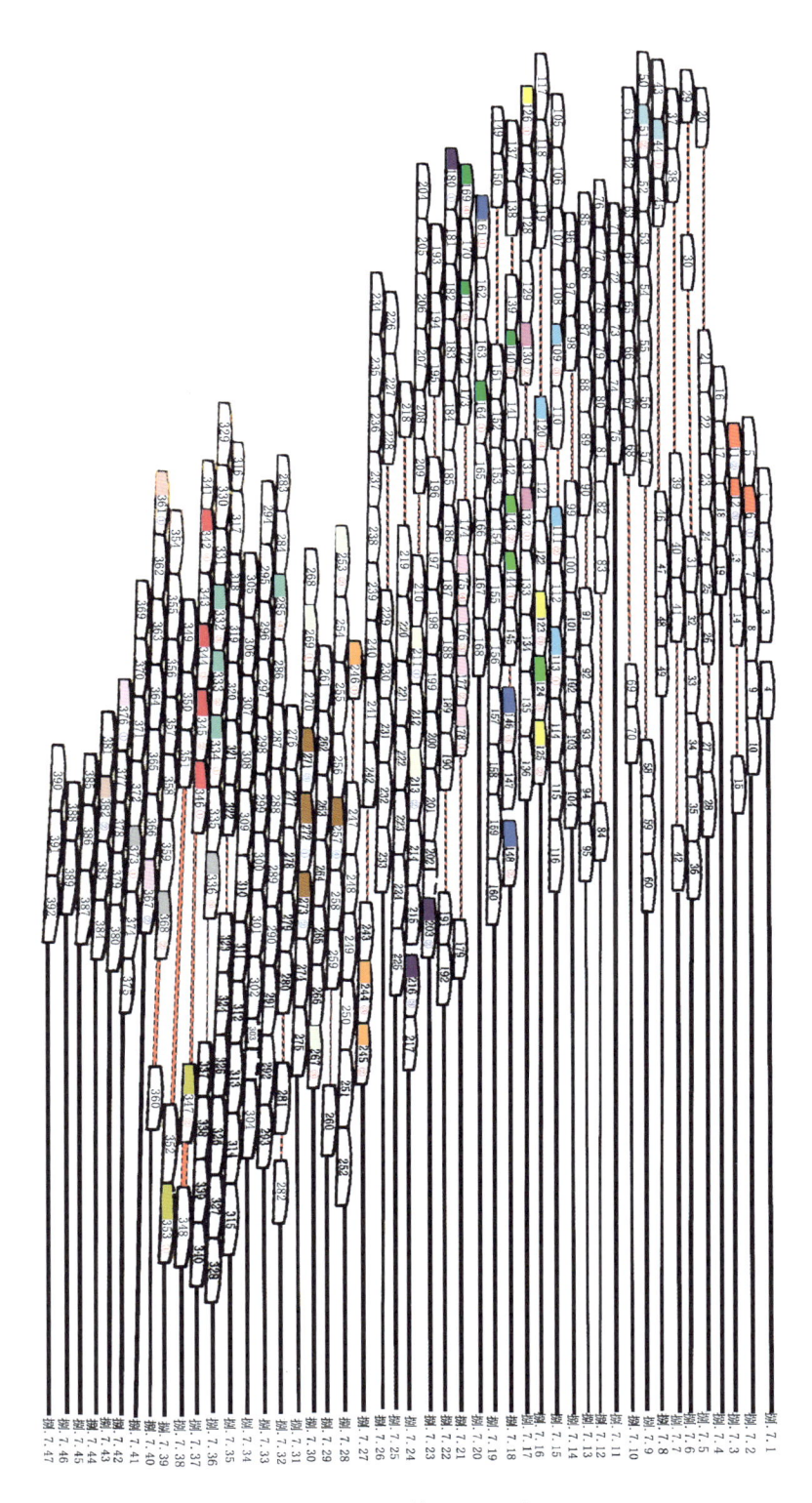

圖 3　捌·揭剝圖 7 簡坨關聯簡位置示意

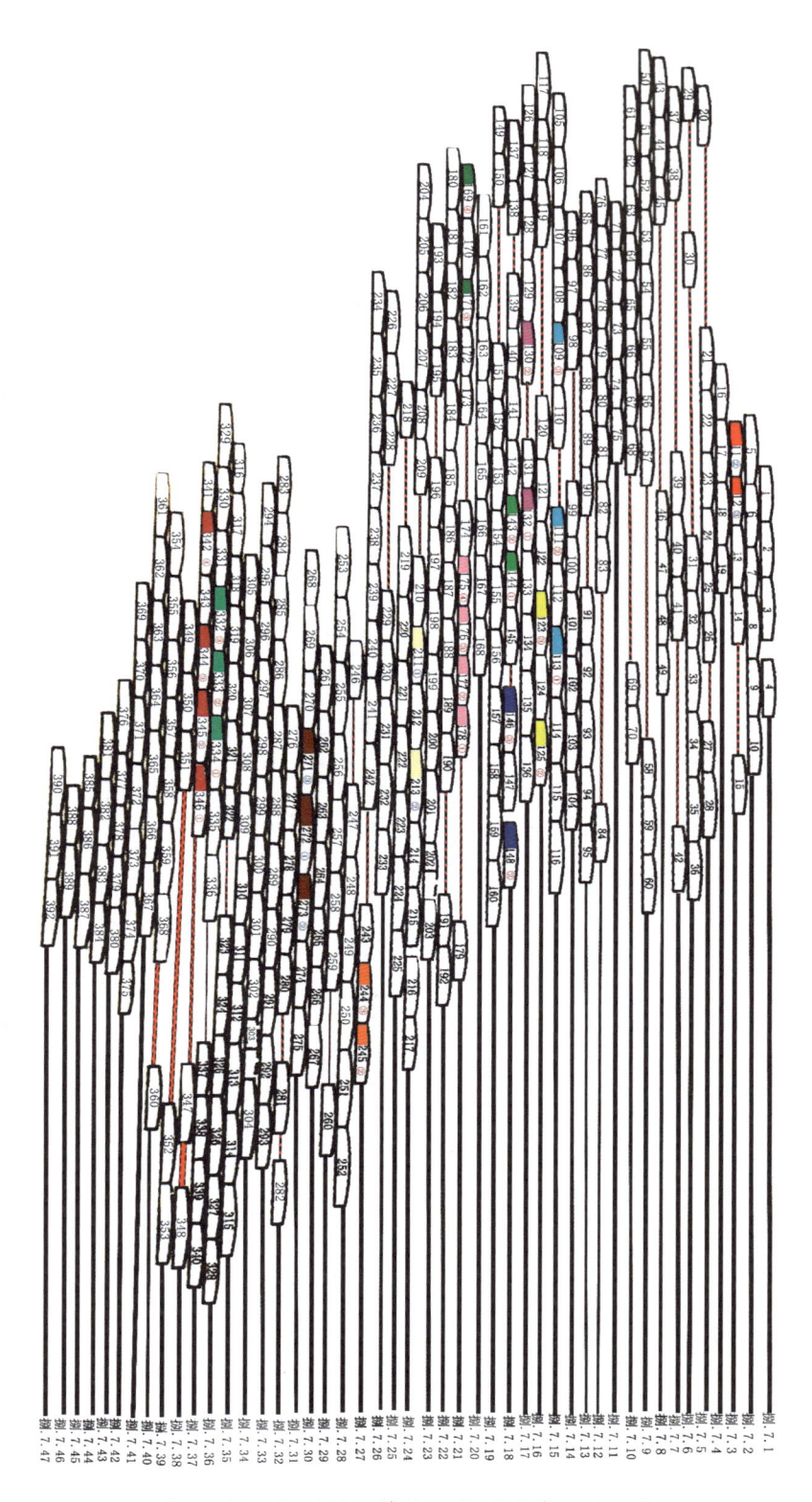

圖 4　捌・揭剝圖 7 簡坨同層關聯簡位置示意

表 4　捌・揭剥圖 7 簡坨同層關聯簡圖位置與原位置對照

關聯簡號（組號）	簡層	原簿册位置	揭剥圖位置	圖位與原位關係
捌・7/11①→捌・7/12【第 36 組】	捌.7.3②	右→左	左→右	反
捌・7/113→捌・7/111→捌・7/109【第 30 組】	捌.7.15	右→左	右→左	同
捌・7/125→捌・7/123【第 31 組】	捌.7.16	右→左	右→左	同
捌・7/132→捌・7/130【第 28 組】	捌.7.17	右→左	右→左	同
捌・7/144→捌・7/143【第 26 組】	捌.7.18	右→左	右→左	同
捌・7/148→捌・7/146【第 27 組】	捌.7.18	右→左	右→左	同
捌・7/171→捌・7/169【第 23 組】	捌.7.21	右→左	右→左	同
捌・7/178→捌・7/177→捌・7/176→捌・7/175【第 24 組】	捌.7.21	右→左	右→左	同
捌・7/211→捌・7/213【第 40 組】	捌.7.24	右→左	左→右	反
捌・7/245→捌・7/244【第 14 組】	捌.7.27	右→左	右→左	同
捌・7/272→捌・7/273→捌・7/271【第 9 組】	捌.7.31	右→左	左→右→左	異
捌・7/334→捌・7/333→捌・7/332【第 3 組】	捌.7.37	右→左	右→左	同
捌・7/346→捌・7/345→捌・7/344→捌・7/342【第 2 組】	捌.7.38	右→左	右→左	同

---

① 爲了清楚對應揭剥圖，省略各簡的整理號而保留揭剥號（揭剥圖號+揭剥圖中的簡號），整理號可根據組號到表 2 回查。
② 簡層號捌.7.3 中，捌表示吳簡卷數，7 表示第 7 幅揭剥圖，3 表示從上而下第 3 層簡，捌.7.3 即表示《長沙走馬樓三國吳簡・竹簡[捌]》第 7 幅揭剥圖從上到下第 3 個簡層。其餘簡層號含義以此類推。

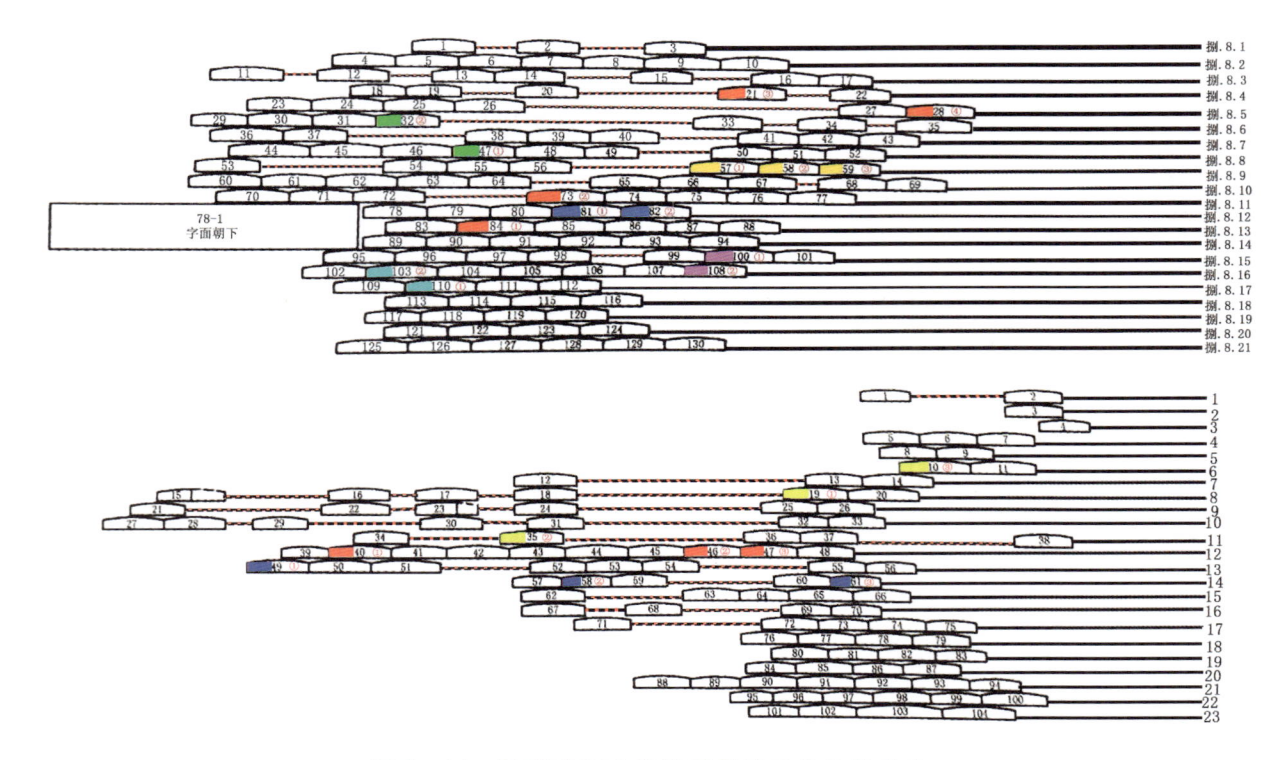

图 5 捌·揭剥图 8&9 简坨同层关联简位置示意

表 5 捌·揭剥图 8&9 简坨同层关联简图位置与原位置对照

关联简号（组号）	简层	原簿册位置	揭剥图位置	图位与原位关系
捌·8/57→捌·8/58→捌·8/59【第 13 组】	捌.8.9	右→左	左→右	反
捌·8/81→捌·8/82【第 20 组】	捌.8.12	右→左	左→右	反
捌·9/40→捌·9/46→捌·9/47【第 15 组】	捌.9.12	右→左	左→右	反
捌·9/58→捌·9/61【第 17 组】	捌.9.14	右→左	左→右	反

　　根据图 5 和表 5 可大致判定，捌·揭剥图 8、9 当爲顶视图。揭剥图 12 简坨没有同层关联简，但可由分析简捌·12/86 和简捌·12/41（第 33 组）来判定。据揭剥图位置，捌·12/86 原来很可能与捌·12/41 位於同一简层（捌.12.12 简层），且在捌·12/41 的左边，後受力滑落到现在的位置。如此，这两枚简实则爲同层关联简。简捌·12/86 爲七月旦簿簿题简，简捌·12/41 爲承六月旦簿馀米简，在原简册中应当前者在右後者在左，而揭剥图中的位置正好相反，据此可以判定捌·揭剥图 12 亦爲顶视图。

　　捌·揭剥图 7 简坨中包含州中仓嘉禾二年多个月旦簿的属简，通过分析月旦簿关联属简在揭剥图中的位置，可大致确定各月旦簿在完整嘉禾二年月旦簿中的位置关系。出米简是關聯簡之大宗,但大多數出米簡涉及兩個時間,即出米時間("被書"時間)和付米時間。在33組州中倉的出米關聯簡中,出、付米月份可確定的有28組,其中出、付米同月的有21組,出、付米不同月的有7組(見表6)。據此可推測,一般情況下出米月份和付米月份一致,出米簡的月旦簿歸屬亦明確。

那麼,出、付米月份不一致時,出米簡該歸屬於哪個月旦簿?這需要藉助揭剝圖來回答。7組出、付米異月出米簡中,位於捌·揭剝圖7中的是第2、19、23組簡。第2組簡的出米時間爲嘉禾元年12月19日,付米時間爲嘉禾二年1月6日,出米和付米時間間隔爲16天。與第2組簡鄰層且相互疊壓的第3組關聯出米簡,其出、付米月份均爲嘉禾二年正月,同時,本組簡周圍的第4組、7組的出、付米時間亦皆爲嘉禾二年正月,這三組簡無疑皆屬嘉禾二年正月旦簿,而第2組簡又位於這三組簡中間,據此可知第2組簡亦當屬於嘉禾二年正月旦簿,即屬於付米月份的月旦簿。同理,根據周圍簡所屬的月旦簿,可推定第19、23組簡分別屬於嘉禾二年四月旦簿和五月旦簿。對於位於捌·揭剝圖8簡坨的第10組、第16組簡和位於捌·揭剝圖9簡坨的第15組簡,通過揭剝圖位置分析,亦可知其應當屬於付米月份的月旦簿。綜上,當出、付米月份不一致時,出米簡會被編入付米月份的月旦簿。其實,以付米時間爲準將出米簡編入月旦簿亦合乎情理。運米過程中存在不確定性,米從州中倉運出後最終并非一定能運達目的地,祇有將米送達目的地,交付給用米對象,運米的過程纔算最終完成。在此過程中,若出現運程跨月的特殊情形,合乎情理的方法就是將出米記錄編入付米月份的月旦簿。那麼,如不考慮揭剝圖,是否存在出米簡被後補編入出米月份的情形呢?這種情況似不可能存在。以第15組關聯簡爲例,其出米時間(被書時間)爲黃龍三年11月9日,付米時間爲嘉禾二年3月20日,間隔483天,如果"後補說"成立,則黃龍三年11月旦簿最終編成的時間當在嘉禾二年3月20日以後,這顯然不可能,如前所述,倉月旦簿一般要以季度爲程限交付上級機構核校處理,不可能拖延這麼久。

表6 出米關聯簡出、付米月份異同對照

出米與付米同月	出米與付米異月
第3組;第4組;第5組;第7組;第9組;第12組;第13組;第14組;第17組;第18組;第20組;第21組;第24組;第26組;第27組;第28組;第30組;第31組;第32組;第35組;第36組;	第2組;第10組;第11組;第15組;第16組;第19組;第23組;
21組	7組

以上分析確定了出米簡的月旦簿歸屬,下面通過關聯簡組提示的時間,來分析嘉禾二年各月旦簿在原簿册中的分布特徵。爲便於說明,先將捌·揭剝圖7、8、9、12及柒·揭剝圖15簡坨中的時間信息進行圖示。

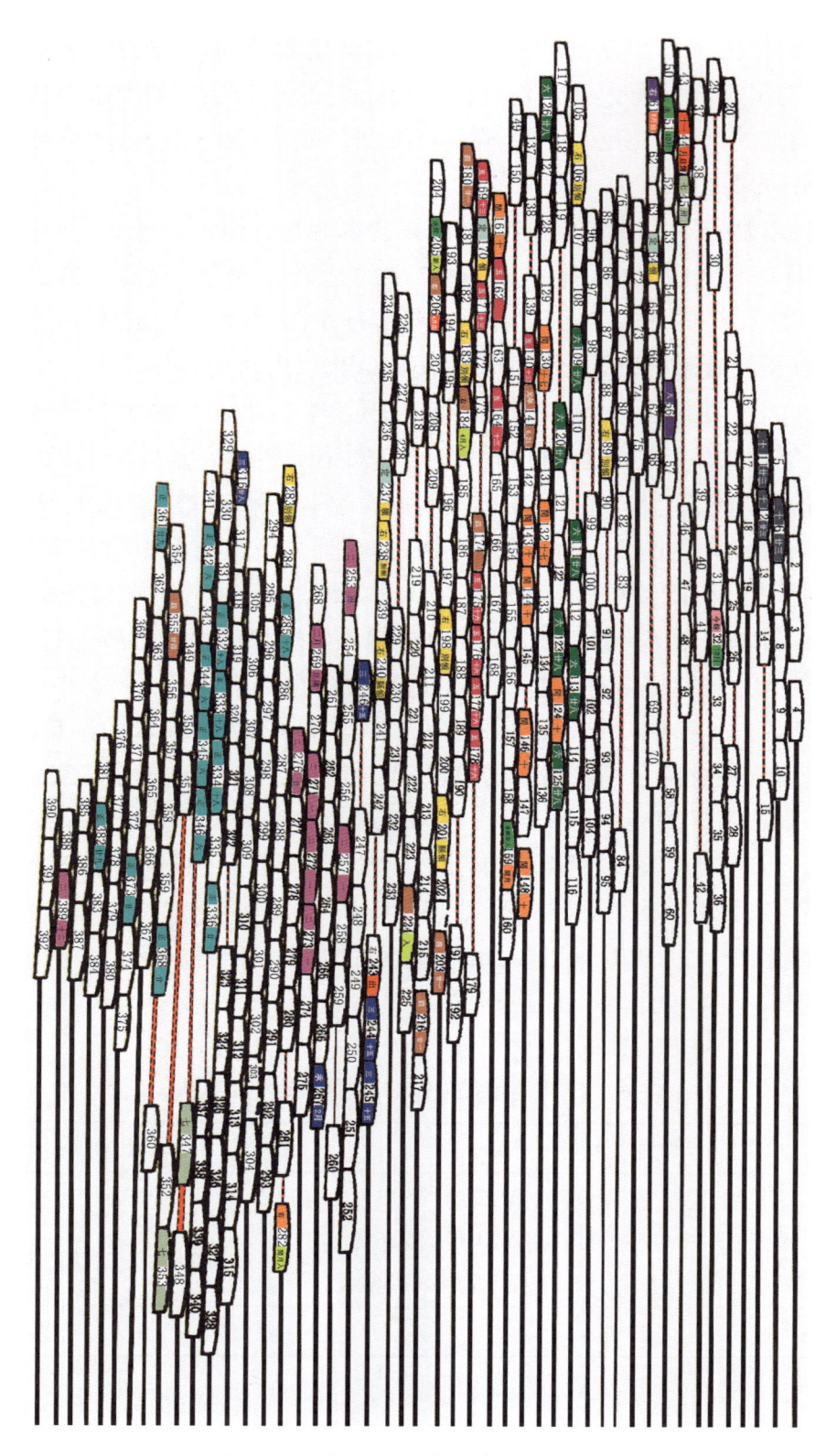

圖6　捌·揭剝圖7簡牘時間信息示意

走馬樓吳簡"州中倉嘉禾二年月旦簿"分析與復原

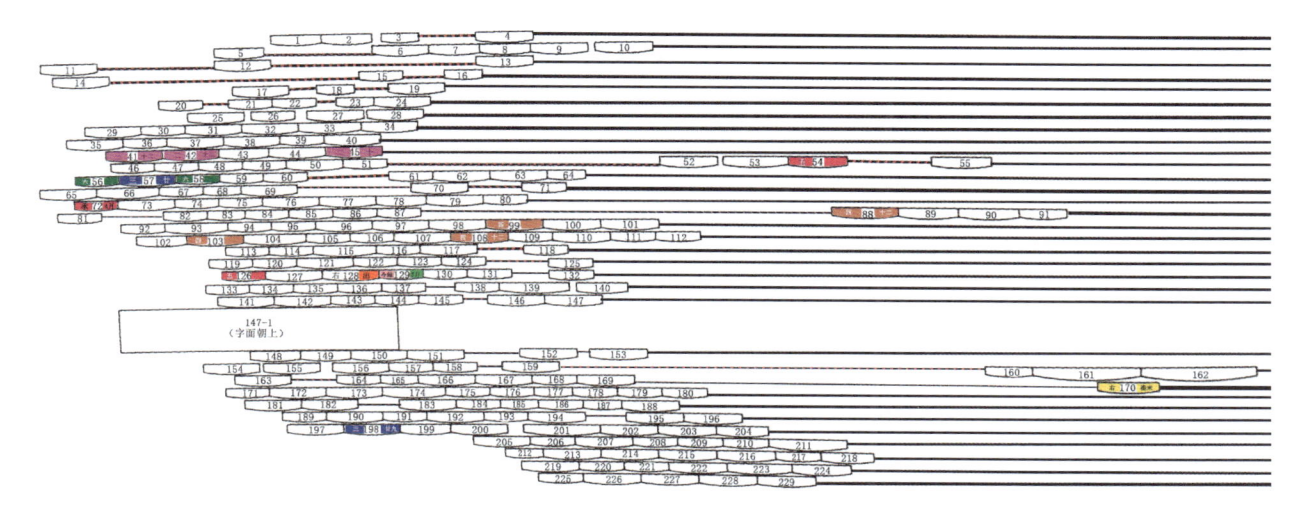

圖 7　柒·揭剥圖 15 簡坨時間信息示意

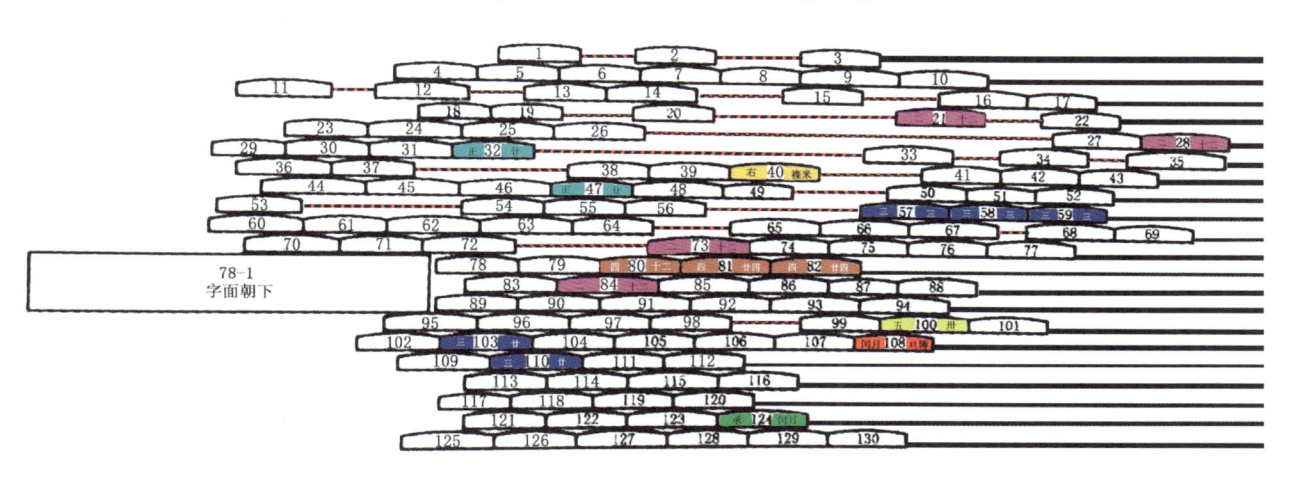

圖 8　捌·揭剥圖 8 簡坨時間信息示意

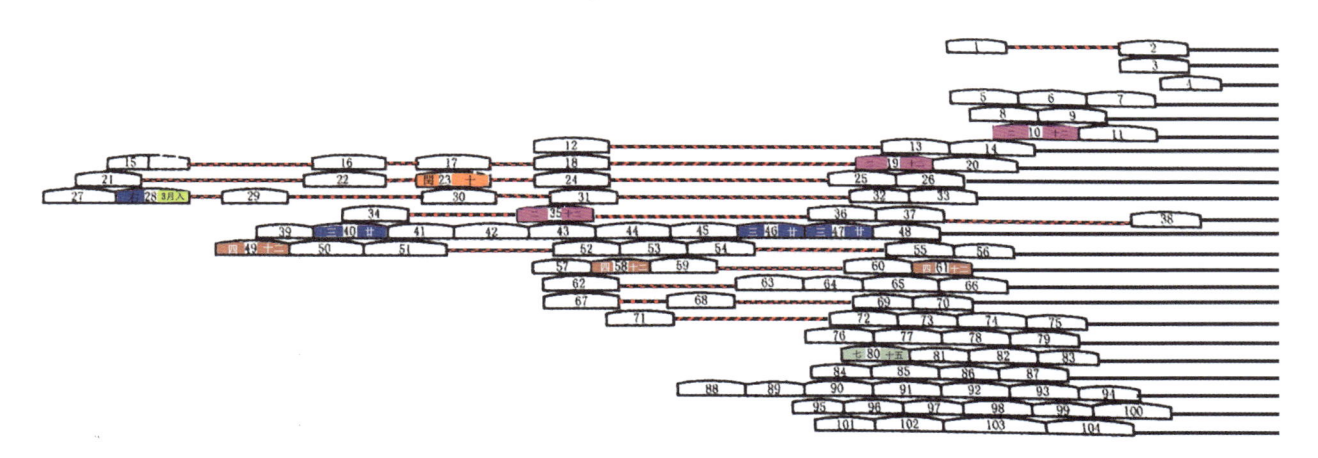

圖 9　捌·揭剥圖 9 簡坨時間信息示意

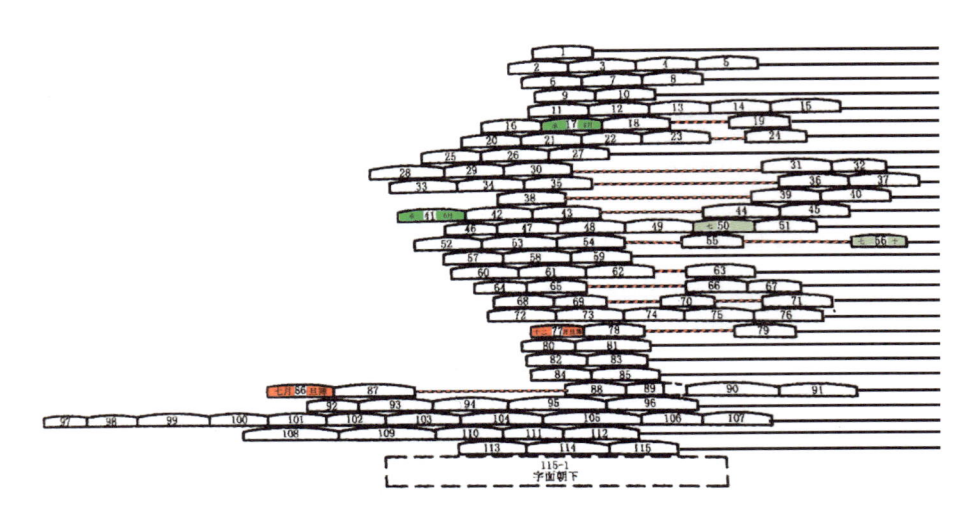

图 10 捌·揭剥图 12 简坨时间信息示意

　　諦觀捌·揭剥圖 7(圖 6),發現其月份分布大致表現出一種趨勢,即:從内簡層到外簡層,月份大體逐漸變大,即正月→二月→三月→四月→五月→閏月→六月→七、八月→十月。這説明嘉禾二年月旦簿的編連遵循了從小月份(正月)到大月份(十二月)的順序,收捲方向當爲從右往左收捲。從有字面的朝向判斷,柒·揭剥圖 15 簡坨爲嘉禾二年月旦簿下半部的殘存,簡坨中能確定時間的簡較少,但從可確定時間的簡的分布位置來看,從内簡層到外簡層,亦呈月份不斷變大的趨勢,即二月→三月→四月→五月。這一定程度上驗證了前面對嘉禾二年月旦簿編連及收捲特徵的判定。但需要指出的是,不是所有的嘉禾二年月旦簿屬簡坨都符合這種特點,捌·揭剥圖 8、9、12 簡坨的月份分布存在與上述特徵不協之處。其中,捌·揭剥圖 8 甚至表現出了相反的特徵,即從内簡層到外簡層月份呈變小趨勢:六月→閏月→五月→四月→三月→二月→正月。之所以出現這種現象,應當是由於簡坨發生嚴重形變,導致簡層發生了大幅錯位,揭剥圖呈現的出土位置與原簿册位置相去甚遠,捌·揭剥圖 9、12 極不規則的形狀正好印證這一判斷。這再次説明,吴簡倉賬簿簡坨因發生過嚴重的形變,其揭剥圖祇能大致反映原簿册的一些趨勢性特徵,出現一些牴牾之處在所難免。

　　綜合以上分析,可以確定吴簡州中倉嘉禾二年月旦簿作爲存檔文書,按照從正月旦簿到十二月旦簿的順序編連成册,然後從右向左收捲存放。另外,前面分析表明,在文書運行中,月旦簿是按季度處理的。因此,很有可能同批處理的三個月旦簿先按月序編連成一組即"季月旦簿",等到同一年的四組"季月旦簿"都處理完畢後,再按季序編連成"年月旦簿",收捲成册放置,并懸掛籤牌,作爲檔案文書保存。

　　上文分析了州中倉嘉禾二年月旦簿的整體構造,接下來探討單個月旦簿的結構。目前,

祇有鄧瑋光復原出了完整的倉月旦簿,先根據其復原結果,[①]總結倉月旦簿的格式如下:

a 倉吏 b 謹列 c 年 d 月旦簿

承 c 年(d-1)月旦簿餘雜吴平斛米……

其……

入……

右米……領

入……

右雜米……別領 A

右 d 月新入吴平斛米……

其……

定領米……

其……

右雜米……別領 B

·集凡承餘新入吴平斛米……

其……

右出吴平斛米……

今餘吴平斛米……

其……

＊年＊月＊日＊倉吏白

各部分之間存在如下數量關係:

右 d 月新入＝右米+別領 A

集凡承餘新入＝定領+別領 B

集凡承餘新入＝承 c 年(d-1)月餘+d 月新入

今餘＝集凡承餘新入-右出

據此格式,一個月旦簿分爲:"簿題""承餘""新入"("領"+"別領")"承餘新入"("定領"+

---

① 鄧瑋光:《對中倉黃龍三年十月旦簿的復原嘗試》,645-677 頁;鄧瑋光:《對中倉黃龍三年十一月旦簿的復原嘗試》,182-214 頁。

"別領")"出米""餘米""簿尾"等部分,且各部分之間存在一定的數量關係。鄧瑋光復原月旦簿主要依靠數量關係,較少考慮揭剥圖提示的位置關係,故有必要將此格式放回揭剥圖中驗證。

首先討論簿題簡和"承餘"簡的位置關係。起初,鄧瑋光復原出的月旦簿,簿題簡和"承餘"簡之間有"其"字簡,順序爲:簿題簡→"其"字簡→"承餘"簡,"其"字簡數值之和等於"承餘"簡數值。① 後來,在復原黃龍三年十一月旦簿的過程中,對此進行了調整,改爲:簿題簡→"承餘"簡→"其"字簡,但没有給出調整理由。② 故需要對其調整的正確性進行判定。下列六組同坨簿題簡和"承"簡的位置提供了判斷依據:

(1)倉吏黄諱潘慮 謹 列 正 月 旦 簿　　　　　　　　　　　　（柒·1505·11/4）

　　承嘉禾元年十二月簿領吴平斛米三萬一千八百卅斛八 斗 四升九合

　　　　　　　　　　　　　　　　　　　　　　　　　　　（柒·1504·11/3）

(2)三州倉謹列所領雜米出用餘見閏月 旦 簿　　　　　　　　（伍·7178·42/77）

　　承嘉禾二年五月簿領雜吴平斛米九千六百一十□斛五斗八升四合□勺

　　　　　　　　　　　　　　　　　　　　　　　　　　　（伍·7177·42/76）

(3) 中 倉吏黄諱潘慮謹列十一月旦簿　　　　　　　　　　　（捌·2916·7/44）

　　承十月旦簿餘吴平斛米三萬一千五百六十五斛三斗七升　（捌·2923·7/51）

(4)中倉吏黄諱潘慮謹列黄龍三年十月旦簿　　　　　　　　　（肆·4734·24/14）

　　承黄龍三年九月旦簿餘雜吴平斛米四百七十四斛九斗四升

　　　　　　　　　　　　　　　　　　　　　　　　　　　（肆·4730·24/10）

(5)中倉吏黄諱潘慮謹列七月旦簿　　　　　　　　　　　　　（捌·3766·12/86）

　　承六月旦簿領餘吴平斛米 二 萬六千七百一十一斛九斗三升三合

　　　　　　　　　　　　　　　　　　　　　　　　　　　（捌·3721·12/41）

(6)三州倉謹列所領 税 米出用餘見二月旦簿　　　　　　　　（叁·4573·5/70）

　　承③嘉禾元年正月 簿 領 襍米二萬六千五百三十三斛四合□……

　　　　　　　　　　　　　　　　　　　　　　　　　　　（叁·4581·5/78）

---

① 鄧瑋光:《對中倉黄龍三年十月旦簿的復原嘗試》,673—674頁。
② 鄧瑋光:《對中倉黄龍三年十一月旦簿的復原嘗試》,210—211頁。
③ 該字原缺釋,鄧瑋光據圖版和書式補釋爲"承"。參見鄧瑋光《對三州倉"月旦簿"的復原嘗試——兼論"縱向比較復原法"的可行性》,9頁。

在這些簡組中,"承"簡有"承某月旦簿餘"和"承某月簿領"兩種不同的形式。鄧瑋光認爲,"某月簿"與"某月旦簿"不是一回事。① 筆者不認同此判斷。"某月簿"應是"某月旦簿"的簡寫,"承某月旦簿餘"和"承某月簿領"都是對上一月餘米總量的轉寫。主要基於兩點理由。其一,兩類"承"簡與簿題簡的位置關係具有一致性,第(1)(2)(3)組簡明確顯示了這一點。其二,月旦簿在書寫上具有較大的隨意性,其簿題簡就有幾種不同的表述,可能與書寫者(倉吏)的習慣有關,兩類"承"簡應當也是不同書寫習慣所致。第(1)-(3)組簿題簡和承餘簡緊接疊壓,後三組兩簡的位置也很接近,據此可判定,在月旦簿中,簿題簡後緊接"承餘"簡。通過觀察六枚"承餘"簡周圍的同坨簡,可確定其後應接進行分項説明的"其"字簡。

其次,鄧瑋光復原的月旦簿最大的問題是不承認出米簡爲月旦簿的屬簡。柒・揭剝圖15、捌・揭剝圖8、捌・揭剝圖7三個簡坨的容簡量在嘉禾二年月旦簿11個屬簡坨中位列前三,而跨坨關聯簡表明三個簡坨之間具有很強的關聯性。觀察三個簡坨中的簡型分布(見圖11-13),可明顯看出,出米簡比較均匀地分布在簡坨的各個部分,數量僅次於"其"字簡。出米簡如此分布,而將其視爲"闌入簡",實屬不妥。結合前文對簿題中會計關鍵詞的分析,可確定出米簡當爲月旦簿的屬簡。月旦簿中,有"右(某月)出米"型結計簡,其結計的對象應當即爲這些"出米"簡。捌・揭剝圖7簡坨的下列這組簡(第14組)的同層相鄰簡可以印證這一點:

出倉吏黃諱、番慮所領嘉禾二年税吴平斛米二斛八斗八升,爲稟斛米三斛,邸閣左郎中郭//據被督軍糧都尉嘉禾二年三月十五日乙亥書,給……司馬王軌嘉禾二年正月直,//其年三月十五日付書史黃勝。

(捌・3118・7/246+捌・3117・7/245+捌・3116・7/244)

右出吴平斛米八百六十五斛六斗五升四合　　　　　　　　(捌・3115・7/243)

簡捌・7/245、捌・7/244、捌・7/243三簡爲同層(捌.7.27簡層)緊接簡,前兩簡又是關聯簡,位置爲底視圖,左邊緊跟出米結計簡。由此可判定,這三枚簡應當屬於同一簿册,出米簡組應當是出米結計簡的結計對象。根據出米簡的出、付米月份爲嘉禾二年三月,可進一步斷定上述這組簡爲嘉禾二年三月旦簿的出米屬簡。考慮到出米簡的出付米時間爲三月十五日,且前面集成的出米簡中尚有兩組付米時間爲三月廿日,故在原簿册中,出米簡簡組和結計簡之間應當還有三月十五日或以後的出米簡,揭剝圖中的位置應是中間簡脱落或殘毀而形

---

① 鄧瑋光:《對三州倉"月旦簿"的復原嘗試——兼論"縱向比較復原法"的可行性》,9頁。

成的。

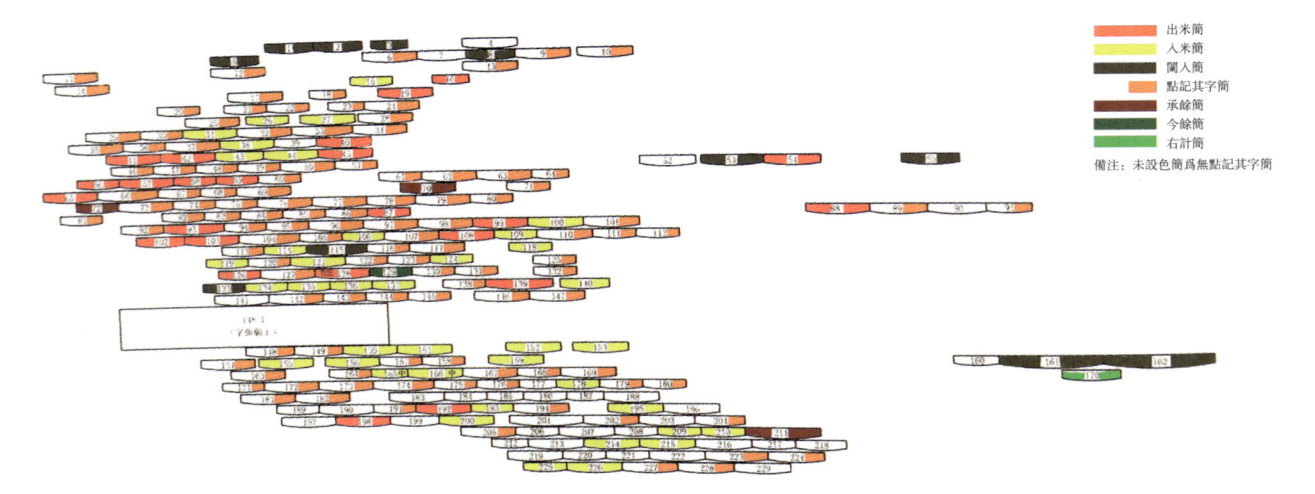

图 11　柒·揭剥图 15 不同简型分布示意

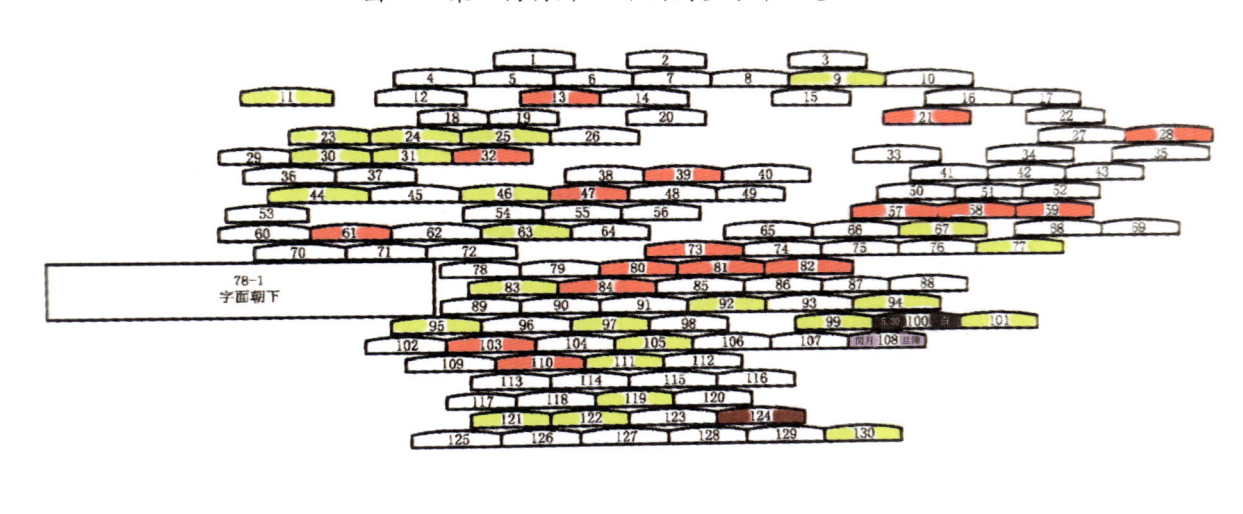

图 12　捌·揭剥图 8 不同简型分布示意

走馬樓吳簡"州中倉嘉禾二年月旦簿"分析與復原

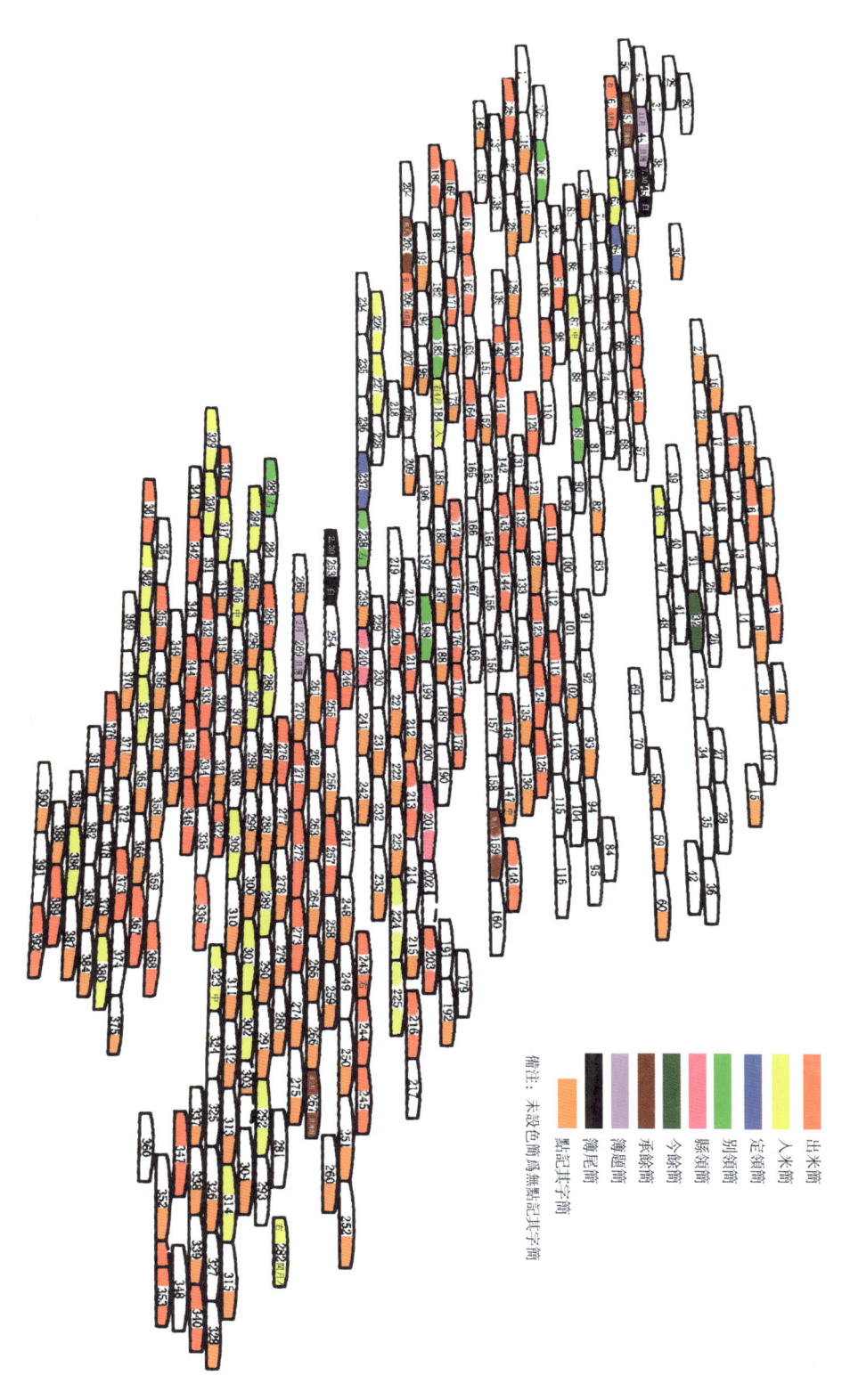

圖 13 捌・揭剝圖 7 不同簡型分布示意

最後,鄧瑋光復原的月旦簿中,"定領""右別領"簡的位置及關係存在較大的問題。在其復原州中倉黃龍三年十一月旦簿的過程中,似乎有意忽略了下列"右縣領"簡的存在:

右九千八百八十七斛四斗縣☐　（肆·4176·19/84）

鄧瑋光將本簡的"縣"字改爲不可識字,將未識別字釋讀爲"領"字,并在"右"字後增釋"米"字。① 查圖版,"縣"字對應的簡字爲▉,確爲"縣",原釋無誤。"右"後爲▉,諦觀字形,確係"米"字,補釋準確。將未釋字補釋爲"領",根據書式,可從。可見,鄧瑋光或爲顧全其已有的月旦簿格式,將原本的"右縣領"簡改成了"右米簡"。實際上,在月旦簿簡坨中,"右縣領"簡確實存在。在州中倉嘉禾二年月旦簿簡坨中有兩枚該類簡:

右襍米七千八百卅六斛三斗一升縣領（捌·3073·7/201）
·右襍米二千五百卌八斛一斗八升縣領（捌·3112·7/240）

此外在采集簡中亦檢出一枚"縣領簡:"

……米二千八百九斛七斗☐升縣領（叁·201）

這三枚簡中的"縣"字分別爲▉,▉,▉,確是"縣"字。倉月旦簿中確實存在"縣領"簡。所以,月旦簿中的"領"米部分至少應包括"定領""縣領""別領"三項,而鄧瑋光僅考慮了其中的兩項,故其得出的等量關係值得商榷。此外,吳簡中尚有"正領""縣正領"簡:

其廿一斛六斗正領（壹·3121/9②）
其六十一斛正領　中（壹·5259/12）
其卌四斛八斗正領（壹·6547/12）
其九十斛正領　中（壹·9551/14）
其廿九斛正領付倉吏黃諱番慮　中（壹·9672/14）
☐平斛米三千八百七十一斛二升縣正領③（玖·4111·8/8）
·右襍米八百五十九斛二斗九升正領（壹·3157/9）

---

① 鄧瑋光:《對中倉黃龍三年十一月旦簿的復原嘗試》,第185頁。
② "壹·3121/9"中"壹""3121""9"分別表示卷數、整理號、盆號,本文采集吳簡的編號含義均準此。
③ 查圖版,"縣正領"三字爲▉▉▉,字迹略顯不清,然據字形輪廓判斷,原釋當無誤。

　　　　·右三月入正領及□……（叁·6979）
　　　右七月入正領及僦擿米合二百九十二斛二斗九升八合三 勺 六 撮 □
　　　　　　　　　　　　　（玖·5186·21/75）

這些"領簡"之間有何關係，以及月旦簿中的"領"類簡與其他簡之間存在何種關係，尚須進一步研究。

　　在倉月旦簿中，"定領""別領""縣領"、入米、出米等部分的相對位置關係，或可通過捌·揭剝圖7中的以下四組簡來推測：

　　（1）·右襍米二千五百卅八斛一斗八升縣領（捌·3112·7/240）
　　　　右襍米 二 百八十一斛五斗九升別領（捌·3110·7/238）
　　　　·定領襍米三萬五千六百九十六斛四斗二升九合（捌·3109·7/237）
　　（2）右襍米 七 千八百卅六斛三斗一升縣領（捌·3073·7/201）
　　　　右襍米九十一斛四斗六升別領（捌·3070·7/198）
　　（3）右襍米一千二百五十七斛三斗八升別領（捌·3055·7/183）
　　　　右四月入吳平斛米四千九百廿七斛七斗七升（捌·3056·7/184）
　　（4）定領……米三萬六千一百九十四斛七斗六升（捌·2936·7/64）
　　　　右八月出吳平斛米……萬□千□百五十□斛一斗（捌·2933·7/61）

這四組簡皆為同層簡，其位置具體可參前文捌·揭剝圖7的簡坨的相關圖示（圖4）。第（1）組的三枚簡同層（捌.7.27）且基本緊接，中間隔着的一枚簡為：

　　·其二百九十六斛八斗一升五合黃龍三年稅米（捌·3111·7/239）

前文對出米關聯簡的分析表明，該簡層受到的擾動較小，緊接簡應保持了在原簿册中的位置關係。且本簡層的揭剝位置為底視圖，圖中的位置關係應當與原簿册中的位置相一致。據此，"其"字簡當屬於其左側簡（捌·3110·7/238）的結計對象，但其數值明顯大於結計簡，因此，該簡當是從上方簡層闌入。如此，三枚"領"簡便完全是同層緊接簡，據此推測三枚簡在原簿册中的位置從右到左當為：縣領→別領→定領。第（2）組簡中，"縣領"簡和"別領"簡同層（捌.7.23）但中間隔着以下兩枚簡：

其六斛郡吏士還所貸黃龍元年税米(捌·3071·7/199)
  其七斛五斗佃卒黃龍二年限米(捌·3072·7/200)

基於前文對捌·揭剥圖7簡坨的整體分析,本簡層揭剥圖位置亦當爲底視圖,故兩枚"其"字簡對應的結計簡當在其左邊,即簡捌·3070·7/198,正好數值上亦滿足,説明判斷無誤。那麽,本組簡在原簿册中的位置從右到左當爲:縣領→别領。正好符合分析第(1)組簡時的結論。據此,大致可以認爲,在同一月旦簿中三類"領"簡的排布順序從右到左應當是:縣領→别領→定領,且"右别領"簡的結計對象爲"其"字簡。鄧瑋光的月旦簿格式中,"定領"簡在"右别領"簡(即"右别領B")之前,與從揭剥圖中得出的結論不符,應當有誤。另外,在其格式中,一個月旦簿有兩個"右别領"簡,關於這一點,從揭剥圖中似乎找不到證據。基於對吴簡月旦簿保存狀態的判斷,現存的一個月旦簿簡坨中往往混雜着同年若干個月旦簿的屬簡,尚無法明確地劃定屬簡的月份歸屬,因而無法確定同一個簡坨中的兩個"别領"簡到底屬於同一個月旦簿或者分屬不同的月旦簿。第(3)組的兩簡爲同層(捌.7.22簡層)緊接簡,但該簡層中没有關聯簡組,無法直接判斷其編連順序。本簡層之上的捌.7.21簡層包含兩組同層緊接關聯簡,上文已推斷出其揭剥位置爲底視圖,而兩個簡層之間又疊壓緊密,因此簡層捌.7.22亦當爲底視圖。據此,本組同層緊接簡在原簿册中的位置從右到左當爲:"右月入"→"右别領",和鄧瑋光格式兩類簡的位置關係相反。第(4)組的兩枚簡同層(捌.7.10)但不相接,中間隔如下兩簡:

  其一百八十七斛六斗一升嘉禾元年火種租米(捌·2934·7/62)
  入嘉禾二年火種租米五斛(捌·2935·7/63)

"右某月出米"簡的結計對象爲出米簡,而"定領"簡的屬簡尚無法從揭剥圖分析出,暫從鄧瑋光的格式中的"其"字簡的判斷。如此,"入"米簡當爲闌入簡,"其"字簡有可能爲"定領"簡的屬簡,但二者又不緊接,因而無法確定。同時,上述兩簡米類相同,或爲同一簿册的兩枚緊接簡整體闌入本簡層。若此,本組中的"定領"簡與"右月出"簡有可能原本相接。基於對本簡坨視角的整體判斷,該簡層亦可能爲底視圖,如此兩簡的位置關係從右到左當爲:"定領"→"右月出"。然考慮到本組簡附近至少包括七月旦簿、十一月旦簿和八月旦簿三個月旦簿的屬簡,因此上述關係是否一定成立,尚不能肯定。

對於"今餘"簡後是否接分列細目的"其"字簡,鄧瑋光并不確定。[1] 這可以通過揭剥圖

---

[1] 鄧瑋光:《對中倉黃龍三年十一月旦簿的復原嘗試》,214頁注釋①。

來解決。在捌·揭剥圖 7 簡坨中,僅有如下一枚"今餘"簡:

今餘吴平斛米三萬一千五百六十五斛三斗七升(捌·2904·7/32)

同坨中還有一枚數值與本簡相同的"承餘"簡:

承十月旦簿餘吴平斛米三萬一千五百六十五斛三斗七升(捌·2923·7/51)

據此,可知該"今餘"簡屬於十月旦簿。在不改動簡文的情況,同坨簡中存在這種等量關係,説明相鄰兩個月的月旦簿確實存在如下的等量關係:

n 月旦簿承餘米量＝(n-1)月旦簿今餘米量

此外,嘉禾二年月旦簿簡坨中尚有如下兩組滿足上述等量關係的簡:

(1)·今餘吴平斛米三萬七千三百五十九斛七斗四升三合(柒·2106·15/129)
承五月旦簿餘吴平斛米三萬七千三百五十九斛 七① 斗四升三合(捌·3697·12/17)
(2)今餘吴平斛米合三萬五千六百一十五斛四斗(柒·45·1/45)
承十一月旦簿餘吴平斛米③ 三 萬五千六百一十五斛 四 斗(捌·4331·14/352)

再次印證了這一數值等量關係。根據揭剥圖,簡捌·2904·7/32 上下左右緊接簡爲:

其五斛二斗黄龍二年税米(捌·2897·7/25)
其 十 二斛三斗新吏黄龍元年 限 米 (捌·2898·7/26)
其卅六斛大男張吉張狗所買賊黄勳黄龍三年牛賈米(捌·2903·7/31)
其一百八十五斛五斗嘉禾元年私學限米(捌·2905·7/33)
其十斛船師何春備建安廿七年折咸米(捌·2912·7/40)

---

① 該字整理者缺釋,查圖版,該字作 ▨ ,字迹漫漶,但從輪廓大致可判定爲"七"。
③ "米"字下原有兩個未釋字符號,查圖版,"米"與"三"之間爲 ▨ ,除編痕污迹外,未發現未釋字殘筆,故删去□□。

其五斛□斗……建安廿六年折咸米（捌·2913·7/41）

從簡型看，這些簡皆爲"其"字簡。因此，雖無法具體判定其中哪一枚簡是該枚"今餘"簡在十月旦簿中的緊接簡，但無論是哪一枚簡，都能證明"今餘"簡後有説明餘米細目的"其"字簡，并且這些"其"字簡的數值之和應當等於"今餘"簡的數值。

在鄧瑋光復原的月旦簿中，尚有"右米（領）"簡，被認爲是對入米簡的結計。然而，在月旦簿中已有"右某月入"米簡對當月入米簡進行結計的情況，"右米"簡對入米簡再度進行結計，有重複結計之嫌。而且，吳簡中的結計簡，一般會出現結計對象簡的會計關鍵詞，如對入米簡的結計往往是"右入米……"，對出米簡的結計往往是"右出米……"。因此，"右米"簡應當不是針對入米簡的結計。遍檢嘉禾二年月旦簿的11個屬簡坨，僅發現三枚"右米"簡：

右雜米二千一百卌五斛二斗□□（陸·5987·57/2）
右襍米二萬三千二斛九斗八升（柒·2147·15/170）
右襍米一千六百七十四斛六斗二升（捌·3304·8/40）

與其存在疊壓緊接關係的簡分别爲：

其二百九十七斛二斗新還民嘉禾元年限米☒（陸·5990·57/5）
其一千一百七十二斛八斗私學嘉禾元年限米（陸·5993·57/8）
其五十三斛三斗新還民黃龍三年限米（陸·5994·57/9）
其六百七十四斛九斗一升嘉禾元年襍盈米（柒·2137·15/160）
兵曹言大男樂會等三人傳任事
　　　　　嘉禾六年三月二日書佐呂承封（柒·2138·15/161）
□曹言州中倉米二百八斛□司馬王□等卌五人事
　　　　　嘉禾六年十二月九日書佐呂承封（柒·2139·15/162）
一斛通合稟斛米四百六十斛被監作部都尉王晫嘉禾二年正月廿九日庚寅
　　　　　　　　　　　　　　（捌·3303·8/39）
其五百八十三斛五斗郡縣佃吏嘉禾元年限米（捌·3315·8/49）
·其五斛一斗一升嘉禾元年復民租米（捌·3305·8/41）
·其六十四斛一斗郡掾利焉黃龍三年屯田限米（捌·3297·8/33）

可以發現,三枚"右某米"簡周圍疊壓緊接的簡,除了闌入簡(柒·2138、柒·2139)和出米簡(捌·3303)外,全部都是"其"字簡,沒有入米簡。三枚"右米"簡皆出現這種情況,當非巧合。據此,可以判定鄧瑋光復原的月旦簿中將"右米"簡作爲入米簡的結計簡確係不妥。通過考察"右某米"簡的周邊簡,筆者認爲其結計對象當爲"其"字簡。在嘉禾二年十三個月旦簿的殘簡坨中僅檢出三枚"右米"簡,數量較少,據此或可推測該類簡是針對某些特殊米類的結計,祇會出現在個別月旦簿中,似非月旦簿的必要構件。

接下來,再來檢驗鄧瑋光給出的月旦簿各部分的數值關係。前文已證明,鄧瑋光對月旦簿中"領"簡的處理存在比較嚴重的問題,因此,其給出的數值關係中涉及"領"簡的部分自當難成立,但筆者目前對三項"領"米關係亦無成熟認識,故暫不檢驗。如此,需要檢驗的數值關係則有如下兩組:

集凡承餘新入 = 承 c 年($d-1$)月餘 + d 月新入

今餘 = 集凡承餘新入 – 右出

第一組數值關係,顧名思義"集凡承餘新入"米量即"承上月餘"米量與當月新入米量之和,這再次說明吳簡中的結計簡通常會出現結計對象的會計關鍵詞。嘉禾二年月旦簿簡坨有一組簡滿足該數值關係:

承五月旦簿餘吳平斛米三萬七千三百五十九斛七斗四升三合(捌·3697·12/17)

右閏月入吳平斛米四千三百卌四斛九斗八升 其三千八百五斛六斗七升三州倉運(捌·3154·7/282)

集凡承餘新入吳平斛米合四萬一千七百四斛七斗二升三合(捌·3031·7/159)

這三枚簡爲嘉禾二年閏月旦簿的屬簡,在未改易簡文的情況下,滿足以下數值關係:

承餘新入(41704.723 斛) = 承餘(37359.743 斛) + 新入(4344.98 斛)

說明該組數值關係成立。

對於第二組數值關係,在嘉禾二年州中倉月旦簿簡坨中未找到相關驗證簡組,但在玖·揭剝圖 14 三州倉月旦簿簡坨中找到一組滿足該等量關係的簡:

集凡承餘新入䊮米二萬八千七十一斛五斗九升二合二勺七撮（玖·4576·14/35）

·右八月出䊮米三千四百卌五斛一升三合（玖·4581·14/40）

今餘吴平斛米二萬四千六百廿①六斛五斗七升九②合二③勺七撮（玖·4568·14/27）

其中，承餘新入米量=28071.59227斛，右出米量=3445.013斛，今餘米量=24626.57927斛，三者存在如下數量關係：

承餘新入米量=今餘米量+右出米量（28071.59227=24626.57927+3445.013）

這證明第2組數值關係亦成立。

另外，在鄧瑋光復原出的月旦簿中，"承餘新入"簡沒有細目屬簡，這是有問題的。"承餘新入"部分的屬簡應是"其"字簡。在捌·揭剥圖7簡坨中，如下一組簡可以提供證明：

集凡承餘新入吴平斛米合四萬一千七百四斛七斗二升三合（捌·3031·7/159）

其四萬一千七百二斛八斗七升三合䵾米（捌·3030·7/158）

其一斛八斗五升白米（捌·3028·7/156）

數值上，前後兩枚"其"字簡的米量之和正好等於承餘新入簡的米量：

41702.873+1.85=41704.723

在揭剥圖中，三枚簡爲同層簡，前兩枚簡緊接，後一枚簡與這兩枚簡隔着下簡：

其三斛五斗郡掾利焉黄龍二年限米（捌·3029·7/157）

此簡當爲從上方簡層落入，將原本緊接的簡捌·3028隔開了。據前文分析，該簡層的揭剥圖

---

① 原釋爲"卅"，查圖版，該字爲▨，中無竪筆，應爲"廿"，故改釋。

② 原釋爲"八"，查圖版，該字爲▨，下面連筆，上方有殘筆，應不是"八"，與鄰簡玖·4567·14/26中的▨（九）筆意輪廓相同，當爲"九"，故改釋。

③ 原釋爲"七"，查圖版，該字爲▨，第二道橫筆向左下方有延伸，當爲"二"，故改釋。

應爲底視圖,圖位置和原册書中的位置當一致,即承餘新入簡在右(前),而兩枚"其"字簡在左(後),符合吳簡中"總→分"的記賬模式。綜上可得,倉月旦簿"承餘新入"部分的細目屬簡爲"其"字簡,是對承餘新入部分米的分類說明。從這組簡似可看出,吳簡中米類分列時,"白米"和"䔖米"當成對出現。據前文,簡捌·3031·7/159屬閏月旦簿,故可將這部分補入該月旦簿的相應位置。此外,根據這枚記錄白米的"其"字簡,還可以識別出下簡爲閏月入米簡:

入嘉禾元年租米五十六斛一斗五升其一斛八斗五升白米(捌·3438·9/44)

綜上,可對鄧瑋光總結出的格式進行修正,得出比較符合吳簡實際的月旦簿格式如下(各部分之間用雙劃綫分界):

a 倉吏 b 謹列 c 年 d 月旦簿

承 c 年(d-1)月旦簿餘雜吳平斛米……

其……

入……

右 d 月新入吳平斛米……

·集凡承餘新入吳平斛米……

其………

【其……

右䔖……①】

其……

右雜米……別領

其……

右雜米……縣領

定領雜米……

出……

右(d月)出吳平斛米……

今餘吳平斛米……

其……

---

① 這一部分似乎并非所有的月旦簿都有,故用【】標出。

　　　　d月卅/廿九日倉吏b白

且滿足如下數值等量關係：

　　　d月旦簿承餘米量＝(d-1)月旦簿今餘米量
　　　集凡承餘新入＝承c年(d-1)月餘+d月新入
　　　今餘＝集凡承餘新入-右出

準此格式和數值關係，依據揭剥圖位置，可對嘉禾二年州中倉各月旦簿進行局部復原。必須説明的是，因倉賬吳簡受到過嚴重的破壞，很多月旦簿屬簡已經殘毁，從前文分析出米關聯簡組時即可看出，因此復原時不會刻意追求數值上的相等。現根據上述格式和數值關係，將州中倉嘉禾二年月旦簿的框架復原如下。

　　【籤牌】中倉吏黃諱潘慮嘉禾二年月旦簿（柒·4707-1）
　　　　　　　　　【正月旦簿】
　　倉吏倉吏黃諱潘慮謹列正月旦簿（柒·1505·11/4）
　　承（？）嘉禾元年十二月簿領吳平斛米三萬一千八百卅斛八斗四升九合
　　　　　　　　　　　　　　（柒·1504·11/3）
　　·右正月新入吳平斛米一千□百八十七斛五斗二升　☒（伍·6069）①
　　右正月出吳平斛米三萬三千四百八十七斛二斗一升（伍·6275）
　　☒正月卅日倉吏黃諱潘慮白（柒·1556·11/55）
　　　　　　　　　【二月旦簿】
　　中倉吏黃諱潘慮謹列二月旦簿（捌·3141·7/269）
　　右二月入雜吳平斛米一千二百六十斛六斗一升　☒（伍·6022）
　　·右二月出吳平斛米九千九百九十三斛一斗　☒（伍·6315）
　　今餘襍米一萬二千五百七十七斛三斗一升九合②
　　二月卅日倉吏黃諱潘慮白（捌·3125·7/253）
　　　　　　　　　【三月旦簿】

---

① 本簡月份與正月旦簿相同，但無法十分確定其爲該簿屬簡，暫將其列於其中，并用下劃綫以示區分，下文相同情況皆準此。
② 據d月旦簿承餘米量＝(d-1)月旦簿今餘米量推算，原簡不存而通過格式與計算補充的簡使用斜體加下劃綫表示，下同。

中倉吏黃諱潘慮謹列三月旦簿

承二月旦簿餘襍米一萬二千五百七十七斛三斗一升九合（捌·3139·7/267）

入三月所受襍擿米十六斛九斗六升·（捌·3424·9/30）

右三月入吳平斛米二千七百五斛二斗九升　其一千一百八十六斛七斗七升三州倉運米（捌·3422·9/28）

·集凡承餘新入吳平斛米一萬五千二百八十二斛五斗八升九合①

右出吳平斛米八百六十五斛六斗五升四合②　·（捌·3115·7/243）

今餘吳平斛米一萬四千五百卅七斛八斗六升七合③

二月卅日④倉吏黃諱潘慮白

【四月旦簿】

中倉吏黃諱潘慮謹列四月旦簿

承三月旦簿餘吳平斛米一萬四千五百卅七斛八斗六升七合⑤

入四月所受襍擿米卅八斛七斗九升（捌·3096·7/224）

右四月入吳平斛米四千九百廿七斛七斗七升（捌·3056·7/184）

右襍米一千二百五十七斛三斗八升別領（捌·3055·7/183）

·集凡承餘新入吳平斛米一萬九千三百卅四斛七斗五升五合⑥（捌·3077·7/205）

右四月出吳平斛米合五千三百卅斛九斗（捌·3078·7/206）

今餘吳平斛米一萬四千一百卅四斛七斗三升七合⑦

四月卅日倉吏黃諱潘慮白

【五月旦簿】

倉吏黃諱潘慮謹列五月旦簿（柒·1206）

承四月旦簿餘吳平斛米一萬四千一百卅四斛七斗三升七合

---

① 承餘新入＝承餘＋新入＝12577.319＋2705.27＝15282.589（斛）。
② 按照右月出＝承餘新入－今餘算得的三月出米量爲七百卌四斛七斗二升二合（744.722斛），比該出米結計簡的米量（865.654斛）少120.932斛。似是倉吏誤算使然。也不排除嘉禾二年三月旦簿存在特殊情况，使其"右出""承餘新入"和"今餘"之間不滿足上述等式。具體是何種情况，還需對月旦簿的性質進一步明瞭之後纔能確定。這裏以揭剥圖分析的結果爲準，取此簡爲三月出米結計簡，并用下劃點綫以示區分。
③ 據 d 月旦簿承餘米量＝(d-1)月旦簿今餘米量推算。
④ 嘉禾二年二月爲大月。
⑤ 承餘＝承餘新入－新入＝19465.637－4927.77＝14537.867（斛），其中承餘新入數值推算見注釋⑥。
⑥ 承餘新入＝右月出＋今餘＝5330.9＋14134.737＝19465.637（斛）。根據揭剥圖確定的四月承餘新入簡的米量爲19344.755斛，比推算所得米量少120.882斛。當是倉吏誤算使然。此處以揭剥圖分析的結果爲準，取此簡爲四月旦簿集凡承餘新入簡，并用下劃點綫以示區分。
⑦ 據 d 月旦簿承餘米量＝(d-1)月旦簿今餘米量推算。

（柒·2049·15/72）

右五月新入吴平斛米二萬四千一百六十一斛五斗①

·集凡承餘新入吴平斛米三萬八千二百九十六斛二斗三升七合②

·右出襃（？）吴平斛米九百卅六斛四斗九升四合（柒·2105·15/128）

·今餘吴平斛米三萬七千三百五十九斛七斗四升三合（柒·2106·15/129）

五月卅日③倉吏黄諱潘慮白（捌·3364·8/100）

【閏月旦簿】

倉吏黄諱潘慮謹列閏月旦簿（捌·3372·8/108）

承五月旦簿餘吴平斛米三萬七千三百五十九斛七斗四升三合（捌·3697·12/17）

入嘉禾元年租米五十六斛一斗五升其一斛八斗五升白米（捌·3438·9/44）

右閏月入吴平斛米四千三百卌四斛九斗八升　其三千八百五斛六斗七升三州倉運（捌·3154·7/282）

集凡承餘新入吴平斛米合四萬一千七百四斛七斗二升三合（捌·3031·7/159）

其四萬一千七百二斛八斗七升三合䵼米（捌·3030·7/158）

其一斛八斗五升白米（捌·3028·7/156）

·右閏月出吴平斛米二萬八百九十八斛五升④

·今餘吴平斛米二萬八百六斛六斗七升三合⑤

閏月卅日倉吏黄諱潘慮白

【六月旦簿】

中倉吏黄諱潘慮謹列六月旦簿（柒·4474·39/3）

承閏月旦簿領餘吴平斛米二萬八百六斛六斗七升三合⑥（捌·3388·8/124）

今餘吴平斛米二萬六千七百一十一斛九斗三升三合⑦

---

① 新入＝承餘新入－承餘＝38296.237－14134.737＝24161.5（斛）。
② 承餘新入＝右（月）出＋今餘＝37359.743＋936.494＝38296.237（斛）。
③ 嘉禾二年五月應爲小月。
④ 右月出＝承餘新入－今餘＝41704.723－20806.673＝20898.05（斛）。
⑤ 據d月旦簿承餘米量＝（d－1）月旦簿今餘米量推算。
⑥ 本簡萬位數字由筆者根據圖版補釋，由於識別圖版筆迹具有一定的主觀性，故基於此簡推算出的數值，不一定爲定論。特此指出。
⑦ 據d月旦簿承餘米量＝（d－1）月旦簿今餘米量推算。

☐六月卅①日倉吏黄諱潘慮白（捌·2837·6/59）

【七月旦簿】

中倉吏黄諱潘慮謹列七月旦簿（捌·3766·12/86）

承六月旦簿領餘吴平斛米二萬六千七百一十一斛九斗三升三合（捌·3721·12/41）

入七月所受襦擿米九斛九斗八升（捌·3490·9/96）

七月卅日倉吏黄諱潘慮白（捌·2917·7/45）

【八月旦簿】

中倉吏黄諱潘慮謹列八月旦簿

右八月出吴平斛米……萬☐千☐百五十☐斛一斗（捌·2933·7/61）

八月廿九②日倉吏黄諱潘慮白

【九月旦簿】

中倉吏黄諱潘慮謹列九月旦簿

九月卅日③倉吏黄諱潘慮白

【十月旦簿】

中倉吏黄諱潘慮謹列十月旦簿

今餘吴平斛米三萬一千五百六十五斛三斗七升（捌·2904·7/32）

十月廿九④日倉吏黄諱潘慮白

【十一月旦簿】

中倉吏黄諱潘慮謹列十一月旦簿（捌·2916·7/44）

承十月旦簿餘吴平斛米三萬一千五百六十五斛三斗七升　（捌·2923·7/51）

今餘吴平斛米合三萬五千六百一十五斛四斗（柒·45·1/45）

十一月卅日⑤倉吏黄諱潘慮白

【十二月旦簿】

中倉謹列十二月旦簿☐（捌·3757·12/77）

承十一月旦簿餘吴平斛米三萬五千六百一十五斛四斗（捌·4331·14/352）

---

① 嘉禾二年六月應爲小月。
② 嘉禾二年八月爲小月。
③ 嘉禾二年九月爲大月。
④ 嘉禾二年十月爲小月。
⑤ 嘉禾二年十一月爲大月。

·右十二月入雜吳平斛米六千五百廿四斛□□☑（伍·3896）

·右十二月出吳平☑（捌·4962）

十二月廿九日①倉吏黃諱潘慮

結語

　　倉月旦簿是走馬樓吳簡倉賬簿體系中最重要的組成部分。作爲存檔性質的文書，吳簡倉月旦簿以年爲單位集中保存。通過分析月旦簿簿題中的會計關鍵詞，結合揭剥圖提示的位置關係，本文首先確認了"出米簡"爲倉月旦簿屬簡。接着，藉助"出米關聯簡組"的相關特徵，識別出了州中倉嘉禾二年月旦簿的11個屬簡坨。關聯簡組在簡坨中的位置特徵表明，州中倉嘉禾二年十三個月的月旦簿，在經過倉曹史及其上級核校處理後，按照從正月到十二月的次序編連成"州中倉嘉禾二年月旦簿"，從右往左收捲存檔，并以相應籤牌加以標示。同時，基於對州中倉嘉禾二年月旦簿簡坨的構造分析，對前人總結出的月旦簿格式進行了驗證與修正，得到了更爲可信的吳簡倉月旦簿格式。準此格式，復原出了嘉禾二年州中倉月旦簿的基本框架。以上復原實踐在一定意義上證明了"關聯簡組定位復原法"的有效性，希望這種復原思路能够對未來吳簡倉賬簿的復原研究有所助益。

　　在此，簡要談談吳簡倉、庫賬簿之異同。凌文超對采集吳簡中庫錢賬簿的研究表明，庫錢簿由"襍錢入受簿""襍錢承餘新入簿"和"襍錢出用餘見簿"組成，其中前兩種賬簿記錄庫錢的"收入"，後一種賬簿記載庫錢的"支出"，庫錢的"收""支"之間則以"領"（即"領收錢"簡）來明確具體的責任。② 比照前文倉月旦簿格式，可以發現庫錢簿中"襍錢承餘新入簿"和"襍錢出用餘見簿"統計的項目與倉月旦簿基本相同，皆爲"入""出用""餘見"，而在現存吳簡倉賬簿簿題簡中，没有發現倉米"承餘新入簿"和"出用餘見簿"。③ 倉月旦簿一簿所含内容，庫賬簿分兩簿來統計，這似是二者的顯著區别。另外，庫錢簿中"承餘"簡的完整表述爲"承某月旦簿餘某錢多少"，這表明庫亦存在"某月旦簿"，然則"庫某月旦簿"與前述"襍錢承餘新入簿""襍錢出用餘見簿"是何種關係，庫月旦簿的結構如何、該怎樣復原等，都是個值得思考的問題，凌文超似未措意，需要進一步研究。此外，凌文超指出，庫錢的收支流程爲

---

① 嘉禾二年十二月爲小月。
② 凌文超：《走馬樓吳簡庫錢賬簿體系復原整理與研究》，《考古學報》2015年第2期，187—228頁，修訂後收入其著《吳簡與吳制》，181—230頁。凌文超對吳簡庫布賬簿亦做過整理，其總結出的庫布賬簿體系與庫錢賬簿相類，參見凌文超《走馬樓吳簡采集簿書整理與研究》，283—396頁。
③ 成鵬：《走馬樓三國吳簡倉賬簿復原研究》，32—44頁。

"入受"—"新入""承餘"—"領收"—"出用"—"餘見",①而據倉月旦簿,倉米的收支流程則似乎是"承餘"—"新入"—"承餘新入"—"領(定領/別領/縣領)"—"出用"—"餘、見",二者在順序上似亦有所區別。綜上,吴簡倉賬簿和庫賬簿在統計項目上確實具有"大同"的特點,正如凌文超所言"孫吴基層財政大致按收、支兩條綫進行管理",②但在具體的賬簿構成上又存在顯著差異。

因此,研究吴簡倉、庫賬簿體系時,應當注意這一點,倉、庫賬簿體系之間不能簡單地相互"類推",而應立足揭剥圖、盆號等考古出土信息,綜合簡牘文字、形制等特徵,復原出具體的倉、庫賬簿,再加以比較,總結孫吴官府倉、庫之異同,進而整體把握吴簡呈現出的孫吴基層財政特徵。

附記　小文在寫作和修改過程中,承蒙侯旭東、凌文超、戴衛紅、郭偉濤等老師和匿名審稿專家悉心指教;日語文獻獲取方面承曹天江師姐、張琦師兄提供熱心幫助;校對過程中,編輯先生亦指正了一些行文疏漏。在此一并致以深深謝意!

---

① 凌文超:《吴簡與吴制》,230 頁。
② 凌文超:《吴簡與吴制》,229 頁。

走馬樓吴簡"定收田"及其相關問題辨析*

□ 山東大學歷史文化學院　趙義鑫

内容提要　關於走馬樓吴簡中"定收田"的性質,學界一直存在爭議。此前,學者們主要利用"吏民田家莂"中的"定收田"材料對這一問題展開研究。而通過"吏民田家莂"與吴簡竹簡的結合運用,可揭示"定收田"爲實際徵收糧米的土地,并呈現"定收田"與"熟田"之間所構成的包含式層級關係。

關鍵詞　"定收田"　徵收糧米　"熟田"

　　學界將"吏民田家莂"中以"定收××畝"形式指代的土地稱之爲"定收田"。關於"定收田"的性質,前人已有所討論。高敏先生認爲"定收田"即是"熟田",是按畝固定收取米、布和錢的土地。[①] 蔣福亞先生認爲,"定收田"和"熟田"性質相同,是收成好的土地。[②] 臧知非先生則認爲"熟田"是指國家規定的作爲納租依據的標準良田,其數量由官吏直接規定,即"定收"。[③] 陳榮傑先生認爲"定收田"即"熟田",是"統治者根據土質、地力而行政規定的畝産量較高的田地"。[④] 路方鴿先生認爲"定收田"本意指"實際有收成的田地",在"田家莂"中已經成爲固定術語,指代優質的高産田。[⑤]

　　以上研究成果中,關於"定收田"的性質問題,學者們雖然普遍認爲"定收田"即是"熟

---

* 基金項目:2019年教育部人文社會科學研究青年基金項目"出土文獻與魏晋南北朝時期的地方社會研究"(19YJC770030)。
① 高敏:《長沙走馬樓簡牘研究》,桂林:廣西師範大學出版社,2008,23頁。
② 蔣福亞:《也談〈嘉禾吏民田家莂〉中"二年常限"田的涵義》,《首都師範大學學報(社會科學版)》2001年第5期,8頁。
③ 臧知非:《從〈吏民田家莂〉看漢代田税的徵收方式》,《史學月刊》2002年第5期,37-41頁。
④ 陳榮傑、張顯成:《吴簡〈嘉禾吏民田家莂〉"旱田""熟田"考辨》,《中國經濟史研究》2013年第2期,156-161頁。
⑤ 路方鴿:《〈嘉禾吏民田家莂〉"定收田"考》,《中國農史》2014年第2期,46-53頁。

田",但是對於"定收田"的具體涵義仍存有一定爭議。前人在研究"定收田"問題時,主要是利用"吏民田家莂"中的材料,很少涉及吳簡竹簡中的"定收田"材料。本文在前人研究的基礎上,將"吏民田家莂"與吳簡竹簡中的材料相結合,重新討論"定收田"的性質,以及"定收田"與"熟田"之間的關係。

一 "定收田"的性質

"吏民田家莂"中關於"定收田"的記録形式如下:

> 1.⦀上和丘郡吏何表,佃田五處,合卅三畝,二年常限。其廿五畝旱田,畝收布六寸六分。定收七畝,畝收米一斛二斗,凡爲米八斛四斗。畝收布二尺。其米八斛四斗,四年十二月六日付倉吏鄭黑畢。凡爲布三丈五寸,准入米一斛九斗,四年十一月九日付倉吏鄭黑畢。其旱田畝收錢卅七,其熟田畝收錢七十。凡爲錢一千四百一十五錢,准入米八斗八升,四年十一月九日付倉吏鄭黑畢。嘉禾五年□□六日,主者史趙野、張惕、陳通校。(四·三一)①

簡1中"定收七畝"的土地即爲"定收田"。關於"定收"二字的涵義,路方鴿先生從語言學角度進行了詳細地解讀,認爲"定"爲"副詞,用在'動詞(或動詞短語)+數量短語'結構前,陳述動作行爲在某一方面的實際的數量結果,相當於實、實際、事實上","收"是"有收成"。②路先生對"定"字的釋義可從,不過其對"收"字的解釋却存在疑問。結合吳簡竹簡來看,"收"并不是"有收成",而是徵收租稅的意思:

> 2.一項七畝二百卅二步大常吕步侯士復民粢田不收租定(陸·148)③

---

① 長沙市文物考古研究所、中國文物研究所、北京大學歷史學系走馬樓簡牘整理組編:《長沙走馬樓三國吳簡·嘉禾吏民田家莂》,北京:文物出版社,1999,76 頁。
② 路方鴿:《〈嘉禾吏民田家莂〉"定收田"考》,48 頁。
③ "陸·148"號竹簡原文釋作"一項七畝一百廿二□大常吕步侯士復民以田次收租□□"(參見長沙簡牘博物館、中國文化遺産研究院、北京大學歷史學系走馬樓簡牘整理組編《長沙走馬樓三國吳簡·竹簡[陸]》,北京:文物出版社,2017,734 頁)。鄧瑋光先生在復原粢田簿文書時,據圖版訂正修改爲"一項七畝二百卅二步大常吕步侯士復民粢田不收租定"(參見鄧瑋光《走馬樓吳簡粢田簡的復原與研究》,《出土文獻》2020 年第 1 期,117 頁)。今按鄧先生訂正後的釋文參用。

3. 畝二百卅二步大常吕步侯郡士妻子復民粢不收租定收(柒·3012)①

簡 2、3 出自粢田簿文書。簡 3 中前半部分説太常、吕侯、步侯所轄的郡士妻子、復民的粢田不收租税,之後又説"定收"(××畝田)。"定收"與"不收租"對舉,説明"收"的涵義應如高敏先生所説,是指"徵收租税"。不過高先生認爲"收"的租税包括了米、布、錢三項,這一點則并不準確。根據簡 1 來看,"定收"的租税應當祇有糧米一項。

在簡 1 中,嘉禾四年的"熟田"需要繳納米、布、錢三項租税,"旱田"也要繳納布、錢兩項租税,也就是説無論"熟田""旱田"均需要繳納不同程度的租税。但是,官府在劃分"定收田"時,却僅將"熟田"劃入在内,而"旱田"則不屬於"定收田"。由此説明"旱田"所對應的布、錢兩種租税項目并不是官府劃定"定收田"時所參考的標準。既然布、錢不能作爲"定收田"的劃定標準出現,那麼在"熟田"中就祇剩下了糧米一項租税可以成爲"定收田"的劃定標準。所以,筆者認爲"定收"的"收"指的應當是徵收糧米,"定收田"是官府劃定出來實際徵收糧米的土地。在吴簡竹簡中,也可以看到凡是出現"定收田"的記録均與徵收糧米有關:

4. 收田六頃九十□畝收租米畝八斗合爲吴平斛米五□(陸·169)
5. 定收六頃九十三畝三步畝收八斗爲吴平斛米五百五十四斛四斗九合(陸·176)②

在"吏民田家莂"中,也有相關的旁證。"士"這一群體耕種的土地可以免除部分租税,在免除租税時,其内容記載爲"熟田依書不收錢布"。③ 在這裏官府在免除士的錢、布時,將其土地稱爲"熟田",而不是"定收田",也間接反映了"定收田"與錢、布兩項租税之間并無關聯。

二 "定收田"與"熟田"的關係

"定收田"與"熟田"的關係也是學界關注的重要問題。簡 1 中"定收田"的數量與"熟田"相同,多數學者據此認爲"定收田"即是"熟田",兩者指代同一部分土地。高敏先生最早根據"士"群體耕種土地的情况提出了不同看法:

---

① "柒·3012"原文作"數二百卅二斛七斗□□□郡士妻子吏民粢不收租……"(參見長沙簡牘博物館、中國文化遺産研究院、北京大學歷史學系走馬樓簡牘整理組編《長沙走馬樓三國吴簡·竹簡[柒]》,北京:文物出版社,2013,802 頁。)鄧瑋光先生根據圖版訂正爲"畝二百卅二步大常吕步侯郡士妻子復民粢不收租定收"(參見鄧瑋光《走馬樓吴簡粢田簡的復原與研究》,117 頁)。
② 長沙簡牘博物館、中國文化遺産研究院、北京大學歷史學系走馬樓簡牘整理組編:《長沙走馬樓三國吴簡·竹簡[陸]》,734 頁。
③ 參見下文。

6. ⅣⅩ樸丘士李安,佃田十町,凡五十三畝,皆二年常限。其五畝熟田,依書不收錢布。卌八畝旱田,畝收布六寸六分。凡爲布三丈一尺,准入米一斛五斗六升,五年三月七日付倉吏番慮。旱田畝收錢卅七,凡爲錢一千七百七十六錢,准入米一斛一斗□升,五年正月□日付倉吏番慮。嘉禾五年三月七日,田户經用曹史張惕、趙野、陳通校。(四·四九一)①

在士群體所耕種的土地中,"熟田"均不徵收米、錢、布,他們的"熟田"也没有如簡 1 那樣被記録爲"定收田"。高先生認爲這裏是用"熟田"取代了其他券書中的"定收田","意味着'士'所租佃的官府土地中的'熟田',没有按定額收取税米和布的規定"。② 從高先生的論述來看,他似乎認爲没有徵收租税的"熟田"便不能叫作"定收田"。高先生對"定收田"與"熟田"關係的論證雖然還存有不足,但其强調兩者之間存在差異的思路值得引起重視。從相關材料來看,"定收田"與"熟田"之間并非完全等同。

"定收田"和"熟田"是性質不同的兩種土地。"定收田"如前文所述,是實際徵收糧米的土地。"熟田"則與此不同,學界曾對"熟田""旱田"的性質問題進行過討論。邱東聯先生認爲:"'旱敗田'是指因乾旱而歉收的田","熟田"是"常年耕種的有收成的田"。③ 蔣福亞先生、李卿先生和陳明光先生均支持這一觀點。④ 張燦輝先生也認爲"旱田"是因氣候原因致旱的土地,但并未解釋"熟田"的涵義。⑤ 臧知非先生、陳榮傑先生和路方鴿先生則認爲"熟田""旱田"是官府人爲劃定的高産田和低産田。⑥ 以上兩種觀點在學界爭論得最爲激烈。此外,孟彦弘先生、吴榮曾先生和王勇先生也提出過不同觀點。⑦

以上諸家觀點中,筆者認同邱東聯、蔣福亞等先生的觀點,認爲"旱田"爲受災土地、"熟

---

① 長沙市文物考古研究所、中國文物研究所、北京大學歷史學系走馬樓簡牘整理組編:《長沙走馬樓三國吴簡·嘉禾吏民田家莂》,135 頁。
② 高敏:《長沙走馬樓簡牘研究》,29 頁。
③ 邱東聯:《略論長沙走馬樓吴簡中的佃田租税簡》,《船山學刊》1998 年第 1 期,46 頁。
④ 蔣福亞:《也談〈嘉禾吏民田家莂〉中"二年常限"田的涵義》,《首都師範大學學報(社會科學版)》2001 年第 5 期,8 頁;李卿:《〈長沙走馬樓三國吴簡·嘉禾吏民田家莂〉性質與内容分析》,《中國經濟史研究》2001 年第 1 期,130 頁;陳明光、邱敏:《六朝經濟》,南京出版社,2010,200-212 頁。
⑤ 張燦輝:《嘉禾吏民田家莂中的"旱田"及相關問題》,長沙簡牘博物館、北京大學中國古代史研究中心、北京吴簡研討班編《吴簡研究》第 3 輯,北京:中華書局,2011,252-261 頁。
⑥ 臧知非:《從〈吏民田家莂〉看漢代田税的徵收方式》,37-41 頁;陳榮傑、張顯成:《吴簡〈嘉禾吏民田家莂〉"旱田""熟田"考辨》,156-161 頁;路方鴿:《〈嘉禾吏民田家莂〉"定收田"考》,46-53 頁。
⑦ 孟彦弘先生認爲,"旱田"指與水田相對的陸田(孟彦弘:《〈嘉禾吏民田家莂〉中所録田地與漢晉間的民屯形式》,中國社會科學院歷史研究所學刊編委會編《中國社會科學院歷史研究所學刊》第 2 集,北京:商務印書館,2004,173-192 頁)。吴榮曾先生從耕作角度提出,"熟田"是精耕細作的土地,"旱田"是耕作粗放的土地(吴榮曾:《孫吴佃田初探》,長沙市文物考古所編《長沙三國吴簡暨百年來簡帛發現與研究國際學術研討會論文集》,北京:中華書局,2005,64-71 頁)。王勇先生認爲"旱田"是缺乏灌溉水源的稻田,在得到水利工程的支持後可以轉化爲"熟田"(王勇:《也釋吴簡〈嘉禾吏民田家莂〉中的"旱田"與"熟田"》,西北師範大學歷史文化學院、甘肅簡牘博物館、河西學院河西史地與文化研究中心、蘭州城市學院簡牘研究所編《簡牘學研究》第 6 輯,蘭州:甘肅人民出版社,2015,152-161 頁)。

田"是收成較好的土地。前人在研究"熟田""旱田"的性質時,都僅使用了"吏民田家莂"中的材料。在"田家莂"中,"旱田"有時也用"旱敗不收""悉旱"等詞語表述,而吴簡竹簡中也存有相關記録:

  7.☑□連年遭遇枯旱禾□不收□□□貴各貧窮少有穰(叁·906)①
  8.其一頃廿八畝廿步旱　不可收　☑(肆·3996)②
  9.☑　其十九畝二百廿二步旱敗死不收(捌·6041)③

簡7-9中用"枯旱禾□不收""旱不可收""旱敗死不收"等詞語記録土地的收成情况,與"田家莂"中"旱敗不收""旱田"的涵義相同。簡7的意義十分明確,説土地由於連年遭受枯旱,導致了不可收的結果。這一解釋應當不會産生歧義,所以"旱敗不收"指代的應是受到旱災而减産或絶産的土地。

  臧知非先生將"旱敗不收""旱田"等詞語解釋爲官府用來記録低産田的固定術語。④ 這一觀點也與吴簡中的材料存在衝突,吴簡中顯示,臨湘官府在記録土地狀况時,除了有"旱敗不收"的記録外,還有其他形式:

  10.其廿五畝卌一步傷敗不收錢一頃卅四畝□五十五步其廿畝□(陸·180)⑤
  11.其卅五畝卌一步　水敗不收(柒·2261)⑥

簡10、11中的"傷敗不收""水敗不收"與"旱敗不收"是同一種記録形式。如果將"旱敗不收"理解爲記録低産田的術語,那麼臨湘地區所有的低産田都可以用"旱敗不收"來記録,在吴簡中似乎就没有必要出現"水敗不收""傷敗不收"等内容了。"傷敗不收""水敗不收"的意義比較明確,是説土地因受到水災等災害而减産、或没有收成。可見,臨湘地區的土地所

---

① 長沙簡牘博物館、中國文物研究所、北京大學歷史學系走馬樓簡牘整理組編:《長沙走馬樓三國吴簡·竹簡[叁]》,北京:文物出版社,2008,738頁。
② 長沙簡牘博物館、中國文化遺產研究院、北京大學歷史學系走馬樓簡牘整理組編:《長沙走馬樓三國吴簡·竹簡[肆]》,北京:文物出版社,2011,718頁。
③ 長沙簡牘博物館、中國文化遺產研究院、北京大學歷史學系、故宫研究院古文獻研究所走馬樓簡牘整理組編:《長沙走馬樓三國吴簡·竹簡[捌]》,北京:文物出版社,2015,791頁。
④ 臧知非:《從〈吏民田家莂〉看漢代田税的徵收方式》,39-40頁。
⑤ 長沙簡牘博物館、中國文化遺產研究院、北京大學歷史學系走馬樓簡牘整理組編:《長沙走馬樓三國吴簡·竹簡[陸]》,734頁。
⑥ 長沙簡牘博物館、中國文化遺產研究院、北京大學歷史學系走馬樓簡牘整理組編:《長沙走馬樓三國吴簡·竹簡[柒]》,784頁。

遭受的自然災害種類是多樣的，"旱敗""水敗""傷敗"是官府根據土地受災類型的不同，而進行的區別記録。所以，結合"吏民田家莂"與吴簡竹簡中的材料可知，"旱田"是指因遭受旱災而減産的土地，"熟田"與"旱田"相對，是有正常收成的或收成較好的土地。

"熟田"作爲收成好的土地，是官府根據土地的收穫情況劃分的土地類型。"定收田"則是指徵收糧米的土地，是根據租税物品劃分的土地類型。收成好的土地是糧米的主要來源，因此"吏民田家莂"中的"定收田"和"熟田"在很多情況下指代範圍往往重合。但是兩者由於劃分標準不同，在性質方面也存在差異，并不是同一種土地。如"吏民田家莂"中的士群體和簡2、3中的士、復民，都因爲身份特殊而免除了繳納"熟田"上的糧米。這部分免除徵收糧米的"熟田"，自然不屬於"定收田"。可見，從整個走馬樓吴簡材料來看，"定收田"的指代範圍與"熟田"并不完全重合，"定收田"與"熟田"的關係如下圖：

```
            "熟田"
           ╱      ╲
          ↓        ↓
      不收米的田   收米的田
                    ↑
                    │
                 "定收田"
```

圖 1

如圖 1 所示，"熟田"與"定收田"之間形成了一種包含式的層級關係，"熟田"是"定收田"的上位田，其内部包含了"定收田"和非"定收田"。"旱田"在嘉禾年間一直未見有徵收糧米的記録，因此其與"定收田"之間還没有産生關聯。①

---

① 在吴簡中，有以"旱"爲名目徵收的糧米："入廣成鄉元年子弟旱限米二斛胄畢⋯⋯嘉禾元年十一月廿八日粟丘番貌付☐（叁·2685）"（長沙簡牘博物館、中國文物研究所、北京大學歷史學系走馬樓簡牘整理組編：《長沙走馬樓三國吴簡·竹簡［叁］》，778 頁）。孟彦弘先生認爲："'旱限米'是指所納限米爲旱田的收穫物"（參見孟彦弘《吴簡所見的"子弟"與孫吴的吏户制——兼論魏晉的以户爲役之制》，武漢大學中國三至九世紀研究所編《魏晉南北朝隋唐史資料》第 24 輯，武漢大學文科學報編輯部編輯出版，2008，6 頁）。孟先生所説的"旱田"是指用旱作農業的陸田，與"吏民田家莂"中遭受旱災的"旱田"不同（孟彦弘：《〈嘉禾吏民田家莂〉中所録田地與漢晉間的民屯形式》，中國社會科學院歷史研究所學刊編委會編《中國社會科學院歷史研究所學刊》第 2 集，173-192 頁）。在糧米賬簿中還有如下竹簡："其八十斛七斗旱不收（伍·22）"，與該竹簡相鄰的同一簿書的糧米賬簿簡還有"☐☐一百 卅五斛 已入畢（伍·23）"，兩支竹簡結合來看，表達的意義應當是有 80.7 斛糧米因遭受旱災而未徵收（簡·22），有 135 斛糧米已收入完畢（伍·23）。兩支竹簡參見長沙簡牘博物館、中國文化遺産研究院、北京大學歷史學系走馬樓簡牘整理組編《長沙走馬樓三國吴簡·竹簡［伍］》，北京：文物出版社，2018，727 頁。此外，記録爲"旱不收"的賬簿還有"☐ 其二百一十四斛旱不收 ☐（伍·135）""☐ ·其六十五斛旱不收（伍·264）"在這兩支竹簡鄰近處也均有"已入畢"竹簡（簡伍·131 和簡伍·269）。參見長沙簡牘博物館、中國文化遺産研究院、北京大學歷史學系走馬樓簡牘整理組編《長沙走馬樓三國吴簡·竹簡［伍］》，729、732 頁。所以，吴簡竹簡中的"糧米數量+旱不收"，指的應是因受旱災而没有徵收上來的糧米。

結語

綜上所述,在"吏民田家莂"中"定收田"與"熟田"的指代範圍經常重合,所以學者們普遍認爲它們是同一種土地。但是"吏民田家莂"中相關的土地材料并不完整,結合吳簡竹簡來看,"定收田"與"熟田"之間存在很大差別。第一,兩者性質不同。"定收田"是官府劃定的實際徵收糧米的土地,"熟田"則是收成較好的土地。第二,"熟田"是"定收田"的上位田,"定收田"的指代範圍是"熟田"中徵收糧米的那部分土地,這兩種類型的土地在嘉禾年間實際上構成一種包含式的層級關係。當然,臨湘地區的租稅政策處於不斷的變化之中,如果此後官府對"旱田"也徵收糧米,這部分徵收糧米的"旱田"自然也屬於"定收田"的範疇,那麼"定收田"與"熟田""旱田"之間的關係就需要重新審視。不過在當前階段,官府還尚未對"旱田"徵收糧米,"定收田"衹與"熟田"之間存在聯繫。

秦代制度史研究的新進展*
——讀吴方基《新出秦簡與秦代縣級政務運行機制研究》

□ 武漢科技大學馬克思主義學院　張亞偉

　　近年來，中外學者以新出秦簡爲依托對秦代地方行政制度進行了深入而具體的研究，推出了一批頗具分量的學術論著，[①]在很大程度上促進了秦代制度史、政治史、社會史諸領域的研究，加深了我們對秦代乃至中國古代政治制度演進歷程與特徵的瞭解。然而，已有研究大多注重縣級行政機構、具體單項職官、文書制度、單項事務運作等問題，相對忽略了制度實踐運行的複雜性和區域特徵，尤其缺乏對地方制度規定與制度實踐運作間複雜關係的分析。吴方基先生新著《新出秦簡與秦代縣級政務運行機制研究》（以下簡稱《運行機制》），[②]以詳實的史料從律令制度與政務運行互動的角度重新檢視了秦代地方治理問題，對秦代縣級政務運行機制及其實踐中與法律制度的複雜關係做了富有深度的探討，可以説是宏觀歷史思考與微觀歷史研究相融會的成功之作。

　　《運行機制》全書30餘萬字，除緒論外，共分5章。第1章主要研究秦代縣級職官制度，即從職官制度層面考察縣級行政機構及其運作，注重分析行政機構内部關係，從而爲下一步整體把握各級機構政務運行機制奠定基礎。第2至4章以文書制度與政務文書處理規程爲切入點，從"流程"入手，以整體性視角考察文書制度與政務文書運作、縣政令下達與執行機制和縣政務申請與審批機制，構建秦代縣級政務運行機制的基本框架。同時，選取吏員管理、債務處理、財務監督、地方國有財務流轉運營等日常行政事務個例，多方面把握政務運行機制的實踐運作。第5章著重剖析了綜合運作層面法律制度與具體政務運行過程的權力關

---

*　本文爲教育部人文社會科學研究規劃基金項目"大一統視野下秦朝'新地'治理研究"（21YJA770012）相關成果之一；中央高校基本科研業務費資助項目（優創培育項目）"東漢地方治理——以長沙五一廣場東漢簡牘爲中心"（2020CXZZ060）相關成果之一。

①　相關研究參見卜憲群《簡帛與秦漢地方行政制度史研究》，《國學學刊》2010年第4期；劉曉滿《近百年來秦漢地方行政制度研究綜述》，《中國史研究動態》2012年第1期。

②　吴方基：《新出秦簡與秦代縣級政務運行機制研究》，北京：中華書局，2021年。

係,進而思考了秦代"依法治國"理念下地方治理背後的制度性理論問題。由此可見,吴方基先生治學的一個特點是理論性强,不囿於具體的研究對象,力主思考地方治理理論問題,探索地方治理研究的新方法,一方面旁徵博引進行詳實的考證,一方面又展現出思維的深度。此特點在其以往的著述中已初露端倪,《運行機制》則有進一步的發展與提升。

一

"活的制度史"强調不再拘泥於静態的、一成不變的制度規章,轉而投向動態的、靈活多變的實施方式和功能效用,并力圖借此將制度與文化、社會群體乃至思想活動聯繫起來加以考察。① 細讀《運行機制》,"活的制度史"不再是一種研究取向,而是已外化爲具體的史學實踐。

從行政運行的角度來看,職官制度與政務運行密切相關,不可分割,因此應將兩者的研究適當地結合起來,注入"活的制度史"的精神。可是,已有研究鮮有從"流程"入手將職官制度與政務運行結合,研究職官制度者很少關注具體的政務運行,研究政務運行者很少涉及職官制度。因此,《運行機制》明確指出"以往秦漢政治制度史一般從職官入手,考察中央到地方各級職官的設置與管理、職權及其發展變化,反映的是相對静態的'職官制度史'。政治制度史研究不僅僅局限於静態的官制史研究,還要拓展考察'關係'與'過程'交融運作的'活的制度史'"(161頁),同時將政務運行機制與制度内部的權力關係結合起來進行分析,注重整體性視角的解釋。這些綜合性運作問題包括:秦代新地吏的管理機制及實際運作情況如何? 秦代縣廷如何進行財務監督? 秦代法律制度與實際政務運行的互動關係體現了怎樣的邏輯? 等等。值得注意的是,這類以發現揭示"實際"爲使命的研究,所觸及的某些歷史"本質",非單一的制度運行研究所能企及。

新地吏的管理機制,曾引起不少研究者的關注。②《運行機制》在已有成果的基礎上一方面著重分析了里耶秦簡所見"日備歸"的性質與新地吏的任期,構建秦代新地吏的管理機制,指出"秦'故地'官吏因違法處罰而爲新地吏。'日備歸'是指新地吏在規定任期滿後,免職歸家。秦代新地吏管理是在法律規範下實行任期政策。一般而言,秦代新地吏任期有兩

---

① 參見鄧小南《走向"活"的制度史——以宋代官僚政治制度史研究爲例的點滴思考》,《浙江學刊》2003年第3期;侯旭東《告别綫性歷史觀》,中國社會科學院歷史研究所、馬克思主義史學理論與史學史研究室編《理論與史學》第2輯,北京:中國社會科學出版社,2016,1-10頁;收入侯旭東《寵:信—任型君臣關係與西漢歷史的展開》,北京師範大學出版社,2018,5-25頁。
② 有關新地吏的研究請參閲于振波《秦律令中的"新黔首"與"新地吏"》,《中國史研究》2009年第3期;孫聞博《秦漢帝國"新地"與徙、戍的推行——兼論秦漢時期的内外觀念與内外政策特徵》,《古代文明》2015年第2期;沈剛《簡牘所見秦代對南方新占領地區特殊統治政策探析》,西北師範大學歷史文化學院等編《簡牘學研究》第6輯,蘭州:甘肅人民出版社,2016,80-89頁;張夢晗《"新地吏"與"爲吏之道"——以出土秦簡爲中心的考察》,《中國史研究》2017年第3期;朱錦程《秦對新征服地的特殊統治政策——以"新地吏"的選用爲例》,《湖南師範大學社會科學學報》2017年第2期。

年、四年等,若任期内違法,可加罰延長期限"。另一方面,該書還詳細考察了新地吏任期規定的實際貫徹情况及新地吏期滿歸鄉程式,展示了制度規定與實際運行機制的複雜關係,指出"里耶秦簡所見遷陵縣丞(守丞)任期最長者是四年三個月,最短者祇有一個月。祇有一例任期超過四年,其他任期均少於四年。可以肯定的是,遷陵丞(守丞)任期至少説明新地吏任期規定在實踐運作中得到貫徹。但由於新地吏身份特殊,其在職違法可適用通用法與特定法分别處罰。新地吏期滿免歸,須上報郡守府纔可執行"(242頁)。這樣,作者將制度規定與制度的實際運作結合起來研究,不僅增添了歷史的厚重感,而且揭示了制度運行的真實面,從而糾正了以往某些片面認識,指出新地吏出現任期超過四年的現象與新地吏任期計算方式有關,新地吏任期計算是以"視事"時間爲準,而非計算自然間隔時間。這些研究是建立在扎實的實證研究之上,雖然對運行機制作了整體性的評價,但從歷史事實中提煉出的論斷,并無空泛議論之嫌。

　　政務運行機制是行政體系各要素之間相互作用的結果。在日常行政過程中,不同的行政事務處理差異可以更細緻體現政務運行的特殊方式。因此,祇有注重日常行政過程中的處理差異,纔能在較大範圍内梳理政務運行機制的脈絡,揭示制度表象之下更深層次的運動。新地吏管理機制研究如此,縣級財務監督機制研究也理應如此。秦代地方行政重心在縣,考察縣級財務監督機制及其日常運作是把握地方財政運行的關鍵。因此,研究秦代縣級政務運行機制不能不涉及財務監督機制。過去探討秦代財務監督問題,側重於考察財務監督制度方面。[①]《運行機制》將財務監督機制從政務運行機制中抽離出來,不僅詳細考察了財務監督機制的法律依據,而且探討了財務監督方式及其日常運作。爲剖析秦代縣級財務監督機制的法律依據,《運行機制》不僅分析了秦代國家法律意義上的律、令,而且關注到"語書、太守令、守府書"等地方性法規,指出"秦代没有專門規定縣級財務監督的律名,相關法律規定分别見於'關市律''金布律''效律'等律篇。郡府頒布的地方性法規《語書》重點强調縣令、丞對下屬機構的監督,包括財務監督"。進而認爲,秦代縣級財務監督有較爲完善的法律保障,財務監督的法律依據既有國家"律""令",又有郡府頒布的地方性法規(269頁)。在此基礎上,該書從財務收支、財務交接、監督計賬等層面,具體考察了財務監督運作方式與財務違法的處罰方式,認爲秦代縣級財務監督有較爲完備的運行機制,有力地防範了官吏貪污與政府資財流失,保障了官府財務的安全運營。作爲秦代地方財政運營的關鍵部分,財務監督機制一是具有較全面的財務監督方式,包括監督財務收支運營、核驗新舊交接財務、考校財務計賬等,囊括日常財務運營的各個環節;二是同時對財務違法及其處罰做出規定,根據違法行爲與情節輕重不同,分别量刑(284-285頁)。這些分析,既讓我們清晰地

---

① 相關研究成果參見趙友良《我國歷代財政監督(審計)制度考略》,《上海會計》1982年第4期;宫長爲《雲夢秦簡所見財政管理——讀〈睡虎地秦墓竹簡〉札記》,《史學集刊》1996年第3期;葉青、黎檸《秦漢時期的財政監督制度與思想》,《財政監督》2006年第21期;黎檸《中國古代的財政監督制度研究》,《廣西財經學院學報》2007年第1期。

瞭解到秦代縣級財務監督機制的具體形式,也從財務監督機制實際運行中,具體而真切地感受到秦代制度與實際政務運行機制間的複雜關係。

不僅如此,《運行機制》還對秦代法律制度與具體政務運行過程的互動關係,以及引申出的秦代"以法治國"理念下地方治理背後的制度性理論問題進行了探討,提出具有啓示性的見解。作者這方面的努力集中在對秦代國家權力關係的分析上。近來,不少學者通過"制度性權力"來分析國家權力關係。"制度性權力"視角認爲,國家權力來自制度與具體歷史過程的交融而鑄就歷史機制;所謂"歷史過程"是將常態性的制度"激活"爲即時變化的治理參與者的行動和相互關係的過程。[1] 可是,已有的研究大多囿於唐宋之間,對秦代國家權力關係缺乏詳細的考察,《運行機制》不僅剖析了秦代法律制度與"律令行政"運行過程的互動機制,而且在重新審視秦代央地關係與分析縣級行政權責關係的基礎上,透視了秦代國家權力關係,并進一步思考了秦代地方治理背後的制度邏輯。由此可見,該書在探討制度與實際政務運行的互動關係時并沒有簡單套用"制度性權力"的研究視角,而是放寬視野、深度思考,重視對地方治理研究新方法的探尋。不過,對國家權力關係的考察,如果單純從制度與歷史過程相互作用機制出發,不能真正明晰其内涵。因此,這方面似乎還有更多的研究空間可以拓展。

應該説,《運行機制》以制度與實際行政運作間的複雜關係來解釋秦代地方治理所存在的制度性問題,富有建設性意義,不僅拓寬了秦代制度史研究的視野,而且促使人們注意過去研究所忽略的許多歷史面相,在對秦代地方治理方式的有效性、多樣性層面更具有糾偏和導向的作用。

二

注重整體性的"活的制度史"并不排斥微觀的、具體的制度研究,反而常常以微觀、具體的研究爲載體。"活的制度史"同樣重視由單項到綜合、從具體到宏觀,趨向將單項制度研究與多項制度綜合研究、過程研究與關係研究有機結合在一起。與那種將制度與運行、程式與關係截然兩分的史觀不同,《運行機制》采取一種更爲細緻的觀察視角,更明切地結合實際政務運行來討論秦代地方治理的特徵,通過對政務運行機制的細緻重建再現秦代地方治理的複雜性和多面相。

對於政務運行中的重要媒介——政務文書,既可以從文書制度、政務文書運作角度切入研究,也可以從文書處理規程角度切入,形成立體化的研究格局。可是已有的政務文書研究在選題上不僅大多拘於文書制度本身,對其與職官制度、行政權力關係的外部聯繫缺乏深入

---

[1] 參見羅禕楠《中國國家治理"内生性演化"的學理探索——以宋元明歷史爲例》,《中國社會科學》2019年第1期。

考察,而且對一些基本問題,如收文稱謂、文書封緘方式、文書傳遞方式等方面把握還存在不足。就政務文書的具體運作機制來説,政務文書如何封緘？如何傳遞？政令文書如何下達？其執行效果如何？行政下屬如何進行政務申請？這些問題在有關政務文書的論著中往往都祇是簡略涉及,因而我們對政務文書處理規程難以有一個明晰且真切的認識。

與已有研究相比,《運行機制》不僅對秦代文書格式、文書封緘方式、傳遞方式作了詳盡的分析與論述,而且從文書處理規程、政令文書下達機制、政務文書申請與審批機制等方面對秦代縣級政務運行機制的基本框架進行了構建,將我們帶入秦代制度研究的新天地。譬如,透過作者對里耶秦簡"主"稱謂的探討,我們瞭解到收文者所稱"主"是指關於某官名的收文者個人或者某機構的實際長官,體現的更多是其在政務處理上所具有的權力。通過對里耶秦簡封緘方式的考察,我們知道過去認爲里耶秦代"封檢"與"檢"的區分,實際上是"檢"與"署"的區分。更重要的是,秦之"檢""署"分離到漢代"檢署"合一的變化讓我們認識到秦漢制度繼承固然不可忽視,然而其間的變化差異也應予以重視。透過對"遷陵以郵行洞庭"及"薄留"文書的分析,我們看到了"薄留"的運作方式所體現的上級文書運行過程中上級與下級官府的互動關係。通過對秦代縣廷下行文書的分析,我們瞭解到秦代縣政令的下達與執行有着相當完善的運行機制。由此可見,在作者筆下,政務文書的運行機制不再是單項的、刻板的制度規定,而是不斷運轉的、活的制度。

地方國有財物的流轉運營是地方財務行政運作的重要環節,對此程式的監督也是實現國家財物有效保障的重要形式。其涉及國有財物在各機構之間的流動、運營流程、財務計賬等問題,也包括與此相關的職官機構、財物類别、時間限制、違規處罰等方面的規定或慣例。不僅如此,地方國有財物的流轉運營機制也是秦代地方治理的重要形式,在秦代國家治理中起着重要作用。由此可見,地方國有財物流轉運營機制的豐富内涵爲我們提供了研究秦代地方治理、縣級政務運行機制,乃至秦代經濟、政治制度的一個顯微視角。换言之,財物運營流轉機制的歷史特色與多樣性爲我們提供多方面的研究素材,也要求我們對其進行多方面的綜合考察,在政務綜合運作的日常情境中窺探其豐富的内涵。鑒於此,《運行機制》不僅對財物流轉運營過程中所涉及的少内、倉、庫、司空等職官機構及金錢、粟、船等財物類别進行了分類研究,而且從財物流轉運營機制的具體程式對其進行了深入探討。使我們瞭解到國有財物的流轉運營主要在縣屬職能機構"諸官"之間進行運作,縣廷起到居中運作的"中軸"作用。《運行機制》進一步梳理出秦代地方國有財物流轉運營的情況。首先,財物接受方以文書向縣廷提出申請,申請批准後,縣廷下達申請文書到出付方,接受方派遣接受人到出付方接受財物;其次,出付方出付財物給接受人,并記出賬(出計),接受人負責把財物和出付方出付後製作的"付券"上報縣廷,由縣廷把"付券"轉達給接受方;再次,接受方接受財物,記入賬(入計);最後,付受財物的賬目(計)須"上校",即上報縣廷,由縣廷進行考校。作者始終將財物流轉運營機制置於綜合運作視角下進行分析,乃至將相應的權力關係也納入研究視野,梳理運行機制與實際的運行狀況,遂使財物流轉的歷史圖像呈現出豐富多彩、複雜多樣的本來樣態。

總之,這種仔細的觀察和綜合的考察,在豐富事實基礎上對制度運行實況進行重建、最終到達歷史真相之再現,與"中國中心觀"論者強調史實的複雜性與特殊性和"後現代主義"論者關注多種力量之間的關係網絡,可謂殊途同歸。

三

由上述可知,《運行機制》在論述秦代縣級政務運行機制時没有停留在一般性的就事論事,或者個別制度或機制的簡單點評,而是將縣級政務運行機制置於日常運行與權力關係的場域之内,從多方面進行審視和探究,進而得出了新的結論與判斷。這是該書不同於其他同類論著的獨到之處。除此之外,該著還具有以下特點:

層層相扣,學科貫通。簡牘文書的研究與制度史梳理往往需要大量釋義與文本分析,易拘於簡牘文書本身,但該書在考釋之後,均能聯繫時代背景,使人視野大開。從縣到地域,從地域到中央,重新審視秦代中央與地方的關係,如從立法關係和裁决關係的角度來分析中央與地方的立法衝突(328—329頁);又能運用考古學、政治學相關成果,借鑒天文曆法、歷史地理的理論與方法。如在分析縣令、縣丞的行政責任時,運用行政學的方法,將縣令、縣丞的責任分爲積極責任與消極責任兩方面,并進一步闡釋縣令、縣丞的自負責任與連坐責任(340—343頁)。

考證詳實,旁徵博引。無論是對傳世文獻的爬梳,還是對出土文獻及考古發掘報告的使用,抑或對學界論著的引鑒,作者能將諸多方面的材料融於一爐,加强論證。作者在探討相關問題時,立足新出秦簡,不僅補充漢簡、璽印、碑刻等出土文獻,又引先秦文獻與漢代之後的類書、典章體史書等材料,以期形成對某概念更全面的理解。"縣丞與縣令的關係運作"(58—69頁)與"秦代縣級債務處理機制"(242—262頁)即爲其例。在對秦代中央法治主義的討論中(309—311頁),充分利用考古發掘報告與傳世文獻,解讀《秦二世元年十月甲午詔書》,提出秦王朝滅亡的主要原因是關東民心不安,而非完全爲"天下苦秦"所致的全新見解。在探討秦代"付受"財物問題時(287—290頁),徵引了學界關於居延簡、懸泉簡、肩水金關簡與秦漢曆法的最新研究成果。

高屋建瓴,筆觸細膩。該著不僅宏觀上體現了作者的廣闊視野,在細節處理上亦稱得當。論述時,注重對秦代制度性權力與行政機制的宏觀把握,以求對其有一整體性的認識。如在探討秦代中央與地方關係時,從法律制度設計與"律令行政"的互動到律令行政與自主行政的交互運作等均給人以整體感;再如對秦代縣級行政權責關係的分析、秦代縣級行政結構與關係運作的考察等,無不體現作者宏觀把握問題的整體思維能力。同時,在涉及具體細節時,作者也不吝筆墨,對其進行詳盡的探析,如對"日備歸"文書的分析論述,對"校券"文書的考證,對里耶秦簡中"主"稱謂的考證等。

一如美玉微瑕,在相關內容的研究上,該書也留給了我們進一步探討的空間。《運行機制》在考察日常行政過程與具體事務處理機制時已經注意地方制度的"統一性"與"差異性",不僅考察了具體事務處理機制在日常行政中的運行,而且總結了政務運行機制的基本框架。然而,《運行機制》主要論述的是地方制度的統一性,對地方制度之間的差異性關注較少。秦地域遼闊,國內各地區政治、經濟、文化等方面發展極不平衡,全國性的制度在各地具體實施當中常常具有不同特點,地區間的制度運行亦有差異。如果僅僅對某個或某幾個地區的制度運行進行考察,而不作差異性分析,則極易落入"理想範型"或"典型論"的思維定式,即僅依據若干"典型"的"理想範型"來推及其他。因此,如果能夠采取個案研究與綜合論述相結合的方式進行具體而深入的分析,同時密切關注行政運行機制的區域特徵,那麼政務運行機制的歷史圖像勢必更加精彩。

該著作力圖通過細緻的研究來揭示秦代縣級政務運行實踐與制度安排的互動過程,也注意到政務運行機制在實際運作過程中的實際效能。不過,其對政務運行機制的具體形式與運作方式著墨較多,而對政務運行機制在秦代地方治理中的效能著墨較少。要深刻揭示政務運行機制的實際效能,還需借助管理學的各種理論與方法,深入具體的時代背景中,瞭解許多在制度和法令中無法反映出來的、由當時政治文化所決定的潛規則。

總而言之,《運行機制》能夠"詳人之所略,異人之所同,重人之所輕,而忽人之所謹",[1] 實爲一本史料扎實、見解卓越的力作。它以秦代地方制度規定與實際政務運行過程間的複雜關係與互動爲主綫,以宏觀的視野和精細的手法考察了秦代縣級政務運行機制,從整體上推進了秦代制度史的研究,豐富了中國古代史研究的內容。

---

[1] [清]章學誠著,葉瑛校注:《文史通義校注》卷五《內篇·答客問上》,北京:中華書局,1985,470頁。

徵稿簡約

一、本刊是中國社會科學院簡帛研究中心主辦的專業性學術刊物，歡迎與下述內容相關的論文投稿：

1.出土簡帛的辨識、考證；2.根據出土簡帛考辨史實，研究中國古代的各種制度、思想文化以及社會發展狀況；3.有代表性的國外簡帛研究譯文；4.簡帛研究綜述；5.簡帛研究論著評論；6.簡帛研究論著索引；7.簡帛學理論與方法的總結、探討。

二、本刊提倡嚴謹的學風，堅持"百花齊放、百家爭鳴"的方針，堅持相互尊重的自由討論。本刊發表的文章均不代表本刊意見，由作者文責自負。

三、本刊祇接受首發投稿。已在正式出版物和網絡上刊發者，均不視爲首發。

四、來稿請提交Word與PDF格式電子稿各一份。如作者認爲有必要，可同時寄送一份文本稿（掛號郵寄）。稿件請使用規範繁體字（引用文獻異體字、俗體字除外），避免以簡繁體轉換工具作簡單轉換；注釋采用本刊體例，詳見各期內文；引用文獻、版本信息均須核對無誤。

五、本刊實行雙向匿名專家審稿制度。稿件中請勿出現作者個人信息。有關作者姓名、單位、聯繫方式等，請另紙提供。

六、本刊對刊登的稿件擁有信息網絡傳播權、轉授權和爲期兩年的專有版權。作者如有異議和特殊要求，請於投稿時聲明。請勿一稿兩投。

七、本刊處理來稿期限爲60個法定工作日。逾期未接到通知，作者有權對自己的稿件另行安排。因本刊經費緊張，來稿一律不退，請作者自留底稿。

八、來稿請寫明作者真實姓名(發表時筆名聽便)、工作單位、職稱或職務、通訊地址、郵政編碼、電話號碼和電子郵箱，以便聯繫。

來函請寄： 北京市朝陽區國家體育場北路1號院2號樓
中國社會科學院古代史研究所秦漢史研究室
王天然　石洋　收　　郵編：100101

電子郵件： jbyj2005@126.com